猶太人

世界史的缺口，失落的三千年文明史——追尋之旅

(西元前1000-1492)

The Story of the Jews

Simon Schama 西蒙・夏瑪｜著　黃福武、黃夢初｜譯　曾宗盛｜審訂

Finding the Words 1000 BC - 1492 AD

各界讚譽

閱讀《猶太人》，彷彿在享受這個星球最閃耀的文化歷史盛宴。夏瑪勳爵是一個很會講故事的人，他的故事深厚而博遠、史料豐沛、幽默而極具其個人魅力。

——《紐約客書評》

夏瑪勳爵筆下的歷史起源於底層，在中間擴散並以意想不到的視角，重現那些被人們遺忘的過去。他通過解構社會、文化，使其筆下的人物和事件復活。

——《紐約時報》

哥倫比亞大學歷史學家、獲獎作家西蒙·夏瑪勳爵，帶給我們一部廣博深邃、精雕細琢的史詩。他的《猶太人》歷經兩千五百年歷史，橫跨數大洲、涉及眾多國度，令你在閱讀中目不暇給、酣暢淋漓。

——《出版人週刊》

在才氣橫溢的《猶太人》中，夏瑪一掃眾多猶太歷史研究學者的多愁善感，他試圖呈現給讀者一部更客觀、更全面的猶太人歷史——閱讀本書你將受益匪淺。

——《以色列國土報》

夏瑪先生的史詩縱橫捭闔、引人入勝。

——《華爾街日報》

由最頂尖歷史學家以多角度編織而成的歷史著作。

——《柯克斯評論》

夏瑪的作品顛覆了傳統，是一部關於其民族的偉大、深入的著作。

——《書單雜誌》

一部充滿能量的詩歌，一部滿載斑駁歷史細節的散文，一部睿智而深沉的史詩……精采絕倫，引人入勝。

——《芝加哥論壇報》

夏瑪勳爵是一位偉大而博學的巨星。他可以深入挖掘某一特定主題，也能夠從更廣闊的角度審視國與國之間、民族與民族之間跨越歷史的關係。他的才華與筆力淋漓盡致地展現在這部《猶太人》之中。

——《洛杉磯時報》

本書中的「字符」為words，
一般譯為「話語」。
於本書中兼具文字、
話語、符號、象徵之意。

導讀

香港中文大學 胡芷妡 博士

記憶中，開始對猶太人產生好奇，應該是在大學上英國文學時。教授談到他在美國的留學生活，說：「在美國第一天上課，打開教室門進去，第一個會和你打招呼的一定是猶太同學；因為他們覺得只有中國人才和他們一樣有悠久歷史，而且只有中國人才和猶太人一樣聰明。」

如今回想起來，當時年紀小，並不太懂這段話，因為那時對於猶太人的所知，頂多是來自小時候去上主日學聽聖經故事得來的朦朧印象，要不就是念二次大戰歷史時，知道猶太人被送進毒氣室。畢竟，在香港或臺灣，誰會在生活中遇到猶太人呢？

大學畢業後，我到英國念中古史。理論上我是歷史系的，但幸運地可以在地理系和幾個研究生共用一間小小的研究室。推開研究室門進去後，第一個和我打招呼的果然就是一個猶太人：伊塔馬爾。伊塔馬爾來自以色列，研究的是南非愛滋病，曾在南非待過好一陣子。之後有大約一年他就坐在我隔壁，我才開始逐漸對這個實事求是的民族有了認識。從左派知識分子的角度來看，其實他還算滿右派的。有次和他聊起他的研究，我問他：「是不是由於我們這些生活在發展社會中的人剝削了落後地方的資源，所以才造成他們的貧困？我們能怎樣去改變這種不公平的現象呢？」畢竟，跟我這種只待在檔案館裡研究死人歷史的人比起來，我想他的田野經驗應該能夠解答我這種鬼問題。結果他說：「這個問題

其實涉及很多層面……」然後嘆了一口氣，接著說：「當然，我覺得當地人也有活該的地方。」這句話聽在我很多知識分子朋友耳中是大逆不道的（我所處的學術環境是個左派大本營），但我卻覺得伊塔馬爾說話還挺直接明快。這也許解釋了為什麼我們這間研究室裡有些人並不太喜歡他。除了他的「直言不諱」之外，有次大家聊天時，他也坦言日後只會娶猶太女孩，其他女生他沒有一個打算認真交往的。這對於研究室中其他左派女性主義者而言，當然又是個不可饒恕的大罪。

有一年十月，我到柏林旅遊，回來後和伊塔瑪爾說我去參觀了集中營。沒想到他和他的以色列朋友兩人搖頭說這是很遊客的活動，他說他們猶太人是不會做這種事的。我還很納悶地問：「這不是很好的歷史教育嗎？讓大家知道如何避免再發生戰爭，而且也可以讓你們猶太人知道你們有過悲慘的歷史啊！」結果，他和他的以色列朋友再沒說什麼，只相視而笑，然後補了一句：「我們猶太人是不做這種事的。」說來，我和他在研究室共處了一年，也沒聽說過他去過什麼紀念猶太人受迫害之類的活動。

後來，我機緣巧合翻譯了一本和猶太人有關的歷史書籍。書中描述的是中世紀在德國居住的猶太人如何成為宗教下的犧牲品，我才明白了伊塔瑪爾的意思。在整個歷史上，猶太人有過太多苦難，猶太人很記得自己的歷史。如西蒙．夏瑪所言，猶太人以身為猶太人自豪，無論他是相信神或是無神論者。歷史上自羅馬時代開始對猶太人都不友善，可能是因為經濟、宗教又或是文化上的原因。猶太人雖然被趕離了耶路撒冷，但卻從來沒有忘卻自己的身分，藉由《妥拉》（*Torah*）（猶太律法）以及之後發展出的《塔木德》（*Talmud*），流落在天涯海角的猶太人仍然可以團結起來。他們隱身在不同的宗教之中，卻仍保持他們的傳統信仰。正如西蒙．夏瑪在本書所言：「猶太人在這一時期（羅馬）建造的最偉大、最持久的並非石頭建築，而是『字符』的大廈。」所謂的「字符」，指的就是「口傳智慧」，而拉比們就是守護者和傳承人。看完西蒙．夏瑪這本書，我終於明白為什麼伊塔瑪爾和他的朋友不需要到集中營弔唁他們的同胞曾如何受到迫害。因為僅憑著文化傳承，猶太人已建立牢不可破的民族團結感，這是一個沒

有敵人能摧毀得了的無形神廟。

與其導讀，我想不如讓讀者自行遊走於西蒙·夏瑪的歷史故事中。不過也許會有讀者好奇伊塔瑪爾後來怎麼樣了？他後來搬到了美國，娶了一位猶太女醫生，生了三個孩子，孩子在假日都戴著猶太教的圓頂小帽在猶太會堂的主日學下西洋棋。

毫無疑問，這是世界上最堅固的神廟。

譯者序

山東大學猶太教與跨宗教研究中心教授
山東大學出版社編審　黃福武

猶太人的故事太多，全世界都在講述。大部分讀者，特別是開放國門、猶太人或猶太教變得不再那麼神秘之後，恐怕都或多或少地讀過，或至少聽說過一些猶太人的故事，其中有出自《舊約》本身的，也有後世演繹的，或描寫他們生命之堅韌、生活之獨特，或推崇他們精於生財之道、常懷樂善好施之心。林林總總，面面俱到，其勢盛極而不衰。國人大都知道大科學家愛因斯坦是猶太人，後來又出了祖克伯格這個領袖網路、精於經營、善於玩錢但生活簡樸的榜樣，甚至近日曝出的國際騙局也借用名聲顯赫的猶太金融世家羅斯柴爾德的名義。然而，從嚴格意義上講，也許只有眼下這部《猶太人》才算得上是真正的猶太人的故事。因為作者西蒙·夏瑪（一個真正的猶太人）作為一位「冷靜而賢明」的智者和學者，用「畫面般的字符」講述的故事直指後聖經時代以來一直困擾著世人，尤其是猶太人本身的問題：誰是猶太人，或者說什麼人或怎樣做才算是一個猶太人？讀一讀這些古老而鮮活的故事，我們就會明白（儘管理解角度和程度有所不同），《妥拉》（猶太律法）對於猶太人的真正意義。

作為這部書的讀者（當然也作為譯者），真該感謝出版社的眼光和魄力，為我們引介這樣一位偉大的作者及其動人的《猶太人》！作為譯者，雖然沒有資格或者說膽識引用《傳道書》作者的告誡：「著書多，沒有窮盡；讀書多，身體疲倦。」但「感同身受」還是當得起的，至少對於「『譯』書多，身體疲

倦」感觸頗深。記得上一部譯作是另一位宗教研究大家梅爾·斯圖爾特（Melville Y. Stewart）主編的《科學與宗教》，那已是幾年前的事了。但在親切而敬業的責任編輯裴蕾（編注：此指簡體譯本）的善意和誠意的感召下，憑著自身多年探究猶太教和猶太人的些許收穫和對歷史、藝術和考古的淺陋知識，以及對作者及其原作的敬佩與理解，和對古典猶太人及其「字符」的敬畏與懷念，我似乎只能選擇再一次讓「身體疲倦」的同時，體驗「如履薄冰」的感覺。於是就有了呈現在讀者眼前的這些「字符」——《猶太人》，從而有幸把翻譯過程中冷靜的思考和莫名的激動（有時會會心一笑或忍俊不禁，有時又眼睛濕潤或涕淚交加）與大家分享。

西蒙·麥可·夏瑪是當代最活躍和多產的著名歷史學家，並且從媒體鍾愛與大眾歡迎程度上講，作為學術明星可以說沒有「之一」。他曾先後在劍橋大學、牛津大學、哈佛大學任教，後長期在哥倫比亞大學任歷史學、藝術史教授，並擔任ＢＢＣ紀錄片解說和《紐約客》（*The New Yorker*）文化專欄作家。讀者可以想像，如此壯觀的學術經歷和頭銜應該或可以寫出什麼樣的文字，何況他還是一個講故事的高手！

西蒙·夏瑪於一九四五年出生於倫敦，母親是一位來自立陶宛的阿什肯納茲猶太人（Ashkenazi Jews）❶，父親則來自土耳其的士麥那（Smyrna，今伊茲密爾〔Izmir〕），具有塞法迪猶太（Sephardi Jews）❷背景。傳統的猶太家庭充滿了書卷氣，但兩種不同猶太文化元素的結合是否會孕育出兼具學院派與自由派的學術氣質？另外可以發現，他的中間名是一個西文名，作品署名卻只用猶太名「西蒙·夏瑪」，這是否意味著他仍然看重自己的猶太身分，或表明自己是一個古典猶太人？我如果有幸見到他本人，一定當面向他請教這些問題。

西蒙·夏瑪學術造詣甚高，著述弘富，且涉獵領域和表達體裁非常廣泛。他於二十世紀七〇年代出道時的第一部著作《愛國者與解放者》（*Patriots and Liberators*）即獲得沃爾夫森歷史學獎。八〇年代到美

國後，進入創作鼎盛期，先後出版了《財富的窘境：對黃金時代荷蘭文明的解讀》（*The Embarrassment of Riches: An Interpretation of Dutch Culture in the Golden Age*）和《公民：法國大革命編年史》（*Citizens: A Chronicle of the French Revolution*）（均獲《紐約時報》年度最佳圖書獎），九〇年代初出版《死亡的確定性》。此後走出象牙塔，開始與影視媒體（主要是BBC和PBS）合作，走上學術明星之路。他的作品往往是圖書和電視紀錄片同時推出，並且本人親自製作和解說。他於二〇〇一年榮獲大英帝國司令勳章，並曾與BBC和HarperCollins簽下單筆三百萬英鎊（約五百三十萬美元）的天價合同！在這樣的氣派面前，國內後起的眾多學術新星只能算班門弄斧。這類作品主要包括《風景與記憶》（*Landscape and Memory*，一九九六年，五集，榮獲W．H．史密斯文學獎〔WH Smith Literary Award〕）、《林布蘭的眼睛》（*Rembrandt: The Public Eye and the Private Gaze*，一九九二）、《英國史》（*A History of Britain*，二〇〇〇，三卷十五集）、《亂世交匯：英國、奴隸制與美國革命》（*Rough Crossings: Britain, the Slaves and the American Revolution*，二〇〇五）、《藝術的力量》（*Simon Schama's Power of Art*，二〇〇六，八集，獲國際最佳藝術設計艾美獎，已出中文版❸）、《美國的未來》（*The American Future: A History*，二〇〇九，四集）、《猶太人》（二〇一三，二卷五集，獲詹森圖書獎〔Armitage-Jameson Prize〕）、《英國的面孔》（*The Face of Britain by Simon Schama*，二〇一五，五集）等。雖然夏瑪有著濃重的猶太情結，但他（至少在本書之前的學術生涯中）關於猶太人的作品並不多，早期只是在一九七八年出版《兩位羅斯柴爾德在以色列》（*Two Rothschilds in the Land of Israel*，他在本書前言中曾提及此事），或許他心氣更高、眼光更遠，更喜歡自由馳騁，更熱中野外探險，通過實地考古尋找歷史的痕跡和永恆的藝術，痛苦並快樂地享受作品完整的創作過程和多彩的片

---

❶來自德國西部萊茵河兩岸，萊茵蘭（Rheinland）區域的猶太人。

❷祖籍伊比利半島，生活上遵守西班牙裔猶太人習慣的猶太人。猶太人稱伊比利半島為「塞法迪」。

❸二〇一五年，北京美術攝影出版社。

場氣氛（如他在後記中提到在烏克蘭野外拍攝的艱辛）。但他又認為：「歷史學家所追尋的不過是影子，他們痛苦地意識到，根本不可能完整地重建逝去的世界或揭示殘片上記錄的秘密。他們似乎只能向身邊的人和路過的人打招呼。」至於創作《猶太人》的動機，他直言是為了兌現四十年前的承諾，完成父親的遺願。他在本書前言中記述道：

……但是，無論打破這一局面（二戰後猶太敘事蒼白）的代價如何，沉默都不應該是一個歷史學家的選擇。我覺得，如果能為普通讀者寫一部後中世紀猶太史，一部全面評價猶太人的共同經歷而不是一味地講述迫害和大屠殺的悲慘故事的書，那麼我就是作為一個對話者，告訴讀者（以及歷史大綱的編寫者）：無論歷史研究的主要關注點是何時何地，如果缺少猶太人的故事，任何歷史都是不完整的，並且除了集體屠殺和拉比文獻❹，歷史意味著更多的東西，是由古代的殉教者和現代的征服者共同寫成的。隨著我長大成人，這個願望一直縈繞心頭。我的父親對猶太歷史和不列顛歷史都非常著迷，並且在兩者之間找到了契合點。也正是從我的父母那裡，我承繼了這樣的觀念：《舊約聖經》是第一部手寫的歷史，儘管其中有對各種奇蹟的詩意誇大，但這是一部書寫著奴役與解放、王室的自大與子孫的反叛、一代代哲人與一次次滅絕、制定律法與違犯律法的傳奇故事的羊皮紙古卷，其後的每個歷史片段都真切地刻在石板上。如果我的父親能寫下一部歷史書的話，書名必定是《從摩西到〈大憲章〉》。然而，他沒有寫成。

我也沒有寫成，至少在一九七三年是如此。我嘗試過，試圖接著賽西爾·約翰·羅德（Cecil John Rhodes）的敘事思路書寫下去，但不論何種原因，這一嫁接工作一直沒有完成。然後，我就開始了四十年的學術流浪，當然並不完全是在曠野荒漠中，而是進入了遠離我的猶太背景的地方，我去了荷蘭和南卡羅萊納，去了斯卡拉布雷（Skara Brae）和雅各賓（la Terreur）的巴黎。但是，在這四十年

> 中，我本來應該宣講的故事的絲絲縷縷一直時隱時現地縈繞於我的思想與記憶的深處，就像親人在家族的婚禮或葬禮上輕輕地但又固執地拽一下我的衣袖（他們有時的確會這樣做）。永遠也不要低估猶太長輩特殊關懷的力量，更不用說還有一位沉默而耐心的母親在時時地責備著我呢。

所謂「浪子回頭」，於是他用最深厚的情感、最優美的文字和最動人的情節寫下了一篇篇可歌可泣的猶太人的故事。其敘事方式極具畫面感和轉折性，美豔但又寫實的風格使字裡行間充滿了張力，或雷霆萬鈞、鳥語花香，或金戈鐵馬、歌舞昇平，旁白式的解說時而讓人扼腕長歎，時而讓人掩卷沉思，時而又讓人竊笑不已。他的文字極具可讀性和可感性，這或許是電視紀錄片的藝術效果，正如他的藝術紀錄片充滿了書卷氣一樣。他喜歡從小人物、小事件、小物器著筆，以映襯宏大的歷史背景和深遠的人性痕跡。正如一位評論家所言，夏瑪的作品：「充滿了細節的描繪，就像一個豐盛的水果蛋糕，上面點綴著各色葡萄乾、醃漬水果、堅果和糖漬櫻桃，然後澆上一層白蘭地醬汁。」從「不起眼」的細微處創造出美好與震撼，使人痛苦與快樂，催人冷靜思考並奮發前行，這就是西蒙．夏瑪！

自古以來，或者說在進入現代以前，猶太人難以見容於世俗政權，甚至屢遭侵犯、迫害和驅逐，原因就在於他們頑固奉行的那種與眾不同的生活方式，如本書所言：他們對男丁行割禮，他們每個星期都要休息（守安息日〔Shabbat〕），他們對飲食做了嚴格的限制，他們宣稱他們那個無名無形的、動不動就發怒的神是獨一的，並且他們還拒絕像其他所有的人一樣。僅僅如此，其實也沒有什麼，如果當局寬容，你儘管旁若無人地做你的猶太人就是了。說實話，猶太人並不怎麼「頑固」，他們對有些規定早就做了

---

❹經由一代又一代猶太祭司、智者「拉比」傳抄下來的猶太人文獻。

世俗化的改變，如：安息日可以醫治病人❺、面對侵害可以抗爭和自衛、「以牙還牙」也不必像諷刺夏洛克（Shylock）那樣割掉心口的一磅肉❻。但如果情形相反（異邦甚或本族統治者往往十分殘暴），你卻又不甘逆來順受，要反抗當局的侵犯、迫害和驅逐，尤其是面對國破家亡的危急關頭，那麼就有這樣的問題：如何在世俗環境下保持自己的猶太人身分？或者說，究竟什麼人或怎樣做才算是一個猶太人呢？在命運多舛的民族史上，這的確是猶太人時常需要面對的一個問題。To be, or not to be, this is a question. 作為本書的譯者和仔細研讀者，我在譯事之餘就常常在想：「假如我是一個猶太人，我該怎麼做？」但我畢竟不是一個猶太人，所以至今也沒有答案。對一個虔誠的猶太人來說，《妥拉》是他全部的精神世界和精神寄託，家裡供著、每天讀著、門口掛著、頭上戴著，如果有人（一般是統治者）宣布《妥拉》是非法的，要剝奪甚至焚毀你的《妥拉》，而你要保護《妥拉》，那麼你會面對性命之憂。此時此刻，前面提到的問題就變得尖銳而迫切。

其實，書中提到的所謂古典猶太人在這個問題上並無爭議，樸素且近乎義氣的宗教信仰會讓他們義無反顧地選擇死亡。在希臘化特別是羅馬軍事入侵時期，情況發生了變化，猶太人知道了希臘哲學，開始理性地思考生命過程，知道了（至少感受到了）羅馬帝國軍事強盛，建築物裝飾精美，羅馬人生活富足甚至近乎奢華。所以，問題不再像「二十年後又是一條好漢」（硬漢或義人語）或「留得青山在不怕沒柴燒」（叛徒或漢奸語）那般簡單，理性思考和恪守信仰之間有了灰色地帶。譬如可以選擇苟活下來，但心裡仍然擁有《妥拉》，如後來西班牙宗教審判時期的「馬拉諾」，即地下猶太人。本書作者指出：

這些同胞提出了這樣的問題：「當一個猶太人在刀劍的脅迫下必須在死亡和皈依（基督教）之間作出選擇時，他選擇後者是不是可以原諒的？」……摩西．邁蒙尼德認為，要選擇生命。這並不等於他對殉難的歷代猶太人不敬，而是他對《妥拉》中明確規定不得為了保住生命而放棄猶太教這種把

絕對理想簡單化的做法持有一種排斥和不敬的態度。正如他在其偉大的《〈妥拉〉集要》（*Mishneh Torah*）一書開篇就明確表示的那樣，使他感觸最深的是《利未記》（18:5）中要求猶太人「按照誡命生活而不是為誡命而死」的段落。神授《律法書》的內在價值就是自由意志，即自由選擇的可能性。對那些堅持認為必然會出現不可能選擇的情況的人，他引用了《申命記》（30:15）作為他的哲學大廈的基石，來進一步闡述信仰與理性的關係。「我今日呼天喚地向你作見證，我將生死、禍福陳明在你面前，所以你要揀選生命，使你和你的後裔都得存活。」

……坐在扶手椅上的《塔木德》學者們又如何知道那些大膽提出他們是否叛教以便保存生命這個問題的人所遭受的痛苦煎熬呢？

另一個典型例證是著名歷史學家約瑟福斯（Titus Flavius Josephus），本書作者多次提到他曾是「若干個世紀裡真正的猶太歷史學家」（沒有「之一」），但這個真正的歷史學家卻是在投降羅馬之後造就的，而他作為猶太祭司、指揮官並沒有獲得成功。關於他在最後生死關頭的醜惡表演，他本人在後來在羅馬寫成的《猶太戰爭》（*The Jewish War*）中曾炫耀過自己的理性和機智，本書作者也相對客觀地做了分析和評價，但他的背叛行為一直為猶太人所不齒，使他作為一名可恥的民族叛徒載入了猶太史冊。這位「『耶路撒冷的叛徒』被自己記錄的在約塔帕塔（Jotapata）的所作所為詛咒」，而他的經歷因此被稱為「有史以來關於怯懦、奸詐和背叛最駭人聽聞的故事」。❼就連他的母親對他的變節行為也充滿了複雜的情

❺安息日是猶太教中每週一天的重要休息日，期間不能做任何工作，因此過去部分猶太醫生在安息日是不收病人的。

❻夏洛特是莎士比亞名劇《威尼斯商人》（*The Merchant of Venice*）中經商致富的猶太人，他要求欠錢的安東尼奧，若不準時還款就要以他身上的一磅肉來償。

感，請看他本人所作的供述：「她對圍在她周圍的人說……她一直在想，自從約塔帕塔被圍以來，她就一直不願意看到他還活在世上……她還心情沉重地私下向一直陪伴著她的女僕哀嘆，說把這樣一個不平凡的人帶到這個世界上是她最大的功勞，她甚至不能親手埋葬她的兒子，只希望自己能埋在他的身邊。」」

在生死關頭，服從理性還是恪守信仰，這的確是個很難回答但有時又必須回答的問題。敢問讀者朋友，你又會如何抉擇呢？

本書的翻譯難點甚多，既有宗教、歷史、藝術和考古知識方面的，也有資料史實方面的，當然也有寫作技巧、行文風格方面的。《猶太人》第一冊中文版即將付梓，推敲的痛苦與快樂也算告一段落。譯事之難在於看似淺易，實則深奧和多變，字詞之間往往「句月踟躕」，時至今日有時還會沉迷或回味其中的某些「好」詞和「壞」字、「亮」點或「糟」點。就譯者來講，這算是用心頗深、用力甚著的一部譯作，以至於今天寫這篇小文仍然感到有點「身體疲倦」。但願在吐出如此珍貴的心血並對讀者有所營養之後，在體質上能收到瘦身之效吧。令人稍感遺憾的是，由於某些原因，原作的部分內容有所刪減，希望讀者能夠理解和體諒（編注：繁體中文譯本為未刪減之全譯本）。如果這部譯作及其頁下注和這篇小文能有助於大家閱讀和理解，也就算譯者的分內之幸和意外之喜了。

在拙作即將面世之際，譯者感謝原作者夏瑪教授、出版方以及所有提供善意幫助的人，正是他們積極而嚴肅的工作態度和成果為譯者提供了精心耕耘、奮力勞作的平臺和環境，使這部相對完整和緊湊的譯作順利出版成為可能。由於譯者知識和學問上的粗陋，真正做到翻譯、研究與世俗生活三面精到尚是目標。信筆寫出，未盡和欠妥之處，誠望各界方家指教。

❼約瑟福斯在這場戰役中被俘虜，倒戈轉而效忠羅馬人、成為羅馬公民，並獲得了約瑟福斯這個名字（他原名Yosef ben Matityahu）。

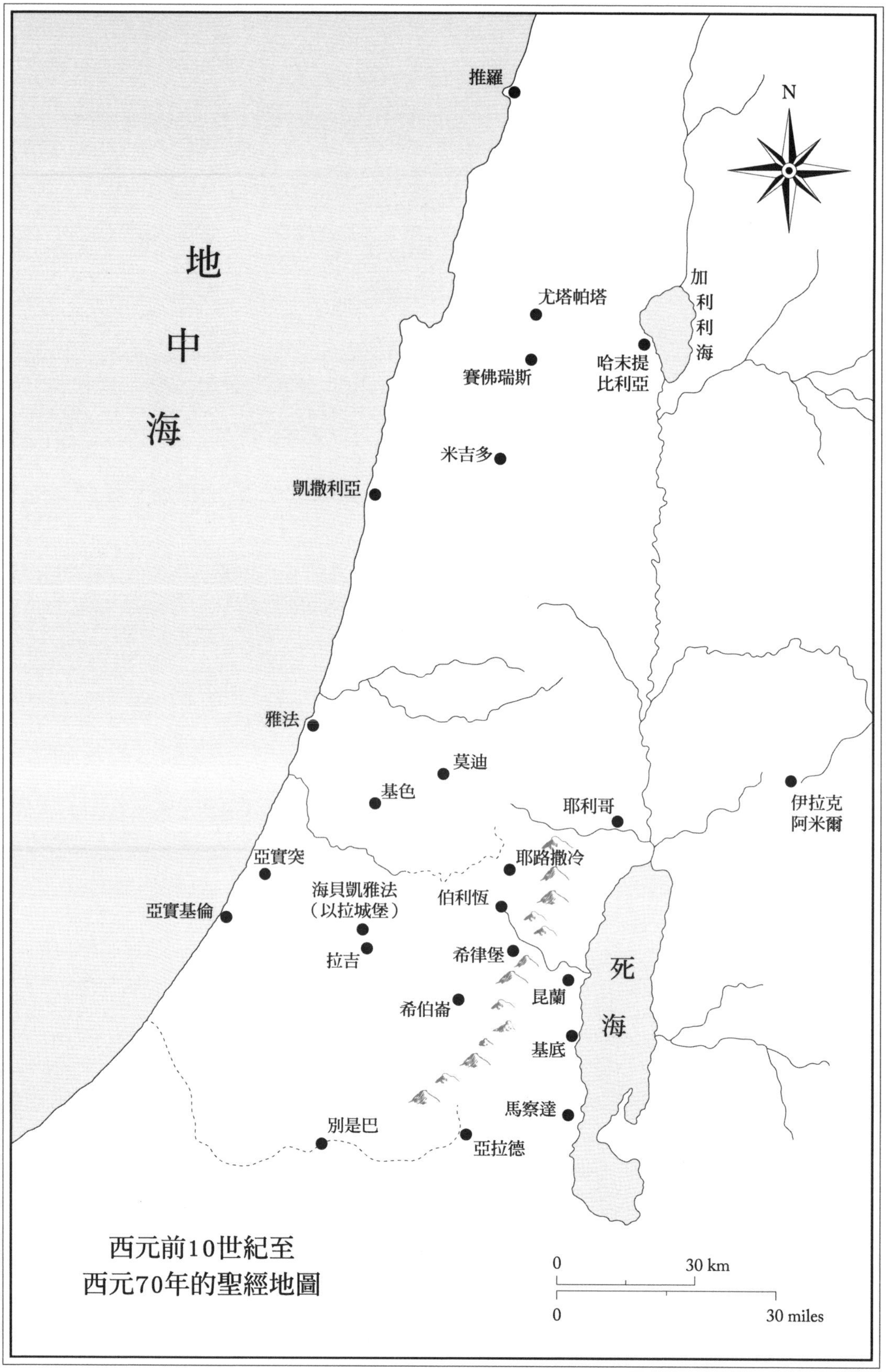

西元前10世紀至
西元70年的聖經地圖

聶伯河
塔耐斯
頓河
奧爾比亞
裡海
多瑙河
黑海
默西亞
賽狄卡
特拉比松
阿米蘇斯
拜占庭
馬其頓王國
安卡拉
普魯撒
弗里吉亞
馬拉蒂亞
亞述
底格里斯河
美索不達米亞
奇里乞亞
以弗所
撒狄
蘇拉
塔爾蘇斯
杜拉歐羅普斯
希臘
提洛島
呂底亞
安提阿
幼發拉底河
羅得島
賽普勒斯
巴爾米拉
蓬貝迪塔
巴比倫
大馬士革
地中海
賽佛瑞斯
提比利亞
N
貝特謝安
耶路撒冷
昔蘭尼
百尼基
亞歷山大
佩魯修姆
開羅
昔蘭尼加
埃及
費勻
赫拉克利奧波利斯
0
300 km
0
300 miles
近古代猶太教堂
有著名猶太教堂的城鎮
有猶太社區的城鎮
猶太人普遍分布的地區
尼羅河
紅海
象島

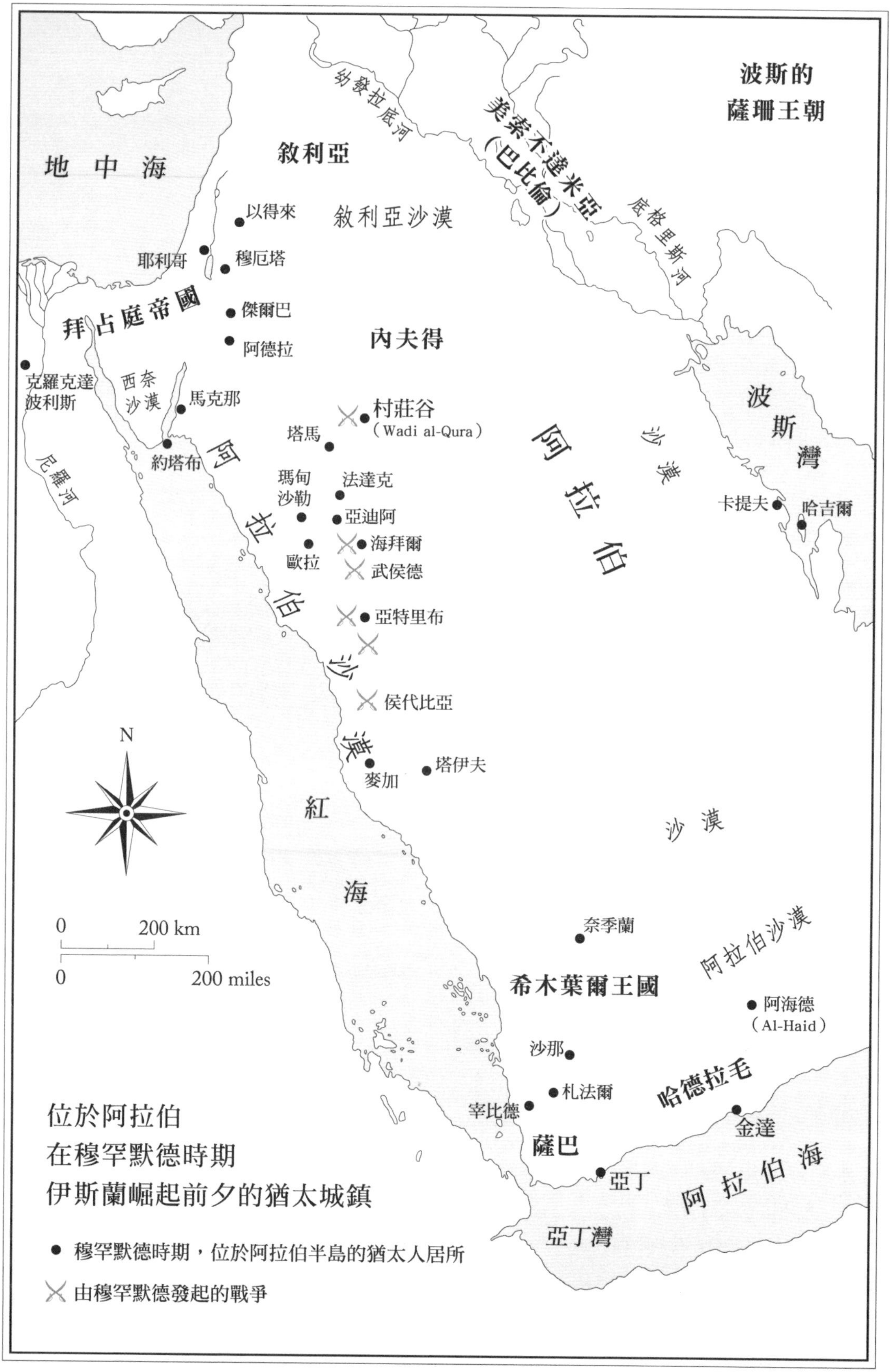
波斯的
薩珊王朝
幼發拉底河
美索不達米亞
（巴比倫）
底格里斯河
地中海
敘利亞
敘利亞沙漠
以得來
耶利哥
穆厄塔
拜占庭帝國
傑爾巴
阿德拉
內夫得
克羅克達
波利斯
西奈
沙漠
馬克那
村莊谷
（Wadi al-Qura）
塔馬
約塔布
尼羅河
阿拉伯沙漠
阿拉伯
沙漠
波斯灣
瑪甸
沙勒
法達克
亞迪阿
歐拉
海拜爾
武侯德
亞特里布
侯代比亞
卡提夫
哈吉爾
麥加
塔伊夫
紅海
沙漠
N
0
200 km
0
200 miles
奈季蘭
阿拉伯沙漠
希木葉爾王國
阿海德
（Al-Haid）
沙那
札法爾
宰比德
哈德拉毛
金達
薩巴
亞丁
阿拉伯海
亞丁灣
位於阿拉伯
在穆罕默德時期
伊斯蘭崛起前夕的猶太城鎮
穆罕默德時期，位於阿拉伯半島的猶太人居所
由穆罕默德發起的戰爭

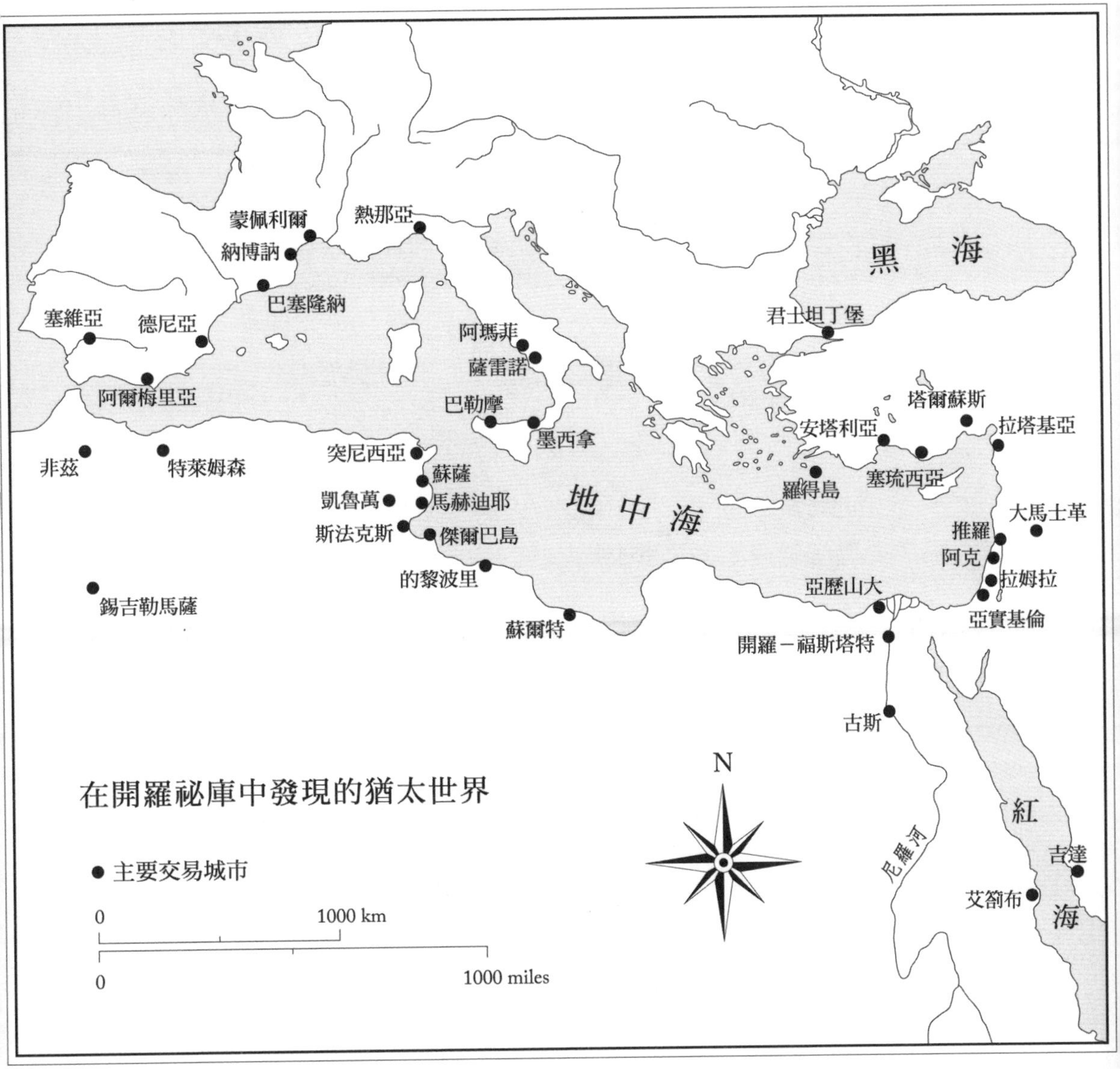

在開羅祕庫中發現的猶太世界
主要交易城市
0
1000 km
0
1000 miles
N
黑　海
地中海
紅
海
尼羅河
蒙佩利爾
納博訥
熱那亞
巴塞隆納
塞維亞
德尼亞
阿爾梅里亞
非茲
特萊姆森
阿瑪菲
薩雷諾
巴勒摩
墨西拿
突尼西亞
蘇薩
凱魯萬
馬赫迪耶
斯法克斯
傑爾巴島
的黎波里
錫吉勒馬薩
蘇爾特
君士坦丁堡
安塔利亞
塔爾蘇斯
拉塔基亞
塞琉西亞
羅得島
大馬士革
推羅
阿克
拉姆拉
亞歷山大
亞實基倫
開羅－福斯塔特
古斯
吉達
艾笏布

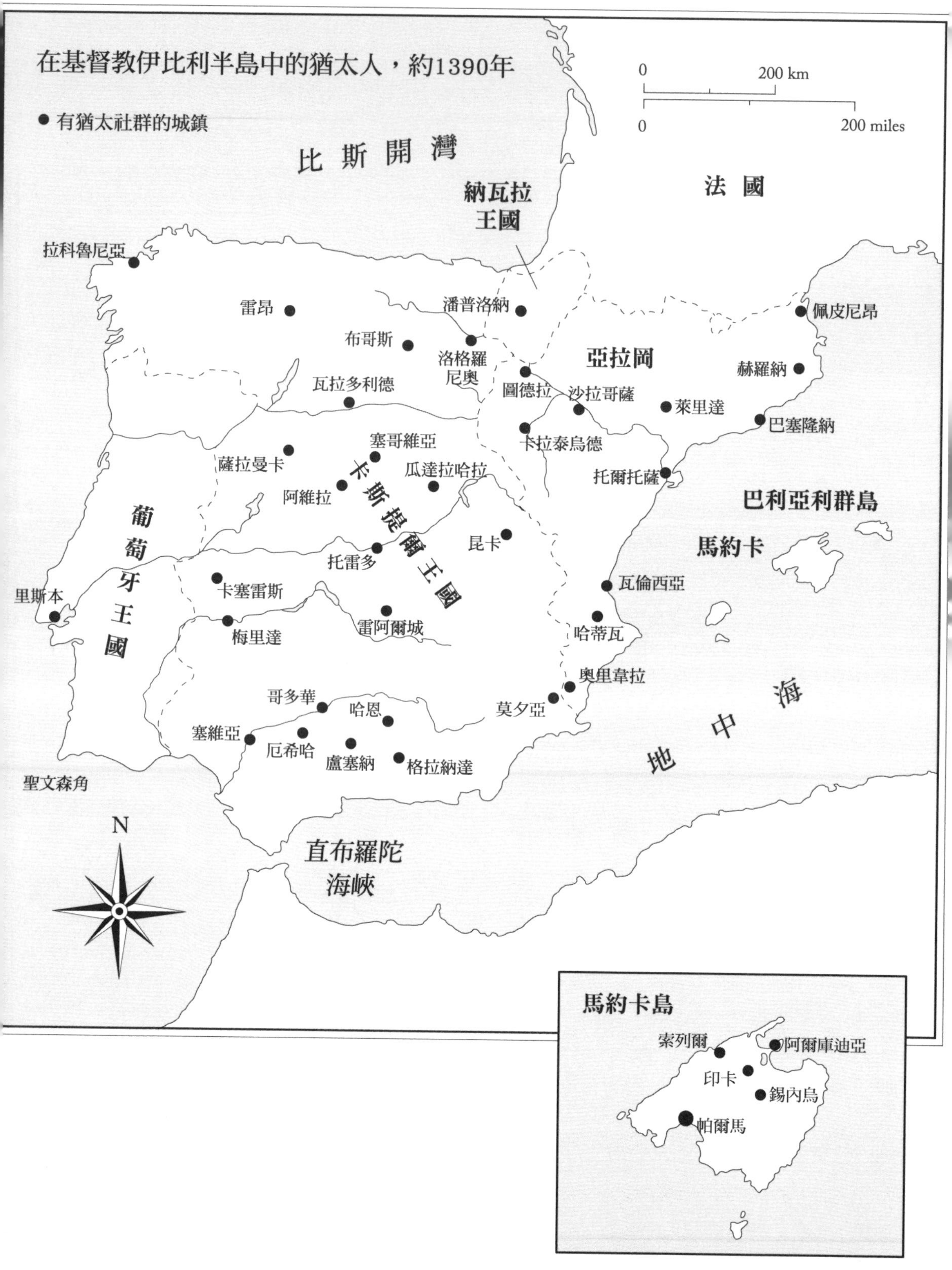
在基督教伊比利半島中的猶太人，約1390年
● 有猶太社群的城鎮
0
200 km
0
200 miles
比斯開灣
納瓦拉
王國
法國
拉科魯尼亞
雷昂
潘普洛納
布哥斯
洛格羅
尼奧
佩皮尼昂
亞拉岡
赫羅納
瓦拉多利德
圖德拉
沙拉哥薩
萊里達
巴塞隆納
卡拉泰烏德
塞哥維亞
薩拉曼卡
瓜達拉哈拉
阿維拉
托爾托薩
巴利亞利群島
卡斯提爾王國
葡萄牙王國
昆卡
馬約卡
托雷多
里斯本
卡塞雷斯
瓦倫西亞
雷阿爾城
梅里達
哈蒂瓦
奧里韋拉
哥多華
莫夕亞
哈恩
塞維亞
厄希哈
盧塞納
格拉納達
地中海
聖文森角
N
直布羅陀
海峽
馬約卡島
索列爾
阿爾庫迪亞
印卡
錫內烏
帕爾馬

北海
約克
林肯
金斯林
諾里奇
牛津
伯里聖艾德蒙
溫徹斯特
倫敦
英格蘭和威爾斯（1290年）
葡萄牙（1497年）
盧昂
巴黎
奧略昂
布耳瓦
洛什
法國（1306年和1394年）
里昂
納瓦拉（1498年）
土魯斯
西班牙（1492年）
科隆
美因茲
沃姆斯
加姆堡
符茲堡
哥他
紐倫堡
伯恩
柏林
布拉格
克拉科夫
維也納
布達佩斯
熱那亞
普羅旺斯（1394年）
薩丁尼亞島（1402年）
那不勒斯王國
西西里島（1495年）
馬爾他（1492年）
立陶宛（1495年）
N
克里米亞（1016年）
黑海
羅得島（1502年）
地中海
在基督教統治下發生猶太人被驅逐事件的城鎮（1010－1540年）
猶太人遭驅逐的基督教國家（1012－1495年）
0 500 km
0 500 miles

中世紀基督教世界中發生的屠殺與驅逐事件

目次

＊本書隨頁注為譯注，作者注請見書末注釋。

前言

不能說沒有人提醒過我。「我兒，」那位冷靜而賢明的《傳道書》作者告誡：「著書多，沒有窮盡；讀書多，身體疲倦。」❶凡敢於探究猶太歷史的人就應該清楚，他所要面對的是卷帙浩繁、堆積如山的各種文獻經典。然而，四十年前，我曾答應完成由於著名猶太學者塞西爾·羅斯❷不幸謝世而未竟的一部猶太史書稿；❸他是上述經典作者之一，終身致力於猶太史的研究與著述。當時，我正忙於一部關於「羅斯柴爾德家族❹與巴勒斯坦」的書稿。

同時，我正與劍橋大學的朋友和同事、中古晚期猶太哲學家和阿摩司·奧茲❺的譯者尼古拉·德·

---

❶參見《傳道書》12:12。

❷塞西爾·羅斯（Cecil Roth, 1899-1970），著名猶太歷史學家，生於倫敦，一九六四年移居以色列。一九六五年起擔任《猶太大百科全書》主編，在他去世前已出版十六卷。主要代表作有《簡明猶太民族史》（已出簡中版）、《死海古卷》、《文藝復興時期的猶太人》等。

❸此書應指的是上注中提到的《猶太大百科全書》。

❹羅斯柴爾德（Rothschild）家族是近代歐洲最著名的猶太金融世家，對歐洲經濟和政治產生影響長達兩百年之久。在猶太人眼中，最重要的是該家族曾為世界各地，尤其是東歐猶太人向巴勒斯坦地區移民提供了大量的資助。該家族中的著名成員萊昂內爾·沃爾特·羅斯柴爾德曾在第一次世界大戰期間幫助遊說英國政界顯要，使英國政府最終正式贊同猶太復國主義，發表了著名的《貝爾福宣言》。

朗日（Nicholas de Lange）一起當起了學生，在基督學院我的辦公室裡舉辦的非正式研討會中，補充學習有關後《聖經》歷史方面的知識。在那段時間裡，每天吃過晚飯，總有那麼幾個小時，我們這幫人會聚在一起，一邊嗑著胡桃、說著笑話，一邊品嘗紅酒，同時也品味著一杯杯的希伯來「字符」——討論那些猶太哲人、假救世主、詩人、起義領袖……

我與尼古拉之所以舉辦這樣的聚會，還有一個重要的原因。對我們來說，除了拉比文獻，似乎沒有其他東西能引起歷史或文學專業學生的興趣去討論猶太文化，而這顯示了這個主題已經從學術主流中分離出來。於是，到延請我接手羅斯未竟的書稿時，就有更迫切的理由需要在猶太人的歷史與其他民族之間建立起某種聯繫。那是一九七三年，阿以贖罪日戰爭❻剛剛爆發。儘管以色列軍隊並未示弱，但卻一改七年前的六日戰爭❼結束後一直持續著的那種樂觀氣氛，顯得十分嚴肅。這次最後的衝突就像一場勢均力敵的賽跑，在勇猛的埃及人越過蘇伊士運河進入西奈半島期間更是如此。局勢像沙丘般不斷移動，原來安全的地方不再是安全的。本來見證猶太歷史上一個個太平盛世的戰後歲月，變成了對勝利情結的強烈自我反思。《聖經》考古學發生了劇烈的轉向存疑。痛苦的氣氛瀰漫開來，與一九四八年猶太人和巴勒斯坦人之間發生的情形毫無二致。長期占領直至最終不得不面對第一次巴勒斯坦大起義（intifada）❽的現實粉碎了人們的美夢。猶太歷史的話題完全被巴以衝突的現實所淹沒，要想和非猶太人談論這個話題是根本不可能的。此外，可以理解的是，焚屍爐高高的煙囪上仍然掛著悲劇的煙幕。不管是猶太人還是非猶太人，記憶中那場慘絕人寰的災難❾似乎要求他們在其巨大的陰影面前保持沉默。

無論打破這一局面（二戰後猶太敘事蒼白）的代價如何，沉默都不應該是一個歷史學家的選擇。我覺得，如果能為普通讀者寫一部後中世紀猶太史，一部全面評價猶太人的共同經歷，而不是一味地講述迫害和大屠殺悲慘故事的書，那麼我就能作為一個對話者，告訴讀者（以及歷史大綱的編寫者）：無論歷史研究的主要關注點是何時何地，如果缺少猶太人的故事，任何歷史都不完整；除了集體屠殺和拉比文

獻，猶太人的故事意味著更多的東西，是由古代的殉教者和現代的征服者共同寫成的。

隨著我長大成人，這個願望一直縈繞心頭。我的父親非常著迷於猶太歷史和不列顛歷史，悠遊於兩者間。過去，他會為我們弄一艘小船，把草莓、烤餅和果醬放在一個籃子裡，他坐在船尾，手握舵柄，一家人在泰晤士河上徜徉於達奇村（Datchet）和舊溫莎（Old Windsor）之間。他會不由自主地說起迪斯雷利❿，就好像和他私交甚深（「受了洗禮？」「受不受洗有什麼不同？」）；然後，他會回憶起十七世紀的假救世主沙巴泰・澤維⓫，或許我的父親（以及歷代夏瑪家族的先輩）透過他看到了些什麼（「這個冒牌貨！」）。

---

❺阿摩司・奧茲（Amos Oz, 1939-），當代以色列著名作家。主要代表作有《我的邁克》、《罪惡的士師山》、《在以色列土地上》等，其作品大多取材於歷史，來源於生活，洋溢著史詩般的激情。

❻即第四次中東戰爭，亦稱「十月戰爭」。開始於一九七三年十月，期間多次停火，至一九七六年二月以色列從已占領的土地上撤軍而結束。

❼即第三次中東戰爭，亦稱「6.5戰爭」。在短短的六天內，以色列大獲全勝，南占西奈半島，東掠約旦河西岸，北侵戈蘭高地，成為現代戰爭中閃電戰的經典戰例之一。

❽一九八七年十二月九日，一輛以色列軍車開進巴勒斯坦難民營，撞死四名巴勒斯坦人，由此引發了一系列的抗議活動，暴力對峙長達六年，最終迫使以色列政府重新審視其領土擴張政策，並開始與巴解領導人談判。

❾指第二次世界大戰猶太人所經歷的災難。

❿班傑明・迪斯雷利（Benjamin Disraeli, 1804-1881），英國猶太人，貝肯菲爾德伯爵一世，英國保守黨領袖，著名作家。他出生於倫敦的一個猶太家庭，但在十三歲時按照父親的意願受洗，接受了基督教。在他的政治生涯中，是三屆內閣大臣，並兩度出任首相，而他的政治觀點則充分反映在他的三部長篇小說《青年一代》、《兩個民族》和《新十字軍遠征》中。

⓫沙巴泰・澤維（Shabbetai Zevi, 1626-1676），十七世紀自稱為猶太人救世主的人物。他生於土耳其的士麥那，從小學習猶太經典，精通《塔木德》。歷史上曾出現過形形色色的假救世主，但澤維的出現引發了猶太歷史上最大的一次猶太救世浪潮，即所謂「沙巴泰運動」。他於一六六六年初被土耳其當局逮捕後，表示願意皈依伊斯蘭教。後失寵於蘇丹而被驅逐出境，於一六七六年死於阿爾巴尼亞的一個無名小鎮。

有時他也會自言自語地發問：誰該擁有為猶太人發聲的權利？華特．史考特（Walter Scott）還是喬治．艾略特（George Eliot），是寫《孤雛淚》的那個冷嘲熱諷的狄更斯，還是寫《我們共同的朋友》（*Our Mutual Friend*）的那個多愁善感的狄更斯？我們會把船繫在河邊的柳樹下，陷入對夏洛克⓬的痛苦沉思之中。也正是從我的父母那裡，我承繼了這樣的觀念：《舊約》是第一部為所有人手寫的歷史，以豐富詩意描寫奇蹟，但這是一部書寫著奴役與解放、王室的自大與子孫的反叛、一代代哲人與一次次滅絕、制定律法與違犯律法的傳奇故事的羊皮紙古卷；而在此之後的每個歷史片段都會銘刻其上。如果我的父親能寫下一部歷史書的話，書名必定是《從摩西到〈大憲章〉》。然而，他沒寫成。

我也沒有寫成，至少在一九七三年是如此。我嘗試過，試圖接著塞西爾．羅斯的敘事思路書寫下去，但不論何種原因，這一承接工作一直沒有完成。然後，我就開始了四十年的學術流浪，當然並不完全是在曠野荒漠中，而是進入了遠離我猶太背景的地方，去了荷蘭和南卡羅萊州，去了斯卡拉布雷（Skara Brae）⓭和雅各賓（Jacobin）的巴黎⓮。但是，在這四十年中，我本來應該宣講的故事的絲絲縷縷，一直時隱時現地縈繞於我的思想與記憶的深處，就像親人在家族的婚禮或葬禮上輕輕地但又堅定地拉扯我的衣袖（他們有時的確會這樣做）。永遠也不要低估猶太長輩那特別的關懷的力量，別低估那位沉默而耐心的母親的責備。

因此，直到二〇〇九年，當英國廣播公司（BBC）的亞當．坎普（Adam Kamp）安排會面，要我談一談關於新系列電視紀錄片「你心中為何愛恨交織」（which you'll either love or hate）的想法時，還沒等他開口，我就已經有點明白即將發生什麼了。我承認，那一刻我就像飛馳的約拿（Jona）。我心中有一個聲音說：「下到約帕，遇見一艘船，要往他施去。」⓯但是，當時這樣做對他有什麼好處呢？⓰後來，我懷著萬般的感恩與忐忑之心重新找回了我在幾十年前放棄的使命。這一次，這部書稿將得到電視媒體的強力支持，借助紙質和膠卷這兩種具有有機聯繫但受眾不同的媒介，我希望在猶太人和非猶太人受眾之間

建立起一座我在四十年前一度放棄的橋梁。

雖然要面對各種難以想像的挑戰（把三千年的歷史濃縮為五個小時的電視節目和兩冊書），但這一直是也仍然是一次偉大的愛的勞作。不僅如此，與傳統講故事不同，我欣喜於這種講述的方式，特別是在過去的幾十年中，文本及視覺資料的傳播方式已經發生了變化。考古發現，尤其是《聖經》時期的各種銘文文本（這些文本大部分已成為人類的共同遺產），讓人更了解經文是如何產生的。從世界各地猶太人定居點出土的各種鑲嵌畫，不僅大大地改變了我們對猶太會堂和禮拜的看法，也使我們更了解其他宗教和早期基督教分享這一宗教形式的程度，並感到驚歎。如果不在敘事中融入那種感覺良好的虔誠，如果不能淡化故事中星淚點點的悲傷情懷，那麼如此展開的歷史就是一部日常生活中的英雄史，或是一部悲劇的史詩。這部書稿和電視節目充滿了文化的啟示和詩意的描述，有散文也有詩歌：中世紀開羅的一本兒童希伯來文練習冊上畫的小丑，西班牙的一部裝幀豪華的《聖經》上的貓鼠大戰插圖，西元前五世紀一個埃及女奴與當地一位猶太聖殿官員結婚時可憐的嫁妝，一名士兵在一個被巴比倫人圍困的山頂要塞中束手無策，約西亞王統治時期，以古希伯來文雕刻在一件小小銀質護身符上的祭司祝福詞。

當然，這都是一些小事，而猶太人的故事是非凡的。猶太人所經歷的歷史，尤其是他們能夠存活

⓬ 指莎士比亞的著名喜劇《威尼斯商人》中的猶太人夏洛克。他在劇中是一個反面丑角，所以猶太人對這個角色的感情是複雜的。

⓭ 位於蘇格蘭西海岸，是最著名的新石器時代遺跡之一。

⓮ 指作者考察法國大革命時期的遺跡。

⓯ 參見《約拿書》1:3。

⓰《聖經》故事：約拿奉上帝指派，歷盡艱難（甚至在魚腹中待了三天）趕去尼尼微城報信，讓城裡的人「離開所行的惡道」，從而免遭上帝的懲罰。作者借用這個故事，意在說明自己的創作衝動。

下來並向人們講述的這些故事，本身就是其他民族也曾經歷的巨大不幸的歷史中，最感人的版本，是一部在連綿不斷的驅逐和攻擊中，用獨特文化頑強地反抗滅絕、重建家園和習俗、書寫生命詩行的歷史。正是這些，使得猶太人的故事既獨特又普世，是猶太人和非猶太人共用的遺產，是對人類共同人性的記述。閱盡繁華與哀痛，經歷一次次的災難與無限的創造之後，接下來講的這些故事，無論從哪個方面來講，都不失為世界上最偉大的奇蹟之一。

第一部

Part One

莎草、陶片、羊皮紙

第一篇
在埃及

起初——這並非先祖和先知們想像中的起初，當然也不是整個宇宙的起初，只不過是文字記載中普通猶太人的「起初」——在這個起初的時刻，一位父親與一位母親正為他們的兒子憂心不已。

這個兒子是一個士兵，名叫示羅曼（Shelomam），是筆者的希伯來名字示羅姆（Shelomo）的亞蘭語（Aramaic）讀法。他父親的名字叫奧西雅（Osea），正是我的父親（Aba）[I] 的中間名。那是兩千五百年前，即西元前四七五年，也就是波斯帝國阿契美尼德王朝（Achaemenid）薛西（Xerxes）國王統治下的第十個年頭。儘管他花了大半時間在希臘征戰，但仍然是埃及的統治者。他在王位上又坐了十年後，被他最寵信的官員，赫卡尼亞人（Hycanian）阿達巴奴（Artabanus）與一個宦官合謀殺害。也就是說，拿撒勒（Nazareth）的耶穌（Jesus）是在此之後五百年出生的。如果《希伯來聖經》的幾位作者可信，那應該是摩西（Moses）率領受奴役的以色列人走出埃及進入曠野荒漠之後大約八百年。正是在曠野中，他們獲得了耶和華直接授予的律法（據稱的確是他親自用手寫在石板上的），儘管他們也曾不止一次地恢復偶像崇拜，轉向其他的神求助，但他們已經變得有點像猶太人了。

《聖經》作者認為，從尼羅河谷出埃及意味著結束了外邦的奴役，成為真正的以色列人。他們把在曠野中流浪的過程看成既是地理上的抬高，也是道德上的昇華。那亂石嶙峋的高處正是通向天國的驛站，也正是在那裡，被寫作耶和華（Yahweh）❶ 的雅威（YHWH）真身顯現了（至少是他的背影），使摩西的臉又熱又亮地閃著輝光。起初（無論是《聖經》還是考古學意義上），猶太人聚集在山區活動。用希伯來語

來說，向以色列遷徙仍然是阿利亞式（aliyah）❷的，即向高處走。很難想像，耶路撒冷會建在沖積平原上。那裡的河流充滿了黑暗的誘惑，而大海則更為可怕，到處是長滿鱗片的怪物。那裡依岸而居或駕舟弄潮的人（像腓尼基人或希臘人）是令人憎惡的，因為他們狡詐、骯髒，且奉行偶像崇拜。而在那些把出埃及視為真正開始全新猶太生活的人心目中，返回埃及是一種墮落，意味著落向偶像崇拜的深淵。先知以西結（Ezekial）和曾親自去過埃及的耶利米（Jeremiah），曾經指責這種走回頭路的做法絕非猶太人所為。耶利米告誡說，那些如此一意孤行的人將「成為凌辱、笑談、譏刺並受咒詛」。❸

這不是第一次，也不是最後一次以色列人執意不聽勸告，他們又成群結隊地跑回了埃及。當北方的以色列王國於西元前七二一年被亞述人消滅，而南方猶大國（Judah）於一個世紀後也同樣遭到巴比倫人蹂躪。在這樣的情況下，為什麼不跑回埃及呢？所有這些不幸可能，並且的確被《聖經》作者描述為耶和華對以色列人自甘墮落行為的一種懲罰。而那些接受不幸結局的人，則可以通過這樣想而得到寬恕：他對我們行了多少善事啊！國王約西亞（Josiah）為了過逾越節在聖殿中以三萬隻羔羊和母羊獻祭，一群群的人們因為曾向那些假神表示忠心而感到懺悔不已。然而所有這些，在來自美索不達米亞的凶惡征服者面前，在面對那獅子般的捲髮和豹皮的彩衣，面對一排排的弓箭手和標槍手時，都顯得蒼白無力。

因此，以色列人又從他們深褐色的猶地亞山區來到了埃及的河谷平原，來到了尼羅河三角洲上的答比匿（Tahpanhes）、中游的孟斐斯（Memphis），甚至深入到最南端的巴忒羅（Pathros）。波斯人於西元前五二五年進入埃及後，並不把以色列人視為奴隸，而更多地當作奴隸主，尤其是當作像亞蘭人、裡海人或來自安納托力亞（Anatolian）沿海地區的卡里亞（Carian）希臘人一樣，是可以依賴、作風頑強的職業軍人，用他們來鎮壓埃及人針對波斯人的暴亂活動。當努比亞人（Nubian）❹有所異動時，他們也負責監視南部邊境的動靜。

奧西雅的兒子示羅曼正是這樣一個年輕人。他是一名傭兵——這是當時人們討生計的方式之一；被

派往南部恰好位於尼羅河第一瀑布下游的象島（Elephantine）上猶太軍團駐紮的要塞。或許，他也曾受命保護商隊，護送過象牙、黑檀木以及努比亞兒童之類的貢品（這些貢品一度是送給法老的，但在當時則是送給波斯總督的）。

此刻，他的父親奧西雅正在密奪（Migdol）寫信。密奪可能位於尼羅河三角洲的西部，示羅曼也曾一度在那裡駐紮過。他的這封信用當地的日常用語，也是帝國的官方用語——亞蘭語寫在莎草紙的表面上，要送到南方五百河哩❺外的某個地方，等他在象島上駐守的兒子來取。用獨特的方式壓製成紙片後，莎草的分解速度會變得非常緩慢。如果避光保存，墨蹟會一直保持清晰的黑色。這些手寫的方塊字（就像從第二聖殿時期到當代我們一直使用的希伯來文，字形優雅）至今依然清晰可辨。在猶太人的記憶中，這封

❶在古希伯來文《妥拉》中，上帝的名字是以四個輔音字符代表的，這四個字符相當於英文字母「YHWH」，正確的發音應為「雅赫維」或「亞衛」（編注：臺灣大多音譯作雅威，本書以此為主）。由於猶太人不敢妄稱上帝的名字，所以當遇到「YHWH」這四個代表上帝名字的字母時，他們不讀「雅赫維」而改讀「阿多乃」（Adonai），意為「吾主」（My Lord）。西元六至七世紀時，為便於閱讀，本無母音符號的《舊約》一律加注了母音，為表明「YHWH」應讀作「阿多乃」，所以就把「阿多乃」三個母音符號標注在「YHWH」四個輔音之間。到基督教繼承猶太教的《舊約》時，可能誤將代表上帝的四個輔音字母「YHWH」和「阿多乃」的三個母音字母拼在一起，於是出現了「耶和華」（Jehovah）這個名字。總而言之，「雅赫維」是上帝名字的最原始用法（編注：本書中的「耶和華」皆為「YHWH」）。

❷希伯來語中意為「上升」、「向上」，指散居世界各地的猶太人回歸以色列故土居住、生活的行動。在猶太禮儀中，被召喚上前面對會眾誦讀某一段《妥拉》經文被認為是一種榮譽，而在遠古時期，到聖地耶路撒冷被認為是一種精神「昇華」。

❸參見《耶利米書》23:11。

❹努比亞王國的領地基本上相當於現在的衣索比亞。努比亞王國大約建立於西元前八世紀，歷經若干個朝代的興衰之後，於十九世紀末才形成現有的版圖。

❺用英里從河口度量河流長度稱「河哩」。

信就好像是奧西雅昨天才寫的。一位憂心的父親就是一位憂心的父親，他忍不住要讓兒子知道自己的感受，並且希望他馬上知道。信的開頭是這樣的：「我祝你幸福並擁有力量，但從你離家遠赴邊關那天起，我心裡始終難受。」誰都知道，接下來寫的肯定這樣一句話：「你母親也是如此。」即使奧西雅不寫出來，示羅曼也知道那是什麼，因為這是每一個猶太孩子都曾聽過的，是打開猶太歷史的一句話。

這封信的開頭是十分經典的先發制人式。我父親亞瑟・奧西雅，為接下來的消息可能會使他的兒子感到很不高興而憂心忡忡、惴惴不安時，也曾厚著老臉借用過埃及那位奧西雅的筆法。「不必擔心……你母親在這件事上有點心煩意亂，但是……」然後，他開始寫到令他自豪和歡喜的兒子，他的示羅曼，是不是很生氣？津貼和行裝有麻煩嗎？「你上次信中提到的罩衫和套裝已經做好了，這樣行嗎？不要生我的氣，我沒法把這些東西給你及時送去（你到南方出行時要穿）。但我會盡快，這樣你回程的時候就能穿上了。」那麼津貼的事呢？是啊，這件事有些麻煩，我的孩子。「你離開密奪時，他們並未將你的薪水交給我們。」更糟糕的是，當奧西雅詢問這筆錢的去向時，他竟然遭到了那幫王室奴才的推拖——十分抱歉，我真的不擅長做這種事！你知道，但你可以通過各種管道向官員投訴。「等你回到埃及，把這件事告訴他們，他們會把錢補給你的。」聽著，我的兒子，奧西雅繼續寫著，不再提那些他沒有為兒子辦成的事：「別為這事哭鼻子，要像個男人……你母親，還有孩子們，大家都挺好的。」

我們當然希望能了解更多猶太士兵示羅曼在象島的前線生活細節，但他父親的那封信似乎並未寄出，或許根本就沒有送抵象島，兒子也不曾收到他的罩衫或津貼。也或許他拿到了，並把這件事記了下來，對此我們不得而知。無論如何，這封信被保留了下來，在沉睡了兩千五百年後，有一位美國業餘埃及學家、前《紐約先驅論壇報》（*New York Herald Tribune*）記者查爾斯・韋爾伯（Charles Edwin Wilbour）❻於一八九三年，買下了象島上一群挖泥肥婦女挖到的一個塞滿莎草紙的陶罐。「所有這些來自科姆（Kom）❼的紙片是由三個不同的女人在不同的時間送給我看的。」韋爾伯在日記中寫道。但是，當他

看到莎草紙上寫的是亞蘭語，並且屬於第二十七王朝時，頓時失去了興趣。那些器型更大、更古老的法老時期古物，才是他的興趣所在。

二十年前，查爾斯．韋爾伯的好友、曼哈頓城的特威德老大（Boss Tweed）因貪贓枉法被趕下了臺。韋爾伯和特威德曾簽訂過販運紙張生意的違法合約，因此他不得不匆匆忙忙地離開曼哈頓。在巴黎，古埃及學給韋爾伯帶來了全新的生活，他師從著名學者賈斯頓．馬伯樂（Gaston Maspero），掌握了埃及恢弘歷史的知識。他造了一艘簡易的小船，使他和妻子夏洛特．比比（Charlotte Beebee）（她是一名激進的女權主義者）能夠便利地在尼羅河上來回，並不時泊船上岸，在卡納克（Karnak）、路克索（Luxor）、底比斯（Thebes）等遺址參與發掘。那些德國人以及法國、英國的埃及學家發現這個滿腔熱情的洋基佬（Yankee，指美國人）十分有趣，有時甚至非常有用。偶爾，韋爾伯會造訪弗林德斯．皮特里（Flinders Petrie）所住的簡陋帳篷，心想這位英國考古學家按照阿拉伯人的習慣宿營，是不是簡樸得有點太招搖了。

韋爾伯留起了先知式的大鬍子，在近二十年的時間裡，尼羅河就是他的家。而當一切就要結束時，他站在象島的一個土堆上思索著，周圍有一群不停挖掘泥肥的女人：她們為了收成而挖出的這些泥肥就是古代泥磚的殘骸，在泥土中摻入足夠的乾草和草茬會產生出氮的效力。當時他肯定不知道，就在他腳下的某個地方，是一座已經完全瓦解了的猶太城市，能讓我們重建這樣一幅紛亂嘈雜的市井畫面：有關於小房大宅、出口入口的地界紛爭，有結婚和離婚，有遺囑和婚前協議，有食物和衣服，有盟誓和祝

---

❻查爾斯．韋爾伯（Charles Edwin Wilbour, 1833-1896），著名美國記者、埃及學家，象島莎草紙發現者之一。他曾將法國作家雨果的《悲慘世界》譯為英文。

❼應為金安堡（Kom Obom），位於阿斯旺以北三十英里的尼羅河畔。當地的神廟建於約西元前一八〇〇年，以「一廟兩神」著稱。

福。但韋爾伯好像並不在意這一切，只是把那些精心摺疊、裝訂並帶有護封的莎草紙，按照西元前十五至前十四世紀形成時的原樣，帶回了他在巴黎的簡陋寓所，保存直至他一八九六年去世。

十年後，一支德國探險隊在這片土地上掘出了更多的文物，他們挑選出一部分，帶到柏林和巴黎，並且發表了他們的成果。至於英國人，由於當時埃及已經成為他們的重要領地，更是不甘落後。大量的莎草紙和刻字的陶片（Ostraca）——刻有流放者名字的陶片，被集中送到它們通常會被送到的地方——牛津和大英博物館。在這件事情上，駐在開羅的一任任熱中考古的總督偶爾也會表現得寬宏大量，允許一部分文物送往開羅。二十世紀初，一些莎草紙文字曾被發表，但直到囤積的大量莎草紙轉到布魯克林博物館後，覆蓋在猶太人象島奇蹟上的面紗才真正被揭開。

用古代線形希伯來文寫下的信件片段和刻在陶片上的銘文（早於象島莎草紙兩、三個世紀）得以保留下來——猶太人的哭喊聲幾乎被淹沒在時間的狂風驟雨之中：一位農夫的新衣被厚顏無恥的債主搶走了；一位被困的軍需官面對越來越多的巴比倫人，為油和糧食愁得心急火燎；一位年輕的軍官在一座堡壘中徒勞地等待著鄰近山頭上點燃示警的烽火。

那麼，我們的《希伯來聖經》又是什麼呢？除了我們認為（激進的正統派猶太人和基督徒也這麼認為）它把上帝的話直接指示給摩西和先知們之外，大部分經文驚人的、詩意的敘事不過像另一位考古學家所說的那樣，只是歷史真相的一種「回聲」罷了。而有些情節，像根據文字記載的關於出埃及的故事，寫於人們認為的真實事件發生之後近五百年，很可能不是真的。在猶太史詩中，故事情節與真實歷史之間的確有一個交匯點，但《希伯來聖經》是猶太人心靈的印記，是想像中猶太人起源和先祖的圖畫，是耶和華與以色列人立約的史詩。它令唯一的、無形的上帝成為猶太人精神想像力的原始寶藏，在歷史長河中穿行。

象島那黃褐色的莎草紙及其抄寫的文士們❽清晰的黑色手跡，則能夠告訴我們一些完全不同的東

西，更有樸素的人性、平凡的人生：關於猶太人和以色列人流亡生活的日常記錄。我們能夠與他們自然而真實地交流，宛若就住在他們的附近：淘氣的孩子、焦急的母親、女奴新娘、亂開玩笑者和吹毛求疵者、婚前協議起草人、文士、聖殿管事、對地界討價還價的中間人在不停地爭吵、出賣色相的姑娘因自甘墮落而憤恨不已；各色人等，既有大人物也有小角色。我們知道他們的名字，他們的猶太名字清一色地以帶點神味的「yah」結尾，這是為了用耶和華的稱謂體現他們的身分，甚至宣稱神會保護他們的生命：比利雅（Berechiah）、阿拿尼雅（Ananiah）、第來雅（Delaiah）、瑪西雅（Mahseiah）、示瑪雅（Shemaiah）、哲米利雅（Germariah）、傑登尼雅（Jedaniah）、米塔西雅（Mibtahiah）、毘拉雅（Pelaliah）、瑪基雅（Malchiah）、烏利雅（Uriah）、撒迦利雅（Zachariah）、基瑪利雅（Gemariah）、亞撒利雅（Azariah）、撒迦利雅（Zechariah）……

就是這樣一些人，擁擠在尼羅河上一個棒槌形的小島上。或許，這並不是一個安逸的家園，但無論如何也算不上壞：酷熱氣候下有樹蔭乘涼；遠近聞名的無花果四季常青；只有在尼羅河南部鄉間才會生長的海島棕櫚，那獨特的樹冠上不斷生出新葉；河岸在激流沖刷下形成了蜿蜒而優美的曲線；金合歡、肉桂樹和桑樹叢則靠裡一些，在河的西岸形成了一大片綠色，肥沃的沖積平原在金色的沙丘下則是一條

❽猶太教對猶太學者的泛稱。「文士」一詞在希伯來語中的涵義是「計數」，因為被稱為文士的學者一直用心計數《聖經》中字符的數目，對每個詞的拼寫和發音都很小心謹慎，以確保把《聖經》的內容準確無誤地傳給下一代。就其專稱而言，一是指第二聖殿初期用律法重新整頓和規範猶太生活的學者，他們大多是精通《聖經》和口傳律法的專家，尤其在後「巴比倫囚虜」時代曾一度作為猶太民族的精神領袖；二是希伯來文抄寫人，其職責主要是抄寫《妥拉》經卷以及門柱經卷、經匣、律法書卷、訴訟案卷、婚約等重要文書。所以，文士在生活中必須能嚴格遵守猶太律法，態度認真，並能熟練使用鵝毛筆。千百年來，猶太文士一直受到人們的尊重，文士工作也因此被猶太人視為一項極為高尚的職業。

狹窄的綠帶。河的東岸較荒涼，高處是賽伊尼（Syene）❾的採石場，下面就是亞蘭人的營地，住著士兵和採石工。當地開採的花崗岩板材是灰色的，上面點綴著粉紅和血紅色斑紋。這些板材被搬運工費時勞力地裝上駁船，運往下游供給那些大建築商建造聖殿和陵墓。當時的埃及似乎仍然在法老的統治之下，即使在西元前十六世紀末期被岡比西斯（Cambyses）征服之後，埃及也不願做臣服於波斯的順民。有一塊石材是如此巨大，以至於可以用一塊石頭就鑿出整個王陵——希羅多德❿這麼描寫過（他的過分誇張也是一種罪過）。他強調，這塊石材是如此壯觀，以至於動用兩千個人，花了三年時間才把它運到下游位於尼羅河三角洲西部的賽伊斯（Sais）。

象島——當地人稱為伊布（Yeb），源於埃及語「Iebw」，意思是「大象的樂園」。儘管無人知悉，甚至連希羅多德也不知為何這地方要叫這個名字，但河水中那些光禿禿、灰白色的圓形巨石，就像大象的頭頂。象島以歷史上真實埃及的最後一隅聞名於世，是埃及文明在努比亞沙漠和岩石中蒸發之前最後的邊界。正是在這裡，那條夾帶著肥沃河泥懶洋洋地流動的河流，突然劇烈地改變了溫順的性格，瘋狂地沖刷著怪石嶙峋的花崗岩，向大瀑布沖去。只有那些「湍流中弄潮的船家」，即猶太人的「鄰居」（他們的粗魯就像翻騰的河水一樣臭名昭著）才能駕馭這狂暴的激流，借助懸掛在兩岸突出岩石上的繩索在白色的浪尖上溯流而上。地理學家斯特雷波⓫及每一個訪問過象島的真正的希臘旅行家，都會讓當地船家玩這種水上特技來取悅觀光者。那白浪翻湧的急流暗示著一個祕密：埃及快節奏的生活。在河兩岸對峙的克羅菲（Crophi）和莫菲（Mophi）兩座姊妹峰之間，可能像希羅多德聲稱的，一位埃及祭司告訴他的那樣，就是尼羅河的源頭，它深不可測，沒人能夠一探河底。法老普薩美提克一世（Psamtik I）曾試圖用一條一千英尋⓬長的繩索測量河水深度，然而除了旋轉的水流什麼也沒碰到。尼羅河水面下的動力，來自使河水分流的「河流閥」（fluvial valve），把一半河水送往南方酷熱的努比亞，另一半送到北方形成了河谷。在象島，羊頭人身的克奴姆神（Khnum）⓭受到崇拜，因為他能確保每年發洪水，如果沒有洪水，當

地的農人就必然面臨饑荒。神聖的克奴姆神在島上有自己特殊的陵墓，有自己的木乃伊安息地，而那時的雕刻工匠則陶醉於用石灰岩製作那些胖呼呼、毛茸茸的動物雕像。人們在通向岸邊的臺階上安裝了一個水位計，用以測量克奴姆神仁慈之心的恆定性。

像神話和禮俗一樣，人群、金錢和兵器也隨著河水湧向象島要塞。與賽伊尼一起，象島曾經是南國的哨兵，是古老埃及的「河流閥」。它需要人們維持、看護和巡查。但猶太人做著什麼樣的工作呢？他們又在那裡幹些什麼？難道他們一直對耶利米的警告充耳不聞？《先知書》中幾乎沒有記載，只有零星幾處提及，在西元前七世紀末期，這些來自巴勒斯坦地區北方的以色列人和南方的猶太人，或許在某個時間再次進入了下游的尼羅河谷。

猶太人的身分認同，最終會在尼羅河和幼發拉底河這兩個文化磁極之間的某個地方形成，但磁鍼卻在吸引和排斥之間不平衡地搖擺。《聖經》產生於猶大地[14]（Judaea）和巴比倫，而不是埃及。在希伯來哲人、文士和先知（在西元前七世紀至前五世紀期間，這些人一直在蒐集、整理流傳下來的記憶、口傳傳統、民俗和文字，最終編成作為正典的《聖經》）的心目中和作品中，有一次有益的遷徙（美索不達米亞）[15]，而另一次則是

---

[9] 編注：現名亞斯文（Aswan），又譯色弗尼。

[10] 希羅多德（Herodotus），古希臘歷史學家、作家，西方文學的奠基人，人文主義的傑出代表。早在羅馬時代就被譽為「歷史之父」。

[11] 斯特雷波（Strabo），古希臘地理學家、歷史學家。

[12] 英尋等於一．八二九公尺。

[13] 埃及南部象島的主神，常以公羊或羊頭人身的形象出現，象徵著強大的繁殖能力，同時也是尼羅河氾濫之神。

[14] 審訂注：Judea/Judean一語原譯文為「猶地亞」，此將在王國時期到流亡回歸的部分內容裡作「猶大地」。

有害的（埃及）。兩次遷徙最終同樣令猶太人成為水鄉澤國專制政權的奴隸，都因河水灌溉的平原耕地而擴大人口規模，都在沖積河床上生產糧食和種植蔬果。兩個城邦都使用象形文字和字母，都有律法和史詩、金字塔和金字塔形神廟。雖然兩個王朝都是殘忍的毀滅者，都奉行牲祭儀式，都崇拜貪婪的偶像（馬爾杜克〔Marduk〕神和拉〔Ra〕神）[16]，但是在原始猶太人的心目中，底格里斯河與幼發拉底河之間的那片土地從來也沒有像尼羅河谷那樣像惡魔。埃及傳記作家和《希伯來聖經》作者對一件事意見相同，那就是生活在埃及的猶太人，過著十分艱難的生活。

猶太人在埃及的生活是一種「不潔」的生活，或者說，是一種被奴役的生活——《創世記》和《出埃及記》中就是這麼描繪的。與其他各卷相比，《申命記》更多地規定了猶太人記憶的義務，而上帝則被定義為在出埃及時是作為「將你從埃及地為奴之家領出來的耶和華」[17]。這段經文很可能寫於西元前七世紀至前六世紀之間，準確地說，應該是猶太人回歸埃及的時候。儘管《申命記》的作者對口述歷史重新進行了加工，並寫進了《士師記》和《列王紀》敘事中，但任何這般的回歸，都是對最初誓約的無恥違犯。

另一方面，西元前六世紀耶路撒冷陷落之後，以色列人流亡到巴比倫卻帶有某種神秘、懲罰的意味。據稱這是出於上帝的命令，是一種向其根源，即誓約動力之源的**回歸**。《創世記》的作者，描述旅途中亞伯拉罕與耶和華的神奇往來，以及在耶和華特別指引和保護下的民族這一觀念如何產生時，把亞伯拉罕的出生地確定為美索不達米亞的迦勒底（Chaldea）。所以，一神教的發源地是在亞伯拉罕的故鄉、迦勒底的吾珥城（Ur）。這就賦予了尼布甲尼撒（Nebuchadnezzar）率領巴比倫人，於西元前五八七年摧毀被玷污的耶路撒冷聖殿這一事件以特別的涵義。歷史上以色列人第一次出走而脫離的那個民族，當時成了耶和華使之再次與最初的誓約產生聯繫的工具。巴比倫人焚毀了聖殿。在巴比倫（或者後繼的波斯帝國），這個民族將迎來潔淨的復興。果然，經過半個世紀的流亡之後，波斯王居魯士（Syrus）下令，允

許他們返回耶路撒冷。

在《聖經》作者的心目中，「巴比倫—波斯」一直被指定為上帝意志的工具，而埃及卻是耶和華宏大歷史計畫的頑固敵人。對二者來說，這種長期對立的感覺或許一直是相互的。在歷史上，第一次出現「以色列」字樣的人工製品，是西元前十三世紀法老梅納普塔（Merneptah）的勝利紀念碑文。他的父親就是拉美西斯二世（Rameses II），在出埃及時代的法老中素以「傲慢」著稱。碑文上寫道：「以色列已經被廢棄，再沒有它的種子了。」這段象形文字無疑告訴人們，以色列是一個民族，而不是一個地方。祭司兼語法學家馬內松（Manetho）[18]筆下的埃及歷史（寫於西元前三世紀或前二世紀，並通過羅馬猶太歷史學家弗拉維斯．約瑟福斯[19]西元一世紀的著作為我們所知）提到過以色列人離開埃及這件事，但當時他們是作為不潔的賤民，更可能是作為匪徒而遭到驅逐，不是作為耶和華保護的子民的一次勝利大逃亡。

從這個意義上說，「妥拉」（《聖經》前五章，即摩西五經）[20]中的解放史詩，應是一次屈辱的經歷——以色列的身分的形成，不只脫離了埃及人的奴役，還逆轉了埃及的勝利者敘事。巴比倫人雖然摧毀

---

[15] 編注：參照《使徒行傳》（*The Acts of the Holy Apostles*），7:2—7:4。

[16] 馬爾杜克神（Marduk）是當時巴比倫的主神，拉神則是埃及的太陽神。

[17] 參見《申命記》6:12等處。

[18] 馬內松（生卒年不詳），埃及祭司兼歷史學家，約生活於西元前三世紀托勒密王朝統治時期。儘管馬內松本人是一個埃及人，但他卻一直用希臘語寫作。其代表作《埃及史》已成為歷史學家研究古埃及歷史以及年代考訂的重要參考，他在該書中第一次使用「王朝」（dynasty）一詞，將整個古埃及歷史劃分為多個階段，每個階段包含若干緊密聯繫的王朝和法老。其他著作包括《駁希羅多德》、《聖書》、《論節日》、《物理學摘要》等。根據當地出土的莎草紙記載，馬內松曾是赫拉克利奧波利斯地區的太陽神拉神的祭司。

[19] 關於約瑟福斯這個人物，後文的故事中有全面的介紹。

了耶路撒冷和聖殿，但卻無法消滅以色列人的信仰。在神的安排下，他們的信仰甚至在流亡中更強化。埃及則完全是另一回事——正如耶利米被挾持往埃及時發出的警告：回去無異自尋死路，意味著精神和肉體上的雙重毀滅。永遠也不要返回尼羅河。

然而，猶太人卻不聽勸告，一次又一次地回到埃及，如此經常而又如此固執，以至於人們很難想像猶太歷史能與埃及分開。埃及原本是與之對立的「他們」，但經過一代又一代人之後，埃及最終也毫無疑問地成了「我們」。救星摩西的名字是最典型的猶太名，他的傳奇經歷第一次確立了一個民族的地位，但他的名字很可能也是一個埃及名字，更不用說所羅門王還有個妻子是法老的女兒。「不要下埃及去買馬。」以賽亞曾這樣告誡猶大國王希西家（Hezekiah），要他待在所屬之地，因為他很清楚，幾個世紀來的以色列人和猶太人，一直都把從埃及買回的種馬，往巴勒斯坦北部那些寬敞的馬廄送。

無論存在什麼風險，當亞述人於西元前八世紀末期走出美索不達米亞，開始殘暴的征服行動時，對以色列和猶大王室及其子民的生存而言，與埃及的聯繫變得至關重要。當時，最後的幾代以色列國王（其首都位於撒瑪利亞）曾與埃及結成了戰略同盟。儘管同盟關係無助於阻止以色列王國滅亡，或許還起到了反效果。西元前八世紀末，耶路撒冷被西拿基立（Sennacherib）率領的亞述人圍困，於是希西家建造了龐大的地下水道系統，讓他們免於投降，但仍需仰賴埃及的援助。

西拿基立的大軍於西元前七一五年再次圍困耶路撒冷。當時到底發生了什麼，這始終是一個謎。《聖經》的作者和希羅多德告訴我們，亞述軍隊由於傳染了某種奇怪的瘟疫而撤退了。希羅多德甚至栩栩如生地描繪說，一群老鼠咬斷了他們弓箭手的弓弦。西拿基立刻下的勝利紀念碑文則吹噓說，猶大地所有的城鎮都被摧毀，並被他的軍隊洗劫一空，希西家「像籠子裡的鳥一樣」被圍困在他的城堡裡，但也承認沒能讓他們屈服。最令人驚異的是——在歷史上可能確實發生過——來自埃及的消息聲稱，第二十五王朝的努比亞法老率領一支部隊突破了亞述人的圍困，從而挽救了猶大國王及其首都耶路撒冷。

埃及人儼然成了猶大國的大救星。

在隨後的兩個世紀裡（正是《聖經》開始形成的年代），猶大國一直挑動美索不達米亞人和埃及人互相爭鬥。猶太人在埃及重新立足的轉捩點出現在尼布甲尼撒二世於西元前五九七年第一次圍困耶路撒冷之後。當時，猶大國的許多精英——祭司、貴族、文士——被流放到幼發拉底河一帶。而那些平民——農民、牧羊人、工匠——則留下來自謀生路。十年後，巴比倫人發出了致命的一擊，徹底摧毀了耶路撒冷和所羅門聖殿，並以令人懼怕的手法洗劫猶大地鄉間。於是，許多不願在灰燼和瓦礫中苟活的猶太人向南方遷徙，去了埃及那些已經自給自足的猶太聚落，像答比匿和孟斐斯以及最南端的行省巴忒羅，而其首府就在象島。

耶利米了解到猶太人為了躲避猶地亞頻繁遭受的艱難、饑荒和恐怖而返回了埃及後，便親自下埃及警告他們不要對所謂聖所（sanctuary）[21]有錯誤期待：「你們若定意要進入埃及，在那裡寄居，你們懼怕的刀劍，在埃及地必追上你們！你們懼怕的饑荒，在埃及要緊緊地跟隨你們！你們必死在那裡！」[22]以性情暴躁、仗義執言著稱的先知以西結甚至從巴比倫的迦巴魯河（Chebar）河畔做苦工的營地寫信，發出

---

[20]「妥拉」是希伯來文「Torah」的音譯，原意為「引導」或「指路」，表示律法是上帝指引人的行動與處世之道，必須嚴格遵行。「妥拉」一詞在《希伯來聖經》中出現了兩百多次，原來並不專指律法，而是表示「法則」、「法度」的意思，因為在亞伯拉罕時代還沒有摩西律法。到西元六世紀，「妥拉」逐漸成為專門詞語，指《希伯來聖經》的第一部分，即律法書，亦稱「摩西五經」。《聖經》正典約於西元前四百年成書之後，就以「妥拉」代表整個《希伯來聖經》。時至今日，在猶太人心目中，「妥拉」代表著所有猶太經典中最重要的部分，不僅包括成文律法與口傳律法的評注與解釋，甚至用其代指所有的猶太律法、習俗與禮儀。

[21]猶太人的聖所指聖殿，而聖殿內部安放《妥拉》經卷的約櫃則稱為至聖所。

[22]參見《耶利米書》42:16。

了更為強烈的警告。他借耶和華之口，直接向法老發出了憤怒的吼聲：

……埃及法老啊！我與你這臥在自己河中的大魚為敵。你曾說，這河是我的，是我為自己造的。

我耶和華必用鉤子鉤住你的腮頰，又使江河中的魚貼住你的鱗甲；我必將你和所有貼住你鱗甲的魚，從江河中拉上來。把你並江河中的魚都拋在曠野；你必倒在田間，不被收殮，不被掩埋。我已將你給地上野獸空中飛鳥作食物……所以我必與你並你的江河為敵，使埃及地，從密奪到賽伊尼，直到努比亞㉓，全然荒廢淒涼。人的腳，獸的蹄，都不經過；四十年之久並無人居住。㉔

以西結甚至比耶利米做得更多，他不僅從巴比倫寫信，並且似乎知道猶太人在耶路撒冷陷落後在埃及定居的準確位置，尤其是這位先知借耶和華之口發出的警告，說：「巴忒羅地」將成為「列國中最低微的」㉕。然而，南方鄉間的猶太人不僅沒有消失於那片注定要荒廢「四十年」的土地，反而興盛起來。因此，到西元前五一五年波斯人在居魯士的兒子岡比西斯率領下征服象島時，那裡的猶太軍人所做的事情有點出人意表：他們竟然建造了一座聖殿，即耶和華（他們用亞蘭語將天國的上帝稱為「雅護」〔Jahu〕）的居所。他們顯然違反了「耶路撒冷之外不得建造聖殿」這一明確而嚴格的禁令（根據《列王紀》和《歷代志》的記載，對此不止一次而是兩次作出規定，第一次是在國王希西家統治時期，然後是在西元前七世紀末國王約西亞治下的改革時期）。

不僅如此，象島聖殿是為猶太軍人及其家庭成員和周邊紛亂的猶太社區而建造的，這可不是那種發生在邊遠地區偷偷摸摸的事件。他們在建造時參照了《聖經》中有關古老聖所的描述，盡量模仿第一聖殿的原樣，五道石門開向一個廣闊的院子，正中間的聖所放置約櫃和《妥拉》。最裡面的門上安裝了黃銅鉸鏈，頂部為雪松形，裡面是各種金銀器。[2] 更糟糕的是，這座聖殿公然違犯《聖經》的禁令，常年

定時獻上牲祭、素祭和香祭。這是因為當地猶太人認為，這畢竟是耶和華（就彷彿這裡的神是另一個當地的神）的居所，而祂需要的東西必須要經過精心的準備。[3] 因為如此，神殿裡被這些燔祭的「燒烤祭品」（通常是綿羊和羔羊）弄得血跡斑斑、煙霧繚繞。這類祭品正是「國王大街」另一邊埃及神廟中羊頭神克奴姆獻祭儀式祭品的突出特點，用於供奉耶和華就顯得極不得體。對於耶路撒冷業已恢復的最高權威（包括祭司、文士和《先知書》〔*prophetic books*〕的作者）來說，這簡直是駭人聽聞的事。但是，象島猶太人卻至死不渝地自豪於**他們的**聖殿，他們認為，這座聖殿是如此重要，以至於岡比西斯在摧毀了埃及人的所有神廟後，還決議保下耶和華的這個居所。

對於我們理解猶太人在早期集體生活的這次運動中到底是什麼樣子來說，埃及耶和華聖殿的存在可能意味著兩件事：一個是象島猶太人屬於前《聖經》時代，僅僅知道《妥拉》中的某些律法典章和少量已有的史詩傳說片段，但尚未將一百二十歲的摩西在垂死之年向以色列人講的傳奇故事，即《利未記》中那些十分鬆散且時常矛盾的禁令編成法典；另一個是，他們的確知道摩西在《申命記》中的律令，或許還知道國王希西家的所有改革措施，以及他偉大的孫子約西亞將耶路撒冷聖殿定為舉行獻祭儀式和朝拜的唯一地點，但卻不願意屈服於其獨有的權威。象島的猶太人（Yahudim）子民也是耶和華崇拜者（Yahwist），但他們又不想繼續遵守耶路撒冷人制定的慣例，至少不願像絕大多數自認為遵守慣例的猶太人那樣，接受極端正統派（ultra-Orthodox）有關是否具備猶太性（或者說得更簡單一些，他是否是一個猶太人）的標準。

㉓ 此處地名與《聖經》漢譯本有所不同，今按作者原文譯出，以便於前後文一致。
㉔ 參見《以西結書》29:3－29:5，29:10－29:11。
㉕ 參見《以西結書》29:15。

更有可能的是，那些管理象島聖殿的祭司、長老和管事都是島上的精英，或許認為，其建造的聖所要比耶路撒冷精心建造的聖殿（西元前五一五年才建成）更忠於所羅門的原作。他們中的某些人之所以於西元前七世紀來到埃及，或許是因為他們強烈反對國王瑪拿西（Menasseh）恢復多神崇拜，並按《聖經》中描述的帳幕聖所的樣式和比例建造祈禱場所的舉動。[4] 像巴勒斯坦地區一樣，我們並未找到作為集體祈禱場所的會堂的任何記述。聖殿是社區唯一的核心紀念地，是象島猶太人獨特宗教的建築表現形式。聖殿的中央很可能立著一根獨立的祭柱，即柱像（Massebah）㉖，與巴勒斯坦地區南部內蓋夫（Negev）北端的亞拉德（Arad）要塞的另一處聖所中的柱子非常相像。聖殿中很可能還有一個長方形的石頭祭臺，這也是耶路撒冷之外的聖殿所獨有的。

一位猶太母親向她的兒子、布魯克林博物館（當時正在舉辦威爾伯〔Wilbour〕莎草紙展覽）㉗館長提出如下問題是完全可以理解的。她問道：這些身在埃及、常年流浪的前《聖經》時代的猶太人到底還是不是「真正的猶太人」？他們的名字大多以「yah」結尾，無疑標誌著他們是「雅護」的子民，而起名在古代可不是一件小事。他們使用祖先傳下來的陰曆，每個月都有一個美麗的名字（基斯流〔Kislev〕、提斯利〔Tishri〕、尼散〔Nissan〕……），每年仍然按兩千五百年前的方式劃分月份。他們似乎也為男孩子實行割禮。後來埃及的每一個猶太人都是如此，但不一定都在嬰兒期，更別說出生後第八天就行儀式了。[5] 他們口說祝福，有時也會詛咒，會立下莊重的誓言，會簽訂律法合同，寫信時會用「天國和大地的上帝」作為開頭和結尾：「我以耶和華的名義祝福你」、「願耶和華賜福予你」、「願耶和華保佑你日日聽聞好消息」、「願耶和華保佑你今天過得美好」。儘管他們偶爾也乞靈於亞蘭、腓尼基甚至埃及的神祇，這在當地或許只是一個形式問題，但毫無疑問，長期以來猶地亞本身在崇拜耶和華的同時也在崇拜通常被認為陪伴著耶和華的配偶亞舍拉（Asherah）。那些極端排他派的先知，如所謂的「第二以賽亞」，他或許在原典形成兩個世紀後又添加了二十章離奇古怪的內容，並且要求崇拜「獨一的耶和華」，他可能

不曾注意到象島猶太人有什麼獨特之處，因為象島猶太人的移民先輩來到埃及後，仍然沉湎於最初的以色列宗教傳統和魔力。

儘管《申命記》中並沒有提到安息日（同樣也沒有提到贖罪日），但我們知道象島猶太人是守安息日的（正如今天大多數猶太人一樣）。聚落中有大量守安息日的人，儘管他們有些人可能說亞蘭語，在休息日面對商業活動和生活便利時可能會表現出複雜的情緒，但這與耶路撒冷人允許非猶太的推羅（Tyrian）商人在安息日在城牆內和城牆外出售貨物時的表現是一樣的。如果說今天的特拉維夫（Tel Aviv）和耶路撒冷，在安息日允許或不允許幹什麼這個問題上採取完全不同的態度，那麼象島的態度肯定更像特拉維夫。[28]但是，一封寫給一位名叫伊斯拉（Islah）的城裡人的信（寫在陶片上）的確表明，他們對在安息日停止工作前必須做一些事情感到非常憤怒：「你看，明天我還要給你送蔬菜。出於安息日（亞蘭語為bsbh）的原因，我明天得在船靠岸前把菜送到那裡（碼頭），以免蔬菜爛掉。如果你不來，我以耶和華的生命起誓，我會殺了你！不要指望米舒利密（Meshullemeth）或示瑪雅（Shemaiah）（又是兩個沾點神氣的名字）會做這件事。別忘了，到時賣些大麥給我。」寫信的人生怕伊斯拉沒有弄明白，又做出了以下威脅：「現在，我要以耶和華的生命起誓，如果你不按我說的去做，你就等著後悔吧！」

與守安息日相比，當時更明顯的是（現在仍然是），象島猶太人會聚在一起過逾越節（Passover），而逾越節正是使猶太人之所以成為猶太人的節日。象島猶太人守安息日必定有些獨特之處，因為他們的耶和華被認為是帶他們出埃及的救星，而出埃及這一事件被認為是「分離」，即宗教和民族再生的重要時

㉖ 一般為石柱，或為方尖塔形，多用於偶像崇拜，可參見《申命記》16:22及《列王紀上》14:2等。

㉗ 編注：一八九三年間考古學家查爾斯・韋爾伯向象島農民買來的紙莎草古文件，據信書寫於拉美西斯五世時期。

㉘ 意指特拉維夫是一個開放的現代化城市，而耶路撒冷則充斥著濃厚的宗教氣氛。

刻——使猶太人分離出去從而接受律法的必要條件。但是很顯然，象島的猶太人並沒有完全分離，他們不會離開象島，起碼不會主動離開。最早的《哈加達》（Haggadah）㉙出現在西元九世紀（它敘述逾越節開始時在家裡舉行的宴席禮儀），所以我們對住在埃及（答比匿、孟斐斯以及更重要的象島）的猶太人在逾越節之夜誦讀或不誦讀什麼幾乎一無所知。（正規的逾越節家宴的「規則」本身也像其他規則一樣久不可考，它們不過是出於不早於西元三世紀的拉比的傳統慣例，或許只是對基督教復活節聖餐的簡單模仿，而不是一種標準的模式。）

西元前五世紀，耶路撒冷的長老們對於來自「外邦」的污染大為震怒，決定要在國外猶太人出格的習俗烙上他們的權威印記。以斯拉（Ezra）這位「天上上帝的文士」被亞達薛西王派往西方，去糾正那些在耶路撒冷聖殿被焚毀後留在巴勒斯坦地區的猶太人，並改正那些被巴比倫流亡者的不潔行為或異教習慣，以及與「外邦人」通婚的猶太人的不良習俗。西元前四一九年，有一個叫哈拿尼雅（Hananiah）的人〔很可能是返鄉的猶地亞總督尼希米（Nehemiah）的兄弟或近親〕給象島猶太社區的首領耶達尼亞・巴・革馬利雅（Jedaniah bar Gemariah）寫了一封信，規定了標準的逾越節儀式的律法。[6] 他甚至有可能親自把這封信送到了埃及。哈拿尼雅的確在象島的某些地方出現過，而他也帶來了麻煩。

在猶太歷史上，像這樣的情況並不少見：一個猶太人會告訴另一個猶太人某件事情應該怎麼做。哈拿尼雅決定不再用以西結和耶利米那種威脅的口氣，要求猶太人離開那個受詛咒的國家——這又有什麼意義呢？但是哈拿尼雅採取糾正措施的細節表明，他並不贊成象島的猶太人以輕率的態度慶祝逾越節。在出土的早期陶片上，曾記載有一個人問另一個人：「請告訴我，你什麼時候慶祝逾越節？」這意味著這是一個依時間方便遵守的不固定的節期。所以，哈拿尼雅才指示耶達尼亞，節期必須精確地在尼散月㉚的某一天（第十五天）開始，要持續多長時間，以及必須要做的事就是要吃特定的無酵麵餅，即無酵餅（matzo）。由於當時埃及人的主食是麵包，這樣的規定必然會完全打破他們的家庭飲食習慣。至於他們的另一種主要食品——啤酒，則屬於逾越節期間須戒除的「發酵飲品」。時至今日，關於禁酒的規定是

在逾越節家宴上只能喝不多於四杯紅酒。「不得在尼散月的第十五天和第二十一天做工」，並且「須保持潔淨」。在猶太傳統中，房事無關潔淨禮儀（除非在行經期間行房），因此最後一條規定若非命令要仿照耶路撒冷的潔淨儀式獻牲祭，就是為了絕對避免與死物有任何接觸，而這在很看重防腐的埃及可不是件小事。那麼，他們又如何對待含有酵（chametz）的物品呢？㉛難道任何麵包皮、麵包和麵包屑，或任何與其接觸過的東西，都應像今天的正統派猶太人那樣，在逾越節臨近時將它們徹底清出家裡嗎？讓現代的律法衛道士感到震驚的是，哈拿尼雅竟然下命令，要大家把發酵物收集到家裡，藏在瓶瓶罐罐中，並在整個逾越節期間密封起來！這樣的規定只能讓那些遵守《塔木德》㉜的現代猶太人感到驚愕，因為對他們來說，能不能看見並不重要——儘管《米示拿》㉝（口傳《妥拉》最早的文字版本）和《塔木德》（包括《米示拿》在內的各種評注的總匯）允許臨時把發酵食物和物品「賣給」非猶太鄰居。

㉙希伯來文的意思是「宣講」、「敘事」。《哈加達》的內容是逐步積累形成的，其中部分可以追溯到遠古禮儀，部分源於《聖經》，部分來自《塔木德》、《米示拿》等猶太經典。儘管這類內容本身不具有律法效力，但以故事講解的形式制約著猶太人的生活規範。這類故事內容紛雜，包括歷史事件、神學故事、民間傳說、寓言童話等，屬於猶太教拉比文學的範疇。此處指的是一個名為「哈加達」的傳統文化讀本（約成形於西元二世紀），核心內容是猶太人出埃及的故事，專門在一年一度的逾越節家宴上宣講，因此也是對猶太兒童進行猶太史教育的啟蒙讀物。

㉚編注：又稱亞筆月（Abib），是猶太曆法中的一月，等於陽曆七月。

㉛編注：根據《哥林多前書》（5:5－5:8），「酵」被視作「罪惡」的代表，因此猶太人以「除酵」作為去除罪惡的象徵。

㉜猶太教口傳律法總集，是僅次於《妥拉》的主要經典，故又稱為「口傳《妥拉》」。《塔木德》的內容包括《米示拿》和《革馬拉》兩部分，前者為口傳律法集，共六大卷六十三篇；後者則是對各律法條文的詮釋與補充。巴勒斯坦《塔木德》成書於西元四世紀中葉，而巴比倫《塔木德》則完成於五世紀末。後者因成書較晚，所以更注重實際生活，也較為完備，因而有更高的權威性。

㉝希伯來文的意思是「重新闡述」（其中第一部《種子》已出簡體中文版）。參見上注。

對於耶達尼亞是否聽從了這些指示，並領導象島猶太人以更潔淨的方式慶祝逾越節，我們無法確定，但哈拿尼雅這種強制實施統一規定的使命表明，耶路撒冷人深深憂慮於埃及猶太人自行其是的做法。他們的擔憂並非完全錯誤，這一點毋庸置疑。因為從另一個更重要的角度來看，這個問題直指「怎樣做才是一個猶太人」這個核心問題——在猶太人可以與外邦人通婚的環境下——軍隊及其附屬人員顯然抱持寬容態度。但在當時，他們積累家業一事是受到他們波斯主人的鼓勵的。不要把當時的情景想像成：枯燥的兵營裡，一群單身漢睡在一起，在世界的盡頭苦熬時日，終日以骯髒、醉酒和無聊為伴。事實上，象島（像哈德良〔Hadrian〕城牆上的要塞一樣）是一個家庭式城鎮，猶太士兵的兒子，他們長大後仍然在軍隊裡服役，在邊境要塞裡生活。在要塞之外，猶太人（包括聖殿管事、文士、商人、工匠）就居住在灰色的泥磚房子裡，房子通常為兩層，底層是爐灶和馬廄，而上層則是十分寬敞的生活起居區。大門開向雖然狹窄但名字卻極為誇張的街道（如「國王大街」）。二十世紀九〇年代，考古學家在這裡發掘出了一個真正的城鎮：石板路一級級地拾階而上，還有高大的圍牆、狹長的胡同和彎曲的小道。根本不需要刻意想像，你就可以自然看到象島的街道，聽到聊天聲，聞到飯菜香。這裡並不是一個封閉的猶太人居住區，他們的鄰居有波斯人、裡海人，當然也有埃及人。有時，正如莎草紙上的文字告訴我們的，他們就和這些鄰居結婚。如果這個外來人能夠走進這個「耶和華」的社區，通婚會順利得多，但儘管如此，《出埃及記》和《申命記》也像後期的《聖經》章節和《塔木德》一樣，對與異邦通婚採取不贊同的態度（如《申命記》7:3稱的：「不可與他們結親。」）

然而，當猶地亞正面臨入侵和滅絕的威脅，那裡的大部分人去了巴比倫或埃及，而巴勒斯坦本身變成了雇傭兵四處橫行的天堂時，那些自認為肩負著保護和恢復「天地間」獨一的上帝的宗教使命的猶太人，採取守勢是完全可以理解的。文士和先知們認為，那些留在巴勒斯坦山地和河谷間的猶大人和以色列人，特別容易受到異教徒的反攻倒算。如果他們和「以東人」（Edomites）或其他可疑的異教徒通婚，

那麼他們遵守律法禁令的決心就可能會因他們的丈夫或妻子熱中於那些「令人憎惡的事物」而削弱。他們可能會生食豬肉；埃及或腓尼基會讓耶和華變成月亮神；異教的習俗則會侵襲他們的生活、影響他們的生與死。總之，他們會與異教民族沒有什麼兩樣。《以斯拉記》的大部分內容寫於西元前五世紀中葉的象島繁榮時期，基本上與其描寫的事件同時發生，書中命令那些在聖殿被焚毀後留下來並和當地人結婚的耶路撒冷人和猶大人，必須「休掉」其外邦妻子。

那些採取完全不同生活方式的象島猶太人，雖然也是耶和華的忠實崇拜者，但卻不會遵從上述要求。他們的官員之一、「雅護」聖殿的一位管事阿拿尼亞．巴．亞撒利雅（Ananiah bar Azariah）根本沒考慮（雖說他很可能知道）加在耶路撒冷人身上的嚴格禁令，娶了一個十幾歲的埃及女奴，叫塔比梅（Tapemet），人們都叫她塔梅（Tamet）。[7]可是，塔梅原非阿拿尼亞的奴隸。她的左前臂上紋著其主人米書蘭（Meshullam）的徽記，而這位主人是另一位擁擠象島社會中的著名人物。米書蘭得到塔梅的原因，有可能是因為作為他借給一個叫耶胡恩（Jehohen）的猶太女人一些銀錢，塔梅是為抵押品。當時，這種用人作抵押的方式是很普遍的，而米書蘭這次出借要收五分利，並且在借據中特別約定，如果欠帳拖到第二個年頭，他可隨意取走並占有這個女人的任何財物。

大家都能想像，阿拿尼亞是如何遇見他未來妻子的。我也斗膽在這裡猜上一猜。也許是有一天，他到米書蘭家裡串門子，因為這兩人原本就熟。考慮到奴隸主人的身分，娶不娶這個埃及女孩作小妾是阿拿尼亞自己的事，尤其是（事實的確如此）她還為他生下了一個叫彼蒂（Pilti）的兒子。對阿拿尼亞來說，他最好的選擇就是：做一個偶爾去探望兒子的父親。但他沒有這樣做，而是在西元前四四九年娶了這個埃及女人塔梅。合法的「妻子身分文件」中這樣寫道：「她是我的妻子，而我是她的丈夫，從現在起直到永遠。」不管是什麼樣的情感使得自由人阿拿尼亞娶了這個女奴，但肯定不是什麼複雜的利益驅動。塔梅結婚時的所有嫁妝只有「一套毛衣」、一面廉價的鏡子（這畢竟是在埃及㉞）、一雙拖鞋、少量的香精

油（這在當時十分貴重）和蓖麻油（較不貴重，但不可輕視），整體價值也不過微不足道的七個舍克勒（shekels）㉟。這很可能是女孩母親的全部家當，是她能夠祝福這場愛情婚姻的最後財產。米書蘭作為新娘的原主人，顯然對此無動於衷。從律法上講，即使塔梅與自己的丈夫一起生活，作為一個新婚妻子的身分對於她自身的解放毫無幫助。米書蘭則提出了更苛刻的要求（因為他是一個很實際的人）：如果他們夫妻倆離婚，他將保留孩子彼蒂的擁有權。如果夫妻兩人有一人去世，他將獲得兩人所有共同財產的一半。這對新婚夫婦不同意，於是訴諸律法並更改了協議。根據新協定，如果米書蘭再次主張對彼蒂的權利，他將支付巨額罰金，而且，即使阿拿尼亞與塔梅夫妻兩人其中一方去世，他也得不到其財產的一半。對塔梅和阿拿尼亞來說，這是一個令人滿意的結果。

至於他們後來到哪裡去，或者他們是否從一開始就住在一起，我們一無所知。我們找到的這些只是律法文書，而不是婚姻日誌。但是，在他們結婚十二年之後，阿拿尼亞從兩個裡海人巴迦祖施塔（Bagazushta）和韋爾（Whyl）名下買了一所破舊的房子。他是以最低價格買下的，只花了十四個舍克勒。當時，那個地方不值得一看，只不過是離聖殿不遠的一處破敗房產。有一個泥濘的院落，有窗檽但沒有房梁，這就是這對夫妻的所有家產（雖然買得有點晚）。又過了三年，當阿拿尼亞把它收拾得適於居住後，便正式把這套「房產」（實際上只有一個房間）送給了塔梅，作為她的個人財產。對一個女奴，即使是一名符合教法的純潔女奴來說，這也是未曾有過的珍稀之事。此外，根據文獻，有件幾乎可以確認無誤的事，是他們倆又生了個孩子，女兒耶雅示瑪（Jehoishima）。

從某種意義上說，在高牆聳立、小道縱橫的邊境要塞世界裡，奴隸主、臨時的女奴、聖殿管事和他們的孩子，共同組成了一個大家庭。西元前四二七年，耶雅示瑪已經七歲了，她的合法主人、精明難纏的米書蘭或許是受了某種刺激，給這個小女孩和她的母親簽了解放書，以「釋放」（Released）的形式，給予她們有條件的部分人身自由，按體面的埃及式手續使她們「走出陰影，迎向陽光」。當然，這其中

還有隱情。這個小女孩將成為米書蘭家庭的一分子，如果他們家有意願，她仍須伺候米書蘭的兒子。所有的線索都表明，至少有一個米書蘭的孩子，即他的兒子撒庫爾（Zaccur），後來和這個被收養的小女孩成了手足關係。又過了七年，在耶雅示瑪十四歲時，她嫁給了一個和她父親阿拿尼亞同名的男人，那就是撒庫爾，而他給這個小女孩辦的婚禮比她母親的要豪華許多。第一筆是每一個小女孩做新娘時必備的：全套日常服飾，包括一身簇新的條紋羊毛衣、一條長披肩、亞麻長袍、一套「鑲邊的正裝」，還有一個盛放所有衣物的「棕櫚葉箱子」，另一個箱子是莎草蘆葦編成的，第三個箱子則用來放她的珠寶、銅杯銅壺及其他器具、花俏的波斯拖鞋，再就是日用油膏，其中一種據稱是香水。由於有這麼一個哥哥，這個小新娘在出嫁時打扮一新。此外，她也有屬於自己的房子可住，因為在出嫁前，她父親已經允許她擁有親哥哥彼蒂不用的另一半房子。

又過了十六年，到西元前四〇四年，女奴和聖殿管事結婚已經四十五年了。阿拿尼亞在去世前把房產（那裡已經非常像一個家）轉讓給了他的女兒，主要是考慮到她在父親的晚年曾給予的「支持」。耶雅示瑪，真是個好女孩。在仔細對財產進行了斟酌描述後，乾巴巴的轉讓文書結尾處寫著：「這是房產的四至㊱，以愛之名送給我可愛的女兒耶雅示瑪。」但是又約定，她不一定非要等到他去世之後才能獲得財產。又過了一年半，阿拿尼亞修改了文件：「你，耶雅示瑪，我的女兒，擁有產權，從今天起直到永遠，並且妳的孩子在妳之後也擁有產權。」[8] 這時的老米書蘭恐怕早就進了島上的墓地，而那位曾經為奴的女人和她的女兒，終於真正地「走出陰影，迎向陽光」。

㉞編注：鏡子在埃及文明中是人們必不可少的日常梳妝用品。
㉟編注：當時流通的銀幣。
㊱編注：房產或耕地四周的界限。

象島或許曾是一個男性軍人的城鎮，但那裡的女人無論從律法意義上還是從社會意義上講，都要比那些返回耶路撒冷和猶地亞的女人強勢得多。米塔希雅（Mibtahiah）「夫人」——馬西雅・巴・耶撒尼雅（Mahseiah bar Jezaniah）的女兒，與處於社會底層的塔梅完全不同，她的地位非常顯赫。[9] 她的族人一直是社區的領袖和聖殿中的重要人物，然而，這對她的婚姻並無太大影響。她所嫁的三個丈夫中有兩個是當地的埃及人，並且都是建築大師。其中一個是以示俄（Eshor，後改名拿單〔Nathan〕），他被譽為「王室御用建築師」。在她漫長的生命歷程中，米塔希雅（她的自信和嫵媚與塔梅的自卑與樸素形成了鮮明的對照）曾三度離開丈夫，並且三度把房產留給對方。一開始，她嫁給了一個鄰居，叫耶達尼亞（Jedaniah）[37]。她的嫁妝十分奢華，除了各種珠寶和箱子，還有一張莎草和蘆葦編成的大床。她是以屋主身分結婚的，房子是其富有的父親送的結婚禮物。正如房產轉讓文書上所寫的：「給你愛的人，你可將之贈予他人，未來你的孩子們也可如是所為。」但另一方面，她的丈夫卻感到不知所措，因為他只擁有在婚姻存續期間擁有房產的使用權。耶達尼亞享有此房產的時間並不如想像的長，因為他去世得早。

她的第二任丈夫是一個叫皮烏（Peu）的埃及人，他很不爭氣。這對夫妻離婚的文書表明，在埃及的猶太人並非凡事都要遵守《妥拉》的規定（過去和現在均是如此），女人有權首先提出離婚。《申命記》（24:1—24:4）賦予了丈夫單方離婚的權利，他只需發個聲明，說他「發現了某種不潔」即可。如果一個男人覺得他「恨」自己的妻子，同樣可以用一紙休書終止婚姻，並「送她出戶」。但是，象島的情形卻不同，至少對米塔希雅夫人來說並非如此，她那豐厚的嫁妝必須退回。她和皮烏訴諸法庭對財產進行分割，最終米塔希雅打贏了官司——她只須以當地的埃及女神沙提（Sati）的名義起誓即可。這對於耶路撒冷的《妥拉》衛道士來說無異於離經叛道，但對尼羅河上的猶太人而言，這卻只是個形式問題而已。

所以，在我們十分了解的第一個猶太社會中，猶太軍人家庭的風格獨特——吸納了埃及人的習俗，但又沒有放棄自己的信仰，他們在名字或身分問題上的態度更是如此。由於哈拿尼雅不能，也不可能說

服他們像先知們要求的那樣全數離開埃及，他強制實施統一性的使命遭到了時間累積出的當地習俗牴觸。象島莎草紙上的文字就證明了這一點，他們對這樣的指示非常反感。畢竟，他們的社區是在《妥拉》律法成熟之前形成的，而他們自己的習俗和律法離成為一種共同遺產還有很長的距離。

換句話說，儘管對猶太歷史的後續展開而言，上埃及尼羅河邊境上這樣一個要塞城鎮似乎不宜作為一個典型案例，但實際上它卻非常典型。像生存於異邦人之間的許多其他猶太社會一樣，象島上的猶太性也是世界性的。他們說當地方言（亞蘭語）而不是希伯來語，沉迷於律法和財產，有強烈的金錢和時尚意識，十分看重結婚和離婚，注重培育後代，有著精細的社會等級，享受著各種猶太儀式的快樂與責任。目前能夠找到的相關唯一文獻就是《智慧書》（*Book of Wisdom*），即亞希卡爾箴言（Words of Ahiqar）。[38]在整個象島猶太人社區的中心，在他們與亞蘭人、裡海人和埃及人比鄰而居，熙熙攘攘的街道上他們的聖殿高聳著，遠遠望去顯得有點招搖，卻是全然屬於他們自己的。

這些市井間的日常瑣事使得生活充滿了美好的情趣，這是一段沒有殉難、沒有哲人也沒有哲學折磨的猶太歷史，這是一個幸福、平靜的地方。更多是尋常的財產紛爭，人人打扮入時，忙著出席婚禮和慶祝節日；這家的孩子很淘氣，鄰家的孩子更淘氣，整天弄舟戲浪。這是一個穿胡同走小巷的世界，頑童向河裡扔石頭，情侶在棕櫚樹下漫步。這段時間，這個世界，與苦難的故事完全隔絕。但是，正如讀者諸君所知，麻煩終歸還是來了，如期而至。

像後來成百上千年間在巴勒斯坦地區之外扎根的許多猶太社區一樣，象島人有點得意於他們悠閒自

---

[37] 編注：這個耶達尼亞與象島猶太社區首領同名，但並不是同一個人。

[38] 亞希卡爾，生卒年不詳，傳為在中東地區遊歷的亞述哲人，以智慧著稱。象島遺址出土的《智慧書》用亞蘭語寫在西元前五百年的莎草紙上。

在的生活。即使與鄰居們的關係不比期望的好，但只要溫和的波斯人保護他們免受當地人粗俗的妒忌，他們至少可以不受打擾地生活。不過，這樣的自滿想法正是問題所在。當波斯帝國的勢力分崩離析時，那些被認為受其信任的受益者種族群體，無論他們定居了多長時間，都突然變成了外來者，不再是土生土長的本地人。西元前五世紀末期的情形正是如此。西元前四八六年和前四六四至前四五四年，埃及陷入了全面起義的戰亂，並持續到該世紀末，這再一次讓不斷擴張的波斯霸主有感於埃及人不甘臣服、難以駕馭。突然間（正如兩千五百年後，二十世紀末埃及發生的情況一樣[39]），象島猶太人被指責為殖民者、波斯占領者的工具，他們的社會習俗是反常的，他們的宗教是一種褻瀆的侵略。若說波斯人的寬容曾經允許他們以帝國的「走狗」身分繁榮一時，那麼當地埃及人起義的目的，就是把他們也視為占領者，從而排斥、恐嚇，把他們從當地文化的「軀體」上撕下來然後扔掉。

莎草紙文獻記錄了當時的騷亂和搶劫，那是原始的大屠殺場景。六位正在底比斯大門前等待丈夫的女人突然毫無理由地被捕，她們嫁的都是猶太人，但其中有人用的是像伊西拉什韋特（Isireshwet）這樣的埃及名字，這在象島上是常有的事情。墨西雅（Mauziah）寫信給社區首領耶達尼亞說，他被誣陷買賣從商人手上偷盜的一顆鑽石，並因此鋃鐺入獄，直到針對此種不公待遇的騷亂達到高點他才被釋放。不過即使獲釋，他說話的語氣仍尖銳而緊張。他十分感激那些救助他出獄的人，他告訴耶達尼亞要好好地報答他的救星——「他們想要什麼，就給他們什麼！」

在西元前五世紀的最後十年裡，原來的平靜突然被打破。埃及的「雅護」信徒指責那些來自猶地亞的外來干涉者不理解他們的生活方式。墨西雅譴責哈拿尼雅這位來自耶路撒冷的逾越節特使，認為他的出現激起了克奴姆神廟祭司的不滿，甚至要與猶太要塞為敵。堡壘中動員部隊和集合軍人時一直供應的飲用水突然中斷了。不久，要塞裡忽然出現了一堵神秘的高牆，把整個院子一分為二。然而，這些只不過是挑釁行為，真正的災難隨後接踵而至。

災難過去三年之後，社區領導人耶達尼亞才與「象島上的祭司」聯名向猶地亞的波斯總督巴迦瓦雅（Bagavahya）報告了耶和華的聖殿於西元前四一〇年被毀的悲慘歷史，使用的完全是經文的口氣：充滿憤怒與哀痛的控訴。整個社區仍處於驚恐之中，他們仍身披麻布衣服表示哀悼。「我們開始齋戒，妻子們都成了寡婦（也就是說他們完全停止了夫妻性生活）。我們既不抹油膏，也不喝酒。」

導致「雅護」聖殿被毀的麻煩或許無可避免。畢竟，聖殿曾使用動物牲祭，其中絕大多數的祭品肯定是羊，而這種動物恰恰在與之相鄰的克奴姆神廟中被崇拜著，漂亮的羊頭圖案就刻在神廟的大門上。聖殿圍牆後的院子裡經常舉行宗教儀式，外面的人會不時看到濃煙、聞到血腥、聽到詠唱，要想不被人發現地舉行猶太儀式似乎沒那麼容易。這些似乎惹惱了無禮的鄰居，克奴姆神廟的祭司擴展自己的院落，侵占了把兩個院子隔開的共用地界。事實上，兩座神廟的距離很近，在某些區域甚至共用一面牆。有時，克奴姆神廟中的祭司會煽動對波斯人「走狗」的猶太軍官的怨恨，即使不能趕走他們的士兵和家庭，也要迫使他們離開自己的聖殿。他們勸說駐島首領「邪惡的韋德蘭迦（Vidranga）」（猶太人表達冤情和哀痛的請願書中就是這樣稱呼他的）採取行動，還給韋德蘭迦的兒子、駐賽伊尼的埃及─亞蘭要塞的指揮官納法伊納（Naphaina）寫了一封信，挑動那裡的士兵發起攻擊、摧毀耶和華的聖殿。

「他們瘋狂地衝進聖殿，將其夷為平地，石柱被推倒……五面石門轟然倒地；其他物器則全被燒毀，包括至聖所的門廊和黃銅鉸鏈及其香柏木屋頂。他們將其中的金銀器具以及所能找到的所有物品搶劫一空。」

耶達尼亞抓住波斯人的敏感，動情地說起這座古老聖殿：它建於埃及王朝時期，國王岡比西斯征服這個國家後還曾對此處表達過崇敬之意。他提醒波斯總督，自己曾經向耶路撒冷方面發出了一封信，呈

---

39 指埃及發生的政局動盪和社會騷亂，本書讀者對此應該記憶猶新。

給那裡的總督巴迦瓦雅、大祭司約哈南（Johahanan）以及城裡的「猶大貴族們」，但他們卻不屑於答覆！（情況很可能是，由於耶路撒冷人越來越堅持耶路撒聖殿崇拜的獨有權威，所以根本不把非正規、非正統的象島聖殿建築被毀當回事。）象島的長老們還曾給撒瑪利亞總督參巴拉（Sanballat）的兒子們寫過信，但也沒有得到任何令人滿意的答覆。

象島猶太人的祈禱也並非完全沒有收穫。「走狗韋德蘭迦」及其下屬獲得懲罰，他的戰利品被沒收，「而凡對聖殿有冒犯的人均被處死，這一切就發生在我們面前」。然而，當時唯一、真正的任務不是復仇，而是重建上帝耶和華的聖殿。如果聖殿獲得重建，「那麼素祭、香祭和燔祭將以你們的名義供上上帝耶和華的祭壇，我們將一直為你們祈禱，為我們，為我們的妻子和孩子們祈禱」。

還好，他們的請願沒有石沉大海，最終收到了回覆，其要求總算在某種程度上獲得批准。他們被授權「在原址上按原樣」重建聖殿，不過這項授權附加了嚴格的條件，即從此之後獻祭時只允許用素祭和香祭，而不得用牲祭。也許是某位在耶路撒冷的人物找總督美言了幾句，也可能象島猶太人為了共同的事業想與耶路撒冷人修好。但不管怎樣，他們原則上同意，只在耶路撒冷聖殿的核心區域範圍內獻燔祭。接受第二身分這件事，或許讓他們可以直接建一座聖殿，但仍破壞了聖殿崇拜的權威性。來自「長老會議」（The Board）（包括莫茲〔Mauzi〕、示瑪雅、兩位何西阿〔Hosea〕以及耶達尼亞本人）的一封信嚴肅地指出，不得再用「綿羊、公牛和山羊」獻祭。為了明確地表達立場，他們還隨信獻上了裝在銀器裡的甜味劑和大量的大麥。

象島人後來的確建造了象島第二聖殿，但僅僅維持到波斯人結束對埃及的統治。西元前四百年，聖殿又一次因全埃及起義幾乎徹底摧毀，並且早在亞歷山大大帝及其將軍們於西元前四世紀中葉實施統治之前，就徹底坍塌了。隨著波斯人在埃及失勢，猶太軍隊及其整個由士兵和女奴、油膏和香料、財產爭議和婚姻聯盟組成的世界也一去不復返，那些小商小販、聖殿貴族和船員工匠突然消失，有關他們的文

字記載變成一片黑暗，深埋在尼羅河上那個小島的碎石和泥沙之下。

這個豐富而動人的猶太故事只在學者圈裡流傳，並沒有進入猶太大眾的傳統記憶，這點也許並不讓人意外。如果這個猶太人的故事在起初就被視為和後來故事全然分離的一段來講，那麼象島上那個猶太、埃及、波斯、亞蘭諸元素構成的大熔爐似乎是一個異數、一個邊緣化的奇點，與純粹而獨特的猶太文化的形成毫無關係。人們認為，在象島社會相對繁榮的那段時間，正是《希伯來聖經》中的兩卷，即《以斯拉記》和《尼希米記》在耶路撒冷成書的時間，其明確的目標之一就是要清除猶太社會中的「外邦」元素：即使這些異邦元素已經長期滲透到猶大社會的日常生活中，也要徹底驅逐外邦女人、外邦神祇和外邦習俗。這兩卷書的作者及其繼任者，或許以驚恐的眼光回顧了埃及的這些片斷：近乎異端控制的聖殿，採取牲祭形式的大膽嘗試，或許還有自稱為純淨的「雅護」社會。經文的作者們努力說服自己，這些不良習俗最終之所以被清除，完全是出於上帝的意志，是對那些偏離窄路（narrow path）的人的又一次懲罰。

但是，若假設有另一個完全不同的猶太故事，其中異邦人與純粹猶太人之間的分界並不是那樣不可更改；做一個猶太人並不意味著要排斥鄰邦的文化，而是至少在某種程度上與其和諧共存。這樣的情形可能發生在猶太人與埃及人之間，正如後來發生在猶太人與荷蘭人或猶太人與美國人之間的情形，雙方完全有可能（但不一定容易）在平衡的狀態下生存，猶太人仍然是猶太人，但同時也是埃及人、荷蘭人、英國人、美國人……

並不是說我們得要用第二個故事取代前面所講的第一個故事。歷史上凡是有猶太人之地，人們以兩種方式（排他的和包容的，就像耶路撒冷和象島）共存的情況並不少見。如果雙方都能以合理的方式思考猶太人的歷史，講述猶太人的故事，那麼就不應將象島視為主流社會中的一個異數，而應將其看成先驅。當然，我們所講的這個故事，也不是埃及真實猶太歷史的終結，而是另一個開端。

第二篇
字符

正如《尼希米記》所述，尼希米在月光下騎馬走著，[1]百感交集，一直無法入睡。當他來到耶路撒冷城邊，看見到處是斷壁殘垣時，心都碎了。

這是西元前四四五年，自從尼布甲尼撒製造耶路撒冷災難並將耶路撒冷人擄往巴比倫之後，已經過了近一個半世紀。儘管巴比倫人早就離開了耶路撒冷，但他們留下的灰燼已經變成了城牆上那些破碎的蜜色石灰石的記憶。在城牆之外，波斯人統治下的耶戶（Yahud）省依然荒無人跡；一個個村莊被廢棄，或淪入原始生活狀態。[2]城裡則一片骯髒破敗，人口也許只有猶太獨立王國統治末期的二十分之一。殘留下來的流民只能擠在尚未坍塌的牆根下艱難度日。

又過了幾十年，波斯人遣返流亡者並恢復崇拜當地神祇的政策（他們試圖用這種崇拜的熱情拴住他們的忠心）。根據《以斯拉記》的記載，波斯王居魯士「在執政的第一年」發布了一項法令，允許以色列人返回猶太省。[3]由於年幼的猶太王子所羅巴伯（Zerubbabel）聲稱與古代大衛王室家系有近親關係，所以被居魯士指定與大祭司約書亞（Joshua）一起率領幾千名猶太人返回耶路撒冷。在所羅門的耶和華聖殿廢墟上，開始了第二聖殿的建造工程。「匠人立耶和華殿根基的時候，祭司皆穿禮服吹號，利未人（Levites）敲鈸……他們彼此唱和……眾人大聲歌唱，聲傳千里。」[4]聖殿於西元前五一五年完工，被認為是一次不張揚的重建，但已足以按《利未記》中的「神聖法典」（Holiness Code）的要求用灑血和燒烤獻祭，足以在慶祝豐收的節期接受朝聖者的朝拜。

居魯士的諭令是一紙寶貴的授權書，以至於《以斯拉記》裡竟對原本做了戲劇性的長篇幅查找與引用。在幾代人後的大流士（Darius）統治期間，這些文本回擊了那些深懷敵意的反對者。[5]可以確定的是，人們曾在巴比倫發現居魯士法令的副本，當中詳細描述了這座重建聖殿的規模和高度。建造聖殿的資金均由王室支付，而被尼布甲尼撒搶劫的金銀器物則全部歸還給猶太人。尤為令人可喜的是，這一法令還嚴厲警告那些試圖阻撓法令執行的人，他們房子的屋樑將被拆毀、人員會被吊死在瓦礫堆的絞架上、房子也將「成為糞堆」。刻有居魯士圓柱陶器原本的另一塊楔形文字石板殘片（於一八八一年出土）證實，以斯拉及其同代人很有可能都擁有居魯士法令的副本，他們因此知道授權的細節。[6]

對於那些返鄉者的子子孫孫來說，居魯士法令所作的承諾和保證無異於一柄「尚方寶劍」，畢竟，他們一直生活在雜草叢生的斷壁殘垣之間，而且勢單力薄、人數少得可憐，可能連兩千人也不到。當尼希米騎著馬從耶路撒冷廢墟上經過時，他的心中充滿了悲傷，身後不遠處陰暗的瓦礫間傳來了雜亂的腳步聲，跟隨了幾個被他選中、自被窩裡喚醒的人。耶路撒冷一如往常，祭司、文士、當地的貴族以及以東人之流，那些衣衫襤褸的猶太人的主人，由於他們自認為被波斯王室授予了更多的權力，因而更加趾高氣昂——儼然已是高枕無憂了，全在呼呼大睡。在蘇薩（Susa）的宮廷裡，尼希米曾是波斯王亞達薛西的斟酒官，是他信賴的人和代理總督。雖然曾被巴比倫人廢黜並流放的猶大國王約雅斤（Jehoiachin）的後人仍然以大衛王室的後裔自居，但實際上猶大地已經根本沒有什麼國王，這個流亡中的傀儡王室所用的油料完全依賴於巴比倫官方的定額供應。[7]身為懷揣著蓋有波斯皇帝印璽的法令的欽差，尼希米無疑是進行接下來這件事的最佳人選。

馬小心翼翼地穿越斷壁殘垣，尼希米只能盡量在鞍上坐得穩當一些。他穿過糞廠門（Dung Gate），頂上星輝閃爍，猶大地的夏夜涼風習習，十分愜意；接下來，他走過一口深井，傳說裡頭蟄伏著一條赤龍，只有當牠的翅膀收攏、爪子縮回鱗身下入睡時，井水才會泉湧而出；然後，他經過水門，面前是西

羅亞池（Siloam）和汲淪溪（Kidron），溪水繞過廢墟向前方蜿蜒流去；他繼續前行，直到他的馬在瓦礫堆間再無落蹄之處。尼希米牽著馬穿過廢墟，折回城裡的小巷。終於，他可以喘口氣、休息一會了，而他內心非常清楚接下來何事將興。

此時，象島上的猶地亞猶太人正十分滿意地與埃及人生活在一起。他們的鄰居依然是亞蘭人、卡里亞人（Carians）、裡海人和希臘人。他們有自己的聖殿，過著自己的生活。尼希米知悉這一切，但正如他在「自傳」（《聖經》中最為動人的篇章之一）所說，此路並非他該走的路，他也不相信此即耶和華許可之道。

翌日早晨，尼希米召集祭司、重要人物和文士們開了一個會。他說：「你們都看見自身所遭的難，耶路撒冷怎樣荒涼，目睹城門被火焚毀了。來吧！我們重建耶路撒冷的城牆，免得再受凌辱。」人們十分感動，願意追隨這個似乎以國王的權威發話之人：「來吧！讓我們起身建造吧！」❶當地官員霍倫人參巴拉（Sanballat the Horonite）和阿拉伯人基善（Geshem the Arabian）嘲笑他們的魯莽，尼希米強硬地反擊道：「天上的神必使我們亨通。我們作祂僕人的，要起來建造；你們卻在耶路撒冷無分、無權、無紀念。」❷

《尼希米記》雖然篇幅簡短但生動異常，就連最嚴肅的學者也尊稱其為「自傳」。與《希伯來聖經》的其他卷不同（儘管它與《以斯拉記》非常相似，而且也正因如此，這兩卷總是並列出現，人們有時甚至會將二者作為單一的敘事閱讀），幾乎可以肯定的是，該卷的寫作時間與其描述之事件發生的時間十分接近。[8]《以斯

❶參見《尼希米記》2:17－2:18。
❷參見《尼希米記》2:17－2:20。

拉記》中長篇引用的波斯皇帝的諭令和憲章，可以說與西元前五世紀中葉波斯宮廷律法文件的行文風格完全一致。令人印象最深的，是它們文字記錄的即時性，而書本的物質載體（使用鐵器、石板或木材）則反映了那個年代。

西元前五世紀中葉由於具有轉折、重塑的意義而十分重要。在此時期，一些建築得以造成且不僅僅以磚石為材。《尼希米記》中記載了當時的興建工程：房梁直而正，石板裁切整齊，廢棄物受到妥善處理，門框裝上了厚重而堅實的鉸鏈，而鎖匠們則忙得團團轉。《尼希米記》還列出了城市各毀壞區建造小組的分工及其工頭和大人物：「修造糞廠門的，是管理伯-哈基琳（Beth-haccerem），利甲（Rechab）的兒子瑪基雅（Malchiah）；他立門、安門扇和門鎖。修造泉門的是各荷西（Col-hozeh）的兒子沙崙（Shallun），他是理米斯巴（Mizipah）的管理者；他立門、蓋門頂……其次是提哥亞人（Tekoites）又修一段，對著那凸出來的大樓，直到俄斐勒的牆。」[3] 這段文字令我們宛如與尼希米一起騎馬巡視施工現場：敲擊聲不絕於耳，負責人要確保自家的文士仔細記錄所有的施工細節，記下所有參與建造和裝飾的人，就像現代的捐助人一樣，他們期望自己的名字能刻在感恩牆上。

建造工作進展迅速，面對當地越來越強烈的反對和憤怒，各建造小組不得不隨身攜帶武器以防不測。尼希米為勞工們提供了全套配備，他們一隻手握著瓦刀、鏟子，一隻手提著刀劍或將其倚放在石頭上。他還要時刻盯著那些農民和商人，防止他們利用突然增加的需求哄抬食物價格，尤其更要防止當地的猶太達官貴人，敲詐、勒索那些通過抵押橄欖樹林和牧場參與建造工作的人。修復城牆的工作，只用五十二天就完成了。

修好城牆之後，他們就有了城內外的界限和進出的分別。即使尼希米對霍倫人參巴拉和阿拉伯人基善說話的口氣仍然充滿敵意——他們在耶路撒冷是「無分」、「無紀念」的；儘管他修建的城牆肯定意味著賦予了破敗而裸露的舊城某種形狀和邊界（現在的我們也還和他們一樣，採取修城牆築邊界的方式），且對

城內的人，甚至讓那些宿在城外、住在鄉下山區、樹林和河谷的人也有了一種共用社區的感覺，但我們仍不能稱尼希米為「西元前五世紀的安全衛士」。如此形塑邊界、共同體的感覺，無法只透過那些冷冰冰的石頭、木料、磚塊、鐵器和砂漿表達。從根本上講，這座代表共同命運的聖所，如它往後幾千年的命運一樣，是由一字一句的記錄，由「字符」（words）構成的。在完成城牆修復工作後一個月，舉行了第二項正式由「字符」為主的銘誌活動。

根據尼希米不可思議的精確統計，提斯利月初一，全耶路撒冷有四萬兩千三百六十位猶太人及其男僕和女僕（另外的七千三百三十七人），以及兩百四十五位男女歌手（若缺少了音樂，以色列人的宗教便是過去不興、現在不存），聚集在剛剛修復的水門前的大街上。儘管這些統計數字無疑有點誇張（當時，生活在整個猶地亞和薩瑪利亞地區的猶太人大概還不到四萬人），但場面肯定有些擁擠。

這場活動是精心安排的，也是猶太身分自我認定的第二階段，而站在人群中心的，是以斯拉。與眾不同的是，他既是祭司又是文士，這樣的雙重職位非常重要，因為文字記錄這一事業，將作為聖職獲得認可、被聖化。以斯拉手裡捧著「主耶和華授予以色列人的摩西律法書」。全體會眾（尼希米甚至說，這當中有男人，也有女人，並且像所有的早期文獻記載的一樣，男女並未分群）都知道，莊嚴時刻就要到來。以斯拉站在修復的城牆上一個高高的木臺上，這個木臺或許是專為當天紀念活動而臨時搭建的。他左右兩旁各站著一群祭司和利未文士，一塊俯視著靜靜等待的人群。當以斯拉打開那卷羊皮紙時，在場諸位皆默然肅立。開始誦讀之前，「以斯拉稱頌耶和華至大的神，眾民都舉手應聲說：『阿門！阿門！』就低頭，面伏於地，敬拜耶和華。」❹然後，以斯拉開始誦讀。那些站得太遠聽不清的人，身邊隨時有利未人予

❸參見《尼希米記》3:14－3:27。

❹參見《尼希米記》8:6。

以複述。尼希米詳細地記錄、列出了這些複述者的名字，彷彿他們也參與了這次誦讀、這整篇「話語」的創制，事實上也的確如此。由於許多聽眾的第一語言是亞蘭語而不是希伯來語，所以需要透過利未人「讓聽眾理解」，即讓他們負責翻譯和解釋工作。

如果以斯拉的誦讀並未精確地傳達並使人共鳴，就體現不出聽眾強烈的參與意識。對於上帝的「話語」，聽眾並不只是被動地聽講就行了。尼希米（公認的官方領袖）說，是會眾自動地「聚集起來，像聚成一個人那樣」，他只是作為發起者，延請文士以斯拉帶來耶和華借摩西之手傳給以色列人的《律法書》。這種誦讀者與聽眾之間積極的互動關係在古代中東地區是新奇的，因為那裡的民眾更習於麻木地聽從國王發布的莊嚴而神聖的「話語」，他們必須出席他舉行的判決儀式，必須頂禮膜拜他的形象。然而，猶太教儀式的崇拜核心卻是一卷文字寫成的羊皮書卷，他們用所有的虔誠膜拜之，並向妥拉鞠躬，以禱告披巾的邊穗來傳遞恭敬的親吻。這些動作原來是用來向宗教塑像表達敬意的。不僅如此，這還是一個沒有國王的時刻，聽眾的熱情和誦讀者的激情緊密融合，成為一個靜穆誦讀與虔誠傾聽的統一群體。在學術研究中，想要中和以色列人的宗教元素與其鄰人傳統、習俗和偶像之間的差異，很容易忽視、極其重要的一點，是這些「子民」與其獨一的上帝（他的臨在〔presence〕是通過神聖的「話語」體現）直接立下受保護的「誓約」。無論不忠還是順從、悔過還是無心，他們都是自己歷史舞臺上的主角，而不是任祭司、王子和文士呼來喝去的，沒有個性的無知大眾。猶太教從一開始就十分獨特，被認為是一個人民的宗教。

在水門前公開誦讀是重演口頭背誦這一古老習俗。用希伯來語高聲誦讀，意味著在聽眾面前高聲吟唱：「qra」一詞的字面意思是「高喊」，而以該詞為詞根的名詞「miqra」則是「聽眾與誦讀人聚集在一起」。[9] 於是，遵守同樣的誦讀義務成為聖殿之外猶太人獨有的習俗。由祭司階層召集的聖殿獻祭是等級分明的有組織活動，而誦讀從本質上講，卻是一種共用的、共同的經歷，高聲誦讀所產生的震撼甚

至遠遠超出了其字符內容本身。正是這樣一次次的誦讀形成了如今的書面文獻，而這些書面文獻又因一個個珍貴的誦讀時刻而凝練、昇華，此般時刻可追溯到摩西本人直接從全能的上帝那裡得到口述之時。《申命記》曾指出，摩西當時受命：「要在以色列眾人面前，將這律法念給他們聽。要召集他們男、女、孩子，並城裡寄居的，使他們聽，使他們學習……」[10] 以斯拉高高地立於全神貫注的聽眾之上，並不只是為了單純轉述摩西的原話，也是對其場景的一種具有自我意識的再現。尼希米將其描述為，這彷彿像是在面對一群重新覺醒的人，在這之前，他們迷失了自己，失落了對這些「字符」本原意義的了解。通過這種公開誦讀的形式，律法和歷史宛若新授，歷歷在目，重新燃起了公眾對生活的熱情被。羊皮書卷本身也同樣具有重要的意義：精巧的卷軸意味著可攜帶的記憶，就好像是災難灰燼中留存下的傳家物。

作為這項活動的總指揮，尼希米當然知道自己的一舉一動目標為何。儘管美索不達米亞的律法文書在建立王室作為主權國家方面具有重要意義，但巴比倫和波斯的宮廷儀式（通常在某個紀念雕像前舉行）主要是做給人們看的。在這次活動中，以斯拉的任務是負責「說」和「聽」，即賦予「字符」生命力。誦讀猶太哲學的方式並非靜靜默讀，這是很早就形成的慣例。在這個民族的自我意識開始覺醒的時刻，猶太人用《希伯來聖經》的風格進行誦讀時，並不是採取獨自默讀的形式（這是基督教修道院的發明），也不是為了加強自我反思意識（儘管我們並不能完全排除這一點）。猶太人的誦讀是一字一句地高聲朗讀：社會性的、聊天式的、生動活潑的、慷慨激昂的，是一次旨在使聽眾從接受轉化為行動的展演性公開活動；是一次具有重要的、直接的人性意義的誦讀活動；是一次尋求爭論、評說、疑問、打斷與闡釋的誦讀活動；也是一次知無不言、言無不盡的誦讀活動。猶太人的誦讀從不禁談任何事。

以斯拉的角色是把法典（即《妥拉》）的嚴格規定呈現於集體公共領域：展示其神聖性。這是重新獻祭和重新覺醒的「三幕劇」高潮：首先是重新修建耶路撒冷的城牆；然後是在原址上建造第二聖殿；最

後是公開展示摩西律法。如果缺少最後一幕，前兩幕將毫無意義。在這期間發生的每一項活動不僅具有儀式性，它們串聯起來還意味著宣稱一種無可爭辯的猶太獨一性：耶和華的子民是與眾不同的。重建的城牆是一個建築宣言：耶路撒冷依然是大衛的城堡，即使猶大地已經不再有國王，但已經重新樹立了耶和華王家宗教的核心。重建的耶和華居所將作為猶太人唯一、真正的聖殿巍峨矗立，禮儀習俗是否恰當的裁判者和頒布的「土地律法」（Law of the Land）就是猶太人的憲法。《妥拉》的「字符」賦予猶太民族的獨一性主導的的內涵，所以不再需要一位世俗的國王，更不需要一位上天的國王來保證其權威性。在這些「字符」的背後，是對獨一的、無形的耶和華的堅定信仰。晚近的《塔木德》學者甚至將耶和華描述為：在創造宇宙之前，他也曾求教於一部先存的《妥拉》！[11]

早在十七世紀，巴魯赫·斯賓諾莎（Baruch Spinoza）就堅持認為，《摩西五經》是其描述的事件發生後經過幾代人之後的凡人作者寫成的歷史文件，從而開創了《聖經》批評的先河，而且他認為以斯拉最有可能是主要作者。[12]

上述所有一切皆為必須，因為以斯拉和尼希米敏銳地意識到了他們面對的困難——如何重新認定誰是、誰不是這個耶和華群體的真正成員。文士和管理層都屬於被尼布甲尼撒驅逐的精英階層，另外就是王室氏族及其士師和治安官吏，或許還有大多數文人，他們於西元前五九七年一塊流亡到巴比倫。某些留下來的猶大人（在以色列王國於西元前七二一年被亞述人毀滅之後，大量以色列人的後代自北方而來，到達耶路撒冷，造成那裡的居民人數激增）很有可能步了精英階層的後塵。畢竟，至少有三次大規模驅逐猶太人的行動——一次是西元前五九七年，一次是西元前五八七年，還有一次是西元前五八二年。考古發現無可爭辯地表明，在西元前六世紀，猶大高地的村莊數量出現了急劇減少的情況。那裡的葡萄園、橄欖林和牧場都荒廢了。隨著猶大丘陵上的要塞一個個地陷落，殘留的士兵只能自謀出路，並且正如《耶利米書》所言，他們遠下埃及，去了尼羅河畔的城鎮，去了南部第一瀑布附近的巴忒羅。

儘管那裡的人口急劇地減少，但猶大地和撒瑪利亞並非空無一人。有數千人一直堅守在他們的梯田和村落中，希望能在戰火變為冰冷的灰燼之後生存下來。在巴比倫人大屠殺留下的一片滿目瘡痍環境下，我們完全有理由認為，那些尋求安慰、滿懷希望而留下來的人並不僅僅是為了耶和華，而是為了家產和他們自己古老傳統中的當地神祇和偶像。屬於其他神祇的各種偶像石柱、護身符（尤其是耶和華的妻子亞舍拉❺）經世代相傳而留存下來，甚至直到各種文本開始全力推行堅定的一神教信仰時依然如此。特別是在撒瑪利亞，那裡的倖存者願意接納任何神祇（那些因巴比倫人入侵而深受傷害的人，肯定早就逃走了），而不願跟隨那位在幫助他們抵禦尼布甲尼撒入侵時顯然毫無作為的神。

以斯拉和尼希米公開頒布《妥拉》典章律例的對象，正是當地那些倖存者，因為他們有染上「外邦」崇拜習俗，還有娶「外邦」妻子的嫌疑。但真實的情況是，在這裡，人們對於在狹窄的房裡或寬大的殿堂裡放一尊小小的、裸胸的女神雕像，甚或立一塊小小的、未經雕刻的石頭這類先祖流傳下來的習俗，已經習以為常，但由激進的「耶和華唯一」這種文字欽定的一神教是個新生事物。當時以斯拉—尼希米的這種排他主義，無形中為多重信仰的人設立了一個更高、更嚴格的標準，儘管歷史上並非如此，但他們認為自己的耶和華崇拜模式始終如此高要求。隨著以斯拉提出全面而無情的篩除那些有被「外邦」崇拜污染嫌疑的人，我們第一次（但並不是最後一次）聽到了有關「什麼樣的人才是猶太人」的爭論。這件事發生於西元前五世紀中葉，這時，象島的猶太人還對猶太式的清教主義一無所知，他們與埃及人通婚，在莊重的誓約中樂於使用他們亞蘭鄰居異邦神靈的名字，有時在同樣的場合也用耶和華的名字起誓。關於從狹義上還是從廣義上看待「什麼樣的人才是猶太人」這個問題的爭論，從此開始了。

❺一些學者泛泛地認為亞舍拉是上帝的配偶，其實她是古撒瑪利亞一帶象徵豐饒與生育能力的當地女神，《舊約》中也曾提到過她（參見《列王紀上》16）。

以斯拉非常強硬，他為「被囚者的後人」、「娶外邦妻子」這類行為帶來的屈辱舉行齋戒，因為他們「增添了以色列的罪惡」。他認為，那些與外邦人通婚的人必須為自己的罪過羞愧，因而在《以斯拉記》中用了整整二十五節的篇幅羅列出這些罪人的名單，其中包括許多祭司和利未人（當然，其中不會出現他們不幸的妻子的名字）。於是，這些罪人「便應許休他們的妻；他們因有罪，就獻羊群中的一隻公綿羊贖罪」❻。實際上，這樣的罪人多達幾千人。以斯拉的動機是徹底清除異端因素，使耶路撒冷成為紀念朝聖節日和舉行獻祭儀式的唯一聖殿，把對於「誰能否被這個再生並重新立約的民族所接納」的裁定權，交到聖殿祭司手中。

羊皮書卷本身作為正統忠誠的對象，其地位是至高無上的，如今被以斯拉提升到律法和歷史的高度。正是當時創制的這種經卷崇拜和共同高聲誦讀的義務，超越了對唯一神的崇拜，從而在當時當地使這種以色列人的耶和華宗教從根本上與眾不同。埃及第十八王朝法老阿肯那頓（Akhenaten）也曾宣布崇拜唯一的太陽神，並清除了太陽圓盤之外的所有形象。埃及人、巴比倫人和瑣羅亞斯德（Zoroastrian）崇拜❼都是通過圓雕和浮雕的形式來表現的，通常安放在特定的神龕和神殿中，而最偉大的史詩性碑文，即宣布神的旨意和國王智慧的文字，同樣也是（用楔形文字）刻在不可移動的紀念石碑上。每當亞述和巴比倫軍隊出征時，他們也帶著同樣的各種神靈和神化的國王的形象，目的無非是為了鼓舞鬥志。然而以色列人卻完全不同，他們受命要隨身攜帶著神聖的羊皮書卷。[13]

以色列—猶大國的祭司、文士階層的天才們（以及他們的自由人侍從、巡迴的異象先知及其保護人國王，當然，他們與這些人時有爭執）要用標準化的希伯來「字符」將可移動的文獻神聖化，從而作為耶和華的律法和他子民的歷史精華的唯一載體。[14]以這種方式記錄並確定之後，口傳（並記憶下來）的羊皮書卷，就能將會比紀念碑和帝國的軍事力量更具有生命力。這樣一來，它就成為精英階層和普羅大眾共有之物，並且不再受政治興衰和領土變遷影響。荒漠中的帳幕聖所據稱是最初存放《妥拉》的地方，並因此被認為

是耶和華與其子民共處之地，但那也不過是頂略加裝飾的普通帳篷而已；裡頭存放的約櫃的尺寸，甚至比你家廚房的碗櫥還小。然而，這正是以色列書卷宗教（book-religion）的創造者獨具匠心之處——他們就是要讓《妥拉》無處不在、**無可逃避**。他們不將其安放在某個神聖的地方，而是以微縮的形式，以隨時隨地取用；他們不將一個神化的動物或人物掛在門柱上驅逐惡魔，足以保護猶太人的安全的，是門柱經卷（mezuzah）❽中的《妥拉》「文字」。他們還製作了小小的經匣（teffilin）❾，甚至在會眾祈禱時可以把《妥拉》的「文字」直接戴在額頭或前臂上。標誌著幸運和健康的護身符通常繫在脖子上或掛在胸前，內容同樣也換成了《妥拉》中的「文字」，而在其他宗教，同樣的位置很可能是掛一尊神像。總之，生

---

❻參見《以斯拉記》10:19。

❼中國史稱火祆教、拜火教，是基督教形成之前中東地區影響最大的宗教，曾是波斯帝國的國教，也是中亞等地流行的宗教。

❽猶太人在門框上懸掛的抄有兩段經文的特製的小幅羊皮書卷。兩段經文分別為《申命記》6:4－6:9和11:13－11:21。第一段的開篇就是猶太人最重要的禱文「示瑪」（相當於「摩西十誡」中的第一誡）：「以色列啊！你要聽，耶和華我們的神是唯一的主。你要盡心、盡性、盡力愛耶和華你的神。」表達了以色列人虔誠地愛上帝的願望。第二段經文表達愛上帝的人必得善報、背離上帝的人必受懲罰的觀念。兩段經文必須用希伯來文、以特定的書寫方法抄錄，抄好的羊皮書卷經過祝福或疊成塊或卷成束，置於金屬、木質或玻璃匣中，然後將其斜掛在門框的右側。在以色列，所有國家機關以及所有房間和住宅的門上都掛有門柱經卷。

❾猶太教禮儀用品，由兩個約二英寸見方的黑色皮盒和兩根與皮盒相連的黑色皮帶組成。兩個方盒中，一個不分格，一個隔成四小格，每格放一條寫有一段經文的特製羊皮書卷。經文內容來自《出埃及記》和《申命記》，必須用希伯來文、以特定書寫方法抄錄。根據《聖經》中的規定，猶太男子在行過成年禮後均應佩戴經匣，以表示對上帝的虔誠和對誡命的遵守。不分格的方盒置於左臂肘的內側，盒面朝著心臟方向，並用與之相連的皮帶固定，皮帶先在左小臂上繞七圈，然後在手掌上繞三圈，組成一個代表上帝的希伯來字符，最後繞在中指上；分格的方盒置於前額中央，一般在髮際之上，由與之相連的皮帶在腦後打結固定，皮帶的剩餘部分經兩肩垂在胸前。根據規定，除安息日和節日外，每天晨禱時必須佩戴經匣。

活的每一個方面、每一個住處乃至每一個人，都離不開這份羊皮書卷。

《妥拉》就是易攜帶、可移動的歷史、律法、智慧、詩歌、預言、安慰和自我勉勵的嚮導。正像聖所可以在安全時建造、在危機中拆除一樣，口傳的羊皮書卷就算遭祝融也能保存下來，因為那些記錄、編寫經文的文士已經將其口傳傳統和文本作為基礎教育的一部分，令大眾牢記心中。關於「mazkr」這一角色的準確性質，曾經發生一些爭論，在詹姆斯國王欽定本中，將其不恰當地譯為「使者」（herald），但以色列人沒有使者。這個詞的詞根是「zkr」，即拉比希伯來文的「zakhor」，意為「記憶」，所以這樣一個角色，無論是俗人還是祭司，只能是一個「記憶者」或「記錄者」。通過同時使用書面文字和大腦記憶，耶和華的子民雖被擊垮與屠殺，但他們的書卷卻能夠永遠流傳下去。

書卷本身作為有形物，在《希伯來聖經》中某些最震撼人心的場景下一再出現、扮演重要角色，我們不應驚奇於此。當然，這裡指的並不是現代意義上的書，其早期形式是一種零散的和摺疊書頁的抄本：有連續的書頁，有故事情節的版本，是羅馬時期才出現的。羊皮書卷是《希伯來聖經》採用的一種適於保存的神奇形式。想像力豐富的祭司兼先知以西結（《以西結書》很可能是在流亡中寫成，因而寫在羊皮紙上的內容特別多）曾經夢見有隻手舉著一卷羊皮紙，上面寫滿了警語和哀歌，接著有長著四張臉、四個翅膀的「活物」（夢中描述這個活物說不是要讀這卷羊皮紙，而是要吃，以西結也就真的咯吱咯吱地吞了下去）命令他：「『人子啊！要吃我所賜給你的這卷書，充滿你的肚腹。』我就吃了，口中其甜如蜜。」[10] 只有當食經者在物質上用書卷塞滿嘴，並在文字上消化了其內容之後，他的這張嘴才能成為先知雄辯的器官。

這的確使人興奮，但更精采的是，這同一卷羊皮紙在年少的國王約西亞統治期間甚至引起過更戲劇性的轟動。在《希伯來聖經》中，有兩處提到他的故事：一處是《列王紀下》；另一處是描寫更為細緻的《歷代志下》。[11] 這兩段經文都是在漫長的危機時期寫成的。《列王紀》中的原始記述最有可能寫於西元前八世紀末前七世紀初，那時對亞述人於西元前七二一年消滅北方以色列王國的記憶依然猶新。稍

後成書的《歷代志》可能寫於西元前五世紀中葉，與以斯拉和尼希米同一時代，所以可以說是發生在水門前公開誦讀《妥拉》這一事件的自我意識序曲。

約西亞的故事可說是一個回歸純真的童話。在猶大國經歷了歷史上最黑暗的時期之後，約西亞在八歲時成為新的國王。根據《聖經》作者的敘述，在他祖父瑪拿西漫長的統治期內，這位國王史無前例地急於用外邦的「可憎事物」褻瀆聖殿，而約西亞的父親亞們（Amon）的名字就是埃及太陽神的名字，這本身就說明了一切。幾代國王在虔敬與不敬之間變化著。在瑪拿西之前，他的父親希西家王是一位潔淨猶太教的改革者，被《列王紀》的作者緬懷為「打碎偶像的人」，並且他還聽從以賽亞的警告，全力支持那些為《聖經》積累素材的文士。後續的作者——當時文士職業已經有了家族傳承——將耶路撒冷幾乎逃過亞述入侵者的魔爪（他們當時由於流行一種傳染病而喪失了戰鬥力）歸功於希西家對耶和華崇拜的熱情。

瑪拿西卻選擇了一條相反的道路。在埃及和亞述之間生存是非常危險的，他不僅不關心耶和華信徒的純潔性，而且根據那些祭司階層文士所表達的反感來看，他還熱中於多神崇拜，四處為腓尼基人的神巴力（Baal）[12]設立祭壇，為「所有天上的主人」（星辰之神）建起一座座祭壇，還建造了一個異邦果園，「使用邪術」，延請「七靈和巫師」，而最臭名昭著的是用兒童獻祭，甚至連自己的兒子也不放過。根據那些驚恐不已的《聖經》作者描述，他迫使自己的兒子「穿過火海」，獻給摩洛神（Moloch）[13]。耶和

---

[10] 參見《以西結書》3:3。

[11] 此二處為《列王紀下》2:22－2:23和《歷代志下》2:34－2:35。

[12]《創世記》第二十三章有關上帝制止亞伯拉罕以子獻祭的故事。巴力崇拜具有典型的偶像崇拜特徵，因而與以色列人的耶和華獨一神觀念是根本對立的。

[13] 古代亞捫人崇拜的神祇，又稱「米勒公」，希伯來文的意思是「王」。亞捫人通常用焚燒兒童的方式向摩洛克神獻祭。猶太教的律法嚴禁崇拜摩洛克神，更不允許以色列人仿效亞捫人用火焚燒子女，並將此定為大罪。

華對這一系列邪惡做法（當然，大多數做法流行於當時整個巴勒斯坦地區）的回應，就是發誓要「清洗耶路撒冷，像一個人洗盤子那樣」。

至於上天如何進行「清洗」，我們暫時留個伏筆。幾乎可以肯定的是，《列王紀下》是歷史學家《申命記》作者們寫過（或重寫）之作，在西元前六世紀和前五世紀之間，祭司和文士並不僅僅將耶和華作為一個至高無上的神祇來崇拜，並且將他作為唯一獨特身分的上帝。《申命記》附在《妥拉》前四卷書之後，主要內容是摩西本人在彌留之際發出臨終勸告，重新闡述（和整理）西奈山上神授的律法（包括「十誡」）的細節，提出有關對外政策的建議（「勿插手以東，勿傷及摩押〔Moab〕」）[14]，規範祝福和詛咒語言——這在近東地區十分流行（例如：「與岳母行淫的，必受咒詛。」[15]），以及隆重慶祝重新立約，但還須配上相應的誡命，牢記並大聲重述出埃及的故事。在《申命記》和後來的《列王紀》中，都貫穿著一條不信任的紅線：一方面是質疑國民安分守己地遵守摩西（律法）的能力，另一方面是質疑歷代大衛王室國王實行正義的意願；瑪拿西的外邦情結和違法行為，就是一個典型的例子。當時爭論的熱點是，不管是希西家或是瑪拿西也好，他們究竟能否代表大衛家系，成為猶地亞國王的典範？在這點上，約西亞的故事給出了決定性的答案。

隨著年輕的約西亞在他的父親、邪惡的亞們被謀殺後繼任王位，這場戲劇的大幕徐徐拉開。關於約西亞的頓悟，在《列王紀》中寫到此重要事件（指潔淨聖殿）是他十八歲時發生的，至於《歷代志》的作者，則因考慮到從約西亞繼位到對王位的自我發現之間這長達十年的歲月可能發生的問題，把他頓悟的時間向後推了兩年（即長達十二年）。即使時間推算不同，二者故事的核心內容是一樣的。由於瑪拿西的失職和濫權，聖殿年久失修、污損嚴重，已經搖搖欲墜。為了根除他祖父引入的「可憎事物」，年少的國王命令約西亞對猶大國民徵收稅銀，用於恢復聖殿的潔淨和美觀（殘存的陶片上有對這一事件的文字記錄）。在耶和華正統派信徒的化身、大祭司希勒家（Hilkiah）的監督下，「木匠、瓦工和建築師」都來到

現場，修復工程按時開始了。

修建工作進行時，讓人意想不到的事情發生了：建築工地裡露出半截失傳的「上帝之書」，將希勒家絆了一跤。他把書拿給文士兼顧問沙番（Shaphan）看。沙番隨即面對年少的國王高聲讀了起來。約西亞聽到後不由得大吃一驚，同時也產生了某種不祥的預感，因為這部書竟然是（太令人吃驚了！）《申命記》，上面記載著被詛咒事物的詳細清單。如果不遵守摩西誡命，「你在城裡必受咒詛，在田間也必受咒詛。你的筐子和你的摶麵盆，都必受咒詛……耶和華必用埃及人的瘡，並潰瘍、牛皮癬與疥攻擊你，使你不能醫治」。毫無疑問，約西亞當下感到「因為我們的列祖沒有聽從這書上的言語，沒有遵著書上所吩咐我們的去行，耶和華就向我們大發烈怒」。[16]

這位國王並沒有到此為止。約西亞希望以斯拉能在耶路撒冷城門前的高臺上誦讀《申命記》，於是他召集祭司、利未人，「和所有的百姓，無論大小」，「把耶和華殿裡所得的約書念給他們聽」。他「站在柱旁，在耶和華面前立約，要盡心盡性地順從耶和華，遵守他的誡命、法度、律例，成就這書上所記的約言」。[17]後來，大約在西元前六二〇年，他發起了一場大規模的清潔運動，從聖殿開始，將形形色色的逾越節習俗統一為在聖殿過正統的逾越節。他們趕來了三萬隻綿羊、羔和山羊羔、二千零六隻「小牛」和三百隻小母牛，如此一來，每個人都能按照古老的儀式過逾越節。屠戶夜以繼日地忙活著，血濺得滿地都是，然後把烤肉分給眾人。「自從王國時期以來，」《歷代志》作者略顯囉唆地說：「在

---

⑭參見《申命記》23:7，以東、摩押均為中東古老民族。

⑮參見《申命記》27:23。

⑯分別參見《申命記》28:16－28:27和《列王紀下》22:13。

⑰參見《列王紀下》23:1－23:3。

以色列中沒人像約西亞一樣守過這樣的逾越節。」⓲這位年少的國王（當然還有他的祭司和顧問）從瑪拿西的褻瀆行為下挽救了聖殿，他規定聖殿是舉行獻祭儀式和節日朝聖的唯一場所，從而形成了宗教節期的日曆。

《申命記》作者按照獨特的耶和華信徒形象，改造「猶太人／以色列人」的身分。而其中約西亞意外地重新發現《律法書》的故事，無疑最具有藝術色彩。這些神聖傳奇的重要意義在於，文士階層否定了他們自己作為《聖經》作者的身分。這種文學形式意味著，它並非出自任何人之手也無從追憶，就連摩西也只不過是接受指示罷了。因此，所謂話語、文字和書卷，可以完全脫離歷代國王。因為這些國王們雖是臨時選定的守護人，但事實證明，他們大多是剛愎自用、不值得信任，很容易為外邦習俗腐化，或成為外邦女人的俘虜。在這方面，所羅門就是一個很好的例證，他有上千個妻子，其中有一位還是埃及公主（在《申命記》作者眼裡，女人都是像耶洗別（Jezebel）⓳那樣的偏執狂，一再被描述為誘惑人的魔鬼）。通過清除他邪惡祖父的影響，年少的約西亞努力再現了大衛和所羅門的傳奇（同時也忽略了他們的許多過錯），從而恢復了大衛王室作為《律法書》守護者的尊嚴。

《律法書》這部具有生命力的書卷本身正是改革的原動力，它靜靜地躺在地下，等待被希勒家「發現」，等待約西亞真正長大，等待他的王室成年禮（bar mitzvah）⓴，等待他成為摩西律法及其啟示故事的自覺傳人。於是，摩西通過約西亞再一次發話了，正如上帝當年通過摩西發話一樣。這部遺失的書卷閃動著神秘的微光，它的文字等著人們用眼睛去讀，它的話語等著人們用口去說，它靜靜地躺在廢棄的瓦礫中，盼望著再次復活，它才是敘事的中心。其力量不是通過勝利的紀念碑、貴重的金屬或龐大的軍隊，而只是用一卷寫有「字符」的羊皮紙展示出來：這也正是人們認為希臘文「Deuteronomy」（意為「第二律法書」）比希伯來文「dvarim」（意為「字符、話語」）更準確地表達了其原義的原因。從對自己的文化產生自我意識的那一刻起，做一個猶太人就意味著要有一些書卷氣。

儘管耶和華一再承諾要把權能者放在立約百姓的腳下，但《律法書》卻從來也沒有保證（甚至沒有向其發現者約西亞保證）立約人從此會不受傷害。這部書卷或許極為詳細的規定了哪種飛禽可以食用、哪種不能（如不可食魚鷹、鬚鷲、鳶或鷹；也別想吃鷺鷥、蝙蝠和貓頭鷹），但卻無法為西元前七世紀末期遭到圍攻的猶大國王們提供多少軍事戰略上的幫助。逃過亞述人的迫害之後，又經過了兩代人，這個狹小的山地國家只能在尼羅河和幼發拉底河兩個瘋狂擴張的強國的縫隙中求生存。在美索不達米亞，巴比倫人即將吞併亞述，此時的埃及法老尼哥二世（Necho II）意識到了來自北方的威脅，於是於西元前六〇九年決定支持被圍的亞述人（他很可能也動用了駐紮在象島的猶太雇傭兵），與巴比倫人開戰，希望儘早在巴比倫擴張為一個無法對抗的霸權國家之前將其消滅。在不得不作出選擇的情況下，約西亞把寶押給了巴比倫。他率軍親征，讓軍隊橫向展開，擋在埃及人北進的必經之路上。

這次災難被寫入《歷代志》，作者戲劇化的描繪了這個情節，說派出使者，懇求約西亞讓開一條路：「猶大王啊！人與你何干？我今日來不是要攻擊你，乃是要攻擊與我爭戰之家。並且神吩咐我速行，你不要干預神的事，免得祂毀滅你……」但當時約西亞很可能並不相信上帝借法老之口說出的話，於是在北方的米吉多（Meggido）與埃及人開戰。埃及弓箭手射中了約西亞。他傷勢嚴重，被送回耶路撒冷，然後「他就死了，葬在他列祖的墳墓裡。猶太人和耶路撒冷人，都為他悲哀」。㉑

---

⑱ 參見《歷代志下》35:18。

⑲ 編注：西元前九世紀以色列亞哈王的妻子，出自《列王記》。她大建異教神廟，殺害眾先知，迫害著名先知以利亞。

⑳ 猶太人習俗之一，又稱「堅信禮」或「受誡禮」。成年禮通常在猶太男丁年滿十三周歲時舉行，此後便被當作成人看待，並按照教規嚴格遵守猶太教的六百一十三條誡命，故亦稱「受誡禮」。成年禮是猶太家庭生活中的一件大事，一般安排在男丁年滿十三周歲後的某個安息日在猶太會堂內舉行。根據傳統，父親要在慶祝儀式上贈送成人的兒子一條祈禱披巾。

㉑ 參見《歷代志下》35:21－35:24。

所謂「約西亞中興」，不過是神權與政權合一的虛假黎明；不僅如此，它更像是大災難的一個序曲。米吉多戰役之後，約西亞的兒子約哈斯（Jehoiahaz）繼任王位。三個月後，他就被尼哥二世無端地廢掉，並作為囚虜被押往埃及。他的哥哥約雅敬（Jehoiakim）被立為王，成為完全依賴埃及人的傀儡。四年之後，西元前六〇五年，尼哥二世的軍隊在與巴比倫人的戰爭中兩次慘敗——分別在迦基米施（Carchemish）和哈馬（Hamath），約雅敬不得不重新考慮生存策略。此後十年的大部分時間裡，他周旋於兩個大國之間使雙方互相對立，但卻吃不準哪一方會在軍事上占上風，所以也一直未能下定決心表明立場（這或許是可以理解的）。他或者被人暗殺，或者在西元前五九七年保衛耶路撒冷的戰鬥中戰死，無論如何，他已經為自己過早地斷定「來自巴比倫的最大威脅已經消除」付出了代價。

耶路撒冷徹底淪陷之後，《耶利米書》（其作者極有可能是耶利米的私人秘書兼文士巴錄〔Baruch〕）對約雅敬的死因給出了一種生動的文士式解釋：不再用耳朵聽，即固執地拒絕聽從時刻在發聲的《律法書》。在《耶利米書》最生動的描述中（第三十六章），這位一直不理會先知警告的國王坐在「過冬的房屋裡」，面前放著火盆，他極不情願地讓他的顧問猶底（Jehudi）朗讀書卷上最新記下的一些悲傷內容。「猶底念了三、四篇，王就用文士的刀將書卷割破，扔在火盆中，直到全卷在火盆中燒盡了。」㉒不用說，耶利米奉耶和華之命讓巴錄重寫了燒掉的部分，並添加了某些內容——目的是記上更多的壞消息：約雅敬的「屍首必被拋棄，白日受火熱，黑夜受寒霜」。你可以掩耳不聽，可以燒毀書卷，可以不予理會，可將其化為紙漿，但是書卷上的訊息依然能發聲，音高昂而清晰。

如果沒有再一位新國王像希西家或約西亞一樣在書卷發聲時認真聆聽，就不可能有所謂的「亞述奇蹟」（Assyrian miracle）㉓。約雅敬的兒子叫約雅斤（Jehoiachin），這樣的叫法實在令人困惑。他在位僅三個月就被尼布甲尼撒廢掉，並作為囚虜，連同「眾王子」和「猶大的男丁」一起被擄往巴比倫。於是，他年輕的叔叔，即約西亞最小的兒子西底家（Zedekiah）被立為王。他是猶大國的最後一任君主。

然而，故事並未到此結束。猶大國雖然已經淪為巴比倫的傀儡城邦，但無論是西底家還是猶大國的民眾，都沒有屈服於亡國的命運。似乎有某些因素激怒了包括耶利米在內的先知。他聲稱，巴比倫人執行了耶和華的懲罰。先知們或許辱罵過西底家，但人們並不一定都贊同他們的意見。我們有文字記錄可證，在此後十年中，西底家以及耶路撒冷南面和西面山區的居民時常發動起義，不停地為巴比倫人製造麻煩。到這十年接近尾聲時，那些曾經被大衛以後的歷代國王修築的山頂要塞，此時得到了豐饒的謝菲拉（Shephalah）[24]一帶鄉村的充足供應。甚至當耶路撒冷於西元前五八八年被圍時，這些要塞依然堅持戰鬥。這些據點的指揮官肯定希望，如果西底家能夠堅持得夠久，「希西家水道」[25]保持通暢，那麼與西底加結盟，共同對抗巴比倫人的新法老阿普里埃斯（Apries）（或許還帶著大量尼羅河畔的猶太雇傭兵）就會出兵干預。猶太人的命運竟冀望於埃及身上，這在歷史上還是頭一遭。

然而，法老阿普里埃斯更看重南部邊境的安全。他要首先對付南方的努比亞人和衣索比亞人，於是便把巴勒斯坦和敘利亞留給了巴比倫人。他趕在巴比倫龐大的鐵甲軍開進猶大國之前撤退了。也正是在西元前五八八年至前五八七年這段時間——猶大國獨立的最後歲月，我們通過幾封寫在陶片上殘缺不全的希伯來文信了解了一位在前線的猶太人。信的作者是一個叫霍沙亞胡（Hoshayahu）的軍官。他當時駐紮在拉吉（Lachish）一個厚牆堡壘據點，負責從海邊的亞實基倫（Ashkelon）到山區的希伯崙（Hebron）的道

---

[22] 參見《耶利米書》36:23。

[23] 編注：指的是西元前七一五年，揮兵西進並攻無不克的亞述王西拿基立圍困耶路撒冷城，後來卻不明原因撤軍。西拿基立究竟有沒有攻下耶路撒冷城一事，至今仍無法明辨。

[24] 即「猶地亞低地」，指以色列中南部的希伯崙山與海岸之間的狹長地帶，適於農耕，《聖經》猶大支派的領地，現多農場。

[25] 編注：Hezekiah's Tunnel，希西家為防亞述人切斷耶路撒冷城內的水源，修築的一條地下引水道，引入改道後基訓泉的水。

路安全。

在西元前五八七年那個氣氛緊張的夏天，像所有猶地亞人一樣，霍沙亞胡正在焦急地等待著。他極其不耐煩，用詞粗暴，令他的文士難以忍受，這在他所處的環境下是完全可以理解的，因為他正竭盡全力試圖把資訊傳送給另一據點的軍官。他很少用委婉的口氣說話，並且習慣於用耶和華的名字，如果他不是在褻瀆神靈，就是因為他已經習慣這麼說了。這封信可能是回覆一位上級軍官「約什大人」（Lord Jaush），希望得到有關部隊或補給的訊息，霍沙亞胡回覆說：「為什麼您會想到我？我（畢竟）什麼也不是，只是一條狗。願耶和華幫您得到所需的消息。」當時，最關鍵的是耶路撒冷的道路仍然是開放的，但隨著局勢變化，霍沙亞胡的信可能因遭到扣留、沒收或無故延遲，沒有及時送達。在霍沙亞胡最後的信中提到，他從拉吉山看不到耶路撒冷近郊另一個山頂要塞亞西加（Azekah）的烽火。關於這件事，有一種離奇的解釋，說巴比倫人占領這個要塞後把火撲滅了，但這恰恰說明，霍沙亞胡對信號傳遞鏈上發自亞西加的信號保持著高度的警惕性。[15]

在這個動盪不安的時期，我們還有兩個幾乎是同時流傳的猶太人的故事。一個是出自考古發現的文字記錄，另一個是源於經過無數次編寫、整理、加工和校訂，最後收入《希伯來聖經》的片斷；在敘述上，一個詩情畫意，另一個平淡無奇，但即使如此，也絲毫掩蓋不了猶太人栩栩如生的生活氣息。一個讚美耶和華的名字，另一個則在講述時用方言隨意地使用祂的名（儘管不像象島猶太人那樣使用另外的當地神之名）；一個是堅強苦澀，另一個則像先知說的話，詩意而高調。一個關心的是油和酒，以及軍事部署和防禦工事的信號塔，另一個則心醉神迷地歌頌耶和華，談到要在獻祭時足量地宰殺動物，從而將遵守摩西臨終誡命的義務銘刻在上帝的話語中；一個是將聲音努力傳遞給另一個山頂上的猶太同胞，另一個則試圖讓聲音穿越永恆傳達給所有世代的猶太人；一個無法想像這場災難後的未來，而另一個則深深擔憂這場災難的日益迫近。

我們恐怕永遠難以徹底確定，在《希伯來聖經》中，到底有多少卷（以及哪些卷）寫於西元前五九七年的集體流亡，以及十年後耶路撒冷的最終陷落之前，又有多少卷寫於這一事件之後。但是，某些學者認為，其中最古老的部分，像《出埃及記》第十五章中，表達見到法老和其軍隊被淹死後的狂喜之情的「大海之歌」，這類慶祝勝利的頌歌，應該寫於西元前十一世紀前後，換句話說，寫於大衛王統治期之前！[16] 例如：「我要向耶和華歌唱，因祂大大戰勝，將馬和騎馬的投在海中。」這篇頌歌的風格和迦南的神話詩歌十分相近，該詩歌描述喜歡挑戰的巴力神，在一場暴風雨中征服了大海。因此，當最初的作者和文士將他們的敘事連綴成篇（時間可能在西元前十世紀晚期），希望以耶和華為他們獨特、至高無上的當地神祇時，他們借用了鄰邦詩化傳統中某些最獨特的篇章。當他們描寫自身歷史中那些剛剛發生的事件時，肯定吸收了這類歌詠的古老形式，並進行了自身敘事的再創造，從而賦予這些具有個性的書面文字一種從遠古繼承的口傳記憶感覺。在其史詩的文體表達中，他們借用了幾乎同時代的《伊里亞德》（*Iliad*）㉖ 中的戰歌節奏，這絕非偶然。與之不同的是，在希伯來——以色列的情形下，這種戰歌形式卻是作為與聽眾分享的共同遺產表現出來的。無論是在《士師記》第五章，歡慶勝利的〈底波拉之歌〉（Song of Deborah）中「騎白驢的、坐繡花毯子的、行路的，你們都當傳揚。在遠離弓箭響聲打水之處……底波拉啊，興起，興起！你當興起，興起，唱歌！」還是在《撒母耳記下》第一章，哀悼掃羅（Saul）和約拿單（Jonathan）之死的悲情的〈大衛哀歌〉（Lament of David）中：「不要在迦特（Gath）報告，不要在亞實基倫的街上傳揚。免得非利士人的女子歡樂……我兄約拿單啊！我為你悲傷！我甚喜悅你！

㉖《荷馬史詩》之一部（另一部為《奧德賽》），是希臘最早的史詩，西方文學中的重要經典，相傳為盲詩人荷馬所作。其中對戰爭場面的描繪充滿了生動而緊張的氣氛。

你向我發的愛情奇妙非常，過於婦女的愛情。英雄何竟僕倒！戰具何竟滅沒！」都是一種本真古老頌歌和輓歌的強烈回響。[17]

這些史詩和頌歌，為文士們的《聖經》敘事編纂增添了濃重的古風色彩。正因如此，他們能夠在《撒母耳記》中記錄一個半世紀之前有關大衛的歷史；能夠通過士師們和約書亞的征戰事蹟，上溯至《出埃及記》中那些偉大、保留火種的傳奇；甚至上溯至族長制前期，在埃及邊界上漫無目的地迂迴、流浪，在對磨練和誓約的頓悟中堅定不移地前行：亞伯拉罕的妻子，以撒（Issac）的母親撒拉（Sarah）九十多歲懷孕、用以撒獻祭、雅各（Jacob）殘酷地對待飢餓的以掃（Esau）、約瑟（Joseph）穿五色彩衣為法老解夢。所有這些原始的傳奇故事，經過一代又一代人不斷潤色、豐富、改寫和重複，從而賦予以色列人一種強烈的神授歷史感，而文士和祭司們認為，有必要將想像中的集體祖先作為一種共同的身分，在令人痛苦的歷史現實威脅中予以保留、流傳。

在十九世紀末，一些德國《聖經》學者認為，《聖經》敘事有四個獨立的來源。其中，最著名的當屬威爾豪森（Julius Wellhausen）提出的「底本假說」（Documentary Hypothesis），他堅持認為，《聖經》前五卷來源於完全不同的文化，每一卷都用不同的風格描述了至高無上的神。同一事件（甚至包括「創世」）在每一卷都有不同的版本，並且重寫過兩次以上，以不同風格的方言證實他們各自的崇拜對象。

最早的所謂雅威版本，即「J」本中，稱以色列的上帝為「雅威」（YHWH），由於這一名字形式出現在迦南南部與荒漠地區，所以其中的敘事被認為是由南方的文士所寫。伊羅欣（Elohist）本，即「E」本中，把上帝稱為「伊勒」（El，複數為Elohim），這一名稱是腓尼基—迦南人至高無上的神的名字，標誌著該版本來源於偏北方的文化。在西元前八世紀，或許是在倡行改革的希西家統治期內，這兩個版本被融為一體。很可能編寫「E」本的文士或他們的後人（既是職業上的也是家族中的），在西元前七二一年以色列王國被亞述人毀滅之後來到南方的耶路撒冷，並在那裡把他們的敘事編入了猶大的

「J」本。在西元前七世紀的某個時段，或許是為了對抗瑪拿西臭名昭著的多神教，形成了所謂祭司本（Priestly），即「P」本，以強制性、強迫式的規定講述了儀式的細節、聖殿的結構及部落和民眾的神聖等級制度。在這個世紀末，當約西亞再次推行他偉大的祖父希西家的改革措施時，《申命記》的號角以熟悉的高亢音調吹響了。於是，隨著對《約書亞記》、《撒母耳記》、《士師記》、《列王紀》所述歷史進行改寫和增補的強烈要求，《申命記》歷史作者（Deuteronomist）的版本，即「D」本出現了。

對後來的先知而言，儘管已經到了先知譜系的第五代，但他們的作為要比過去任何一代更有詩情、更高調，也有更多的內在美，也許偶爾還會展示一下以西結那種耽於幻想與狂熱的氣質。誰是「第二以賽亞」，即《以賽亞書》最後二十六章的作者？此問題一出，將爭論推向了高潮。從引用波斯國王居魯士的法令來看，這附加的二十六章應寫於西元前六世紀，甚至可能是西元前五世紀，並且其中大部分內容，顯然是在回應於充滿異邦神像和偶像崇拜的環境下生存的狀況。

第二以賽亞書不僅明確堅持耶和華的至高無上，並且確認了祂實存的獨一性，這在《希伯來聖經》中還是頭一遭。其中，作者借用神的口氣宣稱：「我是神，並無別神；我是神，再沒有能比我的。」「我是首先的，我是末後的，除我以外再沒有真神。」❷⑦在這些篇章中，並不只是簡單地重複一個無味的聲明，或針對偶像崇拜發出警告，其中，第四十四章就描繪了偶像的荒謬。我們在那一章中讀到，有個木匠「拉線，用筆畫出樣子，用鉋子刨成形狀，用圓尺畫了模樣，仿照人的體態，做成人形」。然後，作者又描繪了另一個場面：這同一個木匠砍伐了香柏樹、柞樹和橡樹，用這些木頭烤餅和肉，「他把一分燒在火中，把一分烤肉吃飽。自己烤火說：『啊哈，我暖和了，我見火了。』他用剩下的做了一

❷⑦參見《以賽亞書》44—45。

神，就是雕刻的偶像。他向這偶像俯伏叩拜，禱告它說：『求你拯救我，因你是我的神。』」和木匠做偶像的描述相反，耶和華則是個「實在是自隱的神」[28]，一個不具有人的形狀或其他形狀的神，一個會說話和寫字的神。「吾主耶和華賜給我舌頭。」[29]

第二以賽亞意識到，他正在用「字符」做一些新鮮事，不僅僅是喚回遠古的記憶，而且教給我們安慰（「要安慰，憐恤你我的子民」）、等待和耐心希望的新歌曲。在經文的字裡行間，充滿了對世俗帝國勢力的蔑視，而對埃及、亞述和巴比倫勝利紀念碑文的蔑視尤為強烈：「看哪！萬民都像水桶的一滴，又算如天平上的微塵……萬民在他面前好像虛無，被他看為不及虛無，乃為虛空。」[30]而這恰恰迎合了那些無權無勢、「被囚異鄉」無家可歸者的需要。其中唱頌的「新歌」，似乎是專門為那些命中注定「被替代」的人、為那些不屈不撓地終日奔波和居無定所的人而寫。美索不達米亞的水與火在一段段經文中流動、閃爍：「你從水中經過，我必與你同在；你蹚過江河，水必不漫過你；你從火中行過，必不被燒，火焰也不著在你身上。」[31]

有個十分重要的事實，或許也是《聖經》的關鍵，那就是《希伯來聖經》並非成書於一個輝煌時刻，而是經歷了三個世紀（西元前八世紀至前五世紀）的漫長戰亂時期。這正是為何，這部書能夠保持著日積月累的清醒和小心翼翼的詩意，並在各種帝國文化的夾縫中，保留這些尋求自我安慰的粗糙文字的原因。甚至在宣稱以色列與耶和華訂立了其他任何民族都不能分享的約之後，任何以例外論自誇的誘惑，都被其字裡行間描述的分裂、背叛、騷亂、欺騙、暴行、災難、過犯和失敗，這些雜亂的史詩斬斷了。大衛最寵愛的兒子押沙龍（Absalom），在針對自己父親的叛亂中以極度令人恐懼的方式被殺死。以威嚴自傲著稱的所羅門王，他死後其王室延續了不到一代人。瑪拿西王發明了兒童火祭這種恐怖的獻祭形式。埃及人始終在南方虎視眈眈，而美索不達米亞帝國則在北方蠢蠢欲動。

然而，這些書卷從開始就沾滿了淚水的這一切，並不表示《聖經》最初主要是作為一篇安慰性的紀

錄。要閱讀這部書，就要回溯過去的歷史，因此會加深對舊時代錯誤的印象，即猶太人的故事從一開始就充滿了悲劇性的預感，而其中的文字都是憑著對一次次日益逼近的滅絕的預感寫下的：巴比倫人、羅馬人、中世紀、法西斯主義。上述這些都可以證明「哭泣的希伯來」（Wailing Hebrew）（撕頭髮、搥胸、坐在爐灰中）的「浪漫」傳統，但這並不是說在隨後的漫長故事中，沒有值得傷心的情節。《希伯來聖經》及其大部分後續歷史的確曾行過死亡谷的陰影，但其「字符」及其猶太守護者數千年的歷史，後來畢竟已從屍骨堆中走了出來，走向了更好的地方。而猶太人的聲音也從低沉的輓歌變成了遠遠超出你想像的，更經常的縱情高歌。

一代又一代的《聖經》作者讓書卷上的文字不再記述最黑暗的時刻，而是時刻準備面對那時刻的來臨。每一位猶太人都會告訴你，這其間有重大的區別，而這種區別實際上就是生命和死亡。這部充滿生命力的書卷大部分內容不是一味地描述悲傷，而是要抵抗悲傷的必然性，這又是一個重大的區別。他們是宿命論的反抗者，而不是推動者。

在《希伯來聖經》形成的漫長歲月裡，在那些從事寫作的文士的抄寫之外也並非一片靜默。整整一個世紀，考古人員終於從沉默的廢墟中解放出令人驚異的希伯來話語，那是一串《聖經》式語調的響亮聲音。當然，其中的句子斷斷續續，就像刻有它們的那些陶片一樣破碎。有時，這些陶片上的內容長度

㉘ 參見《以賽亞書》45:15。

㉙ 編注：參見《以賽亞書》50:4。

㉚ 參見《以賽亞書》40:15－40:17。

㉛ 參見《以賽亞書》43:2。

還比不上一條希伯來語「推特」，只能讓人辨認出這個酒罐或油罐是屬於某某人，或（更多的是）一個「lmlk」印記[32]，表明某件罐器是屬於國王的財產。有時，這樣的「推特」內容會變成真正的文本（像我們這樣純粹的歷史學者，則要將這樣的演變歸功於碑銘研究人員的保護）：關於悲傷、憂慮、預言和自豪的各種故事。這些刺耳的聲音和雜亂的資訊明確地告訴我們，在猶大和撒瑪利亞（儘管也是屬於古聯合王國的領土，但其故事卻未融入《聖經》的敘事主題，也非絕對重要）存在著生命。這就是羊皮紙和陶片的區別：一種是在動物的皮膚上繪製，塗上底漆，然後再精心刻畫，顯然是為了用於禮儀性的記憶和公開背誦；另一種則是用墨水寫在隨手撿到的各種破罐的碎片上，這樣的材料簡易、低劣、粗陋，隨處可見，任何想用的人都可以用。你可以想像，這樣的陶片一堆堆地放在房間或院子的角落。這些密密麻麻的文字，字符大約只有一公分高，就寫在陶片的表面上，筆跡隨著通常是彎曲的表面變化，由於左右手書寫習慣不同，字跡往往東歪西斜，僅僅是這些形質上的事實本身就足以證明：這是一種訴說的渴望——是希伯來和猶太文化中獨特無法抑制的聒噪。在有些陶片上，一段段文字是如此擁擠和散亂，以至於使人感到真的有兩個猶太人在聊天，都不想讓對方插上話（即不給對方在邊緣處留下位置）。這些碎片上的邊邊角角也是他們爭先占用的地方。

無論是用嘴說還是手寫，這種熱鬧的聊天形式並沒有完全脫離古希伯來語。聊天文字使用同樣的標準化字母，字符的樣式、語法和句法也基本相同，但卻既可以從右向左書寫，也可以從左向右書寫。猶太人在日常生活中使用的希伯來語是由迦南—腓尼基語演化而來的，並未經過校訂，所以不成體系，但卻充滿了古拙的、令人驚嘆的力量。《聖經》中的修辭是詩化的；陶片和莎草紙上的文字卻是社會化的。然而，正是這種世俗的喧囂穿越了經文沉思默想的壁壘，從而使猶太人的故事在一神教的書卷中發出了獨特的聲音。《聖經》或許再造了希伯來語，但並沒有創造它；正如塞特・桑德斯（Seth Sanders）富有啟發性的描述：希伯來語經歷了早期富有生命力的發展階段後，到西元前八世紀末，已經可以在經過

校訂後，用於寫作歷史和律法文書，記錄家譜和先祖的事蹟——這正是：「我們是誰？」「為什麼這些事會發生在我們身上？」這些古老問題的全部答案。[18]神化語言和社會語言之間、口語和書面語之間、獨特的希伯來—耶和華語言和非常接近鄰邦文化（摩押〔Moabite〕、腓尼基甚至埃及）的語言之間的不斷交叉使用，源源不斷地為經文和社會語言補充營養。如果說《聖經》的無限生命力，和在所有幻想與神秘（雅各的狡詐、摩西的易怒、大衛的領秀魅力、約拿的懦弱，還有豎琴和羊角號、無花果和蜂蜜、鴿子和驢子）中顯示出世俗生命的堅韌，在於其借用希伯來口語和書面語這些充滿活力的母體，再造出凡人形象，那麼《聖經》中以祈禱和預言、律法和判例形式記錄的猶大國的日常生活同樣是真實的。

《聖經》文本感官上的生機勃勃，主要歸因於書寫語言並未取代口語語言，而是兩者同時並存，保留了原有的精神張力和吶喊聲音。雖然這些不斷「被發現的書卷」中的主要故事，都有一個誦讀者和一群聽眾，但這並不意味著聽眾只是坐在那裡被動地聽講（就像如今誦讀逾越節《哈加達》故事的情形一樣）。有時，他們會不遵守「必須豎起耳朵，只聽不說」的推定。比如在巴比倫人入侵的前一天夜裡，我們的年輕軍官霍沙亞胡躲在被圍的拉吉要塞裡，就曾利用閒置時間對他的上級軍官約什表示憤怒。在通常那種禮貌的開場白（「願耶和華給您帶來好消息」）之後，霍沙亞胡接下來給「約什大人」寫的是：「現在，請給我解釋一下您昨天夜裡送給我的信是什麼意思好嗎？我一直在琢磨，並且感到從未有過的震驚。您對我說：『你不知道怎麼讀信嗎？』以上帝的名義起誓，我才不需要別人為**我**讀信！……我能把收到的每一封信倒背如流，不放過一字一句！」[19]這封信是二十世紀三〇年代發掘拉吉遺跡時，在要塞入口旁的

㉜ 指國王希西家統治時期前後刻在大型儲物罐罐耳上的印記，已發現有多達二十餘種圖案。此類罐片大多發現於耶路撒冷及其周邊地區的故城遺址，以拉吉為最多。「lmlk」在希伯來語中讀作「lamelekh」，一般可譯為「國王所有」或「國王專用」。

一間警衛室裡發現的十六封信之一，信的內容表明，不僅識字率在猶大國的文士、祭司和宮廷精英階層之外已經相當高，並且就連霍沙亞胡這樣通常習慣於「我他媽是條看門狗的兒子」之類軍營行話的普通士兵，也把閱讀能力看成是一件大事。這封信在一定程度上回答了如下問題：什麼樣的人才有誦讀《聖經》書卷的資格？什麼樣的人才能成為誦讀者的聽眾？

猶太人讀書寫字的入門教育制度，至少可以追溯到這位也許上過識字班的霍沙亞胡之前三個世紀。最近，在亞實基倫港內名為特拉札依（Tel Zayit）[33] 的一小塊陸地上（存在於西元前十世紀，大衛─所羅門統治時期）和西奈北部的坎底勒阿柱（Kuntillet Ajrud）哨站（存在於西元前八世紀），都發現了從迦南楔形文字演化而成的由線形字母和西閃族（West Semitic）文字組成之可辨認的希伯來文「字母表」。這兩處發現的字母表都包括全部二十二個希伯來字母，但在排列順序上有幾處明顯不同，這表明希伯來文字當時已經從其強大鄰邦──亞述與波斯的楔形文字和埃及早期的象形文字──這些主流文字體系中分離出來。[20] 這些用於實踐和訓練的字母很可能是文士教育的一個重要特徵，並且有證據表明（從而更進一步證明），到西元前八世紀，文士學堂已經在全國各地建立起來。令人驚奇並具有原創性的是，這類字母表的日益大眾化以及用於練字和作筆記的石板的強烈質感──當然，行文的書寫方向尚未定型（有時從左到右，有時則像現在的希伯來文一樣從右到左）──並非官方指導形式。

特拉札依（字母表鐫刻在一塊巨大的石灰岩上）和坎底勒阿柱之所以名聲卓著，是因為這兩處都位於文化邊遠地區，而不是商業、軍事和崇拜活動的中心。所以，比楔形文字更為簡單易寫的線形文字的廣泛使用，完全有可能意味著，當時的文字寫作技能已經在精英階層之外的民眾中間普及開來，甚至經常用於日常的資訊傳遞。在坎底勒阿柱，祝福詞、詛咒語和頌歌以及最著名的時尚繪畫風格（如女子歌唱、母牛餵小牛的畫作）的大量運用充分表明，有一種充滿生命力的不安正在神聖領域和日常生活領域之間湧動著。同樣，在耶路撒冷以西大約二十英里的謝菲拉低地地區的基色（Gezer），發現的一本著名的西元前

九世紀按農耕季節分月的農用月曆（如割草月、收大麥月、剪葡萄月、收夏果月……等等）也表明，其寫作風格已經完全脫離了該地區其他地方的管理層通行的文士專用正規格式。桑德斯將這一現象形容為「土生土長的手工藝書體」，而不是什麼「所羅門啟蒙運動」[34]的產物。

在西元前八世紀至前五世紀，也就是《聖經》編寫成書的這個時段，在文士和聖殿祭司周圍的平行世界中，發生了一件意義深遠的重大事件。希伯來文作為一種寫作媒介，由腓尼基—迦南文字演化為一種在整個巴勒斯坦地區（甚至覆蓋至約旦河以東）基本一致的標準形式：統一的文字和音調（儘管以色列和猶大依然是兩個分立的王國，且當時以色列王國已經滅亡）。這是一種超越了耶和華王國的語言，西元前九世紀摩押國王米沙（Mesha）慶祝其人民從以色列統治下獲得解放的紀念碑文[35]，就是用他的敵人的文字，也就是生動的古希伯來文刻寫的。

儘管猶大和撒瑪利亞分治，但希伯來文卻將不同階層的民眾聯繫在一起。那些書寫訴狀的人和娛樂大眾的人，並沒有因為行業語言不同而隔絕開來。這種連續性，可以部分歸因於文士代表上訴者書寫訴狀本身就是一種自我表達的方式，但不可否認的是，在許多社會生活和地理位置都完全不同的地區通行的都是同一種希伯來語。在內蓋夫地區北部的另一個軍事要塞亞拉德的儲藏室中發現，當時的軍需官

[33] 或譯「賽義德山丘」。考古發現認為，該遺址應是《聖經》中提到的立拿城（Libnah），曾於西元前一二〇〇年和西元前九世紀兩度被焚毀。

[34] 編注：由德國神學家馮拉德（Gerhard von Rad）提出，認為君王所羅門治下的以色列地區，產生了近東史上，也可能是世界上最初的歷史書寫，猶太人的歷史也是在這時候開始書寫成形。

[35] 即「摩押石碑」，為西元前九世紀中葉摩押王國（位於今約旦境內）國王米沙所立，碑文主要講述了自己的豐功偉績，其中最大的成就是征服了北方的以色列王國。

以利雅實．本．伊什亞胡（Elyashib ben Eshyahu）在抗擊來自巴比倫的威脅時，曾收到過一封又一封徵調驢子運油料、紅酒、小麥和麵粉的信件。[21]而在二十多年前，在靠近亞實突（Ashdod）沿海邊境，一個抵抗埃及人進攻約西亞軍隊的猶大地要塞裡，一位農夫曾向要塞中某個主事的頭頭上訴，要求歸還一件作為債務抵押品被強行取走的襯衣或外套，因為這種沒收行為在《聖經》中是禁止的。[22]「幾天前，在我結束收割時，他強行把您的僕人（上訴者自稱的方式）的衣服取走……所有在烈日下與我一起收割的同伴都可證明，我所說的一切為真。我並不想冒犯誰……如果大人您的主管不覺得歸還您僕人的衣服是他的義務的話，那就太遺憾了。您不應保持沉默。」這是一個悲傷的故事，但它告訴我們的遠遠不止這位農夫對於找回被強行剝走（他就是這麼認為的）的衣服的絕望心情。它同時也意味著，這位上訴者懂一些《聖經》律法，尤其是《利未記》和《申命記》中禁止對窮人粗暴以待的律條。珍藏在《妥拉》中的「社會」誡命元素，彷彿已完全內化，不僅是作為半官方的或律法的規定，而且在某種程度上作為民眾期望的一部分，受到耶和華的保護。

字符的書寫在上帝與凡人之間是共同享有的。至少在西元前六世紀之前，耶和華一直被認為是唯一的、真正的上帝，他雖是無狀、無形的，但他有時也會化為某個可見的事物顯現出來，如寫字的手。在關於他向摩西顯現的一段記述中，他的手就曾直接把誡命寫在石板上；在《但以理書》中，他的手也曾把警告寫在城牆上，給耽於享樂的國王伯沙撒（Belshazzar）看。上帝就是這隻手；上帝就是這些文字；最重要的是，上帝即是「字符」。但他並不是僅僅把「字符」放在自己心裡。聖殿祭司試圖將宗教權威作為擁有「字符」的條件，但由於字符形式的自由和多變因而注定要失敗，就像「精靈」已經從魔瓶中逃了出來。事實上，在《聖經》當初將其裝入魔瓶之前，這些「字符」已廣泛地傳播開來。所以，這些希伯來「字符」就像隨之而來的猶太生活一樣，是主動，而非奴隸般地與宗教權威聯繫在一起。這些「字符」擁有屬於自己的輝煌、不受拘束、好發聲的生活。

就獨有的活力而言，最戲劇性的例證莫過於雕刻在一條水道南端牆上的一段希伯來文，那是由希西王家的軍事工程人員挖掘的。挖掘這條水道本來是為了引出西羅亞池邊的基訓（Gihon）泉，將其導入內城防護區內的一個巨大的蓄水池㊱。建造水道是希西家戰略防禦計畫的一部分，是用來應付西元前八世紀末西拿基立亞述軍隊的圍困。因為一旦希西家決定信仰耶和華（他當時已經把耶和華聖殿裡的外邦儀式和偶像全部清除）並公然拒絕亞述國王索取貢金的無理要求，耶路撒冷就將難逃被圍的厄運。整條水道長六百四十三公尺，貫穿堅硬的石灰岩體，沒用任何豎井通氣和透光，如此的水利系統在當時可說是聞所未聞，儘管這是個不同尋常的創舉，但這條新水道在《列王紀下》第二十九章中只是簡單地一筆帶過（「他挖池、挖溝，引水入城」），而在更晚的《歷代志下》第三十二章中也不過是多提了幾句而已（「這希西家也塞住基訓的上源，引水直下，流在大衛城的西邊」）。關於水道工程建設進入高潮時到底發生了什麼，我們還有另一種版本或更戲劇化的描述，此版本宣稱這是一個真實的生活故事，一段微縮的歷史，我們也從中第一次知道有一群猶太人獨自完成了一項工程：

> 這就是關於水道的故事……人們肩並肩揮舞著鎬頭，當只剩下三肘尺㊲時，就聽到有個人在喊他的夥伴，因為在岩石的右邊和（左邊）出現了一條裂縫。水道打通的當天，石匠們奮力擊打著（岩石），每個人都走到他的夥伴身邊，互相碰擊鎬頭以示慶祝。他們看到，水從泉邊流向一千兩百肘尺外的蓄水池。水道上方的岩石離石匠們的頭頂足有一百肘尺高。

㊱編注：即前文所說的「希西家水道」。

㊲古代的一種長度測量單位，等於從中指指尖到肘的長度，約等於十七至二十二英寸（四十三至五十六公分）。

全文共一百八十個希伯來文單詞，是目前我們所知字數最多且連續的古希伯來文字石刻；而其主題，也並不像巴比倫、亞述、埃及甚至小小的摩押石碑那樣，記錄的只是統治者的壯舉和威名，或神祇的英勇無敵。與此相反，這篇文字石刻記錄的，是普通猶太人的勝利，即工匠——「揮鎬者」成功後的喜悅。它並非吸引公眾目光的紀念碑，而只是為了那些在某一天偶然經過這裡，蹚過泥濘古老水道的人們而鐫刻的一牆，發思古之幽情的石刻。它是留給子孫後代的寶貴遺產，又像是某個人隨意、自發的率性塗鴉，然而又不像塗鴉，而是深深刻進岩層的完美的巨型（足有四分之三英尺大）希伯來字符。包含這日常的一切，讓這短短的銘文也講述了一個屬於猶太人的故事。

第三篇
發掘、發現……

他們怎會遺漏兩千五百年前，關於水道建造者的故事呢？一代又一代面色紅粉的英裔美國人，那些聖經學者、傳教士、軍事工程專家、繪圖員和勘測人員，全副武裝地帶上他們的量尺、蠟燭、筆記本、速寫紙和鉛筆，在他們的士官和農夫嚮導的陪伴下跋山涉水，然後手腳並用地爬進洞穴般水深過膝的水道；他們怎麼會沒注意到這六行深深刻進岩層的希伯來字符呢？也許是因為這一切對他們來說太困難了吧？你必須要在蜿蜒曲折水道中開闢一條通道，在水淹到下巴的暗道中艱難呼吸，還要伸出手去防止燭火晃動，所以根本顧不上注意那些難以分辨的銘文。這類銘文在人們的預期中，只會出現在光天化日的戶外，而非地下幽暗的微光中。

然而，對一個少年來說，上述這些都逃不過他過人的眼力。[1] 一八八〇年，雅各．伊利亞胡（Jacob Eliyahu）十六歲。他出生於拉馬拉（Ramallah），其母是為了逃避耶路撒冷的霍亂才來到這裡的。他的父母都是塞法迪（Sephardi）猶太人❶，經土耳其移民到巴勒斯坦，不過已經通過倫敦傳教團皈依了基督教。在多種語言背景和天生的好奇心驅使下，小雅各早就對耶路撒冷水道的故事產生了濃厚興趣。他聽人們

❶ 指在西班牙和葡萄牙形成的猶太文化群體。在猶太歷史上多與阿什肯納茲（Ashkenaz）猶太人，即發源於日耳曼地區的猶太文化體並稱，從而作為兩種不同傳統和不同經歷的歐洲猶太文化主流。在伊比利半島遭到驅逐後，塞法迪猶太人後來主要移居北非、義大利、中東和亞洲國家。

說，這條水道在聖殿山岩石之下兩百英尺處穿過，從處女泉一直延伸到西羅亞池。人們傳說，有妖怪或赤龍（這條龍正是尼希米騎馬經過的「龍之井」中的那條）蟄伏在那，這更激發了他的好奇心。還有人說，這條水道是分別從兩頭開始挖，最後在中間匯通的。於是，他約上他的朋友薩姆森（Samson），讓他從處女泉進入水道，自己則從高約五英尺的西羅亞池入口下水。

小雅各知道自己將要進入黑暗而狹窄的水道，因此做了充分的準備。他把蠟燭固定在漂浮的木板上，並且把火柴拴在脖子上以備不時之需。隨著他越走越深，火柴被水浸濕了，漂浮的蠟燭成了累贅，小雅各只能徒手摸著石壁探路，緩慢向前移動，布滿浮渣的水面很快淹過了他的腿。誰也不知道當時的石匠們為什麼把水道設計得如此曲折，儘管有人猜測，他們這樣做很可能是怕驚動深埋在聖殿下某處的歷代猶大國王的陵墓。

在進入西羅亞池入口大約三十公尺的地方，小雅各感到石壁表面突然發生了變化，光滑壁面上好像有塊凹進去一英尺左右的石板。這塊石板上有一些字符，並且分成了很多行。這些字符一行行向下延伸，直達越來越高的水面，甚至淹沒在水中。他還能摸到一些用錘子敲打出來的小斑點，把一組組的字分隔開來。

十六歲，這個年齡的孩子往往對神秘的事物非常敏感。是誰的神秘之手刻下了這些文字，又是什麼時候刻下的？是一個間諜，一個犯人，還是一個士兵？小雅各震驚於自己的發現，興奮地涉水向另一端的處女泉跑去，他要儘快把這個好消息告訴他的朋友薩姆森。薩姆森是個有些膽小的孩子，早早就從入口處爬出了水道。小雅各等不及眼睛適應外頭的光線，興奮地撲向一個矮小的身影，以為那是他的朋友薩姆森。直到那位阿拉伯女人對從水道中鑽出的這隻濕淋淋「水怪」高聲尖叫時，小雅各才意識到自己弄錯了，但他已來不及抵擋一群正在處女泉邊洗衣服的女人的攻擊。等到從她們的尖叫和撕扯中脫身之後，小雅各趕緊把好消息告訴他在兒童傳教團工業學校的老師康拉德・希克（Conrad Schick）❷先生。

儘管希克有強烈的預感，覺得這一發現十分重要，但他卻無法立即解譯這些古希伯來文字。他們不得不等待牛津大學資深教授、著名的亞述考古學專家亞奇伯德・薩伊斯（Archibald Sayce）從賽普勒斯趕到耶路撒冷進行現場察看。他蹲在污水中從上到下仔細分辨石壁上的字符，而他的助手約翰・斯萊特（John Slater）則在一旁舉著蠟燭，不時被蚊子叮咬。儘管那些雕刻的字符因水流的沖刷積累了一層矽酸鈣，辨讀起來十分困難，薩伊斯仍根據西元前九至前六世紀希伯來文獨有的轉換詞「vav」——字母「v」由三畫組成，中央另有一條短短的分隔號——以及在「bet」下面有一條長長的橫線等特點，認定這是猶大國陷落之前使用的文字。希克也毫不懷疑，認為這是希西家統治時期石匠們的傑作。後來，兩人聯名發表了這一重大發現。他們找到了西元前八世紀猶大國失落的字符！

像每個對耶路撒冷歷史感興趣的人一樣，希克曾經熟讀「現代《聖經》探險隊」隊長愛德華・羅賓遜（Dr Edward Robinson）❸博士的《巴勒斯坦地區〈聖經〉文本探秘》（*Biblical Research*）一書，這位來自康乃狄克州的美國人，曾於一八三八年與經驗豐富的同伴艾利・史密斯（Eli Smith）牧師一起測量過水道的深度。正是這位羅賓遜，首次認定這條長一千七百英尺的石質水道，需要兩夥人分別從兩頭挖才能打通。後來，這兩位探險者又兩次進入水道。「我們脫掉鞋襪，把褲管捲到膝蓋以上」，前行了八百英

---

❷康拉德・希克（1822-1901），德國建築師、考古學家和傳教士，出生於德國的沃爾騰堡，在巴塞爾完成學業後，於二十四歲時作為「傳教團」成員移居耶路撒冷。他一生在巴勒斯坦地區修復和建造了許多不同宗教風格的建築，因而受到猶太人、穆斯林和基督徒的敬仰。他的住處就位於耶路撒冷的先知大街，根據《詩篇》中的描繪稱為「會幕」，外表飾以棕櫚葉和希臘字母阿爾法和奧米加，意為起始和結束。他是極少數被允許進入聖殿山進行研究的學者之一，曾建造了著名的聖殿山模型。

❸愛德華・羅賓遜（1794-1863），美國聖經學者，以聖經地理和聖經考古研究聞名於世，被譽為「聖經地理學之父」和「聖經考古學的奠基人」。《巴勒斯坦地區〈聖經〉文本探秘》一書出版於一八四一年，他因此獲得皇家地理學會金獎。他在耶路撒冷的主要發現是希西家水道和老城中以他的名字命名的「羅賓遜拱門」。

尺，頭頂上的岩石越來越低，腳邊的水面越來越高，甚至只能手腳並用地爬行。如果準備工作沒有做好的話，是根本無法前進的。羅賓遜和史密斯「以燭火在壁上留下自己姓名的縮寫」，先撤退，直到三天後才回來走完了整條水道。儘管羅賓遜非常細心卻仍錯過了那片石刻，但他所看到的一切足以讓人們相信，希西家水道證明了《聖經》，或至少提到這條水道的《列王紀》和《歷代志》，並不僅僅是神聖的經文，而是真實、可信的歷史。根據這些發現，羅賓遜寫道：「我們因此能從失落、漫長的遺忘中，搶救出另一段遠古歷史。」[2]

證明《聖經》的史實及其信仰，同樣也是康拉德．希克的夢想。作為一個年輕人，他在一八四六年做為孤單的符騰堡「朝聖弟兄」，獨自一人沿著耶路撒冷城牆漫步。而這條小路，恰好尼希米在西元前五世紀中葉的某天夜裡也騎馬走過。希克非常熟悉那裡的每寸城牆和每道城門，沒人比他更了解那裡了，甚至就連那些在一八六七至一八七〇年間繪製《聖城堪輿全圖》（*Ordnance Survey map*）的英國軍事工程人員，也不像有一雙鼴鼠似的眼睛的希克那樣，如此熟悉聖殿山的圓頂清真寺（Haram al-Shrif）❹地下黑暗的水道和通道。在一八七三至一八七五年間，只要他能擺脫工業學校指定的木工任務，就會一段一段地研究那些水道和通道，研究那些蓄水箱、蓄水槽和可蓄數千加侖的水池，而這些水利工程都深埋在圓頂清真寺之下。

希克一直憧憬著這個地方，憧憬著這神聖和世俗、地上和地下的建築。這個夢從他還是巴塞爾「克里修那朝聖宣教學院」（Chrischona Mission of Pilgrims）的年輕成員時就開始了，該組織由福音派銀行家C．F．斯皮特勒（C. F. Spittler）創立，他設想讓這些年輕人沿著非洲東北部的大裂谷，從死海邊的耶路撒冷直到衣索比亞，建造一系列的傳教修道院。作為第一步，斯皮特勒把康拉德派到了耶路撒冷。一開始他與另一位鬱鬱寡歡的朝聖宣教學院成員，年輕的約翰尼斯．費迪南．帕爾默（Johannes Ferdinand Palmer）艱苦地住在一起。他們收養街上的阿拉伯流浪兒童，使他們離開乞討生活。一有空閒，希克就會找出鋸

子和刨子，用橄欖木製作一些小雕像，希望能把這些雕像連同偶爾雕刻的布穀鳥鐘一起賣給修道院。

他真正的愛好，還是《聖經》中描述的木匠工作。上帝不是也更願意讓救主在木匠鋪中長大嗎？❺康拉德・希克因此找到了屬於他的真正職業——製作《聖經》的地景模型。他的第一件作品就是圓頂清真寺（令人驚奇的是，這件作品竟然保留到了今天），這是他在巴塞爾作為一名年輕的進修生時完成的。後來他又做了很多其他模型。這些按比例做成的模型如此精緻複雜，很快就受到耶路撒冷身穿亞麻布長袍階層的追捧。這讓希克足以被稱作真正的建造師——實際上，他是造就耶路撒冷的建築師。一家瑞士—德意志銀行通過猶太和非猶太企業合夥人，提供了他大量資助，讓他在沒有任何附加條件的情況下，為那些貧窮的猶太人建造樣板房（這是另一種意義上的模型），雖說出資的福音派一方當然希望這些猶太人在享受自然之光的同時，也能接受福音之光。這個住滿了猶太正統派的街區，一下子變得專屬極端正統派猶太人，被稱為百門村（Mea Shearim），如果今天這裡的居民知道這一傑作是出自基督徒之手，他們很可能會嚇一跳。

希克的模型製作工藝受到英國、德國和奧地利領事們的一致稱讚，而土耳其總督伊澤特帕夏（Izzet Pasha）❻更是讚賞有加。他提出了一個自認為不錯的想法：讓希克製作另一個圓頂清真寺模型，以便在即將舉行的「一八七三年維也納國際博覽會」上展示，用這種優雅、間接的方式表明自己對聖地的細心呵護，因為鄂圖曼政府稱其投入了大量金錢保護世界三大宗教的共同聖地。希克按時完工之後，他除了

---

❹意為「高貴的聖所」，英譯為「Dome of the Rock」，位於耶路撒冷聖殿山原址（哭牆之上），是伊斯蘭教除麥加和麥地那之外的重要宗教聖地。

❺編注：相傳耶穌和其父約瑟均為木匠。

❻帕夏指鄂圖曼帝國行政系統裡的高級官員，通常是總督、將軍及高官。帕夏是敬語，相當於英國的「勳爵」，但不世襲。

拿到工錢之外，還破例被允許進入圓頂清真寺的內院，以及十九世紀七〇年代修護圓頂清真寺基礎部分期間的挖掘現場。在建設工地的正下方，希克像隻目光閃爍的鼴鼠在黑暗中來回爬動，接著蹦了出來，手拿一本詳細記錄了地景的筆記。他希望能夠按照自己的筆記建造一個最好的模型，這個模型不僅具有地面的建築物，而且還包括地下「建築」（the substructions）——他用不道地的英語如此稱之。

許許多多的英裔美國人在希克之前早就來過這裡，特別是那些「巴勒斯坦探險基金會」派遣到耶路撒冷進行地上和地下勘測的工程技術人員。在「地下附屬建築」中，他們雖不乏軍人的堅韌和工程師的精確，但卻缺少希克那種對一磚一瓦刻骨銘心的熟悉。例如，查爾斯．沃倫（Charles Warren）上尉曾以一扇木門板作船，沿著污水道漂流而下。當水面越來越高而頭頂的岩石越來越低時，他不得不放棄這種漂流的方式，改為涉水行進，任由骯髒的臭水濺得滿臉是。污水似乎有一種不可思議的力量，竟硬生生地讓沃倫把咬在嘴裡的鉛筆吞了下去，造成他嚴重窒息，差一點送了命。多虧了他的朋友薩金特．伯特利斯（Sergeant Birdles）中士及時求助，他才倖免於難。正如沃倫在《地下耶路撒冷》（*Underground Jersualem*）一書中所說的：「像污水裡的一隻老鼠一樣臉朝下死在這裡，還有什麼榮譽？」

所有這些敢於在地下污水中冒險、勇敢的維多利亞時代的人都認為，應該將耶路撒冷的清水和污水分隔開來。為了證明這一點，羅賓遜博士以美式的執著，對污水品質進行了採樣分析，並宣布其水質並非全不可用。畢竟，這裡的水發源於汲淪山谷（Kidron Valley）中的基訓泉。地面之上供耶路撒冷民眾飲用的水流會受到動物內臟和垃圾的嚴重污染，霍亂病菌每隔幾年就會造成一場災難。以中東地區的降水標準來看，耶路撒冷冬春兩季的雨水仍相當豐沛，這些雨水流經地面上裸露的岩石之後，並沒有系統的水道系統和蓄水池來留住它們。對於那些了解老城地上、地下構造的人來說，地下水道無疑是又一個觸目驚心的例證，說著猶大地區自古老繁榮日漸衰落至今走過多少歲月。

在那個時代，對於歐洲人，尤其是北部的白人而言，公共道德是用衛生程度來衡量的。在維多利亞時代的英國，著名的耶路撒冷旅行家、聖地小說作家、保守黨領袖迪斯雷利（Benjamin Disraeli）曾說過，衛生狀況的改善是「人類文明程度最重要的標誌」，且他自認為自己的名言「水源衛生，健康之本」（sanitas sanitorum, omnia sanitas）曾挽救了無數的生命。如果可能在大英帝國治下的耶路撒冷實施這種改善工程，那為什麼不去做呢？十九世紀中葉的衛生改善運動，使得聖地旅行一度流行起來。針對顯然供不應求的市場需求，每年都有大量有關尼羅河與約旦河的旅行指南得以出版。這其中的原因非常明顯。湯瑪斯・卡萊爾（Thomas Carlyle）❼「機器時代將摧毀一切精神遺產」的不祥預言並未變為現實——事實與之恰恰相反。歐洲社會，尤其是作為先驅的大英帝國工業化程度越高，其宗教與精神與熱情就越強烈，機器或許沒有靈魂，但正如高尚觀點所指出的那樣，那些購買和使用機器的人卻有靈魂。

甚至就連機器也能比以前更有效地傳播《聖經》中的真理。到十九世紀五〇年代，第一批大幅的聖地照片沖印成功，從而替代或大大改進了平版印刷、繪畫和鋼雕這些傳統的製圖媒介技術。直到十九世紀八〇年代，人們發明了灰階標度（half-tones），這些照片才得以被印在書中，同時，這些照片也已經廣泛用於商業展覽和圖冊中。巴勒斯坦的樣貌，那裡的廢墟和風光、三大宗教信徒的姿態，已經深深印在維多利亞時代人們的心中。[3] 一八六二年，英國威爾斯親王（Albert Edward，後來的愛德華七世〔Edward VII〕）被派往聖地，在西敏寺教長亞瑟・斯坦利（Arthur Stanley）的陪同下進行基督教懺悔和懲罰性訪問（其母〔維多利亞女王，Alexandrina Victoria〕發覺，自己因伯蒂〔Bertie，愛德華七世的小名〕的風流荒唐導致父親艾伯特親王〔Albert〕憂慮並過早離世，而無法忍受與親生兒子共處一室的傷痛）❽之後，此地為英國人熟知，有些人還曾欣

❼編注：蘇格蘭評論家、諷刺作家、歷史學家。他的作品在維多利亞時代甚具影響力。

賞過隨行的法蘭西斯・貝福德（Francis Bedford）拍下的照片。

將古老的《聖經》經文與現代進步聯繫起來，將精神復興與衛生改革，甚至政治變革聯繫起來，還給衰敗的巴勒斯坦一方健康淨土，這對於一貫以慈善和偉大自居的維多利亞時代大英帝國來說，是不可抗拒的誘惑。不僅如此，那些最狂熱的人恰恰是最熱心於「恢復」（這是他們常用的一個詞）《聖經》現代化的人，也是最少依照字面意思理解聖經和基本教義派的人。正如當時某些德國學者（也的確是猶太人）為對抗照字面理解《聖經》，並斷言《聖經》完全是神的指示的人，這些具有創新意識的英國工程師們大加嘲諷那些天真的奇蹟描述，宣稱要堅持《希伯來聖經》以及《新約》核心內容的基本歷史真實性。顯然，後者需要前者作為其必要的前提。耶穌——就其本質而言——是一個猶太人，而《舊約》和《新約》是有機地聯繫在一起的。猶太歷史是基督教歷史之母。

無論在科學還是神學的意義上，他們都需要知道《希伯來聖經》中那些可以被證實的真理。他們認為，知識（而不是盲目的迷信）是信仰的助產士。他們還認為，有關《聖經》時代真實發生在猶太人身上的事件，最真實、最不可爭辯的版本，只有通過與聖地的直接聯繫才能獲得。這也正是愛德華・羅賓遜將自己暢銷書題名為《巴勒斯坦地區〈聖經〉文本探秘》（*Biblical Researches*）的原因。據他本人所言，他在長大成人的過程中熟知撒瑪利亞、耶路撒冷、伯利恆等多個名字，並對每一個名字都產生了「最神聖的情感」，但是：「就我本人而言，這些名字後來都與某種科學動機發生了聯繫。長期以來，我一直思考著要在聖經地理方面有所建樹。」

有兩部神聖的書卷指引著那些最狂熱的聖經地理學家：《舊約》和《工程師和機械師手冊》（*The Engineers and Machinists' Assistant*）。後者為大衛・司各特（David Scott）所作，出版於一八五三年，正是聖經探險和學術旅行風潮剛剛興起的年代。在傳教士和學者之後，他們成為來到聖地的另一代人（就像羅賓遜），而他們在成為考古學家之前大多是工程師。在現代人根據歷史事實來理解《聖經》這事上，這些人起到

了巨大的推動作用。

在這批人中，最有活力而且最為投入的當屬喬治．葛洛夫（George Grove）。他之所以至今還留在人們的記憶中，是因為他寫下《葛洛夫音樂百科全書》（*Dictionary of Music and Musicians*）這一驚人之作。儘管他的音樂經歷是不尋常的；人們一直以來低估了他的音樂才能，他是舒伯特的忠實信徒，且曾任家鄉西頓海姆市（Sydenham）水晶宮音樂廳的首席指揮，並曾出任皇家音樂學院的首席指揮。他還有作為《聖經》學者的另一番生活經歷，並且一直耿耿於懷自己沒因此得到廣泛認可。「人們一直堅持認為我是一個音樂家，而我的確是，」他抱怨道，「但我對巴勒斯坦的自然風貌和城鎮村莊更感興趣，用這些素材協助完成了《史密斯〈聖經〉詞典》，和亞瑟．斯坦利的《西奈與巴勒斯坦》……可能還投入更多心力。」

這裡提到的史密斯（William Smith）是一位非凡的詞典編纂家，他的確曾聘用不知疲倦的葛洛夫，協助完成統一《聖經》中希伯來地名的工作，其中大多是葛洛夫與妻子一起完成的，是在他負責水晶宮音樂博覽會演出任務期間，在閒暇之餘整理而成的。無論是《聖經》方面的事，還是機械方面的工作，他都喜歡一氣呵成。作為一名「市政工程師」（在維多利亞時代，這可以說是唯一能與神職人員相提並論的叫法），葛洛夫受過正規訓練，曾在西印度負責安裝鑄鐵燈塔。他與羅伯特．史蒂芬森（Robert Stephenson）一起建造不列顛管轄的，橫跨梅奈海峽（Menai Straits）的鐵路橋時，與整個富有創意的工程技術團隊（包括布魯內爾〔Brunnel〕和查爾斯．巴里爵士〔Sir Charles Barry〕，當然還有史蒂芬森）成了同事和朋友，並有幸認識了一些維多利亞時代大英帝國的王公顯貴：德比伯爵、德文郡公爵、學識淵博的威廉．湯普森（William Tompson）、約克大主教、出版商約翰．穆雷（John Murray）以及最重要的人物——偉大的猶太慈善家、發

❽編注：當時仍是王儲的愛德華七世花名在外、名聲不佳，一八六一年，他與女演員發生醜聞，原有病在身的艾伯特親王因憂慮至劍橋探望兒子，不幸於同年底逝世。維多利亞女王因此將丈夫的早逝，歸咎於兒子的不成熟、不成才。

起人和喚醒者，摩西・蒙特菲奧里（Moses Montefiore）❾爵士。蒙特菲奧里決心說服巴勒斯坦地區的猶太人，讓他們為現代世界祈福，就像他用自身經歷所展示的那樣，與時代前進的步伐一致。蒙特菲奧里的公司用煤氣燈照亮了世界上那些曾經一片黑暗的地區。他不僅思考要在技術上帶來光明，同時也思索在文化上帶來光明。也因此，他與葛洛夫一拍即合也就不足為怪了。這兩個人多次訪問過巴勒斯坦，葛洛夫最後兩次聖地旅行分別是在一八五九年和一八六一年。

還有一位實踐《聖經》的旅行家也訪問過這片聖地，不過他的目的是為了起草有關巴勒斯坦地區現代化（包括重建雅法港〔Jaffa〕）的建議。他就是市政工程師約翰・艾爾文・懷蒂（John Irwine Whitty）。在大英帝國領事詹姆士・奎因（James Quinn）及其兒子亞歷山大（Alexander）的積極幫助下，他獲許進入水道，親眼看到了被他自己稱為「一個巨大的地下湖」、並引述塔西佗（Tacitus）❿所說的「一泓長年不斷的泉水」。一八六二年，他在王室訪問聖地期間，與教長斯坦利進行了一番長談。懷蒂認為，耶路撒冷內城的衛生和致命因素令人恐懼（**所有人**都抱怨這兒瀰漫著惡臭），若要讓這一切成為過去，那麼利用更古老的猶地亞水利系統即可。回到倫敦後，懷蒂儼然成了「古老又嶄新」耶路撒冷水源的倡導人，先是在一八六四年初在「敘利亞—埃及學會」發表演講，然後又在《神聖文學與〈聖經〉記事學刊》（*The Journal Of Sacred Literature And Biblical Record*）一八六四年春季號上以《耶路撒冷的供水系統：古代與現代》為題，闡述了他的偉大構想。[4] 時至今日，對於每一個對公共健康的歷史和命運這隨著時間的流逝而從未過時的話題感興趣的人來說，懷蒂的論文仍然值得一讀。這論文是依循偉大的羅馬水利工程專家弗朗蒂諾（Frontinus）⓫的精神，一項構想宏大且迫切的建設工程，而懷蒂覺得自己踏著前人的腳印前行。

懷蒂認為，解決耶路撒冷兩萬人的供水需求，無疑是人口擁擠的倫敦和紐約供水系統的延伸。他把耶路撒冷描繪為「基督徒和希伯來民族的大都市」，完全忽略了穆斯林對此聖城（al-Quds）可能有同樣的感覺。他這種措辭雖然令人吃驚，但卻非常具有代表性。為了使讀者產生震撼，他寫道，耶路撒冷每

年十二月到次年三月間的降水量（足有六十五英寸）比倫敦全年的降雨量還要多。但是，雨水流過骯髒的街道（大部分的污水道是開放式的）後便立即受到污染，而正是這些受到嚴重污染的水，流入了城內受保護的各個飲用水蓄水池。據〈耶路撒冷軍備勘測報告〉（Ordnance Survey of Jerusalem）所記，這些水「只有在過濾並清除了其中滋生的蟲蠅後，才能安全地飲用」。每到初夏時節，這些蓄水池大多幾近乾涸。那些住房下沒有建造家用蓄水箱的耶路撒冷居民，只能購買商販從西羅亞池（池邊還有一群群的女人在洗衣服）中取來的溪水，再用山羊皮水袋運到家中或街市上，或者自己到西羅亞池取水。

怎樣才能改善這種狀況呢？懷蒂認為，答案就在《聖經》中，尤其是在聖殿山之下的希西家水道。在哈斯蒙尼王朝（Hezekian）和西元前一世紀的大希律⓬統治時期，曾經疏浚和擴建這條水道。如果能把這些水道和通道中阻塞的垃圾和沉渣清除乾淨，使其免遭動物內臟和污水的污染，那麼這裡的水便能有

⓽摩西．蒙特菲奧里（1784-1885），英國著名猶太慈善家，是第一個被封為爵士的猶太人。他生於義大利弗諾，在倫敦長大。他的家庭屬於猶太商人世家，從小受到精於理財家風的影響，後由於與羅斯柴爾德家族聯姻，並在證券買賣上獲得成功，成為一代巨富。他早在一八二四年就已退休，在隨後的六十年裡主要從事猶太公共服務和慈善事業，在歐洲、中東、北非等地奔波，為猶太人爭取與其他民族同等的權利，被譽為猶太慈善事業的「發起人」和猶太傳統精神的「喚醒者」。他一生先後七次前往聖地，並捐出了大量財產在巴勒斯坦興辦猶太事業，如在加利利和雅法附近建立了許多猶太農墾定居點，在耶路撒冷老城外建立了第一個猶太居住區等。

⓾塔西佗，古羅馬最偉大的歷史學家，代表作有《演說家對話錄》、《日耳曼志》、《羅馬史》等。他在西方史學史上第一次明確提出了「抽離自我，超然物外」的客觀主義治史原則，從而標誌著西方史學 在對史學本體的認識上達到了一個新的高度。

⓫弗朗蒂諾，西元一世紀晚期羅馬元老院成員，著名水利專家和軍事學家，代表作有《馬羅水利系統》、《謀略》等。

⓬編注：大希律（Herod the Great），又名希律、希律王、大希律王、黑落德王，亞里斯托布魯斯二世的孫子。由於他曾救過凱撒大帝一命，因此得以統治以色列，曾擴建聖殿。他是一位生性殘酷的國王。

效解決城市的乾渴。如此一來，就能成就一個自羅馬人入侵以來從未有過的繁榮的耶路撒冷。「很顯然，」懷蒂寫道，「耶路撒冷本身擁有發展與繁榮的必要條件，並且不需要任何奇蹟，僅僅靠自己的人民就可以完成這項使命——使耶路撒冷變成一個強大的城市，一個比以往任何時代都榮耀的城市。」

維多利亞時代的王公顯貴深切的關注這個計畫。院長斯坦利所寫，關於聖地的著作已經暢銷二十萬冊。他把懷蒂的計畫描繪為「拋出了一個神聖的光環」。只需要投入八千英鎊即可啟動這個計畫，這樣一張藍圖贏得了從雅典娜神廟[13]到《猶太年鑑》（*Jewish Chronicle*）的一致好評。該計畫多半出自懷蒂的構想，是一項猶太人與基督徒聯合實施的工程。在蒙特菲奧里、羅斯柴爾德以及眾多英國牧師和貴族的資助下，一個名為「耶路撒冷水資源救助協會」（Jerusalem Water Relief Society）的組織於一八六四年正式成立。

一年後的一八六五年五月十二日，許多熱心於古老《聖經》與現代科學聯姻這一主張的人們，在西敏寺單獨隔出來的耶路撒冷廳（篡位國王亨利四世〔Henri IV〕正是逝世於此，而非死於懺悔的遠征之路[14]）舉行集會。其中除了西敏寺院長斯坦利，還有學養豐厚、熱心有加的約克大主教以及威廉·湯普森（像斯坦利一樣，他也曾兩度造訪巴勒斯坦，並且是另一部聖地作品的作者），再就是喬治·葛洛夫。參加集會的還有一個人，那就是英格蘭第二富婆（僅次於維多利亞女王）安吉拉·伯迪－庫茨（Angela Burdett-Coutts）。她是一位議會激進派成員的女兒，一位銀行家的孫女，是建造倫敦東區貧民窟樣板房的發起人，因而自然被認為是一個熱心社會公益之人。她是狄更斯的朋友，也是風塵婦女的朋友，是倫敦窮人夜校的首倡者，更別提她還是英國山羊協會的出資人、英國養蜂人協會主席，以及當時甫成立的鐘錶協會的主席。對《聖經》和科學這兩方面的熱情，促使這些人於此舉行這個特別的集會；在維多利亞時代的英格蘭，該圈子裡的人不僅有可能，而且也期望人們能同時熱心於宗教與科學。

像愛德華·羅賓遜（其他人都是在他最初的地形圖基礎上開展研究）一樣，後來巴勒斯坦地區探險基金會的

發起者也都認為，儘管對《舊約》中提到的那些幾乎不可能的奇蹟（如為了便於約書亞採取軍事行動，使艾城〔Ai〕上空的太陽停止運行；約拿在鯨魚的肚子裡過週末等）保持一種健康的懷疑態度是明智的，但現代科學，尤其是精確測量和學術考古的科學將會證明：《聖經》中有關以色列人及其救世主祖先的歷史記述，是正確、真實的。

該基金會一經設立（且受維多利亞女王的祝福），便將其權力交給唯一能發揮作用的帝國——知識的帝國。勘測聖地的羅賓遜精力無窮，一切才剛起步，仍然有大量無人煙的山谷和荒野需要標注。這項工作的主要目的是為威廉·史密斯的《〈聖經〉詞典》收集聖經地名方面的資訊。這部詞典意義重大，而地名不是坐在扶手椅上就能想出來的。作為助理編輯，葛洛夫第一個有感於此。他們需要的是第一手資料和精確的觀測。基金會將成為這項偉大事業的教父，繪圖、測量、標注、出版，必須面面俱到。希伯來人的一段真實歷史即將浮出水面，和其神聖經典一起於現代世界重生。

就這樣，在伯迪—庫茨夫人的慷慨資助下，巴勒斯坦地區探險基金會成立了。喬治·葛洛夫是主要發起人，若他時程上不受音樂方面的合約約束，將出任秘書一職。[5]他們將派出軍事工程人員對聖地進行勘測，先從耶路撒冷開始，然後再擴大測量範圍，包括他們所稱的「西巴勒斯坦」，即從赫蒙山（Hermon）到內蓋夫沙漠北端，從約旦河到地中海之間的廣大地區。

⓭此處似指雅典娜神廟酒店。該酒店位於倫敦市中心，最初由紐卡斯爾公爵六世於一八五〇年建成。由於「青年雅典娜神廟俱樂部」於一八六四年買下了該酒店，故更名為「雅典娜神廟」並一直自用至今。該酒店是世界上著名的酒店之一，以古老和豪華著稱。

⓮編注：亨利四世長期與羅馬教宗爭鬥，曾有預言指出亨利四世將命喪聖地耶路撒冷，但他實際上是死於西敏寺中的耶路撒冷廳。

西奈半島在當時的地圖上完全是一片空白，在這片神曾顯現的沙漠、上帝在摩西面前現出真身並授予其律法書的地方，團隊也將進行讓人興奮的勘測。然而，沒有人有多少信心。《創世記》中關於路線和地名的記載並不明確，亞伯拉罕帶領族長們從迦勒底到迦南和埃及的流浪路線，除了伯特利（Bethel）和幔利（Mamre）的橡樹之外，其餘皆模糊不清，因此《聖經》並未對勘測起到多大幫助，不過對西奈的出埃及路線，多少還有所描述。對猶太人來說，這裡是各種猶太事物成形的地方，同時，這裡也是承其步伐的後起之秀——基督教真正的發源地。勘測資料能夠把事實從想像中分離出來，從而精確地確定以色列人的古老歷史到底是什麼樣子。除了地形測量，同時還要進行植物學、動物學和水利學調查以及考古挖掘。這是一項尋根溯源的偉大事業，他們必須用照相機把每一步詳細記錄下來。但是，這一切當中最最重要的還是繪製地圖。[6]

喬治・葛洛夫作為榮譽秘書（執行秘書是華特・貝桑特〔Walter Besant〕）很快就接手了基金會的工作，並且將工作重心轉向科學實踐——勘測和工程——以及《聖經》歷史。當時迫切需要的是有野外工作經驗的團隊成員，如部隊的軍人和熱心公益、不在乎自己的健康或財富，自願為基金會參加測繪、鑽地道和挖掘工作的年輕人。在烏爾維奇（Woolwich）皇家軍事學院的畢業生中，有些本來已經被安排參與〈大英帝國軍備概覽〉（British Ordnance Survey map）的製圖任務，當時也被調派到探險隊中。巴勒斯坦地區探險基金會要求成員必須是年輕人，不僅需要身體上的果敢和堅韌，還要具備相應的智力和人品，並且還要得到知識帝國前沿人士的認可。這些年輕人們在計畫執行時，有些死於疾病，尤其是黃熱病，有些則是在荒漠中被殺，或者像克勞德・康德（Claude Conder）那樣，受到殘忍的襲擊受傷後，再也未能恢復健康；他是一位才華橫溢的年輕軍備測繪員，曾與基奇納（Kitchener）於十九世紀七〇年代共同完成了《西巴勒斯坦勘測報告》（*Survey of Western Palestine*）一書。

即使如此，這些烏爾維奇⓯工兵仍持續挺進。其中最資深的，是來自英國利物浦的查爾斯・威爾

遜（Charles Wilson），他甚至在巴勒斯坦地區探險基金會正式成立之前就被派往耶路撒冷，授權對地下水道、水槽和供水系統進行勘測。他在經驗豐富的康拉德・希克的幫助下，出色地完成了勘測工作。由於他的出色表現，希克又被指派進行一項現場「可行性」調查，以便隨後對「西巴勒斯坦」進行一次全面勘測。

一八六六年冬至翌年春，威爾遜率領一小隊支部隊，帶著他們的經緯儀和量尺，從黎巴嫩和敘利亞西部一路南下，穿過加利利（Galilee），在那裡，他驚喜地辨認出基督時期或稍晚年代留下的猶太會堂。這番經歷使威爾遜在家鄉找到了一份稱心如意的工作——蘇格蘭軍備勘測工程師。而他的隊員查爾斯・沃倫、克勞德・康德以及年輕的希爾伯特・基奇納，則繼續他們在巴勒斯坦的勘測工作。

後來，威爾遜漸漸喪失了熱情，並對自己僅只是身為一介巴勒斯坦地區探險基金會委員會成員多有怨言。一八六八年，當有人提出要勘測巴勒斯坦以南的西奈沙漠地區時，他又立即活躍起來。對於那些希望得到最大謎題的答案——出埃及的路線在哪裡？（或是回答一個更具挑戰性的問題：真有發生過《聖經》中描述的出埃及嗎？）——的人來說，這無疑是最重要的一次探險。或許他們能發現西奈山上會幕（Tabernacle，意為帳棚）的遺跡⓰，古代以色列人當年宿營地的廢墟，誰知道呢？在荒山野嶺中的某個地方，肯定能找到如下問題的答案：以色列人如何在世界歷史上刻下不同的標記，摩西（在巴勒斯坦地區探險基金會的隊伍裡，沒有人會懷疑他的歷史真實性）又如何直接從上帝的手中接過《律法書》，從而創立了歷史上第一個一神教始祖，並使以色列人變成了猶太人。

⓯ 即上文提到的皇家軍事學院所在地。

⓰ 編注：在希伯來語中稱為Mishkan，意為「神之居所」。《出埃及記》記載，此為一個流動的、崇敬神的處所，且是根據神的旨示建造而成，是為讓神「可以住在他們（指神的選民）中間」（《出埃及記》，25:8－25:9）而建的聖殿。

斯坦利提出的問題一直指引著威爾遜探險隊一八六八年至一八六九年的探險旅程：「是否能從風景、地貌……西奈和巴勒斯坦的山山水水中，找到與以色列人有關的歷史線索呢？」[7] 這支探險隊的人員組成，也充分反映了《聖經》敬虔與現代技術人員的融合：愛德華．帕爾默（Edward Palmer）是一位語言學家和阿拉伯學者（他的第一外語是吉普賽語，是在他的老家劍橋附近的吉普賽營地學來的）；F．W．霍蘭（F. W. Holland）牧師是一位《聖經》學者；懷亞特（Wyatt）是一位博物學家，非常熟悉山區瞪羚和野山羊的活動習性；H．S．帕爾默（H. S. Palmer）則是一位工程官員（與此次探險無關）；還有就是不可或缺的上士詹姆斯．麥唐諾（James MacDonald），他是一位攝影師，用自己精心製作的濕火棉版⑰，把探險隊穿越西奈沙漠的身影永久地記錄了下來。

威爾遜探險隊於一八六八年底到達埃及，他們在當地設立了一家規模不大但生意十分興隆的商行，為這些摩西足跡的追蹤者提供後勤服務。這些追蹤者需要購買駱駝、雇用嚮導，要有周到的後勤保障才能確保他們在炎炎烈日和沙漠風暴（qhamsin）中能生存下來。卡羅．佩尼（Carlo Peni）在開羅城內大英帝國領事館附近開了一家商店，人們可以從那裡買到咖啡、油料、菸草、扁豆、椰棗、杏乾、蠟燭、馬燈，以及不可或缺的山羊皮水袋（山羊皮經過精心處理毫無羶味）和人們熟悉的白蘭地（比當地的啤酒或紅酒要好喝得多）。那些能言善道的嚮導爭相提供相關的一手獨家資料：哪裡有地圖上未標記的乾河床和綠洲，哪裡有修道院和隱修院可以投宿；最搞笑的是，他們竟然吹噓自己非常熟悉當地的阿拉伯地名、典故和傳說，甚至知道這裡是摩西找水時擊打過的岩石，那裡是曾存放嗎哪（manna）⑱的山谷。

當然，探險隊員們並沒那麼容易上當受騙。愛德華．羅賓遜在十九世紀三〇年代來埃及時，除了攜帶兩把老式火槍，還帶著對這些所謂口頭「傳統」深深的懷疑，和一個滿載前代學術探險者智慧的小型圖書館：布克哈特（John Lewis Burckhardt）的《敘利亞和聖地遊記》（*Travels in Syria and the Holy Land*），十七世紀荷蘭教授亞德里安．利蘭（Adriaan Reland）的《巴勒斯坦遺跡圖錄》（*Palaestina ex monnmentis veteribus illustrata*），

以及勒邦德的（Léon de Laborde）的《阿拉伯石刻之旅》（*Voyage de l'Arabie Pétrée*，配有大量的西奈地圖摺頁）。十九世紀四〇年代的探險者們還青睞「一位論派」（unitarian）⓳埃及古物學家成員山謬・夏普（Samuel Sharpe）的著作、德國神學家恩斯特・威廉・亨斯騰伯格（Ernst Wilhelm Hengstenberg）的《摩西書卷（埃及遺跡插圖本）》（*Book of Moses Illustrated with Egyptian Monnments*）。羅賓遜和史密斯帶著簡易的行裝上路了。他們的廚師騎著一頭騾子，而阿拉伯嚮導和僕從押送的行李隊伍則由八頭駱駝組成。當藝術家巴特萊特（R. H. Bartlett）為完成他的創作〈古以色列人沙漠行跡四十天〉（Forty Days in the Desert on the Track of the Israelites）而加入探險隊後，原來的隊伍和裝備又增加不少；他們當時騎單峰駱駝上路，為家鄉的讀者記下點點滴滴的經歷（當然，過程並不怎麼愜意）。威爾遜軍備勘測隊成為一支名副其實的沙漠商隊，足有一百頭駱駝，排成一行蜿蜒在大漠深處。

無論是學者、業餘藝術家、「聖經地理學家」還是工程人員，決定他們行程表的問題總是一樣的——哪裡是「歌珊地」（Land of Goshen）⓴的精確位置？哪裡最有可能是當年以色列人途經紅海時的地點？那次離奇的出逃，能用東方颳來的颶風解釋嗎？（他們全試圖對十次瘟疫作出現代化的解釋：尼羅河淌的血是

⓱編注：十九世紀盛行的攝影方式，使用塗上濕火綿的玻璃或塗上瀝青的底版，拍攝時需要長時間曝光，且被攝體不能晃動。

⓲古以色列人出埃及後，經過曠野時上帝賜給的食物。參見《出埃及記》16:13－16:15。以色列人離開埃及後，在曠野上流浪，飢寒交迫，於是向摩西、亞倫抱怨：「你們將我們領出來，到這曠野，是要讓全會眾都餓死啊。」上帝聽到了他們的抱怨，就答應給他們食物。第二天早晨，營地四周的露水上升之後，地上出現了像白霜模樣的小圓物。以色列人很驚奇，不知道是什麼，就稱之為「嗎哪」，意思是「這是什麼」。摩西對他們說，這是上帝賜給的食物。現在西方文化中也用來指精神食糧或急需之物。

⓳「一位論」派（或稱一神論派、神體一位論、唯一神論、獨神論、一位論、獨神主義），是否認三位一體和基督神性的基督教派別。

一次不同尋常的紅色泥流，牛瘟只是……一次牛瘟，世界忽然陷入黑暗是日蝕造成的……等等）那些有爭議的泉和井，到底是哪一個是冒出了以色列人在進入曠野之前不得不飲下的「苦水」的，艾因穆撒（Ayun Mousa）的瑪拉井（Marah）？（觀光客會在這裡品嘗一下「摩西井」的水，嘗一嘗水的苦味，然後宣稱這肯定是當年的苦水井）西奈山的可能地點有兩處（由於《申命記》中稱其為「何烈山」〔Mount Horeb〕，使得這問題更複雜）：著名的聖凱撒琳修道院附近的最高峰穆撒峰（Djebel Musa）、不遠處以壯觀的山谷與多個尖峰聞名的賽爾巴峰（Djebel Serbal），哪個才是對的呢？這兩處的山腳下都有一塊平地，哪塊才是那塊足以站下兩百萬以色列人（如果你用如下方式計算《聖經》提到的人數：六十萬個男人加上其妻子、孩子）以及他們帶出來的家畜和家禽（據說他們都聚集在遠離紅海之處，清楚地看見摩西帶著寫有律法書的石板緩緩下來）的廣闊平地呢？

這些追蹤摩西足跡的人雖然把自己看成是現代人，但像斯坦利，他們也同樣熱切希望把自己當作當年的以色列人及其領袖。斯坦利在一八五二年曾興奮地寫道：「毫無疑問地，我們走在以色列人當年走過的路上。」他認為，點綴在沙漠中的一叢叢多刺野生金合歡，就是《出埃及記》第三十章描寫會幕時提到的皂莢木（shittim，或什亭木），也肯定就是所謂的「火燒荊棘」㉑。博學之人會保持清醒以免落入怪異傳說，然而在被認為是以色列人一度暫停，隨後又自此地出發的艾因穆撒，亞瑟·斯坦利卻全然沉迷於一種維多利亞時代獨有的聖經式浪漫。「今晚，我看到了落日後的星光乍現，也看到了一輪滿月，站在向遠處延伸的沙漠上，另一邊是深黑色大海的湧動和阿塔卡（Atakah）山頂閃動的銀光。」[8]

在威爾遜軍備勘測隊中，愛德華·帕爾默算得上是一位古怪的抒情詩人，同時是一位貝都因民族誌學者，還是一位研究穆斯林流變和摩西史詩的專家。嚮導和修道士每天都對著那些西奈朝聖者和觀光客胡說八道，雖然帕爾默對此懷有一種善意的懷疑，但有時在深山中的要塞裡，他也會發思古之幽情，陷入思考：「無論怎麼看待這些傳說的真實性，都不能使我們擺脫心中的敬畏之情。」在拉蘇撒費（Ras Sufsafeh），他面對岩石表面的一道裂縫，完全把科學拋到了腦後，陷入了對「神跡」的思索，流露出一

種拉斯金（Ruskin）㉒式的山水詩情懷：「多麼莊嚴而可畏的岩石，它彷彿平原上聳立起的巨大峭壁，輕蔑地擬視著地上的世界。說到見證古老律法，又有什麼東西能比這堆灰白的石頭更有資格？」[9]突然間靈光乍現，他又接著說道：「摩西可能就在此僻靜之地與長老們分開，不需要多少想像力就能明白，『十誡』正是自這道岩石裂縫中頒布的……誰又能說，飢餓的以色列人不是在我們面前這片暗黑土地上受到誘惑而犯罪，吃下了獻給亡者的祭品呢？」

被他們稱作「神聖地理」（sacred geography）的樂觀主義，開始壓過科學調查的責任。當《西奈軍備堪輿全圖》（*Ordnance Survey map of Sinai*）於一八七〇年以大開本、藍色封面出版時，《出埃及記》中的相關章節就標注在地名的上面。所以，拉哈平原（Raha）的上角標有「《出埃及記》19:12」，表示這是以色列人聚集的，真實的、「冒煙」的西奈（何烈）山前面的那塊地。帕爾默樂觀地宣稱，在沙漠綠洲中發現的一片石頭地基，肯定是當年以色列人營地的遺跡，其他人對此並無異議。對西奈進行勘測的另一個

⑳編注：《聖經》中記載的，過去猶太人於埃及的居住地（《創世紀》47:27）。據推測，地點約靠近今日的尼羅河三角洲地帶。

㉑編注：見《出埃及記》（3:2）：「耶和華的使者從荊棘裡火焰中向摩西顯現。摩西觀看，不料，荊棘被火燒著，卻沒有燒毀。」

㉒約翰．拉斯金（John Ruskin, 1819-1900），英國維多利亞時代重要的藝術評論家，同時也是藝術贊助人、製圖師、水粉畫家和傑出的社會思想家及慈善家。他的寫作題材包羅萬象，從地質到建築，從神話到鳥類學，從文學到教育，從園藝學到政治經濟學。他的寫作風格和體裁也同樣多變，從隨筆到專著，從詩歌到演講，從旅行指南到說明書，從書信甚至到童話都有。他的作品中，無一不在強調自然、藝術和社會之間的聯繫。一八四三年，他因《現代畫家》一書而成名，他在書中高度讚揚約瑟．透納的繪畫創作，共三十九卷，使他成為維多利亞時代藝術趣味的代言人。他是前拉斐爾派成員，是一位天才而多產的藝術家。

重要意義在於，這項工作將使「出埃及」這一事件，通過詹姆斯．麥唐諾的一幅幅照片，不僅在那些追尋以色列人足跡的人——考古學家、測量員和士兵——心中，而且在歐洲和美洲的廣大讀者心中，變得「真實」起來。

麥唐諾在照片拍攝過程中面臨各種極端的困難：不僅要在熾熱的沙漠中製作濕火棉膠片，拍照時還要有足夠長的曝光時間，然後還要在帳篷裡把照片洗印出來。儘管如此，他還是變戲法似地，莊嚴呈現出了西奈山巒的形象，從而深深印在那些希望親眼目睹摩西曾經佇立，並從上帝手中接受「十誡」和律法書之處所的人腦海中。他完全清楚自己在幹什麼，他要在深深河谷和高聳的山峰之中，找出一個個上演過偉大史詩的小型圓形劇場。或許像愛德華．帕爾默一樣，這位上士內心升騰著一種絕對的信念。而毫無疑問，那些購買了這本令人震撼的攝影集（總計拍了三百多張照片，書中收錄一百張），或者說，進而感受到這些壯觀景象的人都會覺得，擺在他們眼前的，就是當年摩西創造一神教時的現場。

正是這些文字、形象、測量與地圖的完美融合再現了這個故事的各個情節，雖然這個故事就形式而言只屬於以色列人，但在這些神聖的地理學家心中，其中的重要時刻卻是屬於全人類的。它們敘述的歷史清晰可聞。在遙遠的古代，一個受奴役的民族由於祖先與耶和華立約而自異邦世界解放，從而獲得了新生。幾乎可以肯定的是，這一事件發生於西元前十三世紀拉美西斯二世[23]統治時期，完成於出埃及的神顯。據《申命記》記載，摩西接受了《律法書》並將其作為他在尼波（Nebo）山去世之前傳給後世的遺產，《律法書》賦予了以色列人「有約在身」的獨特意義。接著，他們與善於征戰的約書亞一起進入迦南，最終創立了以耶路撒冷為中心的大衛王朝。在信奉多神的諸帝國中間，只崇拜一個獨一、無形的上帝，這令他們與眾不同。他們將這種獨特性用文字形式記錄在《聖經》中，具體制度化後凝聚在聖殿裡，經歷所有的塵世劫難。

用現代科學的語言傳播這些核心的真理，可以賦予《聖經》敘事更多的歷史真實性。那些最不可

能發生的奇蹟，可以作為詩意的誇張而不予採信，但正如語言學家對某些《聖經》文本寫作的線索進行辨識和追溯一樣，十九世紀晚期的這一代人，對《聖經》真實歷史的重新發現是具有開拓精神的。這是《聖經》考古學誕生的重要時刻。教長斯坦利在巴勒斯坦地區探險基金會成立之初所期望的經驗證據（empirical vindication），後來成為一代又一代考古學家的畢生使命，從世紀之交的查爾斯・弗林德斯・皮雷（Charles Flinders Petrie），到兩次世界大戰之間傳教士的兒子奧伯萊（William Foxwell Albright），再到伊格爾・亞丁（Yigol Yadin）等眾多以色列「戰士」考古學家皆是。

然而令人失望的是，儘管經過一個半世紀的不斷探索，卻沒有找到任何關於以色列人走出埃及，從東部征服迦南之前在西奈曠野中流浪了四十天（比四十年要短得多）這段歷史的線索。在第十八王朝以後，埃及人唯一一次提到以色列人，是關於自己擊敗和驅散以色列人的戰事紀錄。後來，《聖經》研究的樂觀派指出一切事出有因：埃及人怎麼可能會把他們自己軍隊被消滅的戰況紀錄在案呢？

在出埃及事件作為虛構的史詩被擱置起來之前，有個值得深思且難以避開的問題。學者們對於《希伯來聖經》中最早的古代文體的看法沒有爭議，而且有高度共識，比如〈紅海之歌〉和〈摩西之歌〉。這種文體與西元前十二世紀青銅時代晚期，近東地區其他相似的古體「詩歌」文學有高度的一致性。如果他們是對的，在文體上，〈紅海之歌〉與腓尼基人的風暴神巴力征服大海的史詩有許多相似之處，那麼為什麼早期的以色列詩人在上述事件發生僅一個世紀後，卻創作出了如此具有自身特點的史詩呢？若非有什麼故事留存在民間的記憶中，那麼為什麼其中那些受奴役和被解放的可歌可泣情節，會完全不同於其他原型呢？有一種極端懷疑論的觀點，甚至虛構出一個當地的迦南人分支；他們居住在猶大山區，

㉓古埃及第十九王朝法老，其執政時期是埃及新王國最後的強盛年代。

通過一段神秘的分裂、遷徙與征服的歷史，使之全然不同於其他迦南部落和城邦，且還做了特別詳細的地形圖加以佐證。究竟為什麼會生出這樣的故事呢？

此即我們講述猶太人的真實故事時所處的背景。除了《希伯來聖經》之外，幾乎沒有任何現代意義上的證據，可以證明出埃及和接受《律法書》的歷史真實性。但這並不一定就意味著故事的某些情節沒發生過，例如：賣身為奴、長途跋涉，甚至後來重占迦南。因為正如我們所見，僅僅是希西家水道的發現，就足以證明《聖經》故事的某些篇章毫無疑問地為真。

當然，我們不能在沒有證據，或只有反面證據的情況下憑空構建歷史。一九七三年，北部出現了歷史長流的另一個交叉點，紅海邊上的蘇伊士河支流地區（維多利亞時代的人認為，法老的軍隊曾經在這裡被淹沒）引發了對巴勒斯坦地區探險基金會探險隊，及其以後《聖經》考古學家調查活動的前提條件的新一波學術懷疑浪潮。在贖罪日這一天，埃及軍隊跨過蘇伊士河，對以色列國防軍運河岸邊的前哨發動了突襲。一場艱苦而激烈的戰爭從此開始了。雖然以色列軍隊取得了最後勝利，但國家卻由於「逆出埃及」路線而行㉔而受到了嚴厲的懲罰。[10]

二十世紀五、六〇年代，為了加強現代以色列與其古代遺跡之間的聯繫而集中進行的考古發掘，也由於僅僅局限於尋求《聖經》證據而受到抨擊。人們認為，巴勒斯坦地區的考古，不應該僅專注於尋找約書亞征服的證據，或大衛城堡、所羅門聖殿的線索。因為這種獨立的考古可能永遠也找不到那些一廂情願的人們想要的東西，冰冷的科學事實與書卷中的文字描寫畢竟是兩回事，遑論某些情節可能根本就從未發生。

冷靜、公正而客觀地想一想，這樣的考古紀錄是可靠的嗎？一位埃及法老自己記述，他曾於西元前十三世紀北方的一次戰役中戰勝過以色列人，而不是敗走；大約在同一時間，在古代巴勒斯坦地區有

大量富庶的迦南城市被毀滅（如夏瑣〔Hazor〕），但這樣的破壞更有可能是「海上民族」（sea people），而不是流浪的以色列山民所為。西元前十二世紀至前十一世紀，猶大地山區所謂的定居點只不過是一些原始的牧民村落；在耶布斯人（Jebusite）建築遺跡基礎上建造的耶路撒冷城，本身只是一塊卑微而樸素的飛地㉕；那裡從沒有過大衛或所羅門王室的建築痕跡，更沒有模仿埃及、腓尼基或美索不達米亞，那種利用文化階層進行行政管理的以色列—猶大「城邦」式管理模式。伊格爾・亞丁將軍在米吉多以及其他地方發掘出來的那些具有紀念意義的城門、城牆、石屋和專用馬廄，並不是所羅門時期輝煌的證據，而是西元前九世紀末的傑作——著名的「晚期年代」（low chronology）㉖批評家以色列・芬克斯坦（Israel Finkelstein）就持有這種觀點。這應該是北方王國以色列的國王暗利（Omri）的後人所建，最有可能的主要建設者，是《列王紀》中提到的曾遭到以利亞批判的國王亞哈（Ahab）㉗。因為他的王后——腓尼基人耶洗別，曾將其故國的多神崇拜引入以色列王國。根據這種懷疑論的觀點，米吉多和夏瑣的高大建築不可能是「聯合王國」（領土範圍從加利利直至別是巴〔Beersheba〕）的國王所建，因為歷史上從未出現過這樣的王國。真實情況是，兩個分離的小國——以色列和猶大比鄰而居，不斷發展壯大。只不過，前者在政治

㉔此處指第四次中東戰爭，即「贖罪日戰爭」。所謂「逆出埃及」路線，是指以色列西侵占西奈半島。

㉕編注：指行政上隸屬於甲地，但卻位於乙地的土地之中。

㉖編注：芬克斯坦率領以特拉維夫大學為主的考古團隊，利用碳十四年代鑑定的科學方式，鑑定已出土、被認定是第十世紀的文物，並得出這些過去學者認定為大衛、所羅門時期的遺址、文物、建築等，其實都屬於更晚的第九世紀，因此對大衛、所羅門這兩位君王建立強盛國家一事存疑，並指出當時的以色列王國很可能僅是村落的規模，是後人的記述予以誇大了。（參閱劉光啟〔2013〕，《從巴勒斯坦的考古發展看考古學與聖經詮釋》，《聖經真的沒有錯嗎：聖經底本無誤論的再思》，橄欖出版）。

㉗暗利的兒子。

和建築的野心更大，更容易陷入腓尼基的多神崇拜，也更有能力建造這類複雜的山頂要塞城市。

當然，這種不體面的「負面考古」勢必會同時影響學術、政治。一個「獨特的民族」，從列「國」——尤其是埃及人和「海上民族」非利士人（Philistines）之中分離出來，在出埃及並在西奈山接受《律法》之後，根據亞伯拉罕的約誓，重新征服迦南；這種關於猶太獨一性的敘事，如今已經完全變成了非歷史之物。按照這種觀點，那些自我發現的史詩、分離（seperation）的獨特性（且不說獨一性），在流亡時《希伯來聖經》的歷史回顧，根本不是以色列人經歷的真實故事。在所謂真實的故事之中，以色列人是當地迦南人的部落支派，他們的文化在青銅時代末期衰敗，然後向東（而不是跨約旦河向西）遷徙，進入更安全卻更原始的猶大山區，並最終接管了古代耶布斯人的耶路撒冷城堡。然而，這樣一個「與迦南人略有不同」的版本，無疑會淡化種族起源神話的傳承鏈，而非強化以色列人的獨特性。猶太人將成為西閃族人另一支並不獨特的變種，幾百年來一直過著部落式的田園生活。同樣地，按照這種懷疑論的觀點，歷史上根本不存在大衛王這個人，他的生活和功績只不過是那些在巴比倫流亡的《聖經》作者的浪漫想像。

後來，歷史學家對早期以色列宗教的穿鑿附會，更進一步歪曲了這個獨特性的神話。巴勒斯坦地區的考古發現顯示，在西奈山接受啟示這一事件前後，人們非但沒有大批皈依於唯一、無形無影像的耶和華，反而以色列的宗教還與周邊鄰邦的宗教十分相近，特別是在西元前十二世紀至前十世紀這一公認的成形期。[11]「E」本《聖經》（伊羅欣本）中「上帝」的希伯來文是「El」——猶太祈禱文中沿用至今——與腓尼基宗教是相同的，只不過後者採用的是其複數形式「Elohim」。在冒煙的火山雲霧中，現身於以色列人面前並將海水分開的風暴神，也與腓尼基人的巴力神非常相像。那些被先知們在《士師記》《列王紀》和《歷代志》中譴責為偶像崇拜的物體、形象和習俗，例如：手扶裸露乳房的石雕木柱（這種風格必定與生殖有關）；在巴勒斯坦南北地區直至西元前九世紀仍隨處可見，耶路撒冷和猶大地也不

例外。[12]

這些雕像往往對上帝的配偶妻——阿施塔特（Astarte），即亞舍拉的崇拜有關，這在巴勒斯坦地區十分普遍。[13] 在坎底勒阿杜出土，一塊著名的西元前八世紀的碑文中，就有提到「撒瑪利亞的耶和華與祂的亞舍拉」㉘。所以毫無疑問，在當地民間的宗教（而不是聖殿祭司們所說的宗教）中，亞舍拉和耶和華並不被認為是相互排斥的，而是天上的一對伴侶。[14] 當然，《聖經》先知時常譴責那些以色列人和希伯來人反覆無常，會崇拜假神和偶像。《聖經》給人的印象，就是以色列人在多神崇拜與獨一神耶和華崇拜之間搖擺。但是，很可能在一段相當漫長的時期內，耶和華只是被崇拜為最高的神而不是唯一的神。甚至「十誡」中的第一誡也說「除了我之外，你不可有別的神」㉙，這就意味著還有一些「別的神」，只是「資歷」不同，而不是排除了其他所有的神。只是後來到了西元前五世紀時，「第二以賽亞」㉚才第一次明確提到「唯一的耶和華」並將這一稱謂絕對化。在此後的幾個世紀裡，諸多獨立發展或相互融合的宗教形式——如家裡的灶臺上、田野裡和城鎮中，都立起了象徵崇拜對象的柱子，這種被稱為「柱像」（massebot）的直立石柱在巴勒斯坦地區可說是隨處可見——與來自聖殿祭司的嚴格律法體系長期共存。在內蓋夫沙漠北部的要塞城鎮亞拉德，曾發現一座被認為屬於西元前十世紀的小型「聖殿」，建在一處更早的柱像崇拜原址上。這個「聖殿」中，有一個用於動物牲祭的石頭祭壇，四個角呈當時流行的牛角狀，在一個抬高的壁龕兩側有兩根石柱（massbot），其中一根塗成了紅色。在附近發現的一些陶片上，隱約可見《耶利米書》和《以斯拉記》中提到的耶路撒冷祭司家族的姓氏。亞拉德小型「聖殿」是一個

㉘編注：該文物為以色列特拉維夫大學團隊於客棧遺址挖掘出的陶甕殘片A（Pithos A）。

㉙原文意為「在我之上，你不可有別的神」。參見《出埃及記》20:3。

㉚編注：《以賽亞書》被認為由三位作者接力寫成，第二位作者寫的「第二以賽亞」部分，是此書的四十至五十五章。

典型的過渡性崇拜場所，有大量的禮儀用品，都是後來希西家和約西亞統治時期發起的肅清中，需要徹底清除的不潔之物。在挖掘遺址時，這個小型的附屬祭壇已經被推倒，並且塗上了灰泥，這充分暗示了當時官方廢止了耶路撒冷以外非法建立的「聖殿」。[15]

這一切說明了什麼呢？極端修正派認為，《聖經》只不過是出於流亡者的想像和虛構，是一種時間上的重播，是為了迎合作為一個獨特民族「誕生」這一神話的需要罷了。《聖經》中先祖的史詩與一個民族的歷史的聯繫，早在出現「一個上帝」的崇拜者之初就已完全形成，他們後來帶著這種崇拜進入了迦南，並確立於耶路撒冷聖殿中。這與真實的歷史並無關聯。

但是，這種「考古極簡論」（minimalism）無疑是一種矯枉過正，而且還因為最新的考古發現和對原有證據（如西羅亞池的希西家水道銘文）重新仔細的解讀而變得矛盾重重。顯而易見，「考古極簡派」關於《聖經》完全出於虛構和脫離真實歷史的觀點，就像他們試圖取代的《聖經》字意主義（biblical literalism）[31]那樣犯了同樣的錯誤。儘管《希伯來聖經》也許是許多個世紀和許多代人的作品，但其內容寫作不可能是巴比倫流亡期間開始的，更不可能像「極端修正派」聲稱的那樣，寫於更晚的波斯和哈斯蒙尼統治時期。一九七九年，考古學家巴爾開（Gabrial Barkay）在耶路撒冷西南的欣嫩谷（Ketef Hinnom）墓群一個墓穴中發現了一件珍貴的護身符。[32]該護身符由兩個小銀片卷組成，其中一卷刻有祭司表達祝福的希伯來經文，原文出自《民數記》，並且時至今日仍然用於重大節日的會堂儀式中。在當時，這兩卷銀片完全有可能是作為祛邪符，製成捲筒狀戴在身上，以乞求上帝的保佑，從而祛除邪惡和不幸。無論是誰，戴上它就相當於隨身帶《妥拉》經文，這就類似於其他地方的人身上戴著自己的保護神像一樣。但令人驚異卻又確信無疑的是，這個護身符被精確地認定為西元前七世紀末期，也就是潔淨聖殿的改革者和羊皮書卷的「發現者」——約西亞統治時期的製品。

因此，儘管最早的《聖經》文本似乎已確定為西元前四世紀至前三世紀昆蘭（Khirbet Qumran）的《死

海古卷》[33]，但這個銀質護身符的發現，卻把《聖經》的寫作時間上推到了後猶大王國晚期。由於到西元前四世紀時，亞蘭語作為口語和書面語已經大量取代希伯來語，所以大部分的《聖經》似乎不可能在這段時間寫成。即使希伯來語作為祭司和文士階層的語言被保留下來，但我們從《死海古卷》中相對晚近的《偽經》和《智慧書》中了解到，希臘化時期的「現代」希伯來文，無論在字符還是字體上都已經與寫作《聖經》大部分內容所用的「古典」希伯來文完全不同。可以設想，在西元前六世紀至前五世紀，巴比倫人焚毀聖殿後實施大清洗和大流放的同時，要出現完成《聖經》全書編訂所需的文學繁榮和人力儲備，恐怕是根本不可能的。所以，認為《聖經》發軔於西元前八世紀末，希西家猶大國時期的古代希伯來語——民間口語、祭司詩歌和文士寫作的語言——似乎更能說得通。那些文士，即一向以嚴厲和苛刻著稱的《申命記》作者，他們奉行的「虛空寶座」（empty throne）宗教清除了所有偶像崇拜，只允許《妥拉》和隱去耶和華形象與聖名的榮光（kabod）占有至聖所。在接下來的兩個世紀裡，這賦予《聖經》以更生硬的形式，特別是在巴比倫人焚毀聖殿前後。

根據新近發現的各種證據，一幅更精細的猶太人早期歷史畫卷逐漸清晰起來。當然，這畫面與《希伯來聖經》中的敘事並不相同，卻也並非毫無聯繫。一九九三年，在以色列最北端的「但城」（Tel

[31] 編注：指完全依照字面意義詮釋《聖經》，認為其不具任何象徵或隱喻。

[32] 該墓葬群是在山肩的天然洞穴中劈石為槨，用於存放乾屍。據說，為打開這兩卷護身符而又不會使之解體，用特別的工藝歷時三年方告完成。

[33] 《死海古卷》一直被認為是最古老的希伯來文《聖經》抄本。該古卷一九四七年出土於死海附近的昆蘭，被稱為二十世紀最偉大的考古發現。抄寫的文字以希伯來文為主，內容包含（除《以斯帖記》以外的）《舊約》全書以及一些當今被基督教新教認為是外典（《次經》和《偽經》）的經卷。

Dan）出土了一塊西元前九世紀的石碑[34]，上面刻有亞蘭文，記載亞蘭國王哈薛（Hazael）戰勝以色列國王的情節，並且在第三十一行提到了「大衛家」（House of Dwt）。這塊石碑上的訊息反駁了「考古極簡派」推定，所謂大衛及其王朝乃是出於後來歷代文士的想像；以色列「崛起為獨特國家」和希伯來語言文化，需與猶太一神教的故事分離，雖然《聖經》作者們將其融合在一起，從一開始就讓後一個故事的內容定義了前者。然而，事實顯然遠非如此。猶太歷史的兩個獨特元素，即「現實」和故事，的確有一個演變的過程，並且以某種方式聯繫，一個圍繞著另一個不斷編織著，不僅時常糾結，有時甚至還會完全撕裂，而這一切，是遠在它們和《聖經》文本緊密編織之前發生的。

這個以耶路撒冷為中心的小型城邦，在約西亞和希西家時代，城裡的人口可能有四萬人左右，規模遠比「考古極簡派」認定的還大，且並非是個完全不通文墨的「牛墟集市」。周邊像基色和夏瑣這樣的城鎮都人口眾多、建設壯觀，據稱有六個廂式城門，當地官員有堅固而獨立的辦公場所，城內有平整的石板路和廣場，有寬敞的庫房和馬廄。這些建築用料並不是碎石破磚，而是平整的細方石——經過精細加工，並且大多體積碩大。這樣的建築規模所需要的人力和工程量，只有一個雄心遠大的軍事城邦才有這樣的能力組織實施。耶路撒冷南邊的拉馬特拉結（Ramat Rahel）曾被Y・亞哈羅尼（Y. Aharoni）和以法蓮・斯登（Ephraim Stern）自信地描述為「猶大地最後的王宮」[35]。這座王宮由精緻而光滑的石灰石建成，院牆飾以原始的艾歐里斯（Aeolic）[36]柱頂和花窗，窗櫺兩端精細地做成卷軸狀，上面刻有「落葉」圖案。這個地方，正是亞述人要毀壞的。

我們能夠根據一些小而零碎的物件，勾勒出一幅巨大的畫面。這些小小的物件就是封印，它們雕刻自堅硬且名貴的石頭，印在黏土或蠟狀物上，蓋在書寫的文件上，由國王的官員送到各地。僅僅在大衛城的發掘中，就發現了五十一枚這樣的封印。其中有的封印圖案僅是一朵玫瑰（圖案簡單但十分精美），似乎是猶大地國王的私人印鑑。除此之外，按照近東地區的風格，封印的圖案往往是獸、鳥、各種甲蟲、

一個帶翅膀的太陽圓盤、耶羅波安（很可能是以色列國王耶羅波安二世〔Jeroboam II〕）的僕人示瑪（Shema）——一隻怒吼的雄獅[37]、一隻猴子、一枝百合花、一頭驢、象徵國王的女兒，即公主（Ma'adanah）身分的豎琴。如果在放大鏡下觀察，就會看到各種栩栩如生的形象：不僅有當時官場上所稱的「監護王室」這類重要人物，如城市總督（sar 'ir），也有許多被稱為「王室僕人」的封印製作者——如工藝師和工匠。其他一些人也由於圖案與文字的組合而突然產生了聯繫，如那些在泥壺和陶罐提手上雕刻字符（通常為國王的印鑑）的普通人，因而與家族財產的代表——所羅巴伯的女兒撒羅密（Shalomit）或國王的僕人阿番亞胡（Avanyahu）聯繫在一起。

這些小物件雖然不起眼卻意義不凡。與出土於埃及和美索不達米亞的陶器殘片的文字不同，封印和陶罐提手上的銘文織成了一個巨大網絡，從而把整個以色列和猶大國的領地緊密地聯繫在一起；涵蓋了從北方的撒瑪利亞到猶大地山區，直到南端的內蓋夫沙漠，把其中的宗教元素、軍事力量、律法運作、

---

[34] 該石碑由亞伯拉罕·比蘭（Avraham Biran）分別於一九九三年七月（殘片A）和一九九四年六月（殘片B1和B2）發現。關於其年代和作者，曾一度引起廣泛爭議，甚至被指責為偽造。目前一般認為，該石碑是真的，並且碑文內容涉及大衛王和大馬士革的亞蘭國王。

[35] 該宮殿遺址位於耶路撒冷老城與伯利恆之間。在這次發掘中，最著名的是其花園及其完備的灌溉系統，發掘者還發現了當時柳樹和楊樹的樹葉和花粉。現已在原址重建。

[36] 古希臘方言的一種（一般認為有四種），影響遠及中東地區。

[37] 指二十世紀初在米吉多發現的一枚碩大而精美的國王印鑑，上面繪有一頭怒吼的雄獅，並刻有一句古希伯來銘文：「屬於示瑪，耶羅波安的僕人。」獅子圖案是典型的西元前八世紀風格，故被認定為耶羅波安二世的印鑑。耶羅波安二世統治時期，北國以色列國勢強盛，大興土木，在米吉多、基色和夏瑣等地建造和加固了邊境要塞。另外，現在一般認為他是第一個使用官印的以色列國王。

稅收規則、日常需用、視覺的享受（看看那原始艾歐里斯〔proto-Aeolic〕式裝飾的柱頂！）物主的封印、國王的權威甚至農耕生活的作息。

對於那些心存疑慮的人來說，這些物件並不一定與《希伯來聖經》描繪的世界有必然聯繫。甚至巴比倫人焚毀耶路撒冷之後任命的總督「王室主管基大利（Gedaliah）」的銘文，或《耶利米書》中特別提到的沙番之子基瑪利雅（Gemaryahu）㊳，也並不足以否定《聖經》乃是流放期間的回顧性虛構作品。[16]

然而，海貝凱雅法（Khirbet Qeiyafa）出土的文物，卻說明了這些物件可能真與《聖經》有聯繫。二〇一一年初春，我第一次造訪海貝凱雅法，和持續在這做研究的，耶路撒冷希伯來大學考古學家約西．加芬克爾（Yossi Garfinkel）交流。[17] 發掘現場位於耶路撒冷西南大約三十公里的謝菲拉一帶，這裡一直被認定是當時非利士人掌控的平原與猶大地王國的山地城邦耶路撒冷之間的邊境地帶。四月初，廣闊而肥沃的土地鬱鬱蔥蔥，美得你能原諒那些維多利亞時代的旅行者，老是拿此地與英國的肯特郡、約克郡相媲美。冬季豐沛的雨水注滿了溪流和池塘，古老的橡樹上綻出明亮的新葉，大片的草地上點綴著一簇簇野花。在不遠的山腳下，一叢當地特有的羽扇豆花迎風怒放，一片幽藍，吸引了以色列各地的植物愛好者，欣賞其豐美之姿和稍縱即逝的花期。花朵盛放的那個星期稍晚，我與耶路撒冷當地的寫作者們見面，像以往一樣做足承接鄉村熱情款待的準備，但這一次他們只想談談那羽叢扇豆花。

不過，海貝凱雅法位於一個無論過去還是現在都樸素無華之地。像《約書亞記》（15:35）中提到的，離此不遠的梭哥（Socoh）和亞西加（Azekah）一樣，海貝凱雅法的山兵掌控山城希伯崙、耶路撒冷與非利士沿海平原之間的古老通道；西側是當年非利士人的大本營迦特（位於現在的泰爾薩費〔Tel Safi〕）。根據《撒母耳書》記載，位於海貝凱雅法山腳下的以拉（Elah）山谷，就是牧羊童大衛殺死非利士巨人武士歌利亞（Goliath）的地方。所以，追蹤《聖經》線索的維多利亞人，往往只是穿過山谷，卻沒有注意到山脊上有一段矮牆，矮牆向下面對一大片開闊而明亮的牧場，那是（現在仍然是）貝都因人圈羊過夜的營

地。在阿拉伯語中，「海貝」（Khirbet）意為「遺跡」。那些維多利亞時代的勘測隊員畢竟見過太多的遺跡，難怪克勞德．康德這樣淡淡地寫道，說這個地方「只不過是堆石頭」。

過了很長一段時間人們才意識到海貝凱雅法不只是堆石塊。這裡顯然是個以七百公尺圍牆圈成，位居山頂上的五英畝定居點，肯定重要非常。牆體所用的石塊尺寸相對較小，由此可以看出，這應該是西元前四世紀末至前二世紀希臘化時期的建築風格。直到加芬克爾的一個學生薩爾．加納（Saar Ganor）於二〇〇三年對該遺址進行勘測之後，才注意到牆體上部與下部的石塊在尺寸上有明顯差別。掩藏在高高茅草後面的牆基所用的石塊要大得多，顯然很早就有人在這裡居住過。將茅草清除掉之後，可以發現牆基石塊的尺寸十分驚人，有些長達三公尺，最大的竟有五噸重。搬運如此巨大的石塊無疑需要大量人力，並非一個孤立農村能辦到。在這個考古學家所謂的「蠻石」（cyclopean，意即「巨石」）層之下，則是堅固的基岩。與其他大多經歷過居住和被破壞階段的建築遺址不同，海貝凱雅法建成後曾有人居住，但不知什麼原因突然被廢棄，在希臘文化最興盛時期又有人搬了進來。在斷代問題上，顯然不會因人工的跡象而混淆。

始於二〇〇七年的發掘結果表明，這裡曾是一個人口密集的要塞式定居點，分為下城和山頂衛城，可能有五、六百人居住其中。周邊的防護牆上開有觀察窗口，內牆和外牆之間是寬大的天井，作為倉庫、屯兵甚至簡單的住宿之用。由於在西元前十世紀以後就已基本不採用在牆上開觀察窗的形式，因此，該定居點應該於更早的年代建成，最有可能是聯合王國而非南北王國時期。海貝凱雅法的住戶們緊靠著牆根築居，大部分住家都有四個房間。西牆的正中是個寬大的門廊（這肯定無誤），此遺址中最大

38 參見《耶利米書》36:11。

的幾個石塊就用在這門面上。後續的發掘，發現在對面的牆上開有第二個門廊，這結果證明了加芬克爾的猜測（眾人對他的推論也還有異議），這也促使他相信海貝凱雅法（現在以色列人已改稱為「以拉城堡」〔Elah Fortress〕）事實上是《撒母耳記》中提到的獨特的（雙門）沙拉音（Sha'arayim）❸❾建築格式。

約西．加芬克爾並不是一個《聖經》研究的浪漫主義者。在堅持《聖經》的核心歷史真實性的老派，與相信《聖經》完全是文學虛構的新派（尤其是由大衛統治的以耶路撒冷為中心的王國的描寫）之間發生的《聖經》大戰中，約西並不認為自己是一個新兵。「我並不是什麼信徒！」在一年後再見面時，他對我抗議道。「《聖經》是真是假和我沒有關係。我只關注眼前的事物。」然而，無論他喜歡與否，加芬克爾已經邁入交叉戰火區。在研究以拉城堡之前，加芬克爾的專長是舊石器和新石器時代史，面對圍繞以拉城堡而起的考古征戰時，他歎息以對，那模樣讓我懷疑，他有時候似乎盼望能回到那個更遙遠、更安靜的年代。但他已經因為揭示的真相如此震撼，而與以拉山谷興起的「戰鬥」緊緊交纏。

對於以拉城堡存在的年代幾乎沒有什麼爭議（儘管一度有過爭議）。在發掘現場發現的燃燒後的橄欖樹葉堆，在遙遠的牛津經過碳定年代法測定，確定為西元前十二世紀末或前十一世紀初的遺留物，從而證明了這是一個鐵器時代的要塞。但是，這又是誰家的要塞呢？這個要塞的戰略意義是顯而易見的，但這個要塞恰好位於非利士人統治的平原與猶大地山區定居點之間時常變動的邊境地帶，一邊是迦特，另一邊是耶路撒冷。

加芬克爾並沒有過多考慮，便直接認定以拉城堡不是非利士人而是以色列人的傑作。他堅持認為，住戶後面帶有觀察窗的牆體厚度是其前面牆體的兩倍，這在迦南地區聞所未聞，並且指出猶大地地區其他已確定的亞拉德、基色和別是巴要塞也具有類似的結構。同樣不可否認的是，在迦南文化晚期，新的定居點和要塞通常直接建在古代居住地廢墟之上。然而，鐵器時代的以拉城堡卻完全是在位於戰略要衝的山頂上新建的，這就充分說明，這裡是一個新興的、快速發展的、由宗教驅動的尚武城邦的前哨。

那麼，剩下的問題就是在以拉城堡沒有發現的東西，即豬骨。在海貝凱雅法發掘現場找到了成千各種已知家畜——山羊、綿羊、驢和牛——的遺骨，卻沒有找到任何豬骨頭，而這種動物正是《利未記》和《申命記》禁食的動物。懷疑派立刻指出，禁食豬肉是整個地區當時奉行的習俗，所以沒有找到牠的遺骨本身並不能作為這裡是猶大定居點的證據。人們對這種動物的肉的厭惡可能是因為牠感染蛔蟲幼蟲後會引起旋毛蟲病，但是，一般認為這一習俗的形成時間，比以拉城堡的橄欖葉的年代還晚兩個世紀。至於有吃豬肉這種地方文化的，則是山那一頭，與要塞遙遙相抗的非利士人。

後來，在一次例行的夏季挖掘中，一名學生志願者在一條水道中發現了一塊泥罐碎片，上面有墨水寫的字符。像前面提到的特拉札依的字母表以及西羅亞池的水道一樣，這很有可能是又一個重大發現。雖然只有四行文字，但其中的許多詞和字符在紋路上難以辨認，這可能是因為墨水褪色，或因為當時還不能確定其上文字的語言。這些字符或許是原始的腓尼基文，「古」希伯來文就是由這種字母文字發展形成的；或許是希伯來文的早期形式，在年代上也正是猶大地王國（「考古極簡派」認為歷史上從未出現過）統治下的謝菲拉開展識字運動的時期。考慮到在年代上稍早一些的特拉札依字母表，這些證據足以證明，識字運動中在耶路撒冷西部腹地興起的文士寫作風氣，幾乎肯定要早於現在公認的年代。

當然，這些遠不足以證明，以拉城堡並不是大衛城邦的前哨，而是一個已經知曉《聖經》的地方，並且這《聖經》肯定寫於西元前八世紀之前。[18] 對於泥罐碎片上的文字，海法大學（Haifa）歷史學家葛森・加利爾（Gershon Galil）提出了一種讀法：「審判寡婦和孤兒……在國王手中恢復窮人的權利；保護窮人和異鄉人。」聽起來就像是在重複《出埃及記》、《以賽亞書》和《詩篇》中那些道德要求。

---

❸⑨這個希伯來詞義為「雙門」，參見《撒母耳記上》17:52。這一時期的其他定居點大多為單門，故稱「獨特」。

「asah」（意為「完成了」）這類獨特的希伯來詞，在加利爾看來也沒什麼難解讀的。那些激烈地指責加利爾的讀法是出於過分想像的人，並沒有親眼看到這些文字，而那些看到過這些文字的人，則說它們在其他非希伯來文本中也曾出現過。碑銘學家哈該．米斯加夫（Haggai Misgav）受加芬克爾之託，對這些銘文進行研究，儘管他弄清了其中的一個詞確實就是希伯來文的「判定」，但對其他詞的辨認卻毫無進展。然而，這段文字如果用其他判讀方式，也許可以讀出復仇，甚至人名方面的神秘線索。

顯而易見，以拉城堡的這段銘文並非不相干詞語的隨意組合，而是一段語意連續的文字，很可能是某個人與另一個人的交談。這難道還不夠嗎？這在某種程度上已經足以說明，這裡就像後來的亞拉德一樣是一個戰略性前哨，是一個可以通信的地方，是擁擠而雜亂的居住區——士兵、他們的妻子和孩子、文士、農夫和商人——這以鐵器時代標準來看算得上是一個標準的小城市。這些遺留下來的文字及其記錄的日常生活痕跡激發出我無盡的想像力：一個房間，中間立著石柱，很可能是用來給動物喝水（加芬克爾則認為石柱是小馬廄裡拴馬的柱子）。視角往下移一些，讓我們蹲下來，就可以看到鐵器時代的廚具：一塊磨石，一端有著凸起的構造，方便人們用來磨剉物品。在一個發掘點出土了一個非常美麗的烤盤，旁邊是各種亮紅色家用罐器，大水罐和雙耳細頸陶罐。我突然身歷其境，覺得自己彷彿站在廚房準備著晚餐，正伸長了手拿油罐。

約西站起身來，兩手扠著腰，把整個發掘現場又巡視了一遍，期待著來年夏天下一個發掘季的到來。他琢磨著，要如何把「這堆石頭」開闢為供全以色列學生參觀的考古教育公園。他不是一個狂熱分子，也不是像帕爾默那樣的考古學家。當初他來聖地時，一手拿著鏟子另一手托著《聖經》。他說，他追求的是真相。一副似笑又似愁的複雜表情掛在他那和善而嚴肅的臉上。「你看，只有真正的建築師才能造出這樣一個地方，這些臺階、街巷，還有帶射擊孔的高牆，絕不是一群牧羊人能夠做到的。你要有一定的國力，才能使勞工們把如此巨大的石塊運到這裡，那些石塊有些重達五噸呢。你還必須要徵稅，

需要有這種書寫文化。這絕不是非利士人的做法。」

他看著山下邊境地區的那片古戰場，開始陷入沉思。他將在其他考古現場繼續「戰鬥」，在學術期刊的字裡行間，在學術會議的講壇上，在博物館文物保護的實驗室裡。在這場戰鬥中，難免有爭吵、交流和抨擊，甚至有汙辱和謾罵。當時，加芬克爾已經被指責為：將以拉城堡描述為屬於「大衛時代」是回魂的「考古極大派」（maximalist）的幫凶。彷彿只要召喚了他，就能使一個想像中的人物變成真實的。

但是，通過每年發掘季的不斷發掘，有關「以拉城堡是第一聖殿時期以色列軍事前哨」的證據越來越具有說服力。這裡陸續發現了成千件武器，包括刀劍、長矛和箭鏃。然而，要塞中卻沒有發現任何農耕用具，對此，加芬克爾堅定地認為，這個要塞是靠對山下農民、牧民徵稅和貢金維持生存的，而這是以拉城堡擁有領主地位的又一旁證。他駁斥說，確定「第一聖殿」的年代，並不意味著就要相信《聖經》中虛構的大衛和所羅門「王宮」，這是失焦。「你看，我並不是說，建造這個要塞的以色列城邦是一個帝國甚或是一個強大的王國。建造這個要塞的耶路撒冷只是一個小城邦，就像摩押和其他鄰邦，但卻是一個真正的城邦。他們擁有自己的文字，能夠動員勞工，徵收賦稅，建造城牆和城門，從而進行有組織的防禦。」

當然，以上種種並不能證明以拉城堡就是屬於以色列人的。但最近的發掘結果顯示，以拉城堡的歸屬是不可否認的：兩個可以攜帶的微型聖龕，一個是陶製的，另一個是石灰石雕成的。這兩個聖龕發現於要塞中的一個祭祀房間（共有三個），這些房間裡，還發現了直立的石柱（massebot）。這些房間一般比通常的起居室稍大，似乎是專用的祈禱場所，其中一個房間（即發現聖龕的房間）裡有一段階梯，旁邊是座小水池，顯然是舉行潔淨儀式的場所，此外，沿著牆邊還有條排水道通向牆外。這些「可食」[40]的布置，是不是聽起來有點熟悉？這兩個小小的，可以隨身攜帶的聖龕（陶製的只有二十公分高，石質的也不過三十五公分），如果與其他證據放在一起，似乎不可避免地指向一個答案。當然，那些吹毛求疵的

懷疑論者肯定會針對這種《聖經》式的聯想提出質疑。首先，祭祀房間本身是家庭住房的組成部分，我們甚至可以認為這樣的房間是左鄰右舍共用的。但是，為了符合以色列宗教強調神聖的普世性——聖化當地——一致，他們便將這兩個微型聖龕作為會幕甚至聖殿的有形象徵，並作為崇拜的核心安放在房間裡。當時，私人和家庭崇拜物在整個閃族近東地區隨處可見。但從異邦盛行多神崇拜的情形來看，這類崇拜物大多是神祇本身或天神的形象，或者是其動物化身。所以，雖然迦南有數不清的微型神龕，但這些神龕中安放的全都是崇拜的神像。然而在以拉城堡，他們的聖龕中除了一小塊沒有特徵的石頭，並沒有其他東西。同樣可能的是，這樣的聖龕是為了體現神聖的空無，而這正是後來猶太教的標誌，這空無只有充滿了啟示文字書卷可充滿。陶製微型聖龕那種典型的柱廊結構之精細令人讚歎：兩邊各有一根柱子，柱基下是護衛的雄獅，頂端雕的是鴿子。最特別的是，聖龕前面有可以捲起的簾子，它們由陶匠手工裝飾。這塊簾子在形式上嚴格模仿《列王紀》中所說的「幔子」（parochet）[41]，它將至聖所的入口遮掩起來，這也是兩座耶路撒冷聖殿中約櫃所採用的著名形制。這塊「幔子」被扯掉，就是入侵者在褻瀆聖殿時會做的系列惡行中的最後手段。所以人們才有傳說，當提多（Tirus）試圖用他的長矛挑開這個「幔子」時，有血從布幔中流了出來。

在那個稍大一些的石質微型聖龕上，當年塗上的紅色仍然依稀可辨，這一點同樣也很有說服力。因為儘管這個聖龕沒有「幔子」和護衛的動物，卻有多重凹進的門道，相當於聖殿的入口。並且，更令人驚異的是，「三角形浮雕式」的頂部是由七橫三豎的檁條構成。它們看起來端頭相接，這是該地區其他聖殿建築的典型結構。不僅如此，祭祀房間裡還有一個鏤空並雕成喇叭形的黑色玄武岩微型祭壇，這種形制成為後來通行的標準形式。毫無疑問，正是這種可以攜帶的家庭式、地方性的宗教氛圍——沒有通常見到的異邦神祇的身影和面孔，而是一種物質上虛無而精神上充實的宗教——似乎可以使我們深深地嗅到未來猶太教的氣味。於是突然之間，在以拉城堡，否定其作為以色列前哨的可能性似乎成了荒謬的

笑談。

約西．加芬克爾並不是主張僅憑這兩個聖龕，就能證明當所羅門的聖殿還矗立在耶路撒冷時，以拉城堡就已經建成並有人居住，他只是說，似乎不可能將這兩個聖龕看成一種類似《希伯來聖經》中描述的宗教文化表現形式。他曾說，拒絕這種可能性是有悖常理的。有一位抨擊加芬克爾的批評家曾失望地抱怨說，他需要一種「不拘泥於書本的考古學」，他的意思是拋開《聖經》，奉行一種將所有經文從大腦中徹底清除的考古學，而對那些維多利亞時代的人以及奧伯萊、伊格爾．亞丁和班傑明．馬撒爾（Benjamin Mazar）（其後人一直在這個問題上爭論不休）的研究成果視而不見，僅僅去觀察和研究眼前的東西，就好像《聖經》的書卷根本沒有存在過一樣。然而，對我來說，認為對這個國家進行的考古工作與《聖經》完全無關，就如同「聖地地理學家」在勘測和發掘時，懷裡只揣著《聖經》而沒有其他知識一樣，完全是自欺欺人。

在這個故事中，你無法擺脫各種各樣的「字符」，即寫成或刻成的文字。一天下午，我發現在欣嫩谷墓穴出土的那兩卷小銀片在一片柔和的燈光下，靜靜躺在以色列博物館的一個玻璃櫃中，那些雕刻的字符及其強有力的直線筆畫，恐怕今天的猶太人根本認不出那是希伯來文。微型書寫（後來在另一個時代成為猶太人的一種專長）並非直接起源於《聖經》，但卻肯定融入了《聖經》那種虔誠的詩意。「願賜福予那些愛祂並遵守祂的誡命的人……祂是我們的重建者也是基石。」有片文物上如此寫道，而另一句話，寫在編號為ＫＨ２的文物之上，喚起了我心靈深處的某種情懷：「願賜福予……拒斥邪惡的人……願祂臉上發出的輝光照亮你的臉並保佑你平安。」這是某種記憶浮現的作用使然，是古老「過去」與短暫

---

40 「可食」（kosher）是指符合猶太教規定的潔淨食品。此處意指具有獨特的猶太特點。

41 關於這塊「幔子」，《出埃及記》第四十章中有更詳細的描述。

「現在」的劇烈碰撞，這也正是每一個探討猶太人的故事的人所要面臨的職業風險。

我再一次回憶起九歲那年。我站在會堂裡，祈禱儀式剛剛開始，《妥拉》書卷高高舉了起來，然後，在誦讀之前，它轉過每一位會眾的面前。在猶太教出現之前，只有眾神的像才能列隊接受崇拜，然而在這裡，我們崇拜的卻是一部書卷，我們頭上的祈禱披巾（tallitim）[42]要觸碰到從面前轉過的羊皮卷。《妥拉》書卷及其字符的神聖性是如此純淨，以至於身體任何部位的直接接觸都是不被允許的。那些寫作書卷的文士在每次動筆之前必須洗手；而誦讀書卷的人只能用一個銀質的指經標（yad）[43]間接觸碰。我們不能直接觸碰手寫的《妥拉》書卷，只能用我們時常拿到嘴唇上親吻的祈禱披巾的邊穗輕輕拂過。

上述《妥拉》書卷的儀式需要進行兩次，分別在誦讀之前和之後。不過，如今具有祭司身分的長者們（Cohanim）進行的儀式，是先站在那裡，然後沿著鋪有地毯的臺階走到高於會眾的約櫃前，他們的祈禱披巾要拉過頭頂，然後聚在一起形成一頂華蓋。當他們發出祝福時，我們這些普通的猶太會眾（hoi polloi）是不允許看他們的。當然，我有時會忍不住偷偷瞄上一眼。當華蓋下面的人開始吟誦時，那片飾有黑色條紋的褪色的奶油色華蓋會上下浮動，有些人還會彎下腰以示虔誠。「願主保佑你並保護你，」他們開始吟誦，就好像在背誦約西亞時代重新發現的那卷羊皮紙上的文字，「願祂臉上發出的輝光照亮你的臉並保佑你平安。阿門。」這聲「阿門」（Omayn）在會堂中回響著，當時距離那場滅絕性的戰爭[44]結束還不到十年後，在這，我總算有點安全感了。

42 猶太教禮儀用品。祈禱披巾呈長方形，長為一百五十公分，寬為一百一十五公分，兩邊綴有流蘇，四角各有一個小孔，用帶結的繩穗穿孔而過。披巾通常用白色亞麻布織成，兩端橫貫若干條藍色或黑色條紋。披巾的設計具有象徵意義：流蘇、繩穗和繩結代表猶太教的六百一十三條誡命（其中流蘇代表六百，四條繩穗代表八，結為五），藍色或黑色的條紋則象徵猶太人對聖殿被毀表示哀悼。現代以色列國旗即由此演變而來。猶太教規定猶太男性必須披戴祈禱披巾，一般在祈禱時將披巾披在肩頭即可，而正統派猶太人則將其頂在頭上，整個覆蓋頭部、頸部和雙肩。祈禱披巾是猶太人重要的禮儀用品，不僅是父親在兒子舉行成年禮時必送的禮物，新娘在婚禮上送給新郎的結婚禮物，而且是猶太人死後入殮的隨葬品。

43 猶太教禮儀用品，主要用於誦讀羊皮書卷指點字句。為了保持《妥拉》羊皮書卷的聖潔，拉比們禁止人們在誦讀時用手直接觸碰書卷，故以指經標代替人的手指指點所讀的字句。指經標第一次作為一種特殊的禮儀用品被提及是在一五七〇年。指經標通常為銀質或木質，通體為手臂狀，頂端如食指指物，長柄上常常刻有切合《妥拉》誦讀場面的詩句。

44 指第二次世界大戰。

第四篇
古典猶太人？

I 沒有摩西就沒有柏拉圖？

毫無裝飾或寫上字符？上帝是一位美人還是書寫出的文字？神性是無形的還是一個有形的完美肉身？這都是需要回答的問題。對馬修．阿諾德（Matthew Arnold）而言，古希臘人和古希伯來人就好像油和水[I]，他們以各自的方式「令人敬畏」，兩者「讓人敬佩」卻不能混合。希臘人追求的是自我實現，而猶太人則為自我征服而掙扎奮鬥。「要順從」在猶太教中是無尚的命令，而「坦誠面對你的本性」對希臘人是最重要的。阿諾德假裝中立的做法無法令人信服。如果你是一個追求甜蜜和光明的人，又怎會願意安分地等待新一輪「火與硫磺」的煎熬呢？

如果你是在古典傳統薰陶下長大的，你就會認為歐洲是在打敗波斯人的入侵後才有了自己的歷史，希羅多德就是這樣描述的。如果你是作為一個猶太人長大的，你會希望波斯人獲勝，因為他們畢竟曾是耶路撒冷的重建者。以斯帖（Esther）曾經是波斯人的王后——他們能有多壞呢？哈曼（Haman）這個「惡人」想徹底消滅猶太人，簡直是一個朝秦暮楚的魔鬼，但他最終在波斯王那裡得到了報應。❶另一方面，希臘塞琉古（Seleucid）王朝的安條克四世（Antiochus IV Epiphanes）曾把那些行割禮的嬰兒連同他們的母親從耶路撒冷城牆上扔下來，根據《馬加比一書》❷的記載，這已成為他奉行的文化。當時，猶太人的

主要敵人是希臘化運動以及瘋狂統治者。《馬加比二書》記錄的各種希臘人暴行則更加駭人聽聞，那些秘密守安息日的猶太人甚至被活活燒死在他們的洞穴裡。猶太歷史學家弗拉維斯·約瑟福斯❸對其惡行的描述尤其令人恐怖，他寫道，那些堅守節期儀式的人「遭到杖擊和鞭打，他們的身體被打得血肉模糊，然後被活活釘在十字架上」。[2]

希臘人憎恨的（按照這種觀點），是猶太人頑固奉行的那種與眾不同的生活方式，主要標誌就是：他們對男丁行割禮，他們每個星期都要休息（守安息日），他們對飲食作了嚴格的限制，他們宣稱他們那個無形而時常發怒的神是獨一的，並且他們還越來越強烈拒絕和其他人一樣。希臘哲學預先假定存在著可被發現的普世真理，猶太人則認為這種封閉文化中的智慧是私人寶藏。根據宇宙和諧原則建立的希臘神廟，是為了把人吸引過來，而耶路撒冷聖殿則是禁止「外邦人」進入的。希臘的雕像和紀念碑，旨在當建造它們的城邦消失後仍能留存於此；而以色列人的《妥拉》則意味著要比他們的建築物流傳更久遠。

---

❶哈曼在波斯國王哈隨魯宮廷中任總管（相當於宰相），行事專橫跋扈，朝臣都要向他跪拜，但唯獨猶太人末底改不肯跪拜。於是哈曼遷怒於猶太人，試圖將猶太人一舉滅絕。他慫恿國王同意，策劃了一個屠殺全國猶太人的陰謀，並以抽籤的方式選定行動日期，但這一陰謀被猶太人王后以斯帖發現並挫敗。哈曼本人被絞死在他為末底改準備的絞架上，其十個兒子也同時被處死。後來形成的「普珥節」（亞達月十四、十五）（意為「抽籤」）就是為紀念猶太人逃過滅族之災而設立的慶祝日。哈曼是猶太人恨之入骨的惡人，「吊得像哈曼一樣高」已成為一句流行的猶太諺語，意為「搬起石頭砸自己的腳」。

❷《馬加比書》共八卷，主要記載馬加比家族領導猶太起義以及希臘化時期的其他事件。似用不同語言寫成，且文風不一，作者不詳。由於其權威性受到質疑，一般將其列入《次經》或《偽經》。

❸弗拉維斯·約瑟福斯是猶太歷史上第一位重要的歷史學家，但在猶太人的心目中，他是猶太教的叛徒（投靠羅馬並成為羅馬公民）。他著述甚豐（主要在羅馬寫作），代表作有《猶太古事記》、《猶太戰爭》、《駁斥阿比安》、《個人簡歷》等。關於約瑟福斯的主要經歷、著述及其評價，可參見本篇下文的內容。

對於希臘人來說，對自然，尤其是野性自然的崇拜可以達到忘形的程度；然而對於猶太人來說，即使是一片神聖的小樹林，也有可能使你迷失在異邦的邪惡之中。感官上忘形的狂喜是希臘酒神崇拜的核心。而在猶太傳統中，只有在壞事發生時才會喝烈酒：挪亞赤身裸體地躺在他的兒子含（Ham）的面前❹，那些悖逆的以色列人圍著「金牛犢」❺又蹦又跳。醉倒在植物叢中是最糟糕的事，所以正如《馬加比二書》的作者描述的，當安條克強迫猶太人用「常春藤紮成的花圈」慶祝酒神節時，希臘人對野性自然的崇拜就取代了猶太人作為其主人的義務。

所以，希臘化的猶太人就是一個矛盾體。當時幾乎無一例外，來自利比亞昔蘭尼加（Cyrenaica）途經大都市亞歷山大城（Alexandria），進入猶太地、加利利，甚至遠至地中海東部海島的大量猶太人尤其如此。西元前四世紀，亞歷山大大帝的征服，到羅馬人實施統治的兩百多年裡，希臘與猶太文化互相排斥的現象即使算不上奇怪，至少也令人困惑。對那些認為兩種文化可兼容的人來說，希臘文化和猶太教之間並非完全不相容。兩者的生活方式是：非強迫地趨同和自發地（即使算不上毫無障礙）共存。《死海古卷》發現於一九四七年，一九七九年在欣嫩谷出土銀質護身符，在那之前，最古老的連續希伯來文本（於一八九八年發現），是出土於尼羅河中游希臘化的法雍（Fayyum）地區的莎草紙殘片，現在已經被認定為西元前二世紀中葉的產物。上面寫的文字是「十誡」（與猶太人和基督徒現在使用的文本在順序上略有不同），以及猶太人每天都會背誦的禱文「示瑪」。❻根據《塔木德》記載，在背誦「示瑪」之前，按照慣例要先誦讀「十誡」，所以，這些莎草紙實際上奇蹟地保留了一位虔誠的埃及猶太人的日常生活，他生活於高度希臘化的世界，卻一直維持著與其宗教身分相符的規定習俗。

在法雍地區的一些城鎮中，猶太人的生活無疑是一種既追隨希臘化的埃及文化又奉行《妥拉》規定的律法（通常用希臘文，即《七十士譯本》誦讀）的雙重生活，一種是屬於猶太人自己的，另一種則是為了與當地的鄰居一致。在開羅南邊的赫拉克利奧波利斯（Harakleopolis）像其他地方一樣，猶太人形成了一個自

治社區，在這出土的大批莎草紙文獻表明，儘管他們有權在結婚、離婚或合同借貸方面適用《妥拉》律法，但他們只有在對自己有利的情況下才能這麼做。大多數情況下，他們還是按照當地的「希臘—羅馬—埃及」法律處理自己的日常事務。根據當地的律法，婦女可以擁有財產，並且可以在離婚時要求收回嫁妝（像象島猶太人所做的那樣）。在整個尼羅河流域，借貸人可以收取高達百分之二十的利息。

但是對於埃及猶太人來說，只要引用《妥拉》律法對他們的訴訟有所幫助，他們就可以這樣做。例如，有一位猶太人叫費羅克西尼（Phloxenes），他的兒子佩頓（Paton）向當地的治安官投訴，認為對向王室租來的土地收取雙倍租金是一種敲詐行為。當他在當地宗教權威面前辯論時，他就能準確引用《妥拉》中某一段規定，說明某些抵押物（如他身上的衣服）必須歸還。[3]

這就是猶太人，他們說的是「通用」（koine）希臘語，他們起的名字是迪米特里厄斯（Demetrius）、阿爾西諾伊（Arsinoe）（像托勒密女王的名字）、赫拉克利德（Herakleides）和亞力士多布魯（Aristobulus）❼。雅可夫斯（Yakovs）變成了雅考比斯（Yakoubis），耶霍書亞（Jehoshua）變成了伊阿宋（Jason），還有許多猶太人起名叫阿波羅尼烏斯（Appollonius）。有的猶太人起的希臘名字，甚至借用了獨一全能的上帝的名諱，如多羅修斯（Dorotheus）。當時，就連統治歷史上領土最大的猶太城邦的哈斯蒙尼國王本人，也叫亞歷山

---

❹指挪亞醉酒。挪亞在痛飲了自己種植的葡萄釀制的酒後失態，所謂「酒後無德」。

❺指飲酒後舉行的宗教儀式，屬於典型的異邦崇拜，所謂「酒後亂性」。

❻希伯來文的意思是「你要聽」，是《申命記》6:4第一個詞語的讀音。這一節經文是：「以色列啊！你要聽，耶和華我們的神是獨一的主。」這是一節極為重要的經文，後來又擴展為包括《申命記》6:5－6:9。隨著拉比猶太教的發展，後來又附加了第二「示瑪」（《申命記》11:13－11:21）和第三「示瑪」（《民數記》15:37－15:41）。

❼這些名字均源於希臘語，如迪米特里厄斯，意為「屬於豐饒女神得墨忒耳（Demeter）的」。

大。他們的穿著與希臘帝國的其他公民並無差別，而據說，他們占其居住的大城市（如安提阿、亞歷山大城）人口的三分之一（亞歷山大城）。

正是這種「希臘—猶太」文化環境，孕育了「猶太會堂」。會堂幾乎一直被稱作「祈禱」（proseuche）[8]。這個詞一開始指的是集會或集合（以便誦讀《妥拉》，而不是用於祈禱），後來逐漸演變為指建築物，這些建築物本身就是為了那些遠離耶路撒冷的猶太人而建造的。在昔蘭尼加、克羅克達波利斯（Krokodopolis）、埃及的施迪亞（Schedia）和亞歷山大，在斯巴達（Sparta）、偉大的呂底亞（Lydian）商城撒狄（Sardis），以及在賽普勒斯、科斯（Kos）和羅得這些海島上，都建有猶太會堂。提洛斯（Delos）島猶太會堂是最古老的會堂之一，它的外形很像一幢別墅，以至於很久以來，人們一直認為它就是一幢別墅，實際上，它的確很可能是由私人房產改建而成的。

這些猶太會堂，幾乎總會讓我們立即想到古希臘神廟的建築風格：人字形的門廊、雕刻的柱楣、高大的廊道和精心裝飾的鑲嵌圖案地面。在包括《塔木德》在內的猶太文獻中，這樣的建築被稱為「廊柱式大會堂」（basilicas，巴西利卡式），而其某些內牆上雕刻的銘文表明，這樣的地方屬於「theos hypsistos」——希伯來文「El Elyon」的直譯——意為「最高的上帝」。[4] 會堂裡有所謂會堂貴族（即會堂主管，他們往往衣著豪華）、執事（即誦經人，而非領唱者）和守護人（防止邪惡之人進入會堂，這有時是一項艱巨的任務）。在亞歷山大，會堂接納世界各地的猶太人並為其提供食宿，而許多會堂被賦予了提供庇護這一神聖而寶貴的權利。有些會堂還增設了「對話間」（exedra）作為另一種集會形式。所有的會堂都需要用活水舉行潔淨儀式，同時也為那些入住的猶太人提供方便。根據埃及猶太人的喪葬習俗，會堂很可能還會幫助他們舉行葬禮。從上述各個方面來看，除了男女不分開和對鑲嵌圖案地面過分偏好之外，這種最早的「猶太—希臘式」會堂被認為是我們現今會堂的原型（有位歷史學家認為，根據有關亞歷山大猶太大會堂中擠滿了各路商人的描述，那裡更像是一個市場，而不是一處聖所，這只能說明他對現代猶太會堂〔shul〕一無所知）。

在這樣一種文化氛圍中，猶太人可以作詩、編劇（如「以西結」〔Ezechiel〕[9]的《出埃及記》[10]，描述猶太人出埃及的情景，其中還描寫了一個夢，令人驚異的是，夢中上帝在天國的寶座是空的，是留給摩西的）或研究哲學。猶太人記述真實的歷史，也創作虛構的作品，有些學者稱其為第一部希臘「小說」。他們在創作這些文學作品的同時，也保留了那些獨特的儀式和律法的忠誠，正是它們定義了猶太人；事實上，這些希臘文化形式成了表達猶太性的工具。最後納入《聖經》正典的部分書卷本身就反映出某種文化混合的特徵。《傳道書》是一部「智慧書」，其文風就有點「波斯—巴比倫」箴言文學的味道，但有時聽起來，又像是一種伊比鳩魯哲學（「不要過分行義，也不要過於自逞智慧，何必自取敗亡呢？」）[11]，像《便西拉智訓》（Wisdom of ben Sirach）[12]這樣的《次經》[13]也是如此。這兩部書都有一定的希臘色彩，其中蘊含的教義也超越了世俗王國的基本事物。

在托勒密王朝統治下希臘化的埃及和塞琉古帝國統治下的敘利亞東北部，出現這種雜揉文化是完全有可能的，因為這兩個王國的統治者都延續了波斯對當地宗教的寬容和資助的政策。事實上，繼位

---

[8] 這是一個希臘詞，意為「祈禱」。該詞前半部分「pros」意為「屬於」或「拉得很近」；後半部分「seuche」意為「願望」或「起誓」。「大家一起起誓」正是集體祈禱的原義。

[9] 名字拼法不同，這在希伯來名字中十分常見。

[10] 可能是一位生活在西元前二世紀亞歷山大的猶太人所寫。該劇用希臘文寫成，採用的是希臘悲劇的結構形式，僅有二百六十九行存世，但劇情連貫，足以恢復完整劇本，從而確立以西結悲劇作家的歷史地位。

[11] 參見《傳道書》7:16。

[12] 意為「西拉兒子的智慧書」或「西拉子箴言」，亦譯作《德訓篇》。該書是希伯來智慧文學的傑作之一，其內容與《希伯來聖經》相似，全書用詩體寫成，大約成書於西元前一九〇至前一七〇年。

[13] 編注：《聖經》之外，受基督教、猶太教視為正典的文獻，各別教派承認的數量不同。

者（diadochi）之間兩敗俱傷的衝突——托勒密與塞琉古王朝爭奪亞歷山大大帝的王位之戰——迫使他們競相贏取橫亙在兩個王國之間，具有戰略意義的猶地亞地區民眾的忠誠。安條克四世，很可能實施過《馬加比書》和約瑟福斯在兩個世紀後寫成的《猶太古事記》（*Antiquities of the Jews*）中記述的所有暴行，然而，他或托勒密王朝的某個國王曾下令，用被灌醉的戰象踩踏在競技場裡的亞歷山大猶太人至死，卻是一次意外而非慣例。統治巴勒斯坦的第一個塞琉古國王安條克三世的行為沒有任何記載，這表明當時對猶太人實行的，是一種雖不寬容但也談不上迫害的政策。就連安條克四世本人，雖然被打敗並死在小亞細亞的某片荒野中，但據《馬加比二書》作者所稱，他在臨終之際還表示懺悔，並且命令政府恢復對猶太聖殿的保護和資助。猶太人與希臘人之間的激烈戰鬥一旦結束，恢復過去互惠共生局面是完全有可能的。希臘統治者可能再次給予猶太律法和宗教傳統以自治權，而猶太領袖哈斯蒙尼家族的約拿單在表達正式屈服的姿態後，便從塞琉古國王的手中接過了大祭司的職位。

儘管猶太人與古典世界（希臘人和羅馬人）相安無事的局面，因為陷入長期殘酷、災難性的衝突，並以羅馬人毀滅耶路撒冷而告終結，但就猶太人的觀念而言，根本就想不到文化之間的相互對立會是如此強烈，以至於世界末日將臨。隨後的時局完全走向了反面，從他們被希臘人統治開始，猶太人便願意相信彼此有許多共同點。在許多猶太作家和哲學家的心目中，猶太教是古老的根，而希臘文化則是一棵小樹，宙斯只不過是全能的耶和華的一個異教形式，而摩西則是一個道德立法者，是所有種族制定律法的根源。帕尼亞（Paneas）的猶太人亞利多布（Aristobulus）在西元前二世紀中葉曾經寫道，他希望讀者們能夠相信，柏拉圖曾經煞費苦心地研究過《妥拉》，而畢達哥拉斯定理起源於古老的猶太知識。基於這種共同的智慧源流，兩個世界之間的相互理解似乎是完全有可能的。

然而遺憾的是，這不過是一廂情願。在亞歷山大征服巴勒斯坦之前，希臘人遇見的猶太人不過是象島猶太雇傭兵的同袍，或沿海要塞猶太軍官屬下的士兵（就像西元前七世紀約西亞統治時期，駐紮在猶大地最

南端的馬察達要塞〔Mazad Hashavyahu〕的士兵一樣）。在巴比倫以西的大部分古典世界裡，猶太人以被雇傭的長矛手形象而廣為人知，儘管對現代人來說這有點驚人，但這的確是事實。在希臘化早期的古老文獻中，偶爾也會看到猶太人作為古老東方智慧的發現者和擁護者的身影。在十九世紀，學者雅各·巴內斯（Jacob Bernays）——他是漢堡一位以虔誠著稱的首席拉比的兒子，西格蒙德·弗洛伊德（Sigmund Freud）的妻子瑪莎的叔父——首先注意到，亞里斯多德的愛徒和接班人、逍遙學苑（peripatetic academy）的第一任領袖泰奧弗拉斯圖（Theophrastos）就曾經表達過對猶太人的著迷，並將其描述為「敘利亞人」的一個分支。在《論虔誠》（*On Piety*）一書中，泰奧弗拉斯圖甚至將猶太人形容為「天生的哲學家」（這樣的形容肯定會使雅各·巴內斯高興），他們「不停地談論神，在夜間神情專注地仰望著星空，在祈禱中呼喚著上帝」。[5]泰奧弗拉斯圖認為猶太人用活物作祭品，在烤熟的動物屍體上塗蜂蜜和紅酒，而猶太人的確沒有完全失去他們早年作為宇宙學和占卜學看護人的名聲。這就使他們儼然成了一種秘傳的東方智慧維護者（甚至某些希臘人堅持認為他們起源於印度）。儘管古典世界中的猶太作者基本上代表了猶太人的宗教，同時也代表了他們的倫理、歷史和預言，而如果他們知道這些東西對自己是有益的，那麼就肯定會引起那些異邦強國的注意。

在這種多少有些自我陶醉的氣氛裡，約瑟福斯於西元前三三二年，記下了亞歷山大大帝在巴勒斯坦和埃及的作戰間隙中的傳奇故事。由於大為感動於耶路撒冷的祭司及民眾的虔誠和謙遜，亞歷山大大帝公開承認了上帝的唯一性。[6] 儘管我們沒有絕對的證據證明，亞歷山大在長期圍困推羅的那年並未到過耶路撒冷，但實際上這確實是不大可能的。約瑟福斯的描述肯定是根據某個長期流傳的故事寫成，並且，正如通常的情況，當他脫離紀錄的事實時，其敘事必然非常生動。

且看約瑟福斯對耶路撒冷猶太人的描述：他們效忠波斯帝國直到它最終垮臺，擔憂可能遭到馬其頓人的報復。他們的大祭司押杜亞（Jaddua）⓮做了一個夢，他在夢中被告知「要鼓起勇氣，裝飾市容並打

開城門」。民眾將身著謙遜的白袍在希臘征服者面前集合，而他和他的聖殿祭司們將身穿與其神聖職位相符的華麗服裝。這是一種純潔與高貴的象徵：當勝利前進的亞歷山大大軍在一個被稱為撒法（Sapha）（意為「眺望」）的地方停下來時，希臘人怎能不被打敗呢？從山頂上的塔樓、城牆和聖殿這個角度看，勝利的將軍面對的是一片身穿白袍的人群，帶領他們的就是「身著紫紅色法衣，頭戴飾有一面金牌的法冠，金牌上刻著上帝四字母名字[15]的大祭司」。雙方彼此問候。此時，亞歷山大暈眩地崇拜這個上帝，因為正如他對一個驚詫萬分的侍從所解釋的那樣，他當時得到了一個異象，好像眼前這位儀態莊嚴的大祭司正在對他征服波斯的勝利發出神聖的祝福。於是，亞歷山大「把他的右手伸向大祭司」，然後「在大祭司的指導下」在聖殿中向耶和華獻祭。翌日，在他親眼看到《但以理書》中有關他獲勝的預言（弔詭的是，這段預言是西元前三三二年後才寫成的）。之後，就像所有大度的希臘統治者那樣，亞歷山大滿懷信心地保證他們可以繼續奉行「他們先祖的律法」。亞歷山大免除了猶太人安息年的貢納，並承諾（鑒於猶太人是優秀的士兵）凡是加入他的軍隊的人，均可按照自己的傳統不受打擾地生活。[7]

但是，對於高貴的猶太智慧而言，這番恭維與另一個故事相比根本就不算什麼。根據這個故事的描述，有一位希臘統治者對猶太教是如此膜拜，以至於對其守護人廣施各種令人難以想像的恩惠。《亞里斯提書信》（*The Letter of Aristeas*）是一部關於《聖經》的故事，寫於西元前二世紀，據稱是托勒密二世（Philadelphus）的侍衛長和高級顧問所寫，記述的是《希伯來聖經》在亞歷山大城被翻譯為希臘文的過程。約瑟福斯在《猶太古事記》中對這個傳奇故事有一番簡略的描述，其原始手稿至少有二十份流傳至基督教時代早期。當時，這個被稱為《七十士譯本》的《希伯來聖經》希臘文譯本，被視為後來所謂《舊約》的最終文本。

那些在數個世紀後編纂《米示拿》和《塔木德》的拉比，卻對《亞里斯提書信》不屑一顧。他們認為，《七十士譯本》是基督教的《聖經》，而他們的《聖經》是用希伯來文寫成的。在《亞里斯提書

信》裡，希臘人與猶太人一起思考《聖經》中的智慧，這與拉比們認為《妥拉》為猶太人獨有的觀念完全不一致。現代學者一度認為，《亞里斯提書信》中兩種文化和諧共存的田園詩歌，很可能是出於保護猶太教免遭埃及人的誹謗（這種誹謗時常使亞歷山大的猶太社區陷入真正的危險）的需要而寫成的。當時的統治者懇請耶路撒冷的祭司和文士，來到亞歷山大進行這項翻譯工作，做了不適當的評注：「如果有人利用暴民的激憤對你的臣民行惡，我當對他們進行補救。」《亞里斯提書信》的大半內容都假設，希臘人與猶太人之間相互理解與相互關注的狀態，似乎已經是最自然的事了。因此，整個翻譯工程的發起人、亞歷山大圖書館長、法勒倫的底米丟（Demetrius of Phaleron）⑯告訴托勒密：「我發現授予他們（猶太人）律法的上帝同時也是保護您王國的上帝……他們崇拜相同的上帝、主和宇宙的造物主，雖然我們用不同的名字（如宙斯）來稱呼祂……祂是『一』，所有事物都靠祂才獲得了生命。」儘管某些標誌物似乎把猶太人分隔開了——如小小的門柱經卷、戴在額頭或手臂上的經匣，其中都包含讚頌唯一上帝的日用禱文和抄自《妥拉》律法的經文段落（這是歷史文獻中第一次提到這兩件禮儀用品），但這樣的物件，其實不過是為了提醒耶和華的崇拜者，永遠不要與上帝及其教訓有須臾的分離。[8]

當然，真正的亞里斯提肯定不是《亞里斯提書信》的作者，但這位猶太作者無疑是希臘朝臣和學者的精明模仿者。他能夠更有說服力地向那些說希臘語的亞歷山大猶太人表明，在《妥拉》和希臘哲學之間的確有一種默契。在亞歷山大大帝征服大業之後一個世紀，托勒密王朝統治猶大地和埃及，因為這本

⑭他是約拿單的兒子，至於他是不是當時唯一的大祭司，尚無定論。

⑮即YHWH（耶和華）。

⑯泰奧弗拉斯圖的學生，逍遙派成員，曾作為雅典城唯一統治者長達十年。後於西元前三〇七年被流放至底比斯和亞歷山大，有大量著述。至於是否當過亞歷山大圖書館長，尚無定論。

書，當時的統治者向其領地耶路撒冷派出一個考察團，邀請大祭司帶領他龐大的翻譯陣容來亞歷山大。這個使團對猶太人各種奇異事物的考察，在他們剛剛到達耶路撒冷時就開始了。考慮到這是一次水利工程考察，底米丟和亞里斯提對當地「奇妙而難以形容的地下蓄水池」感到十分驚奇，這些蓄水池在把聖殿中牲祭用過的血水排掉的同時，竟然把居民的飲用水毫無污染地儲存起來。這些縱橫交錯的水道，可以寫出許多經典的歷史故事。⓱

耶路撒冷的奇裝異服同樣給希臘人留下了深刻的印象。大祭司以利亞撒（Eleazar）身著和君王一樣高貴的長袍，當他走動時，外面繫著的金鈴發出清脆而有節奏的叮叮聲。他的長袍上繡著石榴圖案（據說其中的六百一十三顆石榴籽代表《妥拉》誡命的數目），胸前金片上用寶石裝飾著「上帝的神諭」。他的法冠上刻有上帝的四字母名字。七百名祭司在聖殿中以最安靜、最莊嚴的禮儀履行著他們的職責。同樣地，托勒密贈送的裝飾之一，華美的三角形祭臺作為聖殿中的甜味劑容器，是一個精心設計、具有「希臘—猶太」風格的重要器物：典型的「用雕刻的索帶精心編成的波紋狀花環」組成了一條「曲流」（Meander）⓲（這是希臘帶給耶路撒冷的文化精髓）——為什麼不是其他形狀？——上面鑲嵌著各色紅寶石、綠寶石、瑪瑙、水晶和琥珀，而臺腳則雕刻成下垂的百合枝葉形狀。

他們怎麼能拒絕王室的邀請呢？於是，以利亞撒和七十二位文士（每個支派選出六人）⓳帶著自己傀儡國王的敬意和禮物向亞歷山大城出發了。他們住進了法羅斯島（Pharos）上優雅的房間裡，走過一條堤壩，不遠處就是亞歷山大城。他們在海風習習的房間裡開始翻譯工作之前，享受了一個星期的宴會招待，儘管也有一些「可食」供應，但基本上是希臘風格的酒席。國王禮貌而恭敬地問了一些如何更好地治理城邦（也可以說是如何更好地生存）之類的問題，猶太人則明確地作出了回答。

國王：「什麼是幸福的生活？」

以利亞撒：「知曉上帝。」

國王：「如何平靜地忍受麻煩？」

以利亞撒：「堅定地守持這樣的思想，即所有的人均受上帝的指派，像分享大善一樣分享大惡。」（聽起來顯然像《傳道書》和《便西拉智訓》的口氣）

國王：「如何擺脫恐懼？」

以利亞撒：「只要內心意識到不再懷有邪惡。」

國王：「什麼是最惡劣的怠慢方式？」

以利亞撒：「如果一個人不關心他的孩子，或不把一切獻給下一代的教育。」

還有大量的問題引自政治指導教師的授課（例如：亞里斯多德在授課時向亞歷山大的提問），毫無疑問，這位冒名的「亞里斯提」對這種希臘「斯多葛—伊比鳩魯」式的老生常談，可以說是瞭若指掌：

國王：「什麼是王位的本質？」

以利亞撒：「好好地管住自己，不要讓財富和名譽引向欲望無邊的邪路。」

國王：「對於一個統治者來說，擁有什麼東西最寶貴？」

---

⑰ 參見上一篇故事。

⑱ 古河名，位於土耳其伊茲密爾以南，古希臘時期就成為一個通用名詞，泛指曲折、蜿蜒的事物或狀態，如裝飾圖案、發言甚至觀點，似有中文「曲水流觴」之意。

⑲ 當時的以色列有所謂十二支派，每個支派選出六人，共七十二人。

以利亞撒：「愛他的臣民。」

然後，他們又轉入了柏拉圖式心理諮詢的話題：

國王：「如何在不擾亂思想的情況下入睡？」

以利亞撒：「您問了一個難以回答的問題，因為我們在入睡之後，真正的自我將不再發揮作用，而是被理性無法控制的想像力牢牢控制著。我們靈魂的感覺使我們在睡眠期間認識到自己意識中的事物。但是，如果我們認為自己真的在海中乘風破浪或在空中振翅翱翔，那我們就錯了。」

這正是這位冒名的亞里斯提的家鄉——亞歷山大城的讀者所需要的答案：那些和希臘有同樣文化水準的猶太人，甚至還有可能利用自己珍貴的智慧寶庫去教化那些異教徒。我們從《亞里斯提書信》的字裡行間，可以強烈地感覺到，希臘化埃及猶太人希望得到的名聲，不僅僅是神秘地崇拜一位絕對的「最高的上帝」，而且還想證明《聖經》作為智慧文獻展示的合理性。所以，他們極力堅持，即使那些令人困惑的細節（例如禁食律法）也不只是隨意的禁令，或僅僅涉及「黃鼠狼和老鼠」之類控制害蟲的庸俗形式。他們之所以禁食像鳶、鷹這樣的食肉動物和食腐動物，是為了服從人類「厭惡吃已經吃過其他動物的動物」的天性，而食用「乾淨的」啄食的鳥類，如「鴿子、斑鳩、鷓鴣、鵝以及……（根據《利未記》）蝗蟲」[9]則更有益於健康。「關於是否允許食用這些動物和飛禽的每一項規定，都相當於給我們上一次道德課。」但後面的內容則有點令人困惑，「區分有爪動物和有蹄動物的規定，則是為了告訴我們如何區分個體行為」。出於維護《妥拉》的自然倫理智慧的需要，以利亞撒指出，其他民族的男性甚

至可以強暴自己的母親和女兒，而這種令人厭惡的習俗以及同性交媾，在猶太人是嚴格禁止的[10]（對希臘人來說，同性戀可能一直沒有完全根除）。使《聖經》具有希臘風格的強制性衝動，使得「數字命理學家底米丟」（Demetrius，這是一位亞歷山大猶太歷史學家），將《聖經》中不可思議的家譜學和年代學變成了邏輯上的探究。雅各從七十七歲開始，在七年中有了十二個孩子是可信的嗎？按照底米丟的計算，這是肯定可信的！

先輩的智慧與理性批評的完美結合有著巨大的魔力。國王托勒密二世每天早上開始工作之前都要問候這些譯者以示尊重，而他們只用了七十二天（十二支派乘以六——與七十二位譯者人數相同）就完成了這項工作。國王對此大加讚賞，以至於在譯好的經書前跪拜了七次，並宣布不允許任何更改（更改經書可能也屬非法）。由於後來的埃及統治者對這次文學創作的功德期望甚高，他們對「聰明的猶太人」道德上的正直、政治上的精明和學術上的權威一直充滿了敬意。根據《創世記》的記載，在摩西之前，約瑟（雅各的兒子）曾一度在法老的宮廷中躍居高位（在一部名為《〈馬太福音〉希臘手稿》的書中，這位猶太作者得意忘形地認為，是約瑟主持、開發了埃及的運河與灌溉系統，但這很可能是在回應祭司兼語法學家馬內松這樣的埃及歷史學家對以色列人是窮人和麻瘋病患者的描述）。

在《約瑟和亞西納的故事》（*Joseph and Asenath*，有時被稱為「第一部希臘短篇小說」，並且肯定是本傳奇小說）中，約瑟這位迅速崛起的以色列年輕人大權在握，馬上就要與法老的顧問波蒂法爾（Poti-Phar），或稱潘特弗拉斯（Pentephres）的女兒、十八歲的亞西納成婚。整天蒙著面紗深居簡出的亞西納一直以厭惡男人聞名，她對這樁婚姻並沒有興趣，但當她見到這個猶太人後，發現他既高大又聰明，於是很快就墜入了愛河。當然，這位猶太人做了最大的努力，要求她完全皈依（猶太教）作為這樁婚姻的條件。亞西納陷入了左右為難的境地，在這個關鍵時刻，一對天使及時降臨，幫助她挫敗了法老的兒子試圖強暴她並殺死其父親以篡奪王位的陰謀。這對天使在幫助他們訂立了婚約之後，便以一種神授蜂房的形式送給了亞西

納一部《聖經》，一群蜜蜂在他們周圍不停地飛來飛去。你以為故事到此結束了嗎？還沒呢！這對天使再次降臨，將這群蜜蜂變成了沒有毒刺的小精靈，時刻陪伴著亞西納幸福的婚姻生活和對猶太教真諦的頓悟。這真是一個奇蹟！法老將自己安然逃過此劫歸功於這位猶太人和天使們，於是把女兒嫁給了他，並為這對幸福的猶太小夫妻送上了祝福。在此，讓我們舉杯，mazel tov！[20]

亞歷山大城這裡猶太教與希臘文化的蜜月期當然不可能持久，但在兩個半世紀之中，這兒就像後來各地的猶太散居點一樣，是一個充滿生命力、富創造性的繁忙世界。我們應該賦予歷史上兩位更真實的約瑟更高的地位。哲學家斐洛（Philo）[21]的弟弟曾位居托勒密王朝的王室稅務主管，而他的侄子儒略·提比略·亞歷山大（Julius Tiberius Alexander）雖然脫離了猶太教，但卻於西元一世紀出任過亞歷山大城的羅馬總督。另一位是德利米洛斯（Drimylos）的兒子多西狄奧斯（Dositheos），儘管他游離於猶太群體的邊緣，但卻榮登王室檔案主管，在宮廷中身居高位。

在這些成功者的故事發生之前，大約在西元前三世紀中葉，以下這些地區都有猶太社區建立：位於亞歷山大東南方、尼羅河上游的赫拉克利奧波利斯地區，克羅克達波利斯古城的施迪亞，在克爾基奧西利斯（Kerkeosiris）、赫法斯迪亞斯（Hephaistias）和特利克米亞（Trikomia）地區，在底比斯和利昂托波利斯（Leontopolis）（祭司昂尼雅〔Onias〕從耶路撒冷逃到此地後，為了對抗耶路撒冷，曾建立了一座規模堪比象島聖殿的猶太聖殿）。猶太人選擇定居點的名字往往體現出他們的特長（大多是軍事和行政方面的），如「底比斯騎兵」、「施迪亞邊關巡警」和「利昂托波利斯步兵」（也包括我們從西元前二世紀中葉的一卷莎草紙上看到的沙巴塔伊奧〔Sabbathaios，意為「安息日出生的人」〕這樣的美稱）。當時通行的慣例是，這些猶太人受雇於地主並為其服務，然後他們再把土地租給當地的農民耕種。據說克羅克達波利斯城郊邊緣地帶一片蔥綠，遍布花圃和菜園，猶太人就在佃戶勞作的身影中間，以貴族的派頭悠閒地漫步。他們不僅人數眾多，而且其富裕程度足以讓他們造一座猶太會堂，獻給托勒密三世。

但是，克羅克達波利斯畢竟無法與亞歷山大地區相比。亞歷山大城是猶太史上最偉大的城市之一：擁有近二十萬猶太人，幾乎占當地人口的三分之一（儘管只占埃及總人口的百分之四）。[11] 由於沒有官方的限制，他們大多集中在碼頭區東邊獨特的猶太人居住區，尤其是在語法學家阿比安（Apion）所說的「無碼頭的海岸邊」的尼羅河三角洲地區，離王宮並不遠。在這些地區到處都有猶太會堂，從保留下來的獻給各路守護神，甚至歷代托勒密國王的碑刻來看，歷史上大流散期間的猶太社區一直試圖與當地政府保持某種聯繫。

然而，沒有一座猶太會堂能與亞歷山大「大會堂」相比。根據該猶太社區於西元二世紀被毀之後的傳說，尤其是歷代《塔木德》聖哲的描述，猶太·本·以拉伊（Judah ben Ilai）甚至認為「沒看到這座會堂的人就等於沒看到（上帝的）榮光」。他近乎神奇的描述著：規模宏大的亞歷山大「大會堂」，內部採用雙排柱廊結構，會堂為每一位長老專門設置了七十把金椅（為了紀念翻譯《聖經》的七十位文士），上面鑲嵌著珍珠。另外，還為城裡的每一位猶太工匠和商人留座位區：金匠、織工、銅匠……會堂的猶太會眾如此之多，建築規模如此之大，以至於難以聽到誦經臺（bima，用於誦讀《妥拉》的平臺）上誦讀人的聲音，所

---

⑳ 這是一個意第緒短語，已融入現代希伯來語中，意為「恭喜」、「祝賀」。

㉑ 斐洛，著名猶太哲學家，一般稱為「亞歷山大的斐洛」。他一生主要從事著述活動，許多著作得以保留下來。其《妥拉》研究方面的著述主要包括：解釋《妥拉》的律法，如《論創世》、《論十誡》等；對《妥拉》進行哲學闡釋；揭示《妥拉》神學意義，如系列《問答》。他有意識地將希臘哲學引入希伯來傳統，致力闡發猶太教神學思想，進而把猶太教的神秘主義成分理論化、體系化。他在哲學上贊成柏拉圖和斯多葛派的觀點，將希臘哲學中的「邏各斯」概念解釋為上帝與人類之間聯繫的「仲介」，上帝通過邏各斯的作用使自己的創造過程具體化和合理化。這一思想實際上為後來形成的基督教奠定了基礎，因此他被稱為「基督教之父」。與猶太教相比，他對基督教的影響反而更大，這或許是本書沒有單獨講述他的故事的原因吧。

以要讓所有座位區的人都能聽到，領誦人（chazzan）只能站在臺上，揮舞著一面巨大的白色絲綢旗子，提示會眾齊聲吟誦「阿門」。

像在象島一樣，保留下來的莎草紙上生動的體現了猶太社會的感覺——一隻腳踏在他們的猶太城邦裡，另一隻腳踏在更廣闊的世界。「芝諾（Zenon）檔案」㉒中記載，托勒密王朝的一位稅收官員曾於西元前三世紀中葉到巴勒斯坦地區旅行；而法雍地區出土的赫拉克利奧波利斯莎草紙，甚至有更豐富的文字記載。有一個典型的案例，一個叫多羅西斯（Dorotheus）的人向當地社區的執政官（archon）報告，他出於發自內心的善意（也是為了遵守《妥拉》中的一條誡命），把他生病的內弟塞西斯（Seuthes）帶回了自己的家裡，並在他生病期間「不惜花費我的大部分財富」悉心照顧他。不僅如此，多羅西斯還把他的侄女菲利帕（Philippa）從債主的監房裡救出來，把她帶到家裡與其生病的父親團聚。他算一個真正的好人吧？還算不上——多羅西斯回答，他只不過是在按照《妥拉》的要求做事。作為回報，在久病的內弟去世之前，菲利帕被正式接納為多羅西斯家的一個成員。她在新家裡平靜地生活了四年。有一天，她愉快的家庭生活被其母艾奧娜（Iona）的突然出現打斷了。艾奧娜把這個小女孩帶到了她的孀母家，從而剝奪了恩人多羅西斯擁有一位新家庭成員的權利。多羅西斯堅持認為，小女孩應該歸他，應該要由他作監護人，作為曾經和正被扶養的孤兒，而不是作為一個任主人使喚的女僕（這真是天理難容）。對這位執政官來說，多羅西斯引用的是他忠實遵守的《利未記》（25:35）中「你的兄弟在你那裡若漸漸貧窮，手中缺乏，你就要幫補他，使他與你同住」這條誡命，儘管《妥拉》中並沒有規定歸還侄女是一項義務。或許是因為這是猶太人與希臘人在監護原則上產生衝突的一個經典案例，這位執政官最後似乎站在了多羅西斯一邊。[12]

如果繼續深入猶太人的社會階級問題，文字記錄就更不完整了。我們從一卷莎草紙上了解到：商人亞希比（Ahibi）曾給他的合夥人約拿單寫信要求裝運大麥和小麥；哈拿尼雅的女兒塔莎（Tasa）（父女倆的

名字都沒有希臘化）曾控告一個希臘人強暴她，但這也只有隻言片語的記載；再來是有一對訂婚的情侶分屬兩個相距遙遠的流散社區，他們一個是「特姆斯的小夥子」（Temnos，位於西安納托力亞海岸），一個是「科斯的小姑娘」（希臘的一個小島），一紙婚約使兩人緊密結合在一起。有時，必須要把一片片破碎的陶片拼起來，或通過猶太會堂中有關捐助者的碑刻，尤其是猶太墓葬中的銘文，才能感知到當時這些事發生的地點，和參與其中的人物。而直到當代，地下墓葬才由普通的藏屍地，變為具有為特定家族裝飾的壁龕及為某人特別陳設的墓室。有些屬於西元前三世紀，不過大半碑文屬於羅馬統治下亞歷山大城時期的墓葬。

阿爾西諾伊（Arsinoe）徒步旅行者：肅然佇立並為她哭泣……因她命運艱難而多舛。當我還是一個小姑娘，而豆蔻年華使我憧憬著成為新娘時，我就已經失去了母親。經我父親同意，當我生下第一孩子後，在太陽神（Phoebus）和命運之神引導下結束生命。

拉契利斯（Rachelis）：為所有人的最純潔的朋友拉契利斯哭泣。約三十歲而歿。但不要徒勞地為我哭泣。

為美麗的霍娜（Horna），掬一把淚。夫君、女兒艾倫娜（Eirene）和我，我們三人來看你了。

㉒歷史上有眾多名為「芝諾」的哲學家或其他著名人物，包括君王、主教、將軍和醫生，但這位芝諾指的是生活於西元前三世紀的卡努斯的芝諾（Zenon of Caunus）。他曾任托勒密王朝的財政大臣，他集中保存的莎草紙書信文書（即所謂「芝諾檔案」）於二十世紀初被發現。

以上三段是典型的墓誌銘文體，這些墓穴上裝飾著建築圖案，尤其是圓柱，與他們的希臘鄰居沒有區別。然而，在這些希伯來銘文中，並沒有在猶太人的墓葬中已經成為固定格式的《聖經》經文。這說明了，即便是死後，猶太人也不覺得自己曾於離散地生活。他們與耶路撒冷和猶地亞的聯繫從沒中斷；將他們塑造為猶太人的準則非常明確，但又與他們在希臘化的埃及家庭生活不相衝突。當然，他們也不會假裝自己會受到當地主流文化的普遍認同。如果他們知道祭司兼語法學家馬內松有關西元前三世紀的歷史，他們就應該知道，他們不僅無法擺脫作為被驅逐的痲瘋病人的身分，而且也無法擺脫與那些曾經以殘酷剝削當地埃及人而聞名的希克索（Hyksos）[23]國王們的惡名。他們整個定居生活似乎永遠存在著這樣的糾纏，象島猶太人面對的那種醜陋和不幸將一直陪伴著他們。下面的警示故事，是從戰象蹄下的死亡夾縫中流傳下來的。這個故事出自《馬加比三書》。儘管該書本身很多虛構成分，以至於沒有編入尚有可信性的《次經》，而是收入了更偏離正經的《偽經》，但這故事在埃及猶太人之間幾乎人盡皆知，並被認為是亞歷山大當地一個慶祝獲救的節日起源，其中的意義與「普珥節」（Purim）成為波斯猶太人慶祝成功挫敗、化解大屠殺陰謀的節慶，和「光明節」（Hanukkah）[24]成為慶祝猶太人從塞琉古暴君手中獲得解放是完全一樣的。與情節相同、時代相近的歷史故事類似，這個發生於埃及的故事描寫了一個仇視猶太人的瘋子企圖發動一場集體屠殺，接著一群天使在危急關頭及時趕到，比發生在蘇薩或耶路撒冷的那些神聖事件更令人難以置信。

儘管《馬加比三書》與約瑟福斯在關於到底哪一位托勒密國王參與其中，以及這一事件究竟發生於何時的描述並不完全一致，但歷史學家約瑟．莫采耶夫斯基（Joseph Modrzejewski）提出了一個令人信服的證據，他認為這一事件發生於更早的西元前三世紀，即托勒密四世斐洛佩特（Philopator）統治時期。托勒密四世在巴勒斯坦地區與塞琉古帝國爭戰，塞琉古取得了短暫的勝利，而這位國王決定從正門強行闖入

聖殿，褻瀆和破壞聖物。結果，就在即將做出冒犯行為的危急時刻，他突然全身癱瘓、四肢無法動彈。菲洛佩特對猶太人這次羞辱懷恨在心，才剛返回埃及，這位托勒密國王就命令把所有猶太人監禁在亞歷山大競技場裡。在那裡（這似乎是一次不祥而令人震驚的預演，一九四二年巴黎的猶太人在被稱為「冬季自由車競賽場」〔Vélodrome d'Hiver〕的自行車競技場重演了同一幕）㉕，他們被迫在酷熱的太陽下受折磨四十天。

然而，這並不足以平息統治者報復的怒火，所以在一個惡毒打手（他的名字叫哈蒙〔Hamon〕，竟然與普珥節故事中的惡棍哈曼的名字類似）的煽動下，國王命令用薰香和烈酒迷醉五百頭戰鬥用的大象，再把牠們趕進關著猶太人的競技場。鬧劇即將上演。這位糊塗的國王先是忘了他原本的計畫，第二天才又想起來。但最終屠殺仍無可避免地開始！他們趕來了一群搖搖晃晃的厚皮動物！人們紛紛湧入競技場，觀看這場殺人遊戲。那些趾高氣揚的龐然大物，高昂著醉醺醺的大腦袋，呼著酒氣緩慢走過大街，後面跟著一群

㉓歷史上所謂希克索王朝，是指西元前一七三〇至前一五八〇年，外邦聯盟民族進占統治埃及的時代，也就是埃及第十五和第十六王朝。希克索斯一詞有「曠野中的君王」之意，雖然曾有些歷史學家將其稱為「牧人王朝」，但他們並非來自同一種族，而是一個由不同文化種族組成的遊牧民族的大聯盟，主要包括閃族人、亞洲人、烏黎人、印度波斯人。

㉔亦稱「淨殿節」或音譯為「哈努卡節」，為慶祝西元前一六五年猶太人反抗異邦統治起義（即馬加比起義）勝利，收復耶路撒冷，淨化第二聖殿而設立的節日。光明節從基斯流月二十五日開始，延續八天。據稱收復聖殿後，人們只找到了一小罐專門用於聖殿儀式的燈油，可惜只夠燃用一天，但由於上帝眷顧猶太人，這一小罐燈油竟然奇蹟般地一直燃燒了八天。節日的主要儀式是點燃九枝燭臺，故這一節日又被稱為「燈節」。

㉕俗稱「維爾希夫」，位於巴黎埃菲爾鐵塔附近，始建於一九〇〇年。除用於自行車比賽外，還可進行冰球、摔跤、拳擊、輪滑、滑冰、馬戲等項目，曾首次舉辦雙人自行車六日追逐賽。對猶太人來說，這裡是一個值得記憶的不祥之地。第二次世界大戰期間，數千名猶太人在送往奧斯維辛滅絕集中營之前曾在「維爾希夫」集合，這一事件因此被稱為「維爾希夫大圍捕」（Vel' d'Hiv Roundup）。

吵吵鬧鬧的士兵。就在最後關頭，兩個天使出現了，祂們搧動著翅膀轉了幾圈，突然，那些大象像變戲法似的「緩緩向後退去」，笑鬧的觀眾僵住笑容，在混亂之中紛紛被踏成爛泥。由於受到震撼，這位虐待狂國王表示懺悔，競技場中的猶太人因此毫髮無傷。

這是一個出人意料的結局，但是《馬加比三書》的作者知道，他的故事是個警告。雖然猶太人定居了下來，但他們仍然會面對這樣的時刻，重要人物會再次自遠方傳來憤怒狂叫，而他們安閒的生活也會隨之消失。畢竟，這樣的事在耶路撒冷就曾發生過。

II 祭司們的爭執

如果你從西邊進城，那麼你在看見耶路撒冷之前就能聞到它的氣味：裊裊炊煙自房頂和城牆後緩緩升起，空氣中瀰漫著烤肉的香味。無論白晝還是黑夜，聖殿祭壇上的爐火必須持續燃燒，因為這是《妥拉》中的規定。每天早晨和下午都要按時向耶和華獻動物牲祭。[13] 這種長年不斷的燒烤活動被稱為「Tamid」，希伯來語的意思是「天天如此」。但對於這種用火燒烤整體動物的儀式，希臘語中也有一個對應的詞，叫作「全祭」（Holocaust）。這是兩個社會的另一個共同點。在從埃及到美索不達米亞和波斯的所有文化中，只有希臘人和猶太人用整體動物獻燔祭。也因此，才會有成千上萬的山羊、綿羊、公牛和牛犢從周邊山區的牧場和農場被趕進城裡。在出現新月的當天，按照《民數記》（28:11—28:15）的規定，要將兩隻公牛犢、一隻公綿羊、七隻沒有殘疾的公羊和一隻公羊羔（同時還要獻穀物、油和酒作素祭），作為燔祭獻給耶和華。聖殿中獻祭並不都是「燔祭」（olim），有些仍然採用「牲祭」（korban）的形式。動物的屍體根據需要分成不同的部分，熬好的油和收集的血分別作為獻給全能上帝的一部分，要在專用的獻祭容器中焚燒。不過，大約在西元前二世紀末，燒烤整隻動物開始在獻祭中占據主導地位。在獻祭

過程中，利未人要唱讚美詩，但當時似乎並不伴有祈禱。

這種宰殺牲祭的儀式十分複雜且辛苦。乍看之下，放出如此多的動物血似乎與禁食動物血的嚴格禁令嚴重衝突，但這兩種習俗卻相互聯繫。動物牲祭之所以如此普遍，正是出於對食用帶血肉的厭惡。[14]正如大衛・比亞爾（David Biale）所說，動物血獻祭與吃不帶血的食物相結合，正是有別於他們周邊民族奉行的，更願意吃帶血食品的飲食習慣的一種對比文化。《聖經》堅持認為，動物的「nefesh」，也就是生命的本質，有時譯為「靈魂」，就存在於動物的血中。所以，不要以為聖殿的院子裡總是充滿了帶血的動物肢體。動物被宰殺之後，通常由一位祭司把血一絲不苟地收集在一個專用的盆裡，獻祭時不需要的部分則自水道排走，保持獻祭區清潔。然後，他們剝掉動物的皮並將屍體投入焚燒爐，直到祭物燒盡（偶爾也會剩下山羊鬍鬚）。最珍貴的動物皮通常歸大祭司所有，他會將其贈送給其他祭司；有許多爭議都圍繞著這些動物皮產生。

在朝聖節日期間，獻祭活動會更加頻繁，大量的觀光者和參與者聚集到耶路撒冷，感受莊嚴的氣氛、出席節日活動。就實際情況來說，西元前兩百年前後，耶路撒冷在城市規模方面無變化，人口方面則迅速增長。赫克特斯（Hecataeus）㉖給出的「十二萬人」這個數字雖完全是憑空想像，但當時人口數可能是以萬計、城市規模已經擴大到八平方公里。雖說自巴比倫人劫掠後的廢墟上恢復歷經了幾代人的時間，但可以肯定，日益增加的食物需求使周邊的鄉村繁榮了起來。向西南延伸、地形起伏的謝菲拉地由於冬春兩季降水豐沛，開始重新生產小麥；相對乾旱的山區則點綴著橄欖樹、葡萄園和牧場。為了滿足大量湧入的朝聖者飲食需求，猶大地的農場主人們在城牆附近的貨攤上出售農產品，從遠方趕來的小販

㉖赫克特斯，古希臘歷史學家和旅行家，被歷史學家稱為「歷史之父」。據傳他曾在波斯王國的領地內及周邊地區廣泛旅行，著有《大地環遊記》。儘管他的歷史著述並沒有流傳下來，但卻影響和鼓舞了他後來的真正繼承人希羅多德。

則帶來了各種日用品：來自推羅的漁夫帶來了各種魚類；來自亞實基倫、托勒密[27]和迦薩的商人運來了愛琴海的瓷器，並且需求量不斷增加；而來自北方的商旅則兜售各種腓尼基玻璃製品。

城內和周邊已經建立了許多猶太會堂，既可用於誦經和祈禱，同時兼作接待中心。但耶路撒冷畢竟是「聖殿」的所在地，那裡有長年不斷的獻祭動物傳送帶，有朝聖節期和贖罪聖日的排程，有安息日休息儀式（這是古老世界的一項發明），以及以斯拉於兩個半世紀前創的《妥拉》書卷日常誦讀儀式。雖然那裡已經沒有國王，但卻充滿了《詩篇》作者大衛的田園詩《雅歌》與《智慧書》的作者所羅門形成的文學記憶。神授權威的魅力集中在大祭司身上。圍繞這位威嚴的人物，城市社會生活這臺巨大的機器，在平靜地運轉著。

猶大王朝中斷，大祭司變得重要，他是撒督（Zadok）大祭司的直系後裔。這撒督曾站在大衛這方，並曾膏立所羅門為王。另一個重要的是，撒督本人是亞倫（Aaron）的兒子以利亞撒的後裔，這正是「以利亞撒」在歷史上不時作為大祭司之名的原因。我們甚至可以將這個家族譜系一直回溯到雅各和利亞（Leah）的兒子利未（Levi）。大祭司在聖殿中公開露面、偶爾單獨進入至聖所[28]被刻意強調且具有濃重的象徵意義；他身著奇異的法袍露面，表示他是最接近上帝的猶太人。

儘管有一冊反覆提到西緬（Simeon）和敖尼雅（Onias）的家族譜得以保留下來，但我們對歷代大祭司個人的情況幾乎一無所知。除了《聖經》中不多的描述，我們並不了解對他們履職和出席儀式的細節。在拉比傳統中，西緬這號人物的形象一直很模糊；他被稱為「公義者西緬」（Simeon the Just），除了某些文獻說他在西元前三世紀曾擁有祭司身分外，其他的描述並不一致。他作為個人虔誠、猶太正義和禮儀權威完美結合的典範（客觀地說，在各類百科全書，例如，以詳盡著稱的《早期猶太教百科全書》〔*Encyclopedia of Early Judaism*〕中，根本沒有關於西緬的詞條）。

然而，我們確實知道，大祭司擁有的並不只是威嚴、財富和權力。他們儼然是王室家族體系和祭司

貴族階層的核心，每個人都有龐大的家族和家產，都擁有大量的官吏和食客。約瑟福斯也曾提到過耶路撒冷的「長老議會」（gerousia）。它有點類似於亞歷山大城的議會，可能負責就稅收之類重要的長期事務與希臘領主進行交涉，並提供聖殿維護資金，是波斯統治時期遺留下來的另一個傳統。總而言之，這個「耶路撒冷—猶太地」精英階層在市政管理還有精神和世俗方面構成了一個統治體系，維護猶太教快速形成的獨特社會文化。

在這些推論與猜測之中，一個驚人的事實自文獻記載中顯現（至少約瑟福斯這麼認為），使我們得以了解許多有關聖殿貴族的真實情況。在西元前三世紀末，撒督家族的最後一代傳人、「公義者西緬」的兒子——大祭司敖尼雅（根據約瑟福斯記述，他生性貪財，一碰到錢就手癢），把他的女兒嫁給了一個爭強好勝的人。這個人來自約旦河地區，叫多比雅（Tobiah），後來當上了一個強大氏族的教父。關於這個氏族，約瑟福斯曾花了大量的筆墨描寫，而他們戲劇性的故事完全可以與收入在「芝諾檔案」中的書信聯繫起來。「芝諾檔案」信件也提到一個叫「托比雅」（Tubias）的人，是約旦河東岸一個要塞的首領。這些信是寫給托勒密王朝的財政大臣的，他顯然是一位強徵苛捐雜稅（非常像約瑟福斯提到的「帶刀貴族」）且婚姻前景看好的人。儘管多比雅本來是亞捫人（Ammonite），因而並不具有猶太人血統，但他的財富和權力使他足夠稱得上是一個猶太人，可以通過婚姻進入祭司貴族的最高層。他積累財富的方式，就是用代表托勒密政府以軍事手段徵收土地耕種稅，用強行收取的大量金錢來支持自己與塞琉古王朝之間曠日持久的戰爭。多比雅先把錢交給財政大臣阿波羅尼亞斯（Apollonius），再從當地居民的手中重新把錢撈回來（另外還有巨額的紅利）。換句話說，他就是那種總能在連綿不斷的戰爭中發大財的人：集地方軍閥、強盜式

㉗ 現以色列沿海城市阿克的舊稱。

㉘ 指聖殿中安放《妥拉》的約櫃。

貴族、政府承包商於一身，其富裕程度和足夠猶太人化，使他有資格與大祭司的女兒攀親。

約瑟福斯用大量篇幅描寫多比雅和他的兒子約瑟。約瑟用富二代的生活方式，洗淨了他父親積聚的不義之財，並且爬上了「不可或缺之人」的高位，狡猾地穿梭在托勒密和塞琉古政權之間。不過，還要等多比雅的孫子胡肯奴（Hyrcanus），將本來是當地的一個要塞改造為約旦河東岸上的一座豪華石灰石宮殿（芝諾書信中明確記載），這才把西元前二世紀初這個希臘化氏族的生活圖景，顯現以這座最壯觀的建築。

凱西爾拉巴德（Qasr el-abd，現在被稱為伊拉克阿米爾〔Iraq al-Amir〕）[29] 位於肥沃的約旦河谷，是整個希臘化世界中最引人入勝的歷史遺跡之一。兩層建築的正面是一排優美的石柱；一排排石柱把內部廣大的院落分隔開來；正門的牆面上雕刻著張牙舞爪的雄獅和烈豹。在宮殿屋頂上，有著當時某位雕匠任想像力奔馳、壓過動物學知識的作品，他雕出了鬃毛怒張的獅子為一窩幼獅餵奶的溫馨場景。宮殿甫落成時，四周是一個景觀湖，一排排優美的石柱就倒映在平靜的湖面上。這個人工湖以及支撐宮殿的高臺不僅保留了原始的優雅與美感，而且作為強人堡壘的這一原始功能也得以保留下來。這裡很可能也是多比雅小朝廷的行政中心，有完整的文士、官員、稅吏組成的管理體系。當大祭司伊阿宋（Jason，他通過向塞琉古新任國王安條克四世提供重新對托勒密王朝開戰亟需的財寶和貢金，成功地廢黜了他的兄長，即在位的敖尼雅三世）自己也被一位更沒骨氣的墨涅拉俄斯（Menelaus）取代之後，只好逃到了胡肯奴在亞捫的王宮裡。伊阿宋在那裡咬牙切齒地等待時機，一旦時機成熟，他會動員一支私人軍隊，立即向耶路撒冷進發。

當時的情況是，儘管胡肯奴遠離猶太核心地帶的豪華宮廷，作為與耶路撒冷對抗的權力中心，在煽動猶太地後來發生的大動亂時發揮了一定的作用，但這個宮殿除了虛張聲勢和顯示多比雅小家族的冷酷無情之外，其實根本沒有太大作用。這個小朝廷至少還保持了一種文化，保留猶太身分（因為歷代多比雅家族對這一點肯定是認同的），服從《妥拉》與希臘風格和文化是同時並存的，二者並不相互排斥。同樣

地，在巴比倫征服之後，第一個重建猶太城邦的哈斯蒙尼人（在他們的希伯來學堂中，每一個學生都認為自己與希臘人是對立的）也是模仿了多比雅小朝廷的做法。

希臘文化與猶太文化以微妙的物質方式融合在一起，這一點主要通過城市及其民居的外觀體現出來。耶路撒冷內城和周邊地區的最新發掘成果顯示，當時住宅的寬大和豪華程度令人驚異，裡面的房間十分寬敞，牆上裝飾著壁畫，院子裡葡萄藤纏繞，百合花盛開，飽滿的石榴綻出石榴籽。考古學家在斷壁殘垣中，發現了希臘麥加拉城（Megara）的各種血紅色陶器，上面飾有生動的鮮花圖案；還發現了各種高大的羅德島水罐和雙耳細頸陶罐，以及那種梨形、細頸的腓尼基玻璃製品。在耶路撒冷內城和周邊地區，淺色的石灰石第一次被用於製作飲水器皿，可能當時的人們認為石質容器更有助於克服儀式的不潔問題（起碼比陶器要好得多）。當地的製陶業也非常繁榮，已經發明出了各種精妙的裝飾形式，最流行的就是在淺盤和平碗上用手繪製各種花的圖案。在大一些的房間裡，枝形吊燈和枝形燭臺變得越來越大，以便在深紅色的盤形底座上能插更多的蠟燭。

這只是猶太家庭作坊漫長發展史的第一章。在地中海岸邊，對愛琴海一帶貨物的新需求將像迦薩、多爾（Dor）和亞實基倫這樣的老城變成了繁忙的港口，並在加利利海岸地區形成了一個大型的新港城：托勒密（後來稱為阿克）。在耶斯列（Jezreel）山谷和加利利低地的交界處離海岸不遠的地方，一個古迦南人山頂要塞城鎮的山腳下，老城貝特謝安（Beit She'an）變成了希臘城邦西索波利斯（Scythopolis）。這個名字是以來自黑海和裡海之間的西古提（Scythian）[30]雇傭兵命名的，他們一直定居在這個遠離波斯的地

---

[29]「Qasr el-abd」意為「僕人的宮殿」，是地上建築；「Iraq al-Amir」意為「王子的洞穴」，是洞穴群落遺跡，兩者相距只有半公里。作為歷史遺跡的新舊稱呼，可以替代使用。

[30] 一譯「西錫厄」。

方。在許多這樣的周邊城鎮中，房屋都是在石頭地基上用磚砌成的，有些還塗了一層灰泥。而大街兩旁作為希臘市民生活標誌的三大建築的柱廊尤其引人注目：健身館、被稱為「操場」的學園兼律法研究院劇院。

這些地方仍然處於猶太生活的邊緣，所以儘管拿撒勒附近的賽佛瑞斯（後來成為加利利低地地區最大的混合文化中心）一開始就有希臘人也有猶太人居住，但在當時，猶太人大量地遷移到這些地方似乎是不大可能的。漸漸地，那些居住在猶太地核心地帶的，已經準希臘化、說希臘語的猶太人，感覺到了這些地方的吸引力。對許多猶太人來說，在健身館的大門前會受到最嚴峻的考驗，因為健身是以裸體的方式進行，而割過包皮的下體會引希臘人嘲笑。希臘人更喜歡那種帶包皮並長長的、逐漸變細的形狀，這從大量的花瓶和雙耳細頸瓶上的裝飾圖案就可以看出來。尤其令人困惑，更讓人發笑的是猶太人的理念，他們仔細地把包皮割掉，只是為了使自己不再享受性交的樂趣。斯特雷波（Strabo）[31]甚至認為，猶太人實行的割陰蒂習俗也是因為受了同樣的誤導。斐洛曾為這一習俗作過激烈的辯護，認為這是一種願意過道德生活（並未提及潔淨問題）的天性，而外部世界否定猶太人自我的所作所為，是不明真相的污蔑。對希臘人而言，在運動精英中間展示精緻的長包皮完全是禮節上的需要，這些運動員有時甚至會使用「陰莖鎖扣」（kynodesme），或稱為「拴狗繩」（dog leash），即從後方用一條細皮帶繞過後背，再向下紮綑起拉長的包皮，並將生殖器拴在任何足以繫緊之處[32]。

對某些猶太人來說，他們或許認為做為一個公民而被希臘城邦接受要比立約更重要，並且他們知道，要想從學園畢業就必須進行裸體訓練，那麼這些猶太人將自己的部分包皮復原，即「包皮延長」（epispasm）也是可行的。遠古時代的割禮，似乎並不是把包皮完全割掉，因此可以在剩餘之處塗上蜂蜜或搗碎的草藥汁使之軟化，再用牽拉的方式使之伸長。這是異教徒經常使用的復原手術，如果他們覺得自己的包皮割得過短，或苦惱於在健身館裡無意間暴露下體而引發一場令人難堪的哄笑，就會通過這種

方法加長包皮。[15] 一旦行過包皮延長術的人又感到後悔（這是不可避免的），拉比們（他們往往對這方面的事特別認真，因為這涉及與耶和華立的約）對重新進行完全的割禮以回歸猶太教是否必要，或這樣的手術是不是太危險這類問題爭論不休。不過，由於《塔木德》學者一再堅持認為包皮天生是令人厭惡的，所以《米示拿》中要求在割禮（brit milah）儀式上必須完全而不可恢復地把包皮割掉。從那時起到現在，任何不徹底的割禮都是不允許的。[16]

然而，有一位大祭司提議在耶路撒冷建造一座健身館，並允許猶太人（在《馬加比二書》中有驚人的描述）「戴希臘式帽子」（帽子對猶太人意義極其重大）。也正是這位大祭司，很樂意地在五年一度的推羅運動會上，派出了一個由希臘化猶太人組成的代表團。這個大膽叛教的大祭司就是前面提到的篡位者伊阿宋，他於西元前一七二年，通過賄賂取代了他的兄長、當時執政的敖尼雅三世而登上高位。這個健身館只是伊阿宋提出的，將耶路撒冷變成一個模範希臘城邦這個宏大計畫的一部分。只要猶太市民通過了即將實行的學園式訓練，他們就具有公民的資格，而他們的城市就叫「安提阿的耶路撒冷」。這位大祭司的準叛教行動，否定了以色列人與眾不同的基本行為：先是亞伯拉罕與耶和華立下盟約；再來是當受到刺激的西坡拉（Zipporah）將她兒子帶血的包皮扔給丈夫摩西，並宣布「現在你就是我的新郎」後，又戲劇性地重新立約❸❸。約瑟福斯寫道，塞琉古國王當然希望猶太人像其他民族的人一樣，但這個願望卻首先由猶太大祭司伊阿宋提出！

---

❸❶ 斯特雷波，古羅馬地理學家和歷史學家。他曾廣泛遊歷義大利、希臘、小亞細亞、埃及和衣索比亞等地，著有《歷史學》（四十三卷）和《地理學》（十七卷）。

❸❷ 編注：一說古希臘人認為在公眾場合暴露生殖器前端是不光彩的，因為此等暴露只在奴隸身上可見。

❸❸ 編注：西坡拉知道丈夫摩西面臨危機是由於自己曾阻止丈夫給次子行割禮，於是便親自執刀。結果摩西得以脫險。

這種反動的力量尤其驚人，因為沒有任何跡象表明，塞琉古王朝比托勒密王朝更熱中於強制推行希臘化。當安條克三世的騎兵（他們的士兵和士兵的坐騎全都從頭到腳包著鎧甲）於西元前二百年在黑門山（Mount Hermon）下的巴尼恩（Banion）戰役中一舉擊潰托勒密的軍隊。這位得勝的國王首先採取的一項措施，就是發布了一系列法令，承諾（如果說有什麼不同的話）要做一個親民的國王，成為猶太人「古老律法和習俗」的保護人，禁止外邦人進入聖殿周圍區域，禁止包括野豹和野兔在內的（或許有點多餘）違禁肉類和動物進入耶路撒冷。聖殿的獻祭儀式將予以保留，戰爭造成的損壞將予以修復，對祭司永久免稅，其餘的耶路撒冷人則免稅三年。

安條克三世的法令可以說滿足了古老的耶路撒冷聖殿可能提出的所有要求，最終帝國霸主與猶太人之間的這種關係維持了三個世紀，但他們仍然沒有逃脫戰爭或國王本身命運的陰影。在無邊的欲望誘惑下，安條克三世很快意識到，必須通過與埃及開戰才能建立起自己的霸主地位，但很快，他就在馬格尼西亞（Magnesia）戰役中，被剛剛進入埃及的強大羅馬軍隊擊敗。這是一個轉捩點。羅馬人要求巨額賠償，並將未來的安條克四世作為人質押往羅馬。在羅馬，年紀輕輕的他（根據波利比烏斯〔Polybius〕的記載）博得了一個「行事任性、脾氣古怪」的壞名聲。然而在北方，塞琉古王朝的軍事經費吃緊，他們只能為安條克三世對耶路撒冷採取的寬鬆政策感到遺憾。

安條克四世繼位之後，資金一度十分短缺，於是這位國王忍不住要對聖殿中那些屬於公眾的金銀器下手。雖然不能肯定財政大臣赫利奧多魯斯（Heliodorus）是否搶劫過聖殿，但這一事件後來卻成了另一個傳奇故事。據說，由於天使及時趕來救援（這是很自然的），這位搶劫犯並未得手，但這故事卻很快在「猶太—希臘」世界的幻想文學中傳播開來。

然而，正是在這樣的特定情況下，一個沒有安全感的小朝廷面臨財政和軍事上的困境而非宗教文化衝突，引發了一系列哈斯蒙尼大起義的事件。這次起義必然要演變為一場反抗文化侵略，甚至種族滅絕

的戰爭，而《馬加比書》在對這場起義的記述中，則將哈斯蒙尼人描繪為《妥拉》的守護人。

歷史上的真實情況更加複雜，更具有可信度。為了迎合塞琉古政府的需要，聖殿貴族形成的各個派系相互傾軋，在爭奪大祭司職位的戰爭中紛紛用金錢作為回報以便確立優勢地位。在安條克四世伊皮法尼斯介入之後，大祭司職位的兩個主要競爭對手——伊阿宋和墨涅拉俄斯——同作為希臘化的猶太人竟然互相競爭，唯恐自己送給塞琉古國王的錢財比對手少而失去資格。當了三年的大祭司之後，伊阿宋最終仍然是一個失敗者。由於他的繼任者墨涅拉俄斯假他人之手暗殺敖尼雅（他是上一任大祭司，也是伊阿宋的兄長），伊阿宋只好忙不迭地越過約旦河，狼狽地逃到胡肯奴的城堡裡躲了起來。

為了壓倒所有的大祭司（當時的確如此）從而確立自己的大祭司地位，墨涅拉俄斯可算是絞盡了腦汁。他擅自決定為外邦軍隊建造阿克拉（Akra）城堡，結果把耶路撒冷變成了一座被外族占領的城市（儘管名義上是一個自由城邦）。建造這座城堡，需要在越來越擁擠的市區內拆除大量的房屋。[17] 在耶路撒冷，所謂拆遷政治一直是解決麻煩的良方。拆遷大軍進入市區後，引發了一系列暴力事件。所以，猶太人與希臘人之間的戰爭，並不是從莫迪因（Modi'in）鄉間爆發的馬加比起義開始的，而是由一場針對城堡建造工程，以及墨涅拉俄斯的弟弟、代理大祭司利斯馬庫斯（Lysimachus）及其下屬官員的市區暴亂（雖然參與者手中只有棍棒、短刀和石頭）引發的。根據《馬加比一書》記載，騷亂的人群還曾向敵人投擲祭壇上殘留的灰塵。可以想像，即使投出的「塵」或「灰」擊中了目標，也不可能使那些鎮壓者受傷，但這樣一個場景卻具有重要的象徵意義：聖殿獻祭的殘留物必將落在那些敢於冒犯它的人身上。

終日閒坐在胡肯奴獅子宮中的伊阿宋聽到暴亂的消息後，認為這是一個發動政變的大好時機。此時，他正好可以擺出一副猶太傳統保護者的姿態。他相信自己煽動的能力，並且覺得可以打著正義之師的旗號，於是便召集了大量的長矛手。

關於安條克四世逝世的小道消息使他進一步下定了決心。塞琉古的軍隊向南進軍，像往常一樣與

托勒密的軍隊會合混戰，雖然被羅馬人擊敗，但並沒有全軍覆沒，他們與獲勝方達成了某種協定。[18] 與此同時，伊阿宋認為時機已成熟，率領一小支在胡肯奴幫助下組建起來的部隊越過了約旦河攻擊耶路撒冷，不僅大肆屠殺塞琉古國王守城的外邦軍隊和雇傭兵，並且對數千名決心與希臘人共同守城的猶太人大開殺戒。

然而，安條克四世實際上還活得好好的。由於與羅馬人達成協議，安條克擺脫了埃及的困境，並對伊阿宋的政變行徑大為光火。在一個軍事舞臺上被擊敗之後，他並不想在另一個軍事舞臺上讓塞琉古王朝再次蒙羞，這位國王因此變成了一頭怪物；這本來是一個笑談，說他鑄在錢幣上的像並不是上帝的化身（epiphanes），而是一個瘋子（epimanes），現在這笑話倒突然變成了真的。不僅如此，這種瘋狂更體現在他所採取的方式。伊阿宋——以及耶路撒冷許多居住區對他的熱烈歡迎——（使安條克）將猶太地排除在文明化的疆域之外，並使其淪為「刀劍下的囚虜」，任人隨意對待。安條克四世不再受安條克三世所作承諾約束，只要他願意，就擁有作為征服者的絕對權力，得以處置其臣民、聖所、習俗和財產。

他想要的是殘忍：根據《馬加比書》的記載，他瘋狂屠城三日，共殺害包括女人和孩子在內的四萬條生命，另有四萬人被押往腓尼基的奴隸市場，這次邪惡的交易足以緩解塞琉古王朝的國庫空虛問題。《馬加比一書》的作者補充道，在這種邪惡手段的欺騙下，這次創傷在生物學上直接威脅到猶太人的生存，因為「處女和年輕人不再有活力，女人的美麗面容也發生了改變」。[19]

隨之而來的文化滅絕由於《馬加比書》中的渲染而廣為人知。當時禁止任何能使猶地亞人體現出猶太性的儀式：誦讀《妥拉》、行割禮、潔淨儀式、守安息日。不但打破禁食習俗，還強迫猶太人去破戒。安條克洗劫了聖殿，金祭壇、無酵餅桌臺、上面擺放的無酵餅和素祭、燭臺和蠟燭（及其「光照千秋」的深刻涵義）、遮掩至聖所的幔布，這些聖殿中的器物和儀式用品被搶劫一空。所有牲祭、素祭和無酵餅祭皆無法進行，就連聖殿也無法作為猶太教的核心存在下去。取代這些聖物的，則是雕像、酒神

像、妓女、獻給酒神的一排排象牙，這些為這次全面的滅絕行動作了最好的注腳。當時的情形正如後來羅馬軍隊最終剿滅猶太人起義時一樣，聖殿不得不停止一切活動。當安條克隨後派出由阿波羅尼亞斯將軍率領的報復性遠征軍，在耶路撒冷的街道上橫衝直撞，殺死所有在安息日擋在路上的猶太人時，這就相當於公開宣布：從此之後，猶太人已經成為一個恐怖城邦中的無助的囚虜。

直到回到他那宮殿式的要塞後，胡肯奴才有點回過神兒來。最後一位塞琉古國王並沒有靜等厄運的到來，他在那些石灰石獵豹雕像面前拔劍自刎了。而伊阿宋（根據《馬加比二書》作者的描述，他才是這一系列災難的始作俑者）在失去了最後的避難所之後，已經成為一個無家可歸的逃亡者，只能「從一個城市逃到另一個城市，作為拋棄律法的人，他如過街老鼠人人喊打」。他先是逃到埃及，後來又逃到拉克代蒙尼亞人（Lacedemonians）❸❹的領地，並在那裡死去。作為希臘流亡者，他也算死得其所吧。「他暴屍於一片死屍之間，無人哀悼，也無莊嚴葬禮，更沒有與其先祖同葬。」[20]

III 馬加比家族

當一切都在巴比倫人的大屠殺中毀滅殆盡之後，祭司們在踏上流亡之路時，從聖殿的牲祭火焰中帶走了一點永不熄滅的火苗。這點火苗被放在一個秘密的坑中保護起來，但當它的守護人尼希米來取走它用於重建耶路撒冷時，坑中卻灌滿了流質，火苗早就熄滅了。當馬上就要獻燔祭時，尼希米告訴那些一籌莫展的祭司，讓他們把流質灑在引火的木頭上。他們不知所措，但還是照他的話做了。剎那間，一縷陽光照下，浸透流質的木頭自燃起來。於是，古老的聖火重新燃燒。[21]

---

❸❹ 亦稱拉科尼亞（Laconia），古希臘南方行省，位於伯羅奔尼撒斯半島東南部，首府即斯巴達。

《馬加比二書》的作者就是這樣描述的，或許他的文學想像力本身就是一點跳動的火苗，他希望他的猶太讀者相信這一切都是真的。雖然《馬加比一書》與《馬加比二書》完全不同，但兩者描繪的都是猶太人的自由史詩，當中每一個情節都像摩西的出埃及故事一樣令人驚奇、使人感動、充滿遐想。[22]在上述兩書所記述的奇蹟中，並沒有重新奉獻聖殿中油燈燃油（一天的油量卻燃燒了八天）的傳奇故事。這個被現代猶太人理解為體現光明節的傳說，純粹是拉比的發明，其出現時間至少要更晚三個世紀。然而，這兩部《馬加比書》（尤其是《馬加比二書》）的內容卻既有歷史也有傳奇。真實歷史與虛構杜撰相結合，是十足的希臘味，而馬加比家族的使命就是驅散這種希臘風格。

這兩部書均寫於西元前二世紀末，作為「哈斯蒙尼—猶太」王國宣揚歷史的宣傳品。這個王國是四十年前在塞琉古王朝支離破碎的廢墟上建立的。族長瑪塔提雅（Mattathias）（其重要性在於他是祭司的後裔）和他五個領導反抗安條克迫害的兒子的傳奇故事，意味著將哈斯蒙尼王朝（既非撒督的後裔，亦無大衛的血統）同時具有合法化的國王和大祭司雙重身分，而這樣的規制本身就是一個令人驚異、史無前例的創新。重要之處在於，這兩部書都沒有提到這一新的規制，違反早在摩西和亞倫時代就已經確立的國王和大祭司角色分離原則的問題。而「Asideans」——希伯來語中有點誤導地譯為「哈西德」（Hasidim），即虔敬派，指的是哈斯蒙尼起義聯盟中最激進的一個派別。儘管並沒有跡象顯示，他們將自己視為最最純潔的《妥拉》守護人，更比不上嚴守律法的猶太教奠基人之一的法利賽人。在對有關篡奪祭司職位的指控（當哈斯蒙尼國王亞歷山大．詹尼亞斯〔Alexander Jannaeus〕試圖在聖殿主持住棚節[35]的活動時，曾遭一夥耶路撒冷暴民投擲香橼果）進行反擊時，哈斯蒙尼人需要表明自己的身分，即他們是一系列神跡的製造者，並且無論在軍事上還是在宗教上，他們都是被指定的反抗希臘化污染的《妥拉》猶太教的守護人，尤其在當時各種各樣傳言非常混亂的情況下更是如此；當《妥拉》誡命對自己不利時，猶太當局第一次提出要對其進行修改。之後，猶太地一個小村莊一些手無寸鐵的村民在安息日被屠殺，「鐵錘」猶大．馬加比（Judas

Maccabeus）因此決定，如有必要，他們不惜在安息日戰鬥，隨後的發展證明了這決定是正確的。所有的跡象都表明，正如那些人格輕浮的異族世界的國王一樣，哈斯蒙尼人也認為自己是神指派的。他們制定了官方節期「光明節」，並且自奉為被玷污的聖殿中的潔淨者和獻祭人。

由於在與強敵希臘軍隊的對抗中取得了意想不到（儘管並非一直如此）的成功，並且務實地利用與羅馬人結成的聯盟，以及與競爭對手塞琉古人的長期不和，哈斯蒙尼人很快就樹立起強大的信心。這個猶太王國比之前任何一個以色列王國在領土上的野心都更大，在迫使異教徒改宗的道路上走得更遠。他們的軍隊（包括大量由外國雇傭兵組成的分隊）從爆發起義的猶太山區核心地帶出發，途經撒瑪利亞進入加利利地區，一直推進至希臘沿海城市托勒密，然後向北進入黑門山一帶，直達現在所稱的「戈蘭高地」，甚至還進入了敘利亞，隨後越過約旦河，進入摩押山區和亞捫山谷，向南則進入了內蓋夫沙漠，攻占了原來屬於非利士人和腓尼基人的古老要塞城鎮雅法、迦薩和亞實基倫。他們征服的過程也是令異教徒改宗的過程，有時是強制性的，但這個過程中，身體上的痛苦有時並沒有想像中的嚴重，因為當地的一些居民至今一直在實行割禮制度。[23]

這個小王國在保護《妥拉》的意義上取得了成功，表面上看起來是一個新國家。約翰·胡肯奴是歷史上第一個發行鑄幣的猶太統治者，儘管當時的硬幣（prutot）面額不大，尺寸也很小。硬幣的一面通常

---

35 亦稱「結廬節」，於贖罪日後第五天即提斯利月十五日開始，持續八天。住棚節與猶太人的宗教與歷史聯繫在一起，因為《聖經》中說：「以色列家的人都要住在棚裡，好叫你們世代世代知道，我領以色列人出埃及地的時候，曾使他們住在棚裡。」住棚節最初是農民喜慶豐收的節日，這時糧食都已進倉，葡萄已釀成酒，猶太人便在果園或葡萄園裡用葡萄、無花果等七種植物枝條搭起臨時棚舍，在棚舍中度過收穫季節的最後幾天。古代猶太人還要在節期內帶上穀物、水果去耶路撒冷聖殿獻祭，並形成一種習俗。

是象徵豐裕的號角（源於古典世界）和石榴（源於猶太傳統），另一面則有意識地刻著古希伯來象形文字。這種文字當時大多已被廢棄，人們更喜歡使用亞述—亞蘭文方塊字（Assyrian-Aramaic），希伯來文至今仍在沿用這種形式。胡肯奴稱王時使用的不再是熟悉的希臘名字，雕刻銘文時，他的頭銜是「約哈難、大祭司和猶太議會首領」（Yochanan Cohen Gadol, Rosh Hever Hayehudim）。

《馬加比一書》最早用希伯來文寫成，但只有希臘文本得以流傳下來。它的內容顯示此乃再生的猶太王國的真實史詩，其敘事風格與《希伯來聖經》對歷史的描述非常相近。而《馬加比二書》，則有更多誇張的神話和詩意的杜撰，這充分說明其作者來自希臘化的埃及，因為那裡需要這類由希臘、猶太文化調和而成的文學作品，約瑟和亞西納的故事就是一個例證。同樣與眾不同的是，作者還刻意地模仿歷史學家的口氣，宣稱對古奈利（Cyrene）[36]另一個叫伊阿宋（Jason）的作者寫成的五卷巨著進行了刪節。

《馬加比二書》的開篇是一封寫給埃及猶太人的信（以一位耶路撒冷人的口氣），其中就包括神奇地保護聖殿牲祭火種的故事，暗示著無論世俗權力如何變化，猶太教的火種總能從一個地方帶到另一個地方。從意識上講，像「安息日莎草紙」（Passover papyrus）的作者在三個世紀前對象島猶太人訴說的那樣，埃及猶太人需要通過遵守節期的儀式聚集在耶路撒冷權威之下。因此，他們仔細挑選特定的日期——基斯流月[37]第二十五天，即聖殿恢復獻祭的日子——哈斯蒙尼官方規定將這天作為新的自由日慶祝「光明節」。事實上，《馬加比書》的作者彷彿得到了新的哈斯蒙尼祭司兼國王的指示，明確地提出他們希望光明節的慶祝活動不僅要像住棚節一樣延續八天，並且還賦予這一節日與逾越節、五旬節、住棚節這三大朝聖節日同樣的神聖地位。關於這件事是否發生過的問題，拉比教義持否定態度，認為這顯然是將《馬加比書》凌駕於《聖經》法典之上。拉比們在檢討過去時完全有可能作過認定，認為哈斯蒙尼人的創新行為中摻雜著某些難以捉摸的世俗因素。《馬加比書》的兩位作者，嘗試將這次解放與與正規化的出埃及故事相媲美，但這樣的類比並未完全成功。

但無論《馬加比二書》的作者是誰（並且無論其內容與「古奈利的伊阿宋」的著作相近還是無關），這個人肯定知道如何用古典的後荷馬風格寫作史詩，使其傳奇故事中充斥著各種奇蹟、詛咒和離奇的神奇事件，從而滿足了有文化修養、希臘化的讀者群閱讀需求：用希臘風格抵抗希臘人的勝利主義。在《馬加比一書》中，因瘋狂而受懲罰的安條克四世「在一片陌生的土地上，經歷了巨大的悲傷後」死於小亞細亞，他在彌留之際曾痛心懺悔他對猶太人的迫害行為。在《馬加比二書》中，卻活靈活現描述他的臨終為：在上帝加給他的腹瀉引發的臭氣熏天、不可抑制的陣陣痙攣中慢慢嚥了氣。「這個人先前幻想，覺得他能夠搆著天上的星星，此時卻無人能受得了他身上那令人無法忍受的惡臭。」[24] 在他垂死掙扎的惡臭中，這位飽受折磨的國王希望能皈依猶太教，而如果他能夠活下來，一定會為整個世界都在宣揚《妥拉》感到驚奇。

與之類似，儘管這兩部書講述的都是猶太人拒絕服從安條克王朝律法的殉教故事，但《馬加比二書》那位激動的作者卻編寫了一齣希臘風格的戲劇，更側重於描寫統治者的殘酷和家庭的悲劇。九十歲高齡的以利亞撒「長著一張討人喜歡的面孔」，大張的嘴裡被塞滿豬肉，但他卻「寧願選擇光榮地死去，也不願受可憎的東西玷污而屈辱地活著，他甘願領受該得的懲罰」。一些對此深表同情的人建議，他可以私帶一些「可食」的肉，假裝是在吃豬肉，但以利亞撒卻說：「到了我們這個年紀……掩飾並非明智之舉。」另一位七個兒子的母親眼看著她的孩子們就要在一口大鍋裡被活活煮死；第一個有話要說的孩子被割舌，四肢也被砍了下來，然後放在一口平鍋裡煎炸。他的兄弟們看著這一切不為所動，寧折不屈，接著一個個遭受殘酷的折磨但毫不動搖，忍受剝皮，甚至更殘忍的酷刑。安條克感到非常沮喪，

㊱ 即現在的利比亞城市昔蘭尼加。

㊲ 編注：相當於陽曆十一、十二月之間。

但這狡詐的傢伙用矛叉住第七個孩子，逼迫悲痛欲絕的母親說服這個唯一的倖存者服從他的意志並放棄猶太教，歸順後，他將得到巨大的財富和王室的寵愛。這位母親當然沒有接受，她請求兒子：「原諒我，你在我的肚子裡待了九個月，我哺育了你三年，把你養大……安心去吧，我將伸開慈愛的雙手迎接你們弟兄的歸來。」兒子回答說，他會拒絕服從國王的命令，遵守「摩西授予我們先祖的律法誡命」。安條克被激怒了，他下令對這個年輕人施以比其兄長更嚴厲的刑罰。目睹了前面各種各樣殘忍的折磨手段，實在難以想像什麼才是更嚴厲的刑罰。

由於哈斯蒙尼王權的正統性與王室的英雄主義緊密聯繫在一起，所以這兩部書都以家族小說作為核心內容。對起義發生地的鄉村背景所做的粗獷而質樸的描寫，與優雅的希臘風格形成了鮮明的對比。在父親瑪塔提雅的村子裡，有些猶太人要按照安條克四世規定的方式舉行獻祭儀式。面對這些，瑪塔提雅自然有自己的應對方式，那就是用他的大刀說話。《馬加比一書》引用了菲尼亞斯（Phineas，即非尼哈〔Pinehas〕）這個先例。在《民數記》中，這個人用一把烤肉的叉子刺穿了一名以色列男人和一名米甸（Midian）女人的腹部，因為他倆當時正在以色列人的聖幕裡交媾。[38]這段經文暗示，這就是與外族人淫亂的報應，這種變態的結合破壞了猶太家庭正統結合的秩序。[25]

「願意忠於律法和堅守誓約的人都跟我來吧！」瑪塔提雅號召，並帶領五個兒子進入了深山要塞，與他們的敵人展開了游擊戰。許多家庭從狼煙四起的村莊和城鎮逃離，來到了哈斯蒙尼的營地，他們在這個自由的原始城堡發起了一場淨化運動，並拆毀了異邦的祭壇。「只要在以色列沿海一帶發現有未行割禮的兒童（在這唯一沾染「非利士—腓尼基」傳統的地區，這很有可能是真的），他們就強行割掉他們的包皮。」因此馬加比起義所倡導的身體淨化，是以字面意思來理解當初亞伯拉罕和摩西的以血立誓的盟約。

瑪塔提雅彌留之際，把五個兒子召集到面前並留下遺言，像亞伯拉罕對但以理（Daniel）那樣，把

他的父親身分與族長和先祖集為一體，並特別地授予大兒子猶大．馬加比以首領的權力；二兒子西門（Simon）作為「參謀者」，可在猶大之後「做你們的父親」。於是，猶大同樣以這種仁慈的族長制精神，從他的起義軍中挑選了「隊長」，並將那些希望安心於家庭生活的人，即「已經訂婚的、建造住宅的和種植葡萄園的人」送回了家鄉。[26]他自己的家庭作了犧牲，讓一個建立在遵守《妥拉》基礎上的真正猶太國家成型。在完成這一歷史使命的過程中，兄弟們一個一個地倒下了。猶大戰勝了一支又一支圍剿他們的大軍，和一個又一個不可一世的將軍。其中最難對付的尼卡諾爾（Nicanor）由於膽敢冒犯猶大的權威，腦袋和胳膊被砍了下來，並作為戰利品遊街示眾。《馬加比一書》聲稱，他名聲遠播，「全國上下都在談論猶大的戰功」。實際上，猶大和他的隊伍在西元前一六四至前一六〇年遭受了一系列的挫折和敗績。《馬加比一書》說他死於一次秘密的伏擊，而當時羅馬人和斯巴達人都已經承認，這個被解放的聯邦實際上是一個軍事聯盟。

在一次戰鬥中，猶大的弟弟以利亞撒猛刺戰象的腹部，結果被戰象的巨大身軀活活壓死。另一個弟弟約拿單成為一位主張精神淨化者，他取代撒督家族的最後一位傳人阿爾息穆斯（Alcimus）當上了大祭司。這位阿爾息穆斯貿然宣稱自己是遵守上帝《妥拉》的使者，事後則證明只是另一個自私自利的希臘化猶太人。然而，約拿單的祭司身分並非來自猶太議會的承認，而是來自競爭對手塞琉古王朝，他們的目的只不過是為了繼續維持安條克四世之前的格局。結果，他同樣也淪為了希臘人派系鬥爭的犧牲品。

最後，再來說一說第二個兒子西門。《馬加比一書》是在西門的兒子約翰．胡肯奴，甚至可能是在西門的孫子亞歷山大．詹尼亞斯統治期間寫成的，因此該書中最精采的部分是歌頌西門的田園詩。西

㊳參見《民數記》25:6–25:14。

門其他的弟兄，尤其是猶大，借用從摩西直到大衛形成的那種古代的族長及民族祖先的身分；西門作為祭司、王子、士師和將軍，是這些先祖的繼承人。正是他，最終成功地將阿克拉城堡中的外邦軍隊趕出耶路撒冷，從而終結了任由外邦占領聖城的局面，將這個從屬的城邦變成了一個真正的、獨立的猶太王國。猶太史詩在這個時刻（西元前一四二年）達到了歡慶的高潮，舉國慶祝「用感恩之心，揮舞著棕櫚枝載歌載舞、敲鑼打鼓，彈著豎琴和六弦琴，唱著讚美詩和聖歌」：因為一個強敵被趕出了以色列。

在西門的統治下，猶太人迎來了和平繁榮的黃金時期。猶太人與希臘人之間的戰爭，以及猶太人與猶太人之間的戰爭終於結束了。原來禁止接納敵方士兵的希臘化城市西索波利斯重新開放，並改回了原來的名字貝特謝安，成為猶太人和希臘人的共同家園。王國的邊界進一步擴大。雅法建成了一個新港，以便與「大海中的諸島」互通貿易。羅馬人和斯巴達人對此印象深刻，不過並不完全像《馬加比一書》的作者描繪的那樣，這種擺脫了專制統治的和諧而仁愛的和平景象延續了數代。《聖經》正典的最後幾卷和《次經》的某些內容被認為出於所羅門之手。而在《馬加比一書》中，西門成為所羅門的化身，他在塵世間統治著一個屬於猶太人的天堂：

他們安靜地耕種自己的土地，大地給他們產糧食，果樹給他們果實。老人們坐在街道旁，聚在一起交談些好人好事，而年輕人則穿著光鮮的戎裝。他（西門）為各個城市提供食糧、準備各種武器，所以他的美名傳到了世界的各個角落。他為這片土地帶來了和平，整個以色列洋溢著歡樂祥和的氣氛：人們坐在自己的葡萄樹和無花果樹下，沒有人再來打擾他們，留在這片土地上的（外邦）人也不再與他們為敵：是的，他們自己的國王也已經被打倒了。不僅如此，他還使所有地位低下的臣民變得強大：他找出所有的律法，並把所有蔑視律法的人和邪惡的人趕走。他還美化聖所，並使聖殿中的器物越來越多。[27]

西門及其後人宣稱，他們是永久的統治者。但真正具有重要意義的，是所附加的條件——「直到一位先知（意指一位彌賽亞〔messiah〕或他的使者）出現」（寫於這一時期的昆蘭古卷中，且被多次提到）。然而，即使這樣一位像神一樣的君王（basileus），也會有人背叛他。當哈斯蒙尼人開始如同當地的希臘統治者那樣君臨天下時，就注定了也會像他們一樣悲慘地死去。西門很快就陷入了家族紛爭，而這場紛爭最終導致兄弟鬩牆引發的內戰（傳說善良的兄弟幫墮落成了邪惡的集團），哈斯蒙尼王朝垮臺。在以自己名義舉行的一次宴會上，西門在觥籌交錯之間被他的女婿殺害了——這樣的事在古代時有發生。像他的父親瑪塔提雅一樣，西門在彌留之際把他的兒子召到面前，尤其是最大的那兩個，交代祭司和君主的繼位大事，宣布自己年事已高，「你們就代替我和我的兄弟，繼續為國戰鬥，上天會幫助你們的」。[28]

西門被謀殺後，像他的父親和兄弟猶大、約拿單一樣，他的遺體就「安葬在他先祖的墓地裡」。此時，遠在他們世代居住的老家莫迪因的哈斯蒙尼家族墓地面目已改，已經不再是一個普通的家族墓地。《馬加比一書》首次為我們詳細地描寫除聖殿之外的一座規模宏大、裝飾豪華的建築。西門的陵墓是一片浮華的建築群，其中的每一個結構都像希臘建築一樣渾厚而壯觀，而這正是哈斯蒙尼人一度反對的（但卻難以使人信服）。整個陵墓包括七座高塔，一座屬於西門的父親，一座屬於他的母親，另外五座則屬於他們兄弟五人。塔頂都修成了金字塔形，壁柱的表面貼著經過加工和拋光的石板，而壁柱之間則是盔甲的浮雕（為了向馬加比家族的武士表示敬意）和各種船隻的雕塑。這樣的建築規模，與古代統治者為自己建造的陵墓並沒有什麼不同，其最著名的原型就是西元前四世紀的古典世界奇蹟、羅德島上的哈利卡納索斯（Halicarnassus）陵墓，這裡曾有過一個龐大的猶太群落。[29]

這些似乎與猶太性相去甚遠，與不朽的「字符」相比，猶太人對用壯觀的石頭製造浮華一向持鄙視態度。然而，哈斯蒙尼家族陵墓向外邦人傳遞出這樣一個訊息：在希臘化的世界裡，猶太人已經成為強

勢的參與者。

《馬加比一書》告訴我們，哈斯蒙尼王朝之所以把七座墓塔建造得如此巍峨，只是為了讓那些從海上來的旅行者一到岸邊就能看到並讚嘆不已。

這個引人注目的紀念地已在猶太地引起反響。這座石頭鑿成的陵墓出現於西元前二世紀末和前一世紀初，至今仍然矗立在耶路撒冷城邊的汲淪谷中。所謂的「押沙龍陵墓」（Absalom）和「撒迦利亞陵墓」（Zechariah）、伊阿宋陵墓，以及建有雙柱連廊，美麗的伯內・哈齊爾（Bnei Hazir）家族陵墓，都不同於簡單的地下拱頂墓穴或古老的山洞墓穴，而是特意設計成傲視世界的高大建築，讓猶太人和異教徒留下特別印象。其中傳遞的是一種古典的高貴：主人屬於祭司貴族階層（上述家族毫無疑問是貴族），不必羞於為陵墓裝飾多利克式（Doric）❸❾柱頂、巨大的石柱、內部階梯（如押沙龍陵墓）、浮雕飾帶，有時甚至帶有溫和的東方韻味的金字塔形墓頂。正如考古學家拉斐爾・哈奇利利（Raphel Hachlili）所言，創新的是安放同一家族成員的墓龕結構（kokhim），以及在死者下葬一年後舉行第二次葬禮使用的，盛放遺骨（ossilegia）的石匣。到西元前一世紀，這樣的石匣已經成為一種奇異的、體現世俗美的器物：它們以石灰石刻成，裡面雕飾著各種花卉和植物圖案（尤其是造型複雜的玫瑰花圖案）。當時有一個造型奇特的石匣，外觀看起來就像一所希臘房子：人字山牆、柱式門廊、拱形窗戶（當然是通透的）一應俱全，這無疑是為死者提供的優雅城郊安息地。今日仍被我們使用的「nefesh」（意為「靈魂」或「非物質的精神存在」）這個詞，現在也被用來描寫於陵墓中建造的純粹物質結構，是不是很生動？

如果這些哈斯蒙尼王公貴族重建耶路撒冷，並使其向四面擴張的成就是真的，那麼他們的王朝也就是真實的。馬加比家族發動起義，反抗瘋狂的安條克四世實施的滅絕文化和物質政策，但他們僅僅用了一代人的時間就從暴政下的起義者變成了塞琉古世界的玩家。儘管他們是強制人們回歸正統的衛士，是打碎偶像和摧毀異邦祭壇（並且搗毀了撒瑪利亞人在基利心山上的「聖殿」）的勇士，但他們從來也沒有旗幟鮮

明地反對過希臘化，因為他們沒有理由認為希臘文化與猶太教完全不相融。猶太人的亞歷山大城這個輝煌文化中心似乎是一個活生生的例證。為了表徵這種一致性，亞歷山大．詹尼亞斯不僅在他的鑄幣上，刻上自己古希伯來文的猶太名字約哈拿坦（Yohanatan），還以希臘文刻上了他的希臘名字。他沒有把自己的頭像刻在鑄幣上，可能是因遵守第二條誡命㊵，不過不一定就意味著他完全迴避偶像。哈斯蒙尼人的做法恰恰相反，他們選擇的頭像顯然出於一種折衷的考慮。在詹尼亞斯那枚小小的鑄幣上，一面刻的是掛著花環的兩支羊角（象徵哈斯蒙尼王朝繁榮昌盛）這一經典形象，在兩支羊角之間則是更具猶太風格且與聖殿相聯繫的石榴圖案；而另一面刻的是源於馬其頓原型的八角星圖案（有時稱為「八芒星」）㊶。然而，這個八角星也暗指摩押人巴蘭（Balaan）的預言，即《民數記》（24:17）中所說的「有星要出於雅各」㊷——「八角星」就像亞歷山大包著護甲的拳頭，將「打破」摩押、以東以及周邊其他民族。

㊴在古希臘，與樸素的生活風氣相適應，無論貴賤、窮富，人們都穿一種寬鬆的白色長袍，稱希頓裝（Chiton）。這種希頓裝反映在建築上分為多利克式（Doric）和愛奧尼式（Ionic）。希臘神廟建築的基座、柱子、屋簷之間的關係，至西元前七世紀各部分都有了固定的形制，這種梁柱結構體系叫作柱式。多利克式是一種最基本、最古老的柱式，由多利安人創造於西元前七世紀初，主要在希臘本土、義大利南部和西西里島流行。多利克式的神廟通常建在三級臺階上，石柱沒有柱基，而是直接立在臺階座上，柱身上細下粗，中部略微鼓起，柱子上有二十個凹槽，整個石柱顯得樸素而粗壯。柱頂也很簡單，僅為一個圓盤，盤上是方形頂盤，頂盤依次往上為橫梁、浮雕飾帶、飛簷和三角楣牆。多利安式很少裝飾，給人以樸實、莊嚴之感。西元前七世紀建於奧林匹亞的赫拉神廟，西元前六世紀建於科林斯的阿波羅神廟等都是多利克柱建築的典型代表。

㊵指「摩西十誡」第二誡：「不可為自己雕刻偶像，也不可作什麼形象……」參見《出埃及記》20:4。

㊶關於八角星圖案的起源，各民族和宗教說法不一，寓意也有所不同。一般認為與中東地區崇拜光明和星辰的原始宗教有關。就用於裝飾及其寓意而言，有伊斯蘭教的「八芒星」，猶太教的「大衛盾」（六角），佛教也有「八輻輪」。但究其根本，星形（不管有幾個角）就是「星星」，不由得使人想起羅盤、六分儀、船舵等早期航海裝備，星空下的航海家對光明是最敏感和最企盼的。

像住棚節一樣，由哈斯蒙尼王朝官方設立的光明節也要慶祝八天，而這八天的節期正類似普遍流行於希臘和羅馬，異教慶祝光明回歸的「冬至節」。這個希臘風格的「勝利紀念日」，就像紀念擊敗尼卡諾爾將軍的「尼卡諾爾日」（Day of Nicanor）一樣，被記在了猶太曆上。

一味追求古典高大雄偉的風格，使一向以簡樸著稱的猶太教精華部分顯得十分笨拙，這有時會與大希律所謂「假造猶太教」聯繫在一起。這種說法源於一個以東王國南部的以土買人（Idumean）、軍事冒險家安提帕特（Antipater）之子皈依猶太教的故事。你指望有什麼其他源頭呢？希律只不過比哈斯蒙尼人發起的猶太式古典主義更加誇張而已。他們的共同死敵是瘋狂的安條克四世，而不是希臘人。模仿他們的優雅風格有什麼錯？早在希律之前，約翰・胡肯奴就曾在耶利哥（Jericho）為自己建造了一座豪華的宮殿，裡面設有游泳池和帶柱廊的遊樂場。在阿克拉城堡的原址上——因而與人們認定的大衛王宮相距不遠——哈斯蒙尼人為自己建造了堅固的豪華住所，以便與其所謂的「祭司加將軍兼『族長』」的王室氣派相一致。

然而，在他們以及為他們修史的那些人心目中，盡可能乞靈於最初的猶太君王（因為他們以大衛王的再轉世自居），與作為附庸王室依附於後來的塞琉古王朝，二者之間並不存在矛盾。哈斯蒙尼人為了能夠存活下來，曾不止一次地試圖將猶太王國始終脆弱的自主權置於危險之中。西元前一三四年至前一三二年，安條克七世曾對耶路撒冷實施長期而嚴密的圍困，幾乎迫使耶路撒冷人投降，但約翰・胡肯奴通過「同意將自己的王國降為一個進貢的城邦」很輕鬆地解除了圍困，這與仁慈的安條克三世當時圍城的情況並沒有什麼不同。通常只有希臘人不經意送上的禮物，例如國王在戰事中突然死亡，才能使猶太小朝廷得以恢復，贏得短暫而表面上的獨立。

這種短暫的獨立，甚至還要「感謝」羅馬勢力的介入。從猶大・馬加比在西元前二世紀末，向羅馬派出第一個使者歐波勒姆斯（Eupolemus）（曾三次派出使者）以來，哈斯蒙尼人就自認為在結盟條約中擁

有平等的（或許稍處弱勢）地位。《馬加比一書》和約瑟福斯告訴我們，這些條約曾被雕刻在銅板上，公開展示於耶路撒冷。或許有一段時間，哈斯蒙尼人並沒有完全被這種膨脹的盲目自大心理吞噬，因為約翰・胡肯奴和亞歷山大・詹尼亞斯的軍事擴張行動，可能的確使這個準猶太王國在埃及與小亞細亞之間這片具有重要戰略意義的土地上，一度看起來似乎贏得了統治權。然而，贏得異邦勢力的尊敬，意味著必然要失去祭司（而不是身著戎裝的君王）作為猶太教真正守護人的地位。正如大家所見，爭奪大祭司職位的戰爭是令人震驚，也是使人痛苦的，並且會在祭司職位和王子身分之間，再次引起古已有之的爭論和猜忌。這樣的爭論是由《列王紀》、《士師記》和《歷代志》的作者，於一千多年前在記錄掃羅、大衛和所羅門及其子孫後代的歷史時，首先提出來的：政治權力究竟是能夠維護虔誠還是會傷害虔誠？當然，這樣的爭論在兩千年之後，仍然沒有從猶太生活中完全消失。時至今日，這種爭論已經變成了政治與《妥拉》之間的衝突。猶太教需要國家的保護，但以色列人的宗教卻是在從埃及國王手中逃出來之後形成的，並且是在沒有國家的情況下，在「應許之地」建立起來的。哈斯蒙尼人自認為繼承了大衛家族的血統，而這與其他藉口一起成為了千古難題。

在他們的宮廷之外，這些自認為是聖殿與《妥拉》的守護人的王室成員，在這個重要問題上分裂成了兩派（現在依然如此）。政府的貴族階層被約瑟福斯稱為撒都該派（Sadducees），他們實質上是祭司集權論者，並不擔憂哈斯蒙尼家族採取祭司和軍事權力集中體制，也覺得將猶太教用刀劍（以及行割禮用的刀具）強加給像以土倫人（Itureas）、以土買人這樣的周邊民族十分正常。他們的對手法利賽派（Pharisees）卻完全相反，認為哈斯蒙尼家族的權力越大，就越有可能玷污猶太律法的純潔，所以歸根究柢，以色列唯

---

42 編注：「有星要出於雅各，有杖要興於以色列，必打破摩押的四角，毀壞擾亂之子。他必得以東為業，又得仇敵之地西珥為產業。」

一的最高統治者就是《妥拉》。至於他們為何給自己取了這樣一個亞蘭語名字，長期以來關於其確切涵義到底是「淨化」還是「分離」一直存在爭議；但是，對其大量的追隨者來說，這兩種涵義並沒有什麼不同。

這個統治王朝逐漸地而又明確地，遠離了他們自封的神聖守護人角色。《馬加比一書》講述了強勢的胡肯奴的傳奇故事，說他起初是法利賽派的一個「門徒」，自認為被賦予了先知的能力。他取樂的方式倒也奇怪：在一次宴會上，他請求與會者作出保證，如果他們發現他偏離了正道，要大膽地糾正他的錯誤。所有的獨裁者都喜歡標榜自己可以忍受虔誠者的責備，但他們很快就發現，自己根本就不喜歡受譴責。年過七旬的法利賽人以利亞撒天真得可愛，他把酒桌上的醉話當真了，竟進言：胡肯奴理當滿足於世俗權力即可，應放棄祭司職位。被迫講出之所以這麼進言的理由時，他解釋說，這是因為胡肯奴的母親（西門的第二個妻子）曾在安條克實施迫害期間當過囚犯。這無異於委婉地說她曾被強暴過，從而對胡肯奴出身的合法性提出質疑。盛怒之下，胡肯奴質問法利賽人，講話如此冒失該當何罪？他們卻說打幾鞭子就行了，這令他顏面掃地。

人們也指控他的兒子亞歷山大・詹尼亞斯身分不合法，而他也有失顏面地被人扔了香櫞果（etrogim）[43]——猶太人在住棚節期間攜帶的一種表面粗糙、與檸檬形狀相同但更大一些的「不可食」果實（它們還帶著彎曲的棕櫚葉柄、棕樹枝〔lulav〕和柳樹枝）。引起這波批評聲浪的原因是，亞歷山大在住棚節期間作為大祭司主持酒祭儀式時漠視規定的儀式，專橫地把酒灑在自己的腳上而非祭壇。儘管這件事似乎有點搞笑，但卻告訴我們，哈斯蒙尼國王裝出一副《妥拉》守護人的姿態只會引起法利賽人的憤怒。總而言之，在猶大時期，那些自封的「國王—祭司」與那些因醜聞而被罷免的極端希臘化的人沒有什麼區別。憤怒使人變得冷血，從而拉開了長達六年的互相殘殺的猶太內戰序幕（這段內戰在關於馬加比時期的歷史資料中一直沒有充分的描述）。在這次內戰中，數千名猶太人盛怒之下加入了塞琉古王朝迪米特里厄斯（當時敵方的統帥）

的軍隊，希望藉此推翻邪惡的哈斯蒙尼王朝。有五萬人在血腥的衝突中被屠殺，戰事的高潮是亞歷山大・詹尼亞斯被迪米特理厄斯及其猶太幫凶擊敗。但他的王位和國家，卻由於希臘統治者的軍隊像通常需要的那樣突然向北和向東撤退，而得以保留下來，於是詹尼亞斯返回猶太地，對那些不忠的猶太人實施瘋狂的報復。他將罪惡最大的八百名猶太人集體釘上十字架，讓報復行動達到了頂峰。他一邊「與他的妻妾們」享用盛宴，一邊觀賞那些犯人的妻子和孩子在他們釘上十字架的丈夫和父親面前被殘忍地割斷喉嚨。

詹尼亞斯的殘酷鎮壓為哈斯蒙尼的統治贏得了一些時間，但王朝與法利賽人之間裂開的創傷卻永遠無法癒合了。約翰・胡肯奴於西元前一〇四年去世，之後的一段時間裡，「猶太教等同於哈斯蒙尼王權」這種想當然的體制開始動搖。在他的兒子亞歷山大・詹尼亞斯統治期間，二者激烈而永遠地分離了。這次分離於猶太教內在提出了一個深刻、持續困擾的問題：如何平衡權力與虔誠的關係？靠那一點點政權的力量就能過上健康的猶太生活嗎？或者說，政權的力量只會破壞和毀滅猶太生活？大衛和所羅門王國正是得益於這種懷疑，因為他們通過近乎沉默的方式解決了它。儘管我們從前文提到的那些陶片上「屬於王」（lmlk）的文字和封印，可以推斷出一種王室官僚體制，但除了《聖經》中描述的衝突場景之外，我們對於政治體制和祭司職位之間隨時可能產生的種種摩擦卻了解不多。當然，這樣的場景——無論是大衛實施個人犯罪和頻繁地發動戰爭，還是所羅門迎娶埃及王后並納了無數的嬪妃——時常出現在《聖經》中，使我們感覺到神聖性和世俗性（別說繁榮起來了，如果一個猶太國家想要存活下來，有時二者皆不可少）處於不斷的摩擦之中。儘管像耶利米這樣的先知會把王國的失敗甚至聖殿的被毀——巴比倫人

㊸ 一如現在某些「不受歡迎的人」被吐痰、扔臭雞蛋，甚至被扔鞋。

的滅絕行動——稱為完美地遵守上帝的計畫，但這並未能使權力與信仰的一致性問題變得更簡單。《聖經》的主體部分顯然是在國家權力最薄弱的時期，由一代又一代人寫成的。這些可以攜帶的羊皮卷經書，無疑已經成為一種制衡刀劍殺戮的力量。在這樣的情況下，產生了猶太生活就是猶太字符的觀念，他們能夠並且一直忍耐著，將權力的變遷、國土的淪喪、民眾的臣服等內容寫進歷史。由於其他一神教信仰的文本都是文字與刀劍聯合而非分離，這就證明了猶太的獨特視野。

當時，無論是東方文明還是西方文明，都認同這樣一個常理：如果沒有強大的帝國實力作保證，精神王國是很難有什麼成就的。所以，猶太教這個反例無疑挑戰、重新安排了人類生存的優先權。當另一個身分不明的拿撒勒傳教士[44]對上述觀念作了神秘而明確的重新闡述後，這種「無權者的力量」的教義才開始吸引大量忠誠的追隨者。最明顯的是基督教世界創立者保羅，是以國家的狂熱工具——做為執行者、收稅人、官僚開始其傳教生涯的。他後來在一道不可抗擊的明亮閃電中，從象徵權力的高頭大馬上有失尊嚴地摔了下來，並被光刺瞎了眼睛，被福音真理征服，成為無權力之人。[45]微不足道的基督教本身，後來卻發展成為一個帝國。最早出現在《聖經》的王國的難題，後來更戲劇化地困擾著哈斯蒙尼王朝，也遺傳給了這個新教會。像這樣的帝國可曾神聖？又遑論羅馬！

法利賽派之所以重要，並不僅僅是因為他們宣稱，自己要比哈斯蒙尼政權及其王室祭司階層，亦即比撒都該派更純潔、更堅定地維護《妥拉》的尊嚴。在猶太王國中一些並不安定的地區，需要從其他地方引入有關律法，並鼓勵守法的常識。有時，僅靠書面的《妥拉》，並不足以處理由不穩定的政體和社會造成的各種日常生活爭端。所以，法利賽派開始為《妥拉》增添附加解釋，從而形成了一種「口傳律法」。這不僅僅是為擴充書面文字，更重要的是為了在《妥拉》誡命文本與日常生活實踐之間，建立一種有機、具有生命力的聯繫。令人驚異的是，他們堅持認為，自己所作的高深解釋與《聖經》啟示的律法具有同等的權威性，因此創立了一個可以同時開放和關閉的體系，並且使「口傳律法」的判例成

為數千年來無休止爭論的焦點。然而，正是這個自我授權的重要行動，開創了《米示拿》（兩百年後編纂完成）時代，並使最終編纂成完整的《塔木德》作為權威文獻流傳下來。反過來講，正是因為有一個政權，或者說，有這樣一個戰爭不斷的王國作為不可逾越的障礙，才賦予了法利賽人在權力機構之外，尋求共同救助的力量。那些由於懲罰性徵稅、徵兵以及殘酷軍事行動等，常年天災人禍（土地被毀、餓殍遍野、疾病流行）而深受痛苦的人，自然心生抱怨。他們聲稱，雖然上帝責令我們遭受痛苦，但這些傲慢自大、自以為是的傢伙卻加重之。聖殿設施掌握在與統治階級親近的撒都該派手中，而且幾乎成了哈斯蒙尼家族炫耀自身的領地。這些事實，無異於為公眾以及對法利賽派不滿的人的火上加油。

這一切，不過是猶太史上更令人震驚的場景的序曲：以猶太正義的名義，哈斯蒙尼家族的國王兼任祭司的體制被廢除了（這一場景在光明節和殉難日〔Tisha b'Aba〕㊻紀念活動中並沒有得到充分的體現；據傳，殉難日乃由天定，因為巴比倫人和羅馬人在同一天先後焚毀了耶路撒冷聖殿）。羅馬大軍勢不可當，在羅馬將軍龐培（Pompey）征服了大馬士革（並移師猶地亞）之後，先後有三個猶太代表團拜見了他，以期說服他達成和解。其中的兩個代表團，分別由哈斯蒙尼王位的競爭對手胡肯奴二世和亞力士多布魯（Aristobulus）兩兄弟派出。但第三個代表團，約瑟福斯寫道，卻聲稱要「代表這個民族發出真正的猶太聲音，不贊成另外兩個代表團的意見，（並且）我們不願意隸屬於國王的政權，因為他們從祖先那裡繼承的政權形式原本是屬於他們崇拜的上帝的祭司」。[30] 哈斯蒙尼家族改變原來的體制「不過是為了奴役他們」，所以他們

㊹ 指耶穌。

㊺ 編注：這裡的保羅就是前文提及的掃羅，他原本認為基督教是違反猶太教的異端，因此四處迫害教徒。文中所述的事件參見《使徒行傳》9:1－9:9。

㊻ 猶太曆阿布月初九。

對羅馬人提出的要求是，要清算哈斯蒙尼家族同時身兼國王和大祭司的胡作非為，從而恢復世俗與神聖王國分離的古老體制。對於法利賽人來說，胡肯奴二世（他自己，及其以土買執政官安提帕特早就對羅馬人投降了）或他的兄弟亞力士多布魯，這兩個競爭者哪一個當政並不重要。管他誰想要這個權力或能取得這個權力，就讓他當權吧。真正的權力另有所屬！

IV 金鷹的巢穴

這就是我們前面講的故事：一場艱苦的爭鬥。一方是哈斯蒙尼家族，他們宣稱自己是猶太聯邦的真正代表；另一方則認為這個猶太聯邦已經成為生存道路上的絆腳石。

西元前一世紀中葉時，胡肯奴及其執政官安提帕特率領一支羅馬軍隊來到了耶路撒冷城門前。他是否曾恬不知恥地宣布自己是一個猶太統治者？這些羅馬狼是否會先餵你以乳汁再吃了你呢？諷刺的是，只要最壞的情況來臨，當原來的猶太獨立王國淪為一個羅馬的附庸，被廢黜、軟弱的哈斯蒙尼王朝作為傳承者的腰桿，就會實實在在地挺起來。對希律及其繼任者來說，讓哈斯蒙尼王朝的陰魂不散，其傳奇故事又通過光明節流傳下來，可不是什麼好事。希律對付他們的方法除了多管齊下之外並無新意：一個是聯姻，另一個是拉攏，其餘的則是一概誅之。

然而，法利賽派既沒有為這些事件煩惱，也未因王國的自主權被羅馬附庸國這樣的附屬身分取代發怒。按照他們的思維方式，獨立地位的喪失恰恰為真正的猶太復興創造了條件，至少可以在神聖與世俗王國之間促成一次新的分離。關於當時發生的情況，我們唯一的資料來源就是弗拉維斯．約瑟福斯，他又名約瑟．巴．瑪塔提雅（Joseph bar Mattathias）。約瑟福斯的出身使他在這個問題上理解雙方時處於一種奇特的地位因為他出生於一個父親屬於祭司，母親屬於哈斯蒙尼家族的家庭。但是，約瑟福斯的歷史記

述是在聖殿於西元七十年被焚毀之後，專為羅馬讀者寫的。他當時並不是一個中立的旁觀者，而是維斯巴辛（Vespasion）和提多率領的滅絕大軍中一個活躍的幫凶和嚮導。因此，他那龐培對聖殿表示驚歎的場面的記述，只不過是為了讓人們相信，羅馬人並非天生就是猶太教的毀滅者。

歷經漫長圍困，龐培終於站在了聖殿的大門前。他繞過高大圍牆下的斜坡，搗毀了聖殿山上建造的公羊像。僅在聖殿裡及其周圍就有一萬二千人被殺。然而龐培發現，即便上演瘋狂大屠殺，聖殿祭司們舉行的儀式並未因此受影響。龐培對那些外邦人的禁忌視若無睹，逕自穿過聖殿大堂，撕下了那塊幔布，進入了只有大祭司才允許進入的至聖所。但是，他被裡面的金祭壇、無酵餅桌臺和多枝燭臺上的油燈（這件傳統聖物實際上使他當時就跪倒在地）嚇得魂不附體，以至於一反常態地停止了掠劫。翌日，龐培下令清理聖殿的院子，准許獻祭繼續進行。

這儼然是亞歷山大大帝經歷的再現——征服者被壯觀而神聖的場面征服了；約瑟福斯成功地（至少按他的想像）在他祭司家族的猶太教和他的羅馬公民身分之間達成了和解。從某些方面來說，他也許是對的。儘管羅馬人用自己的行動表明，他們要比塞琉古人和托勒密人更願意干預猶太事務並徵收更重的賦稅；儘管他們以傀儡王國取代了獨立的猶太國家，但他們統治的前七十多年給人的感覺卻是：災難降臨的時刻似乎被延遲了。

這顯然並非因為兩種文化相處得十分融洽，而主要應當歸功於胡肯奴二世的執政官，精於算計的朝廷硬漢安提帕特。安提帕特心裡非常清楚，龐培早已預見這次和解的實質。對此，猶太人在想：「你是為了讓我們知道，你完全有能力占領敘利亞和巴勒斯坦，為我們建立新的秩序。」而羅馬人也心中有數：「我們並不想干涉你們古怪的生活方式——你們對一些事情持憎惡態度，每週末都要惱人地停止工作，還弄這麼多燒糊了的動物屍體，又要解決朝聖節日期間自己造成的擁擠問題——這都是你們的事，與我們有何干？只要你們不作亂就行。好好幹吧，成為一個強大的小國，如果你們喜歡，我們可以叫它

『王國』；保持和平局面，不要試圖作任何反抗；清除盜匪，按時把錢交給我們。不要讓你們的長官為難，我們是可以互相諒解的。何樂而不為呢？」

對安提帕特和他的兒子們，尤其是希律來說，這次和解可以說正中下懷。矛盾的是，他們能夠繼續維持這種局面（至少在當時）並不是因為羅馬太強大，而恰恰是在那段時間羅馬幾乎已經分崩離析。龐培死了；凱撒被暗殺，凶手卻失蹤了；馬克・安東尼也喪了命；奧古斯都成了最後的贏家。在每一個階段，只要發生危機，各派中總會有一派需要幫助（卡西烏斯〔Cassius〕甚至還訪問過耶路撒冷），而希律尤其願意提供這樣的幫助。在決定哪一派占上風的天平上，近東地區（從埃及直到麻煩不斷的帕提亞〔Parthia〕邊境）與羅馬本身一樣重要。

所有人都知道希律的底細。由於胡肯奴二世的軍隊僥倖得手，希律不得不逃到了羅馬。他的孩子都在羅馬城接受教育，而他的氏族則與羅馬一些最有權勢的家族過從甚密。希律成了一個羅馬猶太人，也就是說，一個非猶太本地的猶太人，一個來自死海西南邊境地區、曾被胡肯奴征服並強迫皈依猶太教的以土買人。儘管希律是一個有猶太教背景且循規蹈矩的人，但羅馬人肯定覺得，他與眾不同的種族背景使他不會甘心受「迷信」（superstitio）的束縛，很可能製造麻煩。希律是他們認為可以依賴的那種猶太人。他嗜殺成性的野蠻行徑（如有必要，他甚至會對自己的家族成員下手——在羅馬這是很正常的事）是他可信任的另一種記號。他們認為，讓希律展示一下這種野蠻的個人魅力也沒有什麼不好：食肉動物的臉上往往掛著得意的笑容。當希律作為被趕下臺的安東尼的盟友，出現在屋大維[47]（之後很快就改稱為「奧古斯都」）面前時，他竟厚顏無恥地向以冷酷無情著稱的勝利者表白：「判斷我的人品要看我的忠心，而不要看我效忠的人。」當時，奧古斯都對他幾乎毫無防範。

於是，征服者們兌現了他們的承諾。元老院正式宣布希律為猶太人的國王，而凱撒幫助他大大擴展了領地。大祭司職位與王權分離，因而不再是王室的特權，而是由國王任命。猶太人給羅馬進貢，換來

的是獻祭儀式得到認可，但必須要以「羅馬元老院」的名義在聖殿獻祭。

這種務實的雙邊和解方案及其帶來的相對和平局面，（在冠冕堂皇的反動勢力統治下）使當地的猶太文化出現了空前的繁榮。當時繁榮的程度與活力，在建築方面得到了最充分的體現。像凱撒利亞（Caesarea）這樣的繁華城市紛紛建立，聖殿擴大的規模也十分驚人。但不應該忘記的是，在法利賽社區中出現了相互競爭的兩個學派，即希列學派（Hillel）和沙買學派（Shammai）。㊽他們之間關於更嚴格還是更寬鬆地理解《妥拉》中有關社會生活的規定的爭論，以及希列將《妥拉》的誡命濃縮為警句的創舉，為《米示拿》中「爭論出真知」的記述風格樹立了一個典範，並在此基礎上編纂完成了篇幅更大的《塔木德》。當然，沒有人能夠與希列在回答人們的提問時優雅的道德風範相並論，他竟然可以在單腿站

㊼屋大維（Gaius Julius Caesar Augustus），羅馬帝國的開國君主，元首體制創立者。他於西元前四十四年被凱撒收為養子並指定為繼承人。凱撒被刺後登上政治舞臺，統治羅馬長達四十三年。在平息了企圖分裂羅馬共和國的內戰後，他被羅馬元老院賜封為「奧古斯都」。他去世後，元老院決定將他列入「神」的行列，並將八月改稱為「奧古斯都」，這也是歐洲語文中「八月」的來源。

㊽這是猶太歷史上第二聖殿時期，由創立者命名的兩個重要學派。希列（Hillel），出生於巴比倫，據稱是大衛王的後裔，但家境貧寒。他認為成文經典並沒有涵蓋猶太教的全部學說，主張積極研究猶太口傳律法。在闡釋律法條文時，主張採用說理的方法，不拘泥於詞義，而應以理解經文的真意為準繩，以公共利益和人道的名義放寬律法條文的限制，提出根據人的動機判斷其行為的「動機原則」，並將猶太教的思想精髓概括為「己所不欲，勿施於人」。沙馬伊（Shammai），出生於巴勒斯坦，經營過產業，家境殷實。他治學態度嚴謹，主張嚴格按照詞義解釋經典，以威嚴和不妥協聞名，「勤讀經典」、「少說多做」、「和悅待人」是他治學、處世、待人的三句名言。兩人都是猶太歷史上的著名聖哲，各自開辦並主持著自己的猶太學園，並曾同時當選為猶太公會議長，共同主持猶太公會的活動。儘管兩人的性格以及學術風格和治學方法完全不同甚至對立，但正是兩派在解釋經典上的分歧和爭執促進了對猶太教口傳律法的研究，並為《米示拿》的最後編纂鋪平了道路。《米示拿》中列出的雙方分歧和爭執多達三百餘處，並且其他許多內容都是由此而展開的。

立的時間內向人們講述《妥拉》的要義。「你所憎恨的，勿施與他人。其餘的只不過是評論。快去學習吧。」[31]

這一切是在一個非猶太地猶太人、一個皈依猶太教的王朝統治期間發生的，更別說他身上還有心理病態的因素，這樣的觀念在猶太歷史的敘事中顯得有點尷尬。所謂的宗教改革或復興是對希律政權的一種反動，而希律本人只是一個假猶太人。有人認為，同時代的所羅門《詩篇》提到的「一個與我們的種族無關的（非法占領我們領地）的人」指的就是希律家族，但也很容易被認為是指龐培本人。

但是，希律事實上並不是一個假猶太人，也不像有時人們對他那不正確的稱呼，是「半個猶太人」（某些正統的歷史文獻甚至認為他是一個阿拉伯人）：他是一個徹頭徹尾、毫無爭議的猶太人，只是他皈依猶太教的整個家族恰好來自以土買罷了。祭司和拉比、撒都該派和法利賽派對猶太人控制區迅速、世界性的擴張的反應，其實從哈斯蒙尼統治時期就開始了，他們的目的並非在猶太人與非猶太人之間作出更嚴格、更純正的區分，而是恰恰相反：為全面接納他們加入猶太社區並皈依猶太教制定一套正規的程序。希律完全是這個「猶太人身分擴張計畫」的代表性人物。他獲得成功的重要因素在於，其王國體現了社區之間的融合，融合了以土倫人、以土買人及其他社區，他們已經完全按照可接受的宗教儀式皈依了猶太教，融入了一個更大的猶太人聯邦。[32]有人認為，由於這個聯邦比原來的猶太獨立王國容納的種族更多、領土更大，所以更缺乏猶太性，但事實上卻恰恰相反。這是因為這些分散的社區早就已經猶太化（他們奉行猶太生活已經長達數個世紀）：他們與非猶太人住在一條街上，生活在具有古典風格的城市裡，那裡有劇場、繁榮的街市、集會場所和廣場，甚至健身館，並且都設有猶太會堂（proseuchai）。事實上，正是在這種更混雜、更開放的城市環境下，在此特殊時期，猶太會堂在各地作為提供食宿、誦讀《妥拉》、舉行潔淨儀式的地方和朝聖中心紛紛建立起來。會堂的出現並不是源於嚴格的分離，而更像是源於相反的情況：對流動性的重新認識，突然湧現的猶太人旅行和遷移浪潮——到任何地方都能保持其猶

太生活方式的能力。所以，他們才會出現在耶利哥往死海的路上。我們現在可以根據在死海岸邊鹽床上出土的這一時期錨具推斷，當時這是一條十分繁忙的通商水路。在撒瑪利亞高地邊緣的西索波利斯（貝特謝安）和提比利亞西南加利利新興地區的賽佛瑞斯這類多種族混居的城市裡，都可以找到風格獨特的猶太會堂。

與此相反，像加利利岸邊的托勒密以及亞實基倫和迦薩這些基本上沒有猶太人活動的地方，當時的猶太移民人口也在不斷增長。他們融入了當地的商業和海上貿易社會，與地中海的羅德島和賽普勒斯以及愛琴海諸島隔海相望，甚至能夠遙望西南方的亞歷山大和昔蘭尼加。正是這種社會和經濟引力，促使希律決定在領土的地理中心建造一座以他的新主人的名字命名的壯觀的沿海城市——該撒利亞瑪利蒂瑪（Caesarea Maritima）。[49] 該撒利亞有一座巨大的圓形劇場，一個自水下二十英寸的舊城牆石基上建造的港口，一座帶有浴池的華麗水上宮殿，鱗次櫛比的高塔和巨像俯瞰著大海。幾乎在一夜之間，巴勒斯坦海岸變成了一個嶄新的腓尼基。大量的猶太人湧入城內那些豪華的居住區，其他猶太人則選擇在南面的雅法和北面的托勒密定居下來。這次擴張是如此迅速和劇烈，最終注定要像羅馬和亞歷山大一樣，在猶太人和非猶太人之間引發種族衝突。但是，只要希律當政，這種衝突就會得到控制，而羅馬地方官員的要求則需要受限制以免引發危險的排外情緒。

猶太生活的另一端是耶路撒冷。正如猶太世界的意識衝破猶太地進入沿海地區，向南進入沙漠地

---

[49] 意為「凱撒的巴勒斯坦」（科赫巴起義前的一三四年曾一度更名為「敘利亞的巴勒斯坦」），建於西元前二十五至前十三年，位於現代以色列的特拉維夫與海法之間的地中海岸邊。該撒利亞城完工後很快成為猶地亞地區的文化中心，並於西元六年成為其「行政中心」。一九六一年在該城遺址上出土的「彼拉多石碑」，是考古發現中唯一提到羅馬總督彼拉多（曾命令將耶穌處死）的文字記錄。

帶，向北進入加利利地區和戈蘭高地完全是希律的功勞一樣，聖殿的外觀改造同樣也是這位「以土買—猶太」國王和建造大師的傑作。在希律對聖殿進行改造之前，儘管這座建築內部裝飾豪華，但仍然保持著四個世紀前所羅巴伯帶領猶太人「返回故土」時設計的樸素外表。後來在哈斯蒙尼王朝統治下，耶路撒冷的人口越來越多，人們在節日和朝聖期間紛紛湧入聖殿區，擁擠的人群往往使得獻祭活動難以順利進行（喧譁聲也擾亂了應有的莊重氣氛）。希律對聖殿區進行了大面積的擴展，他採集了大量的石灰石，將其加工成板材運到聖殿山，在聖殿區周圍建起了高大的外牆。最近在現代耶路撒冷地下打開的古老通道顯示，許多石材尺寸大得驚人，尤其是剛剛露出地基的石塊；當時那些赫丘利（Hercules）[50]般的勞工竟然將其運到山上，並且在沒有砂漿或水泥的情況下疊得極為密合。即使按照羅馬人的標準，這些石塊也實在驚人，以至於他們在羅馬聽說後對此表示懷疑，認為猶太人以宗教為藉口正在建造的這個龐大建築實際上是一項戰略工程，是為了對抗未來實施圍困的軍隊而構築的一道防禦工事。對於這位主持建造的以土買猶太人來說，他又何曾想到現在那些面對殘存的「西牆」祈禱的人以及那些渴望親眼目睹在這段牆上重建聖殿的人的心情呢？

數個世紀以來，耶路撒冷就是聖殿，一個對猶太人來說具有深刻奉獻意義的崇拜和獻祭中心。希律希望在不改變這種身分的情況下，將耶路撒冷變成一個可以與古典世界的偉大成就——雅典、亞歷山大和羅馬——相抗衡的城市。他的計畫宏大，成就更大。落成的巨大聖殿坐落於聖殿山上，方圓幾英里外就可以看到，向遊人宣示帝國的宏大氣魄。離聖殿不遠處哈斯蒙尼王朝為自己建造的外表古樸的寢宮也被改建成了一座非常豪華的宮殿，可以兼作城堡要塞和娛樂勝地。當時，城裡有花園、水塘、精心鋪設的街道和集市，聖殿山和錫安山之間有拱橋相連。希西家時代的水道和蓄水池得到了疏浚和擴展，並且為該撒利亞另建了一條規模更大的供水管道。在羅馬時代，該撒利亞和耶路撒冷儼然是猶太生活的中心：用完全不同的方式引領著猶太人的生活（就像今天的特拉維夫和耶路撒冷體現著不同的現代生活方式一樣），

但又都刻有這種獨特文化的印記。彷彿突然之間，猶太人成了東地中海世界中一支不可低估的力量。

無論是俗人還是祭司，整個貴族階層無不為眼下的華麗陶醉。撒都該派認為，他們宣導的東西與裝飾設計的優雅之間並沒有矛盾。我們從最近出土的大祭司該亞法（Caiaphas）（他肯定是一個撒都該人）之子約瑟的遺骨匣上，也看到了這種優雅。而該亞法正是按照彼拉多（Pilate）的命令主持了對拿撒勒人耶穌的審判。如果耶穌的追隨者，要戲劇化地演繹他們窮人彌賽亞運動與猶太祭司職位的虛榮之間的不同，他們也很難比該亞法陵墓中雕刻精美、環環相扣的玫瑰花環更有說服力（諷刺！）。假如這樣的裝飾沒有違犯第二條誡命中有關「雕像」（一般認為指的是人物形象）的禁令，那麼顯然就沒有與《妥拉》產生矛盾的情況。《出埃及記》（15:2）中使用「讚美誡命」（Hiddur mitzvah）的經文，被理解為一種物質的美化。任何人在閱讀《摩西五經》時都會注意到對帳幕裝飾的細節描述，這帳幕設計簡約又方便攜帶，同時也有華麗的裝飾。比撒列（Bezalel）是一位工藝大師，他設計了從帳篷支柱到祭司袍等禮儀用品，後來成為猶太手工藝界的第一個傳奇英雄，對猶太教來說，他的地位幾乎與亞倫同樣重要。幾乎可以肯定，許許多多的工匠——金匠、珠寶匠、編織工、鐵匠、泥瓦匠——雖然他們改變了耶路撒冷，在馬加比和希律時代為耶路撒冷的繁榮作出了巨大的貢獻，但他們仍然把自己視為比撒列的後裔。正是希律王室以及祭司與世俗貴族們（因為他們喜歡炫富，偏愛豪宅）的支持與贊助，才改變了這個城市在古典世界中的名聲。

在大多數情況下，希律王朝十分謹慎，儘量不越過偶像崇拜的底線。但是，羅馬的自我美化理念本身就具有巨大的誘惑力。有的時候，希律會把他的「金鷹」族徽掛在聖殿院子大門的正上方。這本來作為他自己的一個愛好，也沒有什麼不好，況且又不是掛在聖殿裡面，但這仍然激怒了一夥年輕的所

---

❺⓪ 或譯赫拉克勒斯、海克力士。他是希臘神話中宙斯與阿爾克墨涅之子，出生後被母親丟到野地裡，赫拉從旁經過，因不知情用自己的乳汁餵了他，因此力大無比。他曾完成了十二項英雄偉績，被升為武仙座，是白羊座的守護神。

謂「智者」（sophistai）——嚴格堅持律法的人，即加利利猶大的追隨者——他們順著繩子從門樓頂上爬下，用斧頭把金鷹砍了下來。他們或許是一些嚴格堅持律法的人，但如果不是聽信了希律已經完全被蛆蟲啃食，只剩下骨頭的傳言，他們大概也不敢這樣做。對於這些手持斧頭的人來說，不幸的是，希律雖然遭到蛆蟲的啃咬，但卻還沒有斷氣。他們被押到暴怒的國王面前，當被問到為什麼馬上就要因為犯罪而殺頭反而似乎很高興時，這些嚴格堅持律法的人回答說，他們「死後會有更大的快樂可享」。[33]這似乎讓希律樂於成全他們的臨終願望。

「讚美誡命」或以這樣的名義實施的過火行為，仍然了激怒了約瑟福斯提到的其他兩個宗教派別。法利賽派——儘管沒有人統計過，他們的人數可能是最多的——對自己的樸實無華作了一次清教徒式的大展示，以證明他們作為自詡的《妥拉》擁有者（和闡釋者）的身分。儘管《聖經》經卷正典化的過程並沒有正式結束（不可能如此聲勢浩大地宣布），但對於先知時代已經過去這一點，已經形成了共識。那麼，當時能夠做的事就是開始以《米德拉什》（*Midrash*）的形式進行密集的實踐。「米德拉什」一詞在希臘語中的意思是「對歷史進行探詢或質疑」。特別是人們當時認為，以賽亞及以後的眾先知在發出預言時，並不能充分預見到他們所說的話如何在後來不斷變化的情況下得到驗證，所以尤其是法利賽派便開始進行將預言應用於實際情況的工作。這種探索引發了新一輪更根本的變革：他們給自己一種權利，即根據同時代文本解釋《妥拉》。儘管當時並沒有人提出「口傳律法」這一說法，但在法利賽派的教義中，實際上已經體現出這樣的想法，即這類解讀的律法最終將支配《妥拉》塑造日常生活的方式。這件事的嚴重性和熱烈程度，足以引起撒瑪利亞人的激烈反應，因為他們一直堅持認為，只有成文律法才具有唯一的權威性。

法利賽派認為，自己是未受撒都該派的制度性權力玷污的教師和領路人。但對於其他人來說，在人口眾多、虛榮、擁擠不堪的耶路撒冷紛亂世界裡，要達到一種純淨地遵守教規的狀態，更不用說集中精

力對其意義進行近距離的研究，那幾乎是不可能的。雖然死海西北岸離耶路撒冷只有三十五英里，但這個距離對於定居在昆蘭的苦修者社團來說，這距離已足夠遙遠到讓他們體驗一絲沙漠地的潔淨儀式。在很長一段時間內，他們曾被認作是約瑟福斯記述中的艾賽尼派（Essene），而一代人之後的老普林尼[51]對他們的定居點地形的描述，似乎與昆蘭的「沙漠之海」（desert-sea）風光非常相似。儘管最近人們對這種相似性提出了種種質疑，不過他們有時使用「社團」（yachad）——意為「在一起」——這種近乎詩意的描繪，與他們時常提到社團成員禁欲的精確程度相得益彰。該團體的第一代人在「公義的老師」帶領下，可能在馬加比時期甚至更早（在十一個洞穴中發現的八百五十件手稿中，最古老的屬於西元前四世紀）來到了昆蘭。他們出走的動機與後來的出走者是相同的，無非是逃離城市的喧囂與猶太宮廷權力，以及統治欲的誘惑。他們的重要性在於，成為另一種猶太忠誠的典範（這樣的典範在今天仍然非常活躍）：自給自足、不信任外人、迷戀純潔。在昆蘭發現的「團體守則」（Serek hayachad）竟然有十五份！而他們的守則內容甚至

---

[51] 老普林尼（Pliny the Elder）全名蓋烏斯．普林尼．塞孔都斯（Gaius Plinius Secundus），意大利作家、哲學家、歷史學家。他早年曾在日耳曼省從軍，與後來的羅馬皇帝提多（西元七十九至八十一年在位）交誼甚篤以至於晚年時常津津樂道地談起他與提多的「共同的營帳生活」。他曾親自訪問過日耳曼人居住的海岸，搜集日耳曼各部落的方言和歷史資料，恩格斯在〈論日耳曼人的古代歷史〉一文中曾經指出，普林尼是不僅從政治上、軍事觀點上，而且從理論觀點上對日耳曼發生興趣的第一個羅馬人，他的報導具有特殊的價值。從日耳曼返回羅馬後，他主要從事律師工作，同時潛心讀書和著述。西元七十九年八月二十四日，維蘇威火山爆發，普林尼為了解火山爆發的情況並救援當地的災民，乘船趕往火山活動地區，因火山噴出的含硫氣體而中毒身亡。普林尼終身未娶，按照他的遺囑，他把自己的外甥收為養子，即著名的小普林尼。他繼承了舅父的全部手稿和摘錄材料的筆記以及他的名字。普林尼一生共寫了七部書，其中六部已經散失，僅存片段，只有三十七卷《自然史》廣為流傳。該書於西元七十七年寫成，普林尼死後由小普林尼出版。普林尼在前言中說，這本書是獻給提多的。小普林尼稱這部書是「像自然本身一樣」題材廣泛的學術巨著。

包括：要仔細思考有哪一種皮膚瑕疵的人不具備社團成員的資格；要提防尚未完全被接納入盟的人在收穫季節壓榨成熟的橄欖或無花果，以免他不潔的手玷污果汁，從而玷污社團。守則還強制性地規定要多洗手（每天用餐前和用餐後），對那些屢教不改的人要施以嚴厲的懲罰。[34] 凡是在議會中打瞌睡的人將遭殃（在這種情況下，誰又不昏昏然呢？）。至於安息日，不僅不得有任何工作的想法，而且「還不得談論任何與工作或財產有關的話題」（說到這，這條將首先使我的父親和叔叔們失去社團成員資格，儘管另一件他們心馳神往的事——吃吃喝喝——還是被允許的）。[35]

我們採用這種三個教派的劃分方式，是出於對約瑟福斯的信任，而我們也沒有理由認為其記述是虛構的。他後來為了強調猶太文化與習俗的統一性（這並不是一種普遍的觀點），肯定也在一些地方誇張了，特別是在他為了糾正異教徒的謬見而寫的《駁斥阿比安》（*Against Apion*）中。但是他認為，除了大祭司職位這股不良的政治勢力之外，三派分立不一定會使猶太社團陷入分裂。他是對的，因為出現了第四股勢力。這樣一股勢力來自法利賽派內部，並且對希律政權及其保護人和支持者——羅馬人充滿了仇恨。這就是奮銳黨（Zealotry）[52] 的起源。毫無疑問，奮銳黨的某些領袖（令人困惑的是，我們從約瑟福斯極其冷淡且有諷刺意味的描述中，只知道這個人叫吉斯卡拉的約翰〔John of Gischala〕）認為人們之所以這樣稱呼他們，很可能是因為他們充滿了猶太部落暴民的那種宗教狂熱。另一位領袖則是一個神秘的埃及「先知」，魅力十足的他，曾率領三萬追隨者聲勢浩大地進軍錫安山，但最終還是失敗了。奮銳黨人及其日益高漲的憤怒情緒和介乎光明與黑暗之間的信念感召力（與昆蘭社團相似）表明，在希律王朝貌似堅硬的和平表面之下，正湧動著各種危機和麻煩。

有些麻煩是種族問題造成的。由於推羅人（來自腓尼基的推羅）、希臘人、敘利亞人、猶太人以及散居在他們中間的埃及人與羅馬人，雖然共同享有那些新建城鎮的生活空間，但並不意味著他們之間會十分融洽，或者忘記了他們之間的差異，尤其是那些生活在普通的希臘化精英階層之下的人們。這樣的情

況在托勒密、西索波利斯、該撒利亞和雅法可以說是司空見慣，偶然的不滿情緒可能演變為周邊地區的大規模暴力活動。衝突的各派往往都有政府官員作靠山，而後面也少不了羅馬當局和軍隊的支持，以維護自身的利益並懲治其敵對勢力。對於社團之間爆發的某個嚴重暴力事件，如果羅馬人在處理時對猶太人不公正，就很可能引發一場全面的起義。

這種社會分化現象，同樣使希律統治下的和平局面難以維持。正如其他類似環境的發展一樣，隨著沿海地區貿易和市場經濟的迅速繁榮，大量的人口湧入了下加利利地區的鄉村和漂亮的新建城鎮，從而製造出龐大的下層階級。他們中的許多人本來很可能是遊動牧民，來自遠離加利利和耶斯列平原的貧瘠半沙漠地區，但由於向新興的城內市場供應糧食、油和酒，也變得富裕起來，他們成了偉大的希律建設工程的主力。為完成這些工程付出了大量的苦力，在聖殿改造工程完成後，竟然造成了八千名臨時勞工失業。當耶穌的傳教者告訴這些勞工，是他們而不是富人更容易進天堂時，他們肯定聽得十分認真。這些人同時也是殘暴之人的一支預備軍，一旦時機成熟，他們就會為了自己的利益揭竿而起，作為起義頭目反抗希臘人或撒瑪利亞人，如果他們不計後果，甚至會反抗羅馬人。巴拉巴（Barabbas）[53]和拿撒勒人耶穌，實際上就是同一個硬幣的兩面。

任何人都可以加入這場公平競爭的遊戲。看來，約瑟福斯對恐怖的「短刀黨」（sicarii）的描述也是

---

[52] 又名狂熱派，是第二聖殿時期的一個猶太教派。他們鼓動猶太人反抗羅馬帝國的統治，希望將聖地上的外來者驅除出境。他們在馬加比起義期間十分狂熱且作戰勇猛。約瑟福斯認為他們是這一時期除撒都該、法利賽、艾賽尼之外的第四個「教派」。

[53] 與耶穌同時被判處死刑的另一個猶太人。他本是一個惡貫滿盈的強盜，但在大祭司的慫恿下，彼拉多赦免了此人而將耶穌釘上了十字架。

真實的（他們將彎刀藏在衣服裡，在節日期間聚集在耶路撒冷的擁擠人群中，一旦找到作案對象，就將彎刀刺入其腹部，偷走其錢袋，然後混入人群中大聲喊叫）。但這並不是說窮人只是簡單地分為乞丐和強盜兩類。雖然約瑟福斯用冠冕堂皇的方式，將反抗者或持不同政見者全歸入「盜匪」之流，但他也並非全然為錯。當雅法、托勒密和該撒利亞的道路、山區和碼頭因此變得越來越危險，希律政權也就越來越頻繁地向羅馬軍事當局求助，讓他們採取鎮壓和平息叛亂的行動。不出所料，這種過於直截的行動不僅驚動了犯罪者，更使無辜的人感到恐怖，因而使羅馬人看起來更像敵人而非保護人。

然而，只要希律本人還活著，這一切都不足為亂。雖然在充滿殺氣的宮廷政治鬥爭中，希律動輒殺人，甚至連自己的妻子和兒子們都不放過，但在羅馬世界裡這是司空見慣的事，後來的哈斯蒙尼家族也一直是這方面的典範。最讓希律臭名遠揚的是，他殺了所有自己家族中可能對他造成威脅的人。在這之後，他生了結腸瘤，腸道大面積感染，「腸子癢得無法忍受」，下體不停地流膿，生了一大片令人毛骨悚然的蛆蟲，就連他那些緊張不安的御醫都被嚇壞了。當他於西元前四年去世時，那些懷疑自己是否已經列入他下一個謀殺名單的人，終於得以鬆一口氣。按照他的遺囑，他被埋葬在特殊設計的「希律陵」中，那是他在耶路撒冷以東親自主持建造的家族墓地。據說，送葬的隊伍有幾英里長，其中包括多國軍人分隊，這些國家都是他試圖聚集在他的金鷹族徽下的國家，有希臘人、敘利亞人、加拉太人（Galatian），最讓人意想不到的是竟然還有日耳曼人。

二十年後，猶太王建造的宏偉建築面臨沈重壓力。羅馬正因王位繼任問題而動盪不安，從而造成了新的不確定性，地方官員變得更加自私和野心勃勃。羅馬當局給人的感覺，是既沒有變得軟弱也沒有變得不公正。那些在新興城市中，與他們共同生活的各民族仍然像往常那樣相互猜忌、懷有偏見，有時相互辱罵，尋找折磨甚至攻擊對方的藉口。在該撒利亞，希臘人與人數不斷增加的猶太人，一直在爭論這個城市到底是誰的。希臘人和敘利亞人堅持認為，該撒利亞以神殿、劇場和健身館著稱，所以不可能是

一個猶太城市。猶太人則（更自信地）回答說，由於建城的希律是一個猶太人，這本身就說明這是一座猶太城市。這種瑣碎而頻繁的爭吵時常會演變為衝突甚至暴力事件。

希律王朝統治下的和平氣氛就這樣一點點地逐漸消散了。在卡里古拉（Gaius Caligula）[54]短暫卻極其殘酷的統治下，羅馬人承諾保護猶太律法和傳統、保證希律王朝足夠親近帝國權力中心，以防止對猶太教的完整性造成任何威脅，這兩根原先支撐和平的高大廊柱轟然倒塌。當然，任何人都可以在事後對這位行事古怪的卡里古拉說三道四，但卻沒人能事先察覺他那花樣百出、怪誕而瘋癲的妄想徵兆；這肯定也不是希律的兒孫們能料想，因為他們青年時代就是在以下這些人的陪伴下度過的：卡里古拉、提比略（Tiberius）的兒子德魯蘇斯（Drusus），以及在瘋子卡里古拉被殺之後當政的瘸子克勞狄烏斯（Claudius）。具有貴族氣質的祭司、亞歷山大的猶太哲學家斐洛肯定認為，親自到這位皇帝面前請求保護自己的猶太同胞，使其免遭加諸他們的人格侮辱和人身攻擊十分值得。[36]

卡里古拉堅持把自己的雕像安放在帝國內的每一座神殿中，而這個命令其實並不是專門針對猶太人。儘管無人會視其為人像，也許只有他幾個最好的朋友會拿它當回事，但為什麼在猶太人聖堂中放置雕像會這樣敏感呢？事實上，其中有一位就是希律的孫子亞基帕（Agrippa），他曾與執政官佩特羅尼烏斯（Petronius）一起承擔、監督在耶路撒安放卡里古拉雕像這項費力不討好的任務。對於佩特羅尼烏斯「你敢對凱撒大不敬嗎？」[55]這個問題，耶路撒冷的長老們回答說，儘管他們每天為凱撒和羅馬人民獻兩次祭，但「如果他膽敢把雕像放在聖堂中，就是出賣了整個猶太民族，他們將隨時準備和其妻小一起為此獻出生命」。這類消息流傳開之後，同時也是為了回應亞基帕的個人請求，卡里古拉一反常態地作

[54] 編注：早期羅馬帝國知名的暴君，在位僅三年，因殘暴無道被刺身亡。卡里古拉為其小名，意為「軍靴」。

[55] 編注：這裡的凱撒指的是卡里古拉，其全名為Gaius Julius Caesar Augustus Germanicus。

了讓步，但真實情況很可能是，當這位暴君於西元四十一年被暗殺了之後，帝國對此的政策才終於確定下來、不再動搖，然而，羅馬人保證聖殿不受侵犯的承諾所體現的那種至關重要的信任，卻一去不復返了。由凱撒大帝和奧古斯都承諾的約定，即在聖殿中為羅馬接受牲祭並獻祭這一外部標誌開始受質疑，先是間斷性地，最終則徹底地在一次精心策劃的煽動性行動中被廢除了。

是克勞狄烏斯的精明而非他的殘忍，使他沒有走得更遠，使他回歸了奧古斯都的傳統。他發布了一系列法令，明確地恢復並重申了奧古斯都曾作過的承諾，並力求當時好戰的埃及人與亞歷山大的猶太社團實現和平，但是，尼祿（Nero）上位了。這位新皇帝並沒有拒不履行克勞狄烏斯的承諾，也沒有他對羅馬內外的猶太人懷有特別的敵意。據說他的第二個妻子波培婭（Poppaea）是一個「敬畏上帝的人」，是一個狂熱地追隨猶太教但又沒有舉行正式皈依儀式的信徒；若非她性欲特別旺盛，這本來也沒有什麼。尼祿最青睞的演員（這件事對他非常重要）當屬猶太悲劇演員亞利托魯斯（Alytorus），每當他穿著寬鬆的戲裝站在舞臺上時，他那行過割禮的下體便顯露無遺。[37] 尼祿影響猶太人和平的主要惡行，是任命了（至少他沒有阻止這樣的人當政）一個不恰當的巴勒斯坦地區執政官，那個人把職權看成是掠奪的機會。在約瑟福斯眼裡，這位格修斯．弗洛魯斯（Gessius Florus）是最邪惡的，他不僅肆意在巴勒斯坦實施敲詐勒索的勾當，而且還巧立名目收取保護費，把最大的一份揣進自己的腰包。日復一日，猶太人的抱怨換來的卻是冷漠和輕蔑。該撒利亞的猶太人與非猶太人顯然因為反抗行為而受到指責，針對各地農民的懲罰措施則更加殘酷、嚴厲。在奧古斯都治下，這個民族曾一度樂意作為羅馬帝國的附庸王朝，作為忠實的猶太人平靜地生活，但他們眼中的羅馬人此時卻越來越像安條克四世的後裔。

甚至在尼祿之前就已經有跡象顯示，有些羅馬士兵常常以制止暴亂的名義進行挑釁，有時甚至是受上級和政府官員的縱容（至少他們沒受勸阻）。而且，「平息暴亂」成了後來羅馬人實施大規模搶劫和屠殺的藉口。例如在逾越節期間，大量的猶太人湧入聖殿區，一個本來負責維持秩序的門衛卻成了破壞秩

序的鬧事者：「他脫下制服，一邊做著下流的動作一邊蹲了下來，把自己的屁股對著猶太人。從他的不雅姿勢，你完全可以推斷出他嘴裡說的是什麼話。」[38]人群被激怒了，隨後開始向這位士兵扔石頭。當時的執政官古曼努斯（Cumanus）命令軍隊介入，他們衝進了聖殿的「迴廊」殘酷地毆打鬧事者，於是驚恐的人群一哄而散。然而聖殿的門口很窄，根據約瑟福斯的描述，當時有一萬人在擁擠的人群中被踩踏而死。他們不僅沒有享受到逾越節的歡樂，這個節日反而還「成了舉國哀悼的痛苦之日」。

V 腳踏兩條船

當約瑟福斯懷著罪惡感提到他母親的身世時，我們要知道，他是第一世紀，也是許多世紀裡唯一真正的猶太歷史學家。約瑟福斯加入了羅馬軍隊，而對一個加利利的前任猶太軍事指揮官來說，這是一種背叛。像往常一樣，他一直懇求耶路撒冷人「現在醒過來還不算晚」，明智地接受羅馬作為強大的世界霸主此一現實，並且承認上帝已經交給了羅馬人進行最後懲罰猶太人一再違犯律法的行為的權力。在那段時間裡，作為冷酷而自私的奮銳黨領袖們的囚虜代表，約瑟福斯曾一遍又一遍地勸說被困在耶路撒冷城內的猶太人，要儘量避免發生下列最壞的情況：聖殿、城市和民族全毀。

當他正在遊說時，城牆上扔下的一塊石頭擊中了他，他隨之失去了知覺。[39]正當城牆上的人們為擊中了自己最痛恨的猶太人而歡呼雀躍時，城內的軍隊曾試圖趁機「突圍」，一直不省人事的約瑟福斯在這陣躁動中，則被提多派來的一支羅馬機動分隊救走了。於是，他去世的消息很快傳播開來。奮銳黨及其追隨者非常高興，城裡的猶太平民（約瑟福斯更願意把他們看成人質）則悶悶不樂，因為他們再也沒有逃到安全地方的機會，但被關在監獄裡的約瑟福斯的母親卻不信這一套。「她對圍在她周遭的人說……她一直在想，自從約塔帕塔（Jotapata）（這個地方是約瑟福斯曾經指揮保衛戰的一個猶太要塞，也是他為人不齒地投降後來

的皇帝維斯巴辛的恥辱之地）被圍以來，她就一直不願意看到他活在世上……她還心情沉重地私下向一直陪伴著的女僕哀歎，說把這樣一個不平凡的人帶到這個世界上是她最大的功勞，然而她甚至不能親手埋葬她的兒子，只希望自己能被埋在他身邊。」[40]

至少，上述這情節聽起來像真的。戰爭就這樣過去了，而很可能在聖殿被焚毀之後還不到五年，約瑟福斯在羅馬寫下了他自己的「猶太史」。[41]然而，所謂一失足成千古恨，他永遠無法擺脫約塔帕塔的陰影，但他還指望什麼呢？如此沉重的指揮大權的確曾經就這樣加他纖弱的肩膀上，當時，他不過是個二十六歲的年輕人，而之所以能如此年少得志，或許是因為他曾宣稱自己的母親擁有哈斯蒙尼家族的血統，而父親是祭司的後裔。當然，人們還記得他的希伯來名字：約瑟．本．瑪提雅（Yosef ben Matityahu）。他的人生故事說起來似乎很輕鬆，但其傳記告訴我們，約瑟福斯年輕時曾遠赴大漠，與一個叫巴努斯（Banus）的隱士一起禁欲苦修，「不穿衣服，只能用樹葉裹體」，日夜皆以冷水沐浴，以保持身體的貞潔。[42]稍後的西元六十二年或六十三年，一次旅途中，他在沉船事故中僥倖逃生，後被送往羅馬接受審判。被釋放後，他透過亞利托魯斯的關係認識了皇帝的妻子帕培婭．薩賓娜（Pappaea Sabina），即上面提到的那個「敬畏上帝的人」。

第一次的羅馬經歷，就使這位年輕的哈斯蒙尼家族祭司，感受到了羅馬文化與猶太文化的相容性，讓他擔心疏離感浪潮的高漲以及國內潛在的反叛勢力。為了在他所寫、有關後來發生的恐怖戰事記述中證明自己的清白，約瑟福斯總是把自己描繪為一個保護猶太財產不受破壞的典範，他努力約束那些性格衝動的人，提醒與強大的羅馬對抗無異於以卵擊石，只會造成更大的災難，而他在加利利受指揮作戰時，這正是一直縈繞在他腦海中唯一澄澈的真相。他總是聆聽來自平民的呼聲，後者正深陷羅馬軍團與令人恐怖的奮銳黨之間。而對像賽佛瑞斯這種最終和平地投降而非壯烈地反抗的城鎮，約瑟福斯表示同情和理解。他在敘述中提到自己時，總是用第三人稱，似乎是為了使記述的文字更具可信性。他讓「約

瑟福斯」在敘述中跑前跑後地排兵布陣，盡最大努力組織起在加利利的雜亂猶太力量。上述這些並非全出於自我吹噓的虛構。加利利海邊阿貝爾（Arbel）山頂令人眩暈的陡坡上有許多防禦掩體。顯然，它們是希律王朝追捕的逃犯挖掘的；他們或是盜匪集團，或是反希律王朝的猶太武裝，實際上很可能兩種人皆有。此地應該是猶太反抗力量最後的營地，在約瑟福斯擔任指揮官期間，這些掩體得以加固，作為反抗羅馬人的游擊戰據點，而這幾乎可以肯定是出於他命令。

約瑟福斯在關於皇帝維斯巴辛圍困約塔帕塔四十七天的記述表明，自己根本不是失敗者。他有意地誇大羅馬人兵隊數量上壓倒性的優勢，還說他們擁有一百六十種圍攻的武器。為了保護那些加高防禦工事以防範羅馬人的石塊和箭弩的士兵們，他發明了特殊的護體皮甲——將從活牛身上剝下來的新皮披在身上，其韌性足以抵擋任何打擊，而其濕度則足以對付任何火器。接著，他開始大玩心理戰。因為羅馬人認為山寨裡肯定缺水（在這點上他們是對的），約瑟福斯便命令士兵把衣服浸滿水後掛在防禦牆上，讓水自牆上不停地流下，迷惑敵人。他有時還假裝突圍，突襲敵人的前鋒部隊，燒毀羅馬人的帳篷製造混亂。這位史家筆下的故事，誇張地強調敵人的強大：拋石機發射的一塊石頭擊中了一名己方士兵，力量之大，他的頭顱竟飛了幾百公尺遠；另有塊石頭擊中了一名孕婦，她腹中的胎兒竟被砸了出來，落在離母親很遠的地方。

偶爾借助於誇張的想像，不一定就敗壞了約瑟福斯的名聲。希羅多德正是以在虛構和事實之間率性地轉換而名噪一時，甚至以言詞犀利著稱的希臘歷史學家修昔底德（Thucydides）[56] 也無法避免想像；伯里克利（Pericles）[57] 很可能就這樣對雅典人說過，但他也是根據某個聲稱曾聽過修昔底德演講的人所說的話，才做出這一評價的。約瑟福斯即便說謊，也不過是為了取悅讀者，所以，雖然他的故事裡有許多殘忍的細節和重複，我們還是該感到欣慰。只是，他筆下故事的高潮部分似乎對作者絲毫不留情面，很難想像它們是由約瑟福斯本人完成的。

圍困的第四十七天，羅馬人突破了防線，他們把女人和孩子以外的所有人都殺光了。據這位史家說，共有四萬人罹難。維斯巴辛派出一名軍官（約瑟福斯在羅馬時與其相熟）勸他投降，但他的戰友憤怒地阻止他：「噢！約瑟福斯，你還在吝惜生命嗎？你能棄明投暗甘願去當一個奴隸嗎？」[43] 此時，這位指揮官突然變成了一個哲學家，他詭辯道：戰爭結束了，羅馬人已經不再能威脅到我們的生命。「他是一個懦夫，因為當不得不去死的時候，他不願意就義；他是一個懦夫，因為當他不需要赴死之時，他卻寧願去死。」把神聖的「寄託」（depositum）從肉體裡驅逐出去，是一件應該受到譴責的事；他說，真正的勇氣是選擇繼續活下去。根據猶太傳統，這選擇也許不算什麼，只不過是一個道德上懦夫的面子問題罷了。只是，這樣的狡辯根本無法說服他的戰友們。於是，約瑟福斯建議抽籤決定，抽到籤的第二個人殺死第一個，如此一直進行，直到最後一個人，然後他再自殺。但約瑟福斯並沒有拔劍自刎，而是立即把劍獻給了維斯巴辛的兒子提多，他後來成了約瑟福斯的朋友、保護人和帝國贊助人。正是提多懇請他的父親饒了敵方指揮官之命，並親自向約瑟福斯作出承諾。此時，這位猶太祭司反倒展示出一派先知的威嚴風範。他向羅馬指揮官宣布，他帶來了上帝的旨意，主要精神為：尼祿已經過氣了，維斯巴辛必將黃袍加身。維斯巴辛說，如果你預先知道這一切，你應當讓約塔帕塔所有的人都知道這個秘密，這樣就可以讓每一個人都免於痛苦了。約瑟福斯回答道：「哦，我的確這樣做了。」這句話的言外之意，是：「但他們會聽嗎？」於是，約瑟福斯被釋放，穿上了光鮮的衣服，尤為重要的是，他還被允許娶一個猶太俘虜為妻。兩年後，他的預言實現了，維斯巴辛又想起了這名棄暗投明的年輕猶太軍人。於是，他成了這位新皇帝及其兒子最依賴的合作者和朋友。當然，贏得這種地位的猶太人遠不止他一個。提多軍隊突破耶路撒冷防線的指揮官不是別人，正是亞歷山大最著名的猶太哲學家斐洛的侄子提比略·儒略·亞歷山大。如果這世上有衡量變節尺度的量尺，那他倆就是變節的最好榜樣。

當然，按照約瑟福斯的觀點，若一個公正的歷史學家需要從雙方的角度看待這一切的話，那麼誰又

能比一個變節者更公正呢？這並不是說，他視而不見歷任羅馬執政官殘忍而墮落的惡劣行徑——當然，維斯巴辛做的壞事可能少一些。但是要知道，當約瑟福斯與羅馬軍隊一起回到羅馬後，就一直住在維斯巴辛在奎里納萊山（Quirinal）[58]上的老房子裡。根據約瑟福斯的記述，皇位的繼任者提多同樣也是只做他必須做的事，並且還往往有些不大情願。在最後突破耶路撒冷城牆之前，提多甚至還召集軍官們開了會，勸說他們不要破壞聖殿。這既是出於對其輝煌氣象的尊敬（雖說這敬意不大可能太崇高），也是出於宗教上的尊重（可能有那麼一點兒）。後來的羅馬歷史，尤其是塔西佗和卡西烏斯·狄奧（Cassius Dio）筆下的羅馬歷史，都認為提多事先就作出了焚毀聖殿的決定，這聽起來似乎更合理一些。塔西佗在此事上甚至描寫得更為生動，說在羅馬士兵接到將軍的明確命令之前，還一度對引燃聖殿猶豫不決，約瑟福斯的描述則對其主子表達了更多阿諛奉承。因為羅馬軍隊接到的命令是不得搶劫聖殿，於是，（根據命令）大火

---

[56] 修昔底德，古希臘歷史學家。伯羅奔尼撒戰爭爆發前已投身軍旅，並於西元前四二四年被推選為雅典的「十將軍」之一。戰爭中，他率領一支由七艘戰船組成的艦隊馳援安菲波利斯，但在他到達之前城池已被攻破。由於被認為貽誤戰機且有通敵之嫌，他被革職後流放色雷斯凡二十年。修昔底德雖然居住在色雷斯，但始終關注著伯羅奔尼撒戰爭的進展情況，隨時記下具體過程。據說他經常到各地戰場去進行實地考察，甚至還去過伯羅奔尼撒同盟軍隊的陣地和西西里島。戰爭結束以後獲得特赦，得以重返故鄉雅典，並寫下了《伯羅奔尼薩斯戰爭史》一書。「從希羅多德到修昔底德，史學幾乎要進步一個世紀。」這是對修昔底德史學成就的高度評價。

[57] 伯里克利，古希臘雅典政治家。西元前四七二年，伯里克利履行「公益捐獻」義務，組織了埃斯庫羅斯的悲劇《波斯人》的演出。西元前五世紀六〇年代，他致力於擴大雅典民主機構公民大會和民眾法庭的權力，積極反對貴族派首領西門，剝奪了貴族會議的許多特權，成為民主派的領袖。西元前四四三年起當選為將軍，並在雅典內政、外交等方面起了決定性作用。西元前四二九年因染瘟疫病逝。當政期間，雅典民主政治達到極盛，經濟、文化高度繁榮。

[58] 在著名的「羅馬七丘」中，奎里納萊山最高。後曾作為教宗宮廷所在地，一八七一年改為義大利皇宮。

從外面的大門開始燒起，一直蔓延到內院，最終無法控制地引燃了聖殿。一場巨大的災難於焉降臨。對於那些猶太俘虜來說，提多的所謂行事嚴謹（後來有不止一種權威的史料證實了這一點）顯然是一廂情願。並且雖然可以從《猶太戰爭》中獲得某些有關奮銳黨起義動機的詳細記述，但作者不可能花費筆墨去描述那些地位低下的普通人。例如：儘管法利賽這位以激情洋溢和從不妥協著稱的導師，極力主張他那些年輕的門人投身於反抗基提人（Kittim，希伯來語對羅馬人的貶稱）的偉大事業，約瑟福斯甚至根本沒有提到沙買的法利賽「學派」。約瑟福斯認為，正是猶太祭司貴族階層的傲慢舉止，才使起義領袖們變成了羅馬的顯貴、帝國的走狗和滑稽人物，使他們淪為反社會的盜匪（leistei），成了一群嗜殺成性、爭權奪利、燒殺搶掠的暴徒，為了自己邪惡的利益把那些輕信的民眾引上了邪路。

約瑟福斯在加利利的政敵、來自吉斯卡拉的約翰是「一個動不動就撒謊的人，但在為自己贏得虛名方面卻十分精明。他自認為欺騙民眾是一種美德……他是一個本性虛偽的傢伙，總是想兵不血刃地得到好處。」[44] 西門・巴・喬拉（Simon bar Giora）雖然不如約翰精明，但卻像他一樣做盡了壞事，更像是一個充滿原始力量的魔王，一個喜歡折磨富人的性格卑劣的暴君。這兩個傢伙率領他們的「強盜」部隊返回耶路撒冷，並恐嚇城裡被俘的民眾（如果讓他們自己想辦法的話，恐怕就投降了），這個城市的命運可想而知。當時，奮銳黨人任命了自己的祭司，並且用醉酒這樣的彌天大罪玷污了聖殿。正如原來的聖殿祭司代表、憂心如焚的亞那・巴・亞那（Ananus bar Ananus）所說，就連羅馬人也不會幹出這樣的事。耶路撒冷的局勢一發不可收拾，這些犯罪集團四處搶掠財產，姦淫婦女、殺死她們的丈夫。更令人震驚的是，約翰的部下竟然易裝打扮成女人「強迫與城裡的女性進行駭人聽聞的同性淫亂活動……他們改變了髮型，換上女人的衣服，臉上抹著油膏，不僅模仿抹油膏的動作，而且還模仿女人性高潮時的醜態，享受那種有違倫理的快感。他們就像在妓院裡一樣，光天化日之下在大街上滾來滾去……而他們的臉，和他們用右手殺死的、懷裡的女人的臉一個樣。」[45]

雖然這番描寫過於加油添醋，但在某種程度上，這是對當時巴勒斯坦地區城市和鄉村發生的大規模社會動亂場面的真實記述。在維斯巴辛征服加利利之後，有數萬人（很可能有數十萬人）隨著起義軍領袖們湧進了耶路撒冷，以便利用那裡堅固的城牆對抗羅馬軍團。當時，除了犯罪集團的恐怖行徑之外，還發生了一些其他的事情。當有產階級（約瑟福斯肯定屬於這個階級）面對一場由負擔過重、無家可歸的貧民的起義時，他們往往稱對方為「強盜」或「土匪」。[46]當時很可能出現了這樣的情況，快速發展的經濟從沿海貿易區向內地推進，從而促使猶太精英階層投資土地，致使小農戶淪為佃農，他們的土地可能隨時被強制收回而導致無家可歸。或許正是在這個階層以及被雇用從事建築工程的流動人口（在羅馬統治下的巴勒斯坦到處都有）中間，約翰和西門才組建了他們的奮銳黨軍隊。[47]另有一支更令人驚異、具有決定性的軍事力量加入了起義軍，他們是來自以土買的老兵及其家族成員，儘管他們對猶太教非常忠誠（如果諸位讀者相信約瑟福斯的敘事的話），但在以土買君主國統治期間，他們不僅沒有富裕起來，反而越來越窮，因此對當地的貴族階層充滿了仇恨，也十分痛恨保護他們的羅馬人。[48]

耶路撒冷人把他們關在城門外，但當奮銳黨人和以土買人破城而入時，按照約瑟福斯的說法，他們採取的第一個行動就是屠殺那些不讓他們進城的猶太和羅馬衛兵，當天夜裡就有約八千五百人被殺死。[49]接著，他們開始實施恐怖鎮壓，凡有中立嫌疑的人一律清除——投入監獄、集體屠殺，並且像「一群骯髒的動物」一樣暴屍街頭（此舉公然違犯了猶太誡命）。這次鎮壓行動的犧牲品還包括制度化妥協的象徵——聖殿祭司，尤其是前任大祭司亞那，他一直在試圖勸阻奮銳黨人和以土買人，避免陷入全面戰爭。約瑟福斯認為，他的公開被殺事件意味著耶路撒冷即將面臨恐怖的命運。儘管以土買人堅持認為，他們是尊敬「上帝住所」的人，但根據約瑟福斯的記述，整座城市就像「一個被撕碎了的軀體」。此後，他們的猜疑心越來越重，凡是提議妥協（更不用說投降）的人一律誅殺——這位歷史家聲稱，城內共有一萬兩千名年輕人被殺。[50]

在這樣的時刻，約瑟福斯被石頭砸得神智不清的大腦終於清醒過來。他眼含熱淚，一再勸說那些守城者明白事理，應當繼續忍受悲慘的命運。如果不是那些極其虔誠的猶太人，尤其是法利賽派在積極地力主實現和平的話，恐怕就連他這種「無私」的惻隱之心也不可能取得人們信任。他們一致認為，上帝已經選擇羅馬人作為對犯罪行為實施最後懲罰的工具，羅馬在但以理異象中羅列的神授帝國的名單中有一席之地，所以，繼續爭鬥無異於是一種對抗上帝意志的徒勞行為。根據《塔木德》的記述，希列在與好鬥的沙買辯論時，使用的正是這樣一番論據。

在《塔木德》傳統中，希列最年輕的門徒約哈南．本．撒該（Yohanan ben Zakkai）一直對撒都該當權派心存疑忌，所以他對奮銳黨為聖殿帶來的最後的厄運十分憤怒。猶太教三種略有差別的傳統，使約哈南和他的兩個兒子約書亞和以利以謝（Eliezer）認識到，必須把命運掌握在自己手中。大約在西元六十八年春天之前，也就是維斯巴辛提議暫時休戰，而他的兒子即將實施最後的大屠殺之前，他們臨時決定逃跑。有一個版本傳說，維斯巴辛混入城內的間諜發現，如果羅馬方面承諾尊重猶太教的傳統、正典和禮儀習俗，約哈南將勸說耶路撒冷人投降。很顯然，傳遞消息的信號箭已經射過城牆，通知羅馬人眼下和解的條件已經成熟。於是，這位拉比被帶到躊躇滿志的維斯巴辛面前。他答應了約哈南的要求，然後率領一支部隊向南進，並在亞夫內（Yavne）建立了一個猶太學園，專門研究《妥拉》並遵守其誡命。

另外兩個版本則更有創意。說這位聖哲的屍體被偷偷運出了奮銳黨控制的耶路撒冷。其中一個版本說，屍體是藏在一口棺材裡，並且繪聲繪色地說裡面還裝著一些發臭的東西以混淆視聽；而另一個版本則說，約哈南的一個兒子抬著他僵硬的身子，另一個兒子則抬著他的頭。在這兩個版本中，雖然維斯巴辛根本不知道這個爬回來求饒的人是誰，但卻為他的勇氣、虔誠，尤其是為喊出「吾皇萬歲！」（vive imperator）這樣的預言感動。維斯巴辛一反常態，他假裝謙虛地聲明，雖然這樣的稱呼尚嫌過早，也有點冒失，但如果預言成真，他願意讓他一生無憂。約哈南向他保證，這句呼喊是不容懷疑的，因為以賽亞

不是也曾預言只有一位國王才能擁有耶路撒冷及其聖殿嗎？維斯巴辛被這番話深深感動了（或許他回想起以前在約塔帕塔也曾聽到過這樣的話吧），於是大手一揮說道：「你先下去吧！」[51]

不管這個故事是真實還是虛構，其精華所在是即使環境已經糟得無以復加，其外部的有形標誌（聖殿）也已經被抹掉，但猶太教將繼續存在，而約哈南作為一個老師而非大祭司，從此將成為猶太教權威的根源；這一切將深深在猶太人的記憶中留下印記。這是「忍耐」的連禱詞發軔的時刻。從根本上講，猶太時間從此停止了，實際的聖殿崇拜及其獻祭和朝聖儀式一去不復返，節日本身也失去猶太教的意義。在亞夫內，據說約哈南甚至設立了一個紀念的哀悼日，或許就是阿布月初九的齋戒。約哈南特別允許在任何猶太人舉行的宗教集會儀式上繼續進行祈禱，這使猶太教對其物質上無家可歸狀況的適應能力得到了充分體現。從此之後，祭司舉起手這個規定動作的重要意義，逐漸轉化到護身符、隨葬品、遺骨匣，最終體現在墓碑上，無論猶太人死在離家鄉多遠的地方，祭司都永遠陪伴著他。猶太教的幽靈從歷史的墳墓中自由地遊蕩出來。它將是永久常新，永遠存活在猶太人的記憶中。這種帶有悲劇色彩的謙卑和隱忍，在約哈南的故事裡得到了充分的體現（以這樣的方式開始，預示著必將有一個史詩般的結局），因而在猶太史上投下了長長的陰影。正如約瑟·哈伊姆·耶魯沙爾米（Yosef Hayim Yerushalmi）在他唯美的《記住》（*Zakhor*）一書中所說，這實際上是歷史被永恆記憶取代的重要時刻。[52] 我認為，此故事原創者約瑟福斯被稱為第一個，也是數個世紀裡唯一的猶太歷史學家的原因就在此。不僅是因為他贊成猶太教獲得再生的前提條件（即向《聖經》經文的軀幹中輸入評論的血液）是用死亡和毀滅換來的，而且從某種尖刻的辛酸意義上講，他是第一個將其展現出來的人。在我們以憂鬱的心情回憶這段歷史時，我認為，自他羅馬的流亡生活開始，約瑟福斯一直堅持認為他並沒有背叛上帝，他背叛的只是吉斯卡拉的約翰和走上邪路的奮銳黨。當他勸說他的猶太同胞投降時，他只是說上帝的意志顯現了，而他已經拋棄了耶路撒冷並且站在了敵人的一邊；他還說：「只要我活著，我就永遠不會做這樣的奴隸而放棄我自己的親人，或

忘記我們先祖的律法。做一個真正的猶太人，如果不背叛，那麼就堅定地抗擊奮銳黨。」[53]

這次圍城浩劫最後「致命的一擊」（coup de grace）來自饑荒而非放火或殺人，約瑟福斯以修昔底德記述雅典大瘟疫的方式（或許還模仿了其文學風格），為我們描述了一個又一個恐怖的場面。在提多大軍的緊密圍困下，耶路撒冷陷入了絕境。人們被飢餓逼瘋了，開始吃流浪的食腐動物，不僅把涼鞋、腰帶和盾牌上的皮革吃光，而且約瑟福斯說，他們還吃一些連狗都不願意碰的髒東西。孩子們把手伸進大人的嘴裡，從他們的食道裡把沒有嚼爛的食塊摳出來自己吃；劫匪把長長的釘子捅進人們的肛門，因為他們懷疑可能有未消化的米粒藏在裡面。最悲慘的故事發生在一個名叫瑪麗的女人身上；她來自約旦河對岸，被困在了耶路撒冷，她淪落到如此悲慘的境地，以至於殺死了懷裡正在吃奶的兒子，並且在烤熟之後將其分成兩半，吃了一半，另一半藏起來準備以後再吃。然而，燒烤的味道引起了人們的懷疑，起義軍士兵威脅說，如果她不把私藏的食物交出來，他們將撕開她的喉嚨。她回答說，她正好給他們留了一大份，並把她兒子殘存的半個身子拿給他們看。士兵們感到前所未有的恐怖，心裡頓時直冒涼氣，嚇得動也不動。

她還在一邊念叨著：「這是我的兒子，是我自己把他弄成這樣的！你們過來吃吧，因為我已經吃過了。不要假裝比一個女人更脆弱，或比一個母親更有同情心，或許你們感到良心不安，也可能不喜歡這樣的牲祭，但我已經吃了一半，另一半本來也是留給我自己吃的。」[54]那些衛兵驚恐萬狀地走開了，這個故事立即傳遍了全城，人們「戰慄不安，就好像這個聞所未聞的行為是他們自己所為」。那些快要餓死的人盼著趕緊死去，而那些已經死去的人被認為是幸運的，因為他們不用活著親眼目睹這樣一幕幕慘劇。提多本人甚至在看到第一縷青煙飄過城牆時就在想，現在無論什麼樣的災難降臨在這民族之上，都比不上這種非人道的暴行讓他們更難以承受。

約瑟福斯以教科書式的冷峻，披露了這場巨大災難的後果：數千人在大火中喪生；堆在聖殿倉庫裡

的大量財寶被搶劫一空；男人和女人紛紛從城牆上跳了下來，而在這些人之中有一位名叫耶穌（當時有很多人都叫這個名字），素以癲狂著稱的先知。這位個性鮮明的耶穌是大祭司亞那的兒子，早在離這場戰爭爆發還有四年時，他就曾令人反感地在朝聖節期的慶祝儀式上以耶利米的方式大聲呼喊：「禍哉！禍哉耶路撒冷！」他因為自己的冒失行為受到鞭打，「甚至連骨頭都露了出來」，但他仍然不停地呼喊了七年五個月，直到最後這場巨大的災難證明了他的先見之明。正是在這場災難中，圍城的投石機投出的一塊石頭，在陣陣哀歌中擊中了他。[55]

對約瑟福斯來說，現在剩下的工作就是算日子。我們這位史家為此用盡了各種計算方法，甚至借用了《聖經》中的數字命理學。他儼然成了一個劃分猶太時期的算術大師。「從所羅門王最初在（第一）聖殿疊下第一塊石頭，直到維斯巴辛入侵的第二年（第二）聖殿被焚毀，所經歷的年頭總共是一千一百三十年，再加上七個月又十五天的零頭；哈該在居魯士王統治的第二年開始建造（第二）聖殿，直到被維斯巴辛焚毀，共有六百三十九年零四十五天。」[56]

在耶路撒冷西面「哭牆」的背面，除了一群群步履蹣跚的虔誠信徒，還有一大堆希律時期的巨大石塊，很可能是由某種笨重的投石機械投過來的，或者是被羅馬人從聖殿的南牆頂上推下來的。其中有一塊石頭還保留著壁龕的形狀，尺寸之大足以站上一個人，上頭的銘文表明，這是「（專門留給）號手站的地方」，每當安息日和各個聖日開始和結束時，號手就會站在這塊石頭上吹響羊角號角。還有一個地方被稱為「燒剩下的房子」，現在已經是猶太居住區的一個旅遊熱點，在一堆巧妙擺放的盆盆罐罐和巨大的長矛頭中間，有一根很顯眼的房梁，碳化後泛著幽幽的藍光，就像隻海鳥折翅上的羽毛。遊客會不由自主地來到掛在後牆上，一張鑲在破舊相框裡的照片面前。這張照片雖然已經褪色，仍然可以清晰地看出，在一個地下室的廢墟裡，一個少女伸出了骨瘦如柴的手臂，竭力伸向遠處的指尖似乎馬上就要抓住某件東西或某個人……這根本不是對猶太人悲劇命運的浪漫誇張呈現，因為誰都猜得出這張照片意象的

答案：絕望。

VI 約瑟・本・瑪提雅歸來

當七百名身戴枷鎖的猶太俘虜在提多凱旋的隊伍裡緩緩走過時，剛剛獲得「新生」的「弗拉維斯・約瑟福斯」[59]這隻皇帝維斯巴辛豢養的「走狗」作何感想呢？[57]他是一個勝利者還是一個失敗者？他起了這樣一個新名字是為了對他的新主子表達感恩之情，但這樣一個族名是靠另一個帝國的權威贏得的，尤其還是以猶太人屈辱的臣服和耶路撒冷的徹底毀滅換得。為了表示感恩，約瑟福斯對這次盛大的遊行作了特別詳細的描述（算得上是所有文獻中，對羅馬人的勝利描述得最為詳細的傑作），但除了渲染維斯巴辛和他的兒子身穿紫袍、兵士們衣著華麗、到處是歡呼和讚揚的聲浪、遊行隊伍代表的是血與火之外，並沒有多少新意。歸根結柢，這樣的盛大場面只不過是為了襯托聖殿被焚燒後留下的荒涼罷了。

在這段描述的結尾，他提到了金祭壇以及「那塊紫色的巴比倫幔布」，也就是遮擋在至聖所前面的布簾，當然，還有那個後來經過裝飾，放在「提多拱門」上的七枝燭臺複製品。在琳琅滿目的戰利品中，約瑟福斯寫道：「最重要的，是拿來了猶太人的《律法書》。」[58]然而，儘管那個無酵餅桌臺就刻在挑簷下面的浮雕飾帶上，卻不見那些羊皮卷。或許他們對這個最高的表徵物視而不見，或者是被其他人搶或偷走了？無論是捲著還是打開的羊皮卷，難道僅僅這麼幾片寫著字的羊皮紙，會給羅馬遠征軍的崇拜者留下多深刻的印象嗎？難道還有誰直到現在還沒有意識到，不管是用雕像還是靠武力都不可能理解《妥拉》中文字的真諦？既然戰利品的展示如此重要，怎麼會有這種欠缺最重要之物、令人目瞪口呆的尷尬場面？西門・巴・喬拉被人在脖子上套了一根繩子牽著過街，最後在羅馬廣場上遭受酷刑後被處死——這是慶祝活動結束的標誌。但與西門的情況不同，在今天這樣的喜慶場合，沒有代表猶太人身分

的《妥拉》原作是肯定不行的。「字符」的力量戰勝了刀劍；就像「靈魂」離開了軀體，這些字符離開了物質的載體自由地飄蕩著。只要某個人記下了這些字符，只要某個地方的某個人抄下了這些字符，這些字符就永遠不會滅絕。約哈南・本・撒該是對的。掠奪來的戰利品被送進了維斯巴辛為了取樂而命名的「和平聖殿」。據說（自然是那些幸災樂禍的勝利者說的），猶太人可以到那裡凝視和歎息，而其餘的羅馬人只會對著戰利品發出驚歎——因為此聖殿是羅馬城的第一座公共博物館。[59] 對於這次展示的戰利品中是否有《妥拉》羊皮卷，我們不得而知。但這樣的聖物怎麼會在這裡呢？那不過是記在羊皮紙上的一些字符，對羅馬人來說，根本就沒有展示的價值！

看來約瑟福斯也非常清楚這一點，因為他所寫的最雄辯有力的作品《駁斥阿比安》在準確闡釋《妥拉》與讚揚《妥拉》的不朽性和（毋庸置疑的）普世性方面，達到了其影響力和感染力的頂峰。在弗拉維斯家族的歷史學家和門徒那裡，還保留著大量有關約瑟・本・瑪提雅這位祭司和哈斯蒙尼家族的後人的記述。在這場戰爭的悲劇故事結束之前，約瑟福斯的口氣就已經發生了變化；下面這個最後的悲慘故事或許發生在西元七十三年，也就是說比他開始寫作的時間早兩年。[60]

歷史的畫面從耶路撒冷轉向馬察達。在全面的敵對行動爆發之前，奮銳黨人已經從帝國政權的手中奪取了這個要塞。由於這地方西接平原，東瞰死海，希律以他一貫的狂妄自大作風建造了一處宮殿式的要塞。其堅固的程度足以抵抗憤怒的猶太人，和天生對他懷有仇恨的埃及女王克麗歐佩特拉（Cleopatra）。要塞中食物供應充足，並建造了先進的集水和儲水系統。當耶路撒冷陷入火海時，起義大軍的倖存者中有不到一千人逃到了這座山頂要塞。雖然約瑟福斯說，他們大部分是「短刀黨」，即從破

59 指他起了一個新的羅馬名字「弗拉維斯」（編注：約瑟福斯原名Joseph ben Matthias，後改名為Titus Flavius Josephus）。

壞逾越節的犯罪集團易幟為起義軍的奮銳黨中堅分子，但很有可能是一支奮銳黨暴徒與家庭成員混在一起的雜牌軍。他們在起義軍第三號領導人以利亞撒的帶領下，在自岩石開鑿的各種浮雕之下，和用於潔淨儀式的水池邊，駐紮進倉庫中和門廊。

耶路撒冷陷落之後，他們在那裡堅持了三年，然而已無路可逃。對他們窮追不捨的席爾瓦（Silva）將軍動用大量的人力平整了山坡，把他的攻城武器和士兵運上山腰，合圍了這支最後的起義軍。據約瑟福斯說，以利亞撒把剩下的人召集在一起，提議集體自殺。「我的朋友們，既然我們在很早以前就下定決心絕不當羅馬人的奴隸，也不當其他人的奴隸，我們只是上帝的僕人，因為只有他才是人類真正公正的主。現在，實現我們的諾言的時候到了……我們是最早站出來反抗他們的人，也是與他們戰鬥到最後的人。」[61] 上帝已經決定讓這個堅不可破的要塞被征服。除了自由地死去，一切都掌握在羅馬人的手中。「讓我們的妻子在被強暴之前死去，讓我們的孩子在嘗到被奴役的滋味之前死去吧。在我們殺死他們之後，我們互相之間應該共同享受這種光榮的恩澤，使我們自己作為美好的葬禮紀念碑，自由地保留下來。」

如果說這樣的聲音聽起來既熟悉又不真實的話，那是因為約瑟福斯對以利亞撒的描寫，聽起來更像是他本人在約塔帕塔所作的那番更壯烈的表演。這正是他曾經想說的話，也正是他人生的「另一面」曾經最想做的事。這個聲音將在猶太史上回響，透過中世紀歐洲一陣陣血腥屠殺的迷霧，直到一九四三年四月華沙「隔都」（Ghetto，猶太人隔離區）暴動的慘烈。[60] 他以死相逼的那些人對此感到恐懼是可以理解的。於是，以利亞撒再次發表演說向他們保證，人的靈魂是不朽的，脫離人的軀殼後就獲得了自由。這番話為約瑟福斯提供了另一個表達自己良心不安的機會。以利亞撒說，那些已經死去的人應該受到真正的祝福，「因為他們用自己的死捍衛，而不是背叛了他們的自由」。那些被羅馬人活捉的人受到殘酷的折磨，被鞭打至死。老人們靜靜地躺在耶路撒冷燃燒後的廢墟上。「面對如此強大的敵人，誰又會如此

怯懦，不再後悔自己還活著呢？」

難道只有這位歷史學家如此不幸嗎？在這場可怕的悲劇即將結束時，最後的那位行刑者並沒有像約瑟福斯那樣走向敵人的隊伍，而是對著九百六十具血淋淋的屍體低頭默哀，然後放火點燃了宮殿要塞，「雙手用盡最後的力氣，把整支劍插入自己的身體」。在要塞裡所有的猶太人中，只有藏在山洞裡的一位老婦和五個孩子得以倖存，這個故事才得以為眾人所知。

或許有的時候，約瑟福斯的確也希望能像以利亞撒那樣壯烈地死去，但他卻決心（或許需要更大的勇氣）用完全不同的方式進行抗爭。他的《猶太古事記》和《駁斥阿比安》可能是在《猶太戰爭》成書二十年之後寫成的。此時，人到中年的約瑟福斯已經有充分的時間思考羅馬人，尤其是他們的作家如何看待生活在他們之間的猶太人這個問題。當時，於羅馬社會中生活的猶太人人數已經相當可觀，大約有三萬人，都是龐培最早帶回的俘虜的後裔。而西元前一三九年頒布的一項驅逐令顯示，其實在羅馬早就有一個龐大的猶太商人社區，並且在地中海周邊地區還有許多分散的猶太定居點。[62] 在特拉斯特維爾（Trastevere），擁擠的古羅馬公寓區成為許多貧困猶太人的家，在一九四三年十月被占領之前，他們一直在那裡住了將近兩千年。儘管尤維諾（Juvenal）的諷刺之作和佩特羅尼烏斯（Petronius）的喜劇曾對嚴守割禮的猶太乞丐大加嘲笑，但在克勞狄烏斯統治時期的港城奧斯提亞（Ostia），似乎已經建起了第一座猶太會堂，這就說明，在遠離羅馬最擁擠的街道的邊遠地區，已經出現了一個主要由商人組成的猶太定居點。

當然，約瑟福斯並不在其中，而是在羅馬過著豪奢的生活，這應當感謝他的新主子、剛剛即位的

60 編注：華沙猶太人隔離區是二戰時期歐洲面積最大的，總計約有四十萬猶太人受困於此，他們禁止與外界接觸、被強迫勞動。

皇帝提多（他父親維斯巴辛已於西元七十九年去世）。但假如你認為約瑟福斯會（像希律家族一樣）舒舒服服、毫無麻煩地融入帝國的社會和文化，那就大錯特錯了，因為他已經深深感受到他的某些同行——羅馬專門從事寫作和演說的階層——的極端厭惡和輕蔑。在某些方面，這位「弗拉維斯」家族的歷史家是受保護的，很少有人在背後嘲笑他，因為毫無疑問，皇室對猶太人有點愛恨交織，這首先表現在提多身上，他竟然認真而癡情地愛上了雖然年長但卻極其迷人、結過三次婚的猶太女人——亞基帕二世的妹妹貝勒尼基（Berenice）（據說她也是她哥哥的情人），有些貴族甚至聳人聽聞地傳言說他要娶她。[63]

可以想見，從塞內卡（Seneca）到劇作家馬提亞（Martial）和諷刺漫畫家尤維諾，他們肯定一直並且仍然在沮喪地克制著自己的創作欲望。儘管猶太教已經被官方正式地宣布為一個「可容忍的宗教」（religio licita），但像塔西佗這樣的作家一直堅持認為猶太教更多的是一種低級而退化的迷信（superstitio）。[64]就其社會性而言，人們認為猶太人是一群厭世者，他們刻意地使自己脫離社會，儘管他們非常喜歡勾引其他民族的女人並和她們上床，但卻不願意和她們一起吃飯（與希臘人恰恰相反）。塔西佗對猶太人的自我分離更是偏執得離譜，竟然認為他們除了互相忠誠外，「對其他人類只有仇恨和敵意」（sed adversus omnis alios hostile odium）[65]。他們用割包皮的方式製造差異，也像野獸一樣具有無法滿足的強烈性欲。他們崇拜驢——他們的聖殿裡就立著一尊金驢——是因為當他們作為攜帶麻瘋和疥瘡的賤民被逐出埃及後在曠野裡流浪期間，在他們快要渴死時，是一頭驢領著他們找到了水源。

同樣地，他們經常吹噓的安息日（許多人認為這是懶惰的藉口），起源於下身腹股溝上長著醜陋的瘤子，這些瘤子在他們流浪的前六天一直折磨著以色列人，因為實在走不動了，他們才不得不在第七天休息！

約瑟福斯寫道，諸如此類的許多荒誕不經的謬論被亞歷山大的語法學家兼圖書館長阿比安奉為圭臬而廣為流傳。「對於一個語法學家來說，不去書寫真實的歷史是一種莫大的恥辱。」在當時，人們談

論猶太人的驢崇拜，就彷彿在討論對毒蛇角蝰和鱷魚的崇拜，這是非常悲哀的。「就像其他聰明的民族一樣，驢對我們來說不過是一種動物罷了，我們在牠身上放什麼，牠就馱著什麼。」[66]當阿比安在西元一世紀來到卡里古拉面前，解釋為什麼亞歷山大的猶太人願意自取其辱並且的確冒犯了埃及人時，他才在羅馬人的記憶裡留下了一些印象。第一個奮起反擊他的人是猶太哲學家斐洛，他是托勒密王朝一個收稅官兼財政大臣的哥哥，也是後來在猶太戰爭中，成為提多第二指揮官的提比略·儒略·亞歷山大的叔叔。經過艱苦的努力，斐洛試圖讓卡里古拉明白，像在其他地方一樣，把自己的雕像作為神立在猶太會堂裡的決定，是不受猶太律法和傳統允許的，如果他拒絕認錯，就等於是在藉口暴力以對埃及及羅馬總督弗拉庫斯（Flaccus）支持下的無辜猶太社區。結果，不僅埃及的猶太人被突然剝奪了長期以來擁有的，對其社區的自治權，並被重新認定為他們出生的土地上的外邦人，而且暴徒們還把亞歷山大五個街區中四個街區的猶太人，趕進了一個單獨、十分擁擠的居住區。然後，他們開始搶劫財物、燒毀房屋、攻擊平民，並將那裡的猶太會堂夷為平地。

阿比安採用的，仍然是西元前三世紀祭司兼語法學家馬內松發明的手法，即重複和誇大猶太歷史中訛傳的神秘情節：他們在瘟疫流行年間，被作為不潔和體弱之人驅逐的經歷，樂於助人的驢的故事……等等。約瑟福斯在《駁斥阿比安》中寫道，對於這樣的胡說八道，不僅要用正義的怒火來反擊，還要用無可辯駁的證據來證明其荒謬，尤其是他們的惡毒說法越聳人聽聞，就越有可能抓住公眾的想像力。關於猶太人綁架希臘旅行者，並將其養肥後屠殺和食用的謊言（一向嚴苛的史學家塔西佗曾多次提及）就是一個典型的例證。據說「國王安條克」（不清楚是哪一個安條克，但很可能指的是「文明」的安條克四世）發現有一個希臘人被綁在聖殿最裡面的院子中，不停地大聲呼救，面前擺著一桌子雞鴨魚肉和美味珍饈。根據謠傳，等到他被養得肥肥嫩嫩，就會被帶到一片密林裡殺死，緊接著猶太人就會舉行一次秘密的聚餐，吃掉他的內臟。針對這件事，約瑟福斯甚至在一開始就以「毫無文學素養」的口氣，尖銳十分地質問道：

「一個人的內臟夠數千人吃嗎？」[67]約瑟福斯表現出的驚愕和憤怒開創了一門魔鬼學（從各地趕來的猶太人參加秘密的食人肉聚會，爭食非猶太人的屍體），並且一直流傳了下來。

約瑟福斯似乎認為，羅馬人表現出的強烈恐懼心理，是對「有一個唯一的、無形的，甚至無名的神」這一猶太人呼籲作出的防禦性反應。雖然猶太一神教當時對羅馬這些異教徒的吸引力常常被誇大，但羅馬作者和演說家群體顯然對其十分關注。在尼祿統治時期，塞內卡在談到猶太一神教那種自以為是的優越感時，甚至說：「正是這些被征服的人給勝利者送來了律法。」當皇帝的妻子據說已成了一個具有同情心的「敬畏上帝的人」，而代表高貴的帝國與宮廷文化的其他女人同樣也受到誘惑時，羅馬人怎麼可能對贏得了大量皈依者的猶太教不深感憂慮呢？西元十九年，一個叫福爾維亞（Fulvia）的羅馬女貴族皈依了猶太教，招致羅馬當局發起了對猶太人的驅逐行動。尤為令人震驚的是，據稱，有個遠在敘利亞阿迪亞波內（Adiabene）的羅馬小朝廷集體皈依了猶太教。羅馬軍團曾在這一地區長期駐紮和作戰，而其皇后海倫娜（Helena）曾朝拜過耶路撒冷，並成為耶路撒冷聖殿和居民的資助人。

在社會階層的另一端，那些本來屬於猶太人的奴隸紛紛以皈依猶太教為條件換得了人身自由。學者馬庫斯．特倫修斯．瓦羅（Marcus Terentius Varro）大膽地（但不是個別地）試圖將猶太教與羅馬教融為一體。他認為唯一的、無形的猶太上帝實際上與相當於至高無上的神的羅馬主神（summun deum）朱比特（宙斯）沒有什麼差別，因為朱比特在最早的、更純粹的羅馬時代同樣也是獨有和無形的。

某些最具恐懼症色彩的作品已經背離了這樣的認知傾向：對於那些認為「根本的創造力來源於純粹精神王國」的柏拉圖主義者來說，猶太人忠誠於唯一上帝（其本性甚至超越了任何最珍貴的物質材料形成的有形物）的信仰，或許的確具有吸引力。塔西佗在對猶太戰爭進行簡要描述時，更是離題萬里；他認為猶太人：「僅僅在心裡……想像出一個神……對他們來說，這個神的至高無上和永恆存在是無法表述的，也是沒有止境的。所以，他們從不在他們的城市裡（更不用說在聖殿裡）豎立雕像；他們既不奉承他們的國

王，更不尊重我們的凱撒。」[68]因此，儘管塔西佗把猶太人的儀式描寫為「低劣和可惡的」，把他們的獻祭方式說成「骯髒和殘忍的」，說他們「最初的教訓」就是「鄙視諸神、否定祖國」，並堅持認為猶太人是「凡是我們認為神聖之物，他們就反對；凡是我們認為可憎之物，他們就擁護」，但他對其獨特崇拜方式並非採取完全鄙視的態度，聽起來倒有些「酸葡萄」的味道。這種憂慮的情緒一直沒有散去。在克勞狄烏斯統治時期，儘管猶太人作為公民和自由人，表面上擁有不受驅逐的權利，但還是在西元四十一年和四十九年，以「維護公共秩序」的名義遭到兩次驅逐。

後來，以塔西佗為代表的羅馬人，一反常態地承認這種無影無形的一神教具有神秘的力量。這種遲到的來自對立者的恭維，為約瑟福斯用猶太人和猶太教的真理去教化異教徒提供了契機。約瑟福斯指出，他們是人類，不是怪物（這一點首先要講清楚）——天哪，他真是太偉大了！——他們的習俗和儀式是仁慈和高貴的，並非骯髒和邪惡的。由於約瑟福斯發現塔西佗有關猶太父母和他們的孩子之間相互不尊重的觀點，在羅馬精英階層已經根深柢固，所以他煞費苦心地指出事實恰恰相反：猶太人的最大快樂和主要美德就是「把我們的孩子教育好」、「遵守從遠古傳下的律法並恪守先輩傳下來的虔誠儀規」。[69]他還進一步為猶太人早期在經濟方面不擇手段的不良名聲辯護，說敲竹槓就像靠戰爭致富一樣，對猶太來說是陌生的，因為「我們的家鄉遠離海洋，是一個富饒的國度，因此我們並非自買賣或貿易領域，而是自耕作中獲得快樂」。

他耐心地闡述道，摩西並不是一群道德敗壞和痲瘋病人的領袖，而是受到永恆上帝異象感召「最古老的立法者」，並且影響了柏拉圖和斯多葛學派；上帝「超越了塵世間所有美的概念，儘管我們只感覺到祂的力量，而對祂的本質一無所知」。他傳授的《律法書》是文字文化和生活實踐的統一，雅典人只擁有前者，斯巴達人則只擁有後者。作為一個猶太人的核心意義，就在於從一出生就受到這些律法的反覆薰陶。如果「向我們的族人問起我們的律法，任何人都會隨時告訴你這些律法，但不一定會告訴你它

的名字」，這是因為猶太人在剛剛對事物產生意識時就開始學習的緣故，這些律法「深深地銘刻在我們的靈魂之中」。

更令人驚異的是，對於這位歷史家為什麼在猶太人起義期間製造了如此多的不和諧聲音的問題（這有點令人難以置信），約瑟福斯辯解道，《妥拉》的永久性決定了「我們所有人心中的想法出奇地一致」。不僅如此，這些律法也沒有任何模糊或邪惡之處，更沒有取笑或「迷信」之物。律法禁止醉酒和雞姦等惡行，禁止侵犯處女和通姦；律法要求為所有人類的共同福祉祈禱，要體面而適度地埋葬死者，不要舉行過於隆重的葬禮；律法要求尊敬父母，不得放高利貸，禁止負責裁判的士師受賄（受賄者處以死刑）。

儘管這類社會和宗教準則是猶太人首先制定的，並且已經成為他們獨特、不朽的財富，但包括希臘人在內所有開化的民族，都在奉行其中的指導原則。以週末休息的發明為標誌，這些準則已經成為一種普世的財產。「無論一個城市多麼野蠻，無論一個民族多麼封閉，都在遵守……我們每個星期第七天休息的習俗。」[70] 其他民族都繼承了猶太人樂善好施和「以和為貴」的美德，以及在經濟活動中堅持公正的道德準則，但所有這些都是在沒有借助傳統權力情況下的一種自我表達，僅僅是「依靠本身的力量」推動而形成的，因而被約瑟福斯認定為「獨有的猶太特色」。他還說，猶太律法根本不需要進一步辯護或闡述，即使在去神秘化過程中，各種毫無根據的誹謗傾瀉在猶太人的頭上時依然如此，因為這些律法「就其真實的本質而言是可感的，並不是教導人們不虔誠，而是教導人們保持世界上最真實的虔誠」。約瑟福斯似乎在回擊塔西佗的詛咒：「這些律法並非讓人們互相仇恨，而是鼓勵人們用自己的心裡話自由地互相交流；律法為非正義的敵人，律法保護義人，律法排除一切懶散和奢侈，並告訴人們以自己所擁有的為滿足……律法禁止人們為了滿足更大的欲望而發動戰爭，但又使人在保護律法時更加勇敢。」[71]

最後，弗拉維斯．約瑟福斯——他已經失去了自己的同胞，並且如此明顯、痛苦地疏遠了那些曾

經接納過他的人——向塞內卡、馬提亞和塔西佗之流，向那些自以為是地認為不需要向低等、狡詐、詭秘、陰險、天人共憤的猶太人的野蠻迷信學習的人，自豪地、挑戰般地宣告，用一個猶太人認為唯一值得發聲的自豪感說：「我們在許許多多的事物上，都是其他民族的老師！」

VII 末日來臨？

上帝怎麼會允許這樣的事情發生在他的子民身上？這是每當燃燒的灰煙刺痛我們雙眼、嗆住喉嚨時，我們一直在問的問題。對於我們立下的約，對於我們終將戰勝那些試圖滅絕我們的人的「應許」，到底發生了什麼呢？我們一次又一次地尋找答案，從來也沒有停止過。翻開那些精美的印刷品！有一點關於義人的文字嗎？這樣的情況不是一直在延續嗎？犯罪！邪惡！相互仇恨、自我毀滅，這就是現實！是該做一次全面清理的時候了！你沒有聽過先知的預言嗎？別說無人警告過你。我們在此重申，吾輩為人；但嚴格說來，我們在歷史上是否真的不曾走上邪路，一直恪守禁食律法和安息日習俗呢？看一看大衛和他那聲色犬馬的宮廷，看一看所羅門和他那妻妾成群的虛榮吧。他們可沒被踩在屍堆裡，不是嗎？讓我們先喘口氣，好嗎？喂——那些在安息日肩負背袋四處流浪的同胞們，歇歇腳，來點不分趾、不反芻的動物肉怎麼樣？耶路撒冷焚毀了，很多人被燒死了？你說的這是實話嗎？能不能再說一遍？

如此這般的問題，是問不完的。若耶和華是一切，特別是猶太歷史的主人，怎麼總是有這麼多的麻煩（tsurus）呢？

第二聖殿時期及其被焚毀時的猶太人，對這些問題的確有個答案。該答案是非正統、非權威的，並不是嚴格意義上的《聖經》經文，但也不是由一些不相關的怪人所創作的。我們從一九四七至一九五五年間在昆蘭洞穴中發現的八百五十件奇異手稿中找到了這個答案。這些手稿包括十五件不同的《禧年

書》抄本殘片、七件《以諾書》（即《創世記》偽典，對猶太人〔在創世時〕如何與何時接受《律法書》作了完全不同的記述）抄本殘片，以及其他許多與《聖經》完全一致或略有不同的經文殘片。[72] 在這些書卷中，除了《以斯帖記》和《尼希米記》（鑒於《尼希米記》對於《妥拉》歷史記述的極端重要性，其缺失讓人感到更加奇怪），幾乎包括了《希伯來聖經》正典中的所有書卷。其中發現的《以賽亞書》堪稱完本，同時還發現大量的《以賽亞書》、《詩篇》和《申命記》抄本，這或許是為了表明這幾部書對當地「社團」來說是最重要的。這些書卷大部分用希伯來文寫成，有一部《約伯記》附有亞蘭譯文（targum），而《哈巴谷書》和《以賽亞書》等書卷還附有評注（pesharim）。在這些希伯來文書卷中，有些與希臘文《七十士譯本》和幾乎一千年後由拉比，西元九世紀末發布的《馬所拉文本》（補加了注音）有明顯的差異。

事實證明，故事並沒有到此結束。在發現的「昆蘭古卷」中，還包括許多所謂的《次經》：《多俾亞書》、《便西拉智訓》、《友弟德傳》，以及兩篇激動人心的歷史記述，即兩卷《馬加比書》、《塞拉赫》，當地社團禁欲苦修生活中的日常遵守的《生活規則》、《感恩聖歌》和《讚美詩》的連禱詞全文。最引人注目的是還有一些《聖經》經文，大多寫於西元前三世紀和前二世紀。在它們於荒漠洞穴裡被發現之前，人們只是聽說（知道的人並不多）有十五世紀至十六世紀發現的用「猶太—衣索比亞」音節語言（Ge'ez）寫成的衣索比亞手稿中有這類經文（靠音節本身連接成句是非常令人驚異的）。這些早出五百年的希伯來經文的發現，完全改變了我們的故事脈絡，因為這樣的思路無法與當前有關東非一神教的敘事相吻合，而只能追溯到猶太教形成的本土。正是在這些深奧難解但又引人入勝的書卷中，似乎可以找到「世界上是否存在邪惡」這個問題的答案。

可以肯定的是，從文學角度來看，這是一個不可思議的答案：你沉浸在一個猶太故事中，但這故事似乎更接近其他古老的異邦宗教，更接近具有波斯拜火教特色的善良與邪惡、光明與黑暗之間的二元戰爭，更像是一個諾斯底（Gnostic）[61] 文本。如果這樣的文本大量地流傳下來（沒有理由認為只有少量存世），

那麼就很容易明白，為什麼拉比們將其從虛構的「偽經」記憶中刪除。因為從表面上來看，要說猶太人曾經同時讀過（更不用說曾經相信）以「立約」為主體的《聖經》中具有權威性的故事和《禧年書》、《以諾一書》（包括《看守天使書》、《巨人書》）以及《創世記》偽典，似乎是不可能的。

在這些另類的經文中，唯一的上帝在天空中並不孤獨，祂身邊圍繞著一群天使，但祂又不能完全控制祂們。這些天使中有好天使，聽從《聖經》中提到的米迦勒（Michael）指揮；也有敢於違抗上帝命令的壞天使，只服從彼列（Belial）的調遣。彼列的名字在這些書卷中比比皆是，例如，在一首非常優美的偽經《感恩聖歌》（15）中就提到：「至於我，我的嘴不能說話，（我的胳膊）被撕了下來，我的腳深陷泥潭。我的眼被魔鬼的異象弄瞎了，我的耳被血腥的哭喊聲震聾了。我的心，被這些惡作劇弄亂了，因為彼列露出了他（邪惡的）面孔。」[73] 因為這些壞天使公然抗命（尤其是他們不能接受被造的人以上帝的模樣出現），他們被逐出天庭，作為「天空之子」（Sons Of Heaven）——在《以諾一書》中作為更不吉祥的「看守天使」——被遣送到凡間。他們在凡間與女性人類結合，生下了許多畸形巨人，即拿非利人（Nephilim）。這群惡魔在大地上橫行無忌，上帝卻賭氣地躲在由一群光明天使簇擁的豪華天庭裡，任其自生自滅。以諾是第一個會說話的人，他從大地的這一端走到那一端，親眼目睹了恐怖和災難，報告說邪惡正在大地上肆虐。於是上帝用洪水消滅了巨人，但惡魔的靈魂卻逃脫了。這些惡靈仍受追擊，但與上帝對抗的惡魔首領莫斯提馬（Mastema）[62] 卻成功地說服上帝，只把十分之九的惡靈打入了地獄。被釋

---

[61] 編注：又稱靈知派。指的是在不同團體、宗教中有同一信念，此信念源自史前時代，後來傳播至各地。

[62] 又作「Mansemat」，希伯來文意為「惡意」。在《尤倍書》偽典中，他是看守天使首領之一，最初和彼列一同來到凡間，曾因對凡人女子有所留戀而受到懲罰。在挪亞洪水時期，統領留在大地中被洪水滅絕的惡靈。當年上帝要將墮天使丟入地獄時，他向上帝求情，上帝才留下了十分之一的墮天使在凡間，從而為凡間帶來了誘惑、告發、刑罰等罪過。傳說當時在埃及和摩西鬥法的魔術師就是繼承了他的魔力。

放的十分之一惡靈，足以在大地上製造更多的禍患和痛苦。

不同於《聖經》經文的另類記載還有很多，在《創世記次經》中尤其如此。其中不僅說以色列人是在創世時接受了耶和華的約，而且亞伯拉罕的妻子撒拉——《雅歌》描寫她容易興奮——如此勾起一位埃及法老的欲望，以至於被他拐跑了，並給他當了兩年的妻子。亞伯拉罕之所以能夠逃過一劫，是因為他聲稱她是他的妹妹。

不僅如此，這些書卷還演繹出了一些奇異而怪誕的秘聞軼事。瑪士撒拉（Methuselah）的兒子拉麥（Lamech）懷疑他的一個兒子實際上不是他的後代。奇怪的是，這並不是因為他在一百八十二歲的壯年才有了這個兒子，而是因為他擔心他的妻子巴特以諾（Bathenosh）可能是與一個看守天使，即邪惡的「天空之子」有染而受孕。「她非常動情地哭著對我說：『噢，我的主……還記得做愛時那飄飄欲仙的感覺和我熾烈的反應吧？』」實際上這是在向他保證，他們夫妻之間的性高潮確保了那個長大後叫挪亞的種確實是他本人的。但拉麥仍然不信，甚至還跑到年邁的瑪士撒拉那裡去求證。

「天空之子」竄入《聖經》敘事而弄亂情節。他們的王子和首領莫斯提馬策劃了用以撒獻祭的陰謀，得到了上帝認可，而摩西則從一群代表上帝的天使那裡（再一次）接受了律法。這就使人產生了這樣的印象，不是上帝主動放棄了祂的創世權，而是經過一代又一代人之後，善良和邪惡力量一直在爭奪祂的最高統治權。因此，最後的結果必然是，在預示著「世界末日」（令人驚異的是，此卷在所發現的羊皮卷中篇幅最長，仔細計算的羊皮紙長度竟達二十八英尺，堪比《荷馬史詩》）到來的最後決戰中，光明之子必將戰勝「黑暗之子」。「到基提人（即羅馬人）敗亡的那一天，在以色列人的上帝面前將發生混戰和恐怖的屠殺，因為這是在遠古時代就已經確定的毀滅『黑暗之子』的日子。」[74] 但這場混戰竟持續了三十三年！

這些有關猶太人及其世界的另類故事的作者和讀者多離奇古怪。顯然，這些羊皮書卷上的文字完全自《聖經》正典中消失，而其發現只不過是一個偶然的奇蹟。關於「昆蘭古卷」，學者之間的論戰一

直在持續著。一方以吉撒．韋爾梅斯（Geza Vermes）為代表，他一直認為，昆蘭團體是道道地地的艾賽尼派；而另一方的代表人物諾曼．科布（Norman Golb）則認為，這批手稿內容的多樣性和宏大規模表明，他們在匆忙之中把豐富的耶路撒冷圖書館藏書從被圍的城裡搬了過來。儘管我一直不同意科布的觀點，但他的說法也不是捕風捉影。昆蘭距離西面的耶路撒冷只有三十五英里，在南面的馬察達要塞被占領之後，這一地區基本上在奮銳黨控制之下。人們普遍認為，在長達數代人的時間裡，昆蘭一直被這個奉行禁欲主義的「團體」占據。所以，從外部帶進來這些「死海古卷」的可能性是有的。因為這些書卷形式多樣、構成複雜（畢竟是不同的作者，甚至不同的文字寫成），其中既有艾賽尼派的日常生活準則和條例，也有《聖經》正典的各種抄本，還有一些屬於《次經》、《偽經》以及其他神秘的經文。

對於有關這些書卷所要求的猶太虔誠的猜測，真正令人激動的判斷並不在於這些書卷是艾賽尼派的作品，還是從耶路撒冷搬過來的一批更豐富的藏品，而在於如下的事實：這些猶太人，是把關於其祖先故事的兩種尖銳對立的版本（既有權威的也有非權威的，既有嚴格的一神論也有神秘的二元論）放在一起閱讀的。有些書卷（如〈聖殿卷〉）不僅重新改寫了《委拉》中關於獻祭和潔清的條例，而且增加了更新版的規則。例如，無論是壁虎、沙虎還是「大蜥蜴」、變色龍，一概不能食用。這部書卷甚至還構想了一座規模更宏大、裝飾更豪華的聖殿。這些來源於《妥拉》和非《委拉》經文的融合形式，從而開始了一個可能性，使猶太人的學習和虔誠比後來的《聖經》正典和《塔木德》所容許的，在形式上更多樣、組織上更鬆散、調適上更自由、更具神話風格、更受神秘動機驅動、以及更具日光傾向。猶太文化元素也都回來了，比如神話傳說中的荒涼海岸、古代後期的咒語巫術（根據同時出土的數千個巴比倫咒術碗可以推斷），從邊緣的神秘知識到主流的猶太宗教實踐和故事，一應俱全。

有些書卷囉唆得使人昏昏欲睡，有時也令人抓狂。例如，〈戰爭卷〉作為反抗羅馬人的軍事手冊，其實並沒有多大用處。因為其中只是許多的篇幅詳細而精確地，描述了在光明之子的作戰陣列中的號

角、旗幟，甚至武器上必須刻什麼內容。「在他們的長矛尖上，他們要寫上『上帝力量的長矛光輝閃耀』……在第二梯隊的標槍上，他們要寫上『上帝震怒，槍頭帶血，染紅敵人的屍體』。」我們還要為敵人寫投降書！敵人不會是向我們的囉唆投降吧！他們精細地制定了拋光的銅盾牌尺寸，而長矛頭「要由一個工藝匠人用錚亮的白鐵打成，在正中間，要用純金做上兩枝穀穗指向矛尖」。[75] 如果「最後決戰」的勝負僅僅是由「文字」武器的豪華程度來決定的話，那麼對光明之子來說就太輕鬆了。

戰場上從來不會有這樣輕鬆的事。但「戰爭卷」中記載的「拿起武器」這種激動人心的召喚及其戰無不勝的必勝信念，事實上卻是一種共同的文化。只不過死海岸邊的這個分離主義者團體，表現得更為強烈而已。因為在當時，即使像提多那樣的全面滅絕行動也被認為不過是「萬軍之耶和華」及其立約子民的最後勝利的序曲罷了。希望永遠不會破滅，自由（這個詞就鑄在下一代起義軍的硬幣上）將隨著彌賽亞的降臨很快到來，聖殿將再次得以重建。「萬軍之耶和華」將縱馬行空，衛護祂的子民。但在結束之前，一切仍在繼續。

在短短的六十年裡，發生了不是一次，而是兩次猶太人揭竿而起反抗羅馬人的起義。這兩次起義震驚了整個帝國，派出大量軍隊進行鎮壓。更令人難以忘記的是發生於西元一一五年至一一七年圖拉真（Trajan）統治時期的第一次起義。這次起義的戰火燃遍了地中海沿岸的猶太人散居點，從昔蘭尼加開始，席捲埃及，在亞歷山大達到高潮（這個偉大的猶太社區也因此而滅絕），甚至還波及敘利亞城市安提阿和大馬士革。這次起義，我們只能相信約瑟福斯當時寫下的文字。但這次起義中的某些觀念，存在非正統的「昆蘭古卷」中，這些起義者似乎擁有某些散播彌賽亞式狂熱的訊息。他們熱烈地相信，末日即將來臨，光明之子終將戰勝黑暗之子，救世主上帝將在廣袤的戰場上為他的子孫而戰鬥。當然，我們是從像卡西烏斯．狄奧和狄奧多羅斯．西庫魯斯（Diodorus Siculus）這樣的羅馬人的記述中，才知道這次暴動的規模、武力的殘酷和屠殺的恐怖，以及當時羅馬人對這些猶太城市燒殺搶掠的場面，因為提多對耶路撒冷

的所作所為也是如此。

你吃驚也好，不吃驚也罷，西元七〇年的戰爭創傷之後，當他們的兄弟姊妹正在利比亞、埃及和敘利亞遭到屠殺時，巴勒斯坦地區的猶太人一直沒有行動。但是在西元一三二年前後，猶太地曾爆發一場大起義。根據卡西烏斯．狄奧的記載，這場起義曾迫使羅馬人動用了五萬人的軍隊，花了三年時間進行鎮壓。[76] 誇張點來說，這次起義的規模無疑使羅馬人大吃一驚。當事態似乎難以控制時，皇帝哈德良（Hadrian）還一度御駕親征，而演說家弗朗托（Fronto）曾經將這場第二次猶太戰爭與和羅馬人在北不列顛人潮濕多霧的北方進行的漫長、艱難的戰爭相提並論。

就連約瑟福斯也不知道這次起義的大概情況，他既沒有提到其如何發生，也沒有寫出直接原因。儘管幾乎可以肯定，哈德良在耶路撒冷破壞最嚴重的廢墟上建造了一座被他稱為愛利亞卡彼托利納（Aelia Capitolina）❻❸的新城是一次最大的挑釁行動。雖然曾經有人認為這是結果而不是原因，但西元一三〇至一三一年發行的鑄幣上，用這個新的羅馬名字取代了被焚毀的耶路撒冷，這個事實充分表明這的確是一個主要原因。這次起義的領袖西門．巴．科西巴（Simon bar Kosiba）自詡為彌賽亞，也就是「昆蘭古卷」中記載的彌賽亞強烈渴望（更不用說當時剛剛興起了一個真正的彌賽亞基督宗教）。這種期待讓巴．科西巴的宣稱發揮影響力，尤其吸引像拉比阿奇巴（Akiba）這樣的法利賽人投入反抗大業，成為繼西門之後最著名的殉難者。

正是拉比阿奇巴借用了《民數記》（24:17）的預言：「有星要出於雅各，有杖要興於以色列」，並賦

---

❻❸「Aelia」指哈德良治下的非猶太省，源於耶路撒冷的阿拉伯語舊稱「Illya'」，而「Capitolina」意為「獻給主神朱比特」。西元一三〇年，羅馬皇帝決定在被羅馬人於七〇年焚毀的聖殿原址上開建這座新城，並且朱比特神殿就建在原猶太聖殿的正前面，這一舉動被認為是巴．科赫巴起義的主要誘因。

予起義軍領袖一個更適合彌賽亞的亞蘭名字「西門．巴．科赫巴」（Kochba），意為『星之子』」，從而使起義軍成為正義之師。但巴．科赫巴也自稱「納西」（nasi），意為王子，以便迎合人們對彌賽亞的預言和渴望——與哈斯蒙尼家族完全不同——一位真正的猶太人救世主必須是大衛家族的後裔（據說拿撒勒人耶穌也是如此）。他是一個恪守安息日習俗的猶太人，並且把自己當作這個神聖民族的新一代大衛家族的領袖。儘管二十世紀六〇年代曾在猶大沙漠的洞穴裡發現了一批起義軍領袖的來往書信[77]，但相對於反抗羅馬人的第一次戰爭，我們對這次起義的進程所知甚少。從這些信件可以看出，他實際上是一個冷酷的游擊隊首領，擁有完備的指揮系統，他把占領的領土劃分為七個指揮區，而每個區又細分為一些小行政區，並逐級收稅資助起義軍。比純粹的山寨起義更具有革命性的是，他在實施必要的懲罰時表現得冷酷無情，因為若不如此，他將很難堅持下來。他親自簽署一些簡短、直接而措辭強硬的信件，用語簡潔有力，從而給人一種強烈的神賜魅力感，兩千年後我們仍然有所感。但是，他在硬幣上鑄的銘文「為了耶路撒冷的自由」只不過是一個美好的願望，因為從這批硬幣的發行範圍來看，他顯然從來沒有進過這座城市。然而，與兩代人之前發生的那場偉大戰爭相比，這次起義更多地顯示出一種為「猶太自由」（這個目的也鑄在硬幣上）而戰的意識。顯然，這次發行的硬幣是對提多曾經鑄造的著名羅馬幣，幣面上有位被遺棄在一棵棕櫚樹下哭泣的「猶地亞卡普塔」（Judaea Capta）[64]所做的挑釁回應。

眼淚仍然在繼續流淌。巴．科赫巴起義的鼎盛期是西元一三三年前後，但也只不過占領了猶大地和撒瑪利亞，而他的首府就設在比塔爾（Betar）要塞。耶路撒冷和加利利似乎仍受控於羅馬人。最後，羅馬人明智地打起了消耗戰，成功地將起義軍逼回了死海岸邊那些荒涼的山洞裡，而上面提到的書信，正是在這裡發現的。在最後的歲月裡，起義軍食物和物資緊缺，越來越陷入絕望的境地（那些信件就是在這幾年寫下的），直至西元一三五年不知所終。隨著起義軍的滅亡，猶大地也重新落入羅馬人手中，哈德良在去世之前，將其命名為「敘利亞巴勒斯坦省」（Syria Palestina）。

即使你不是約哈南．本．撒該的門徒，難道就能完全迴避這段歷史嗎？在猶大地沙漠地區的一個山洞裡發現了三十具遺骸，在他們中間，人們找到了一封信。可以想像，在箭如飛蝗的戰場上，或許這寫信的人當時就只是想寫一封信，也或許只是為了記錄買賣上的一點什麼。她的名字叫巴巴塔（Babatha），來自約旦河對岸、死海東南角上的納巴提亞（Nabatea），距離玫瑰紅色的偉大城市佩特拉（Petra）不遠的，一個叫莫耶撒（Maorza）的小村莊。從種族上看，巴巴塔是以土買人，但這個民族早在兩個多世紀前就皈依了猶太教，當她為第一任丈夫生下兒子時，這個兒子就在羅馬人的律法文書中被特別地認定為猶太人。

對她來說，棗椰樹就是她的全部世界，也是她的全部財富。正如每個在這地方吃過這種果實的人能夠告訴你的那樣，這種果實的新鮮多汁、甘甜如蜜，是其他水果比不上的美味。看著她的信，你就此進入死海邊的過往時光。巴巴塔從她父親那裡繼承了一個小棗椰園，當她和第一任丈夫耶穌（耶穌之名如此普遍！）結婚後，她的棗椰園便不斷擴大。西元一二四年，她成了寡婦；一二五年，她和另一個叫猶達尼斯（Judanes）的果農再婚，但猶達尼斯已經有一個妻子，名叫米利暗（Miriam），而且他們還有個女兒，名字相當美麗，叫撒羅姆澤恩（Shelamzion）。《妥拉》律法禁止一夫多妻，但由於猶達尼斯在死海西岸的隱基底（Ein Gedi）還有一處棗椰園（巴巴塔有時也住在這個地方），所以猶達尼斯完全有可能在兩個地方成家立業。

---

64 「猶地亞卡普塔」是羅馬皇帝維斯巴辛在他的兒子提多在第一次猶太戰爭中攻陷耶路撒冷並焚毀聖殿後發行的紀念幣，分金、銀、銅三類，共四十八種。其中有一枚硬幣的反面刻有一個女人坐在一棵棕櫚樹下哭泣的圖案，周圍的文字是「IVDEA CAPTA」，意為「征服猶地亞」。故這批出土的硬幣在考古史上被稱為「猶地亞卡普塔硬幣」。

無論如何，巴巴塔都完全能夠自己養活自己。西元一二八年，她慷慨地借給她的丈夫三百個銀幣（denarii），以便他能為自己的女兒撒羅姆澤恩出嫁準備像樣的嫁妝，但條件是只要她願意，她可以隨時要求歸還這筆錢。當猶達尼斯去世後，由於巴巴塔擔心在要求還錢時可能會有麻煩，於是便趕快占據了隱基底的棗椰園作為抵押品。這讓他的第一個妻子米利暗很不高興。她到羅馬法庭起訴要求歸還原主，並且她還有一張王牌：她通過一個時任起義軍隱基底要塞指揮官，叫耶赫納塔（Yehonatan）的親戚或朋友，與巴．科赫巴的新起義軍建立了聯繫。

隨著巴巴塔和她拼命積累並且僥倖保留下來的財富慘遭厄運，歷史似乎也突然終止了。她毅然離開老家趕往隱基底，準備出庭為自己辯護，但在途中卻遭遇了一場猛烈的沙塵暴。為躲避羅馬人，巴巴塔跑進了納里耳赫貝耳（Nahal Hever）的山洞（羅馬士兵就坐在洞口上面的懸崖上）。她非常清楚，就算命中注定這是一個悲慘的結局，那她抓住這一紙律法文書仍然有用。如果上帝是仁慈的，使她僥倖活下來，那麼這張文書將使她作為那片寶貴的棗椰園的女主人，行使自己的權利。然而，某個「天空之子」捉弄了她的命運，她死在那裡，與那些來自隱基底的富有的猶太人，一起倒在了他們的鏡子、梳子和小小的黑色油膏罐中間。

關於巴．科赫巴起義這猶太人反抗情緒的最後爆發，遺留可講的資料實在不多，僅剩那些硬幣可說上一說。儘管它們大多面值不高，但古幣研究者仍然熱心收藏，有些人甚至還趨之若鶩。這些錢幣通常帶有一種哀婉的美，因為它們代表著某些曾失落之物：特別是那帶柱廊的聖殿，還有猶太人每逢住棚節帶進聖殿的四樣植物枝葉。在其中一枚銀幣上，鑄造的圖案融合了聖殿的記憶、彌賽亞的救贖和為追求解放向全世界喊出的第一句革命口號。在曾於城牆上吹響的號角周圍，環繞著這樣一句刻意用古希伯來字符寫成、與《聖經》第一次成書相聯繫的口號：「為了耶路撒冷的自由！」

其他硬幣的正面都刻著棗椰樹（tamar），寓意「多枝燭臺」，這是猶太意象中使用最多的標誌物之

一。棗椰樹代表著上帝對與他立約的子民應許的豐饒，這一點已經成為共識。

棗椰樹還有另一種象徵意義。對於埃及人及其後繼文化來說，棗椰樹是一種永遠不會枯朽、不斷發出新芽的樹，新葉取代那些已經枯萎的老葉，老葉在飄落之前一直頑強地掛在樹幹上。如有可能，你可以親自去看一看，這種樹在以色列和埃及隨處可見。至少從這種意義上說，棗椰樹是不朽的，因而成為救贖和復活的象徵。這也正是受祭司環繞，虔誠「假彌賽亞」西門選擇棗椰樹作為硬幣圖案的另一個原因。

另一群彌賽亞信徒也是這麼想的，他們對復活情有獨鍾。這也是為什麼，當基督教的十字架圖象首次出現時，用的是棗椰樹的圖案。[78]

第二部

Part Two

鑲嵌畫、羊皮紙、纖維紙

第五篇
七燭臺與十字架

I 和平共存❶

一九三三年十一月，大多數猶太人的日子並不好過，對柏林的猶太人來說尤其如此。在這樣的背景下，大洋彼岸的美國人也過得不怎麼快活，失業率已經達到了四分之一，而在芝加哥這樣令人絕望的城市，失業率似乎還要高些。美國的新總統會成為大蕭條的救世主嗎？或許不明真相的芸芸美國人經濟振興之夢已經徹底破滅？這種憂鬱的情緒甚至波及像耶魯大學這種十分平靜的「象牙塔」。在那裡，那些連姓氏都帶著羅馬味❷的男人只能借酒澆愁，端著雞尾酒日日買醉。

這樣的頹廢生活並不屬於克拉克・霍普金斯（Clark Hopkins）。在這種日益蔓延的憂鬱情緒中，考古學一直是他重新找回精神寄託的「強心劑」。他一邊翻看著自己在敘利亞沙漠進行野外發掘時拍攝的一張張照片，一邊在想：假如眼下能有像霍華德・卡特（Howard Carter）發現的圖坦卡門陵墓❸那樣壯觀的

❶ 原標題為「Side by Side」或許指的是猶太會堂中「男女混坐」的獨特習俗，但正如下文所見，雖然從歷史意義上講其更意味著拉比猶太教與基督教在創制初期值得紀念和強調的「和諧共處」歲月。

❷ 指猶太人的姓氏。

建築遺跡橫空出世，也許能帶給那些陷入絕望的人一些驚喜，一些來自另一個時代和空間的感覺，從而使他們暫時遠離痛苦的現實和憂鬱的泥淖。這肯定算是一種正能量吧？

這種認為考古學能夠成為「靈丹妙藥」的信念，的確天真得令人感動。然而，霍普金斯卻是一個天生的樂觀主義者。此後不久，他就順利出任了「杜拉—歐羅普斯」（Dura-Europos）發掘現場的總指揮。這是位於幼發拉底河上游的一個古代邊境要塞城鎮，它已經在河岸邊那高高的沙堤下面沉睡了數百年。到二十世紀二〇年代末期，當漫漫黃沙被吹走之後，這座在歷史上一度擁有高牆深巷、街道縱橫、會堂林立的偉大城市終於展現在世人面前。出於公眾認知的需要，把杜拉城稱作「沙漠中的龐貝」的確有些誇張，但它無疑是一個遠遠超出人們想像的奇蹟。這就是那些邊防軍人當年生活之地！西元前三〇三年前後，塞琉古王朝的希臘人為了防範來自伊朗人的威脅而建造的這個城堡，正好坐落於巴比倫和巴勒斯坦之間，被稱為「歐羅普斯」的貿易路線上，但在西元前二世紀晚期卻落入了波斯帕提亞人（Parthian）之手。正如波斯人的一貫做法，這些剛剛當權的波斯帝國主義者，對各種各樣的異教崇拜都採取了十分寬鬆的政策。甚至於他們自己的神廟旁邊，也樹立起了形形色色的敘利亞當地以及代表希臘文化的神像。在波斯人統治期間，羅馬人作為這一地區的新興力量敲開了杜拉城的大門。但在西元一六五年之前，盧修斯．維魯斯（Lucius Verus）和馬可．奧理略（Marcus Aurelius）「二王共治」的體制使得整個城市民不聊生、餓殍遍野。然而，羅馬人回來後控制杜拉城還不到一個世紀，這座城市便在西元二五六年被波斯薩珊（Sassan）王朝的新國王沙普爾一世（Shapur I）的大軍徹底毀滅。

從那時起，除了一些行為古怪的基督教隱修者會被這堆幾乎被黃沙掩埋的廢墟吸引，或者騾馬或駱駝商隊偶然從河邊緩緩經過，「杜拉—歐羅普斯」儼然成了一座死城，一直無人問津。假如薩珊人當年重新將其改建為一座波斯城市的話，他們也許會從根本上改變杜拉城的面貌，但這座城市一直在泥沙的覆蓋下沉睡著，活活地被埋葬在最後圍城戰鬥殘留的廢墟中。這座城市曾經在羅馬人和波斯人之間兩度

易主。在面向西部沙漠的城牆內外，杜拉的守衛者和攻擊者同樣熱中於通過斜坡建造土壩，從而填平了那些被平民遺棄的房屋。沙塵暴帶來的黃沙最終完全覆蓋了整個「杜拉—歐羅普斯」，後來逐漸變成了一個巨大的土堆，在幼發拉底河和敘利亞之間的天空下靜靜地矗立在那裡。

一九二〇年，一位名叫C．M．墨菲（C. M. Murphy）的英國軍官，用他的手杖戳了戳這個土堆，感到沙層下面似乎很硬，便立刻以國王的名義招募了大批農夫和村民挖掘此處。泥灰建築的殘留地基很快就暴露出來，隨後就發現了直立牆壁上隱現的原始而模糊的壁畫。墨菲覺得這些壁畫似乎非常古老，於是報告了他的上級軍官，而這位上級軍官又很快把消息通過電報，報告給令人敬畏的英國駐伊拉克總督戈楚．貝爾（Gertrude Bell），他當時正忙於為英國扶植的伊拉克新傀儡政權炮製一部憲法。發掘計畫得到了官方的支持，儘管官方文書的條款像往常一樣吝嗇和不知所云，但試驗性的發掘總算如期開始了。然而，位於美索不達米亞和帕爾米拉（Palmyra，敘利亞塔德莫〔Tadmor〕的舊稱）之間的「杜拉—歐羅普斯」，卻正坐落於國際聯盟授權法國控制下的敘利亞境內。殖民地考古通常需要面對重重阻撓和困難，發掘工

❸圖坦卡門是古埃及新王國時期第十八王朝的第十二位法老，西元前一三三三年至一三二四年前後在位。他並不是古埃及歷史上功績最大的法老，但卻是如今名聲最大的法老。主要原因在於：一是其陵墓中出土的獨具一格的黃金面具頻繁出現在媒體和教科書上，全世界幾乎無人不知。二是他九歲君臨埃及，十九歲暴亡，其生平和死因一直是考古學界爭論的焦點，至今沒有定論。雖然長期以來一直傳說他被謀殺，但本世紀初的最新研究成果表明他可能死於惡疾或重傷。三是他的陵墓中鐫刻著一行墓誌銘：「誰要是干擾了法老的安寧，死亡就會降臨到他的頭上。」後來經過各種文學作品的渲染，「法老咒語」越傳越玄，不僅令盜墓者望而卻步，也令眾多考古學家和觀光客憂心忡忡。四是其陵墓在三千年內未經盜掘，直到一九二二年才被英國考古學家、埃及學先驅霍華德．卡特率領的考古隊發現，並挖出大量珍寶和陪葬品，從而震驚了西方世界。而巧合的是幾個最早進入陵墓或與之有牽連的人卻遭遇了原因不明的各種不幸，因而所謂「法老的詛咒」使得圖坦卡門的名字在西方更為家喻戶曉。目前，圖坦卡門的陪葬品多數陳列在埃及開羅博物館中。

作進展十分緩慢，但最終，美國的埃及考古學家詹姆斯・布萊斯堤德（James Breasted）還是把法國人趕跑了（詹姆斯曾在一九二二年就迫不及待地做過一點發掘工作）。儘管法國人堅持自己的發掘權而一度接手，但從一九二八年起，他們還是通過各種管道與美國人合作，在耶魯大學的主持下進行聯合發掘。

發掘工作持續進行了五個發掘季之後，令人驚歎的壯觀景象漸次展現在世人面前：共有包括羅馬人、希臘人和早期密特拉教（Mithraism）[4]在內的十一個異邦神廟和祭壇，有些有壁畫。清除掉泥沙之後，盔甲、莎草紙、陶器和珠寶不斷地被從一個個房間中挖了出來。在這些器物上的銘文中，還發現了許多不同的語言文字。這些文字大多為希臘語，但也有亞蘭語（當地方言中的一種）、帕提亞和非帕提亞的波斯語、拉丁語，以及屬於閃族語系的阿拉伯語和希伯來語。最令人震驚的是，迄今為止最早的基督教建築也在挖掘中被發現：一座建於西元前三世紀早期、設有洗禮池的小教堂。這座教堂的年代，遠遠早於羅馬帝國接受基督教為國教的康士坦丁大帝統治時期。這座小教堂也有壁畫，儘管粗製濫造，但描繪的卻是《新約》記述的場景（如癱瘓之人被治癒、耶穌墓邊的三個瑪利亞）和《舊約》講述的故事（如大衛王殺死巨人歌利亞），這被解讀為預示著耶穌的降臨和福音書的勝利。

後來的「杜拉—歐羅普斯」的發掘現場總指揮、耶魯大學教授米歇爾・羅斯托采夫（Michael Rostoftzeff）本來以為（肯定也非常期待），這個前拜占庭時期基督造像的發現必將震驚世界，但令他沮喪的是，在這片鮮為人知的小樹林之外的考古學術界，似乎並未將這一發現太當回事。當時，古希臘和古羅馬依然是研究熱點，而被英國人完全統治的埃及考古學成果，仍然占據著幾乎所有的新聞頭條。對於這些狹隘而缺乏想像力的基督徒們，你還能期望什麼呢？不過涉及猶太人，卻又是一個完全不同的故事……他偷偷地告訴克拉克・霍普金斯，如果有一座猶太會堂在即將到來的第六個發掘季出土，那麼這個發掘現場的重大意義將最終受到重視，發掘者們也將贏得遲到的喝采。

一九三三年十一月，重要的時刻到來了。

只是多少有點不吉利的是，霍普金斯把他主持下的這次「神跡顯現」比作他在一次列車事故中的經歷：

> 我只記得我被甩出了座位，最後從翻覆的車廂下面爬出來，中間發生的事情我完全不記得了。在杜拉城也是這樣，回想起一幅幅的圖畫展現在我的面前時，我所能憶起的只有震驚和不敢相信。當喜洋洋的朝陽緩緩升起，映照在我們身後的西牆上時，奇特的景象出現了。儘管在漫漫黃沙下被埋葬了數千年，壁畫依然栩栩如生、光彩照人，這不得不說是奇蹟……彷若一盞阿拉丁神燈被擦亮了。乾燥、荒涼的棕色沙漠上突然出現了如此多的壁畫，不止一幅畫或者一面牆，而是整座建築都是壁畫。而畫上的一幅幅場景，全都是以從未被人意識到的方式取材於《舊約》。[1]

他們端詳著這個猶太會堂。這是目前已知的最早的猶太會堂之一，建於耶路撒冷聖殿被羅馬人焚毀之後僅僅一個半世紀。最令人感到不可思議的是這座會堂有著其他古代猶太會堂所沒有的東西：壁畫。在一個寬敞的大廳——同時也是當時整個城市中最大的公共集會場所——的四面牆上，從一頭到另一頭，從地面到天花板，密密麻麻地畫滿了壁畫。這怎麼可能呢？可以肯定，猶太人從不採用繪畫的方式，尤其不會在他們祈禱的神聖場所繪製圖畫。《出埃及記》（20:4）中早就規定，不僅「不可為自己雕刻偶像，也不可作什麼形象，彷彿天上、地上和地底下、水中的百物」，並在《申命記》（5:8）中重複過這一點。拉比和文學批評家們所接受的非猶太和猶太世界的智慧，都反映了這種理念。通常而言，唯

❹ 密特拉教是一個古代秘密宗教，盛行於西元前一世紀至西元五世紀的羅馬帝國。主要崇拜密特拉神，由於只接受男性入教，所以一度在羅馬軍隊內部十分流行。密特拉神是太陽神，是神靈多元化時期的「主神」。

一的例外是逾越節家宴上的《哈加達》故事讀本（儘管這是世界上最豐富的手稿裝飾傳統之一，當然還包括各種日用和節日祈禱書以及《塔木德》），但這類裝飾方式在西元十世紀之前並不為人所知，在十六世紀之前當然也沒有印刷版本。回想起來，令人感到奇怪的是，大部分學者似乎從來沒有花工夫去想《希伯來聖經》「摩西十誡」第二誡[5]的真正涵義。

現在我們已經難以準確地認定，《妥拉》明確禁止製作形象（尤其是人的形象）的規定從何時起，成了猶太人自己甚至外邦人的共識。即使到西元四世紀時，《塔木德》最初的作者和編纂者們，仍然把「第二誡」解釋為僅指對物體的偶像崇拜，主要是針對三度空間的立體偶像。他們有充分的理由認為《出埃及記》（20:4）和《申命記》（5:8）中使用了兩個希伯來詞描述兩種禁止崇拜的對象：「pesel」和「temunah」。「pesel」的詞根意為「雕刻」，毫無疑問，它指的並非是繪製圖畫或鑲嵌工藝，而是精心加工的人體形象（如雕塑和浮雕）。這恰恰屬於那些在近東地區和古典世界中常見的崇拜對象，而這也正是崇拜無形的神的宗教所禁止之物。「temunah」的涵義則更複雜些，因為這個詞源於「min」這個詞根，指的是一個物種，或者一類具有相同的規定性屬性之物。那麼從廣義上講，這個詞也許應該被當作「相似物」或者「複製品」的意思來使用，而不是希臘語意義上的「eikon」（聖像）。禁令是針對「存在於天上和地上」的這類「相似物」而言的，這就再次有力地說明，被禁止的是模仿狂熱的偶像崇拜而製作出來的雕像。《出埃及記》中緊接著的下一節（20:5）也清楚地表明，他們對邪惡行為的評判標準是看他們奉行虛空崇拜的程度。[6]

在西元二或三世紀的《米示拿》律法案例中，有一篇著名、趣味盎然的《哈加達》文本（講述猶太歷史上的經典故事）。其在講到關於如何面對偶像崇拜的對象時，也與上文不約而同地明確指出了偶爾製作的裝飾和狂熱製作偶像之間的區別。作為族長的聖哲，拉比迦瑪列（Rabban Gamaliel）正在托勒密的「阿佛洛狄忒的浴室」（Aphrodite）中擦洗身體，這時，一個被稱作「萬事通」的希臘人伯里克利・佩羅普索斯

（Peroqlos Pelopsos）叫他趕快出來，說他沒有遵守《妥拉》中關於迴避建造有雕像場所的規定。但這位拉比卻說：「在浴室裡不回答問題。」仍然繼續洗澡。當這兩個男人離開浴室後，他便委婉地告訴這個希臘人：「我從來沒有進入她（指阿佛洛狄忒）的浴室，而是她闖進了我的浴室！他們並沒有說：『讓我們建造一個浴室來紀念阿佛洛狄忒吧！』他們說的是：『讓我們製作一個阿佛洛狄忒的雕像來裝飾這個浴室吧！』」這位拉比當時並沒有表達清楚，實際上他的意思是：「這浴室根本算不上是一座神殿，所以沒有人能指責我是在搞偶像崇拜。」他繼續說道：「即使有人給了你很多錢，你也不會光著身子走進一座神殿……然後在（阿佛洛狄忒雕像）面前撒尿……但你也看見了，（雕像）就立在那裡……所有的人都在她面前撒尿。」[2] 親愛的拉比直指關鍵，說得好。在一種雕像幾乎無處不在的文化中，一個人在日常生活中是很難避開這類雕像的。

但是杜拉城堡裡面的壁畫並不是繪製在浴室裡，而是繪製在一座猶太會堂中。這些壁畫和《聖經》中的「字符」一起生動地展現在牆壁上，成為禮拜的東西，《妥拉》本身則被這些圖畫簇擁。在南面的牆上有一個突出來的拱形聖龕，像現在所有的猶太會堂一樣，朝向耶路撒冷的方向——兩邊各有一根螺旋狀的「所羅門式」（Solomonic）石柱，幾乎可以肯定仿效了古典和東方異邦的裝飾風格。克拉克．霍普金斯的妻子還坐在她認為是某個石凳或王座的上面，擺姿勢拍了一張照片。在早期的猶太會堂中，的確曾有一些關於「摩西的座椅」的證據，不過眼下這物件很可能只是一個低矮的石凳而已。在異邦的神

---

❺即上文提到的《出埃及記》（20:4）：「不可為自己雕刻偶像，也不可作什麼形象，彷彿天上、地上和地底下、水中的百物。」

❻參見《出埃及記》（20:5）：「不可跪拜那些神，也不可侍奉它，因為我耶和華你的神是忌邪的神。恨我的，我必追討他的罪，自父及子，直到三四代。」

殿裡，這樣的石凳可能會作為某個他們崇拜的神的雕像基座，但在杜拉城，這個聖龕被用作安放《妥拉》書卷的約櫃。聖龕上方兩端鑽的孔洞表明，前方曾掛有布簾，這無疑直接模仿了保護至聖所不受侵犯且不可逾越的紫紅色「幔子」。另外，在「約櫃」的平滑表面上裝飾著一些圖案，以保留對被焚毀的聖殿的遙遠記憶，以及重建聖殿的堅定信念。（或許這事還需要那些曾經幫助重建聖殿的波斯人助一臂之力呢！）雕刻在嵌壁式柱廊上的畫面，描述這座「聖殿」本身。當時，一只七枝燭臺被從當年羅馬人的囚室中找了出來，燭臺被漆成黃色，使之看起來像是黃金做成的。兩邊是作為朝聖節日期間帶往耶路撒冷慶祝住棚節的象徵物——「四樣植物」（香桃木枝條、香櫞果、棗椰樹枝條和柳樹枝條）。與其他地方的早期猶太會堂一樣，這裡同樣也有「被綑的以撒」（akedah）的畫面：亞伯拉罕綁著他的兒子以撒，準備遵從耶和華為了試探他的忠誠而提出、駭人聽聞的獻活祭要求。擁擠在杜拉猶太會堂的大廳裡的一百二十位位猶太人（肯定容納得下這麼多人）完全能夠理解這次牲祭儀式的複雜涵義，因為後來亞伯拉罕的行為被上帝全能的大手制止了，並用一頭「在叢林中捕獲的」羔羊作為替代的祭品。在聖殿中用動物獻祭是對「憎恨用活人獻祭」的一種肯定（並且禁止使用動物血），但亞伯拉罕的盲信行為後來由耶和華與他的子民之間以立約的形式作為報償，並進而作為包皮上的刀痕記號。一個「應許」便由此立下了。假如猶太人一方信守他們的諾言，那麼實施解放和救贖的彌賽亞以及聖殿的重建必然實現。所以，在羅馬帝國的遙遠邊境，儘管羅馬人徹底摧毀了耶路撒冷，但卻未曾染指這個會堂裡的壁畫。

此猶太會堂壁畫作者精心選擇的《聖經》主題，完全是為了傳播「應許」他們最終獲得救贖的信息。這番「應許」中隱含的兩個關鍵人物——摩西和大衛——也以最早的先知形象出現在壁畫中。大衛被撒母耳膏為王，而他們都穿著寬大的法袍，留著羅馬人的髮型。

在一幅奇妙的壁畫中，法老的女兒抱著嬰兒摩西，站在尼羅河的河水中，身邊的蘆葦和水流曲線在畫家的畫筆下栩栩如生。畫中的情景立刻會使人想到自然的人性和儀式的莊嚴，從而凝固為一個決定命

運的重要時刻。這個年輕的女子顯然在洗浴，身上也只有一件濕身後近乎透明的希臘長袍，但卻與她身後焦急等待的摩西的母親約基別（Jochabed）和妹妹米利暗這兩個衣著樸素的人物形成了鮮明的對比。公主身前是一個搖籃——畫得像個小約櫃，這也是當時當地典型的搖籃樣式——嬰兒被發現時就躺在這搖籃裡。公主和嬰兒兩人伸出雙手的誇張姿勢完全不符合現實主義的風格，相互之間的默契好像預示著後來的聖母瑪利亞和聖子耶穌，但在畫面中，他們擁抱的卻是此時此刻在這片水中開啟的未來命運。這幅畫的意境既莊重又隨意，既有宗教的肅穆又有流行的元素，既神秘空靈卻又使人覺得親近，既抽象又詼諧。如果你是一個住在「杜拉—歐普羅斯」要塞的猶太父親或母親，當你和你的孩子們一起進入這個會堂裡時，面對眼前牆壁上的一幅幅畫面，你肯定有很多話想對他們說。

猶太人的故事中兩個最重要的人物一次又一次地出現在畫面中：摩西在「燃燒的荊棘」中見到上帝，畫邊的亞蘭語銘文分明寫著「分開海水」；大衛作為猶太人的奧非茲❼（Orpheus）登上王位，其創造之手令眾生神迷，並擊敗了非利士人。

杜拉猶太社區主要的贊助人就是撒母耳，它就像是大流散中出現的第一個梅塞納斯（Maecenas）❽，

❼根據古希臘神話傳說的描述，古希臘色雷斯地方有個著名的詩人與歌手叫奧非茲。他的父親便是俄阿格羅斯，母親是司管文藝的繆斯女神卡利俄帕，這樣的身世使他生來便具有非凡的藝術才能。在他還很小的時候，阿波羅便把自己的豎琴送給他。這把琴製作精巧，經奧非茲一彈更是魅力神奇，傳說他的琴聲能使神、人聞而陶醉，就連凶神惡煞、洪水猛獸也會在瞬間變得溫和柔順、俯首貼耳。

❽蓋烏斯．C．梅塞納斯（Gaius Clinus Maecenas）是羅馬皇帝奧古斯都的謀臣，著名外交家，同時以保護和贊助詩人藝術家而聞名一時，包括維吉爾和賀拉斯在內的眾多著名詩人都曾得到他的提攜和資助。他的名字在西方被認為是文學藝術贊助人的代名詞。著名的梅塞納斯花園就坐落於「羅馬七丘」之一的埃斯奎利山上，據說是羅馬最早建有熱水浴池的建築，其奢華程度甚至遭到塞內卡的抨擊。

因此賽大衛為王的榮耀也就歸到了他的名下。所以，像早期經常出現的情形一樣，猶太會堂（正如當時的基督教堂）一開始就設在他的家中。撒母耳當時肯定非常富有，足以負擔得起會堂規模的極度擴建，擴建工程包括整修被破壞的外牆，以及建造一個天花板上飾有彩繪陶瓦的精緻屋頂。但就其社會性而言，杜拉的猶太人也像五百年前的象島一樣早就人群混居。如同他們的埃及祖先，他們是雇傭兵、工匠和商人，有的甚至成了地方官吏和賦稅官員。與象島猶太人不同的是，他們當中的一些人淪為了奴隸，或者是因羅馬征服者改變奴隸身分的農奴。然而，這些猶太人並沒有忘記他們的《聖經》。面對如此金碧輝煌、色彩鮮豔的壁畫，實際上就是一個學習的過程。在杜拉要塞，通過這些畫面，他們將猶太會堂與猶太教的學習場所融為一體。這是一個屬於全體會眾的「經文研習學校」（Beit Hamidrash），一個學術研究的機構，同時也是一個祈禱的場所。這是一個看得見摸得著的所在，他們隨時可去，一切彷彿本性使然。

對於那些已經有一定學識的人來說，每一幅精心選擇的《聖經》畫面，都能與團結一心和充滿希望的特定資訊產生共鳴。以西結親眼目睹的「枯骨復活」，正是預言已經沉睡多年的耶路撒冷即將甦醒。受辱的波斯宰相哈曼被迫牽著末底改（Mordecai）騎的馬（儘管與發現摩西的畫面完全不同，似乎由另一位畫匠用明亮的波斯色彩繪製而成）跟隨在類似羅馬式凱旋的隊列中前行。而光彩照人、濃眉豔色的王后以斯帖，就坐在穿著波斯長褲的國王亞哈隨魯（Ahasuerus）身後的王位上。這是一幅能夠讓人立刻感受到希望的畫面，儘管這幅畫幾乎肯定是在羅馬軍隊趕走波斯人後製作的，但它讓後代燃起重建耶路撒冷的希望。鋒頭正勁的薩珊人更喜歡稱自己的王朝是居魯士、大流士和亞達薛西本人的古代阿契美尼德王朝再臨。如果他們有機會掌權，普珥節的燈火將同時為預言與歷史，交織過去與現在、哀悼的淚水與歡慶的笑聲、流亡與回歸。

這就是西元二四〇年的情形。它開啟了（或接近開始）猶太會堂的設立，對於聖殿被毀、居無定所的

猶太社區該有何種意義。從這一點來看，杜拉要塞恰好介於猶太拉比學術界的兩極——巴勒斯坦與美索不達米亞之間，所以這座位於敘利亞、帶有壁畫的猶太會堂，根本不可能是不為聖哲所容的異教建築。恰恰相反，所有的跡象都表明，這是一座典型的猶太會堂。

這座猶太會堂同時也是對杜拉要塞盛行的其他宗教的一種反映，成為生活在異教徒和基督教徒中間的猶太人嚴格遵守律法規定的證據。這座猶太會堂就坐落在阿多尼斯（Adonis）❾神殿的正對面，在幾個街區之外還有一座崇拜宙斯的神廟，以及一座崇拜太陽神密特拉的神廟。所有這些都具有晚期羅馬繪畫的特徵，而猶太會堂則完全照搬了這種豐富多彩的繪畫形式。同時，會堂也借鑒了帕提亞人把繪畫中的人物排成一排一起面向前方凝視的所謂「正面」（frontal）傳統。

但是，如果這座猶太會堂的設計者和工匠們想從異邦的宗教借用某些元素而「混淆視聽」的話，他們也會首先考慮基督教這個更直接的競爭對手。在一個同樣由私人房產改建的教堂裡，基督徒也曾借用過猶太教的人物（如大衛踩在倒地的歌利亞身上）。他們通過形象宣稱《希伯來聖經》中曾經預言基督教的彌賽亞降臨，而基督教是猶太教的最後實現，而非相反。當時，猶太人和基督徒之間關於圖象的激烈神學論爭已經開始，尤其體現在「殉道者」游斯丁（Justin the Martyr）和猶太人「特來弗」（Trypho）（不一定就是《塔木德》中的拉比塔爾封）之間的著名論爭。因而這座猶太會堂的壁畫就是對論爭的回應。「基督」一詞在希臘語裡意為「受膏的主」。因此對頑固不化的猶太教而言，沒有什麼比讓大衛被先知撒母耳膏

❾ 腓尼基人的自然神。阿多尼斯原是古希臘王室美男子，身高一百九十分公以上，如花一般俊美精緻的五官，令世間所有人與物在他面前都為之失色，就連阿佛洛狄忒都對他傾心不已。他是一個每年死而復生，永遠年輕、容顏不老的植物神，因而成為西方女性崇拜的美神，這也是西方文學中「花樣美男」的最早出處。現在，「阿多尼斯」這個詞常被用來描寫一個異常美麗、有吸引力的年輕男子。

為王更直接的方式來證明其身分的合法性。更令人震撼的是，英雄摩西的正面雕像留著鬍子，充滿了男性和王子的氣派——身著王者的外袍，身上裝飾著一條十分顯眼的紫色的緞帶——對猶太人來說，這似乎是一種反基督的做派：摩西作為《律法書》的授予者、猶太人的鍛造者，他為全能上帝的顯現而手足無措，卻又強調他並非來自天國。意味深長的是，儘管他的身後烈火在熊熊燃燒，但荊棘本身卻沒有燒毀，這是基督教經常採用的一種象徵手法，預示著「新的生命」是從第一次受到律法的啟示開始的。

這些壁畫上銘文的解讀表明，「杜拉—歐羅普斯」猶太會堂建造得如此壯觀，是為了吸引遠方的崇拜者。這些崇拜者也許來自帕爾米拉，因為那裡有一個龐大的猶太社區，他們有些是剛剛皈依猶太教的人，有些人甚至來自東南面美索不達米亞的一些城市。這座畫滿了壁畫的猶太會堂，很可能是整個地區猶太人朝聖的地方。若果真如此，他們肯定做得過於匆促，因為這些壁畫「應許」的救贖從未兌現。會堂的擴建和壁畫的裝飾剛完成了十幾年，杜拉要塞就被薩珊王朝的波斯國王攻克，任其廢棄在漫漫流沙之中。

自從一九三三年杜拉猶太會堂被發現之後，再未出土類似的建築。也就是說，其他地方的猶太教繪畫都未能達到如此精美絕倫的程度。但是，關於古代猶太會堂精美裝飾的故事並沒有結束。儘管豐富而美麗的繪畫，顯然是猶太人對他們集會和祈禱場所充滿期待的一部分，但當其轉化為另一種表現形式不同但卻更加耐久的媒介——鑲嵌畫之後，則變得更有意義。無論是在流散區，還是在拉比們重建的猶太教中心，即巴勒斯坦，尤其是加利利地區，猶大一世教長擔任主持，成為「大議會」（Sanhedrin）——即猶太公會的議長。

但實際上，重建並沒有立即發生。其間曾有一段不超過一個世紀的空白期，也就是哈德良在猶地亞對猶太文化實施滅絕之後，而新的猶太會堂尚未建立起來的那段時間。但是，這並沒有使猶太教由此陷入黑暗時代。很多現代猶太人（即使不是大部分），對聖殿被焚毀之後兩個世紀的歷史看法有些過於悲

觀：認為那是歸零的時期，大量的猶太人遭到驅逐後淪為奴隸；極少數可憐的倖存者不得不隱藏在巴勒斯坦苟延殘喘；流亡中的猶太人只能擠在簡陋的小房間裡祈禱，研習能夠隨身攜帶的僅有的書卷。

其實，這段時間發生的事情遠不止這些。哈德良嚴禁猶太人研習《妥拉》、實行割禮、守安息日以及其他各種習俗的禁令被他的繼任者安東尼・庇護（Antoninus Pius）全部廢除。安東尼・庇護於西元一三八年繼位，這僅僅是巴・科赫巴起義被鎮壓之後的第三年。這位學識淵博的皇帝和猶太議長們時常會面甚至成了朋友，而這似乎也形成了一種傳統，並且關係一直維持到西弗勒斯（Severus）和卡拉卡拉（Caracalla）統治時期。約哈南・本・撒該和維斯巴辛之間達成的約定——猶太人作為羅馬帝國的忠誠臣民，以換取他們祖先的宗教不被打擾地受到保護——重新得到了承認。在猶太起義之前，猶太教曾被認可為「合法的宗教」（religio licita），而猶太人被賦予了高度的律法和行政自治權。當時，這些政策都得到了恢復，唯一一條保留下來的禁令是，除了每年的阿布月初九，即聖殿被焚毀的日子舉行哀悼活動之外，猶太人不得進入耶路撒冷和在耶路撒冷居住。

猶太地以外的猶太會堂並沒有被拆毀，尤其是在加利利和耶斯列平原地區以及沿海一帶早期建造的會堂。廣大地中海地區各個猶太散居點（《新約・使徒行傳》實際上就是一部猶太散居點的地名詞典，其中提到了從哥林多和以弗所，到小亞細亞的呂底亞和以哥念的所有猶太社區）的會堂，則如雨後春筍般建立，有些甚至十分雄偉、豪華。許多猶太會堂都有高大的門廊和帶中央噴泉的庭院，噴出的水柱和與天國聯繫的象徵，被有意納入了會堂的整體設計。在撒狄（位於現在的土耳其境內）建造的帶有柱廊的猶太會堂，在西元四世紀時很可能還一度被闢為城市的健身中心。在後續的不斷擴建中，它成為整個猶太世界中最為壯麗的一個會堂：全長整整八十公尺，配有寬敞的天井式廊道、鑲嵌畫地面，後面設有面對《妥拉》約櫃的階梯形座位區，還有一個雕刻著獅子和雄鷹的石製誦經臺！[36]

當然，猶太人在這一時期建造的最偉大、最持久的東西並不是石頭建築，而是「字符」的大廈。

可以肯定，《米示拿》的編纂時期要早於鑲嵌藝術。當年的聖哲們利用聖殿精英階層徹底解體的契機，重新對猶太教進行了定義，並自詡為其權威的編纂者和裁判者。根據《米示拿》的〈先賢篇〉記載——聖哲們（後來被稱為「坦拿」〔tannaim〕）以驚人的勇氣在一部篇幅更大、闡述損害賠償對等原則的書中，奇怪地突然轉移了論題——就「什麼是《妥拉》？」重新作出了定義。寫下「摩西在西奈山上接受《律法書》」時，它們不僅僅是指那六百一十三條書面誡命，同時，也指那些不確定的和非特定的口傳智慧。這些聖哲最終成了口傳律法的守護人和傳承者，整個〈先賢篇〉講述的就是這個集體自我權威化的族譜。從摩西開始，《妥拉》原本傳給了約書亞，然後又傳給了「眾長老和先知」，後來是「大猶太公會的眾成員」（無論稱謂如何。他們或許是大議會成員，或許不是），直至整個哈斯蒙尼王朝統治期間的大祭司「公義者西緬」，此後又傳給了一代代的老師，他們的名字可以列一長串：有大名鼎鼎的希列和族長猶大（Judah the Patriarch）的兒子拉比迦瑪列以及亞夫內的約哈南·本·撒該，也有連最博學的人都不大熟悉的「阿比利特人尼泰」（Nittai the Arbelite）和「阿卡比雅·本·米哈勒」（Aqabiah ben Mehallel）。

這些無名的聖哲（即使很有名的聖哲也是如此）通過發布警句式的話語（有時是箴言），形成了所謂〈先賢篇〉，在承上啟下的智慧傳承中留下了各自的印記。「公義者西緬」開篇就激動人心地寫道：「他說：『世界建立在三件事情之上：習《妥拉》、事聖殿和行仁愛。』」然後，另外一些人開始激勵自己的同胞：「塞倫達的約西·本·約齊爾（Yose b. Yoezer of Seredah）說：『讓你的家成為聖哲集會之地，在他們腳下的塵土中打滾，津津有味地吞下他們的話。』」而希列靈活地統整了人的自我意識與令人費解、難以回答的哲學暗示，成為著名的經典：「如果我不為自己著想，那麼誰會為我著想呢？當我只為自己著想時，我又是什麼呢？如果不是現在，那麼是什麼時候呢？」而沙買（他一直如此）的話就像祈福的無酵餅一樣，完全是老生常談：「要把學習《妥拉》作為一項雷打不動的義務。少說多做。熱情地向遇見的每一個人打招呼。」亞夫內的拉比列維塔斯（Levitas of Yavne）說：「要極度謙卑，因為人的想望就像蟲

子一樣。」……等等。

這樣的語句與其上下文之間似乎沒有任何聯繫。除了文本中的相關內容以外，關於其具體的歷史年代（而不是猶太教的傳承），我們基本上沒有什麼線索。在西元十世紀，凱魯萬（Kairouan，即現在的突尼斯）的雅各·本·尼西姆·伊本·沙伊姆，向巴比倫的「加翁」（gaon）❿領袖、《米示拿》的注解者、蓬貝迪塔（Pumbedita）猶太研究院的謝里拉（Sherira）求教，從而澄清了聖哲的傳承譜系：最早稱「坦拿」（即《米示拿》作者），然後稱「阿莫拉」（amoraim，即《米示拿》教師和闡述者），兩三代人之後——大概在西元四、五世紀前後——是《塔木德》編纂者，隨後的兩個世紀分別稱「塞弗拉」（sevoraim）和「斯塔馬」（stammaim）。

但是，《米示拿》聖哲的傳承並不像一本家譜，當然也不代表真正的猶太歷史。就歷代繼承者而言，猶太人自身的歷史——《列王紀》和《歷代志》中講述的歷史，以及《以斯帖記》和「次經」《馬加比書》中的記述——隨著聖殿被焚毀就已經結束了。除了在那些和他們產生過摩擦的帝國邊緣地區，可以用《但以理書》和其他文獻進行查對的一代代外邦政權，以及羅列的彌賽亞降臨的時間表之外，歷史已經不再是猶太人的事情。即使聖哲們在編纂《米示拿》時，其內容設計雖然不是非歷史的，但至少

---

❿「加翁」一詞的希伯來語涵義為「卓越」、「榮耀」，最初用來稱呼巴比倫蘇拉和蓬貝迪塔猶太研究院的主持人，七世紀後則廣泛用於巴比倫和巴勒斯坦猶太研究院才華出眾的學者。加翁不僅是猶太律法的權威，而且有一定的行政權力。歷史上巴比倫與巴勒斯坦加翁曾長期對立，兩派衝突在十世紀達到高潮，巴比倫加翁薩阿底·本·約瑟就猶太教曆日期問題與耶路撒冷加翁亞倫·本·梅爾進行辯論，最後薩阿底獲勝，從而使巴比倫加翁成為猶太教義方面的最高權威。十一世紀後，隨著巴比倫猶太中心地位的喪失，加翁時代宣告結束，「加翁」逐漸成為對著名猶太學者的尊稱或榮譽頭銜。隨後列舉的是加翁時代之前漫長的《米示拿》和《塔木德》編纂時期對猶太聖哲的不同叫法。

也是超歷史的，總有某些東西似乎不經意地懸浮在戰爭、帝國和城邦之上。在《米示拿》這本書基礎本上逐漸形成的《塔木德》，就像一大片由各種評注、《聖經》注釋和解釋組成的「珊瑚礁」，日積月累，最後有機地融合為一塊巨大的「超文字」礁石；它得以自歷史的必然中釋放，在取代了口傳和記憶的傳統之後將一直存活，直到救世主降臨、回歸耶路撒冷、重建聖殿。或許，這本書存活的時間會比這還要長得多。

那麼，有別於歷史的又是什麼呢？是律法，但其形式已經改變，成為從行割禮到進墳墓，引導猶太人終生恪守《妥拉》的百科全書式的行為指南。《米示拿》中無所謂不值一提的小事。例如：如果一個寡婦已故丈夫的兄弟不願履行義務迎娶她，她就必須脫下已故丈夫兄弟的鞋子扔掉。若你想知道這是什麼樣的鞋子，《米示拿》就能解答你的所有疑問：必須是一隻帶跟的皮拖鞋，至少能走四肘尺才行。氈襪？絕對不行。讓我們再來看看：如果一條吃了腐肉（包括啃咬過人的屍體）的狗因為吃多了骯髒食物在你家的門檻上快要四腳朝天地死去時，你該怎麼辦？你應該看一看《米示拿》。《米示拿》堅持認為，在這樣的情形下，你家的門檻已經被玷污了，必須趕緊清洗。又也許你非常喜歡吃酸黃瓜（有哪個猶太人不喜歡呢？），當你發現家裡已經沒有存貨時一定非常著急，在一個安閒卻難熬的安息日下午，想想偷嘗嘗酸黃瓜的味道也沒什麼大不了的，全能的上帝鼻子不會那麼靈吧？然而，禍哉，不可偷吃酸黃瓜！因為這也算做工，在安息日是被禁止的。從另一個角度講：如果家裡正巧有一點鹽水，你恰好把鹽水沾在了手上，（你可以想像）然後又神祕、意外地，偶然濺到了你剛剛切好的黃瓜上，這樣並無大礙。但是，無論你想做什麼或受了多大誘惑，萬萬不可因為垂涎一片無花果乾，在匆忙中弄破醃罐上的封條。

對於那些粗心的讀者來說，《米示拿》中的文字花絮只使他們驚異。然而，通過其巨大的篇幅，自稱（並沒有說服力）僅僅是一種針對起初六百一十三條誡命的適用問題，按照經文索引進行逐條詳述，以及對其中隱含意義的仔細解釋和各種矛盾的解決辦法（因為《申命記》裡的特定表述方式與《利未記》之間有

很多相互矛盾的地方，如前者規定蝗蟲是「可食」的，後者則規定「不可食」），這本書的作者們也對一些非常嚴肅的道德問題提出了評判標準。正是《米示拿》頒布了具有自我意識的第一部，也是最後一部猶太日常生活準則，雖說這是在無上訴人的情況下寫出的，並且令人困惑的是，《米示拿》裡從來不提最後的評判結果是如何形成的。關於這些司空見慣的習俗與全能上帝憑空建立起來的聯繫，蘊含著某些反直覺但卻又非常強大的東西。就連一些細枝末節的小事都被聖化，甚至一隻鞋，或一隻被踩在腳下的蝗蟲。《米示拿》反對任何神聖領域與世俗世界的分離：所有的事物都可以聖化；最微不足道的行為、最渺小的生物、最平常的習慣，都沐浴在神性的正義光輝之中。儘管其中講述的都是小事，但世上無小事。《米示拿》為這個世界投下了一片光輝，不是通過抽象的「靈丹妙藥」，而是來自每天、每個星期，甚至一生之實際而具體的事物。對猶太人來說，保羅及其思維方式的追隨者所犯的錯誤就在於，他們以為《妥拉》只不過是一份義務清單，甚至是由一群非法的人隨意制定的。當他們展開《米示拿》羊皮紙（這的確是《米示拿》的閱讀方式），便開始沉思。

即使如此，對於《米示拿》的作者們來說也是遠遠不夠的。在剛開始寫作時，他們看起來僅僅是在闡述律法，但到最後，他們顯然在重寫律法。這種自封權威的遠大志向，是通過書寫律法所使用的希伯來「字符」實現的，同時也是作為一種響亮的時代古典主義的語言形式來表達的。由於創作者很清楚《米示拿》的讀者所使用的日常語言是亞蘭語或者希臘語（偶爾也用拉丁語），所以，他們從《聖經》經文裡提煉出一些成語，用於世俗社會行為的裁判，這也體現了一種強烈的自我意識。希伯來語的用法靈活而多義：對裁判結果的表述和律法條文的宣告是明確的，即言簡意賅；對於豐富多彩、近乎聊天的爭吵和拉比之間的爭論（屬於《哈加達》部分）的記述，則是輕鬆、非正式的。你可以採納或者無視這類《哈加達》中的觀點。因為當你翻開這一頁時，可能傾向於拉比迦瑪列二世，而翻開另一頁時，則可能傾向拉比以利亞撒。這就好像兩個人在進行一場辯論的拳擊比賽。但在另一種的情況下，卻給出了明確的裁

判結論，就好像拉比在回答正式的提問一樣——由此形成的「哈拉卡」（Halakha，逐漸形成之口頭與書面律法的集結）便具有律法的效力。「凡偷竊木頭，並將其做成用具的人，（或者）偷竊羊毛，並將其織成衣服的人，一旦認定偷竊行為成立，應賠償與木頭（或者羊毛）等值的價值。」沒有必要再去爭論，就是這樣，因為《米示拿》就是這樣說的。[4] 請安靜（sheqet）！就此打住吧。在上述有關損害的等值賠償和過錯性質認定的問題上，《米示拿》也並非全都能一一關照。又例如，對於一個男人是否有義務娶他守寡的嫂子這個問題，就有大量權利方面的問題需要用律法來裁判；如果一個人客死異鄉，那麼如何下葬才算恰當，這也需要律法的指導，因為這種情形肯定時有發生。

所以，這部厚重的《米示拿》，實際上是一部具有強大的實用性和社會性的生活指南。並且事實上還遠不止於此。令人驚奇的是，其中很少引用《聖經》的章節和經文，並且也很少引用《米德拉什》對某些特定經文的注釋。其《哈加達》式漫無邊際卻引人入勝的東拉西扯，往往模仿《聖經》正典和《次經》中「智慧書」風格。「耶路撒冷的約西·本·約哈南說：『讓你家的大門敞開，讓窮人坐在你的餐桌邊。』」到目前為止還不錯，這位拉比的話聽起來與另一位以說話簡潔著稱的人物——拿撒勒的耶穌——好像也沒有什麼不一樣，但他卻以完全不像耶穌的口氣加了一句：「但你不要跟女人說太多話。」[5] 其中有些建議其實與早期的（聰明得有點離奇的）實用心理學知識差不多：「拉比西緬·本·以利亞撒說：『當你的同胞生氣時，不要想著給他賠不是；當他愛人的屍體躺在他的面前時，不要想著去安慰他……當他正在起誓時，不要想著為他以後食言尋找藉口；當他遭到羞辱時，不要想著去看望他。』」顯而易見，《米示拿》的作者們，早就已經超出了他們自己聲稱的「只是勾勒《妥拉》輪廓，盡力解釋其中的矛盾與晦澀之處」這一宗旨。在《妥拉》中很少有，或幾乎沒有任何特別的文字，對於「在你的男性同胞（偶爾也會是女性）中，考慮到公正和現實情況時，怎麼做才是正確的」這問題提出社交方面的建議。但是，對與之類似的道德戒律，在《米示拿》中卻往往以離奇而囉唆的方式糾結在一起，編織成

一大張行為規範的倫理道德之網。智慧、安慰與澄明，同時來自一場與智者之間的自發對話，以及真正的人民之口；即使智者在對話過程中不時相互打斷、產生矛盾（對猶太人來說，這應該是一個積極的信號）；至於真正人民之口發出的，並非假借天國、神諭的預言家之言。從某種程度上講，與他們相比，傳播福音的聖徒保羅或約翰並不總是那麼真實。在這件事上我們可以這麼說：在聽這些聖哲們說話時，你彷彿能想像出他們在喝湯或摳指甲的生動場景。

那麼，《米示拿》裡的猶太人世界，到底真實到什麼程度呢？《米示拿》占據了猶太生活的方方面面，但也不是全部。這本書的寫作者和編纂者畢竟局限於拉比精英階層。他們是這樣的一群人：時刻夢想著他們想像中曾經存在過、以聖殿為中心的完美猶太世界，並且認為這樣的世界還會再臨，只要他們的人民心中能夠擁有一座由「字符」、律法和教義構成的「聖殿」，從而修復倒塌多年的石牆和早已熄滅的祭壇火焰，那麼就完全有可能再現昔日的輝煌。「燔祭」的火焰將會重新燃起，就像這個詞的希伯來文涵義一樣變得「天天如此」⓫，需要做的不過是重申人們一直記在心中的禮儀習俗而已。因此，關於動物灑血牲祭的嚴格規範在《米示拿》中也占了相當大的篇幅，雖說對於後聖殿時期的人來說，這完全沒有任何實際意義。其中的邏輯是這樣的：一旦彌賽亞突然降臨，重建聖殿的奇蹟得以完成，所有的事物都會像過去那樣進入正常的運行軌道。但幾乎可以肯定的是，對這些不再有任何實際目的的步驟和儀式進行如此詳細的記述，應該還有另一個重要的因素。這就是記憶，如果說還記著上帝的話，那就是的確還記著這些顯然沒有目的的儀式細節。《米示拿》對於記憶的過度渲染，其實就是希望人們通過回憶莊重儀式上的禮服或步態這些既瑣碎顯然又微不足道的細節，在絕望中去召喚一個記憶中已經逝去的

⓫參見本書第二篇之II。

摯愛的「有形物」。通過這些細節，在一定程度上可以把自己塑造為一個完整的人。作為其核心主題，上千頁的《米示拿》寫滿了思念的情懷。

然而，為了所有的美好理想，懷著對夢想世界的執著，《米示拿》確實就存在於「當下」，存在於在那些非常實際、好爭論、多疑、常常難以忍受且慣於吹毛求疵的猶太人心中。正是通過這些一直不被外邦認同的生活習俗，《米示拿》間接地為我們提供了一幅生活於西元二世紀，羅馬帝國末期的猶太人真實生活的生動社會畫卷。《米示拿》指出，不要把聖殿山當成捷徑（這說明很多人肯定這麼做過）；不要在神聖的處所睡覺或聊天——這是標準的行為方式。在安息日，女人：出門不要用羊毛或亞麻絲帶打扮，更不要纏在頭上，也不要戴「金色城堡」樣的頭飾（鑲嵌畫裡曾出現過）、鼻環，或在「沒有髮網」的情況下戴頸環（別問為什麼）；男人：不要穿著鑲有鑽石的涼鞋去猶太會堂，或者戴頭盔、胸甲和護腿甲（這好像是針對杜拉要塞的猶太人說的，因為他們隨時會作為戰士而投入戰鬥）。儘管違犯這類安息日禮儀還沒有嚴重到必須獻「贖罪祭」的程度，但從另一方面來說，如果一個女人帶著香料盒、香水瓶或頭髮上別著蝸牛形狀（當然，也就是內耳的形狀）的簪子，那麼拉比梅爾（Meir）至少會認為這是一種應該受到懲罰的過錯。此外，身穿一件被經血弄髒的衣服作為安息日禮服（似乎）並不是個好主意，也不要戴踝鏈和吊襪帶，因為這類裝飾是「疑似不潔的」。[6]

當然，除了這些外還有一些其他的內容。在這部皇皇巨著中，除了「猶太人的生活守則」以外，還有個巨大、幽靈般的東西飄蕩在真實生活之上，而這個似是而非的東西就是聖殿本身的幻象。《米示拿》的作者們不可能直接了解真實的生活，儘管他們的祖父母，甚至父母都體驗過這樣的生活。他們有時寫的內容，好像他們仍然經歷著猶太人的主流生活；這本書大部分內容關注的是動牲祭和穀物素祭這類令人驚愕而又非常深奧的問題，彷彿這樣的聖殿獻祭儀式一直按部就班地進行著。什麼樣的「污點」會使一隻動物從牲祭儀式上被排除呢？書中開頭就提到了一頭患有隱睾症的公牛（當然，《米示拿》中也規

定了辨別牛是否患有隱睾症的方法）。什麼樣的污點會讓一個人失去在聖殿主持儀式的資格呢？頭長得像蘿蔔的男性肯定要排除。另外還有塌鼻子的（我本人就是塌鼻子，當然不夠格！）、菜花耳的（《米示拿》中說那耳朵像海綿一樣，可能更有畫面感），甚至——有點殘酷——禿頂的，都得要排除。那麼什麼是禿子呢？「從一隻耳朵到另一隻耳朵之間沒有一綹頭髮的人。」所以，《米示拿》想像出一批禿頂的男人焦急地排成一列長隊，等待利未人目測他們是否夠格，彷彿羅馬人焚毀聖殿這場災難從來也沒有發生過！更加溫馨的是，作者儼然回憶起了「為『聖殿四祖』完成的十大奇蹟」：女人永遠不會流產；作為祭品的肉永遠不會變質；蒼蠅永遠不會出現在屠宰間裡；大祭司在贖罪日之夜永遠不會夢遺（我也希望他不會）；大雨永遠不會澆滅祭壇上的火；狂風永遠不會吹散祭壇上的煙；祭臺上的無酵餅永遠不會變質；一群人站在聖殿裡時顯得很擁擠，但當他們膜拜時身邊就會出現足夠的空間；蛇和蠍子永遠不會咬進入或居住於耶路撒冷之人；而最大的奇蹟就發生在朝聖期間——永遠不會沒有地方住。「從來沒人會對他的同胞說：『這個地方太擠了，我在耶路撒冷根本找不到地方住。』」[7]

如何憑想像和記憶重建耶路撒冷呢？這才是使命所在。單單靠這一串串「字符」就能做到嗎？這似乎一度曾經是正統猶太人的答案。如今，由於發現了杜拉要塞，我們才知道密密麻麻的「字符」配上色彩鮮豔的畫面作為補充，不僅十分和諧，並且可以進一步發揮出「字符」的力量。這兩種記憶和保存《妥拉》的方法不僅不矛盾，實際上還相得益彰。我們對尚處於成形期的猶太教已經形成了一種習慣的看法，而我們對這個「字符」與畫面緊密聯繫在一起的遺跡的全部認知，只有這個猶太會堂本身，這讓我們興奮！杜拉要塞的確是不同尋常的，因為驚人的想像力就體現在牆上。除了牆壁，這個要塞裡也有其他的空間，填充了那些猶太人共同認知的標記和符號，而且都是平面式的。杜拉猶太會堂的天花板是彩繪的磚塊鋪成的，拼出了許多我們熟悉的象徵物，如光明節的燈檯以及類似的器物。但那些建於西元三世紀至六世紀，所謂會堂萌芽期的猶太會堂的外表——無論是在巴勒斯坦地區還是在世界各地的其他

散居點——裝飾的畫面卻都是以鑲嵌畫的形式鋪在地面上。

當然，這並不意味著猶太人的藝術創造力發生了倒退。這個時期正是猶太教的「播種期」，強大的《米示拿》規定著猶太人的美好生活。然而，無論如何也沒有理由認為，那裡會出現恪守《米示拿》和光彩照人的鑲嵌畫天花板的猶太會堂。對於這個問題，《米示拿》在談到形象時卻一反常態，只是一筆帶過。例如，在其中篇幅很大的〈損害〉⓬裡，只是在一篇短文中提了一下形象問題，但隨後就又開始羅列各種《哈加達》式矛盾。拉比梅爾對此採取了強硬的立場，直截了當地說「所有的形象都在被禁止之列」；但後來有一位佚名的聖哲則說，只有那些畫著「棍子、鳥形或球形」的形象才會被禁止。幾乎可以肯定，「球形」象徵著太陽或月亮及其崇拜，但當時顯然沒有人意識到。這篇短文的其餘部分則全部是在描述各種崇拜亞舍拉的樹、流行的偶像以及如何通過故意褻瀆的方式才能打碎偶像頭上的光環，如「削掉（它們的）耳朵、鼻子或手指」，等等[8]（這是《米示拿》中屬於具有強制性但卻不合時代精神的內容，畢竟那些雕刻在樹上的亞舍拉形象已經廢棄了數百年了）。

對於那些繪製的壁畫，拉比們並沒有說什麼，顯然採取了默認的態度。毫無疑問《塔木德》相關內容的寫作與猶太會堂的建造幾乎是同時開始的。最初在加利利地區賽佛瑞斯一帶曾經建造了十八座猶太會堂並且風靡一時。其中唯一留存下來的一座就是在第一次編纂《米示拿》和「王子猶大」的猶太公會的所在城市裡建造和裝飾完成的，並且這座城市一度成為古典優雅、極度虔誠和美輪美奐的鑲嵌畫的典範。

在中古晚期的其他各個散居點，猶太會堂中裝飾鑲嵌畫的現象也並不罕見。在巴勒斯坦本土以及其他地方，迄今已經有不下四十處這樣的鑲嵌畫地板出土，並且隨時可能發現更多的例證。[9]從小亞細亞直到北非馬格里布西部各國，在這種建築形制初創的年代裡，裝飾豐富而華美的猶太會堂是一種標準格式，而不是個別現象。在現在位於突尼斯迦太基海岸的哈馬姆利夫（Hamman-Lif，當時腓尼基人稱為「納

羅」）有一座建於西元四世紀的猶太會堂，在那裡可以看到古代世界最鮮豔、生動的鑲嵌畫。[10] 這些裝飾畫面大部分是純幾何形的，以鑲嵌的形式把失落的聖殿的標誌物——燈檯或者號角融會在畫面中。而會堂的另一個房間，則儼然是大型的動物鑲嵌畫展廳：牆面上先是一排各種鳥類的形象；另一排的布局則顯得有些不可思議，一隻海豚和一條大魚中間竟然出現了兩隻鴨子。下面則是兩隻開屏的孔雀，環繞著一座噴泉。這是生命的源泉，表明哈馬姆利夫猶太會堂的鑲嵌畫，展現出不只是趣味盎然的動物寓言，也是對上帝創世本身的呼喚。描繪精緻、臉頰肥大但又尖牙利齒潛伏在海洋深處的大魚，到底是寓意巨獸利維坦⓭，還是用（我更喜歡的）喜慶標誌來象徵一個繁榮的突尼斯港口，這完全取決於你內心覺得哪一種學者看法更具說服力。

通過這種華麗的鑲嵌畫，猶太會堂的資助人堅信他們將會被後人感謝和銘記，因為他們的名字就用亞蘭語鐫刻在這些畫面中間。如「由朱莉安娜出資建造」，這樣一句銘文無疑是在強調：「為了讓她本人得到救贖，才為這座納羅的神聖會堂鑲上這些畫面。」[11]

一位猶太女性在哈馬姆利夫會堂裡為自己的慈善行為留下名字，應該沒有什麼令人驚奇的。女性在《米示拿》中扮演的角色受到嚴格限制，她們一直是作為男性的權利和要求的附屬，但這樣的角色不符社會現實。當時的實際情況是，男人和女人在猶太會堂裡是肩並肩地混坐在一起的，從來也沒有分區而坐。事實上，不管是《妥拉》還是《米示拿》都沒有討論過這個話題。而且從這個時期猶太會堂出土的

⓬《米示拿》第四部。

⓭利維坦（Levithan）的字面意思為「裂縫」，在《聖經》中是象徵邪惡的一種海怪，通常被描述為鯨魚、海豚或鱷魚的形狀。《約伯記》描述的利維坦實際上就是一條巨鱷，擁有堅硬的鱗甲和鋒利的牙齒，口鼻噴火，腹下有尖刺，令人生畏。在基督教中，利維坦成為惡魔的代名詞，並被冠以七大罪之一的「嫉妒」。

大量證據來看，並沒有發現任何女性專用座位區或其他形式的分區跡象。像其他許多被認為是遠古猶太人的做法一樣，這種（按性別分區）強制性制度是在很多個世紀後才建立起來的。也就是說，這在當時是一種創新並不是一種傳統。放棄「五體投地」的膜拜方式也與此類似——很可能是為了與穆斯林的習俗做區別。《米示拿》的〈先賢篇〉中的相關經文曾認為，「五體投地」應當是一種常規的膜拜形式。

然而，這些建於西元三世紀至六世紀，裝飾豐富而華美的猶太會堂，動搖了我們對猶太人誦讀《妥拉》和祈禱場所的所有成見。這些會堂的存在清楚地表明，在猶太教重新構建的初始階段，實際上在某些方面不僅文字，形象也是其重要的組成部分。正是通過這種不可或缺的形式，猶太教與周圍的文化聯繫在一起，而不是分離開來。首先，在像哈馬姆利夫、提比利亞、西索波利斯（貝特謝安）或賽佛瑞斯這類城市中一些富裕家庭裡，當時都可以看到如下的鑲嵌畫，不僅有生意盎然的動物和植物，並且還有人類的形象。這些城市裡的猶太會堂——像普通的猶太生活一樣——可以說是一種文化上的奇妙延伸，而不是一種故意的躲避或退卻。這些鑲嵌畫的風格和題材，大多來自猶太人曾經生活過，並且相對來說沒有遇到什麼麻煩的異邦世界。葡萄藤、棗椰樹、海豚、獅子是一神教（當然是起源於《希伯來聖經》的一神教）與周圍的異邦世界（在某些方面相近）的共同文化遺產。就像在杜拉要塞，大衛或但以理的形象不僅出現在猶太會堂裡，也同樣出現在基督教堂中。

如果需要更多有關猶太教在其孕育和繁榮的文化中，堅持開放原則的證據，可以再看一看這些建於拉比猶太教形成初期的猶太會堂地板，上面鑲嵌畫中的所謂「月曆少女」，正以不同的表情注視著我們。她們是季節的人格化，每個人物代表一個月份。加利利的賽佛瑞斯會堂或許是地面鑲嵌畫最為壯觀的猶太會堂。象徵提別月的冬季少女臉上掛著淚珠，從她包著頭髮的長袍（令人驚異的是很像現代伊斯蘭教徒的頭巾〔hijab〕）的褶皺後，露出一雙惆悵的眼睛，呈現出季節的寒冷，而不是對女性著裝適度的要求。象徵尼散月的春季少女有著一頭濃密的金髮，並用《米示拿》中不允許在安息日使用的那種鮮豔的髮帶

高高地束在頭頂上。與其說更糟糕不如說更搭配的是，她的左耳上顯然掛著一個金光閃閃、叮噹作響的耳環。象徵搭模斯月的夏季少女，則會使人想起當年浮躁的以色列人崇拜金牛犢的歲月，她似乎戴著一頂扎眼的平頂貝雷帽，並且裸露著誘人的香肩。

在賽佛瑞斯這樣的城市裡，展示女性美的鑲嵌畫以及我們認為那些對上帝不敬的異教徒能夠想像出來的所有形象——各種各樣的動物，尤其是兔子、鴨子和鹿——在街道兩邊一排排華麗住宅中的地面上可以說隨處可見。每一次新的發掘，都會看到更多的這類精美的裝飾品，表明當年這座城市曾經沉醉於一種極樂和田園牧歌式的情懷之中。[12] 賽佛瑞斯的市容裝飾得如此華麗，展示出如此多的「羅馬—希臘」風格標誌物；在一座巨大的劇場（靠近倖存的猶太會堂）內，甚至建造了高大的放射狀迴廊。從建築美學上看，這一切毫無疑問屬於異邦古典主義的傑作。但事實上，賽佛瑞斯並不是一個異邦或非猶太人的城市，而是一個典型的猶太城市，其市政會議（相當於立法會議）的成員大部分都是猶太人。劇場雖然是為猶太人而非羅馬人建造的，但卻像羅馬帝國晚期的其他地方一樣，上演的是戰車比賽和角鬥士表演。但沒有理由認為這些門楣高大、裝飾豪華的建築不是屬於猶太人的，比如所謂的「尼羅河神廟」及其內部繪製的歐西里斯節⓮狂歡場面，和整個尼羅河流域的各種動物形象（鱷魚、河馬等）。整座城市中裝飾最為精美的鑲嵌畫——包括一個令人神魂顛倒的美女，或許就是阿佛洛狄忒，還有大力神赫丘利和其他經典題材——當屬「酒神狄奧尼修斯山莊」，這棟建築物就位於西面的山坡上（距劇場和猶太會堂不遠），從這一帶發現的彩色燭臺等猶太器物來看，這裡可能曾有大量猶太人居住。那麼，這座酒神山莊又是屬於誰呢？關於這一點，學者們之間存在很大的分歧，但至少有部分學者接受了這樣一種令人吃驚的可能

⓮歐西里斯（Osiris）是埃及神話中的冥王，九柱神之一，是古埃及最重要的神祇之一。歐西里斯最初是大地和植物神，身上的綠色象徵反覆重生，後來成為陰間的最高統治者，永恆生命的象徵。

性：這裡曾是耶胡達．哈納西（Yehudah Hanasi）的住處，因為這位族長當年是羅馬皇帝的朋友，又是《米示拿》的主要編纂者，而且還是「大議會」的主持人。[13]

在被重新命名為提奧該撒利亞（Diocaesarea）之後，富有、開放的同時也非常虔誠的賽佛瑞斯市區的基本格局採用的是我們現在看到的西元二世紀至三世紀的形式。但在四世紀中葉，這座城市經歷了兩次大災難，一次是人禍，一次則是天災。西元三五一年，這座城市曾是暴力反抗當時的羅馬總督塞斯圖斯．加盧斯（Cestus Gallus）統治的起義中心，起義主要誘因是賦稅過重。這次起義的領袖是一個被稱為「提奧該撒利亞的以撒」（Isaac of Diocaesarea）的人，他成功地組織了一支相當強大的軍事力量，在阿克附近的一次戰鬥中被迫投降之前，甚至已經收復了遠至呂底亞的許多要塞。在這次最後反抗羅馬人的偉大起義中，這座城市由於受到牽連而付出代價，其軍事力量被徹底摧毀。十二年後的西元三六八年，一場震央位於加利利的大地震，又將城市的殘餘部分變成了一片廢墟。後來，賽佛瑞斯／提奧該撒利亞城得到了重建，寬廣的街道恢復了古典主義後期的精緻風格。這些新建築當然也包括猶太會堂，其中一座殘留著原有的長方形狹長柱廊並以其鑲嵌畫名噪一時的會堂，似乎順理成章地從一個私人居所變成了公共的神聖空間。其中的鑲嵌畫即使比不上「酒神山莊」那樣美輪美奐，但依然能給人留下十分深刻的印象。至少可以證明，在拉比猶太教形成初期，繪畫藝術曾占有一席之地。

當代的猶太人，大都是在這樣一種印象中長大的：在祈禱和誦讀《妥拉》的場所，即使有形象出現，也僅限於偶爾且適度地出現在彩色玻璃窗上。但是在賽佛瑞斯，猶太會堂以其原始的外表和形式、形象——從這一端到另一端，整個地面上鋪滿了莊嚴的巨幅鑲嵌畫——使其他的一切黯然失色。這讓一個實際上像三角房頂穀倉一樣狹小的空間，在視覺上產生了一種廣闊的感覺。同時，這些形象也不會因地面上的座位或站立祈禱的會眾而阻礙人們的視線。儘管賽佛瑞斯會堂裡沒有石製的長椅，但我們可以想像，當時祈禱的人群當時很可能是沿著長方形屋頂下的三個邊，依次坐在木製的長椅上，所以在任何

位置他們都能看到這些畫畫，有助於他們用記憶的力量戰勝政治上的現實。

你或許能夠想像出猶太人的圖象畫：畫中配有大量的「字符」。用希臘、亞蘭和希伯來文字裝飾的字體各異的經文、銘文和標記夾雜在鑲嵌畫面之中，以便標明星座的位置、月份或資助人的姓名。這些畫面也強烈地反映出《米德拉什》開篇描繪的《聖經》中的一些場景。這本書對《妥拉》和《聖經》的經文作了系統的闡釋，後來與《米示拿》記述的內容融合在一起，從而形成了篇幅更大的《塔木德》。與以往接受的猶太人傳統智慧不同，「字符」與形象完全融為一體，而非互相矛盾；這些畫面不再是為文本化猶太教配上的某種「插圖」。來到這個或其他會堂的猶太人，他們所受的教育和思想傾向，很可能已經與「經文研習學校」造就的拉比群體（從他們在起義期間的表現來看，其完全是一些近乎殘暴的猶太人）截然不同，對他們來說，這些畫面無疑是其理解並繼承猶太記憶，進而把這種記憶轉化為實際社會實踐行動的橋梁。由此開創了所謂「視覺記憶法」。「月曆少女」形象，以及這一時期許多猶太會堂地面中央繪製的大幅「八芒星」圖案，與失落的聖殿中的象徵物（如多枝燭臺、羊角號和無酵餅桌臺）和《聖經》中那些富有救贖意義的深刻故事（如杜拉會堂）一起，展現在人們面前。

當然，這些畫面形象沒有哪幅是隨隨便便選中的。從坐落在耶斯列山谷東坡陡峭山岩上的貝特阿爾法（Beit Alpha）會堂，到離賽佛瑞斯更近的哈末提比利亞（Hammath Tiberias）會堂，這樣的畫面在不同的猶太會堂中重複出現。這一事實意味著至少從西元四世紀開始，猶太會堂的地面鑲嵌畫，肯定是根據某種標準化的圖冊繪製的。不管其中的圖案複雜還是簡單（貝特阿爾法猶太會堂中的畫面就像現在的卡通畫一樣粗糙而簡單），都應按標準圖例仿製。更令人驚異的是，這樣的一本圖冊肯定得到了權威拉比們的認可，所以在各地會堂裡才會如此頻繁地，以幾乎相同的形式重複出現。因此，《米示拿》和鑲嵌畫根本不是相互排斥，而是相輔相成的：正如在杜拉猶太會堂，「字符」與形象完全融為一體，從而成為猶太人集會和祈禱的場所。

地面空間的條理劃分，對於這種藝術表現形式的眼睛和心靈的感受至關重要。離大門口最近的是《聖經》故事和相應的經文，幾乎無一例外地是描繪「被綑的以撒」以及常見的「亞倫獻祭」（這似乎更適用於小型聖殿）和「天使訪問撒拉」的畫面。當時的鑲嵌畫製作者（或出資人）可以自由發揮故事的細節，所以他們創作的畫面不僅非常迷人，並且能夠小中見大、見微知著。賽佛瑞斯版的「被綑的以撒」就非常感人，畫面上有兩雙鞋，一雙是父親亞伯拉罕的，小得多的一雙是以撒的（關於這個著名的場面，所有的早期作品都把以撒畫成一個小男孩，而不是後來《塔木德》中強調的三十多歲男人）並排放在一起的兩雙鞋，使得耶和華對亞伯拉罕提出的不合人性的要求更加人性化，同時也暗示在摩利亞（Moriah）山這樣的神聖場所，要恭敬地脫掉鞋子。

還有的細節，則暗示猶太人的故事中赤足頓悟的其他重要時刻，如摩西在燃燒荊棘中見到異象，這樣的生動記憶（同樣出現在杜拉會堂）通過當時在猶太會堂裡的赤足祈禱方式流傳下來。大門旁邊一排排脫下的鞋，把賽佛瑞斯猶太人與他們祖先的生活聯繫在一起。同樣，作為神諭的替代物，公羊的形象提醒人們不要忘記聖殿的牲祭儀式，尤其是逾越節以及舉行逾越節家宴所蘊含的象徵性意義。在這一時期，基督徒和猶太人的崇拜物及其象徵意義，幾乎清一色地為羔羊的形象占據。

在內堂地面的最裡面靠近安放《妥拉》的約櫃或聖龕的地方，幾乎集中了失落聖殿中所有的象徵和標誌物，使會堂不完全是記念的房間。正中間繪製的是風格獨特的至聖所畫面，通常有多重的嵌壁式門廊，有時（如杜拉會堂）還有所羅門式螺旋狀廊柱。兩邊則是一對守護的獅子或一對多枝燭臺，在猶太人的心靈和記憶中，這些獅子好似才剛剛從羅馬人的囚籠中被釋放出來。在這些聖物的周圍，則是排列整齊的聖殿禮儀用品和器物：在齋戒日、重要節期和安息日開始時召集猶太人的羊角號，香料罐與夾鉗（偶爾才有），陳設無酵餅的金桌臺。近端描繪的是耶和華與其子民立約的起源，而遠端則體現了這個約的實現。

《聖經》中關於立約的故事及其在聖殿中的實現，都是通過排列的畫面來表現的。在兩者之間是一個巨大的「八芒星」，這個星輪看起來就像在地面上不停地轉動，在鑲嵌畫組成的地面上顯得動感十足，尤其引人注目；這個圖案或許直接來源於異邦文化。雖然「月曆少女」本身就是表現季節的經典形象，但是在「八芒星」正中，卻有一個完全不屬於拉比文化的太陽神赫利俄斯（Helios）的肖像，這是安東尼·庇護以及最後幾任羅馬皇帝喜歡的神。太陽崇拜作為一種表現本來無形的造物主形式，在耶和華崇拜者間有著悠久的歷史，遠在古典文化之前就已經出現。[14] 在賽佛瑞斯猶太會堂裡，他被美化為引導著烈火戰車隊列的一束光線，但在哈末提比利亞和貝特阿爾法，這位天神的整個臉部和形體都被一覽無餘地表現出來。在「八芒星」圖案裡，還醒目地排列著各個星座的符號；它們的名字以希伯來、希臘或亞蘭文寫成，有時是三種文字混用，這與有些人（非歷史地）想像中謙卑的猶太經文大相逕庭。當這類星座符號需要用人類形象表現時，如雙子座或水瓶座，同樣也難不倒當時那些想像力豐富的鑲嵌畫作者：賽佛瑞斯會堂的雙子座，借用的是可愛的孿生子形象，而哈末提比利亞的水瓶座，則借用了肌肉結實的裸體。乍看，赫利俄斯肖像的中心地位似乎與《塔木德》成書年代的猶太教完全不符。但猶太教歷來是一個重視曆法的宗教，其重要節期和神聖節日都是嚴格按照農曆設立的。所以，所有的鑲嵌畫地面都裝飾著盛滿「初熟果實」的籃子，以及猶太人在秋後過住棚節期間帶到耶路撒冷朝聖，和隨時帶著進入猶太會堂的「四樣植物」——棗椰樹枝條、香桃木枝條、柳樹枝條和香櫞果。《死海古卷》的文獻說明，猶太人對猶太教的絕對忠誠與對天文學（即占星學）的強烈愛好之間不存在矛盾。根據某些書卷的記述，他們曾對星空進行仔細的觀察和推測。當然，這是猶太人對古典世界充滿激情的一個例證，但這絲毫不意味他們如此即是輕率地對待異邦文化。太陽神赫利俄斯如果沒有在某種程度上被理解為具有耶和華的某種屬性——光輝來源——的話，祂的形象又怎會能夠占據加利利那座精心設計的猶太會堂地面中心呢？位於宇宙中心的太陽戰車，或許恰好與「梅爾卡巴」（merkavah）⓯有關，也就是在這個時期已出現

的猶太神秘文學和詩歌中描繪的，向神聖的居所飛升之戰車。[15]

也就是說，西元三至六世紀，巴勒斯坦地區猶太會堂中的這些豐富而華美的鑲嵌畫所表現的內容，似乎並未讓拉比們震驚或憤慨，甚至在此前兩個世紀就編纂了《米示拿》的城市裡，也沒有引起多大反感。但是，形象和文字表現的是猶太人集會的兩種不同方式。從這個時候開始，《米示拿》就不再是專門為會堂裡的猶太人量身定製，而更多用於當時正在建立的其他學習場所，如「經文研習學校」，即猶太研究院的前身。在這類研究性機構裡，低俗、吵鬧、不潔的異端邪說的確被排除在外，以便更加專心致志地精煉《妥拉》的文字，以及圍繞《妥拉》文字形成的大量口傳和書面「話語」中的精髓，從而開始編織一張無邊無際的闡釋、解經和評注之網，最後完成《塔木德》這一鴻篇巨著。這部書的幾乎每一頁都與正直的猶太人在外部世界裡如何行動的規定有關，但整部書又似乎是一個沒有「窗戶」的封閉空間，一個心靈內省的所在，集中論述的是神聖「字符」獨有的自主力量。

對於中古晚期和中世紀早期猶太會堂，如果你仔細解讀其中的織品、形象和銘文，並且清楚地意識到這些藝術表現形式在猶太歷史上所處的特殊時刻和地點，你就會發現除了拉比們安靜內省的觀點之外，還有一些其他的東西。這些東西生動地體現了一個猶太人在自己會堂裡的真實生活究竟是怎麼樣的，並且與其所在城市中的各種人物、騷動不安和生活方式緊密聯繫在一起，而不是分離開來。他們平日使用的方言——大多是希臘語，有時也用亞蘭語——都融入了鑲嵌畫上的銘文之中。《米示拿》中提到的名字，都是當時著名拉比和聖哲的名字；猶太會堂地面和牆壁上刻下的名字，都是普通猶太人之名，並且通常還標明其職業：商人、染工、醫生等。前一種是傳奇故事，後一種則是真實歷史，記載著他們將會永垂青史的榮譽，此做法沿用至今。習慣上通用的格式是「要銘記他們的善行」；例如賽佛瑞斯會堂的銘文就像在招魂（許多名門望族似乎在建造那些狹長的猶太會堂時都曾名噪一時）：「祭司以撒的兒子猶但（Yudan），女兒帕熱格里（Paregri），阿門，阿門」，或「猶但與塞姆卡（Semqah）的兒子坦胡

姆（Tanhum）」，坦胡姆的兒子尼胡拉（Nehorai）」。每當回想賽佛瑞斯，我也許會在第一時間想到王子猶大，但我肯定一直記著猶但和帕熱格里。他們起些這樣的名字，誰能忘懷呢？

所以，早期的猶太會堂肯定不是一個為了恪守律法規定，而把外部世界及其觀念拒之門外的地方。會堂的大廳必須有充足的光線才能誦讀《妥拉》，長方形的大廳總是用廊柱分隔開，或把天窗和高大的大門全部打開。我們從狄奧多士（Theodotos）「拱頂會堂」的銘文得知，當第二聖殿還矗立著的時候，一座猶太會堂已經在耶路撒冷建立起來。我們從類似的埃及銘文中還了解到，當時的猶太會堂不僅是祈禱的場所和接待朝聖者和旅行者，為他們提供食物和飲水的旅店，而儼然已成為社區中心。當會堂後來演變為主要用於祈禱和誦讀《妥拉》的場所時，這些社會化的特點並沒有全部消失，直到今天依舊如此。

有時，文化的歷史往往囿於像記家譜那樣羅列事實，一種文化接著另一種文化，後來的主義完全取代了原來的主義，或將其母文化徹底否定和邊緣化。然而，這樣的情況卻斷然沒有發生在從聖殿被焚毀到西元四世紀基督教成為羅馬帝國國教這時期的猶太教身上。也就是說，當時並沒有發生這樣的情況：原有的一神教幾乎退出了歷史舞臺，然後被征服一切的基督福音書徹底邊緣化。這是一個拉比猶太教和基督教同時被創制並重新塑造的年代；在一段時間內，也許有三個世紀吧！儘管兩種宗教出於各自的需

⓯這個詞來源於古埃及神秘宗教，原指一種清修時調節呼吸與沉思的方法。所謂梅爾卡巴場（Merkaba）是指在人體內外有一個形如立體「八芒星」的能量場，可以調整人的意識和身心。這個能量場通常在人體內外飛速轉動，但由於人本身沒有意識到這個場的存在，能量場會減速或完全停止。當人們真正認識到能量場的存在並主動應用時，梅爾卡巴場才有可能被啟動並發揮出巨大的作用。梅爾卡巴結構的二維圖案就是猶太教的「六芒星」，即大衛盾圖案。

要，似乎都希望上述情況發生，但彼此之間並非相互排斥，至少遠遠沒有到你死我活的程度。[16]這兩種宗教肯定會為贏得更多的一神論信徒而相互競爭，所以出現摩擦和排擠也是必然的——無論是出於人性還是習俗。許多源於《妥拉》的禮儀習俗，被那些稱耶穌為主的人，和那些不信他的人共同遵守著。安息日的習俗被保留了下來，儘管保羅固執地堅持認為基督受難所體現的「新約」，已經取代了舊的「肉體上」的割禮習俗，但那些自認為是猶太基督徒的人仍然繼續在行割禮。這裡恰恰是彼得和保羅這兩個新生猶太人，在安提阿被痛苦地分開時所面臨的問題；彼得不願意和一個未行割禮的人一起用餐，令保羅震驚。

在西元二世紀和三世紀，由於這兩種宗教都被羅馬當局認定為邪教，兩個相互競爭的宗教共用著相同的城市空間，沒有理由去相互仇恨。尤其令人驚異的是，二者彼此之間有時甚至在紀念猶太殉難者這類事情上相互攀比。在安提阿，有一處所謂「馬加比七聖徒」（包括老父親以利亞撒和他的妻子共七人）的基督徒殉難地，傳聞其中有的就埋葬在距離建有最著名的猶太會堂的城市中心不過幾英里的達夫尼（Daphne）。猶太人有關不得在會堂周圍下葬的禁令，不僅沒有降低這個傳聞的可信度，反而最終使這個地方變成了一座基督教堂。但馬加比家族作為基督徒強烈崇拜對象的概念，無疑可以為當時兩種信仰及其故事形成的年代相互糾纏的事實添上濃重一筆。[17]

過去異教古典的風格繼續保持在現今一神論信徒身上，並在兩種宗教之間來回跳動著，而沒有跡象顯示這種回聲效應比羅馬猶太人埋葬死者的方式更加戲劇性。[18]在亞壁古城（Via Appia Antica）南面的猶太墓群維尼亞蘭達尼尼（Vigna Randanini）以及北面位於托洛尼山莊（Villa Torlonia）的墓群，都是在十七世紀初的田野中開始發掘的，當時自然地被認定為是基督徒的墓穴。十九世紀中期，儘管有大片墓穴被發現，而這種觀念也沒有改變。正因為如此，土地的主人才得到羅馬教廷當局的允許繼續進行發掘工作。然而，讓我們走下離墓穴入口不遠的階梯，進入了這片大墓地的巷道，一支紅色的七枝燭臺就這麼清晰地

映入眼簾。後面還有很多類似的圖案，有些還夾雜著用希臘文間或有希伯來文寫的銘文（如有一幅上寫的是「平安」〔shalom〕），這片墓穴的歸屬因此毫無疑問。發掘結果顯示，這是真正的猶太地下墳墓。在當時，羅馬的猶太人無論地位卑微還是高貴，皆可採此方式下葬。

與基督徒同時或稍晚建造的墓穴相比，猶太人的墓穴都有風格相同的隔間、墓室和壁龕，然而，在維尼亞蘭達尼尼墓群中，卻有一些利用山岩直接鑿成的墓穴，其墓室非平行，而幾乎垂直於地下巷道。因此，可以確定至少在某些方面，在第二聖殿被焚毀之前和之後，羅馬猶太人的墓穴也經歷過猶太墓室形式的演變。尤其是在加利利以西的貝薩朗（Beit She'aim）發現的大片墓群表明，或許這種演變在西元二世紀就開始了。反過來講，這在很大程度上也是由於受到希臘地下巷道（hypogea）墓葬形式的影響。在羅馬，大部分墓葬空間都是狹長的空穴，並且與巷道方向平行，兩邊還有一層層安葬嬰兒和兒童屍體的小隔板，中間那間更大的墓室，才是為那些生前富有、體面的墓主準備的。當然，偶爾也會在墓穴中見到大規模且裝飾精美的大理石石棺，但更多的則只是裝飾著細長的燈檯圖案、家訓或常用的名言警句。在這一時期，羅馬帝國的猶太人絕大部分都是平民甚至窮人：他們是囚虜或被擄走的奴隸及其後人，當然也有一些工匠和小店主。儘管還沒窮到連為因某種常見傳染病而夭折的孩子買個小小的墓穴壁龕的費用都出不起，但也無法多做裝飾，有時僅能在墓上畫或寫上一些令人心碎的告別語，為這個無辜的孩子送上一點安慰。

在這片擁擠而狹窄的巷道深處，是為猶太社區中富有、體面的一部分人準備的墓室。有一篇哀悼丈夫的銘文；他擔任過社區的「語法指導老師」，是社區中不可或缺的人物，而這篇銘文甚至影響了羅馬的繁榮及其詩意的風格。墓室壁畫特有的畫風表明，這個墓穴可以上溯至西元四世紀，當時在羅馬及其港城奧斯提亞，曾出現過一個龐大的猶太社區，在那還有一座猶太會堂（裝飾著線條鑲嵌畫）。這一時期也正是羅馬帝國宣布基督教為國教的時期，因此，很有可能這些遠近聞名、墓室更多的基督教式墓穴，

是按照猶太人的墓葬形制建造的，因為猶太人把巴勒斯坦地區的喪葬習俗，直接帶到了世界各地的散居點。更令人驚奇的是（除非你對像哈馬姆利夫和賽佛瑞斯這類習慣於借用異邦元素的地方有所了解），在墓群的最深處建造得最宏偉的家族墓穴竟然像教堂裡的隔間一樣，內壁和天花板上的裝飾完全是一派異邦風格。在維尼亞蘭達尼尼墓群中，這樣的裝飾風格再次推翻了有關猶太人在日常生活中，尤其在墓地裡排斥華麗裝飾的假定，因為其美輪美奐的設計——從四周的牆壁直到上面的拱頂——幾乎集中了所有的菜蔬、花朵、動物的圖案，甚至還有各種各樣的人物形象。包括女神繆斯以及珀加索斯（Pegasus）這樣的神話人物、生物和看上去很像黛安娜、維納斯、阿波羅和墨丘利這樣的各路神祇。有一間墓室的拱頂塗成了天藍色，彷彿永恆的天光照亮了這個黑暗的地穴。這間墓室裝飾的畫面是如此精細和華麗，以至於考古學家認為最初這很可能是一個異教徒的墓室，後來在某個時間被猶太人占用，但他們顯然認為這些華麗的裝飾非但沒有害處，而且還完全符合猶太人的喪葬習俗。在這些墓室中，儘管不是最大，但最為精美的是一個近乎完美的方形墓室，其四角繪製著棗椰樹（這是一種古老的猶太象徵物），牆壁粉刷成白色並且畫滿了精美的鮮花、跳躍的羚羊和戲水的海豚。毫無疑問，這是想像中林木蔥鬱的天堂——伊甸園（gan eden）的美好象徵。

在猶太人的想像和詩意的幻想中，他們應該把自己最親愛的逝者託付在最美好的地方。一直以來，圍繞著這類無從記憶的猶太經歷形成了各種偏見，例如在猶太會堂中男女分區；但就像許多廣為流傳的假設一樣，關於「猶太人喪葬傳統極盡簡樸」的臆斷，被猶太人在他們文化早期形成階段的實際做法，證明是全然錯誤的。在地下見不到陽光，所以為裝飾和美化這片安息之地所做的種種努力，對平民和窮人來說僅有燈檯、幾句銘文和家訓，對富人而言則完全是一個地下花園一般的墳墓，無疑是製造一種在天堂中得到救贖的幻象。猶太人這種「逝者在花園中安息」的觀念，甚至在經歷了後來數百年中加諸自身的，近乎冷酷的嚴厲規則之後，仍然得以流傳了下來（儘管如下文中所見，只有偶爾的間斷和局部的成功）。

「別了，親愛的，在你的伊甸園中安息吧。」這是我的母親在漢普斯泰德醫院，看到我父親的遺體後親吻他冰涼的額頭時，對他說的最後一句話。作為一個恪守《妥拉》的妻子，她非常幸福，因為她的亞瑟．奧西雅彷彿在他那條紋帆布躺椅上熟睡，終於可以在濃蔭如蓋的天堂裡安息了。

II　分道揚鑣

嚴格說來，猶太人與基督徒的麻煩更像是一種家人之間的爭吵。這當然不是說家人之間的爭吵一開始就會鬧出人命，但或許歷史注定了殺戮必生。當時，有一些追隨「拿撒勒的耶穌」的猶太人，他們第一次在基督徒們的心底裡植入了這樣的念頭：他們之間不願皈依基督教的猶太人，都是人性泯滅的惡魔，即「弒神者」。不僅馬太說猶太人犯下永恆的罪孽完全是發自內心和出於自願：「讓他的血濺在我們和我們的孩子身上。」更為惡劣的是《約翰福音》中記述的那個歷史時刻：耶穌自己清楚地意識到，他將死於一群惡人之手，因為他們的本性已經被「魔鬼附體」。

這番話出自《約翰福音》第八章，也就是當耶穌在一群憤怒的法利賽人面前為一個被認定為「行姦淫」的女人進行辯護之後，才說出這凶兆。這或許是整部《新約》中最直白也最深刻的一刻，因為此後，猶太人與基督徒之間的所有不幸、誤解以及相互指責便悲慘地拉開了序幕。

「你是誰？」法利賽人問道，他們（自認為）是《妥拉》律法的守護者。「就是我從起初所告訴你們的。」耶穌十分精闢地回答，並代表他的父說下去。他感覺到至少有幾個人會把他的話聽完，於是便鼓勵他們說：「你們必曉得真理，真理必叫你們得以自由。」這正是人類的救世主、受膏的耶路撒冷解放者應該說的話。但並不是所有人都被這番話打動了。那些聽完之後才回答的人（有點不合邏輯）也同樣表示了感謝，但他們認為自己已經是自由的了，因為「我們是亞伯拉罕的子孫」。「我知道你們是亞伯

拉罕的子孫，」耶穌答道，他突然變得有些焦急，「你們卻想要殺我，因為你們心裡容不下我的道……你們若是亞伯拉罕的兒子，就必行亞伯拉罕所行的事。」然後他又重複道：「我將在神那裡所聽見的真理告訴了你們，現在你們卻想要殺我。」

作為辯護的一方，猶太人打斷了他的話，他們似乎感覺到有某種邪惡的東西正在迫近，於是抗議道：「我們只有一位父，就是神。」「不，耶穌說，正義的怒火正在熾熱地升騰，「倘若神是你們的父，你們就必愛我；因為我本是出於神，也是從神而來」。你們反而聽不見也不去理解，因為你們真正的忠誠完全給了另一個主，正是他讓你聽不見也看不到光的。那麼，這是個什麼樣的父呢？「你們是出於你們的父魔鬼，你們父的私欲，你們偏要行。他從起初是殺人的，不守真理，因為他心裡沒有真理。」⑯不久之後，這些彼此仇視的敵人便真的像魔鬼一樣開始相互殘殺。驚嚇之餘，猶太人反過來指責耶穌才是真正的魔鬼。他不僅比不上撒瑪利亞人，或許還更邪惡，尤其是他還聲稱「凡追隨他的人將獲得永生」。

四百年之後的西元三八六年，以苦行和雄辯著稱，甚至因雄辯之才後來贏得「屈梭多模」（Chrysostom）即「金口」的雅號，被尊為「長老」的另一位約翰⑰，站在坐落於敘利亞的高山與大海之間，同樣被譽為「金色城堡」的安提阿城一座教堂的布道壇上，對他聽眾的天真好奇提出了嚴厲警告。他聲色俱厲地說，猶太人的會堂，尤其是位於達夫尼城郊森林中的馬特羅納（Matrona）會堂，是魔鬼棲居之地，甚至比妓院還腐敗。「在他們的會堂裡，立著一個騙人的無形祭壇，」約翰憤怒地說，活靈活現地描繪這險惡的魔鬼出沒的地方，「在這個祭壇上，他們不僅用羊羔和牛犢獻祭，而且還用人的靈魂獻祭」。[19]安提阿的女人最易受到魔鬼的誘惑，因為她們經常去那裡尋歡作樂和乞求靈感。這些容易上當的基督徒被新年節日響亮的羊角號聲召喚進會堂；由於用來闡釋《妥拉》的《米德拉什》是用希臘文

寫成的，不再按原文誦讀，所以對他們來說更容易理解。「不要跟著號角聲跑，」約翰以命令的口氣說：「你們應該待在家中，為他們（猶太人）哭泣和歎息。」[20] 然後又繼續說道：「難道你們不害怕與魔鬼共舞嗎？」[21] 假如這些女基督徒過於放蕩，竟然在外面與猶太人玩上一整天，他就會朝著她們的丈夫大喊（「金口」約翰是婚姻親密關係的忠實信徒）：「你們不害怕妻子從此再也不回來了嗎？」遠離他們的集會！像害怕房間沾染瘟疫一樣遠離他們！當時，他把與猶太人調情稱為「猶太化」，認為這是一種可怕的疾病，是會讓幼稚的女人落入魔鬼設計的陷阱。

猶太人難道不是因為奉行魔法巫術才變得聲名狼藉嗎？聖徒保羅不就在帕福斯（Paphos）遇到過邪惡的猶太巫師以呂瑪（Elymas），這個名副其實的「魔鬼之子」嗎？[22]「攻擊那些猶太巫師！」約翰命令道，「把他們從你們的家裡趕出去！」[23] 根據某些古代希臘文物對猶太人的最初描述，他們被認為是當時的玄學大師，巧妙而富有創造性地模糊了魔法和醫學之間的界線。並且他們肯定經常兜售護身符——有的上面刻著「字符」，有的是持久耐用的石頭（預防不孕或流產），有的用作指環和手鐲。[24] 憑著這種深厚的智慧功力，猶太人開始經常在自家的農田和葡萄園裡朗誦祝福詞，祈求豐年。從當時布道者表現出來的憤怒也可明顯地看出，許多基督徒耕種者根本就沒把這樣的祝福當回事。儘管屈梭多模面對這類所謂的冒犯行為時暴跳如雷（基督教會的一些神父也對此表示抗議），但我們知道基督徒習慣於去猶太會堂是有很多原因的。他們去那裡，是為了聆聽著名的雄辯家用希臘語布道；他們去那裡，是為了簽訂合約，因為與自己的法庭相比，他們顯然更信任猶太人；他們去那裡，是為了起誓，因為（儘管屈梭多模對此嗤之以鼻）他們相信在猶太會堂裡起的誓，出於某些明顯的原因或許更莊重一些。如果上述所有或其中一個原

---

⑯ 以上引文參見《約翰福音》8:31－8:47。

⑰ 指君士坦丁堡牧首約翰一世，即約翰·屈梭多模（John Chrysostom），金口聖若望。

因成為基督徒去猶太會堂的正當理由，那麼這位「長老」至少要給他們打個預防針：「把十字架畫在前額上，遊蕩在猶太會堂裡的邪惡力量會立刻逃之夭夭。假如你沒有在前額上畫十字架的話，魔鬼就會控制住你，彷彿你一絲不掛、手無寸鐵。魔鬼會用一萬種可怕的方式折磨你，把你撕碎。」[25]

因「猶太恐懼症」而發動攻擊的時機始終是一致的，一般來說應具備如下條件：一個城市、一個城邦或一個國家陷入了危機；麻煩、衝突、貧困和恐慌已經超出了人們忍受的限度；更多的潛在危險因素隨時會爆發。在這樣的情況下，人們的第一反應，就是去譴責那個魔鬼民族，把罪責推到猶太人身上。西元三八六至三八七年，最讓安提阿城感到頭疼的是羅馬人可能會對他們進行災難性的報復。因為他們對羅馬皇帝狄奧多西（Theodosius）和他的新皇后加拉（Galla），至少是對他們的形象做出了無禮的侮辱性舉動。這個人口眾多、崇尚奢華的大都市，作為整個帝國中僅次於羅馬和亞歷山大排名第三的大城市，同時也是常年對抗薩珊王朝波斯人（再過一個世紀多一點，他們將徹底摧毀安提阿）威脅的前線指揮和控制中心，安提阿城花在防禦上的費用之高，近乎奢侈。對於過度擴張、幅員遼闊的拜占庭帝國來說更是如此。因此，帝國開始對這座驕奢淫逸的城市徵收一種用金幣支付的新稅。於是這座城市在經歷了土地乾旱、食品短缺、物價飛漲、瘟疫暴發的漫長艱難歲月之後，民怨沸騰引發了暴亂，進而演變為一場毀壞聖像的運動。

但對基督教來說，這種騷亂是有一個限度的。安提阿城也許由於其安逸的生活和奢華的紀念碑、劇場、浴室和莊園而名噪一時，但同時也是苦修者的家園，許多隱士和修士都住在周邊的深山之中。這座城市的兩面——虔誠與世俗——是相互滋養的文化孿生兄弟。[26]安提阿城那些臭名昭著的享樂主義者我行我素、任意胡為，漠不關心城裡的窮人和救世主的殉難，因而遭到以屈梭多模為代表的以殘忍著稱的神職階層的一致聲討。當然，那些享樂主義者對此並不介意，甚至覺得這種戲劇化的表演非常受用。在安提阿城裡，以及種植水稻（這在當時是一種種植起來累死人不償命的農作物）的沼澤平原上，有許許多多的窮

人。沒有什麼地方能像這裡一樣，聖徒和罪人如此靠近地生活在一起。安提阿人驕傲於他們著名的基督教歷史。根據《使徒行傳》的記載，正是在這座城市裡，「基督徒」這一名稱首次被使用。正是在他們這座城市裡，保羅住了八或九年，把福音的對象從「行割禮」的猶太人轉向了非猶太人。許多名聲卓著的聖徒和殉教者長眠於此，成為公眾崇敬的對象：「悔過的淫婦」佩拉吉亞（Pelagia the Penitent Harlot）曾經是聞名全城的交際花，在受洗之後便釋放了她身邊所有穿金戴銀的奴隸，並把全部財產都捐給了窮人，消失在邊遠的窮山惡水之間隱居起來，過起了一種神聖「閹人」的生活，而她的真實性別直到死後才被發現；巴比拉斯（Babylas）面對羅馬人的迫害威武不屈，並請求綁縛在鐵鍊中被燒死；地位「等同於使徒」的德克拉（Thecla the Equal-to-Apostles）是保羅的追隨者，她放棄了原來的婚約，剪掉頭髮，從而變成了基督的新娘，並且一次次地從試圖吃掉她的獅子、公牛和毒蛇的口中僥倖逃生。

與這些近乎完美的人相比，區區一個羅馬皇帝又算什麼呢？騷亂的人群在安提阿城裡四處遊蕩，他們拆毀了皇帝夫婦的雕像和半身像，並把它們像囚犯一樣拖著在大街上示眾。這些消息讓君士坦丁堡的主人如坐針氈，尤其是在狄奧多西的元配去世後剛剛再婚的當口。這些人一定要付出代價。正當這座城市如同俎上魚肉坐以待斃的時候，一群身著黑袍的大鬍子修士和隱士，在一個用舊式稱呼，名叫馬其頓的人帶領下，在安提阿「像一隊天使一樣」從天而降。反正屈梭多模就是這樣描述的，他認為這是一個奇蹟。修士們和他的一致懇求總算得到了寬恕，因為皇帝僅下令處死了十一個領頭的犯人。

在這種近乎狂熱的氣氛下，屈梭多模在《駁斥猶太人》（*Against the Jews*）中發布了他著名的八條論綱：這篇條理清楚、辭藻華麗的檄文通過文字將猶太人徹底妖魔化。他把他們描繪為魔鬼製造的怪物，而他們的會堂就是魔鬼的巢穴。這本書造成的效果立竿見影、持久綿長，因為屈梭多模本人曾一度師從著名的異教徒利巴努斯（Liabanus），也作為一位出色的修辭學家而名噪一時，同時也被認為是個無可挑剔的聖徒。當時，一個自我苦修者威脅屈梭多模，如果他繼續如此行事就要殺死他。於是，他不得不又

回到了安提阿。當然，那裡還有一項重要的工作在等著他：最急迫的使命是分離基督徒和猶太人，一勞永逸地分離。

他們已經在安提阿城裡和周邊一起生活了很多年。即使不是一直和睦相處，但也沒有多大的仇恨。自從西元前三百年馬其頓的塞琉古王朝建立安提阿城以來，猶太人就一直住在這裡。他們最初很可能是帝國的傭兵（他們最擅長的職業之一），並且像在埃及一樣，他們也因此分得了土地。在反抗「神顯者」安條克四世的起義中，哈斯蒙尼人曾捲入塞琉古王朝的內戰，並一度派出一支數千人的軍隊去討伐安條克四世的競爭對手、「勝利者」德米特里（Demetrius the Nicator）。他們的回報，則是在城裡獲得了一塊屬於自己的領地：一個自治的公民團體。他們與耶路撒冷和猶太地的關係也十分密切。

當這座城市落入大希律之手後，隨即被列入他一長串待建工程的名單之中。一條裝飾精美、柱廊式、帶拱頂的沿著南北主幹道的步行街，就是希律的傑作；這座城市已有了許多異邦神廟和一座圓形露天競技場，且羅馬人為了舉行馬戰車比賽和角鬥士競技，建造了一座宏偉的賽馬場，在最大的劇場中增加了一個有柱廊的舞臺，同時還建造了一些不可或缺的浴室。種種跡象表明，猶太人和他們的非猶太鄰居一樣，正在享受著安逸的都市生活。他們的生活方式是如此奢華，以至於吸引了大量富有的外來移民，有的甚至來自巴比倫王國。有一個叫撒瑪利亞的人竟然帶著五百個馬夫、一百個親戚和門客、隨從湧入城中，然後在城外買下了一處地產，種植當地特產的大米，儼然過上了猶太族長式的安提阿人生活。[27] 達夫尼富裕的郊區山莊星羅棋布，鑲嵌畫琳琅滿目，噴泉此起彼落，已經完全變成了一個休閒區，並且羅馬人還建起了一座阿波羅神廟。家境富裕的猶太人大多住在那裡，他們作為社會精英，平常就在馬特羅納會堂裡舉行集會和祈禱儀式。顯然，相對屈梭多模的恐怖描述，這棟建築物實在過於漂亮，難怪那些女基督徒一聽到新年節日的羊角號聲就會趨之若鶩地趕過來，和猶太人一起為用以希臘文誦讀《妥拉》的猶太教拉比熱烈鼓掌。如此離經叛道實在令人震驚！

然而，有更多猶太人並沒能過上達夫尼那樣的生活。他們的生活區是城市東南部的克拉特恩（Kerateion），那裡也坐落著一座新建的圓形露天劇場。他們的會堂（在城區周邊可能有很多）被稱為「阿斯蒙尼」（Ashmunit），這樣的叫法肯定與哈斯蒙尼人有關。同樣地，這座猶太會堂不僅吸引了大量信奉基督教的遊客（這當然會讓屈梭多模憤怒），同時也吸引著那些家境相對貧寒的猶太人，包括工匠和從事工藝品貿易的商販。當時他們的經營範圍就已經專門化，劃分為金銀器、皮革製品、編織物以及針織刺繡等。在城外不遠處的鄉間，一些猶太地主開始種植敘利亞大米，而那些從地主手中租種土地、收穫莊稼的人也是猶太人。在與美索不達米亞接壤的鄉間，大大小小的猶太會堂星羅棋布，比如阿帕米亞（Apamea）和米西斯（Misis，即摩普綏提亞〔Mopsuestia〕）等地；內牆上同樣有大量常見的鑲嵌畫和相關捐助者的銘文，當中包括「挪亞方舟」的故事。這也證明，無論多麼遙遠的散居點，這種生動而豐富的裝飾方式都是非常流行的。我們從貝薩朗的墓群中發現，許多在安提阿城或附近去世的有錢人，包括一個名叫亞迪西奧斯（Aedesios）的社區領袖，他們的後人在其忌日重新安葬了他們的遺骨，以便按他們獨特的理解，讓他們的安息地盡可能地靠近耶路撒冷。

當時居住在安提阿的猶太人，即使不得不在隨時遭到驅逐的威脅、不時爆發的仇恨浪潮中苟延殘喘，仍然深深札根在自己的家鄉不願離開，從而成為其社會和歷史的一個有機組成部分。但是，他們已經明顯地感受到，在接受了救世主耶穌的人和繼續拒絕接受他的人（約翰．屈梭多模對他們充滿了仇恨）之間，要想和諧共處是根本不可能了。頑固盲信的人和獲得拯救的人之間需要區分開來，劃出一條清楚而明確的界線——否則基督徒的屍體（基督本人的屍體當然是永遠不會腐爛的）將找不著安葬之地。

一直以來，這兩種一神教並非全然如此界限分明、相互排斥。就連耶穌本人在布道時也沒有如此做，或幾乎沒有提出徹底否定《妥拉》的要求，所以，當地人完全有可能當一個所謂的「猶太基督徒」。在當時的巴勒斯坦邊境內外，他死後的最初幾代人中就曾出現過大量的猶太基督徒。根據殉道者

游斯丁在西元一四〇年科林斯的記述，在他與名叫特來弗的猶太人的一次激烈對話中，就曾稱這些猶太基督徒為「以便尼派」（Ebionites）。這個詞正是來源於希伯來語中的「窮人」（evyon）一詞，而拉比們則有時稱他們為「一文不名者」（minim）。這個稱呼也許與他們的社會地位並沒有太大關係，因為他們是遵循耶穌「登上寶訓」的精神而變成窮人的。根據《馬太福音》（他們最願意讀這一篇經文）的說法，以便尼人接受了耶穌為彌賽亞，但他卻是以《希伯來聖經》預言的人的形象出現。他是駕著天上祥雲降臨的「人子」，《但以理書》（第七章）「見獸的異象」中描述「他的頭髮像純淨的羊毛」，從而許諾「他的權柄和榮耀……永不敗壞」。這就使以便尼人耶穌變得人性化，有實實在在的人身，是約瑟和瑪利亞結合所生，而絕非貞女自孕。他們拒絕接受所有關於他具有神性的說法。對任何一個猶太人來說，所有基督和上帝共存（而不是由上帝所造）的說法都是一種徹頭徹尾的褻瀆，因為這違背了他們在〈示瑪篇〉每天都在重申的「唯一性」的終極真理。不過，他們接受了「人身彌賽亞」復活的事實，因為這種說法並不比《聖經》裡描述的許多奇蹟更令人難以置信，儘管「耶穌的死難消除了人類的所有罪孽」這說法，已經超出了奇蹟的範圍。

至於與撒拉米的伊皮法尼斯（Epiphanius of Salamis）有關的一些以便尼派習俗，有許多也的確非常吻合我們了解的昆蘭團體當時的情況。他們都精心製作天使的雕像；他們都堅決抵制神殿固有的權威性（因為儘管法利賽人在《新約》中被描述為耶穌的敵人，但他的布道對象反而更多的是撒都該貴族階層）；他們都過分熱中於洗浴和清潔。除了一個重要的例外；以便尼派堅決反對《妥拉》中有關動物牲祭的規定，因為他們是嚴格的素食主義者。但他們都恪守《妥拉》中其他的要求：齋戒日和重要節期、飲食律法以及安息日。據說耶穌的兄弟，「耶路撒冷教會」（指耶穌復活和升天之後，其追隨者組織的第一次集會）的創始人「公義者雅各」（James the Just），出於招募以便尼派加入教會的迫切需要，曾要求他們立即並徹底放棄《妥拉》律法，並以此作為加入基督教會的條件。使徒彼得的第一項使命針對的就是「行過割禮的人」，他與雅各

也持有同樣的觀點。很可能當時這些新入會的人雖然相信耶穌就是彌賽亞，但卻仍然繼續奉行猶太人的禮儀，可他們依然被基督教會接納。

然而，對基督教神學的真正創立者和推行者的保羅而言，這還遠遠不夠，他採取了另一種更激烈、更強硬的政策，從而最終使猶太人不可能既去基督教堂又去猶太會堂參加宗教活動。[28]雅各和彼得身上的猶太性使他們更傾向於用一種猶太教的形式來表現對耶穌的崇拜。他們借用希伯來經文中的預言，進一步強化而不是放棄《妥拉》。雖然在一些重要方面，保羅也認為基督教並非完全拋棄猶太教，而是其應許的最終實現，但保羅在解釋彌賽亞的應許時，對《聖經》進行了「回溯」的解讀。保羅認為亞伯拉罕與上帝立約是屬於所有人類的；並且如《創世記》中所說，他是「許多民族」的父，他甚至相信上帝把自己的兒子綑起來獻燔祭（又一個預兆），而且是信仰的最高表現，如此等等。保羅認為，《聖經》已經宣告其本身或「摩西律法」終將被「新約」，即新的信仰取代。保羅把摩西律法比作「學校老師」，人當然需要老師的教導，但他們的教義卻讓人們遠離了信仰的啟示。現在，這樣的律法過時了。

保羅還藉他的猶太血統大做文章，但卻與雅各和彼得的看法完全相反。誰能比這位基督教的官方檢察官更適合掌握關鍵，把舊版的和新版的以色列人區分開來？在安提阿，保羅和彼得針對遵守《妥拉》的殘餘規定，進行了一場激烈的辯論。彼得拒絕與未行割禮的人一起用餐，而保羅則將其看成是一種道德上的懦弱（近似彼得三次否認耶穌）。事實上，保羅認為這是一種在高歌猛進的福音真理面前的退縮行為，因為基督用自己的血立下「新約」已經讓肉體的割禮變得多餘了。「（在耶穌基督眼裡）受不受割禮都無關緊要，要緊的就是做新造的人。」[29]墨守成規就是在耶穌受難帶來的拯救面前退縮。現在不僅「摩西律法」已經變得多餘，遵守其規定的義務也變成了籠罩著純潔信仰光輝的烏雲。「我們因信基督稱義，不因行律法稱義，凡有血氣的，沒有一個因行律法稱義……我不廢掉神的恩，義若是借著律法得的，基督就是徒然死了。」[30]

當保羅把基督教神學的重心從耶穌的生命轉向他的死亡的時候，也就暗示著猶太人殺死耶穌不但是不可避免的，而且這一事件將成為這新宗教教義的核心思想。由於基督與聖父上帝是一個不可分割的實體，所以他們殺死基督就相當於弒神。這反過來，又進一步加劇了他與猶太人在對聖殿被毀的解釋上的對立：對坦拿們來說，這只是對不遵守《妥拉》的懲罰（正如第一聖殿的情況）；而對保羅來說，則是因為他們對《妥拉》違背得還不夠，只不過接受了其替代物。既然猶太人一直以古老律法及其彌賽亞預言的守護人自居，那麼他們其實根本不清楚自己的經文的涵義（至少保羅是這樣認為的），而這就更顯得不可理喻和不可饒恕。只有用一種「魔鬼附身」這個理由，才能解釋這種冥頑不靈和恣意妄為的「鐵石心腸」（基督徒幾乎從一開始就用這個詞來形容猶太人）。

儘管保羅對他的猶太同胞一直堅持他們自己宗教的核心理念感到絕望，但他對被賦予向全世界非猶太人傳播福音真理的使命仍然心存感激。顯而易見，當猶太人堅持《妥拉》只屬於他們自己時，耶穌基督的受難必然是為了免除所有人類的罪惡。除此之外還會是什麼呢？所以，保羅便借用《聖經》中所有的普世性元素——從《創世記》開始比比皆是——來強化福音書普遍適用的特點。他還通過有趣的隱喻，認為非猶太人是嫁接在老樹枝上的「野橄欖」。當然，在這時拋開摩西律法，以及其所蘊含的那些更令人痛苦的或者說更嚴厲的面向，以便為純粹信仰的寬闊教會讓路，也不一定全是壞事。

對於保羅及其追隨者而言，當他們發現不僅非猶太人，甚至還有一些自稱為基督徒的人，紛紛為猶太人舉行的各種儀式所吸引，去猶太會堂參加他們的集會，聆聽他們的羊角號和誦讀聲，與他們一起齋戒和慶祝，甚至出席他們的逾越節家宴而不去吃「聖餐」時，他們會何等失落，而又多麼憤怒啊！這種現象僅出現在君士坦丁大帝將基督教確定為羅馬帝國的國教之前，而且在此後一直如此。這至少表明，「舊約」和「新約」一直並駕齊驅，猶太教在整體上並沒有直接被福音書取代。當然，其中的部分原因應當歸諸基督教會神職人員本身的行為。猶太人必須要保留下來作為耶穌基督的見證人，同時也

作為了迎接他的再臨而皈依的新人。如果他們發現，基督教的普世主義，實際上與拉比接納那些希望遵守《妥拉》精神的非猶太人這觀念一致的話，肯定會感到不安。作為一種長期堅持的傳統，曾經在伊甸園中授予亞當的「挪亞六誡」只要求非猶太人勿行偶像崇拜，不得褻瀆、偷盜、殺人、通姦和食用被勒死因而未放血的動物的肉（一般認為所有的人類都厭惡飲血）。在洪水退去之後，上帝再次向挪亞啟示了上述誡命，並加上了第七條誡命，即建立公正的法庭（猶太人多麼愛他們的律法）。凡遵守這些核心誡命的人，即使沒有進入猶太人的約，但作為「正直的非猶太人」或「敬畏上帝者」，在來世（olam haba）都會得到救贖。如果以便尼人是猶太基督徒的話，有沒有接近於基督徒的準猶太人標準呢？至少在位於卡利亞（Caria，位於現在的安納托力亞西南部）的一個來自阿芙洛迪西亞（Aphrodisias）的猶太社團，有一些有趣的證據得以保留下來。那裡的猶太人和「敬畏上帝者」曾共用一個猶太會堂，長長的捐助者名單中共有六十八位猶太人，五十四個「敬畏上帝者」（即以便尼人），甚至還有三個完全皈依猶太教的異邦人。[31]

諾斯底派（Gnostic）版本的福音書堅決主張耶穌具有雙重本性，即人性和神性。但這也不過是增加了某種合體的可能性而已，並且顯然沒有得到兩種教義的衛道士們的最終承認。畢竟二者尚有許多交叉點需要澄清，如吃聖餐時把聖餅和酒作為救世主的肉身和血，顯然是由掰碎無酵餅和逾越節家宴上飲酒習俗演化而來；作為對聖殿「獻祭的羔羊」的記憶，逾越節家宴上特有的烤羊腿儀式也反映在救世主的羔羊形象中。這兩個處於發展中的宗教，彷彿一直看著彼此的背影。然而，由於《妥拉》中未曾提到任何有關逾越節家宴的資訊（只提到獻祭和背誦《出埃及記》），所以有人甚至更大膽地推測，拉比們發明的逾越節家宴或許只是為了回應基督教的復活節儀式，而不是出於其他的原因。[32]在這個成形階段，兩個宗教無疑陷入了「逾越節—復活節」的爭論和對話之中。儘管西元三二五年在君士坦丁親自出席的尼西亞公會議上，這兩個節日被作出了區分，並規定如果兩個節日恰好在同一天，猶太人就應該改變逾越節的日期，但此後爭論仍在持續。

於是，君士坦丁大帝授權屈梭多模徹底並一勞永逸地解決兩個宗教之間的長期紛爭。在君士坦丁寫給那些無法親自出席尼西亞公會議的主教的信中，他非常明確地表明自己像保羅一樣堅持強硬的立場：

> 追隨猶太人慶祝自己神聖節日的習俗是很不恰當的，因為他們的雙手罪行累累，這些邪惡的人心靈已經完全為黑暗所蒙蔽……因此，讓我們不要再與猶太人（他們是我們的敵人）共用任何東西，並時刻注意避免與他們邪惡的行為方式有任何牽連……因為圍繞我們的主受難這件事，他們根本不可能持有任何正確的觀點……（不要讓）你們純潔的心靈與一個完全墮落的殘酷民族共用任何習俗。

屈梭多模也許會說，他只是按照基督教帝國第一位皇帝的信件未曾執行的指示來辦事的。他們開始採取這種務實的方針，是因為他們意識到同時當基督徒又當猶太人是根本不可能的。「猶太人和我們之間的區別並不是局限在一些小事上，」屈梭多模說，「為什麼你們要把不可能混在一起的人混在一起呢？你們應該清楚，是他們把你們崇拜為上帝的耶穌基督釘上了十字架。」[33]於是，他的追隨者就用他的原話挑釁安提阿的猶太人，說屈梭多模的意思是要對猶太人實施一種人身隔離。要做到這一點，僅僅把猶太人簡單地定性為盲從、愚鈍和頑固（就像殉道者游斯丁在與特來弗對話時對他們的定性一樣）是遠遠不夠的。他們必須被定性為行為邪惡的低等人類。

屈梭多模在西元三八〇年代末提出的「八條論綱」，已經大大超越了保羅所持的困惑態度：這是史上第一次針對猶太人提出所謂「社會病理學」。「八條論綱」借用了遠古時代曾盛行一時的魔鬼學研究，但又在這類古老的傳說中添加了一些新的證據，認為猶太人是包藏禍心的綁架者，出於宗教儀式的需要，竟然爭食他們有意養肥的非猶太人。殺死耶穌基督只是他們天生嗜殺傾向的一種表現。他們謀殺了基督，但他們為什麼要這樣做呢？因為根據他們自己的供述（其實是屈梭多模說的），他們殺死的是自己

的兒子和女兒。「顯而易見，」他在第二條論綱中惡狠狠地說，「他們已經陷入了謀殺的泥淖而無法自拔。」[34]屈梭多模引用了《詩篇》（第106篇）的兩行詩句（幾乎可以肯定其中的情節指的是國王瑪拿西駭人聽聞的獻祭方式），把這種發生在古代的暴行描繪得彷彿就像昨天剛剛發生一般（假定真的發生過這樣的暴行）。「他們用自己的兒子和女兒向魔鬼獻祭，這無疑是出於他們凶殘的本性……他們甚至變得比野獸還凶殘，竟然毫無理由地用自己的雙手殺死自己的後代，獻給復仇的魔鬼這個我們生命中的死敵。」也許這類事情在許多代之前的確發生過，但屈梭多模卻指責當時的猶太人舌頭依然有血腥味。他的第六條論綱開篇就引用了一個恐怖的比喻，說貪婪的野獸一旦嘗到了血和肉的味道就永遠不會滿足，而這些野獸就是猶太人。

如此等等，不一而足。在這些記述中，猶太人全都胖得令人厭惡，被遺棄在骯髒的餿水中「縱情聲色」（當然，像約翰．屈梭多模這樣的苦行僧最厭惡這樣的生活）。[35]而且眾所周知，他們性欲旺盛，古人對此早有記述——他們假裝熱中於用鑲嵌畫表現割禮場面，實際上不過是為了增強和展示自己的性欲。此外，他們都是臭名昭著的「小販和邪惡的商人」，只要你被盯上，便在劫難逃。「還想要我告訴你們什麼呢？難道要我告訴你們，他們擅長劫掠、他們貪婪、他們拋棄窮人（這一指控令人感到驚異，因為猶太人向來以樂善好施聞名於世），他們偷盜，他們做買賣靠欺騙？要讓我把這些全給你們講一遍，恐怕用一整天都不夠。」[36]他們不適合從事真正的工作，約翰就曾說「（不過）他們最擅長殺人」。他還殺氣騰騰地說，這就是為什麼基督說：「至於我那些仇敵，不願我做他們的王的，把他們拉過來，在我面前把他們殺死吧！」[37]

如果不能把他們全部殺死（至少當時還沒有），那麼至少必須停止所有的「猶太化」行為，包括隨隨便便地跟他們談友情交朋友，在猶太人的神聖節日傻乎乎地往猶太會堂跑。教會當局不得不專門向常去那裡的基督教神職人員下達禁令；現在的我們僅憑這一點，就可以推斷他們當時已經養成了去猶太會堂的習慣。

我知道，許多人尊重猶太人，並且認為他們的生活方式是可敬的。這種致命想法，正是我急於要揭穿並徹底清除的……誰都別尊重他們的會堂，因為聖書讓你們仇視並避開它……難道你們不向他們打招呼或者說句話會死嗎？既然他們是全世界共同的恥辱和污染源，你們不離開他們難道不是找死嗎？……和有這麼多不潔魂靈附體的人去同一個地方，和這些用屠刀和血腥養育的人去同一個地方……他們每一種無法無天的犯罪行為都沾滿了鮮血……甚至把自己的女兒獻給魔鬼，你們難道不會不寒而慄嗎？[38]

對於一個舉止得當、身分體面的基督徒而言，似乎唯一能做的就是：避免以任何方式與這些「移動的傳染源」接觸，除了時刻提醒他們福音的真理：「你們確實殺死了基督，你們確實對偉大的主犯下了暴行，你們確實讓祂身上濺出了神聖的血。這就是你們根本沒有贖罪機會的原因。」[39]

以上這些觀點並非出自基督教王國蠻荒之地的某些精神錯亂的離群索居者之口，而是出自道貌岸然的約翰——「金口」聖若望之口：他不僅在自己的家鄉安提阿，而且在整個東方基督教王國中，都是最受尊敬和最具影響力的布道者。約翰的聲音被認為是最真實、最虔誠的，是一種可以穿透大都市中的塵世安逸，時刻提醒那些沾沾自喜的人不要忘記自己真正職責的聲音。這種聲音將強烈的苦修意識與狂熱的戰爭叫囂融為一體，號召基督徒要以永不寬恕的心態去面對敵人，即殺害基督的凶手。對於猶太人來說，他們在後來的基督教時代必須一再面對這種可怕的聲音。

這種試圖把猶太人變成一個「賤民部落」的聲音能持續多久、又會傳播多遠呢？如果發生人身攻擊，帝國的法律會保護他們嗎？抑或政權當局會袖手旁觀，以免憤怒的群眾把仇恨發洩到他們身上，指責他們無視基督的勸告？屈梭多模的聲音並未被忽視，而是引起極大關注。他的演講被人用文字記錄下

來，並由那些聽過的人流傳開來，這本身就說明當時人們非常重視他的聲音。西元三九八年，就在他的「八條論綱」成書僅僅十一年之後，約翰被擢升為君士坦丁堡的宗主教（即牧首），從而使他開始覬覦皇帝的寶座。他的恐怖言論至少部分保留在「叛教」皇帝朱利安（Julian the Apostate）⑱的記憶中（他恐怖的聲音依然鮮活），猶太人肯定為此慶幸，因為在西元三六二至三六三年，正是這位朱利安允許安提阿的猶太人返回耶路撒冷並重建他們的聖殿。

朱利安曾發起短暫且有戲劇性的恢復異邦聖殿和節日儀式、寬容所有宗教一律平等的「去基督化」運動。這尤其令羅馬教廷憤怒，因為朱利安本人乃是由基督徒父母撫養成人；他的父親是第一個基督徒皇帝君士坦丁大帝的同父異母兄弟，而君士坦丁本人，儘管尊重猶太人按照自己的傳統進行宗教活動的權利，仍然認為「他們犯下了不潔的罪行……完全陷入了盲從」。朱利安也許有所不同，因為他是一個哲學家王子⑲。「《聖經》的人民」並不特別擁戴他，因其提倡享樂主義。他以鄙視目光看《聖經》，尤其厭惡其中暗示只有以色列人才能得到上帝真正福佑的那個「特別的約」，但他又覺得根本沒有理由反對他們這樣做，他們完全可以像其他民族一樣，在對他們偶然選中的對某個神的崇拜中得到保護，只要他們不像基督徒那樣，把這種崇拜強加於其他人。他的仁慈也澤及了當時失去聖殿和金色城市（指安提阿）的猶太人。在他的統治下，人們被允許在聖殿被毀的紀念日，阿布月初九，前往希律聖殿那段殘留的西牆朝聖，這不僅是一個慟哭和哀悼的公共場所，也是吸引著懷有複雜情感的基督徒旅行者的勝地。西元三三三年，一位旅行者就曾提到，他們來到矗立在聖殿舊址上的哈德良雕像前，「痛苦地哀悼，用力撕扯自己的衣服，然後回去」。[40]

---

⑱編注：Flavius Claudius Julianus，是羅馬帝國最後一任多神信仰的皇帝，因反對讓基督教成為國教，而被稱作「叛教者」。

⑲編注：他對希臘哲學的熱愛遠近馳名，因此被稱為「哲學家朱利安」（Julian the Philosopher）。

屈梭多模或許會突然不寒而慄，因為末代叛教的皇帝和猶太人之間突然而反常的相互理解，就發生在他的大本營安提阿城。西元三六二年，朱利安本人來到了安提阿，招募、準備與波斯人開戰的軍隊。（有些資料說）皇帝從城內甚至整個敘利亞境內召集了一個猶太人組成的代表團，質問他們為什麼不依照摩西律法的要求向他們的上帝獻祭。他們回答說，摩西律法不允許我們在耶路撒冷以外的地方獻祭。「讓我們返回耶路撒冷，重建聖殿和祭壇，我們就會像過去那樣獻祭。」極力反猶太人的傳教士以法蓮．塞魯斯（Ephrem Syrus）描畫了一幅「非神聖同盟」的諷刺畫，猶太人為「魔術師朱利安和偶像崇拜者」這個魔鬼載歌載舞：「行割禮的人吹著羊角號，就像一群瘋子。」但當時的情況很可能是，某些猶太人對重建計畫懷有複雜的情感，因為畢竟彌賽亞的降臨被認為是重建的先決條件。

突然，這項重建計畫引起了朱利安這位野心勃勃歷史主宰者的興趣，因為這樣做至少會在一定程度上戲劇性地否定基督教所謂「聖殿的廢墟將永遠作為提醒人們拒絕救世主的後果的標誌物保留下來」的論調。但是，另一個更驚人的事實也許是，作為一個羅馬皇帝，尤其是一個出生在基督徒家庭的皇帝，他竟然想要建立一座「讓他的統治永垂不朽的紀念碑」。正如同時代的羅馬歷史學家阿米亞努斯．馬切利努斯（Ammianus Marcellinus）所說，「不惜以巨大的代價重建……那座被他自己的臣民焚毀的，一度矗立在耶路撒冷的雄偉聖殿」。[41]

西元三六三年春天，事情進展順利。為了監督工程進度，朱利安任命他最信任的安提阿人、曾擔任過大不列顛總督的阿里皮烏斯（Alypius）出任工程總監。在一封寫給族長希列二世（Hillel II）的信中，阿里皮烏斯要求對重建的成本作出預算，並任命了一位收稅官員專門接受從各個猶太社區募集的專項資金（模仿歷史上為維護聖殿而徵收「舍客勒」舊銀幣的情景）。巨大的石灰石和木材被源源不斷地運往耶路撒冷，實際上聖殿中一個尚未完全倒塌的門廊還被改建成了一座臨時會堂。在與波斯人作戰的征途中，朱利安宣布：「我正在以全部的熱情為至高的上帝建造一座新聖殿。」

然而，正如那些基督教教父所期望的那樣，上帝毫不留情地作出了最後的裁決。根據阿米亞努斯·馬切利努斯的記述，在五月底的一天，「令人恐怖的火球在地基上爆炸，燒死了幾個工匠，使人無法靠近建築工地。這工程彷彿有違天命，於是被擱置起來了」[42]。幾乎可以肯定，這次所謂的「爆炸」，是由加利利的一次地震引起的，但巴勒斯坦和敘利亞的基督徒自然認為這是上天的懲罰而歡欣鼓舞。對於全能的上帝如何看待這次未成熟重建的疑問，就留給歷史來回答了：因為朱利安本人在一個月後的戰爭中，被波斯人的長矛刺死了。

基督徒們終於鬆了一口氣，為他們在緊要關頭逃過了異教和猶太教的魔爪熱烈祈禱。雖然一場基督教世界面臨顛覆的噩夢終於結束，但卻讓教會的神父們敏銳地意識到，也許羅馬這個基督教帝國的根基比他們想像的還要脆弱。所以在朱利安的「叛教」插曲之後，報復式的鎮壓更加殘酷地落在了異教徒而不是基督徒身上。雖然猶太教仍然作為「合法宗教」被保留下來，但異教崇拜卻沒有那麼幸運。各種異教神廟被摧毀，異教崇拜被取締，甚至在私人居所裡從事異教崇拜活動也變成了犯罪。儘管那些更崇尚武力的教會，試圖逼迫帝國行政當局讓猶太人生活得更艱難，最好能夠讓對方不得不皈依基督教，但他們滿足於把兩個團體進一步分開的強硬措施：不得通婚（拉比們當時剛剛制定了更利於通婚的規定）、不得為非猶太僕人或奴隸行割禮、不得祝福非猶太人的莊稼和田地、基督徒不得與猶太人在同一張桌子上用餐。

然而，在這場使猶太人和猶太教邊緣化，甚至非人化的運動中卻出現了兩個限制性因素。首先，在應該如何干預猶太人皈依基督教，和如何把那些頑固不化的猶太人認定為賤民的問題上，基督教會中那些最能言善辯和博學多才的教父內部產生了分歧。哲羅姆（Jerome）曾在巴勒斯坦生活了許多年，他學會了希伯來文並把最初的《聖經》文本翻譯成了拉丁文，即所謂「武加大」（Vulgate）譯本。他雖然曾近距離地接觸過猶太人，尤其是他那些已經皈依基督教的猶太老師，但他仍然對他們「剛愎自用、邪惡變

態和對十字架犯下的血腥罪行」耿耿於懷。「凡不屬於基督的，就是反基督的。」凡與猶太人有關的事情，都必須退回到他們在耶穌受難時所扮演的角色來看待，包括他們不健康的習俗、荒謬的割禮制度，以及對律法「字符」的粗俗癡迷。奧古斯丁（Aurelius Augustinus）由於更歷史地看待猶太人和他們的《妥拉》，所以顯得十分引人注目、與眾不同。既然上帝把他們單獨挑選出來接受祂的律法，怎麼會認為割禮是不值得的呢？按照奧古斯丁對割禮的理解，這種「割掉」血肉的做法實際上是耶穌基督本人自願捨棄肉身的預演。如果保羅憤怒於猶太人不願意看到割禮被取代卻仍讓提摩太（Timothy，保羅的兒子）行割禮。同樣地，奧古斯丁竭力地發揮自己的歷史想像力，從而承認耶穌及其門徒以完整的猶太身分。而在當時，他曾給哲羅姆寫過一系列信件，就許多微妙的爭議問題進行討論。他認為有必要把猶太人保留下來，讓他們不受打擾地遵守他們的傳統和律法。因為上帝肯定要讓他們流散到世界的各個角落，作為《聖經》關於基督降臨的預言的守護人，他們在地球表面流浪——無異於一座隨時可見的移動博物館。確定無疑的是，他們只有皈依基督教才能獲得拯救。如果上帝願意，並且通過勸說而非強迫，一旦時機成熟，這個願望必定會實現。[43]

其次，第二個限制是西元四世紀末的皇室鐵腕人物狄奧多西一世，在律法問題上奉行保守主義。他不遺餘力地清除異教影響，從而先發制人地消除了再一次發生朱利安式革命的可能性，並堅守著原來未曾明言的約定。只要猶太人是忠誠的（波斯巴比倫王國的真實存在，使這問題變得非常重要），那麼當他們面對人身騷擾或更糟的情況時就應該受到律法的保護。屈梭多模通過語言暴力對狄奧多西的堅定信念提出了挑戰，當時他的「八條論綱」尚未完成。西元三八八年，四處橫行的暴徒攻擊了帝國東部地區包括亞歷山大城在內的所有猶太會堂，而在敘利亞的暴行尤其殘酷。在幼發拉底河畔的卡利尼古姆（Callinicum），那裡的猶太會堂被一夥暴徒在當地主教的慫恿下夷為平地。起初狄奧多西曾以殺雞儆猴的方式作出強硬的反應，命令主教自己出資重建會堂。但他的決定引發了一波巨大的抗議浪潮，各地的神職人員一時驚

恐萬狀：基督徒竟然要出錢為猶太人蓋房子！其中一個主教就是米蘭的安布羅斯（Ambrose），他在一年前就曾經被馬格努斯·馬克西姆斯（Magnus Maximus）要求在羅馬重建一座猶太會堂的命令激怒。此時，他再次跳了出來，公然指責皇帝本人的裁決是「大不敬」。他把自己裝扮成先知拿單，而狄奧多西則成了犯錯的大衛王。安布羅斯擁有優秀的表演天賦（並受過經典修辭學方面的貴族教育），他表示自己可以為他們頂罪，甘願領受懲罰。如果有必要，甚至可以以身殉道。但無論如何，教會也不要給猶太人任何賠償。「我就站在這裡，」他對皇帝吼叫著，「站在你的面前。我宣布，是我本人燒毀了會堂，其他的參與者也是我命令的，因為在基督被拒絕的地方本來就不該有任何建築物。」既然上帝已經命令焚毀猶太會堂，那麼無論安布羅斯選擇什麼樣的方式，當機會來臨時，他肯定會親自完成。至於猶太人，「你不要為他們祈禱，更不要憐憫他們」。[44]在這次正面衝突之後，狄奧多西撤銷了他的懲罰令，改為由公民和城邦共同出資重建猶太會堂。但這項命令後來並沒有執行，似乎是個極糟的信號。

更糟糕的還在後面。在此後一個世紀裡，基督教羅馬帝國的統治者們分裂了，在其領地的邊境上陷入了全面戰爭——在歐洲要抵抗柏柏人，在小亞細亞要面對波斯人，宮廷內部充滿了陰謀和殺戮，並對猶太人的忠誠產生極大懷疑——這使他們更願意回應教會發起的，在帝國領地上讓猶太人變得比羅馬人更少的號召。西元四三五至四三八年，狄奧多西二世統治期間頒布了一系列法令，使猶太人在拜占庭帝國的生活變得空前反常、艱難。根據禁令，不僅不再允許建造新的猶太會堂，而且禁止對舊會堂的一應設施進行維修。這樣的禁令無異於縱容殺人放火，因為當時已經不允許猶太人提出損害賠償。基督教神職人員們可能會（而且的確是這麼做的）出現在一片不成樣子的猶太會堂廢墟前，然後立即下令將其改為一座基督教堂。如果無法改變原來信徒的信仰，就先改變會堂的內部結構。猶太人不得擔任任何公職，只能做收稅的差事，而且要忍受各種侮辱、沒有任何特權。猶太人不得在軍隊中服役，但他們早就失去了當兵的資格，所以這個禁令似乎有些多餘，但這樣一來，猶太人在埃及和「希臘—羅馬」的小亞細亞領

地上作為傭兵的悠久傳統，到此真正結束了。

長期以來編織在「希臘—羅馬」文化生活巨毯上的猶太絲線，開始漸漸被拆散。從當年王子猶大傳奇般地與卡拉卡拉和安東尼．庇護達成相互諒解開始，形成了羅馬帝國當局與猶太族長（Ioudaioi）之間相互聯繫的政治體制，而這種體制隨著迦瑪列六世於西元四二五年去世而宣告結束。拜占庭當局並未任命新的繼任者。四年之後，官方正式取消了猶太族長這一職位，這使被剝奪了合法保護權利的猶太人的命運，越來越令人憂慮。從屈梭多模的布道詞以及西門．斯泰利特（Simon Stylites）、以法蓮．塞魯斯的偏執教義中透露出一些更駭人聽聞的傳說，它們開始深深地根植於基督教民間文化之中。猶太人的普珥節變得尤其可疑，這很可能是因為這個故事與波斯人有關，並且猶太王后以斯帖在其中扮演了一個至關重要的角色。傳言越來越多，說猶太人為慶祝這天，借用殺死哈曼的場面來模仿在十字架上受難的耶穌。更為離奇的是，據說有些基督徒兒童遭到綁架，猶太人先對他們百般折磨，然後釘上十字架。西元四一四年，在離安提阿不遠的因梅斯塔（Inmestar），有關猶太人為慶祝普珥節綁架並殺死了一個兒童的傳言，引發了一場騷亂。甚至在一千五百年之後，依然有人對這類故事深信不疑，只不過猶太人的「殺人陰謀」已經改成了逾越節版本，而犯罪的方式也變成了用基督徒的血烤製無酵餅。屈梭多模堅持認為，既然猶太人當過一次殺人犯，那麼就永遠是殺人犯，至於折磨兒童並用他們獻祭的指控，不過是即將到來的一場場「重頭戲」的序幕罷了。

猶太人和基督徒之間共用同一城市生活的歷史——即使按照奧古斯丁提出的「容忍但不鼓勵」原則，僅僅過一種「宗教寬容」的生活——已經一去不復返了。同時，在整個羅馬帝國徹底基督化之前和之後，猶太教一直享受的合法保護也隨之消失了。當查士丁尼（Justinian）法典於西元五三二年頒布的時候，猶太教第一次被排除在「合法宗教」之外。三年之後的五三五年，查士丁尼發布了一項更為嚴格的禁令：羅馬帝國境內所有的猶太會堂都要改成基督教堂。

III 另一方淨土

對猶太人來說，拜占庭帝國很快就出現了一抹曙光。猶太詩人曾將這個帝國比喻為但以理在精神迷亂的夢中獲得的啟示——長著十隻角和鐵齒、銅爪的第四隻野獸。即使如此，這一切總會過去的，因為這十隻角最終會轉過來攻擊這隻孕育他的野獸。對於一個好戰、始終懷有統一基督教帝國的偉大夢想的羅馬皇帝來說，查士丁尼所能做的大概只有這麼多了，關於改建猶太會堂為基督教堂的法令從來也沒有嚴格執行。據我們所知，只有一個相對重要的例證，就是約旦東部的哲拉什（Jerash）。那裡有一座建於西元四世紀、非常漂亮的猶太會堂，於六世紀三〇年代初被改造成了基督教堂。對於那些鳩占鵲巢的基督徒而言，猶太人的建築顯然過於華而不實。因此，猶太會堂裡描繪挪亞洪水的鮮豔華麗的鑲嵌畫（幸運的是，其殘片得以單獨保留了下來）被鏟掉，並換成了更莊重的幾何造型設計，只剩下一些動物——綿羊、鹿和公牛——依舊平靜地在碎石間吃草。

查士丁尼自己當然也明白，集體皈依畢竟不是一夜之間就能成就。他的計畫基本上是按照奧古斯丁的思路設計，只是希望順勢讓猶太人皈依，而不是用棍棒脅迫他們改信基督。雖然已經禁止他們研讀《米示拿》——這在當時算得上是一項極其卑劣的措施，但他卻愚蠢地忽視了如下事實：既然這本書記述的是口傳律法，那麼其中大量的內容，早就已經內化於猶太人的社會習俗與律法行為之中。在另一項法令中，查士丁尼竟然規定猶太人在會堂裡必須用希臘語誦讀《妥拉》（每三年通讀一遍），其實在許多地方他們早就這麼做了。當時使用的版本是亞歷山大的《七十士譯本》，即由耶路撒冷第二聖殿時期的猶太人翻譯的經文本。

基督教的羅馬帝國以為這樣就可以加速希伯來語的消亡，但顯然為時已晚。這種《聖經》的語言不

僅沒有過時，而且正在進入一個充滿活力和不斷創新的新階段。《塔木德》的兩個新版本——「耶路撒冷版本」（在加利利人完成）和「巴比倫版本」，後者就是在巴比倫的蓬貝迪塔、尼哈迪亞（Nehardea）和蘇拉猶太研究院中寫成的。其中為《米示拿》增補了大量的評注，形成了所謂的《革馬拉》。他們正是用這種方式創立了一個龐大的、驚人的、具有漫談式風格的希伯來文文學體系。其內容不拘一格，從流傳已久的神秘傳說到時常發生的律法辯論，可以說應有盡有。這部《塔木德》篇幅宏大，幾乎無所不包，不僅可用作律法指南以及平日的自省、啟蒙和討論，同時也是一種啟發甚至娛樂的方式。

《塔木德》是那些學術聖哲（當時稱「阿莫拉」）的宗教王國。希伯來文學的另一種形式也起源於這一時期。其不僅為學者和法官階層所採用，而且也體現在猶太會堂普通會眾的誦讀聲中。在當時的巴比倫，猶太會堂大多為拉比的私有財產，通常就設在他們自己的家裡。有些拉比（當時稱「拉布」〔Rab〕）現在依然如此。實際上，這是原來「經文講習學校」（Beit Hamidrash）的一種延伸形式，前來學習的主要是他們的門徒。而在巴勒斯坦，由於咄咄逼人的基督教會和充滿敵意的皇家法令，猶太教日益陷入了重重困難之中，但那裡的猶太會堂仍然是公共活動場所。那些被蔑稱為「當地人」（am ha'eretz），即無論在世俗社會還是宗教界都算不上貴族階層的人，平時可以與名字往往非常顯眼地鐫刻在鑲嵌畫上的當地顯貴，和祭司、利未人一起討論問題。對他們來說，用激情洋溢的希伯來語創作的「新詩歌」（piyyutim）無疑是一種在逆境中安慰會眾的精神力量。在正式祈禱——按慣例要誦讀「示瑪」和經匣中的內容並用立禱（amidah）的方式背誦「十八祝福詞」——的間隙以及誦讀《妥拉》之前和之後，唱一首聖歌或吟一首新詩也算是情感的調劑和抒發。一些最早創作的詩歌節奏很快，顯然是為了在舉行莊重的儀式之前吟唱，比如像新年節期間反覆吹響羊角號。並且在後來許多不同的版本中，這一階段所寫的新詩仍然延續了這種風格。一些流傳最廣、最受歡迎的詩作，例如〈幸福〉（Ashrei）、〈永恆的主〉（Adon Olam）、〈讚美上帝〉（Yigdal）、〈除我們的主外沒有別神〉（Ein Keiloheinu）[20]，則是後來中世紀

的作品，以至於連平時不常參加正式祈禱儀式的猶太人也耳熟能詳。當然，要確定創作的具體日期是非常困難的，因為這些詩歌大部分來自中世紀的「福斯塔特（Fustat，開羅的舊稱）秘庫」中保留下來的猶太文書殘片。但根據其鮮明的風格，可以確定最早的「新詩」應該寫於西元六世紀至七世紀。[45]

他們創作的這些感情強烈的詩行，是一種情緒的宣洩，是用詩歌的形式對迫使他們痛苦地分離出來的壓迫者發動一次反擊。事實上，他們並不掩飾自己內心的仇恨。「度瑪（Dumah，即以東，指羅馬人）的統治者將被擊敗，他們將匍匐在地，像蟲子一樣舔地上的泥土。」雅乃（Yannai）在一首詩中寫道：「讓以東的土地上發生大屠殺，願他們的田地裡燒起大火。」他的學生以利亞撒．本．吉利爾（Eleazar ben Qillir）甚至寫下了一些詛咒他們遭到報應的血腥詩行：「打倒以掃的兒子、張狂一時的惡棍，讓他們斷子絕孫，妻子守寡。」[46]或許這些帶著火焰和硫黃的詩行會應驗在他們自己和同胞的身上，因為據說雅乃非常妒忌他的學生吉利爾，於是把一隻蠍子放在他的鞋子裡把他毒死了。但其中最早的一位詩人，即西元六世紀在巴勒斯坦從事創作的約西．本．約西（Yose ben Yose），曾將《聖經》及其闡釋者作為在哀痛中希望彌賽亞降臨的一種載體。他的聲音是屬於猶太會堂的，《雅歌》中的新娘被完全人格化，她在不斷加深的絕望和悲痛中，等待著上帝化為新郎出現在她的面前。不義之人把上帝趕跑了，她只能在他曾經顯現過的老地方即海洋和曠野之間徒勞地尋找。但希望的種子畢竟留了下來：「他會在他的心裡為我播下永遠的印記，就像他在蘋果樹下用一個聲音把我喚醒一樣。」鳥鳴聲變成了悲慟，就彷彿鴿子也在痛苦地哀悼。「埃及飛來的麻雀在曠野中哀鳴／亞述的鴿子也想發出聲來／去看看那些麻雀，找到那些沉默的鴿子／為他們吹響號角吧。」[47]於是，新郎回到了會堂，通過對罪行的懺悔和對救贖的期待，

⑳這些都是後來的猶太人在晨禱、晚禱或安息日祈禱儀式開始之前或結束之後吟誦的詩篇，各個時期和各散居點的猶太人或許選取的「曲目」會有所不同。

羊角號暗示的期望中的彌賽亞終於降臨，以東人垮臺了，耶路撒冷得到了重建。僅僅通過這些詩歌的片段，你完全能夠感受到那些時至今日仍然在舉行的猶太會堂儀式歷歷眼前（就像基督教堂中相應的各種儀式一樣）：祈禱、誦讀和祝福聲和諧地融為一體，並不時夾雜著一些虔誠的詩句和讚美的聖歌。

無論猶太人是否流落到世界各地或被驅逐到巴比倫，早期的虔誠詩歌都應該是遙遠的猶太社區遭到壓榨和迫害的產物。因為他們依然沉浸在對耶路撒冷的強烈思念之中，如此之近但又如此遙遠。與創作「新詩」的詩人們強烈的奮發向上情緒不同的是，那被約西·本·約西巧妙譽為「像在吃著『細心』製作的無酵餅」的《巴比倫塔木德》，則表現出與「新詩」相反，極其冷靜的風度。《塔木德》的風格，另一種源於昆蘭神秘主義即所謂「天宮」（hekhalot）文學的詩歌卻屬於另一個世界。「天宮」這個名字意味著天上宮庭，在那裡，純潔的信徒升天後，可以看到坐在寶座裡的上帝的真實面容和形體。

但是，《塔木德》卻是另一個世界的作品，是薩珊王朝統治下波斯的巴比倫的產物。那裡的猶太人，完全擺脫了在基督教領上遭受的極大的恐懼和不斷被魔鬼化的折磨。猶太人不會因為先知瑣羅亞斯德（Zoroaster）升天而受牽連。實際上，聖典《阿維斯陀經》（*the Avesta*）㉑中甚至根本沒有提到他的死亡。在被波斯征服後的四個世紀裡，美索不達米亞平原上位於底格里斯河和幼發拉底河之間的城市，如尼哈迪亞、蓬貝迪塔、蘇拉和瑪霍札（Mahoza），即薩珊王朝首府泰西封（Ctesiphon）的周邊地區，那裡的城市生活並未完全免於戰亂。西元四世紀中葉，在伊嗣埃二世（Yazdegir II）和卑路斯（Peroz）統治下曾發生過兩次迫害猶太人的事件。但大多數情況下，那裡的猶太人幾乎沒有受到拜占庭基督教帝國的影響。在波斯人的保護下，猶太人和猶太教一度非常繁榮。在拜占庭帝國的領土內，猶太人不能對非猶太人提出指控，甚至不能作為證人出庭。但在波斯的巴比倫，他們享有與其他人一樣的法定權利。因此，猶太人在波斯人的法庭上就像在自己的法庭上一樣。一位名叫撒母耳的資深拉比曾明確表示：「（民）法就是有效的法律。」猶太族長（resh galuta）的地位略低於波斯貴族，但其權威得到當局承認。他們的日常

生活時尚而高貴，享有直接進入薩珊宮廷的權利。與拉比和聖哲在《塔木德》研究院裡的生活完全不同的是，猶太族長往往擺出大衛王室的最後一位傳人約雅斤（在第一聖殿被焚毀之後流亡巴比倫）後裔的派頭。當時流傳著大量有關猶太族長與波斯國王之間過從甚密、關係融洽的故事。西元五世紀初，猶太族長胡那・本・拿單（Huna ben Nathan）曾與伊嗣埃一世一起參加祭祀儀式，當時他穿著和瑣羅亞斯德教祭司的法袍（kustig）幾乎一樣的長袍，當他的腰帶滑落下來時，國王甚至體貼地親手幫他繫上。[48]

所有這些，只是因為猶太教並不是瑣羅亞斯德教故事傳說中的角色，至少沒有扮演弒神的角色，所以波斯人覺得沒有受其威脅，兩種宗教甚至還許多教義有共同之處：都非常看重死者的潔淨，認為月經和遺精是不潔的。這樣看起來，猶太人把修剪下來的指甲屑掩埋掉的特殊要求，很可能直接來源於波斯瑣羅亞斯德教的習俗。當然，如果這裡的猶太人兜售護身符和咒符（與其他地方一樣，這種生意在巴比倫非常流行），肯定不會有人懷疑他們是在販賣邪惡的工藝品。

由於生活在一個世界上最擁擠和最複雜的城市化社會中，那些說亞蘭語的猶太人的居住條件以及其他所有方面都居於富有階層和貧窮階層之間。他們是河運生意人也是碼頭上的搬運工，是放債人也是趕騾車的人，是醫生也是地主。因為《塔木德》是寫給各地和各種環境下的猶太人看的，所以這本書的作者記述了大量區別他們之間差異的人種學資訊。《米示拿》甚至把女人在逾越節期間使用的化妝品視為「酵物」，因而將其列為禁品。[49] 當然，那些編纂《塔木德》的聖哲不會寫下這句話就放下筆，因為他們緊接著又對小女孩使用脫毛劑這個問題作了種種規定。關於這個問題，作為專家的拉弗・猶大（Rav Yehudah）說：「沒錢的女孩用檸檬（唉唷唷……），有錢的女孩用精麵粉，而公主（「猶太公主」第一次在文獻

---

21 古代波斯瑣羅亞斯德教（亦稱祆教或拜火教）的經典。據說，《阿維斯陀經》包含著宇宙中所有的智慧。該書大部分被亞歷山大大帝焚毀，殘留的部分大約在西元三世紀被重新整理出來，共有二十一冊，但只有一冊被完整地保留下來。

中出場）六個月用一次沒藥的油。」他們這種漫無邊際的開放式聯想，自然而然引起了一場關於「沒藥的油是什麼」的大討論。當時，拉比們為此展開了激烈的爭論，但卻都沒有搞清楚。因為他們似乎認為這種精油來自未成熟的橄欖，實際上，這是一種從帶刺的沒藥植物的果實榨取的汁。除非在巴比倫橄欖油是作為脫毛劑出售的，否則拉比們就不得不進一步制定判斷化妝品真假的標準了。其實，他們不過是希望有錢的女孩（猶太公主畢竟是少數）在逾越節期間皮膚不要沾上麵粉。

他們之所以如此，是希望在逾越節家宴上沒有任何沾染麵粉的嫌疑，因為他們已經規定，絕對不能用以東人（羅馬人）的醋，也不能用大麥釀製的「米甸」（Median）酒。但這卻進而讓拉比們（不過沒有什麼像樣的理由）不僅對化妝品，而且對有可能使腸胃停止或放慢蠕動的食物也發表一番高論。不要大驚小怪，普通大眾吃的當然是「有利於排便，不利於長高，並剝奪他眼睛的五百分之一光明」的食物，這無非指的是黑麵包、半生不熟的蔬菜和釀製時間不足的啤酒。要改變這一切，你首先要有精粉麵包、特製的葡萄酒和大量的肥肉（最好是未產過子的母山羊肉）才行。[50] 聖哲們的營養專業知識像他們關於脫毛化妝品分類的建議一樣無聊。

儘管《塔木德》就生活中幾乎每一個可以想像到的細節提出了各種瑣碎的建議，並且有些的確有待商榷，但《塔木德》仍不失為一部有血有肉的經驗著作，而不是枯燥的律法指南。可以肯定的是，《塔木德》並非文化隔離的產物，而是產生於一個猶太生活對周圍的文化始終開放的世界，當然更談不上是《妥拉》猶太教妥協的結果。從這意義上講，《塔木德》詳細討論了所有的問題和困惑，回答了在長期散居生活中一直困擾著猶太人、有關「開放與封閉程度」的所有問題。有趣的是，正是因為波斯巴比倫的社會習俗與猶太習俗，尤其是在潔淨問題上竟然如此一致，所以對於應當在多大程度上接受和改進巴比倫人的習俗這問題上，不僅普通大眾，甚至《塔木德》的編纂者們也產生了分歧。誰有資格在法庭的案件審理時作證？對這個問題，波斯律法採取了一種包容的態度。對此，有的拉比予以認可，有的則不

予認可。例如，生活在瑪霍札城郊上流社會的拉比納曼·本·雅可夫（Nahman ben Yaakov）是猶太族長的親戚。他就認為讓一個曾和已婚婦女調情嫌疑的男人當證人，是完全可以接受的。與之類似，勤勞多產的《塔木德》編纂人拉瓦（Rava）也認為，一個以喜好「不可食」食物而名聲不佳的猶太人，不應該在作證時遇到任何障礙。而來自蓬貝迪塔研究院，相對狹隘的猶太社區的拉比阿巴耶（Abaye），則對以上兩種情況都持否定態度。這種分歧主要體現在巴比倫猶太人中富有、悠閒的精英階層，以及生活相對簡樸和封閉的學術圈子裡的猶太人之間。許多屬於前一類人的拉比，平日過的是一種波斯傳統的一夫多妻生活，允許丈夫在國外時擁有「臨時的妻子」，他們不認為有理由要求他們與元配離婚。[51]

當然，《塔木德》編纂者觀念上發生分歧，並不僅僅是出於社會地理學方面的原因。那些用狹隘眼光和用更寬廣的胸懷闡釋《妥拉》和《米示拿》的人之間之所以發生分歧，或許只是因為他們的思路有所不同。關於《塔木德》這套書本身，最引人注目的是其靈活性：不時用大量的篇幅記述各種聲音、相互插話甚至兩代人之間吵架般的對話。《塔木德》是這個世界上第一部「超文本」，它往往在同一頁上為各種評注甚至評注的評注、引文的引文留下大量的空白——令人難以置信的是，不同的論點、手跡甚至不同的文字（其中收入了一些亞蘭譯文）密密麻麻地寫在羊皮紙上，而猶太人直到西元九世紀才使用所謂手抄本（圖書複製的早期形式）。這種羊皮卷軸的形式使得本來已經很鬆散的《塔木德》更加鬆散，隨意轉動的卷軸意味著源源不斷的自由聯想，在那些律法、故事、幻覺和爭論之間流淌出各種奇思妙想。《塔木德》的權威性是與其口傳傳統密切聯繫在一起的，它完成了從直覺到對話的飛躍，就像一道無法阻遏的光芒閃過，不必在意這道光芒與所討論的問題表面上有什麼關聯。無論在哪裡，當你沉浸在《塔木德》字裡行間時，與其說你在讀，還不如說你在聽。

當然，你也是在用眼看。請看：兩位當時非常重要的拉比，希亞（Hiyya）和約拿單正走過一片墓地。約拿單長袍上的邊穗拖到了地上。「還是提起來吧，」希亞說，「不然這裡的死者就會說：『他

們明天就會來和我們作伴，今天竟然在嘲笑我們。』」約拿單（讓我猜猜，他是一邊走一邊提了提他的長袍，還是停下來指著對方呢？）答道：「你說什麼呢？死人會知道什麼？難道《傳道書》中不是說『死人一無所知』嗎？」㉒希亞開始激動起來。「拜託啦，如果你真的讀懂了的話，你就該知道『生者』指的是義人，即使死了也還活著，而無知的『死者』無論生死，永遠是『無知的』惡人。」

《塔木德》中有關安息日的經文純粹是為了方便講故事來斷句的，希列和沙買的故事尤其如此。為了弘揚忍耐的美德，其中有個故事說的是一個人打賭他能激怒平日以冷靜著稱的希列。在一個安息日之夜，這個打賭的人猛敲希列家的門時，「希列正在洗頭髮」（《巴比倫塔木德》喜歡描述這樣的細節）。聽到敲門聲，希列急忙披上一件長袍，問他需要什麼。「我有一個問題。為什麼巴比倫人的頭是圓的呢？」希列甚至連肩都沒有聳一下：「因為他們的接生婆太不專業了。」哦，是這樣。過了一個小時，他又回來了。「那為什麼帕爾米拉人的眼睛會疼呢？」「我的孩子，問得好。因為他們住的地方沙太多。」就這樣，你問我答持續了好久。即使當這個討厭的陌生人挑釁地說「我有很多問題」時，這個偉大的人也沒有一點煩躁的跡象。「你想問什麼就問什麼。」「那好吧，他們說您是一個王子。在以色列，像您這樣的人可不多見。」「為什麼，我的孩子？」「因為您剛讓我輸掉了四百蘇茲㉓。」希列知道他已經黔驢技窮，但仍然溫和地說：「你輸掉四百蘇茲，總比希列發脾氣好吧。」[52]

像《米示拿》滿篇都是解釋、評注和民間的智慧故事一樣，篇幅更為宏大的《塔木德》儘管看上去似乎敘事無分巨細，但實際上論述的卻是最深刻的倫理準則。什麼時候可以合法地休掉妻子呢？（只有當她對婚姻不忠時才能達成離婚協定，因為「以色列人的主上帝說：『我討厭離婚。』」）[53] 什麼時候生死大事比守安息日還重要呢？（通常的做法是，如果需要，你必須先把水燒熱。㉔）最感人而直白的是（耶路撒冷《塔木德》反映出巴勒斯坦的悲傷，或許在西元五世紀薩珊人才突然變得對猶太人不怎麼友善）聖哲們竟然自言自語地問自己，面對非猶太人急於皈依猶太教應該如何表態？「我們對他說：你為什麼要皈依呢？難道你不知道現在的以

色列人正憂心忡忡、精神緊張、受人輕慢、遭到騷擾和迫害嗎？如果他回答說：『我知道，我自己不配（分享他們的愁苦）。』我們就立即接受他。」然後，他們會告訴他哪些誡命很難堅持，哪些誡命容易遵守。並告訴他違犯誡命會受到懲罰，而遵守誡命則會得到獎賞。[54]

在巴比倫散居地，不論生活如何容易（但並非一直如此），若有人要獲得塔木德式猶太教的接納就不只意味著要分享那些失落的痛苦回憶，而且還要去感覺、去看、去聽，就好像那些痛苦仍然在發生一樣。其中有一篇問道：當巴比倫的軍隊最後在阿布月初九那一天摧毀了進入聖殿的通道時，利未人站在高臺上在唱什麼呢？當貝塔爾（Betar）村落入哈德良軍隊之手並且「聖殿山被犁平」時，是什麼樣子呢？當然，他們也可以分享那個期待中的彌賽亞世界，當某些事情終於發生的時候——「以東人」（羅馬人）垮臺，上帝像新郎一樣回到耶路撒冷聖殿，來到等待著他的新娘會堂面前，回到那些一邊看著他們，一邊祈禱、誦讀《妥拉》、高聲吟唱著「新詩」的猶太人面前——安著金色大門的聖殿及其內廳正中間掛著「幔子」的至聖所，必將得到重建。

有的時候，《塔木德》中的拉比、猶太族長及其猶太法庭以及廣大的普通大眾都認為，最黑暗的時刻意味著曙光即將來臨。西元七世紀初，拜占庭皇帝赫拉克利烏斯（Heraclius）似乎完全陷入了傳播基督教福音的狂熱之中。他在法令中宣稱，猶太人除了皈依基督之外沒有其他的路可走，必要時可以採取強迫手段。因為他們只有信奉基督才能獲得拯救，而只要他們還在盲信，他們就是危險的，因為他們是魔鬼的造物。與此同時，赫拉克利烏斯還禁止在工作日舉行祈禱儀式，試圖從根本上滅除猶太教，並

㉒ 參見《傳道書》9:5。

㉓ 古代猶太銀幣單位，《塔木德》中常與第納爾交替使用。一蘇茲為四分之一舍客勒，重十四至十七克不等。

㉔ 編注：此處作者意為由於生死大事通常需要先燒水，因此違反了安息日規定。

規定在任何時候都不得背誦「示瑪」（據說，當時的領誦人在祈禱儀式上會通過隨意插入「示瑪」的方式規避這一規定）。就我們所知，在拜占庭—羅馬帝國的各猶太散居地中，只有一個社區被迫集體皈依了基督教，這個社區就是馬格里布地區的鮑里姆（Borium）。[55]

但在赫拉克利烏斯的宏大計畫得以實施之前，卻突然發生了充滿彌賽亞色彩的重大事件。西元七世紀初，薩珊國王霍斯勞二世（Khosraw II）決定鼓動他領地內的猶太人，希望他們支持由其將軍沙巴赫拉茲（Shabahraz）指揮的一次針對拜占庭帝國的軍事行動。據說，當時的猶太族長的兒子尼希米，動員了一支兩萬人的猶太後備軍與波斯人聯合作戰。他們一路進軍，突破了拜占庭人的防線。安提阿這座代表著基督教帝國榮耀的中心城市被攻陷，從加利利的猶太核心地帶——賽佛瑞斯、拿撒勒以及提比利亞當地——招募的猶太後備軍，由提比利亞的班傑明率領，也加入了波斯的遠征軍。他們勢如破竹，直抵猶太地。經過三個星期的圍困之後，猶太人終於奪回了原本屬於他們的城市（從哈德良發布禁令以來還是第一次），隨即在波斯帝國的領地內建立了一個猶太自治城邦。

「殉教聖徒名錄」（Martyrology）記述了基督教會和基督徒在這次戰爭中遭受的毀滅性創傷。幾乎沒有基督教堂的遺跡在歷代的考古中被發現，但至少在瑪米拉（Mamilla）池塘邊的一個耶路撒冷遺跡發掘現場有一些遺骸；現在那裡已經變成了一個大型購物中心和高檔住宅區。無論猶太人是不是曾經向迫害他們的占領者復仇，當時期望中的彌賽亞並沒有降臨。幾乎在清理和重建工作開始之前，波斯人就已經奔向前方新的戰場，看來他們是要讓耶路撒冷和猶太人自生自滅。西元六二八年，在赫拉克利烏斯的軍隊被擊敗十四年後，他們便捲土重來，更變本加厲地實施報復。基督徒們肯定在想，猶太人的再次失敗仍是他們盲目輕信造成的。因為除了耶穌基督再臨，根本就沒有其他的救世主。猶太人應該丟掉幻想，接受基督教的旗幟將永遠飄揚在耶路撒冷上空這一事實。

或許，基督徒們才更應該丟掉他們這種不切實際的幻想吧！因為在西元六三八年，在他們重新占領

這座城市僅僅十年後，穆斯林便在第二哈里發歐麥爾（Umar）的率領下，征服了耶路撒冷。根據後來猶太人和穆斯林文獻的記載，猶太人作為歐麥爾軍隊的嚮導，陪著哈里發來到了聖殿山的原址。據說穆罕默德就是在那裡升天的，並且在往來的路上還向猶太先知打聽過那裡的情況。當歐麥爾看到基督徒十年前為了污染聖殿而故意堆起來的那堆垃圾時，非常悲傷、震驚。據說他立即下令清理現場，猶太人當然巴不得做這項累人的工作。作為回報，他允許來自加利利的七十個猶太家庭住在耶路撒冷，他們後來在聖殿原址附近建起了一座猶太會堂。於是，一種猶太人和穆斯林和諧共存的文化，由此誕生。

不知閱讀至此的諸位，會怎麼看這段歷史？無論如何，這就是我們的故事。[56]

第六篇 在信徒之間

I 穆罕默德和阿拉伯的猶太祭司

許多船隻停泊在約塔布（Yotabe）港內。船艙內，籠子裡裝著獵豹、獅子和樣貌奇特的河馬，箱中裝滿沒藥與松香。[1] 港口東面是阿拉伯半島海岸北端，西邊是西奈半島南端的尖岬。這一座鯊魚形的島（現名蒂朗〔Tiran〕），正好位於海峽的中央，對想自紅海北上，或是自艾拉灣（Gulf of Aila，現名亞喀巴灣）南下的船而言，在窄小的航道上有點礙事。但也正因如此，約塔布是收取關稅和過路費的理想地點。普羅科匹厄斯（Procopius，凱撒利亞的歷史學家）告訴我們，已經有好多代住在那裡的猶太人靠收稅為生。除去少量基督徒，約塔布就是一座猶太島嶼。大部分人認為，這座島上的猶太人遷徙過來的時機，是在耶路撒冷被羅馬人焚毀之後，不過，因為猶太人早於西元一世紀前就習慣了跨島作戰，所以約塔布島上猶太人戰略性的商業活動，或許開始於更早的年代。無論如何，金錢總遙遙名列第一考量，對一個幅員過於遼闊的帝國來說尤其如此，這也是為什麼約塔布的猶太人有很好的營生方式，他們會向當權者提供現金，藉此換取收稅的權利、通過收取預付款而獲利。此種金融體制並無任何不妥，因到頭來得利最多的，永遠是當權者的國庫，因此拜占庭帝國完全有理由賦予約塔布島自治城邦的地位：它成了一個八十平方公里的小型猶太商業共和國。

時間來到西元六世紀中葉，唯我獨尊的皇帝查士丁尼夢想著重新統一基督教羅馬帝國，決定收回這個島的自由港地位。不幸之事欲發，必有其先兆；因為猶太人並未全力投入與波斯人曠日持久的戰爭，再加上在前線作戰的猶太人又因時常兩面討好，搞得名聲狼藉，查士丁尼不把蒂朗海峽的戰略控制權交給猶太人。然而，就算約塔布猶太人被貶為純粹的平民地位，他們依然不為所動，照樣收稅、檢查來往船隻上的貨物，尤其是裝載運往羅馬殘酷鬥獸賽場（這時，鬥獸場在官方認定仍屬非法）的非洲野生動物船隻。羅馬和拜占庭那些懶惰貴族，已經厭膩了觀賞熊、野豬在他們私人馬戲場上被碎成片片的場面，因而發起了鬥獸表演，是為一種嶄新的時尚娛樂活動。除了這些獅子和大象，還很多阿拉伯半島的富有人家，也會去見約塔布的猶太海關官員，他們手握的當然皆為有利可圖之貨物：麝香、乳香（基督徒用的）、猶太人和異邦人都喜愛的熏香、香油和松脂、寶石，以及從紅海礁石上採集（現在仍然在開採）的珊瑚；這種稀有而鮮亮的海底「寶石」可作為護身符，直接佩戴在身上，或綴於金銀項鍊上。此外，自最古老希臘文字把他們描述成與星星交談的人以來，猶太人一直被認為天生擁有強大的神秘力量，能自植物、礦物和動物身上提取出詭秘的混合物，再將其製成古老配方；這類貨物自然也成了重要的課稅對象。另外，從更遙遠的亞洲運過來的絲綢，也經過這裡運往北方和西方，用於交換運往南方和東方的埃及亞麻。

紅海的另一端，即最南端的咽喉要道是否受阻，決定了約塔布的船運情況。在那裡，有另一個龐大的阿拉伯猶太社區定居在亞丁港，掌控通往印度洋的出口，以及來自非洲角一帶的貨船進口。除此之外，約塔布和亞丁之間漫長的海岸線上還有著大量的猶太村鎮、定居點。只要沿著荒涼而狹窄的駝道綿延北上，就可以找到這些村鎮，穿過葉門沙漠邊緣那些星星點點的綠洲，先是阿拉伯半島西北岸的漢志（Hijaz）❶，接著是黑格拉（Hegra）、烏拉（Ula）和塔巴克（Tabuq）。[2]

上述便是當時的社會地理。大多數人一定無法想像，在歷史上曾有過這幾個地方：在阿拉伯半島

上的猶太文化、猶太化的阿拉伯人，還有阿拉伯化的猶太人的共同家園，曾經有高度繁榮的經濟和文化。對我們而言，這可能是十分矛盾的現象，但在伊斯蘭教興起前兩個世紀，這卻是世界上再正常不過的事。猶太人自內蓋夫沙漠、摩押山區的納巴泰人（Nabatean）身上，習得收集與儲存稀有而突降的雨水，並透過地下水道儲存起來的技巧，也因為這項技巧，此區的棗椰樹方能茁壯成長。他們也分別與巴勒斯坦的猶太人、美索不達米亞的猶太社區建立了聯繫，早早便形成了一個龐大的貿易網絡。透過當地出土的碑文，我們知道他們也與阿拉伯半島的各村鎮建立了聯繫。西元四世紀中葉，黑格拉的一篇墓誌銘表明，這座墓是由「黑格拉王子撒母耳（Shmwl）之子赫米（Hmy）的兒子阿東（Adnon），為其妻子莫納（Monah）、塔瑪（Tayma）王子之子阿莫爾（Amrw）的女兒……」建造的。[3] 根據早期歷史資料中許多猶太氏族和部落的名稱，我們得知當時他們大多數人都擁有棗椰林和要塞，並且常年忙碌於橫跨阿拉伯半島的駱駝商隊中（其實，這些人當中有些即是遊牧的猶太貝都因人），在西元六一〇年前，他們在像塔瑪這樣的要塞式集市城鎮聚集起來。他們勢力之大，足以強加猶太教予整座城市，影響所有想定居城裡的異邦人或基督徒。海拜爾（Khaybar）綠洲中，有座建有瞭望塔和城牆的小鎮，這裡曾有發源於四周山區的許多小溪流（水資源都被收集於儲水罐之中），當地人用來灌溉棗椰樹與葡萄園。擁有土地的猶太人皆擅長製造、儲備武器、鎧甲、投石機等等各種攻城的武器，並同時做著買賣自南方希木葉爾（Himyar）王國販運過來的絲綢和紡織品生意。許多海拜爾這裡的土地都屬於南方一百公里的雅特里布城（Yathrib，麥地那的舊稱）創建者，巴努．納迪爾（Banu Nadir）氏族，尤其是法達克（Fadak）的花園綠洲。後來，雅特里布成為漢志地區人口最多、勢力最盛的城市。在這個最早出現追隨穆罕默德的信徒之地，猶太人至少占總人口的百分之六十，是土地主、市場主、金銀匠，平常他們說阿拉伯猶太方言（yahudiyya），但也有些學者之類的人物，穆斯林文獻中稱他們為「猶太祭司」（cohanim）；根據《塔木德》記載，這些人之中有些是聖殿被焚毀後逃往阿拉伯半島的數千名猶太人之後裔，另一些則為提比利亞及「拜占庭—羅馬」帝國統治

下，來自其他巴勒斯坦城鎮的猶太傳教士（與傳統觀點不同的是，此類人的數量眾多），其實就是阿拉伯半島的猶太祭司。此外，那裡還有個利未人社區，其日常的一些核心詞彙，幾乎原封不動地被納入了伊斯蘭教，如「nabi」——先知；「sadaaqa」——義務、慈善和正義，而「Rahman」則表示慈悲。當時還有大量文士、詩人、商人、猶太水手、雕刻師、農人和牧民，組成了完整而典型的文化圈。

對我們來說，想像一群基督徒阿拉伯人的古老歷史，似乎是很自然的事，因為此社區作為一種連續的文化被保留至今，需要補充的一點是，西元四至六世紀，包括原來的猶太人和後來皈依猶太教的阿拉伯人，這群猶太阿拉伯人曾積極地與一神教對手爭奪異邦人的忠誠。根據教會史學家菲洛斯托吉烏斯（Philostorgius）的記述，西元三五六年，羅馬皇帝君士坦丁二世曾派出大批的傳教士至阿拉伯半島，但卻遭遇剛皈依猶太教的「拉班」（rabban 'iyun，穆斯林文獻中對這類人的稱呼）的強力競爭與壓制，最終挫敗，無功而返。

西元四世紀末，猶太人在基督教帝國中的生活越發艱難，於此同時卻在阿拉伯半島開始最輝煌的猶太教征服運動，使希木葉爾王國（此王國領土範圍相當於現今葉門，並稱霸阿拉伯半島長達二百五十年）皈依了猶太教。一直以來，人們認為希木葉爾王朝皈依僅限圍繞王室的小圈子，也就是圖班（Tubban）家族最末代傳人提班·阿薩德·阿布·卡利布（Tiban As'ad Abu Karib）氏族，或者僅止於武士裡的貴族階層。一直到今天，希木葉爾猶太教究竟涵蓋多廣這問題，還引發許多場精采爭論，然而辯論雙方提供的證據，尤其是在西米亞的山區首都札法爾（Zafar）出土，與古老淨身浴池十分相似的這個更可信的證據，無疑向許多近期學者表明（雖然並非所有的），這場具戲劇性的集體皈依，應該是更為深刻、廣泛和持久的運

---

❶因為轄區內有伊斯蘭教的聖地麥加和麥地那而聞名於世，沙烏地阿拉伯王國的一個地區。

動。[4] 或許希木葉爾人曾崇拜「太陽與月亮」，曾奉行出生八天即行割禮之習俗，但此後他們對太陽的崇拜，正如這一時期猶太會堂鑲嵌畫所示，毫無疑問地，是按照猶太人的習俗進行。編年史學家伊本・阿巴斯（ibn Abbas）記載歷史上的重大疑案之一，即征服耶路撒冷時隨伺哈里發歐麥爾左右的卡布・阿赫巴（Ka’b al Ahbar）其實是個假穆斯林；因為此人當時竟聲稱在最後審判日來臨時，太陽和月亮將像「閹割的公牛」一樣受審判，而這說法就是個典型的猶太式詛咒！[5] 再說，既然連希木葉爾的精英都要把遺體運送到貝薩朗宏大的公墓下葬，那麼我們應該就無從懷疑他們對猶太教的忠誠，或說他們與猶太巴勒斯坦的緊密聯繫。之後的穆斯林文獻，甚至提及了那些來自提比利亞的拉比，肩負指導希木葉爾人律法與法庭之使命。不管此種說法是否屬實，在西元六一〇年穆罕默德出道之前的幾個世紀，猶太人存在於漢志地區和希木葉爾王國阿拉伯人之中，顯然是很尋常的事。

希木葉爾王國集體皈依猶太教的可能性極高，因為對皈依者來說，這個信仰並非來自異邦。在阿拉伯土地上，猶太人生活其中的歷史是如此久遠並深深扎根，以致早就成了阿拉伯世界有機的組成之一。最近，挖掘札法爾遺跡進時，團隊自建造在火山口內的建築廢墟中，發現了瑪瑙材質、凹版的戒指印鑑，被認定為西元二至三世紀的製品，其上鑲嵌的《妥拉》聖龕象徵圖案，風格和早期猶太會堂地面上鑲嵌畫裡的圖案全然一致，且鐫刻上以反寫的希伯來文名字——「伊沙克・巴・哈尼納」（Yishaq bar Hanina）。[6] 伊沙克及其後裔猶太人在語言上是阿拉伯語和亞蘭語兼具，而塔瑪的薩瓦亞・伊本・阿迪亞（Samw’ayal ibn Adiya）這類猶太軍閥，甚至創作了大量阿拉伯語的詩歌，不但生動優美，還被收入了穆斯林選編的詩歌集，在戰爭文學中占有一席之地。這些猶太人使用阿拉伯式的名字，穿著阿拉伯式的衣服，還組成了許多阿拉伯式的半部落大氏族，事實上，他們當中有許多人屬於阿拉伯人種，這情況不僅在希木葉爾有之，從印度洋直到內蓋夫和西奈半島的整個地區皆如此。[7]

自從哈斯蒙尼王朝將猶太教強加予沙漠地區的以土倫人和以土買人（此二民族在人種上都屬阿拉伯

人），此後的幾百年間，發生許多「皈依」故事，以至於已經不可能分清哪些是自聖殿被毀以前或以後，來自巴勒斯坦的阿拉伯猶太移民；哪些曾是異教，但最後卻選擇猶太教而非基督教為一神論信仰的阿拉伯原住民。遺傳學家巴切瓦．邦尼－泰米爾（Batsheva Bonne-Tamir）近期針對現代葉門猶太人的DNA分析結果顯示，他們的祖先起源於西南亞早年皈依猶太教的阿拉伯人和貝都因人。[8] 最後一位好戰的皈依猶太教國王，即「獅王」杜哈．努瓦斯（Dhu Nuwas，又稱尤素福．亞瑟爾〔Yusef As'ar〕）被衣索比亞基督教阿克蘇姆（Aksumite）王朝的國王卡利布（Kaleb），於西元五二五年一場浩大戰役中擊敗後，伊斯蘭教出現前就已有的阿拉伯和猶太人的身分融合，又更進一步強化了。在此之前，「獅王」似乎致力於擴大他的勢力，想深入阿拉伯半島。是時，拜占庭帝國的猶太人正受基督徒迫害，奈季蘭城（Najran）城中的猶太會堂被燒毀，杜哈．努瓦斯的舉措，顯然是要實施報復，以牙還牙，並逮捕、處決來往於希木葉爾和衣索比亞的基督徒商人。屠殺基督徒的傳言，很快在奈季蘭城誘發激烈的反抗，於是杜哈．努瓦斯用更殘酷的手段鎮壓，而此次暴力的結果即刻透過倖存的修士和神父，演繹為殉教故事並迅速傳播。在這個時候，拜占庭帝國的勢力地位（其正往東方、南方擴張）突受波斯人和猶太人聯合軍事力量威脅。皇帝查士丁尼一世當時深陷對抗薩珊人的前線難以脫身，便呼籲剛剛皈依基督教、非洲的阿克蘇姆王朝出面干預。阿克蘇姆國王卡利布於西元五二五年親自率兵，領著大軍入侵希木葉爾（據說人數多達六萬人），擊敗杜哈．努瓦斯，奪去這位傳奇一生的「獅王」之命，終結了這個猶太阿拉伯王國的歷史。雖然「獅王」策馬衝下懸崖躍入大海的故事僅是傳說，但這位好戰的末代希木葉爾猶太國王，顯然未逃過落敗的命運，其試圖建立泛阿拉伯猶太聯邦的夢想也隨之破滅。

西元五二五年希木葉爾猶太王國的四分五裂，驅使忠於猶太教的臣民繼續北遷。到了漢志一帶，他們使當地村鎮和綠洲中原已擁有強大力量的猶太阿拉伯人社區得以更加擴大。[9]（當然有些人選擇留在阿克蘇姆王朝統治下的基督教領地，但這些人保留了猶太教信仰；葉門偉大、古老的猶太社區在整個中世紀都存在著，一直到第二次

世界大戰後，他們才集體移民以色列）。[9]上述情況說明了，當時猶太一神教的觸角已深入阿拉伯半島，先知穆罕默德於西元六一〇年在希木葉爾移民定居的馬加城（Makka）（即麥加〔Mecca〕）發布啟示整整一個世紀。正因阿拉伯一神教（不同於基督教宣揚的，那令人混淆的「三位一體」）有強烈猶太色彩，事實上這就是阿拉伯猶太教，以至於生活於猶太人之間的穆罕默德才會認為，其教義至少能在猶太人身上得到共鳴，甚至最有可能接受他先知信息，尤其是接納伊斯蘭教才是真正的亞伯拉罕（先知，即易卜拉欣）信仰。

穆罕默德於麥加受挫，於西元六二二年向北「逃亡」（hijra）至雅特里布（即麥地那）。當時他仍十分樂觀，從後來伊斯蘭教在雅特里布大獲全勝的事上不難看出原因，而且在那裡，還創建了有史以來第一個伊斯蘭統治政權。當時，雅特里布的某些猶太氏族（當地有許多猶太氏族）很可能在政治、社會上不再握有掌控權，但他們經濟和文化方面的力量依然強盛。伊斯蘭教是在猶太城市的熔爐中誕生的；穆罕默德堅信猶太人是其天生盟友，因為這兩個一神教不但相似，其彼此連結的狀態甚至遠非緊密可形容。更深一層來看，「希木葉爾—阿拉伯」猶太教可說為伊斯蘭的直系母教，也因此，在歷史上把穆罕默德的核心教義歸為猶太教本質並無意義，畢竟兩者共通處如此顯而易見：都有看不見、不可分的唯一全能上帝（在希木葉爾和阿拉伯的猶太教中稱為「在天上和大地上最寬容、最仁慈（『拉赫曼』〔rahman〕）的那一位」；都相信末日終將來臨（這也是昆蘭社區的核心信仰）；仇恨偶像崇拜；堅持正義且義務的慈善（阿拉伯語為「sadaaqa」，希伯來語則稱「tzedaka」）；嚴格禁食豬肉及帶血鮮肉；儀式與祈禱前恪守清洗和潔淨的規定（尤其是後者）。這也是為什麼穆罕默德在受到雅特里布猶太氏族的強烈排斥前，一直命令其信徒朝耶路撒冷的方向祈禱，因為他認定自身為《聖經》時代先知的傳人，如此作法並不違和。此外，他提出要信徒做的其他要求，比如：一日多次祈禱（瑣羅亞斯德教也有如此要求）、儀式舉行時務必潔淨、實行割禮制度、提斯利月初十（猶太人的贖罪日，穆斯林後來用齋戒月〔Ramadan〕代之）、每個星期一、星期四需齋戒；這些都是標準猶太習俗。

因此，我們完全可理解，以《塔木德》猶太教為基礎的基督教批評家還有穆斯林學者，為什麼會堅持認定伊斯蘭教才是猶太《聖經》的真正實現，正是因為在字裡行間，尤其亞伯拉罕（即易卜拉欣）以及摩西（也就是穆薩）史詩中的所有「應許」最終都透過穆罕默德實現，而現代猶太人篤信的猶太教，則是《塔木德》拉比們發明出的，並沒有得到來自上帝的啟示授權。這實際上也是撒瑪利亞人、新卡拉派（Karaite）❷的觀點，他們拒絕接受拉比以任何形式添加於《妥拉》中的見解。

既然如此，那為何在穆罕默德的號召下，在漢志的猶太人並未積極回應，而且還以如此粗暴的態度拒絕，導致自身在雅特里布被毀滅呢？解答就在於，出現了嶄新的《聖經》修正版本，其中的《創世記》更尤其違犯這部早已封閉的《妥拉》正典。六個世紀之前穆罕默德若登上歷史舞臺，那麼其修正版本也許稱不上什麼邪說，因為《死海古卷》本身就包含大量的「次經」，不只改寫了族長的（其他和女族長相關的故事則更戲劇性）故事而且還改寫了《創世記》中的創造故事。如我們所見，那段期間猶太人正為摩尼教徒預告的末日戲劇惶恐不安（但那其實也是伊斯蘭相關記述的原型），更不用說許多資料提到各種後期先知以及全能上帝差遣的天上使者。正如其他先知預言以及神秘戰車（梅爾卡巴，載著信使穿梭於天地之間）文獻敘述的；穆罕默德稱去過天堂，並如同天堂信使般吟誦祈禱的真言，罩自己於神秘斗篷之下。穆罕默德出現的時機正是問題所在，當他現身於雅特里布及漢志的猶太人面前，聖哲們早已明確宣布：不會再有先知出現了。

對許多猶太人，尤其是於《古蘭經》中被稱「拉班」（拉比機構）的人來說，即使穆罕默德並非危險之人，但卻是個冒牌貨且還自以為是，更何況他來只帶著出自其個人啟示的口頭話語，還堅持它超越書

❷該詞的涵義為「恪守經文主義」。卡拉派運動最早興起於約九世紀的巴比倫，其黃金時期在十至十一世紀的巴勒斯坦。只承認《聖經》的權威性，而拒絕《塔木德》的合法性，主張猶太教的所有教義和習俗都應以《聖經》為準則。

面《妥拉》的權威。穆罕默德獲啟示的書面經典何在？他理應擁有像是在聖殿廢墟中於約西亞時代被神奇「發現」，被文士兼祭司以斯拉帶回耶路撒冷，奇蹟似的於巴比倫大流放期間保留的事物。況且，這位仁兄他又有何權利去修改、曲解《妥拉》的內容，讓亞伯拉罕用以實瑪利（伊斯蘭的「Ism'ail」）取代以撒作祭獻給上帝，或讓亞伯拉罕去見在沙漠中流亡的以實瑪利和夏甲、送上祝福呢？比用褻瀆和傲慢改寫《妥拉》更惡劣的，是厚顏無恥宣稱寫《妥拉》之人為偽造啟示者、騙子，這份經文須以《古蘭經》及時糾正。

面對公開侮辱，憤怒的麥地那守護猶太傳統者，當然不會恥於公諸大眾這些異端邪說。他們非但公告天下，還以公開朗誦詩歌這種傳統的阿拉伯傳達消息的方式，時常於麥地那猶太人經營的集市上公開散布消息。這類在公開場合朗誦的方式，不只是貝都因人的傳統，而且還有自阿拉伯人那傳來的一些表現手法，很容易讓猶太人成為慷慨激昂的詩人。他們當時就利用此類出眾的技巧，在爭吵中令敵手苦頭吃盡。西元六二二年，發生了兩方人馬最重要的一次紛爭；眾人尊敬的詩人阿布・阿法克（Abu Afaq，據說那時他已經一百二十歲了）大肆嘲弄穆罕默德的自負，號召所有信仰單一上帝的信徒，拋棄穆罕默德的主張並與之劃清界限。阿法克最早的傳記記述裡，生動描寫了穆罕默德面對猶太人挑戰時怒火沖天、一觸即發的場景。穆罕默德說：「何人能對付這些流氓？」據說，正當他發問時，其最忠實的追隨者薩利姆・伊本・烏馬雅（Salim ibn Umayr）替他回答了此題：「酷熱的夜裡，阿布・阿法克正在開闊的天之下安睡，薩利姆・伊本・烏馬姆聽說後，便趕了過去，將劍深深刺進了其腹部，直到劍身穿透床板。安拉之敵痛苦呻吟，其追隨者（猶太人）急忙趕到他身邊，抬他回家、埋葬了他。」一些傳說裡，還有提及一個皈依猶太教的女詩人，叫作阿斯瑪・本・瑪爾萬（Asma bint Marwan）。她憤怒於阿布・阿法克被殺害，勇敢地挺身而出面對這暴行，公開地諷刺和譴責之，但她也因此而死，其十二個孩子在她被害時就在她身邊，最小的正趴在她懷裡吃奶，被硬生生地扯離了母親身邊。當時，許多猶太女詩人兼歌手是口誅筆伐

穆罕默德主張最嚴厲的一群人，而她們無一倖免，都為自己的勇敢付出生命的代價，就像希拉·阿·亞胡迪雅（Hirra al Yahudiya），她的出身地希木葉爾南部的瓦迪哈德拉莫（Wadi Hadhramaut）很可能早已流行一種公開表演的傳統。[10]

雖然穆罕默德受到強烈反對，但麥地那的局勢隨後變化劇烈。猶太人的不合作態度激怒了穆罕默德，他便把信徒祈禱時的方向（qibla）從耶路撒冷改向麥加。政治上來說，他過去在許多定居點受到歡迎，是因為他是個超然於部落式氏族爭吵的局外人；我們強調的，是如此爭吵並非專針對猶太人與阿拉伯人，而是發生在一些「猶太—阿拉伯人」臨時組織的內部及其各派系之間，然而穆罕默德已不再是冷靜的裁判，而機敏十足的介入派系之間的鬥爭。西元六二二年，他十分明顯地採取更強硬的手段，以對付一些有悠久歷史、強大實力的猶太氏族；這些氏族當時反常地，陸續以不同形式與其對手結盟，而且他們還可以收買非猶太氏族加入聯盟，一起反穆罕默德，然而這樣只會加劇事態。因為有利吸引驅逐猶太人後可得利益者（他們後來的確得益於此），猶太人經濟上優越的條件，在一些情況下反而使其處境更艱難的忠實信徒；掌控雅特里布和海拜爾周邊大半棗椰林的巴努·納迪爾氏族，即為典型例證。此外，巴努·卡努卡（Banu Qaynuka）是祖傳的金匠氏族，其存放金子的庫房對敵人來說也是誘惑。上述兩氏族皆被趕離先祖居住的城市，不得不北遷，往海拜爾而去；根據穆斯林編年史學家，他們很可能後來還繼續北遷，到敘利亞南部的帕爾米拉去了。氏族中勢力最強大的庫雷札（Qurayza）則犯了致命錯誤：與麥加裡穆罕默德最頑固的敵人結盟（這舉措很可能是因為此氏族當中的一些人，就住在這座城裡）。雖說庫雷札在敵人圍城計畫告吹後仍掌控著雅特里布，但大先知對此類「背叛」行為進行了更殘酷的報復。在一次試圖合談的嘗試裡，庫雷札聲稱他們其實只提供了提籃和挖壕溝用的鐵鍬，為雅特里布的城防之用，但他們的信譽卻受到致命損傷。穆罕默德曾問當地巴努·奧斯（Banu Aws）氏族的一個信徒，他們該用哪何種方式懲罰庫雷札氏族為佳，最後他們的決定造成了一場殘酷的大屠殺；男丁一律處死（根據不同史料，總

數應有四百至九百人），貶女人和孩子為奴隸，強迫他們皈依伊斯蘭教。被貶為奴隸的庫雷札氏族一部分出售，換取穆罕默德軍隊所需的武器，其餘的則被迫嫁給穆斯林；在這些人當中，一位名為叫芮哈娜（Rayhana）的女奴則成了大先知的妻子。

雖然至今人們仍懷疑這場屠殺的真實性，並為此爭議不休，但這個血腥故事不斷在先知穆罕默德所有早期傳記中被提及、渲染。畢竟，在西元六、七世紀的麥地那，這根本算不上什麼特殊事件，距此一世紀前，希木葉爾的猶太人也對奈季蘭的基督徒做過相同的事。但是，若我們相信這些記載不只於西元八世紀的傳記中出現，而且普遍被認定具歷史真實性的文獻，那麼麥地那的庫雷札氏族或漢志地區其他城市的猶太人，就算不上最後的猶太人了。此份提及許多殘留的小氏族的文件，被稱為「麥地那憲法」，是各部落間訂立的契約，制定了烏瑪（umma），所謂「信徒社區」中的基本權力框架。五十九項條款裡，專門為大屠殺與主要三個氏族被驅逐後留下的猶太氏族制定的條約不下十條。出乎預料的是，這份文獻寫到猶太人和穆斯林結成緊密的軍事聯盟，而且特別指出：若兩方人馬並肩作戰，猶太人應為此付出「他們應當分擔的份額」。緊接著下一條的說法則更奇特，也就是猶太人最終被視為「《聖經》民族」，而且更複雜的是，它提到強大的巴努．奧斯氏族出現在猶太人、穆斯林當中。然而，若我們從文本的角度來看，幾乎能夠很明確地說，就算他們是猶太人，卻還是被認定為「烏瑪」的成員，並沒有被排擠；從法律上來看，他們與一般穆斯林並無區別。「巴努．奧斯氏族猶太人與『信徒』（穆斯林）屬共同社區：猶太人有他們的宗教律法，穆斯林也有他們的宗教律法。」[11] 這條說明了兩族群如手足般共存的條例中，還出現了「din」，這個意思在希伯來語和阿拉伯語當中完全一樣的詞，很明顯的，是為了強調宗教信仰是規定在律法中、通過律法來表達的。從這「契約」我們還可明確知道，若猶太人選擇不與穆斯林一同作戰，作為「烏瑪」的成員，他們就必須為戰事支付應分擔的費用。

儘管和那些非信徒訂立的契約十分莊重，但即便穆罕默德在世時，也並未真正執行（那場大屠殺除

外）。平定後的麥地那被攻破之後，他們奪取的首個城市便是塔樓林立的海拜爾，當地猶太人受到牽連的原因，是其與穆罕默德本族的庫雷什（Quraysh）部落結盟（當時該部族已成為敵人）。巴努．納迪爾氏族早在被逐出麥地那後北遷到海拜爾，且其中許多人皆在那擁有土地。這是一個連居民也要全副武裝的城市，但城中的三座塔樓——納塔克（Nataq）、希克（al Shiqq）、卡提巴（Katiba）——相互隔開，分別由不同氏族占據，此種分散式的防禦體系，事後看來便是他們的致命傷；在西元六二八至六二九年被圍困時，氏族們只顧著尋找各自的生路，根本沒有互相支持或顧及對方。海拜爾之戰在穆斯林歷史裡被描繪成決定性的史詩：穆罕默德送偽裝的客人入城，在招待他們的筵席上表露身分後襲擊主人，並殺死了巴努．納迪爾氏族的族長胡亞．伊本．阿克塔布（Huyay ibn Akhtab）和其女婿、擄走了他的女兒薩菲亞（Safiyya），她後來成了穆罕默德的第二個猶太妻子。這位大先知的堂弟，同時也是其女婿的阿里（Ali）把最讓人敬畏的猶太武士瑪律瓦布（Marwab）的頭盔砍成了兩半，並刺穿了他的頭。

據一些穆斯林文獻的紀錄，因為海拜爾猶太人竟敢與穆罕默德的敵人結盟，他才決定驅逐他們。但是在攻破城池後，穆罕默德又想到其他安撫手段，據說他同意猶太人提出的請求，希望能付出半數農產品收成以換取繼續奉行、保留其宗教習俗。無論在歷史上這件事是否屬實，海拜爾歸順穆罕默德這件事，毫無疑問地成了一個樣板，詮釋伊斯蘭教如何以驚人速度和力量征服和他們共同生活的民族。比這更驚人的是，伊斯蘭教「軍事—宗教」帝國的整體設計者，好戰的哈里發歐麥爾一世竟隨意破壞與海拜爾訂的「契約」，於西元六四二年宣布，十年前（西元六三二年）穆罕默德去世時早就堅決主張阿拉伯半島上只許有單一信仰，也因此所有的非伊斯蘭教徒、基督徒、猶太人必須自動離開此地，或是用任何手段迫使他們離開。根據官方頒布的法令，猶太人必須搬離居住了至少五世紀的阿拉伯半島。當然，有許多人屈於伊斯蘭教的安排，在政令下做了調整，這情況尤其在昔日的希木葉爾可看出，那裡的猶太人留了下來，並且很有可能在那堅守到二十世紀中葉。其他漢志地區的小社區，例如瓦迪庫拉（Wadi Qura）和

塔瑪（Tayma），可能也和希木葉爾猶太人是相同的情況，因為在舊開羅（也就是福斯塔特）巴勒斯坦猶太人的以斯拉會堂「開羅秘庫」（Cairo Geniza）出土的大量文書中，有西元十一至十二世紀自這些村鎮寄出的信件。儘管並無人親眼看見下列景象，但據來自圖德拉（Tudela），十二世紀的旅行家便雅憫（Benjamin）所述，他眼見「利甲人」（Rechabites），即流浪猶太人、武士、牧牛人和牧民，還有猶太人的首領，即「納西」（nasi），全都穿著黑色的衣服，不吃肉、不喝酒，保持著自己的傳統節日和齋戒習俗。在海拜爾，便雅憫甚至聲稱，有個五萬人的猶太社區。然而並非所有記載都可信，來自貝爾迪諾羅（Bertinoro）十五世紀末的旅行家俄巴底亞（Obadiah）就稱，有個猶太巨人部落，自稱「沙代伊（Shaddai）的阿拉伯人」，體格強壯，甚至能一肩扛起駱駝。阿拉伯半島上仍存有這些肯定在海拜爾、塔瑪和葉門堅守下來的社區，但猶太人的阿拉伯半島已一去不復返了。

雖然猶太人失去了麥地那，但卻重獲耶路撒冷。被穆罕默德及繼任者阿布．巴克爾（Abu Bakr）和歐麥爾征服後的幾代猶太人中，有些赴敘利亞、巴勒斯坦、埃及，有些則往被波斯人征服的美索不達米亞城市前進——《塔木德》正是在那裡編纂完成的。猶太人終於又在上述這些地方，還有伊斯蘭教鐵騎踏過的無數城鎮、海島、國家，找到了生存下去的方式。後續發生的事顯現，阿拉伯半島上的驅逐行動並非常態，只是個例外。除了那裡，沒有其他地方對猶太人實施隔離政策，不同於基督教的歐洲和拜占庭，其他城鎮當局也沒有強迫他們在特定的地區居住。同樣與基督教帝國不同的是，除了參與公共管理和「烏瑪」事務，猶太人可以從事任何他們想要的職業。最重點在於，作為和基督徒們相同的「《聖經》民族」，猶太人只要接受某些約束條件，其宗教習俗便會受保護。

據後續穆斯林歷史學家記載，這些約束條件存在敘利亞基督徒歸順歐麥爾一世時簽訂的「協定」或「契約」中規定，不管在何種情況下，被征服者有權修改其向征服者歸順的條款並實施，而且這條款還是以阿拉伯文書寫的；而猶太人在簽約的當時，根本讀不懂阿拉伯文。另一個有可能的約束條件出處，

是西元八世紀的哈里發歐麥爾二世，曾於「烏瑪」的土地上正式承認猶太人這「《聖經》民族」的地位。

無論如何，對猶太人而言，此般規定肯定遠遠好過基督教帝國中的生存條件。再說，就算猶太人一度憤怒於此事，但並沒殺死穆罕默德這位大先知，弒神的罪名自然算不到他們頭上，當然也就沒有被貶為非人類，被視為活魔鬼和撒旦同夥。但即使如此，他們仍沒有享有與穆斯林同等的地位，並且無法生活在伊斯蘭信徒的社區（如西元六二二年麥地那文獻中提及的例子）。猶太人只是一些「可以容忍的蒙昧者」，是一般的「良民」（dhimmi）。按海拜爾這裡的先例，他們享有保護的條件，是必須以金幣繳納人頭稅（jaliya或jizya），按其財富情況和居住地點，他們每年每人需繳納約一至四個金第納爾。

幾乎在生活的方方面面，穆斯林都密切監視身邊的「非信徒」，尤其是猶太人很可能會做出侮辱和墮落的行為。他們頒布了許多禁令和規範；例如，禁止公開進行展示宗教習俗的活動（對基督徒而言，禁止聖日巡遊可能會引起更大的麻煩），猶太會堂的屋頂永不得高於清真寺；禁止猶太人騎馬，就算他們騎的是驢，也必須用在當時具侮辱性、屬於女性的姿勢側騎，且需配置特殊的鞍。他們還禁止猶太人攜帶武器，這成了其身家安危的重大威脅，因為這樣一來猶太人很容易被騷擾、毆打，或成為暴力搶劫的目標（在他們早已習慣的旅行途中，這情況尤其嚴重）。此外，猶太人還不得出現在穆斯林的法庭，猶太男人娶穆斯林女人更是禁忌（但穆斯林男人和猶太女人則可以合法結婚），諸如此類的這類禁令，進一步限定他們屈居二等公民的地位。儘管以下規定並沒有普遍實施，但在服裝上，由於自外表無法判斷一個人究竟是猶太人或是穆斯林，因此猶太人需穿著蜂蜜芥末醬顏色的特殊長袍，不可戴穆斯林頭巾，或著高貴穆斯林會穿的服裝。另外，猶太人還必須戴特別形狀和風格的帽子；在巴格達，阿拔斯王朝的哈里發們定製了一批黃色識別牌，分發給領地內的所有猶太人佩戴；腰帶也是猶太人不得配置的，他們僅能於長袍外繫一條寬鬆腹帶，並以此作為其毫無防範心且臣服於穆斯林的象徵。

不僅在十二世紀，在基督教統治的整個中世紀，乃至往後時代，猶太人與黃色標誌牌的連結始終如此，而對當代人而言，這標誌牌除了暗示隨時可能發生屠殺外，很難有什麼其他解釋。中世紀的伊斯蘭社會，的確時常發生緊盯、蔑視、攻擊猶太人的事，但我們也不必過於苛求過往的歷史，因為野蠻和屠殺並非常態。歷史的真實情況是，曾經如此深入、根植於阿拉伯半島和近東地區的猶太人，在從這種無縫的共存狀態中失去光輝。然而，這一切並不意味猶太人在伊斯蘭信徒之間，再無法創造出嶄新而輝煌的文化。

II 天堂鳥、愛鴿人與小文官

火焰是何顏色？橙、金、藍，或是紅？難道自火裡伸出的每根火苗，都帶有上述這些色彩嗎？我十分肯定的是，有種顏色你肯定在火焰中找不著，那便是猶太人不得不在伊斯蘭世界中穿著，作為其「下賤」標誌的土黃色。無論如何，火焰的顏色是薩拉瑪·本·穆薩·本·以撒（Salama ben Musa ben Issac）堅持要穿在身上的顏色，因為唯有如此，他才能在贖罪日出點風頭（他來自突尼斯的港城斯法克斯〔Sfax〕，後來跟著其他人一塊遷到了埃及）。此種虛榮派頭顯然並非薩拉瑪懺悔的原因，因為他在十一世紀中葉某個時間點定製的這件長袍，是其時最新的款式：「雖短小，但十分合身，且是以精緻布料縫製而成」。[12] 但當時，除每年強徵的人頭稅外，當政者對猶太人這些「蒙昧者」（dhimmis）提出的要求（幾百年前便在「烏瑪契約」中有過約定）與他們在這廣袤穆斯林世界中的實際生活其實並無多大關聯了。穆斯林世界到西元九世紀末，已自西班牙、馬格里布海岸，經過西西里和義大利南部延伸到了埃及、亞丁、巴勒斯坦以及敘利亞、伊拉克和伊朗。

在福斯塔特，以斯拉猶太會堂的「開羅秘庫」中有成千上萬份被廢棄的文書，當中的商業往來信有

時讀起來就像一張張時尚的價目表。埃及猶太人積極參與各種紡織品貿易（話又說回來，他們有不參與這種貿易的時候嗎？）比如亞麻和絲綢，還有其他各式的絲料：厚「伊布里絲」（ibrisim）和薄「喀絲」（khazz），「精紡印度紅」（lalas）以及價格低廉的「廢絲」（lasin）。[13] 不僅買入、賣出，他們還染這些料子；當時的染工大多只會染某種特殊的顏色，如漆樹色、紫色、藍色或番紅色。此外，他們還紡線、刺繡、織錦和織布；猶太人從事的最低等的工作就是成天將亞麻纖維與準備用來榨油的亞麻種子分開，或是從蠶繭上抽出精細的絲線，最高等的工作則是負責銷售紡織品，供買者製作披肩、長袍、圍巾、靠墊和地毯。

若上述描寫的生意人口眾多，那熱中華美衣料的熱情消費者就更多了，福斯塔特的猶太人絕對不會邋遢、衣著寒酸的四處逛。實際上，埃及猶太人認為與耶路撒冷猶太人為伍是有傷顏面的，因為後者可是穆斯林世界中，唯一一群會把自己罩在鑲綴紅色邊穗的怪異長袍裡的。埃及猶太人把布料販往無論男女老少都有著更高的時尚品味的福斯塔特，還有其他繁華大城。絲綢和亞麻布（如織著金線的「沙札布」〔sha'zab〕）受到當地猶太人的青睞，這些布料起伏有致、波光閃動，而猶太人則著華麗服飾招搖過市，出入大宅院和集市（bazzar）上的「休息室」（dar）。那些更講究的人甚至會裝扮自己以「瞪羚血」紅、麝香紅或深紫色。婚禮上，慎重打扮的新郎會穿上據說天堂中義人最喜愛的開心果色淡綠禮服。十二世紀中葉時，普通家庭出身的猶太新娘嫁妝，一般來說會有如下長袍：白色六件、天藍色三件、藍色和金色各三件、石榴紅色一件、珍珠色三件、深灰色兩件、深綠色兩件，以及番紅色的長袍兩件。此外，因為猶太和穆斯林女性一樣，上街時必須蒙面，猶太新娘還會有樣式齊全的面紗。為新娘婚禮籌措的財產中，有百分之四十是用於她的服裝，因此其品質和顏色在訂立婚約時就會寫得清清楚楚。在西元十世紀的法蒂瑪（Fatimid）王朝早期，限制猶太人必須穿芥末黃長袍的規定顯然並未嚴格執行，因為人們可以用美麗的混合染料規避之，猶太人用作服裝的色彩不僅有「火焰色」，還有以植物命名的「薑黃」和「藏紅」等，絢麗無比。

「開羅秘庫」保留下來的文書中，還提到了風格完全不同的頭飾，而那其實是猶太人禁止穿戴且身分高貴穆斯林才會戴的高級頭巾。此外，文獻中還有些精紡的「女式披巾」（wa-mi'jarha），使用此類披巾時，須將布料在頭頂纏繞多次，直至盤成高大的髮髻，接著再讓布料自臉頰兩邊垂下、覆蓋下巴兩側，並落到頸部和肩膀；若要優雅端莊的話，就挑白綢，不然也可用織金線的綠色亞麻或真絲。不只女性，猶太男性戴的披巾同樣漂亮十分；偉大的學者、商人、詩人兼社區領袖納赫利·本·尼西姆（Nahray ben Hissim）曾訂購一件最新款式披巾，據說展開後足有二十五肘尺長，即超過一百公尺。出席重大場合時，猶太人必須穿最好的衣服，最好是所謂的「盛裝節日套裝」（hulla）。一位十二世紀的印度商人，就曾為其子定製了一件繡著其名的高級禮服（這非常有可能是生日禮物）。[14] 另外還有位十一世紀早期的商人，在高興於替社區長老阿布·齊赫利（Abu Zikhri）買到飾有羽毛的精美長袍之餘，對收到的長袍顏色錯誤而大加抱怨，他表示，不該是黃的，要另外再追加一件深紅色的才行；另一件頗具分量、藍白相間的錦緞長袍，雖也「極美麗」，但卻非他訂購的「藍洋蔥」色。據翻譯家格伊泰因（S. D. Goitein）推測，這裡的「藍洋蔥」色，指的是剖半洋蔥裡最暗淡之處，很可能是由紅色或紫色洋蔥的表皮染成。[15]

中世紀時，在福斯塔特或凱魯萬、斯法克斯、大馬士革和巴格達地區，這些時尚的猶太人會上哪去炫耀身上的華服呢？他們可能會穿梭於私人酒會、吟詩唱曲的宴會，抑或在歡迎或送別貴賓、生意夥伴或遠方親戚時（通常，會有一個人同時具備這三種角色），但婚禮、葬禮或重大節日公開巡遊的時候，他們無法盛裝出席，因為參與這類活動對猶太人來說是違法的（對於那些被視為「可被容忍的基督徒」者〔Christian dhimmis〕也是如此）。無論社會環境如何放寬條件（當然也並非全變得寬鬆），這世界上的猶太人從未在法律或社會地位上與穆斯林平起平坐過，在許多場合的差別待遇始終提醒他們地位仍然低下的事實。

針對猶太人實施的差別待遇，其中最激進的莫過於以容忍其宗教習俗為條件，對他們課徵的人頭稅。人頭稅是象徵猶太人臣服與無助的儀式，一些中世紀伊斯蘭法理學家，曾經以讓人畏懼的細節詳細

規定了有人身侮辱性質的繳稅流程；收稅人會先讓納稅人在一旁等候，接著向他們大吼大叫，有時還會掐住其後頸、抽他們耳光。納稅人的手不得舉過收稅人的手的高度；事實上，此為一種以自身卑微形體諂媚對方的方式。繳稅對許多家境不怎麼好的人來說，肯定是痛苦、折磨，雖然在阿拉伯人征服後的幾世紀，曾有對真正窮人免稅的規定，但到「開羅秘庫」文獻以文字記載的時期，即十一世紀初葉過後，這類體諒與寬容似乎越發微弱了。這種賦稅對本來生活就艱難十分的人來說，無異是日常生活中的噩夢。若不持有納稅收據（bara'a），猶太人就會受威脅、人身攻擊，最後還會有數月的監禁，在牢裡，他們會因缺乏最基本的食物而憔悴，或因獄卒一時興致受到無情毆打，這也是為什麼對欠稅的人來說，進監獄就等於被判了死刑。唯一能夠生還的方法是逃跑、離鄉背井，然而當局嚴禁不帶納稅證明的「蒙昧者」出門旅行，所以逃稅出走將會有雙重的人身危險。況且，失蹤只會把自己的負擔和恐懼轉嫁給沒有逃跑的家庭成員或遠方親屬，使得他們承擔責任和欠款。甚至有時候，就算欠稅的人死了，其生前欠款仍被認為可向其親屬追討。十二世紀時，一位休達（Ceuta）的年老銀匠因身陷納稅困境，寄了一封信到摩洛哥，字句絕望。他信中寫道：「我完全陷入了疾病、衰老、貧困和過度的恐懼，因為有個一直態度蠻橫的收稅官正追捕我，他派出密探一路追蹤，我擔心他們會找到我的藏身地。如果我落入他們手中，肯定會被打死或入監，難免一死。現在我正與上帝一起逃亡。」[16]

「開羅秘庫」的文書中，不只一個社區居民有繳稅煩惱並且生活在恐懼、戰慄之中，而且此類情況不曾間斷。每隔一段時間，一定會有個不安分的統治者上臺，如十一世紀早期，那位精神有問題的法蒂瑪王朝哈里發——哈基姆・本・阿莫爾・阿拉（Hakim bin Amr Allah）；像他這樣的統治者，很有可能會毫無徵兆地恢復對「愚昧者」社區的恐嚇或迫害。一〇二〇年，一段傳統的寬容期過後，哈基姆突然下令要所有猶太人在長袍上繫一條鬆垮垮的黑腹帶（girdle）（並非代表尊嚴和安全的腰帶〔belt〕），且只能戴黑色披巾。他們在大街上必須戴著一條「拴牛犢的鎖鏈」，在浴室裡則要掛上一個鈴鐺以表明其身分（基督

徒則須戴一個鐵十字架）。但比一切嚴格規定更嚴重的，是哈基姆竟下令毀壞所有基督教堂和猶太會堂。

像哈基姆如此善變的暴君的確是一個例外。「開羅秘庫」中描繪的猶太世界充滿金幣、信念、詩歌和宗教哲學的世界（當然，並非全與宗教相關）：雖有時也鉤心鬥角，但家庭成員間愛之深；一些人會在安息日午後玩擲骰子遊戲（在這種遊戲中，恐怕沒有什麼比用「種子」作賭注更讓人全力以赴的了）；有些人則喜歡在猶太會堂屋頂上來場賽鴿表演（福斯塔特和亞歷山大地區猶太人頗癡迷於此）；女人每週赴公共浴室，結伴洗浴、聊些家務事；還有些人會在私人花園、果園裡舉行酒會，會上，穆斯林與猶太人混在一起（雖然《古蘭經》嚴格禁止，但似乎無人願意遵守），聽他們吟唱阿拉伯詩歌；有些人會為重要訪客舉行歡迎宴，離別時用更隆重的禮節說再見，送上旅途平安的祝福。「開羅秘庫」的世界裡，我們可以聽到各種聲音：訴訟時的喃喃自語、唉聲嘆氣；談論婚嫁和訴求離婚；因遺囑而生的爭議；向宗教法庭提出問題或請求裁判；因治療效果不如預期而投訴醫生；提交給法庭不正當交易的案例證據；向地位尊貴的人士請願；請求仁慈、憐憫、關愛、照顧、提拔、懲罰、認可、令人臣服和公正的對待（即便是事後請求）。這些被保留下來的信件顯示，猶太人家庭、朋友、親戚，甚至和商業競爭對手彼此間都有龐大的關係網，涵蓋自印度到非洲角，再到馬格里布西部、西班牙，直至西西里和義大利。透過信件，牽涉其中的所有人的命運和財富緊密相連：他們懼怕受攻擊、怕聽見沉船和溺斃的慘事、害怕盜匪搶劫商隊（或原因不明的失蹤）、害怕整個不幸的社區突然變得一無所有、害怕十字軍擄走人質後勒索贖金、害怕其他猶太社區比他們出手更大方；甚至害怕像哈札爾（Khuzar／Kuzari）這樣遙遠的國度會皈依猶太教。換句話說，秘庫體現的是當時的猶太社會文明。

同時，「開羅秘庫」當中的猶太世界，也是史上第一個書寫在纖維紙上的。雖說並非一切與猶太人有關的皆入文書，因為猶太人生命中的重要轉折，如婚約、離婚協議、奴隸釋放證書等等，被認定是極莊重且不適用一般纖維紙記載，須寫在傳統羊皮紙上。即便如此，秘庫仍保留大約三十萬份纖維紙檔

案，可說是在中世紀世界裡倖存的寶庫。西元九世紀末，即《塔木德》甫編纂完時，一封自巴比倫猶太研究院寄往福斯塔特的希伯來文信件，就是寫在一張厚厚的紙上；此為現存最早的一份纖維紙文書，而且其用紙正是生產於不到一代人時間，不久前建立的巴格達造紙廠。纖維紙的出現，在伊斯蘭世界裡始終與伊斯蘭歷史學家塔利比（Thaalibi）《奇聞趣聞錄》（*Book of Curious and Entertaining*）中寫下的寓言故事相連。[17] 根據這個古老的傳說，東亞大唐帝國的軍隊在西元七五一年，於今哈薩克斯坦的塔拉斯（Talas）戰役中，被阿拔斯王朝哈里發的軍隊擊敗，於是一直受精心保護的中國造紙工藝才藉由唐朝的俘虜之口洩漏。但是，塔利比寫下這個故事時，已距這個所謂的造紙術秘密洩露三個世紀之久了，再說有大量證據表明，中亞地區此前就以碎布或平整亞麻布作為紙張使用。[27][I]

阿拉伯人或穆斯林並非最早使用纖維紙的民族（包括地理上最靠近亞洲造紙文明與印度棕櫚葉書寫文化的伊朗人），然而這種新媒質一旦流行，便勢不可擋。最初，埃及猶太人很可能只是運販從伊拉克造紙商或敘利亞高檔造紙廠來的貨品，但十世紀時，運輸費高昂的問題自然讓猶太人想到：為什麼不直接從美索不達米亞兩河流域引進造紙技術到尼羅河流域呢？何況，福斯塔特還是個理想的造紙產業基地。到十一世紀早期，紙張和墨水已成了猶太社會中不可或缺的有機要件（一般通行的有兩種墨水，棕色原料是膽汁，黑色的是碳，兩者有時會混合使用）。「開羅秘庫」充滿了墨水味：以方塊字書成的宗教法庭判決書，足足長兩英尺寬七英寸，古樸而不失莊嚴；在早期款式的期票、支票上的簽字顯示，擔保人隨時都能在亞丁或印度這類遙遠的地方支付貨款，因此豆蔻、樟腦或銅材供應商才可以放心把貨物交付給其代理人。為了提高擔保人的信用價值，這種小紙張（有些小到僅有三、四英寸）上有時還會用三種文字——阿拉伯文、亞蘭文和希伯來文——寫上擔保內容，此外，「真實無欺」（emet）這個詞還會跨寫在兩張紙的交接處，或是跨在大開紙的摺痕上。甚至還有所謂的「鳥類專用紙」，是一種壓得既輕又薄的紙，能夠拴在信鴿身上，和一般紙相比輕便得多，能夠加快訊息的傳遞速度。

當時的猶太人，多麼渴望用如此「字符」在各式紙上塗鴉啊！巴格達發布的律法和行政命令，往往書以優美的阿拉伯文，字與字間留大量空白，猶太人的書寫方式則截然不同，充分利用每寸空白，連邊緣都寫滿了，甚至還把紙反過來繼續寫，只留一些小空間，供摺到反面寫收信人名姓和地址，而會這樣做的原因，是因為當時還沒什麼使用信封的習慣。希伯來方塊字書寫成的阿拉伯文書，滿脹急切、渴望、貪婪的欲望，頁面毫無空白，語言學家格伊泰因敏銳地指出，這樣的頁面就像織線交錯、圖案滿布的地毯。他們模仿的也許是另一種書寫形式，也就是多種書寫方式混雜的《塔木德》，其上花樣百般的正論與反論，書以不同字型、大小、欄目和風格，排列得密密麻麻。截然不同的生活片段時常在猶太人的「字符」世界裡不期而遇，有各種藥方、購物單、學術觀點、嫁妝列表、生意上的流水帳——這些事就像在真實生活中往來穿梭、摩肩接踵一樣。

在福斯塔特（舊開羅），時值西元一八九六年十二月，羅馬尼亞出身、維也納受教育、於劍橋大學研究《塔木德》的學者所羅門・謝希特（Solomon Schechter）爬上了華麗（經過多年修復的成果）猶太會堂本・以斯拉（Ben Ezra）裡一架靠女性走廊牆角的梯子，探看一個拱形洞口，發現了一個被他描繪成「書的戰場……四處散落各種紙張殘片（disjecta membra）」的地方，其實他看到的是此猶太社區於九個世紀之中累積下的文獻寶庫。與偉大的猶太「秘庫」學者格伊泰因一樣，他強調這並非檔案庫，而是希伯來「字元」堆得滿滿當當的儲藏間。他發現的這堆亂七八糟的東西，是損毀或被棄的聖典，有節日祈禱書、平日祈禱書（siddurim）、「摩西五經」抄本和《塔木德》文本，這些都在被法令禁止後毀壞。正如我們所見，當時讀寫已是形塑猶太身分的要件和途徑，而透過記憶書成的猶太典籍持續變化，型態變得便於攜帶，甚至以微縮形式逃避當局的盤查、破壞。猶太人認為因時過境遷而「死去」的典籍，仍然是非常值得尊敬的。這些典籍個性鮮活，或說其存在輝煌，就算生命本質已然消逝，餘下的軀體仍要存放、埋藏於某地，以便自然地任其化為塵土。他們認為，燒毀或撕碎典籍如同虐待人的身體，殘忍、非明智之

舉。

謝希特之所以來到開羅，是因為追著以下這則當年振奮人心的發現而來。兩位蘇格蘭長老會的中年姊妹阿格尼絲．路易斯（Agnes Lewis）、瑪格麗特．吉布森（Margaret Gibson）從埃及帶了一些羊皮紙回劍橋大學，當時謝希特認出文件當中有一部《便西拉智訓》手稿，也就是猶太傳統稱作《德訓篇》的偽典。雖然這兩位女士和謝希特常常被說成是「開羅秘庫」的「發現者」，但其實這儲藏間早為人所知，偶然闖進這房間裡的至少有海因里希．海涅（Heinrich Heine）的流浪漢表叔、十八世紀一個猶太阿拉伯匪幫的頭目西門．馮．格爾丁（Simon von Geldern）。後來雖有許多人注意到此房間，但無人刻意探索其中的奧秘，畢竟裡頭只有纖維紙和羊皮紙，並不是什麼重要檔案庫，而且十九世紀正值整個歐洲收集和整理檔案的全盛期，秘庫裡的紙片亂七八糟，看起來既無美學觀賞，也無長期利用價值。人們對這房間無甚興趣，但總有些愛好特殊之人，猶太神秘主義信徒伏爾柯維奇（Firkovitch）便是其一，然而若非謝希特追隨前人足跡來到福斯塔特，並且耗費畢生精力、財力，才能幾乎把「秘庫」裡的藏品無一遺漏的集中存放到了一個地方，他任教的劍橋大學；在那個文化掠奪風行的蠻荒年代，他擔心（此憂慮是正確的）房間中的藏品會散佚到聖彼德堡和紐約這些邊遠之處。當時，謝希特的資助人兼導師，劍橋基督學院偉大的東方學專家和《聖經》學者威廉．史密斯（William Robertson Smith）（在二十世紀六〇、七〇年代，我常在掛有他肖像的古老教師休息室用午餐），有一段時間和學術死敵，同為牛津大學教師的伯德雷恩（Bodleian）漫長論戰（此人藏有大量裝幀精美的中世紀希伯來文獻，當時據說僅梵蒂岡圖書館可媲美），但謝希特最終以其堅持不懈的個性，得到了學術界的公認。

在現在被稱作「老校區」的學校辦公大樓，也就是當時的劍橋大學圖書館裡，謝希特奉獻全身心，投入了艱辛萬分的閱讀、翻譯、分類、識別和研究工作，希望能從十萬頁的手稿中找到線索。因一切能寫的空間和角落都塞滿了文字，一張羊皮紙上往往有不止一篇文書需解譯，而且揭下寫滿的那張表層，

底下竟還有一層文字，儼然是個複寫本。謝希特的腦海中還有許多需要清理的東西，在有了《便西拉智訓》這一偉大發現後，若他想沿這條思路找到更多關於猶太學識和神聖知識的重大作品，比如評注的評注、從哲學上對宗教問題所作的探索，以及福斯塔特猶太法庭、《塔木德》研究院對各地臨時提出的一些迫切問題的答覆等等。這些精美絕倫的裝飾品就這麼靜靜陳列其前，隨時為艱苦的研究工作帶來驚喜，驚喜之中有中世紀著名的哲學家、醫生和拉比摩西·邁蒙尼德（Moses Maimonides）的親筆手稿，四十多篇西元六世紀文學大師雅乃用於祈禱儀式的「新詩」，以及他最痛恨的門人吉利爾的一些詩作，多如繁星、數不勝數。

這些藏品珍貴至極，拿到現代來看也算是價值連城，而且數量如此巨大，以至於謝希特當時差點把其中一些十分重要的文獻當成垃圾忽略；這些東西對社會和文化歷史學家（以格伊泰因為代表）來說是寶貝。研究結果表明，不僅有許多當時的宗教典籍和珍貴手稿被送進「秘庫」，而且幾乎所有用希伯來字元寫成的社區文書都在裡面，甚至還有用阿拉伯文或亞蘭文記錄下來的文獻，因為存放在「秘庫」中免於被銷毀，而這樣的文獻原本也是不允許銷毀的（就算已經受到玷污和損壞仍須保留）。儘管並非全部，但此段歷史大多記在纖維紙上，更讓人驚異的是它全面反映了當時的社會面貌，內容涉及社會生活的方方面面：節日購物單、藥方；傳統的詩歌、打油詩；原始的信用證、匯票；家庭和生意流水帳；宗教法庭或像摩西·邁蒙尼德這樣的社區領袖，回覆伊斯蘭教領地內感到困惑、苦惱或只是好奇的猶太人提出的各種問題；猶太兒童的拼音字練習簿，上頭甚至畫有男孩或女孩厭倦重複寫字母，在作業本上信手塗鴉的小貓或駱駝。此外，這些文獻中我們還能看到：沉船事故中倖存者匆忙間寫的私人信件；突然或不那麼突然變得貧困的猶太人寫的求助信件；由於紡織品訂單沒有恰當履行而惱火的猶太人寫的投訴信；在遙遠的地方預付款，以確保貨物能夠及時運進埃及並分送給其他地方客戶而引起的糾紛；婚前男女雙方的協議書；某些猶太人在遵守《塔木德》中晦澀的規定時，可能會因困惑或自相矛盾（雖說並不常見）而

要求拉比作出裁定的記錄。換句話說，「開羅秘庫」是一個海納所有猶太元素的世界，甚至可以說，是一個猶太式的宇宙。這個「秘庫」不僅是最豐富、最著名的猶太史料庫，也稱得上是最大的中世紀檔案館，而且當中還有大量未翻譯、解讀的文獻。

「秘庫」裡有各種各樣的故事、圖畫、地圖和形象，但這一切卻都是通過猶太阿拉伯文來表現的。正如格伊泰因因為異常興奮而可能過度樂觀、堅定認為的那樣，這些文件的語言無異於告訴我們，當時猶太文化與伊斯蘭文化在埃及及其周邊地區出現了他所稱的「共生現象」。「共生」並非小事，而意味一種真正、有機、功能性的相互依存，雖說這也許有些誇大，然而若與其他文化相比，尤其是與中世紀的基督教社會相比，猶太人與穆斯林的確不僅是純粹的比鄰而居，而是長期相依存地生活在一起。

這兩種文化中尤其是在居住地、工作方式兩方面屬同一王國。不同於生活在基督教世界中的猶太人，伊斯蘭世界中的猶太人在法律上並沒有被限定居住在特定區域。若他們選擇擠在特定區域比鄰而居（就像安提阿和古典時代的亞歷山大城），也只是為了離生活中心的猶太會堂更近一些。光在福斯塔特這個地方，就有三個特色不同的猶太社區，分別居住著巴比倫猶太人、巴勒斯坦猶太人，以及和前兩者截然不同，拒絕所有後《聖經》時代拉比權威的卡拉派猶太人。一位來自西西里、敘利亞或葉門的猶太人選擇去其中哪個會堂，完全取決於個人喜好，或者他與親戚、朋友、生意夥伴聯繫的緊密程度。《妥拉》在每個會堂誦讀、祈禱和祝福時都有特定的方式，各不相同。

巴比倫或伊拉克猶太人背後，都有著名《塔木德》權威人物支持。《巴比倫塔木德》完成於西元九世紀，蘇拉和蓬貝迪塔的《塔木德》研究院據傳比巴勒斯坦的更壯麗、莊嚴、歷史更悠久（當然啦，這話通常是沒有死在那裡的人說的）。巴比倫猶太會堂裡有領誦人，巴勒斯坦猶太會堂則有少年唱詩班，被稱為「最美的律法書卷」，並且因為逐篇誦讀一遍《妥拉》須耗時三年以上，所以少年們每次誦讀的篇幅更短一些。卡拉派保留了許多古老的習俗，堅持認為穆斯林如脫鞋、跪拜等習俗，是仿效他們的成果。

深藏於福斯塔特城內，建有「開羅秘庫」的本‧以斯拉猶太會堂裡被稱為「燈塔要塞」（The Fortress of the Lamp）的區域，周圍有許多基督教堂（至今依然如此）。在這的兩個猶太社區舉行祈禱儀式的建築，並未與穆斯林居住區別。猶太教沒有宣禮儀式，根本不需要宣禮塔，因此並未受到禁止建造任何高於清真寺的建築這一禁令的影響。和其他地方與時代一樣，猶太會堂遠遠不僅是個祈禱場所，它可以是猶太學校（當時，女孩需由女教師授課），可以作為旅店招待遠道而來的猶太旅行者，最重要的是，它也可以是每週開兩次庭的猶太法庭。所有的美和權威，都集中在猶太會堂的內部。

以斯拉會堂曾多次修繕和部分重建，尤其十九世紀末的一場大火後，更進行了大規模重建，但儘管如此，據說這座偉大的中世紀猶太會堂依然保留最初的基本構造。會堂中寬大的拱形空間中央是崇高的領誦臺，起初可移動，後來則固定在裝飾精美而光滑的大理石上；最裡面安放著約櫃（aron hakodesh）。會眾像他們在賽佛瑞斯和安提阿會堂裡那樣，圍著在領誦人站成一圈，或是在社區成員捐獻的坐墊和地毯上就坐。據「秘庫」中的文書記載，會堂中的男人和女人分開，其中有扇雕刻精美的窗戶和一條木製長廊，是為了女性設置的，她們可以透過這扇窗跟著領誦人祈禱、唱聖歌、誦經；無論這是不是對伊斯蘭習俗的一種回應，但當時的確如此。許多猶太女性說希伯來語、猶太阿拉伯語，學識程度更高者則還會說些亞蘭語。青銅油燈照亮大廳，投下一束亮光在織品、石頭和雕刻的長廊表面，在約櫃的尖頂上映著輝芒，也映著在大廳中緩緩轉過的《妥拉》卷軸兩端裝飾著的石榴形鈴鐺上。

儘管猶太人集中在一個區域居住，他們與穆斯林還是生活在一起。根據「秘庫」文獻，有時猶太人住在穆斯林開的店鋪樓上，反之亦然。一位猶太法官可能在一條清一色香料商的街上居住，而住在同一條街上的雖然大多是猶太人，但並非全部皆是，而另一位著名的猶太人，則可能在全是製蠟作坊的街上住著。正因（除了不得持有武器）猶太人的職業上沒有限制，他們常與穆斯林在同個作坊做工，或者成為生意夥伴，一起短期投資和商業航行中。在商業貿易上，紡織和印染、製藥和藥店，以及與之密切相關

的香料和香水買賣，比如從西班牙統治的大西洋海岸販運龍涎香、從阿拉伯半島販運乳香、從更遠的東方販運麝香；儘管猶太人在上述這些貿易和產業領域十分顯眼，但他們也從事其他職業、做其他生意，常會聚集在街頭，熱中於專門經營某些商品或者出入街頭的「休息室」和集市，他們不得不與穆斯林和基督徒一起工作或做同樣的生意。猶太人製作、出售的工藝品和貨物多且種類豐富，我們只消看一眼下列清單，就彷彿能嗅到當時的氣味，猜出這些貨物的樣貌：買賣砂糖、紙張、皮水袋、銅錫器皿、描眼影的化妝棒、經營商船，甚至親自當水手；買賣肉桂、肉豆蔻、小豆蔻等各種香料；做細緻的木工活、製造玻璃（猶太人尤擅長此道），從事寶石、珊瑚和水晶買賣生意（當時的猶太人控制了整個珠寶業）；經營糖果、蜜餞、杏仁甜食和玫瑰果醬（這是經銷商和顧客都非常喜歡的暢銷品）。

不管在福斯塔特當地還是運往西方、北方，凡有人之處，猶太人肯定能找到並銷售稀缺之物，為手中貨物找到適合的市場。為了買到世界上最好的樟腦，儘管去蘇門答臘（Sumatra）耗時四個月的漫長而危險的航程，他們也義無反顧。當時有三條貿易航線：第一條是往西到西西里、突尼斯、摩洛哥，遠至穆斯林的西班牙，這也是「秘庫」生意文書中，有大量沿途各王朝猶太親戚捎來的信件的原因。第二條航道古老得多，向東北到敘利亞和巴勒斯坦，再到伊拉克和伊朗，在高加索與連接遠東地區的絲綢之路匯合。第三條最冒險，即向東南出紅海至亞丁，穿越印度洋往馬拉巴（Malabar）和柯洛曼德（Coromandel）海岸，抵達許多名貴香料的原產地；途經非洲角，還可以用貨物換取些人人都喜歡的蘇丹黃金。中間商們在沿途各採購點張貼各種招攬生意的廣告；人們一直認為家族或親戚之間的生意是最靠得住的，比如和兒子、堂兄、表弟或叔侄、外甥等人一起工作，但「秘庫」文書記載顯示，傳統觀念錯得離譜，家庭內部同樣充滿糾紛和爭吵。比起家人，奴隸似乎更靠得住（雖然他們有時也會抱怨）。一般來說，奴隸是在邊境口岸或長途生意沿途的驛站裡被買下；奴隸市場是生意的一部分，但奴隸個人並不會因轉賣而獲得自由。當貨物運回福斯塔特後，真正掌管買賣實權的人物，是負責貨棧並向各地發運貨物的官派管理

員，通商口岸還設有清算所得和支付中心。因為貿易的距離太遠，而且通過協力廠商將猶太人帶往國外的風險太大（當時猶太人是被禁止的），建立在個人或家庭信譽上的信用網路因此沿著貿易路線興盛發展，並以紙質本票和應付款的形式作業，這在歷史上似乎是人們第一次，實際上也的確是第一次使用支票。

「開羅秘庫」文獻載錄了猶太人在某個時期、各行各業的情況，是猶太人在伊斯蘭世界日常生活中的重要事件線索，而且即便做生意，賺取的金錢多寡也不代表一切，不能蓋棺論定最終結果。無論是生意上的小蝦米還是大鯨魚（一些富裕猶太人確實可稱得上是大魚），都不可能完全無動於衷於物質財富，但在猶太會堂，在《塔木德》研究院，在其重要節日、齋戒日和紀念儀式上，在參加每週六下午的「解經會」（derash）時，在他們對會堂裡負責領禱、有權作出結婚或離婚裁定的「導師」（muqaddam）表示敬意時，在他們等待某位拉比回答自己提出的問題時，當他們代表遭殘酷監禁而急需金錢、斡旋方能脫身的貧苦家庭或遠方朋友，聯名向世俗的拉比（rayyis，這些人往往和朝中大人物關係密切）請願時，猶太人卻塑造了一個古老道德意識高漲的世界。他們的財富一如過去，是道德和精神層面上的財富，這也是為什麼當我們發現即便是最偉大人物，也並非靠其財富、靠他作為學者的聲望才享有崇高地位，或者其本身就是智慧而虔誠之人時，我們不應驚奇。相同地，當我們發現捉襟見肘、斤斤計較的商人，也會抽出時間來創作詩歌時，也不應驚訝。亞伯拉罕·本·伊居（Abraham ben Yiju）是個印度商人，在馬拉巴海岸定居多年，非常熱中於詩歌創作；有些詩作是直接模擬偉大的「會堂詩」詩人作品，有些則更近阿拉伯風格。後來的本·伊居顯然有了更多浪漫情懷（或許是因為作詩吧），因為他放印度女僕阿蘇（Ashu）自由，在對方皈依猶太教、起了猶太女性的名字——貝拉卡（Berakha，意為「祝福」）之後，娶了她。但這並未打消亞丁這地方那些心胸狹隘之人的猜忌，他們拒絕承認貝拉卡的兒子阿布的合法性。「他們震驚了我，深深地傷害了我，」本·伊居在一首詩歌中為自己辯白，「他們沉重地打擊了我……這簡直是掠奪的行為，他們對我糾纏不休，也污辱了我。」對本·伊居來說，詩歌和哲學不只是文化裝飾，而是基本的人文素

養；若無哲學和詩歌，財富不過是鍍了金的粗俗罷了。當然，有很多人的生活也像本．伊居如此精采。於是，擁有數千第納爾財富的商人們像一個父親千里尋女那樣苦苦追求學者身分，終日沉浸在《塔木德》和《米德拉什》評注《聖經》的經文中。他們渴望在「經文講習所」裡，得到集市和酒店（funduq）裡能獲得的尊重；希望自己的名字能鐫刻在令人尊敬的記憶中。

距離意味著缺席，商人們與家庭的長期分離往往導致隔閡和破裂。女性無法確定丈夫還活在世上；在苦悶的孤獨中，無疑地，對自己是否接受最壞情況並請求法庭正式允許她們再婚是痛苦的，再來，常年見不到的丈夫是否已經娶了第二個合法妻子？她們對此充滿焦慮。一位名為米拉（Milah）的女子，從福斯塔特搬到亞歷山大，希望她七歲的兒子能在這裡受更好的教育。然而，一抵達該處，她就聽說丈夫可能再婚，還會從她身邊奪走兒子，因而陷入前所未有的憂慮。[18] 不過，這世上分離焦慮形式不只一種。尼羅河三角洲的馬哈拉（al-Mahalla）鎮，有位律師娶了法官的女兒，之後搬到了開羅，希望在職業上有更好的發展，而他同樣痛苦思念留在家中的妻子烏姆．薩納（Umm Thana）。[19] 我們並不知道這位孤獨丈夫年齡多大，但他肯定強烈地自憐；「沒有人愛我，噢，除了你，烏姆．薩納」，他在類似這種悲憤的抱怨，和絕望的半自殺式的失蹤威脅中，經歷過青春期般相思的煎熬（他知道妻子是貞潔的，而他自己也並非放任之人）。我們這位不快樂的丈夫，顯然喝了太多的阿拉伯語或是希伯來語詩歌的墨水，甚至寫下了這樣的語句：「快來我身邊吧！否則我將放棄這個國家，也許，我還會消失在世上！」這類人間蒸發的行為，肯定上演過。另外還有個商人，他的故事雖少了點戲劇性卻動人十分：星期五夜晚，妻子不在身邊，他只能孤獨一人點燃安息日蠟燭。對一個商人來說，這是一次嚴峻的考驗，因為據《米示拿》的規定，這本應是一個能夠和享受性生活的快樂夜晚（onah），這也是為什麼點燃蠟燭這個慶祝聖日來臨的過程，意味著這位丈夫正被欲望吞噬，或許他有種負罪感，因為自己可能違犯最嚴格的宗教禁令，去做出什麼脫軌的事情。「當我點上蠟燭，把它放在上帝準備好的那張桌子上時，我想起了妳。只有上帝知

道我會做出什麼事情。」

情感的索取是雙向的。「開羅秘庫」中也有妻子寫給丈夫的信，面對丈夫抱怨自己身體，還有腦和內心的疼痛、苦惱，她們只能回以「一聲歎息」。有位妻子在回信中說：「聽著，難道我就好受了嗎？你還有臉在那裡說覺得自己不開心。」[20]還有些悲傷的猶太母親，在信件中抱怨孩子們不願寫信回家，其中有位舉世無雙的藝術大師，懷著母性的內疚在旅途中期待著孩子能寫信給她，哪怕是一封也好（這個要求不會太高吧？），但這個被寵壞了的孩子似乎就這樣忘了她，整個夏天都沒來信。對此，她抱怨：「你啊，似乎還沒有意識到，當我收到你來信的時候，就像當面看見你的臉。」她又說不用擔心，高興點，做你自己的事吧，我很好，可是我難受得很，要這樣你還不如殺了我吧。「我的生命完全取決於聽到你的消息，這點你沒體會到……在老未將至前，還是別殺我吧。」倘若你連封信都不肯寫，沒關係，若非太麻煩「您這位天天忙大事業的人物」的話，你至少可以把那堆累積的髒衣服寄給我，就算是幾件弄髒的襯衫也好，至少讓可憐、被遺棄的母親能夠感受一下孩子身上的氣味，使她能「找回自己的魂」。閱讀至此，我不禁感嘆，她是位多麼偉大的藝術家啊！[21]

秘庫文書中還有關於女強人們的記述，這些女子大多不識字，寫信一般由文士代筆，因為她們不被鼓勵學習書寫技巧。但是，我們肯定當中最優秀的一些女性精通文墨，因為秘庫文獻中提及的女性中有小學教師，不只教男孩，她們也教女孩。其中有位女教師是巴格達《塔木德》研究院院長之女，據說她上課時會待在一扇遮起來的窗戶後面，所以課上的學生們沒人見過她的嘴。此外，一些較少文化素養的女性也會外出打工，做刺繡和織布類的工作，目的並非為觀賞、消遣，純粹是為了增加家庭收入。另外還有些贏得良好聲譽的女性「經紀人」，她們攜著貨物在集市和賣場裡叫賣、展示，每天在穿梭於男性世界中工作。猶太人的傳統要求女性的穿著必須樸素莊重，然而其頭巾（女性穆斯林也有這項配備）只要得體，也可以是多彩優雅的樣式。

開羅秘庫文書中，也經常有一些奇葩人物的記載，他們的生活方式遠遠超越了當時的普通家庭生活。有個女性「經紀人」超越了推銷貨物的女人的身分，成為了一個經驗豐富的商人兼銀行家，極其富有，身後遺產約有七百第納爾。這位成功女性芳名卡利瑪（Karima），但更廣為人知的名號是「經紀人」烏莎（Al Wuhsha the Broker）；她出身銀行世家，格伊泰因說她的名字出現在當時在報紙上的次數比其他人都要多[22]，這並不讓人意外，因為與她相關的流言蜚語絲毫不遜於其成功與強勢。早年的平淡婚姻注定了短暫而不美滿，她作為一名叫哈賽因（Hassun）的亞實基倫人的情人，而且未婚懷孕；在懷孕期間，非常實際的烏莎早早開始擔心孩子的不合法，將使他或她失去繼承應得遺產分額的資格（在懷孕期間，她竟然在猶太新年節和贖罪日時現身伊拉克猶太會堂，顯然並未因自己的婚姻有太多懺悔）。[23]她和哈賽因於是在一位伊斯蘭官員面前進行了某種儀式，並且透過一名熟悉猶太律法、叫「王冠」（Diadem）的熟人指點（雖然他們諮詢了此人，但並不代表烏莎在這方面一竅不通），接著巧妙安排，讓這對不合法的夫妻被捉姦在床，藉此證明他倆兒子阿布的親生父親，的確是個猶太人。

哈賽因事後偷偷跑回了巴勒斯坦（也許是為了活命吧），而烏莎則在利用完他達到目的之後不久就離開了他。烏莎沒有再嫁，但後來又產下一個女兒。她在福斯塔特以危險而美豔之姿出盡風頭，卻同時惡名遠播，使得她的猶太身分一直不被猶太會堂承認，而她很清楚自己該如何報復那些自以為是、把她逐出猶太教的行為。烏莎大方地在遺囑中遺贈曾經對她敬而遠之的猶太會堂一筆錢（但她特別寫著絕對不留給哈賽因「半毛錢」，這位前夫究竟做錯了什麼呢？）可用於油燈的購買，好讓年輕人能學習到深夜，或是用在補貼會堂的維護、保養；她算是十分慷慨，長老們在良心上便無法拒絕她的贈予。其實在烏莎彌留之際前很久，她早已滿意得知，後人將會用銘文與口頭紀念的方式，在猶太社區生活中的所有重大節日中，提到「經紀人」烏莎之名。

III 希伯來文體的奧秘

西元十世紀中葉某個時間，在當時已知世界的最西端，一個猶太人拿起了鵝毛筆，蘸了蘸膽汁墨水，給世界最東端的另一個猶太人，當時也是一位國王，寫下了一封信。寫信的人叫米拿現．伊本．沙魯克（Menahem ibn Saruq），而這封信正是他的贊助人和主人哈斯代．伊本．沙布魯（Hasdai ibn Shaprut）剛交給他的一項差事。沙布魯是伊比利半島上安達魯斯（Al-Andalus）的哈里發，阿卜杜拉赫曼三世（Abdalrahman III）不可或缺的重臣。米拿現有時候會想：工作所得的報償才這麼一點，真小氣啊！但他已經習慣於替主人寫信。因為哈里發很信任哈斯代，經常讓他與基督教的重要人物談判，如君士坦丁堡的「羅馬」皇帝，或北面西班牙萊昂的國王。當時，基督徒和穆斯林之間的直接接觸是不可想像的。但猶太人哈斯代會說你能想到的任何一種語言。似乎在世界上所有的港口和城鎮，都有他的親戚和代理人。他還以善於通過使人消除戒心的禮貌來掩蓋其狡猾而聞名於世。所以當穆斯林使節的行程受到阻礙時，他完全能夠代表哈里發出面進行外交斡旋。對哈斯代來說，再難解的結也能解開。這個猶太人很清楚，禮物具有政治潤滑劑的作用。他的高品味和鑑賞力，使他能夠為法蘭克人或阿蘭人的國王選擇恰當的禮物，並且在把禮物交給主人之前就能看出可以得到什麼樣的回報。或許某個囚犯會被釋放，或許與拜占庭的女皇結成連盟，對抗共同敵人──位於巴格達的阿拔斯王朝哈里發。雖然通過這樣或那樣的方式，問題最終得以解決，但一直是通過米拿現這枝蘸著主人思想的「筆」，才用文字打開了相互諒解的大門。

米拿現剛剛接到的差事是寫一封介紹信，向哈札爾汗國的猶太國王約瑟表示問候並詢問某些事項，所以其中的措辭遠遠超出了通常的禮節要求。米拿現知道，哈斯代不僅把他強大的商業和戰略情報網押

在了這件事情上，同時也有強烈的激情和期望。從一個進獻禮物，來自波斯的呼羅珊（Khorazan）使節那裡，哈斯代了解到在亞洲西部大草原上的窩瓦河下游，有個龐大的猶太王國。這個猶太王國東面以裡海（當時稱為卓章〔Jorjan〕）為界，西面到黑海，即「君士坦丁」海，北面則背靠高加索山脈。整個克里米亞半島甚至基輔城，都在這個猶太王國的勢力範圍之下。這些意外的信息，在西元九四八年得到了哈斯代的手下在君士坦丁堡遇到的一個哈札爾猶太人的證實，這讓一個向來以自己對猶太散居地的地理知識而自豪的哈里發近臣既興奮又驚詫。猶太人除了在安息日、齋戒日和重要節期以外，永遠忙碌。這種對整個地球都充滿了來來往往的猶太人的感覺反而使流亡生活給他們帶來的痛苦變成了一種慰藉。聽說在斯拉夫人、基督徒和伊斯蘭世界的東面還有一個猶太國家，這就好像是猶太人突然伸出了一隻胳膊，插入了遙遠的亞洲腹地。「我們感到驚奇，再次昂起了高貴的頭，我們的精神復甦了，我們的手臂更加孔武有力。」

哈斯代從在君士坦丁堡遇到的那個哈札爾猶太人那裡了解到，這些遠方的猶太人最初是一些住帳篷的武士。他們是天神佟古累（Tungri）及其薩滿巫師的異邦信徒，幾乎常年住在蒙古包裡。他們的「皇帝」（可汗）本身是一個神聖的人物，但他的權力卻令人驚奇地受到限制；在他繼位時，各部落的領主會問他打算統治多長時間，如果他超出了承諾的限期，會立即被殺死。此時，他正面臨一位覬覦王位的將軍（bek）的挑戰。在此前的幾代人中，這個高原上的汗國已經建造了許多像首都阿提爾（Atil）這樣的城市，磚牆瓦頂的宮殿俯瞰著欣欣向榮的牧場和田野。這個失落的猶太王國創造的奇蹟，幾乎可以媲美遊牧的但人伊利達（Eldad the Danite）在非洲炙熱的高原上創造的奇蹟。哈斯代想要確認這個最新消息並非旅行者瞎說的荒誕故事，於是又去問另一位剛剛從君士坦丁堡來到哥多華（Cordoba）的呼羅珊使者。這位使者向他保證，的確有這麼一個哈札爾猶太王國，距離他們的首都大約有十五天的航程，其當政國王叫約瑟；使者的言下之意，表示這個王國的魚類和「一應生活用品」都是從他們那邊運過來的。根據

這一消息，哈斯代立即派自己的手下趕往君士坦丁堡，命令他們找到通往哈札爾王國的道路，但經過六個月的精心準備之後，他們卻被緊急叫停，因為眼下的季節「海上風大浪高」，實在危險，根本無法航行。哈斯代懷疑，所謂的危險都是出於這個基督教帝國的臆想，或許他們雖然與札哈爾汗國維持友好的關係，但很可能被動搖了，這是由於安達魯斯的這國家，有可能和一個東方的猶太武士國家之間有聯繫。

這個遙遠猶太王國的美好景象一直縈繞在哈斯代的腦海裡，所以眼下米拿現的任務就是要用他那枝生花妙筆打開這扇已被基督徒關閉、通往猶太國度的大門。這封信當然要用希伯來語來寫，雖然這並非常用外交語言，但還有哪種語言更有助於安達魯斯與哈札爾的猶太人之間互相理解呢？又有誰能比米拿現·伊本·沙魯克這位以編纂第一部希伯來語詞典為終身目標的猶太人，更適合承擔這項任務呢？米拿現還很年輕時就從遙遠東北方的托爾托薩（Tortosa）來到了哥多華，在這個烏邁耶王朝哈里發的偉大城市裡，在花園廣場的噴泉和鴿籠中間，哈斯代的父親以撒·伊本·沙布魯（Isaac ibn Shaprut）一直守護著米拿現。而他則不時以詩歌和慶典銘文作為回報，包括紀念以撒向哥多華最宏偉的猶太會堂捐資的銘文。以撒去世時，米拿現曾寫過一篇深情的悼文，後來又以同樣的方式安慰過失去母親的哈斯代。當時，他唯一的念頭就是回到托爾托薩。無論生活如何簡樸，他只求能夠繼續宣洩他對希伯來文法的激情。

後來，同樣對《妥拉》和《塔木德》一往情深的哈斯代，在哈里發的宮廷中爬到了意想不到的高位。在這裡，猶太人最想做的兩件事，或說兩種可能的前途就是醫學和金錢；前者是哈斯代的敲門磚，後者則確保他留在了權力的中心。說到他的成功，其實與毒蛇膽不無關係。據說蛇膽是「萬靈丹」（theriacum）不可缺少的成分，在古代，包治百病的萬靈丹十分常見，但今天的醫生顯然丟失了這些古老而神奇的藥方；萬靈丹其實是一種解毒劑，據說能化解所有已知與未知的毒（在哈里發的宮廷裡，這些毒劑常常危及生命），並且似乎無所不能：能讓不孕的女人生育、無能的男人雄起、惡化的病症消失、有聽覺

障礙的人變得像森林中的鹿一樣靈敏，甚至能通便和明目。作為一個對希臘和羅馬醫學頗有研究的醫生，同時也是一個很有商業頭腦、文筆精湛、潛心學術的人——哈斯代・伊本・沙布魯聲稱要把萬靈丹的秘密獻給阿卜杜拉赫曼三世。無論這種藥物是否達到了傳說中的效果，但居然沒有任何人，甚至連那些妒忌的宮廷醫師也沒有站出來指責哈斯代這種賣假藥的欺騙行為。恰恰相反，他這種反常的討好行為引起了高層的注意，從而為他的仕途鋪平了道路。既然人人都厭惡收稅的差事，不如就讓猶太人試試吧。於是，哈斯代就得到了在流經哥多華的瓜達幾維河（Guadalquivir）的水運貿易口岸收稅的肥差，隨著這個猶太人的腰包一天天鼓起來，王朝的金庫自然也就不再空虛了。

米拿現給國王約瑟的信寫得非常有機巧。因為哈斯代希望既要把自己裝扮成哥多華城甚至整個安達魯斯地區猶太人中的重要人物，但看起來與約瑟國王的地位又不能是對等的。反過來說，必須要用一種自謙的語氣頌揚對方，但卻又絲毫不帶令人不快的奉承。米拿現對自己的傑作非常滿意，他開放而華麗的措辭中不露聲色地融入了一絲自信。他把其中每行字的開頭字母拼成了一首藏頭詩，不僅把哈斯代・伊本・沙布魯並且把米拿現・伊本・沙魯克自己的名字也嵌在裡面，似乎他們的地位相當——這個有點微妙的無禮舉動，最終將讓他抱憾終生。這封信的首要目的是在猶太人之間建立起一種禮讓和尊重，從而讓安達魯斯的猶太人青史留名。

> 我，哈斯代，以撒的兒子，願對他的追思長存，以斯拉的兒子，願他的靈魂安息。作為在西班牙流亡的耶路撒冷猶太人的代表，我主上帝的僕人，跪在他的腳下面向尊貴陛下的住地叩拜。我在遙遠的土地上，為您的安寧和顯赫祝福，並向天堂中的上帝舉起雙手，願他保佑您對以色列的統治千秋萬代。
>
> 但我是誰，我又有什麼資格，竟敢冒昧地向我主上帝的國王寫這樣一封信？我憑靠的是我對國王

陛下的正直和誠實。對於那些在古老猶太王國的榮光逝去之後，四處流離、長期忍受著痛苦與災難的人來說，如何才能直接而平和地說出自己內心的想法呢？……我們的確是以色列囚虜中的倖存者……在旅居的土地上平靜地生活著，因為上帝沒有拋棄我們，祂的身影也從來沒有離開我們。

只用了短短的幾行字，米拿現就把哈斯代描繪成了一個流亡者中的顯貴，完全配得上與一位國王平等地交流。根據一個古老的傳說，西班牙的第一批猶太人是「征服者」提多在他的幕僚的強烈要求下帶過來的。因為這些幕僚認為猶太人作為殖民地移民有很大的利用價值。不過，他們在羅馬帝國時期經歷過苦難的歲月。並且在隨後幾個世紀裡遭受更多痛苦，因為作為基督徒的西哥德（Visigoths）曾長期迫害零散居住的猶太人。米拿現也把這段歷史，添入《聖經》中上帝為了懲罰猶太人一再犯罪而降於他們身上的一系列災禍，但是，當「上帝看到他們的艱難、痛苦和無助時，他仁慈地向我（指哈斯代）伸出了援助之手，把我領到了國王面前，這不光是因為我自己是正直的，而且也是出於他的仁慈和曾與我們訂立的約。正是由於這個約，壓迫者的手鬆開了……而正是由於上帝的仁慈，我們身上的軛也變輕了。」

緊接著，米拿現用最煽情的文字，興奮而誇張的頌揚了一番安達魯斯王宮。如果說錫安山流淌著奶與蜜的傳說並非真實，那麼在猶太人所有可能的流亡地中間，「正如用神聖語言稱呼」的塞法迪（Sefarad）❸，顯然是最好的。那裡是一個自然的家園，一個安閒的所在。

土地肥沃，到處是河流、泉水和水渠。這是一方出產玉米、油和酒，水果和各種美味的土地。這裡有美麗的花園和果園，各種各樣的果樹掛滿了果實，養蠶的樹葉一片蔥綠，漫山遍野。在王國的山地和樹林中，聚集著大量的胭脂蟲（可用於提取紅色顏料和製作胭脂），山上長滿了番紅花，分布著金、銀、銅、鐵、錫、鉛、硫、花崗岩、大理石和水晶的礦脈。世界各地的商人們從埃及和周邊國

> 家雲集於此，為國王和王子們帶來了各種香料、寶石和華麗的器皿，以及埃及來的各種稀罕物品。
> 我們的國王收藏了如此多的金銀財寶，世上任何一位國王都無法相比。[24]

這裡的物產豐富，我們的哈里發仁慈溫厚。但「對於我們這些以色列的流亡者來說，如果能在某個地方建立一個獨立的王國，不再臣服於任何外邦統治者……那麼我願意蔑視所有的榮耀，放棄我的高貴地位，毅然離開我的家鄉，不惜翻山越嶺、跋山涉水，馬不停蹄地趕往我的主上帝的居所。這樣我就不僅能沐浴他的榮光和輝煌，還能享受到以色列人的安寧。一想到這些，我的眼睛就亮了，我的腰就挺直了，而我的嘴就會滔滔不絕地讚美上帝」。

當然，哈斯代還想了解這個東方猶太王國的許多事情。例如，這個王國幅員多大？人口幾何？領地之內有多少城鎮，又是如何進行統治的……等等。但是，他最希望國王約瑟回答的也許是另一個問題：如何計算拯救來臨日呢？自從羅馬人焚毀聖殿之後，已經幾乎過了一千年了。也許全能的上帝只是取了個大約數？彌賽亞降臨的時刻終於要來臨了？兩個位於世界兩端的重要猶太人物之間進行通信是不是一個信號？哈斯代窮盡其對天數的思考，卻依然不明就裡。或許國王約瑟曾做過占卜（可以肯定的是，他是一位由上帝指定的東方的所羅門王）。對於那個「我們在一次次囚禁、一次次流亡中苦苦等待了這麼多年」的日子，會有某些特別的心得促使其盡快來臨吧。[25]

事實證明，國王約瑟根本來不及思索猶太歷史上的長期沿用的古老曆法，因為他自己的王國很快就要為猶太人的苦難編年史增加新的一筆。在基輔羅斯（Kievan Rus，指斯堪地那維亞裔斯拉夫人）軍隊的圍困和拜占庭人的不斷襲擾下，哈札爾汗國早已經開始衰敗，猶太王國只存在了一個世紀。在接下來的半

---

❸古羅馬帝國時期猶太人對伊比利半島的稱謂。

個世紀裡，這個王國被完全占領，王朝的首都阿提爾被洗劫一空。[26]哈札爾猶太人肯定能算出準確的時間，來紀念一千年前發生的這次災難。當時，大多數人並沒有選擇離開，而是歸順了征服者及其宗教信仰。但有些哈札爾猶太人則恢復了過去的流浪生活。其中有兩個人在下一個世紀曾作為學生出現在托雷多（Toledo）。他們在西班牙的出現可能極大地刺激了猶大·哈列維（Yehudah Halevi）。於是這位詩人於一一四〇年前後寫下了《哈札爾人》（*Kuzari*）這部偉大的哲學對話體小說，為他心中的猶太教辯護。

儘管國王約瑟處境艱難，但他當時似乎確實有時間和願望以某種形式給幾千英里外的哈斯代回信。關於這次「回覆」，出現了兩個版本：一個早在一五七七年就出版了，另一個更完整的版本則出版於十九世紀末期。[27]在這兩個版本中，約瑟本人都聲稱是他的一位祖先布蘭（Bulan）王在天使幻象的感召下才皈依了信仰一個上帝的宗教。他虔誠的兒子俄巴底亞（Ovadiah）繼位後，曾主持過一場由伊斯蘭教、基督教和猶太教三方代言人參加的論爭。在這場論爭中，另外兩個一神教都明確表示，以色列人的信仰要比他們身邊的競爭對手更受歡迎。於是，俄巴底亞（這次論爭似乎是出於其精心安排，並且他預先就知道結果）隨後公開地選擇了猶太教。

這一切看上去有點捕風捉影，但至少部分是真實的歷史而不是虛構的傳說。在西元八三七和八三八年當地發行的硬幣上（從克里米亞半島到斯堪地那維亞半島海盜的一些藏寶地均有發現），一面鑄有「摩西是上帝的使者」字樣，而反面則刻著「哈札爾人的土地」銘文。這表明西元九世紀上半葉曾發生過某種改變信仰的宗教活動。關於這一事件是何時又是如何發生的更多信息，我們從所羅門·謝希特在開羅秘庫裡堆積如山的文書中，發現的那五封引人注目的信件殘片可知端倪。這些信件雖然不是哈札爾國王親筆書寫，但幾乎肯定是出自他的口授。這些信件起碼可以證明，哈札爾汗國和哥多華的猶太人之間存在著書信聯繫。寫信者使用的是希伯來文（這本身就是一件怪事），並稱自己是「一個哈札爾猶太人」。其中並沒有說這是「神顯現」後的一次突然改宗，而只是說這次「回歸」猶太教經歷了漫長的時間。當時是西

元七世紀中葉，拜占庭人剛剛擊敗了波斯人，而拜占庭皇帝赫拉克利烏斯即將實施強迫猶太人皈依基督教的法令。一些說希臘語的猶太人，從巴爾幹半島和博斯普魯斯人治下的克里米亞半島，尤其是他們生活了幾個世紀的繁華城市潘迪卡佩姆（Pantikapeum）等地出逃，翻過高加索山脈，來到了當時仍屬於異邦的哈札爾城。[28] 在那裡，他們受到熱情的歡迎，並留了下來。經過許多代人之後，他們和當地人通婚，用信件殘片上的一句話來說就是「成了一家人」。像通常一樣，他們中的大部分人失去了恪守教義的文字和記憶，僅僅保持行割禮和守安息日的習俗，但正是因為隨著時間推移，這些猶太人完全變成了哈札爾人，其中有一個猶太人甚至當上了當地軍隊的將軍，並在一次戰鬥中贏得極其輝煌的勝利之後，被擁戴為國王。這位將軍以希伯來文中意為「國王」（melekh）的名字而名噪一時，他很可能就是在「回信」中提到的布蘭。儘管他已經疏遠了原來的宗教信仰，但在他同樣是猶太後裔但卻更虔誠的妻子撒拉（Sarakh）的鼓勵下，仍然出面主持了那場著名的論爭，這的確是歷史上發生的一個真實事件。《妥拉》羊皮卷是在一個聳立在提尤（Tiyul）平原上的像昆蘭那樣作為學習場所的洞穴圖書館裡製作的。布蘭為自己起了一個帶有神祇名字的稱呼，撒百列（Sabriel）王，並對自己和身邊的貴族行了割禮。然後他從巴格達和波斯引進了「聖哲」，建造了幾座猶太會堂和一個宏大的聖所，並舉行齋戒和重大節日儀式，其中最重要的節日是光明節和逾越節；這位將軍會從大草原上回到阿提爾參加慶祝活動。「開羅秘庫」中的信件殘片清楚地表明，猶太化運動深入到全國民眾（其核心是從亞美尼亞逃過來的一支猶太後裔）之中。先後有六位國王仿效布蘭（即撒百列）為自己起了希伯來名字——俄巴底亞、希西家、米拿現、班傑明、亞倫，一直到約瑟。但是，作為哈札爾國教的猶太教並沒有足夠長的時間紮下根基，從而抵禦基輔羅斯人的入侵。在哥多華和阿提爾之間相互通信僅僅二十年後，基輔羅斯人的鐵騎踏上了這片土地。至於有多少哈札爾猶太人離開了，又有多少人在新的統治下苟活，我們就無從得知了。

在災難即將發生時，恰好安達魯斯的猶太人剛剛知道在哈札爾汗國有一個猶太社區。而他們之所

以能夠建立聯繫，完全是因為有一個猶太人用希伯來文寫了一封信。在開始與哈札爾汗國通信後不久，哈斯代從巴格達又引進了一位年輕的希伯來書法和文法新人，他叫杜納什．本．拉布拉特（Dunash ben Labrat）。事實證明，米拿現和杜納什無法在哈斯代手下一起共事，他們倆就像油和水，對米拿現更為不利的是，杜納什代表著一種全新的希伯來文書寫潮流。他的名字本身就表明了他的柏柏人血統。而且他生於非茲（Fez），但他成年後一直在巴比倫的蘇拉《塔木德》研究院當書寫員，並一度師從於偉大的聖哲加翁薩阿底（Saadia the Gaon）。這位聖哲本人終身都在致力於找到一種加強《妥拉》和《塔木德》教學的新方法，並自信地將其轉向並應用於他所處的哲學和文學生活之中。尤為重要的是，他試圖重新發現通過敘利亞阿拉伯文化傳播的希臘古典哲學。儘管沒有人會輕率地指責虔誠而博學的薩阿底這是在與異邦智慧調情（他們肯定會以此來指責杜納什），但是薩阿底的巨著《信仰和觀念》（*Belifs and Opinions*）卻是繼幾乎一千年之前亞歷山大的斐洛之後，通過理性探究來證明猶太教的核心原則，進而使推理方法成為上帝特別護佑的前提所作的第一次嘗試。意味深長的是，儘管薩阿底本人是一個無可指摘的《塔木德》大師，甚至是其正典的確立者，但他的著述卻幾乎與《妥拉》和《聖經》並沒有什麼聯繫，或許僅僅是對於新卡拉派的一種直接回應。卡拉派始於大約西元九世紀，他們對一概持排斥後《聖經》時代的拉比評注和律法。尤為重要的是，這本書採用一種古「希臘—阿拉伯」方式，分專題對《聖經》經文的意義進行闡述，實際上是一部如何過真正的當代猶太生活的指南。各章的內容——這是第一本希伯來紙質書，而非羊皮卷——討論的是如何控制性欲、獲得財富、恰當地與鄰居打交道……等等，與事無巨細而又常常偏離主題的《塔木德》討論方式完全不同，《信仰和觀念》僅僅指出明確的方向，並且無一例外地要求在明確感受到這類感官上和本能上的欲望時要保持克制。

這種借助物質世界的力量來強化傳統觀念的回應的互動性，在當時的詩歌和哲學中留下了深刻的印記。而杜納什正是帶著這種理念來到了哥多華。他決心以同樣的方式來改造希伯來文。面對有人說他是

一個阿拉伯化的猶太人的指責，杜納什會回答說：恰恰相反，他的目標就是文字換成一種除薩阿底以外尚無人掌握的東西——猶太文風（yahudiyya）。也就是一種不但適於吟唱和祈禱，而且適於哲學、詩歌以及其他所有場合的語言。他要把新生活的氣息注入早已枯燥而僵化的《聖經》希伯來文中，從而最終達到這一目標。杜納什懷著幾分薩阿底式巴比倫智慧的優越感，躊躇滿志但又不失時機大加嘲諷對米拿現枯燥的語言學研究方式。尤其攻擊米拿現編纂的希伯來語詞典《筆記》（*Mahberet*）過分強調《聖經》每一個三字根單詞的做法，稱其「長著像貓頭鷹一樣的近視眼」。這其實是毫無意義的，因為米拿現對薩阿底本人的哲學和詞彙學研究一無所知，而他的研究成果，不過是為杜納什探索新舊希伯來語的目標鋪平了道路罷了。在哥多華，針對希伯來語的命運、可信性、傳統演變及其現在和未來這些問題上，一場雖然場面不大但卻充滿學術醜陋的文化戰爭爆發了。兩個人都動員自己的追隨者用各種惡毒的語言攻擊對方，杜納什非常尖刻地對米拿現進行羞辱，嘲笑他是一個只知道埋頭苦幹但卻心胸狹隘的學究。當杜納什撰寫並散發了大量祈禱詩歌，並迅速被安達魯斯各地的猶太會堂採納之後，米拿現的處境就更糟了。不知是怎麼回事，杜納什竟然輕而易舉地就達到了他想達到的高難度目標：採用阿拉伯語的節拍和韻律模式，從而加強而非削弱他所聲稱的道地傳統希伯來語中內在的古老魅力。他用直接從《聖經》中引用的單詞和短語裝飾他寫的詩歌和祈禱文，而且，其妻子竟然也會寫詩。因為上述緣由，他跨越了新舊的界限，既創新又傳統：永遠立於不敗之地。

哈斯代為眼前的場景和這個精明的年輕代言人折服。面對這位終身浸染於高深文化的人，他似乎只能完全接受這種文化的思想及其表達方式，前提當然是不會傷害他的猶太教。杜納什採取的方式，畢竟可以使面臨僵化危機的希伯來語重新恢復活力，而為保衛自己的職業生涯，米拿現公開批駁突然流行起來的杜納什文學形式，指稱其背叛了古老的傳統。但是，作為薩阿底的得意弟子，面對米拿現的抨擊，這位年經的詩人不為所動；他的老師看到杜納什的詩作時，稱其為「以色列從未見過的作品」，在當時

也是非常正統的。

這場文化戰爭逐漸升級，最後竟然鬧出了人命。米拿現並不打算保持緘默。他知道他的敵人肯定像被匕首刺中一般，決心拚命一搏，因此他也不想就此罷手。哈斯代冷眼旁觀，享受著這場角鬥士比賽一般的爭鬥，並最終向杜納什豎起了他那贊許的大拇指。當米拿現（以及他忠實的門徒）拒絕繼續保持緘默時，哈斯代認為這是在向他本人挑戰，於是這場有關希伯來文的戰爭已經不再是一場純粹的學術爭論。在一個安息日，這位犯上作亂的「老秘書」在自己家裡遭到暴力襲擊，頭髮被扯掉，並被投入了監獄。他漫長而忠誠的職業生涯終於用仇恨畫上了一個殘忍的句號，但顯然，這樣的懲罰並沒有讓偉大的哈斯代．伊本．沙布魯改變自己的初衷。

絕望能夠造就天才。米拿現正是用被他的對手嗤之以鼻的那種嚴謹的韻腳，給他的老主人寫了一封信。深情的回憶和沉重的罪惡感就像滔滔洪水衝擊著哈斯代的良知。要讓良心不安嗎？這時候就問候對方那已置身天堂的父母吧，願他們安息！「還記得你高貴的母親去世的那夜……感謝上帝讓你在深夜步履匆匆地找到我／請求我寫一篇悼詞，一首淒美的輓歌／你發現我已經寫好了開頭……當你的父親去世時／我也寫過一首偉大的輓歌／所有的以色列人每天都要吟唱／在那些哀悼的日子裡／我曾讓讚頌你的詩行四處傳揚／讓你輝煌的傳奇像戰車一樣馳向遠方。」

然而哈斯代依然不為所動。即使米拿現已出了監獄（完全無法確定他出獄與否），他也只不過是一個殘疾人，這輩子肯定已經完了。他那些餘恨未消的門徒將會繼續他的事業，而他們心目中真正聖潔的希伯來文必將在歷史上留下新的一頁。只要還有人在讀希伯來文，那麼有關其真實性的激烈爭論就會一直持續下去。然而在當時，杜納什及其宣導的文風，動人的《聖經》體與強烈的時代性融為一體——畢竟獲得了成功。他的希伯來文平順優雅，並將其植入清新的希伯來文學之中，一個新的「猶太文風」時代到

來了。由於杜納什的詩歌形式是自由的和流動的，所以很適於編成歌曲吟唱，他的詩作有些被收入了祈禱書，有些則成為最早的非正式祈禱儀式上的音樂：安息日之夜唱的聖歌。米拿現的幽靈仍然在莊嚴的學術研究機構裡遊蕩，而杜納什的詩歌卻登堂入室，每一個家庭都會在安息日的燭光下吟唱。

IV 詩歌的力量

有些事情肯定是詩歌無法做到的，比如延長一個注定滅亡的王國之國祚。杜納什開創的一代文風，雖然在伊比利半島的塞法迪猶太人中間，展現出廣闊而激動人心的前景，但卻幾乎沒有影響到在烏邁耶王朝統治下的哥多華。在一〇三〇年春天，也就是杜納什·本·拉布拉特去世之後二十三年，阿卜杜拉赫曼三世這座最宏偉的城市，被心懷怨恨、原本雇來守護王宮的柏柏武士洗劫一空。除了位於城市中心一座高大氣派的清真寺之外，哥多華幾乎全部被夷為平地。

在哥多華即將化為廢墟之前匆忙逃離的人群中，有一個名叫撒母耳·伊本·納赫雷拉（Shmuel ibn Naghrela）的年輕猶太人。[29] 據說他的父親約瑟（Yehosef）是一個博學而虔誠的人，甚至還讓他的兒子受教於傳說中的聖哲哈諾·本·摩西（Hanoch ben Moshe）門下。根據一個廣為流傳的故事（雖說你其實不應該相信），這位聖哲曾經和他的七百個門徒一起服侍哈里發，並且每個門徒都有自己的馬車。❹ 納赫雷拉之所以被人們記住，並不是因為他的極度虔誠，而是因為另一件完全不同的事情：詩歌與力量驚人地集於一身。他不僅和哈斯代·伊本·沙布魯一樣有著敏銳的政治嗅覺，並且至少在好幾個日常學科中都有所建樹——如醫學、哲學和文學——但與哈斯代不同的是，他本身就是一個偉大的詩人。根據一位來

❹ 表示地位顯赫。聯想到戰國時孟嘗君的門客馮諼抱怨「食無魚，出無車」，正是汲汲於此。

自格拉納達（Granada）的十四世紀編年史學家的描述，他在文學和科學上的成就堪稱完美，「對阿拉伯語的語法規則有著深入的研究，就連當時語法學家最細微的學術成果也很熟悉」，同時還「精通……數學和天文學」。[30] 他是格拉納達猶太人的守護者（nagid）❺，並曾出任齊里（Zirid）王朝兩代國王的首席大臣（wazir）。更為令人驚奇的是，納赫雷拉即使不是格拉納達的柏柏軍隊的總司令（他很有可能當過），也肯定擔任過高級指揮官，是一位在軍事方面運籌帷幄的人物。

然而，與他的詩歌創作相比，一切都顯得十分蒼白。納赫雷拉採用杜納什開創的阿拉伯化詩歌形式，形成了一種清新的希伯來文詩風：感性而通俗，詼諧又充滿激情，同時充滿了血與火的力量；有時在繁花裝點的噴泉旁徹夜笙歌的酒會上紙醉金迷，有時又在臭氣熏天的露天市場裡閒逛和爭吵。在一首破碎的詩歌殘片上，最激動人心的情節是對那些自認為高於待宰沉默動物的人大加譴責，納赫雷拉用這種方式把讀者——也可以稱為聽眾，因為這是一首用於朗誦的詩，並且朗誦時常常有長笛（halil）、烏德琴和鼓伴奏——帶進了如此的世界：「集市上擠滿了牛羊……數不清的家畜……和成群的家禽都在等待死亡／當屠夫切開牠們的喉管／濺出的鮮血不斷在血塊上凝結。」[31] 當仔細品味納赫雷拉的一首詩時，你所有的感官都會處於一種高度緊張的狀態。「我不會為這些年輕人做什麼／他們會在深夜響起的熟悉的長笛和琵琶聲中警醒／看到我手裡拿著杯子站在那裡，就對我說：『從我的唇間飲下葡萄的血。』哦，月亮變成了一個小小的月牙（yod）（『y』這個字很像希伯來字母中的撇號）／破曉的晨光在金色的水霧中來臨。」[32]

儘管王國和社區事務非常繁忙，但納赫雷拉卻幾乎未曾放下過手中的筆。當他率領的軍隊在「一個很久之前就被戰爭夷為平地的古老要塞」宿營時，他向廣大讀者展現了軍人在斷壁殘垣中橫七豎八的睡態：「我在想……我面前躺著的這些人究竟經歷了什麼／建築工人和士兵，還有有錢人／窮人，奴隸和他們的主人都去了哪裡呢？……他們也許在地球的另一邊定居／卻在大地的中心長眠——他們華麗的宮

殿變成了墳墓／他們行樂的宮廷化作了塵土。」但我們這位詩人將軍並非沉湎於傷感的輓歌詩人。他或許曾癡迷於愛情，有時會渴望有個女孩或男孩把葡萄酒倒進他的杯子，但他隨後就會讓你知道他早已飽經風雨。「第一次戰爭就像一個美麗的姑娘，我們都想和她調情並相信她／但她很快就變成了一個令人憎惡的老妓女／那些期待她的訪客只有痛苦和悲傷。」所以，在征戰的要塞裡，雖然鼾聲如雷的馬夫們橫七豎八地躺地草叢中，但在他的心目中，他好像正在檢閱著一支早期定居者的商隊，只不過往日的繁華早已褪盡：「如果他們突然伸出頭來／生命和快樂也許會被奪去。我的靈魂告訴我，也許很快／我也會像他們這些宿營者一樣。」[33]以前從來沒有出現過像他這樣的人。儘管許多偉大的詩人都在仿效他，但直到今天，再沒有出現過像他一樣的詩人。他的詩作沒有絲毫的狹隘主義色彩，你根本不需對他所處的時代或宗教有任何深入理解就可以讀懂他（甚至不需要具備希伯來語自身的韻律和節奏感）。所以，請你就像讀多恩（Donne）、波特萊爾（Baudelaire）或布羅茨基（Brodsky）的作品那樣，用心靈去讀他吧。

通過撒母耳．伊本．納赫雷拉的作品，讀者們在猶太文學中第一次感受到一個本色、大寫的「自我」，一種超越了手撫、拍背、擊胸等熱情表達方式的強大人格，同時又能表現出內心的自省和情欲的淒美。即使在他耽於沉思默想、不切實際的歲月裡，納赫雷拉也稱得上中世紀所有偉大希伯來文學家中最純樸的詩人。若說誰能稱得上身兼希伯來詩人與戰場武士、宮廷政治家三種身分，納赫雷拉肯定當之無愧。因為他大腦每一次活動和肌肉的每一個動作，無不展示出他身上所蘊藏著的強大戰鬥力。

從一開始，他的大膽嘗試就受到了世人的關注。當年輕的納赫雷拉離開只剩下殘垣斷壁的哥多華時，他甚至沒回頭去看那失去的家園一眼。他離開了，帶著對懷疑他的狂妄朋友的憤怒離開了——他們

---

❺音譯為「納吉」，希伯來語本義為「王子」或「領袖」。中世紀塞法迪（特別是埃及）猶太人常用「納吉」稱呼自己的精神領袖。猶太歷史上只有包括納赫雷拉、邁蒙尼德等在內的幾位猶太學術精英得過這一稱號。

懷疑他之所以離開，是為了尋找「悠閒或享樂」。他寫道，事情的真相並非如此，實際上與他們的想像恰恰相反。「憑著上帝和對上帝的忠誠信仰——我恪守發下的誓言／我要攀上最高的峭壁／跨越最深的深淵／走過沙漠之間的邊緣，穿過道道峽谷／在群山中上升／直到我對『永恆』有了新的理解／讓我的敵人膽寒／並讓我的朋友／找到安慰的家園。」[34]

這樣的自誇有些大言不慚，但這也說明，他的確喜歡戰鬥的音符。據說，年輕的納赫雷拉曾與阿拉伯作家伊本．哈西姆（Ibn Hazm）毫無禁忌地進行辯論。後來，伊本．哈西姆因此而對納赫雷拉產生了強烈的仇恨。然而，大多數情感熾烈的希伯來詩歌的力量，恰恰就在於其蘊含的那種鬥爭意識，人們有時甚至錯誤地認為，希伯來詩歌的「黃金時代」是在西班牙穩定的統治下，那種相互同情的寧靜氛圍中開始形成的，然而實際上，正是在烏邁耶王朝垮臺之後的混亂、暴力的環境下，才出現了希伯來詩歌的繁榮。只要各教派及其小型城邦之間還在忙著相互爭鬥和彼此傾軋，那麼已經喪失從政資格的猶太人是不應該有政治野心的。

然而，他們並沒有逃過戰爭、圍困以及在旅途中隨時發生的騷擾。他們不得出於自衛而攜帶武器，寧願因此而受到嚴厲的懲罰。對他們來說，首當其衝的嫌疑就是騾馬背上掛的鞍袋中藏有武器。儘管正值輕狂的青春期，撒姆耳．伊本．納赫雷拉也曾一度淪落到在港口城市馬拉加（Malaga）經營一間小小的香料店。根據後來的傳記作家，尤其是易卜拉欣．達烏德（Ibrahim Da'ud）關於十二世紀猶太歷史的記述，格拉納達宮廷總管的幾名僕人意外地發現了他，他們意識到他正是宮廷事務中迫切需要的阿拉伯語大師。他的文筆為他打開了仕途的大門。於是，納赫雷拉應召進入要塞中的宮廷，成為宮廷總管的秘書。他在戰爭和外交事務中證明自己是可靠的，從而在宮廷總管去世後，順利接任了這一職位。

一旦爬上高位，納赫雷拉很清楚如何保住自己的職位。一〇三八年，他的贊助人哈布斯（Habbus）去世後，這位埃米爾（Amir，對上位者、統治者、君王、軍事領袖的尊稱）的兩個兒子都聲稱是王位繼承人，並

準備為此開戰。在納赫雷拉的社區中，大多數對王位既感到驕傲又多少有些害怕的人，都選擇支持老埃米爾名聲最大的兒子，納赫雷拉卻站在了更年輕的王子巴多斯（Baddus）一邊。儘管困難重重，但巴多斯最終成功繼位。後來，這位猶太學者、武士兼詩人，毫無爭議地當上了格拉納達的總督，成為國庫的管理人和軍隊的高級指揮官——恐怕連哈斯代·伊本·沙布魯都未曾夢想過贏得這樣的榮譽。所有這些榮譽，是在一個一度在安達魯斯東部擁有霸權地位的王國裡取得的。後世的評論表明，很多人都震驚於齊里王朝的埃米爾把王國的命運託付給這樣一個人，但從政治上來看，納赫雷拉卻應該慶幸自己不具備親自擔任埃米爾的資格。正如一位編年史學家所說，他「完全擺脫了對權力的貪欲」。或者說，至少擺脫了這種貪欲的嫌疑。

在許多方面（除了最重要的一條〔此指納赫雷拉是猶太人一事〕），納赫雷拉與他盡心服務的人幾乎沒有什麼差別，而其非凡成就最終也決定了其子和繼承人的命運。他的阿拉伯語十分純正，行為舉止非常得體，待人接物禮貌而周到；必要冷酷的時候，他的克制能力也得到了認可。如果說有人能夠作為一個歸化者，把伊斯蘭文化和權力與其猶太教背景集於一身的話，那這個人肯定就是納赫雷拉。這也正是像伊本·哈提布（Ibn al Khatib）這樣的阿拉伯評論家們，對他們這些人時刻保持謹慎態度，並對把一個穆斯林國家的政權完全託付給一個猶太人的做法感到有些震驚的原因。但他也承認「儘管上帝沒有告訴他正確的信仰是什麼」，但納赫雷拉必須被視為「一個非同尋常的人」，因為他「把堅定而智慧的人格與清晰的頭腦、禮貌而友好的行為舉止……集於一身」。[35]無怪乎一篇阿拉伯文獻不平地抱怨，當納赫雷拉和他的埃米爾一起現身公眾面前，他那華麗裝束甚至讓人分不清誰是主誰是僕。他的詩歌同樣也因襲了阿拉伯風格：雙韻體（muwashshah）的「詩腰」，結尾則是兩行口語化的民歌體（karja）。他們最喜歡的娛樂是徹夜狂歡的酒會，酒徒們醉眼迷離的墜入介於爛醉如泥與性欲湧動的狀態，不停地招呼男或女招待添酒，而這不管是對伊斯蘭教和猶太教來說，都是「耽於酒色」的表現，是違犯教規的放縱行為。「旁若

無人地，我們狂飲／並肩坐在杏花滿布的床／朦朧醉眼看年輕女郎側身倒酒／她們蝴蝶似地掠過酒桶／生命只是一場舞蹈／地球像打著響板嬌笑的少女／遠征軍人宿營夜空下／帳篷前亮著一盞盞馬燈。」[36]

許多納赫雷拉作的詩歌甚至毫不避諱書寫同性戀（還有比他晚些的詩人之作，如格拉納達出身的拉比詩人摩西・伊本・以斯拉〔（Moshe ibn Ezra〕也是如此）。在以「Emet!」（或許這詞可直譯為「是的、真的」或「我愛上了他」）開頭的一首詩中，寫道一個男孩正在你家花園裡摘玫瑰花，在下一行則寫著，「別這麼急躁！——讓我靜一靜，好嗎？我心並非鐵石，但此刻，親愛的，我卻無法忍受你的嗔怒。」這首詩當中的「親愛的」，原文作「tzevi」，意思是「奪人心魄的小鹿」，毫無疑問指稱男性，因為母鹿應拼作「tzeviyah」。這些色情詩人們發掘了最深刻的靈性，而因此困惑、存疑慮的評論家，無視證據堅持認為他們描述的情愛僅是隱喻，並沒有肉體上的關聯，認為此為沿襲《聖經》的《雅歌》的風格，即反覆詳細描述愛人肉體，自認藉此表達自身與上帝融為一體的渴望。但是，當時的阿拉伯性文化對雙性戀十分寬容，根本沒有認為生活在同一種文化環境下的猶太宮廷詩人會逆潮流而動的理由。此外，當時隨侍阿拉伯人和猶太人的聚會的專業陪酒女（saqi），頭髮也剪得像男孩一樣短；隨興所致的接受誘惑是被允許的，人們可自由選擇享樂與否。此外，納赫雷拉還對「性」與「靈」的敘事方式有極大興趣，這類書寫方法在《聖經》裡早有先例：是殘忍的武士和政治家的大衛王有窺淫癖，時不時便會痛苦懺悔。冒昧地說，納赫雷拉其實是以大衛再世自居，他和其榜樣相同，幾乎同時沉迷於猶太教和色慾，而他所創作的最大膽的詩句，甚至可以說有些褻瀆神明。在詩中，當他命令情人展示「乳房和大腿」，其實是在苛刻、仔細地挑選羔羊，以便讓聖殿的祭司能夠恰當地向上帝獻祭。

作為宮廷總管的納赫雷拉無疑是小池塘中的一條大魚，但格拉納達並不是一個純粹玩弄權術的地方。格拉納達經歷過一次又一次的戰爭，曾先後與阿爾梅里亞（Almeria）、塞維亞以及其他柏柏小國為敵，但幾乎總能獲勝。至於這位猶太人是否擔任過一支柏柏軍隊的總指揮，恐怕我們永遠也無從得知。

但是沒有學者會認為，他的戰爭詩篇是在高牆下花園裡的躺椅上憑空創作出來的。他的詩行沾滿了鮮血和泥土。正如人們的期待，他的大量詩歌延續了阿拉伯戰爭史詩的傳統。其中還有許多動物和鳥類的意象，如凶猛的獅子用利爪撕開了逃跑的鹿的肚子。納赫雷拉的確通過引用《聖經》中的一些節奏更快的古體詩，從而形成了自己的傳統風格。但他有些詩作卻是圖形化的，幾乎像我們現在的紀錄片：

白天，戰馬的騷動和喧囂聲遮天蔽日
馬群馳過，大地在震動和顫抖……
我看到一群人突進，投擲石塊，然後我聽見了
歡呼聲和號角聲。
我們爬到用弓和飛行的箭
堆成的梯子頂端……
我們為掠奪者開闢了一條通往敵方大門的路
然後衝進他們的宮廷，穿過破敗的市區。
我們用他們鮮血染紅的泥土堆起了戰壕
用他們領主乾枯的屍體鋪成了大路。
如果你想邁步，你可能會踩到一具屍體或一個頭顱
還能聽到士兵垂死的尖叫。[37]

就齊里王朝的歷任柏柏埃米爾發動著無休止的戰爭一事來說，納赫雷拉既是戰爭政治的受益人，也是戰爭殘酷注定的犧牲品。納赫雷拉已經人到中年，連騎馬也會腰痠背疼。最後的幾次戰役讓他筋疲力

盡。於是他開始思索，所謂勝利實際上沒有任何價值，而最後的勝利永遠屬於「死神」。納赫雷拉的兒子約瑟生於一〇四四年，當他的父親已經成了鬚髮斑白的老兵時，他還是一個懵懂的少年；納赫雷拉從戰場上寫給兒子約瑟的家書有些非常感人。在最後的歲月裡，納赫雷拉的故事，也可以說是齊里王朝統治下的整個格拉納達的猶太人的故事——就只剩下一個父親和他的兒子的故事了。

正是通過約瑟，我們才能夠對這位父親有如此多的了解。因為他就是他父親全部作品的編纂者和校訂者，也是兩部重要「詩集」（diwan）的出版人。這兩部詩集引用的標題都來自《聖經》，分別稱為《小箴言》（*The Little Book of Proverbs*）和《小傳道書》（*The Little Book of Ecclesiastes*，深思錄），這很可能是撒母耳本人的主意。所以，正是這兒子為我們提供了這位父親嚴厲指導其子的家庭作業詩歌，尤其是出征期間創作的。他曾經從戰場上寄給約瑟一本「我在利劍出鞘時抄寫的」阿拉伯詩集，以便讓他努力學習，從而繼承父親的學術事業。他寫道：「即使墓穴已經對我張開大口，也無法阻止我教育你。」（多好的猶太父親啊！）「記住我說的話：『有修養的人就像一棵碩果累累的樹，就連樹葉也能治病／而愚蠢的人就像林中的朽木，只適合當柴燒。』」[38] 父子交流中最動人的時刻發生在一個花園的水池旁，約瑟（顯然當時已經能隨意使喚他的父親了）把他的父親叫過來：「這裡從來也沒有這麼多的花……我把花栽在一片草坪裡，懶洋洋地躺在上面多愜意／我還在周圍挖了一條滿溢的水道／就像天空映襯著大地。」他們在石榴和栗子樹下伸著懶腰，一個僕人把葡萄酒倒滿兩只水晶杯，然後放在一片「斑駁的蘆葦席上／一直從那邊漂過來／彷彿坐在花轎上的兩個新娘／而我們就是她們的新郎／我們舉杯一飲而盡／然後把空杯子放在席上，送回到酒倌面前／他很快就又倒滿了兩杯／說一句『乾杯，先生們！』／再次把倒灌葡萄酒的杯子送了過來」。[39]

這是一幅父子親密無間、相互陪伴的甜蜜畫面，但也是巨大不幸來臨之前最後的一瞥。撒母耳．伊本．納赫雷拉晚年積勞成疾，終日憂鬱地思索著他的後事。他於一〇五六年去世，留下了他二十一歲

的兒子作為繼承人，雖然多年來嚴厲的父親一直對他言傳身教，但約瑟似乎並沒有準備好接過父親的衣缽。我們所知有關宮廷總管約瑟實行暴政的唯一記載，來自當時已經完全被邊緣化的阿拉伯文獻。在這類編年史中，他被描繪成了一個傲慢、專橫的年輕人，肆無忌憚、貪污腐敗甚至用心險惡，用酒把埃米爾灌得精神恍惚；或許他是在酒裡添加了某種神秘的猶太藥水，才使埃米爾變得溫順而依賴。在這樣的情況下，有人卻突然提起有關稱職的統治者不得將猶太人提拔到較高權力職位的禁令，並且在這種遠古陳舊觀念中加入了新的毒素。於是，對約瑟的仇恨蔓延到他的同胞身上。人們用所有的古老偏見惡意誹謗猶太人，而納赫雷拉生前的文學競爭對手伊本·哈西姆尤其惡毒。他寫道，這些猶太人「喜歡撒謊……（而且）只要碰上點困難，他們就要千方百計地逃避」，他們的《妥拉》充滿了無知和不道德的說教。「上帝作證，這就是猶太人的行事方式。……上帝賜給任何王子的獎賞……都不應該屬於這群傢伙。因為上帝對他們非常憤怒，並且詛咒他們。世界上從來沒有一個民族如此悲慘不幸。」[40] 阿布·伊沙克·埃比里（Abu Ishaq al Ebiri）則更狂妄地譴責埃米爾，說：「他竟選異教徒任卡迪布（katib）之職……就連大地也會因這不道德的行為顫抖。」這些猶太人（當時有好幾千人住在山上王宮附近的猶太居住區）竟敢把自己打扮得如此體面和優雅，「這些人本來一直四海流浪、衣衫襤褸……在糞堆裡翻找髒破布作為埋葬死者的裹屍布，遭鄙視和羞辱……虔誠的穆斯林對畏懼這凶惡的異教徒猴仔，因為他控制了格拉納達的國庫……他穿精美華服，你們卻不得不穿最破爛的衣裳……應該快些殺了他、宰了他，把他切成幾塊獻祭，本來嘛。他不就是一隻肥羊嗎？」類似這樣的話洋洋灑灑寫了許多：「不要以為殺死他們是一種背叛行為／不，讓他們活著嘲笑我們，才是真正的背叛。」[41]

這種妖魔化的宣傳產生了預期的效果。一〇六六年十二月，在擔任宮廷總管十年之後，約瑟被暗殺。猶太居住區遭到暴徒的攻擊，格拉納達猶太社區的大部分猶太人被奪去了生命。根據不太可靠的阿拉伯文獻記述，死亡人數大約四千人。關於約瑟·伊本·納赫雷拉到底如何專橫跋扈和恣意妄為，我們

恐怕永遠也不得而知了，因為有關他實施暴政的傳言都是來自那些民怨沸騰的居住區。這個歷史片斷的真相很可能是，約瑟其實並沒有什麼特別的惡行，只不過格拉納達宮廷中重要職位由猶太人子承父業這一事實，引起了人們對納赫雷拉家族密謀將其變成一個猶太王國的猜疑。

畢竟，約瑟主持的一項得意工程或許能夠證實這種猜疑。薩比卡（Sabika）山上有一座建於西元九世紀小型城堡的廢墟，人們根據其牆磚的顏色稱之為「阿爾罕布拉」（Al-Hambra），即「紅色城堡」。憑著一股試圖把日里德王朝建立在格拉納達古代遺跡上的熱情，撒母耳對這片廢墟的地基部分進行了發掘，並計畫在城堡舊址上建造一座新宮殿。雖然附近就是猶太居住區，但這項象徵虔誠和權力的建築工程對他們並不會造成什麼傷害。顯然，約瑟後來接手了這個計畫，他也許打算擴大建築規模，將之建成一個完整的花園式宮殿，正是這個企圖建造一個要塞式的龐大居住區，從而使這個猶太人及其族人可以通過這塊「封地」控制整個王國的擴建計畫，引發了激烈的報復行動。在經歷了一輪血腥的搶劫之後，猶太人雖然又返回了格拉納達，但建造阿爾罕布拉宮的計畫卻被擱置起來。後來格拉納達先後兩次遭到入侵。第一次是來自摩洛哥的摩拉維部落（Almoravids），他們於一〇七〇年占領了這座城市。到了下個世紀，更好戰的摩哈德部落（Almohades）的清教徒再次征服了這座城。也就是說，納赫雷拉在薩比卡山上建造一座新宮殿的計畫，直到兩個世紀後的奈斯里德（Nasrid）王朝才得以實現，在安達魯斯，建造出世上最完美如詩的伊斯蘭建築。

V 隨風而逝：流浪詩人猶大·哈列維

在穆斯林世界裡，安達魯斯僻靜的花園式庭院是最適合猶太人沉思的地方。猶太作家最擅長表現詩情畫意，而鮮花盛開、五彩繽紛的大自然，為他們的創作提供了豐富的素材和形式。石榴掛在小徑和水

塘邊的樹上，油亮的樹葉緩緩飄落。茉莉爬上了紅色的磚牆，當陽光在格拉納達和哥多華的天空中黯淡下來的時候，茉莉花強烈而濃郁的香氣，會在突然間不知不覺地撩撥著人們的情感。烏德琴弦上蕩起了絲絲和絃，手掌則在一面沉悶的鼓上敲打出應和的旋律。客人們坐在一排排墊子上，紛紛從「瞪羚」般的陪酒女郎手裡接過第一杯葡萄酒。當歌聲和美酒在微醺而閒適的人群中擴散開來，人們便開始吟誦那些司空見慣的詩歌意象：美麗的殘酷，欲望的折磨，豐滿的嘴唇，柔軟的腰肢，天鵝絨般的夜色，愛人慵懶的空虛，安撫心靈的美酒。希伯來語的聲調是鏗鏘有力的。詩人開始與他們的朋友和對手互相叫板鬥詩，勝出了就笑一笑，敗下來就聳聳肩。詩意的猶太人似乎與周圍的世界愉快地融合在一起，就像他們「束帶」式的雙韻詩一樣蜿蜒不絕，纏繞著這個世界。

猶大・哈列維是利未人的兒子，當時正處於青春期的他剛剛長出黑色的鬍碴。他離開自己的家鄉納瓦拉（Navarre）王國的圖德拉，從遙遠的北方來到格拉納達。他肯定期待能出席這樣一場聚會，能親自在現場吟誦或聆聽一兩首這樣的新詩。此時，格拉納達大屠殺已經是二十年前的事。恐怖的氣氛已經減弱，一度逃離的猶太人也已返回了薩比卡山，他們仍然像過去那樣祈禱、做生意，仍然在收稅，但在從事這一職業時，往日的老練中卻帶有幾分緊張。他們行事盡量不張揚，甚至開始繼續創作詩歌。其中成就最大的當屬摩西・伊本・以斯拉（Moshe ibn Ezra）。他來自一個古老的格拉納達朝臣家族，曾幸運地逃過了一〇六六年的那場大屠殺，並重新投入了安靜、謹慎而富有活力的創作之中。比哈列維年長二十歲的伊本・以斯拉深深為這「兒童」詩人連續從北方寄來的詩作和近乎狂妄的自薦資料所吸引。這些優美的詩作足以使這個早熟的少年收到一份邀請信，而當哈列維於一〇八八年或一〇八九年應邀來到格拉納達時，人們發現他有時很調皮，有時卻又非常虔誠。他將古老的疊句記得滾瓜爛熟，但哈列維最與眾不同之處，是他的手眼協調能力，而且其觀察事物的角度也不一樣，並且總能找到恰當的詞語來表達內心的感受。在他的眼中，有時一個瞪羚般的女郎會在被她拒絕的情人之淚匯成的水池中浣紗，再用她胴

體發出的光輝烘乾紗衣。哈列維彷彿中暑一般，沉浸在火熱的幸福之中，那赤褐色的頭髮披散在潮濕的「水晶」樣額頭上（火與冰永遠是一對美妙的組合），夜色褪盡之後會幻化為一輪完美而令人振奮的朝陽，那欲望的尾焰「把朝霞染成了一片紅色」。

於是，哈列維進入了伊本·以斯拉的花園詩會，並住在他的家裡，甚至可能一度擔任過這位長者的秘書。對這樣一個新人來說，這是標準的必修課，但他幾乎還沒有來得及享受薔薇花的芬香，這高牆內的和平便被打碎了，而猶太人的格拉納達，從此也一去不復返。十一世紀末，發生於世紀初烏邁耶王朝的一幕慘劇再次上演。來自摩洛哥的柏柏武士，原本是雇來加強穆斯林國家抵抗基督教勢力擴張的防禦力量，但他們卻有點防衛過度，竟然反過來把矛頭指向了自己的雇主，從而掌控了包括格拉納達在內的整個安達魯斯。正如這之前伊斯蘭王朝的多次更替一樣，這些柏柏武士苦行禁欲、窮兵黷武，極端仇視散漫和奢侈生活。不用說，這樣的生活方式對猶太人來說實在是糟透了。在這種統治下，猶太人身居高位是根本不可能的，摩西和他兄弟們的財產和領地被剝奪，不得不永遠地離開了格拉納達。雖然哈列維這位詩人多待了幾年，但後來也離開薩比卡山，開始了在邊境地區跋涉的流浪生活，一直懷念著失落的安達魯斯。後來，中年的哈列維曾在寫給摩西的信中回憶起這段時光，說當時：「一路上沒有人騎馬／只有流浪的一隊隊馬車……但我們的日子是完整的，並未間斷／時間讓我們在憂傷中分離／但愛情卻使我們（像）孿生兄弟／在她芬芳的花園裡哺育我們／用甜美的葡萄酒澆灌我們。」[42]

哈列維曾幻想能在格拉納達與一位慈祥的導師度過寧靜的生活，但現在他卻只能與這些「流浪的馬車」為伍了。雖然很難精確地追尋他當年流浪的路線，但他在離開格拉納達後，好像向西去了盧塞納（Lucena），因為那裡是安達魯斯為數不多的以猶太人為主體的城市，哈列維還認識當地猶太研究院的院長。正是這城市濃厚的猶太教色彩，使得摩拉維王朝的征服者將其作為首要的打擊目標，還對猶太人強行徵收所謂「懲罰稅」。在這個情況下，哈列維又遷到了塞維亞，但安達魯斯猶太人的生活越來越受到

限制，他只能作為一個職業詩人，靠為婚禮、葬禮以及其他重大場合寫詩艱難度日。他在這段時間創作的詩篇大多描述的都是這種不安定的狀態：分別、隔離、缺席和憧憬——時至今日仍然以其強烈的新鮮感和對話的即時性而令人感到驚奇。他寫道被一頭「母鹿」「殘酷地」囚禁起來，不得不奮力掙脫樊籠；思念中的情人只得「向一顆蘋果求助／它的芬芳喚回你的呼吸／它的形狀像你的乳房／顏色就像你突然害羞時紅透的面頰」。[43]在很可能寫於同一時期的另一首詩中，他則用對話體描述了一個被遺棄的情人抱怨對方不捎話、不寫信……在這首詩中，他採用了希伯來語中表達呻吟歎息的擬聲手法，每一行都以「ach」作嘆息般的結尾：「親愛的，為什麼你封鎖了所有的消息／讓一個關在籠子裡獨自為你心痛的人不能聽見你／你應該知道一個情人會怎麼想／只為等到你的一句問候？／如果分離是我們最終的命運／至少你會有些許徬徨，直到我凝視的雙眼離開你的臉龐。」[44]

或許在十二世紀初的某一天，哈列維終於對摩拉維人的統治忍無可忍，決定前往卡斯提爾王國統治下的托雷多。然而，對他來說那裡並不是未知的「新世界」，因為他的童年就是在更北方的納瓦拉王國的圖德拉度過的。卡斯提爾國王阿方索六世一直對猶太人非常友好，這完全是因為這些猶太人對（王國的敵人）穆斯林語言和文化的深刻了解，對他來說很有幫助，不過他的好客程度已經遠遠超出了戰略利益上的需要。托雷多有一個龐大而繁榮的猶太社區。當時哈列維原來的導師摩西・伊本・以斯拉以及著名的約瑟・伊本・費魯齊爾（Yosef ibn Ferruziel）（他是該城最有權勢的人物，並且是國王的私人醫生）都屬於這個社區。或許正是對猶太醫術的需求，才促使哈列維後來成為了一名醫生，以便增加自己的收入。儘管哈列維在這座城市裡生活了二十年，結婚並有了三個孩子，但他在那裡似乎從未有過安全感，也沒有真正開心過。行醫本身就是個苦差事；摩西・伊本・以斯拉也由於捲入了一場與姪女有關的性醜聞而搬走了；而他的朋友，即約瑟的侄子所羅門・伊本・費魯齊爾（Shlomo ibn Ferruziel）則在一條大路上被殺。悲痛的情緒激起了哈列維的強烈憤恨。接著，哈列維的三個孩子有兩個先後夭折，如此人間悲劇讓這位中

年喪子的父親用三種人稱——他自己、他的妻子和死去的女兒——寫出了最令人心碎的美麗詩篇：「我放聲痛哭／為她淚流成河／她靜靜地躺在那裡／在一個爬滿螻蟻的坑中／陰森恐怖／蓋著泥土／我的孩子，那裡沒有溫暖／因為死神降到了我們之間。」[45]然而，死神不會允許他在托雷多孤獨而平靜地老去。一一〇九年，當仁慈的阿方索六世駕崩，其女婿亞拉岡國王正準備繼位的時候，又開始了一場屠殺猶太人行動。

西班牙還有安全的地方嗎？恐怕沒有了。在卡斯提爾，猶太人的生活變得越來越艱難。儘管摩拉維王朝的嚴酷政策有所鬆動，但正因為如此，他們很快就要被另一個好鬥的武士部落——摩哈德王朝所取代。摩哈德人裹挾著在阿特拉斯山脈和大海之間掀起的清教運動浪潮進入了托雷多。他們將使猶太人的生活變得幾乎無法忍受，猶太人將面臨殘暴屠殺、會堂和社區被焚毀、在刀劍之下被迫改宗的悲劇性災難。然而在當時，摩拉維人還在苟延殘喘。對於哈列維來說，至少在十二世紀二〇年代末最後的幾天裡，還有足夠的時間套上他的馬車，進行一生中第二次的南遷，像燕子一樣重新飛回安達魯斯。不過，這次他在旅途上的一個城市曾略作歇息，而這城市就是一個半世紀前希伯來新詩興起的地方：哈斯代的哥多華。

這種穿梭於相互爭鬥的不同迫害者之間，充滿危險的流浪生活，已經徹底改變了哈列維。是時，他人已中年，並且經常咒罵那些迫害猶太人的人（這完全可理解），當然，他詛咒的對象有基督徒也有穆斯林。對哈列維來說，猶太人不可能得到庇護和救助，並且幾乎沒有人能夠理解他們；這種苦澀的信念逐漸萌發，將他從有可能與穆斯林或基督徒肝膽相照、和諧共存的幻想中拉了出來，產生了一種強烈的，與自己的猶太教同生共死的意識。通過來自開羅的信件，他了解到十字軍曾殘酷地屠殺耶路撒冷猶太人並焚毀了他們的會堂。這些資訊使他更加絕望，同時也進一步堅定了他的信心。

但是，猶太人的哥多華這個揮之不去的幽靈，促使哈列維重新思考他的詩歌和猶太教。猶大・哈列

維筆下的希伯來詩歌沿襲了阿拉伯風格，就其活力與優雅而言，已經取得了非凡而圓滿的成就。而就在當時，一個多世紀前由哈斯代．伊本．沙布魯裁決的那場兩位詩人之間決鬥，那場古老而血腥的文學戰爭再次被激起。像所有嫻熟的散文詩作者一樣，哈列維沿襲了杜納什．本．拉布拉特對阿拉伯風格的模仿並予以完善，但眼下他卻想起了那個顯然是失敗者的米拿現．伊本．沙魯克。米拿現由於自負地認為《聖經》的希伯來文字和新式祈禱詩歌應該沿著各自不同的方向發展，才在一場莫須有的「文字獄」中賠上自己的性命。但或許米拿現及其追隨者是正確的，或許用一種具有強烈精神意味的希伯來文寫詩，同時又可以保持對猶太教中所有神聖元素的信仰，是可能的。既然可以把對上帝的愛的讚頌和對人肉體的渴望，用情真意切的語氣寫成愛情詩，那為什麼不能用《雅歌》的語氣，而非要用阿拉伯人的鬥酒詩語氣寫呢？於是，哈列維開始改變自己的詩風，他的詩歌變得厚重、莊嚴而充滿古風的激情。雖然米拿現．伊本．沙魯克的頭髮當年曾被哈斯代的走狗拔掉，甚至連頭皮也悽慘地裸露，但他現在終於透過另一種形式站在了哈列維的肩膀上。這種遲到的無罪證明當可使他含笑九泉。

當年發生的故事中，另一個情節更加引起了哈列維的密切關注：米拿現代表哈斯代給哈札爾汗國國王寫過一封信。當時，在托雷多的哈列維痛苦地意識到，在他們選擇殘暴地對待猶太人的時候，所謂的與穆斯林和基督徒共用語言、生存空間甚至信仰元素都毫無意義。於是，他決心寫一部重要著作，堅定地重申猶太教的唯一性以及由此產生的獨特的猶太歷史。在那遙遠的王國，猶太人和猶太教實際上是在孤軍奮戰（或許現在依然如此，但誰知道呢？），當時他們對外邦毫無防範之心，這樣的歷史記憶讓哈列維更加義憤填膺。他的著作《哈札爾人》採用對話體。對話的雙方，一方是一位博學多才的拉比，另一方則是一個匿名的哈札爾國王。國王在被說服之後，本人連同整個王國皈依了猶太教。哥多華城對近兩個世紀之前發生在遠方的真實歷史故事仍然記憶猶新，正是在這座城市裡，哈列維用自己的矛盾哲學攻擊了以往形而上學的推測。顯而易見，他用阿拉伯語寫成的這本書，是為了號召人們擺脫希伯來語依靠阿

拉伯語的舊習；希臘哲學即是以阿拉伯語傳播，因此他們慣於用來表達對低人一等的猶太人的蔑視的語言，當屬阿拉伯語。

哈列維這位以復仇與雪恥為己任的文采飛揚的劇作家，當然會為國王突然開竅的場面寫下高潮的一幕。他首先講了一個有關國王夢見天使造訪的傳說故事；國王就召集伊斯蘭教和基督教的一些代表，讓他們對各自的信仰表明自己的主張，但當時並沒有召集猶太人參加，因為他們處處受人鄙視。現在我們很難以想像，他們那古怪的教義竟能在論爭中說服對方。儘管基督教神父和伊斯蘭教伊瑪目都承認，雙方信仰都源於古老猶太教，但他們卻又譴責對方的教義是謊言。除了靜等國王被說服之外，猶太教的拉比其實什麼事也沒有做。若這兩個一神教真的只是對最初的一神教略作修正，而且其中一個被偽異教污染，另一個聲稱上帝會直接與後來的先知對話，那麼為何不直接接受那根源的一神教信仰呢？於是乎，國王最後趕往一處猶太人存放《妥拉》羊皮卷的山洞，正式皈依了猶太教，並隨後接受了割禮，回到王宮後，便開始大興土木建造猶太會堂，並把這個新宗教的教義和習俗教給他的臣民。

人們在閱讀《哈札爾人》這本書時，肯定能感覺到哈列維在教化他人的同時，也是在進行自我淨化。其中最慷慨激昂的章節，都是為了證明希伯來語作為「第一語言」不可替代的唯一性（他就是這樣想的）。它應該成為日常生活和精神生活中所有表達方式的理想工具。之所以用阿拉伯語，目的是要以書寫淨化希伯來語，擺脫一直以來的阿拉伯化。他還希望藉此解放猶太教，使其擺脫「希臘—阿拉伯」式的探究，回歸上帝的本性。這本阿拉伯語寫成的書，副標題是「為以色列人的信仰辯護」，旨在擺脫宣傳希臘形而上學詮釋學原理的嫌疑。此類由來於柏拉圖和亞里斯多德的質疑方式，是通過對上帝創世行為本身的研究，從而獲得和上帝有關的知識，從對自然現象的理解步步深入揭示出第一動因的奧秘，所以注定是徒勞的，因為猶太人的上帝就其本性而言，終究是不可知。猶太教的使命並非推行愚蠢的理性主義，而是追求共有、分享，是一種渴望的狀態，更像是對戀人的一種無法言說、難以平靜的企盼，而非一種純粹理性的反思和自我完成的質疑。哈列維在他的詩作中越來越強烈地表達出某種渴望，從而把

他帶入了生命與死亡的邊界：

不管我有沒有說出來
我所有的企盼都展現在你面前
我希望能得到你哪怕瞬間的贊許，然後死去——
只要你能夠滿足我的願望
我願意把我的靈放在你手中
然後長眠，在甜美的睡夢中長眠。[46]

向自己的渴望屈服並不意味著冷漠以對社會智慧。《妥拉》中有大量生活必須的倫理原則，比如孝敬父母，關於仇恨殺戮、姦淫以及作為犯罪前奏的貪婪描述，如此這般皆屬社會性和理性的教誨。顯然，這類教誨無不遵循書中最初規定的，作為基本、非理性原則的誡命：「我是耶和華，你們的神，在我前面沒有其他的神，不要妄稱我的名字。」猶太教的核心教義便是堅定申明此唯一性，遵守、維護因唯一性而生的律法和習俗（例如：戴在手臂或前額上的經匣、綴在衣服上穗子），從而作為永遠與神聖存在相伴的生活方式。

這也是為什麼，就算距今一千年前的斐洛和一個世紀後的摩西・邁蒙尼德，都認為宗教應拒絕理性的自足性，甚至打開質疑猶太教的大門，但哈列維的猶太教並非神秘主義的。事實上，這位醫生（雖然這麼說很勉強）煞費苦心地告訴哈札爾國王，猶太人早在遠古時代就是天文學專家，他們在世界上首次提出劃分季節的農曆已經被廣泛接受，他們規定的每週休息日也已進入了日常生活。他堅持認為，《妥拉》雖然看起來有些古怪，但正如《塔木德》拉比和聖哲極力強調的，事實上其中充滿了實際生活中的

經驗，例如對如何確定動物身上不適於牲祭和食用的瑕疵或不潔的問題，《妥拉》當中就有詳細的規定。哈列維以充滿詩意的態度面對那些超自然神聖事物，這是毫無疑問的：上帝的本性擺脫了理性審視，退出一般生活，只體現在稱呼神的方式上，但卻都需要以文字和聲音表達，通過祈禱或詩歌的形式而出。在這樣一部著作中，雖然哈札爾國王往往會為拉比對他的啟蒙教育而興奮、驚歎不已，但當他扮演詩人的角色時，也時常有激動人心的時候，他會不留情面地批評哈列維的說教有猶豫和矛盾之處，有點像道德上的懦夫。例如，哈列維把猶太人從錫安山流亡而出描繪成一次沉睡，一旦其回到與上帝立約、受律法、先知睜眼的土地，他們就會覺醒——哈札爾國王就曾對此提出質疑。就算「舍金納」（shekhina，即神的存在）已不在該地顯現，拉比和聖哲仍如此勸告我們：「最好能居於聖地，即便住在異教徒多數的城鎮，也比住在以色列人占多數的海外城市好；只要住在聖地，就相當於擁有上帝，而居於彼地，無論何在，卻沒有上帝。」然而，當他繼續解說「埋在那裡，就是埋在一座祭壇下」[47]時，國王反駁道：「若如此，你也沒履行律法規定的義務吧？你並未發憤回到該地，使其成為生與死的居所，你卻還說：『熱愛錫安山吧！那兒是我們生命的歸所。』」

在哥多華，正是這樣的自責越來越困擾哈列維。從邏輯上講，他擺脫穆斯林和基督教文化的最後歸宿，就是親自回到自己的錫安山。當時，耶路撒冷已經在十字軍的鐵蹄下，猶太人正受屠殺，這一事實使他回歸聖地的願望更加迫切。越來越強烈的信念讓哈列維更願意聽從發自內心的呼喚：只要有足夠多的猶太人站在橄欖山上面朝聖殿山，「舍金納」就會回到它一度離開的倒塌的聖殿中；當它在那裡顯現時，彌賽亞也有可能再次降臨。在《哈札爾人》中，他用那已經改變的「自我」激勵國王皈依猶太教：如果沒有行動，再好的想法也是沒有意義。在《哈札爾人》中，他曾提到約櫃就像一顆心。而如今，在伊比利半島的塞法迪以東，顯然只剩下他的這顆心了：

我的心在東方
身卻在西方的邊緣
我終日食不甘味
又怎會快樂？

我寧願把西班牙所有的快樂
留在身後——
只要我能夠看到
你那神殿中留下的塵土和廢墟。48

不過，這樣的詩句似乎情緒不足，或許是時機未到吧。猶大．哈列維並沒有立即登上駛向東方的帆船，而是陷入了長達數年的糾結。他有時會責備自己膽小懦弱和優柔寡斷，有時又為這樣一次長途旅行可能遇到的危險而恐懼；此等恐懼是可以理解的，即使聖地沒有捲入聖戰，僅僅是長途旅行的危險，也足以讓這個五十多歲的老人望而生畏。能把他一路從塞維亞帶到埃及或巴勒斯坦的橫帆帆船，肯定非常擁擠、骯髒、不舒服，且航程可能長達兩個月。在這樣的船上，沒有人會對他灰白的鬍鬚表示尊敬。也許他只有一塊木製的簡陋床板睡覺，躺上去就像進了一口活人棺材。在如此狹窄的空間裡，可能沒有地方能讓他舒展一下腿腳；當他在搖晃的甲板上站不住時，恐怕只能蹲下身來。至於夜裡，當帆船在暴風雨中顛簸航行時，陪伴著他的，可能只有煤筐裡的老鼠和嘔吐物的惡臭，而當帆船嚴重傾斜，似乎馬上就要沉下去時，這種不舒服感便會被恐懼代替。這樣的事件幾乎天天上演。從他不得不時常為猶太人質籌集贖金這點來看，哈列維很清楚地中海東部是海盜出沒最頻繁的海域。

哈列維努力用勇敢面對的方式來驅散恐懼。在這種精神狀態的感召下，他在離開之前寫下了大量極為激勵人心的詩篇，在詩中，他責備自己的猶豫不決，因為他畢竟已來日無多。「一直企圖用你已來日無多安撫你的主……不！還是像一頭獅子那樣去取悅他吧……你的心不會迷失在海浪中。」這是出征的號角。但隨後，詩人卻又想像自己來到了一望無垠的大海上，陷入了狂風暴雨之中，在四周籠罩的恐慌和無助中掙扎：「船板和客艙發出斷裂的聲響／人們擁擠在甲板上／痛苦地拽住舷邊的纜索／有些人在嘔吐……雪松木的桅杆就像稻草／壓艙的鐵塊和砂子也像枯草一樣被拋向空中／所有的人都在選擇不同的方式祈禱／而你卻向我們的主求救。」一切就要結束了，他開始祈禱，而祈禱當然應驗了。排山倒海的巨浪終於馴服地恢復了往日的平靜；月亮出來了，像戴著金面具的衣索比亞少女一樣端莊而美麗。閃爍的星星倒映在鏡子一樣的海面上，幻化成無數猶太流亡者和逃犯在海面上沉浮。突然間，夢幻中的詩人在這茫茫的海面上頓悟了。大海和天空在天鵝絨般的黑暗中融為一體：「兩片大海連在一起／中間就是我的心／在讚美主的海浪中跳動。」[49]

一一四〇年夏天的某個時刻，猶大．哈列維終於收拾行囊，踏上了「尋根」征途。他唯一倖存的孩子的丈夫伊薩克．伊本．以斯拉（Yitzhak ibn Ezra）陪他一起上路，伊薩克的妻子和那個以爺爺名字取名的兒子猶大，則被留了下來。與他同行的還有一位叫所羅門．伊本．加巴伊（Shlomo ibn Gabbai）的猶太人。我們這位詩人上演了一幕斬斷對國家、家庭甚至妻子的思念的悲壯戲劇。雖然即將一別多年，甚至一去不返，但家鄉似乎再也沒有什麼東西能夠留住他，只有可能再也見不到他的孫子的難捨之情，讓他的心中出現了片刻的遲疑，但他毅然告訴正在召喚他的上帝：「和你的愛相比，這些都微不足道……我很快就會懷著一顆感恩的心踏進你的家門……我要在你的土地上豎起一塊墓碑／它就是我的見證人。」[50]與他曾經想像的一樣，航程中的分分秒秒就像下地獄，這促使他在九月初安全抵達亞歷山大港後，立即寫下了另一首狂風驟雨般的海上詩歌。

在他準備履行自己的諾言時，出現了另一個新障礙，即名人效應。保存在「開羅秘庫」中的信件表明，哈列維當時在亞歷山大和開羅的富有、虔誠和文化上雄心勃勃的猶太人中間，受到了近乎狂熱的崇拜。他們交流的信件表達了這群人對他即將到來的激動心情，和對其航程延誤的擔憂，而且詩人的崇拜者們在由誰接待他的這個問題上，發生了激烈的競爭；當這位偉大詩人據說已選中了一家，卻無法解釋為何不選擇其他家時，這些人嫉妒或羡慕的心情可想而知。上述聲勢似乎讓哈列維有點措手不及，他雙腿才剛適應在陸地上行走，內心卻產生了一種更加糾結的情感。他不是一個已經擺脫了財產和世俗的虛榮心，一無所有的朝聖者嗎？他只是希望自己能夠盡快趕到巴勒斯坦，跪下來親吻神聖廢墟中「像蜜一樣甜的泥土」。但是，我的天啊！在經歷了漫長的海上顛簸之後，接下來的這段路途，無論從陸地上走商路，還是走水路到達阿克，似乎突然讓這把「老骨頭」有些膽怯。由於馬上就要過猶太新年，接下來就是贖罪日和住棚節，然後還有誦經節（這是個喜慶的日子，他怎麼能不參加呢？）。節日一個接一個，但再往後，惡劣的天氣就會接踵而來，這無疑讓第二段航程的前景變得非常可怕。亞歷山大人非常友好，爭先恐後地接待我們的詩人，尤其是當地社區的支柱人物亞哈龍・阿曼尼（Aharon al-Ammani）打開家門，真誠地堅持讓詩人在他華美的莊園裡休養一陣子，那裡有成片的樹林和迎賓的噴泉……

於是，他留了下來，與女婿和朋友一起在這逗留了兩個多月。他們十分感激阿曼尼提供奢華且舒適的招待、美食以及寧靜的庭院。當然，偶爾會有崇拜者敲門，熱情而虔誠地拽一下他的衣服下襬。冬季漸漸來臨，但如果哈列維像他說過的那樣足夠迫切的話，仍然可以如期到達福斯塔特，因為他在那裡也有一群崇拜者，其中包括同樣年邁的哈爾豐・伊本・納塔內爾（Halfon ibn Natanael）。他的這位老朋友甚至每天流著淚盼望著他的到來，並為他在前往聖地的駝隊裡預留了一頭駱駝。於是，在光明節來臨之前的某個時間，他沿尼羅河而上，並在開羅猶太社區的精神領袖撒母耳・伊本・哈拿尼雅（Shmuel ibn Hananiah）家裡小住。為了阻擋一群群像獵犬一樣追逐詩人的崇拜者，哈拿尼雅還頗費了一番周折。是年

冬季的某一天，由於哈列維擔心水路航行會更艱難，於是取陸路繼續前行。他坐在顛簸、搖晃的駱駝背上一路向南，似乎比通常的駝隊走得更遠。無論是因為不適、生病還是焦慮，他最終還是放棄了騎駱駝，返回了福斯塔特。在那裡，他第一次聽到各種方言，看到人們總是搖頭，還有許多嘴裡不停地說著「我早就告訴過你」的人。對於一位六十多歲鬚髮灰白的老人來說，這確實難以忍受。他想著：埃及究竟出了什麼問題？

其實也沒有什麼；這位肩負救贖使命的詩人先知的回歸，幾乎和猶太復國主義思想者的失敗同步。他後來時常為了逃避而回到這條偉大的河流邊思索。難道他不配享有這片土地？當年的約瑟不是很成功嗎？埃及不是一直在上帝的計畫中嗎？於是，他不再自責。尼羅河兩岸突然一片蔥綠，習慣於在生活的快樂中暢飲的老猶大，在春天這個慶祝季節裡，終於迎來了最後的詩情爆發：

時光褪下了戰慄的外衣
裝扮上最美的禮服和寶石
大地穿上了針腳細密的亞麻長袍
上面還織著金線……[51]

這老男孩的眼中，當然不僅僅有大自然美景：

少女們徜徉在河邊，
手上戴著一圈圈手鐲
腳上掛著一層層腳鏈

好重的黃銅！她們怎麼走路呀？

何況，他還是一個格拉納達老男孩，當然不會把眼睛從美女身上移開：

那顆忘記了年齡的心陶醉了
竟然想起了埃及的伊甸園
那顆心在這河邊花園旁變得年輕
河畔的田野上
蔥綠的麥田已經金黃

他又一次採用了阿拉伯「頌詩」（qasida）❻的風格。頌詩一般以某種願望開篇，只要以虔誠結尾就行，這對哈列維來說沒有任何問題。微風從西方吹來，促使他再次遠航，他回到亞歷山大港後，開始向最後的目的地進發。

由於這首詩表達了猶太人的兩個願望，因此幾乎剛剛寫完就流傳開來。哈列維只得為他在亞歷山大的東道主又寫了一首詩，其中對欲望的頌揚令人驚異：少女們手腕和腳踝上戴滿了各種各樣的飾品，「蘋果和石榴狀的銀鈴壓得她們直不起身子」，她們的頭髮「像離別的憂鬱一樣烏亮」，甚至誇張地形

---

❻這個阿拉伯詞的意思是「意向」。這種詩有單一的主題（符合邏輯地展開並結尾）和格律（有點像漢語的格律詩），每行押韻，標準格式是五十行，有時超過一百行。這種詩常常用來讚頌國王和貴族，而這樣的主題被稱為「madih」，意為「頌揚」，故譯作「頌詩」。

容「如果誰看她們一眼，眼睛就會因她們身上的陽光瞎瞑……性感、輕盈、修長，我情不自禁，真想親吻她們充滿誘惑的紅唇」。[52]在這首詩的下半段中，哈列維適時地轉向虔誠的主題。他把自己描繪成一個錫安山的赤腳的朝聖者，淚水浸濕了腳下的土地。但行動遲緩的這位老男孩，在上半首詩中卻對著群少女流口水、送秋波，輕佻的詩句也許夠讓那位為他安排陸路行程（雖然最後沒有成行）的老朋友不快了，但阿曼尼毫不介意。

這畢竟是世俗生活中歡樂情感的最後爆發。在埃及，逾越節來了又去。猶大．哈列維最後面向東方祈禱，這顯然不是一次普通的祈禱，他採用的姿勢已經超出了祈禱本身的涵義。他說過，他要完成一次孤獨的旅行。現在，他終於完成了一生的夙願。他是一個人來到聖地的，女婿伊薩克留在開羅，而所羅門．伊本．加巴伊也沒有陪在他身邊。是年五月七日，心潮難平的詩人孤獨地登上了一艘來自突尼斯凱魯萬的帆船，向阿克進發。隨後一星期，海面上都颳著劇烈的東風，聽說，後來風向改變，船帆在狂風巨浪中升了起來，詩人坐的船駛出了港灣，此後再也沒有猶大．哈列維的消息。

數百年來，猶太人一直想知道他最後去了哪裡。[53]來自哈列維家鄉圖德拉的旅行家班傑明曾聲稱，他在加利利海邊的提比利亞城附近看到過哈列維的墳墓，但並沒有更多的目擊者證明這一消息。考慮到哈列維的名氣和猶太人對於朝聖的執著，他們似乎不太可能忽略這樣一個值得拜謁的聖地。無論如何，在猶大．哈列維身上，充分體現了猶太人對耶路撒冷發自心底的渴望。但他對耶路撒冷的嚮往又是空前絕後的，並且比他之前和之後的任何一位希伯來詩人都更激情洋溢，更義無反顧。關於哈列維，我們從另一個不同的故事中可以發現，他的這種強烈的渴望之情或許並非虛構。一五八六年，義大利猶太人基大利．伊本．葉海亞（Gedaliah ibn Yahya）在威尼斯出版了一本希伯來文集。文集中曾聲稱，哈列維的確到達過耶路撒冷的城門，在那裡，他死在一個阿拉伯騎兵的馬蹄之下。

你能想像他到過那麼遠的地方嗎？[54]假設他在亞歷山大港到阿克這段相對較短的航程中得以倖存下

來，那麼他很可能在一一四一年的五月末或六月初，即阿布月初九（西曆應該是當年的七月十八日）齋戒日之前到達耶路撒冷。在阿布月初九這一天，當局會放鬆禁止猶太人進入耶路撒冷的法令，允許他們舉行紀念所羅門聖殿和第二聖殿在同一天被焚毀的悼念活動。儘管悼念的隊伍繞行整座耶路撒冷城一周，而在城門下祈禱的古老習俗不為十字軍樂見，但哈列維仍可能登上橄欖山，看一眼自己心中的聖殿山。或許，這才是我們故事主角的最後歸宿：在歷經漫漫長路之後，熱烈而虔誠的詩人終於站在了耶路撒冷的城門下。他甚至會匍匐在地親吻腳下的泥土，因為這是他曾一遍又一遍念叨過的泥土，像沒藥一樣香，像蜜一樣甜。

第七篇 阿什肯納茲女人

I 獻祭的羔羊

其名何其美麗，生命卻結束得如此悲慘。

多爾西雅（Doulcea），這名字多甜美。她是位尊貴的女人（eshet chayil），對她的丈夫、虔誠派拉比以利亞撒·巴·耶胡達（Eleazar bar Yehudah）來說，她比紅寶石還貴重，然而當一一九六年，其女漢娜（Hannah）和貝萊特（Bellette）躺在家裡就要嚥下最後一口氣時，這位著名的香料商飛奔而出呼救，卻在沃姆斯（Worms）街頭身中數刀而亡。再來是利蔻里西雅（Licoricia），這名字的意涵多麼堅強；她曾兩度守寡，經濟自主權始終在自己身上，此外，還曾被三次關入倫敦塔❶後僥倖逃生，卻於一二七七年與其基督徒女僕一起被殺，死在溫徹斯特（Winchester）的家中。至於沃姆斯的西波菈（Zipporah），她就像隻陷入羅網的小鳥，在一〇九六年春天十字軍暴徒一片「血洗殺害基督的凶手」的叫囂聲中，西波菈懇求丈夫先殺死她，以免親眼目睹兒子被父親親手殺死的悲慘場面。還有科隆的新娘薩萊特（Sarit），她被未來的公公、利未人猶大從下腹直到喉嚨一刀劈成兩半，婚禮於是變成了一場血腥屠殺。讓我們換個場景，來到摩澤爾河（Mosel），一座橋上站著一群女人，其中兩位來自科隆，兩位來自特里爾（Trier）；她們眼看著自己的同胞姊妹被殘忍地拖向洗禮池，決心以行動反抗，便跳進了摩澤爾河黑暗的河水中。另外

有位無名氏因嫁給了納博訥（Narbonne）的拉比大衛・陶德羅斯（David Todros）而皈依了猶太教，使得其家人憤怒地追殺，後來只能隱姓埋名地在莫尼約（Monieux）避難。十字軍殺死了其夫拉比大衛後，抓住了她的兩個孩子並強迫他們皈依了基督教，只留下這位改信猶太教的寡婦與她那尚在吃奶的男嬰艱難度日。[1]

再來是鮑瑟琳（Poulceline），大家應該對她有所熟悉。根據來自波恩的以法蓮的記述，大美人鮑瑟琳與布耳瓦（Blois）伯爵、法國王室總管、國王的妹夫蒂博（Thibaut）私交甚篤。但當包括鮑瑟琳在內的布耳瓦猶太人於一一七一年被活活綑在柴堆上燒死時，如此顯赫的社交身分對她沒有絲毫幫助。她到底做了什麼？上面提到的這些擁有美麗名字的女人，又做錯了什麼？其實原因很簡單，就像以往一樣，不為別的，只因為她們是猶太人。這些無辜女子所犯何事？據說是殺害兒童，尤其是基督徒兒童，而定罪她們根本不需任何證據。就拿布耳瓦來說，這裡沒人聽說有孩子失蹤，也沒人發現過屍體。但定一個猶太人罪究竟有多容易呢？五月時，有個馬夫恰好在盧瓦河（Loire）邊給馬洗澡，隱隱約約看到一個灰白色小東西自岸邊一個猶太人手中滑入了水裡。這個馬夫便向他的主人報告說，馬受驚了、不願意喝水，這無疑是河水被什麼髒東西污染了的確切證據。實際上，落水的不過是一些未經加工的獸皮而已。蒂博伯爵收到了關於這一事件的報告，認為非常嚴重，應該讓馬夫喝一些河水，以驗證他所說的話是真是假。

---

❶倫敦塔位於泰晤士河畔，最初由威廉一世於一〇七八年開始動工興建，歷時二十年完成，堪稱英國中世紀的經典城堡。到十三世紀，歷代統治者陸續在其外圍增建了十三座塔樓，形成一圈環拱的衛城，使倫敦塔既是一座堅固的兵營城堡，又是富麗堂皇的宮殿。雖然將其作為宮殿居住的最後一位統治者是詹姆士一世（1566-1625），但如今的官方名稱卻是「女王陛下的宮殿與城堡」。倫敦塔曾作為堡壘、軍械庫、國庫、鑄幣廠、宮殿、天文臺、避難所和監獄，特別關押貴族階層的囚犯。最後的這一用途產生一條短語「sent to the Tower」，意思是「入獄」。伊莉莎白一世在她姊姊瑪麗一世統治期間曾在此入獄一段時間；倫敦塔最後一次作為監獄使用是在第二次世界大戰期間，關押過納粹黨副首領魯道夫・赫斯。

當然，亂告狀的馬夫並沒有出現任何不適症狀，但布耳瓦卻有三十多名猶太人因此被逮捕入獄。他們被用當時關押犯人的方式鎖在一起、拴在地面上。

鮑瑟琳被單獨監禁起來，這使得其情敵伯爵夫人阿利克斯（Alix）妒火中燒。然而，正是享有這等差別待遇的權力，使這位猶太女人不敢向蒂博伯爵陳明真相，並心驚膽戰。像北歐阿什肯納茲世界中的許多女人一樣，鮑瑟琳十分富有，放貸給窮人和富人、猶太人和基督徒，因此其對伯爵來說非常有用，也贏得了他的尊敬，也許還有些尊敬外的其他情感也不一定。她時常就宗教同胞所遭受的不公對伯爵進行勸說，而這可能加重了這次事件的嚴重性，因為無論以錢財還是身體力行，或是兩者兼之的力量，鮑瑟琳都無異於在向蒂博表明，她已經成為這城市裡最不受歡迎的人。不久，她便與其他猶太人關在了一起，並於五月二十六日與他們一起燒死在集市廣場上。現在回頭看，或許上述這個關於被丟棄在盧瓦河中的孩子的故事，就是專門為了敗壞鮑瑟琳地位而編造出來的。

根據奧爾良和洛什（Loches）猶太人的信件記述，那裡的「司法」屠殺過於駭人聽聞，以至於巴黎的猶太人向國王路易七世（Louis Ⅶ）派出了一個代表團。有一封信中提到，王室的回應有好消息：國王「以仁慈之心對我們表示同情」。更令人吃驚的是，路易警告說，如果蒂博行為不端，他將會受懲罰。「聽著，你們這些生活在我的土地上的猶太人，你們沒有理由對迫害者做的分內之事大驚小怪。人們也對蓬圖瓦茲（Pontoise）和茹安維爾（Joinville）的猶太人提出了同樣的指控，如果這些案件呈送到本王面前，而一旦查明控告不實……我的土地上的猶太人大可放心，我絕不會姑息這樣的猜疑。我認為，猶太人和在城裡或鄉間發現的一具屍體毫無關係。」[2]

然而，這種痛心疾首的表白似乎來得太晚了。儘管由於奇蹟使然（很可能與金錢有關），這個猶太社區的經書和羊皮卷竟然保留了下來，但僅因一項毫無根據的指控，布耳瓦的猶太人幾乎在一天內被殺光。只不過是風傳有匹馬不願喝河裡的水，人們就將整個猶太社區指控為殺害基督徒兒童的凶手；此類對猶

太人虐待孩子，包括虐待自己孩子的妄想症，可以說古已有之、流行至今。約瑟福斯和亞歷山大的斐洛都曾嚴肅以待猶太人綁架兒童的指控做出反駁，將其斥為無稽之談；而安提阿的約翰．屈梭多模則曾多次指控猶太人受魔鬼驅使，殘忍地用自己的孩子獻祭。經文也被扭曲，配合這些宣傳。《聖經》中曾深惡痛絕批評復興異教的國王瑪拿西用兒童給摩洛神獻祭，但這事卻被扭曲成肯定這習俗的歷史事實。亞伯拉罕根據上帝命令，甘願用自己的兒子獻祭，儘管最後一刻被天使阻止，卻被賦予惡意的評注。中世紀的基督徒都知道《馬加比二書》與約瑟福斯的《猶太古事記》和《猶太戰爭》，其中都提到在塞琉古王朝滅除猶太教的運動進入高潮時，有一位猶太母親寧願看她的七個孩子被殘忍犧牲，也不向異邦的褻瀆行為屈服。最令人難忘的是她的最後一個兒子，如果當時他屈服，安條克將滿足其所有願望，給他財富和地位；這位母親請求他跟從其他兄弟而去。她告訴他，進入天堂後要向亞伯拉罕學習並提醒對方，他自己要有一個祭壇，而他母親該擁有七個。該故事最後結束於這位母親自城牆上跳下自殺。

到十二世紀末期，那些傾向於相信這類事情的基督徒普遍認為，猶太母親和父親寧願殺死自己的孩子，也不願看著他們被領到福音真理的光明之下。因此，極度恐怖的仇恨強烈地轉向那些殺死孩子的猶太母親，因為她們在基督徒的傳說中，似乎成了與象徵純潔和母愛的聖母瑪利亞對立的魔鬼般人物。她們都是母親，都曾用自己的兒子獻祭，但基督教神學中的慈愛父母、父上帝和肉身的器皿瑪利亞，將他們的獻祭當作是一種拯救人類的憐憫行為，而猶太母親或許是受到魔鬼附體，才以犯罪和難以理解的殘忍方式殺死自己的孩子。分別發生於馬加比起義和第一次十字軍東征期間的這些事件，若我們參考猶太版本，就會發現情況與此完全相反。十字軍開始大屠殺時，猶太人已經有了約瑟福斯的希伯來版本，即寫於西元十世紀義大利的《猶太編年史》（*Josippon*）。在書中，這位在《米德拉什》中被稱為米利暗．巴特．坦查姆（Miriam bat Tanchum）的七子之母，並非狠心的狂熱分子，而是自暴君手中奪走最終勝利的人；她是用敬神的行為戰勝了瀆神的行為。同樣地，猶太人採取的獨特殉難方式，甚至是父母親手殺死

孩子以免他們死於異教徒之手的行為，則被描述為勝過基督徒的殉教理想（當時在他們的文化中非常流行）的勝利。我們也許永遠也無法知道這三部記載殉難的希伯來編年史（通常充滿了令人不忍卒睹的血腥細節）是否真實記錄了一〇九六年發生於萊茵蘭地區的恐怖事件，因為除了基督教敘事間接提到過以外，並沒有其他獨立的史料能予以佐證。但是反過來說，也不能因此認為這些編年史的核心內容和其中的細節不是真實的歷史。[3]有一點是毋庸置疑的：猶太家庭用這種自我毀滅的方式來逃避其他的死亡形式，例如強制施洗或屠殺，是這些早期猶太歷史選擇的記述方式，是為了讓人們記住他們的宗教在災難的核心所擁有的地位。

無論如何，在一〇九六年，也就是布耳瓦事件發生之前七十五年，這裡的猶太母親和她們的孩子身上肯定發生過某個難以想像，從此縈繞在猶太人痛苦記憶中的恐怖事件。教宗烏爾班二世在一〇九五年十一月的克勒芒（Clermont）公會議上，號召十字軍把聖地從撒拉遜人（Saracens）不潔的手中解放出來。這馬上提醒了法國和萊茵蘭地區像「隱修者」彼得（Peter the Hermit）這樣著名的傳教士；他認為這件淨化工作不必等到基督徒的刀劍伸向巴勒斯坦就可以完成。難道在他們中間，在萊茵蘭地區的城鎮，例如斯派爾（Speyer）、美因茲（Mainz）、沃姆斯和科隆這些地方，就沒有基督徒的敵人嗎？當那些扛著十字架的基督教徒準備用鮮血和金錢去完成他們的神聖使命時，這麼想：「我們為什麼要讓他們（猶太人）活著，容忍他們在我們之間生活呢？讓我們首先用刀劍對付他們，然後就可以放心大膽地一路向前。」[4]於是，聖戰爆發了，救世主的血要用血來償還，要舉行一場血的洗禮，要為猶太人的不義之財找到正當的用途。一切都是理所當然的。「卑鄙無恥、冥頑不化、嗜血成性」的猶太人要繼續為他們的犯罪付出代價，以便提供資助給那些試圖把耶路撒冷交還給基督徒的軍人。

不祥的陰雲籠罩著歐洲大地。像基督教歐洲其他地方一樣，法國和萊茵蘭地區的猶太人生活在聖奧古斯丁的豁免之下。他們因為殺死救世主而受到的懲罰，是聖殿被毀、被趕出耶路撒冷、流散到世界各

地。據說，這次贖罪的苦修是如此嚴厲，以至於令他們覺得「生不如死」。在這樣一次悲慘的流散中，他們雖然作為一個民族得以生存下來，但整個民族卻留下了該隱的標記❷，成為對比於基督教拯救勝利的一群活生生見證人。據此觀點，保留猶太人不趕盡殺絕有其必要。若徹底消滅他們，勢必造成這樣的不幸後果：偉大皈依（基督教）運動將受阻，阻礙基督第二次的降臨。在十一世紀末，教宗亞歷山大二世曾特別提醒十字軍，殺害猶太人等同公然挑戰上帝的仁慈。他不斷提醒十字軍猶太人生活在基督之外的可悲本性，以防止他們詆毀或污蔑救世主的工作和記憶，羅馬教會及其忠誠而正直的紅衣主教的責任，因此是保護猶太人而非迫害，更不能傷害他們。他們可以歸向光明。

除此之外，猶太人對經濟也是頗有助益。由於教會法規禁止基督徒放貸取利，所以猶太人就成為維護、擴大基督教王國榮耀所需的巨額資金的主要來源（儘管不是唯一的）。雖然教會發布禁令，但實際上仍然有大量的基督徒放貸人，如卡豪森人（Cahorsins）和倫巴第人（Lombards），而他們得到的利息要比猶太人高得多。不僅如此，由於猶太人對地方領主、王室和高級神職人員的絕對依賴，一旦這些人經濟上的負擔過重，他們很容易成為隨意緊急徵稅、沒收財產的目標，或為群體死亡事件擔責，甚至淪為被直接取消債務等官方強制措施的犧牲品。隨著中世紀統治者擴張的野心越來越大，他們往往把權力的標記展示在修道院、大小教堂、宮殿和武器上，對現金的需求越來越迫切，然而就算一直抱怨飽受剝削且負擔過重，猶太人似乎總是有足夠的現金給這些糾纏不休的建築工頭、領班和忙碌的管家發工資。

---

❷該隱（Cain）是亞當和夏娃的兒子，據稱是第一個謀殺與自己有血緣關係的人的凶手。根據《創世記》記載，該隱種田，亞伯牧羊，上帝接受亞伯的貢物而不選該隱的貢物，該隱因此發怒而殺死了亞伯。於是上帝將該隱從定居地趕走，讓他沒有落腳之地。該隱害怕在流亡中被人殺害，因此上帝給他身上留下記號以保護他，並說「凡殺該隱的，必遭報七倍」。由於犯罪而流亡，這或許是猶太人長期流浪生活中的最初意象，參見作者在本篇末的比喻。

根據最早由法蘭克國王「虔誠者」路易（Louis the Pious）頒布，為了鼓勵猶太人在其王國中定居而制定的特別許可令，猶太人得到十分友善的待遇。他們可以自由遷徙、建造猶太會堂，且免除了某些賦稅和人頭稅，社區又有自治權。雖然他們被某些專門職業排斥（除了醫療業，因為基督徒像穆斯林一樣，只能靠猶太醫生給他們看病），且許多職業要求他們必須取得行會會員的資格，但相較於南方的拉丁區、東方的希臘區，以及逐漸失去寬容的伊斯蘭世界中日益困難的生活，這似乎已經夠好了。各地的猶太社區從無到有、從小到大地建立起來。拉比和老師紛至沓來，其中最著名的當屬拉比所羅門．本．以撒（Solomon ben Issac），他當時被稱為拉什（Rashi），在特華城（Troyes）的猶太研究學園裡，嘗試了革命性的《聖經》評注方式。

但不久之後，烏爾班二世號召十字軍東征，人們很快被煽動，各地主教和各國國王顯然已無法控制民眾了。拉丁編年史學家、來自亞琛（Aachen）的艾伯特生動描述了一〇九六年上半年：「有許多人被大火和上帝的『慈愛』燒死了……野蠻的屠殺始於東征的途中，且似乎沒有盡頭……那些未來的基督徒與騙子、罪人和暴徒幾乎沒有什麼差別。他們不知羞恥地瘋狂犯罪，有時還會談起一隻鵝或一隻山羊似乎有上帝的靈附體。隨後，他們自己就被冷酷的靈附體了。」[5]像是弗隆海姆（Flonheim）的埃米科（Emicho）這些地方，在殘忍而瘋狂的傳教士的率領下，大量農民軍（人數無法計算）在鄉間橫行無忌；他們最擅長的是搶劫，而猶太人就是最顯眼目標。只是既然有機會，為什麼他們不直接殺了猶太人呢？因為暴徒們是否有這樣打殺劫掠的機會，完全取決於世俗和宗教當局有沒有下決心，為「他們的」猶太人阻止這類難以控制的搶劫犯罪活動。尤其是有些猶太居住區及其位於中心地帶的猶太會堂，就建在一座教堂或主教府邸附近，他們因此總是惴惴不安，擔心發生不測。各個教區對猶太人採取因應措施各不相同。在特里爾，善良的主教英吉伯特（Engilbert）作為一個「令人討厭」的猶太同情者，生命不時受到威脅，他因此趕緊抽身離開，不再過問身後隨時可能發生的可怕事件。但在斯派爾卻是另一番情景，主教

約翰和猶太社區領袖耶庫迪亞・本・摩西（Yekutial ben Moses）聯手預先採取行動，把城裡所有的猶太人集中到主教府邸戒備森嚴的院子裡，後來又把他們轉移到城外一個更安全的要塞。[6]那些威脅過猶太人的人之所以被砍掉雙手，肯定是因為他們曾試圖阻止主教的行動。

然而在沃姆斯，情況不大樂觀。[7]甚至在埃米科的滅絕大軍帶著那隻「聖鵝」兵臨城下之前，沃姆斯就已彌漫著仇恨的氣氛，因為有傳言說猶太人把一個基督徒活活煮死後埋掉了，而且還把剩下的殘肢熬成肉汁，倒進了城裡的水井，要毒死所有的市民。先不管這種邪惡的暗示如何荒誕，當時並非所有猶太人都有機會進入主教府邸，更何況他們根本就不願意到那樣的地方去。猶太人信賴其保護人，而他們的保護人也不願意相信這些猶太鄰居會變成殺人犯。至於他們的相互猜忌（以及因信仰不同而在宗教問題上相互辱罵），在像沃姆斯這樣的城市中，在每天打交道的猶太人和基督徒之間，似乎還談不上不共戴天的地步。他們的穿戴基本相同（當時猶太人的衣服上還沒有必須佩戴的標誌），聽得懂對方的語言，並且生活習慣也相差無幾；除了鄉下農民和外地遊民的脾氣不佳、會說髒話，沃姆斯城裡的男男女女皆行為良好。然而，不能樂觀地看待一切。雖然並非全部，但有些城裡人的確被當作仇敵和釣餌；留在城裡的猶太人成了第一批被屠殺者。而隨著大量的市民、工匠和農民加入埃米科的隊伍，就連有機會進入主教府邸避難的人也淪為圍困行動的犧牲品。根據沃姆斯殉難紀念簿記載，在一〇九六年五月兩次大規模的攻擊中，有八百人被殺，最終的罹難人數很可能接近一千人，而這相當於一整個猶太社區的人數。

正是在美因茲這最古老、繁榮的猶太教中心，發生了史上最恐怖的事件。當一群雜牌十字軍擴充成一支真正的軍隊時，那次駭人聽聞的滅絕行動因這前提而更為可信。這支軍隊抵達城門時，已是一萬兩千名青壯年的軍力了，面對這一切，緊張萬分的主教拉特哈德（Ruthard），盡其所能把驚恐的猶太人集中到教堂內和主教府邸的院子。像其他地方一樣，被放棄的猶太居住區遭劫後付之一炬。頭兩天，那些武裝暴徒似乎陷入困境，但隨著同夥越來越多，守護猶太人的大門被攻破了，基督徒士兵湧進主教府

邸，在尖叫聲中開始了血腥屠殺。

不難想像是什麼命運在等著猶太人。他們必須消失，或在刀劍下皈依基督教（儘管舉著十字架並不能保證肉體不受傷害），或被殺；他們會被鏟草除根，就連兒童也不能倖免，因為要是他們長大成人，會養出更多仇恨基督之人。關於美因茲大屠殺事件，有三個希伯來敘事版本。一個是根據不同報導在事件發生後不久寫成的，作者為「佚名的美因茲人」；另一個篇幅最長，由所羅門．巴．薩姆森（Solomon bar Samson）寫成於十二世紀；第三個是拉比以利亞撒．巴．拿單（Eleazar bar Nathan）所作，三個版本都提供了屠殺後的諸多細節。[8] 面對皈依基督教或死亡的抉擇，儘管顯然並非全部，但許多猶太人選擇了後者。自殺為《妥拉》禁止，但是馬加比起義的壯烈行為、約瑟福斯記述的西元一世紀馬察達要塞的集體自殺，以及拉比阿基瓦（Akiva）和拉比哈拿尼雅在哈德良迫害期間成為殉難的典範，這些壯舉早已進入了人們的記憶，並且還由此產生了大量的拉比文獻。這些文獻在選擇死亡一事上，尤其是自殺是否比被迫叛教更可取這問題上爭論不休，其中某些觀點堅持，只要沒在強制下做出亂倫或殺戮的行為，猶太人私下被迫改宗是可以接受的，但若是被迫要公開犯罪，那麼接受死亡才是更神聖的選擇。不僅如此，這樣的死亡還被認為是上帝的勝利，因祂命令我們要戰勝邪惡的力量，而在臨死之前說出所謂「聖化主名」（kiddush hashem）是一種光彩而榮耀的行為。如此選擇死亡所得到的報償（正如應許給十字軍的報償），就是被殺者會立刻被迎入天堂，而這幾乎完全模仿在馬察達要塞戰鬥到最後一刻的指揮官，以利亞撒．巴．雅伊爾（Eleazar bar Ya'ir）的語氣。當時，所羅門．巴．薩姆森記下了美因茲社區領袖臨終前說的話：「讓我們足夠堅強，肩負起神聖宗教之軛……因為只有在這個世界裡，我們的敵人才能殺死我們……但我們在天堂裡的靈魂將在神聖榮光的照耀下永遠地活著……我們很願意遵行祂的旨意。」[9] 即使處在臨死之前的絕望，選擇如此作為仍然是駭人聽聞。在希伯來敘事中，所羅門．巴．薩姆森尤其對猶太人選擇死亡的細節做了詳實而冷靜的描寫，他講述一個準備接受最後命運的恐怖、近乎狂熱的場面：美因茲的

「拉結夫人」（Mistress Rachel）高貴的女兒們，把用來割斷自己喉嚨的刀子磨得無比鋒利，確保刀刃上沒有一點缺損和鈍厚之處，彷彿她們的刀子是用來宰殺其他獻祭的動物。當然，她們磨得鋒利的刀口要對準的，其實是自己的脖子，她們就是等待被屠宰的動物。

在希伯來編年史中，上述這一切當然不會是在平靜氣氛中發生，但拉結也不像《馬加比二書》中描寫的那有七個兒子且自始至終都懷有近乎瘋狂的必死信念的母親。根據該書的記述，「這位勇敢的母親」向那些圍攻者投擲石頭，他們又把石頭扔回來，她孩子的臉和身上傷痕累累。拉結夫人宛若神靈附體，將詆瀆之情拋到九霄雲外，當同伴遞上鋒利的刀子時，她再一次心神錯亂。在這個當口，這位編年史作者說：「當她看到那把刀子時，發出了一聲響亮而痛苦的尖叫。她一邊打自己的臉頰，一邊哭喊著：『天啊！我們的主，您的慈愛到底在哪裡呀？』」[10] 還有一個版本說，由於拉結悲痛過度無法行動，只得由其同伴代之，先殺死了她的女兒們，然後這位母親才硬起心腸，殺了兩個兒子中的小兒子以撒。

拉結夫人事件中，有一段特別引人注目，而且與基督教殉教文學中「凡蒙福升天的人，要像基督殉難時那樣，以聽天由命方式接受自己的命運」形成了鮮明的對照，而且其場面令人難以忍受：大兒子亞倫恐怖地哭喊著：「母親，我的母親，不要殺我！」並鑽到了箱子下。然而，這位瘋狂的母親告訴他，她的意志不會動搖，然後拉住他的腿，把他拖出藏身處。殺死大兒子後，拉結癱坐在地，以長袖子作盆裝孩子的鮮血。當十字軍闖進來看到眼前的場景時，他們要求看一看她袖子下到底藏著什麼「財寶」，她就讓他們看，接著命喪刀下。這場災難的結尾是：拉結的丈夫回來了，看到眼前的恐怖場面，也跟著拔劍自刎而死。他剖開自己的肚子（講述者就是這樣告訴我們的）坐在路邊，任腸子從肚子裡流出來，慢慢地斷了氣。

不管上述故事那些令人毛骨悚然的細節是否真實（我們也沒有任何令人信服的理由不相信它的真實性），關

於猶太殉難史特徵顯著的敘事，無疑是可信的，它反映了現實中人們的不同情緒，恐懼、反抗、厭惡甚至痛苦的猶豫不決等，而不管是精神上真實還是在肉體上感到真實，這都在猶太人故事中這「恐怖」的一章烙上了「真實」印記。關於美因茲猶太會堂看門人（parnas）以撒・巴・大衛（Issac bar David）的故事，正是這種悲劇性猶豫不決、令人難忘的描繪。當時，十字軍已經殺死了他的妻子、大拉比撒母耳（Rabbi Samuel the Great）的女兒斯柯拉斯特（Skolaster）（這是一個多美好的猶太女孩名字），而為了挽救他的孩子們和身受重傷、正躺在床上流血的母親，大衛決定皈依基督教。三天後，出於懊悔，他把女兒們領到他當看門人的猶太會堂，在約櫃前面殺死了她們，並將鮮血灑到廊柱上，之後他回家，違背母親的意願把房子連母親一起燒掉，接著再次返回會堂，在各處放火。當一夥十字軍叫他趕緊出會堂逃命時，他卻「不停地從一個角落跑到另一個角落，雙手上舉伸向天父，用動聽的聲音在大火中祈禱著」，直至在烈火中平靜地死去。對於這場與皈依行為進行痛苦搏鬥的勝利，敘事者所羅門・巴・薩姆森並無喜樂之情。他中止了講述，並高聲宣布：「講出這樣的悲劇確實令人想哭。我的雙眼充滿了淚水。」

這種在懷疑與恐懼之間反覆權衡的巨大痛苦和複雜情感，同樣也殘忍地發生在利未人猶大的兒子亞伯拉罕的待嫁新娘、美麗的薩萊特身上。當時，科隆的猶太人已經轉移到附近的鄉村，但仍然無法逃過暴徒們的殺戮。透過一扇窗戶，這位對未來充滿期待的新娘驚恐地看著眼前的暴亂，在絕望之下想要逃跑，卻被未來的公公發現，拖進了「新房」裡。一場有模有樣卻令人毛骨悚然的「婚禮」開始了。猶大（而不是那位仍然活著的新郎亞伯拉罕）親吻了薩萊特的嘴唇，然後宣布：「大家看啊……這就是我兒媳結婚的蓋頭（huppah）。」在場的人都哭了，有的啜泣，有的慟哭，有的哀號，有的悲歎。[11] 薩萊特倒進了亞伯拉罕的懷裡，接著，她的公公把她「劈成了兩半」，正如編年史中委婉表達的那樣「從頭到腳分開了」。最後猶大殺死了自己的兒子，一場血腥婚禮宣告終結。

我們恐怕永遠也不會知道，到底有多少猶太人為了他們的孩子主動皈依基督教？他們大多本來都

是堅定而虔誠的信徒，為了自己或所愛的人，無法享受「聖化主名」的榮耀。當然，其中有些人選擇皈依，是因為受不了嚴酷的折磨和拷打；另外一些人則很快就恢復了猶太人的身分，有的甚至在十字軍離開前就宣布恢復自己的猶太信仰，而這些人當然要為此付出代價。最引人注目的是，德國皇帝亨利四世於一年後的一〇九七年頒布了一項法令，允許那些強迫皈依的猶太人恢復信仰。這一法令完全違背了羅馬教會嚴禁受洗的皈依者恢復原來信仰的教規，不過以堅決抵制教宗額我略七世（Gregory Ⅶ）教諭著稱的亨利四世，被各地屠殺猶太人的報導激怒，下令嚴懲凶手。

一〇九六年春天，對猶太人施加的暴行使基督教歐洲的某些王室清醒了。亨利四世的兒子、繼承人亨利五世，保持了其父制定的「小心提防」仁慈政策，甚至放鬆了某些對猶太人的限制，鼓勵他們在那些被集體屠殺毀壞的城鎮中重新定居。在法國，正如我們所見，路易七世對仇恨猶太教的偏執傳統似乎一直持刻薄的批評態度。那裡的猶太人確實返回了沃姆斯、科隆和盧昂，恢復了他們原來的商業和祈禱生活，當地的《妥拉》、《塔木德》研究和慈善事業因此復興。那些記錄中世紀猶太生活的歷史學家（甚至包括那些專門記述十字軍悲劇故事的歷史學家）曾一度煞費苦心地堅持認為，一〇九六年那場恐怖災難是獨特、例外的情況。[12] 事實上，十字軍東征時穿過了大半歐洲，沿途的猶太人卻未受傷害，後來的多次東征也未引發第一次東征那種大規模的滅絕性屠殺。甚至在一〇九九年十字軍占領耶路撒冷並焚毀了會堂時，也不能完全肯定猶太人當時真的在會堂裡一起被燒死了。許多猶太人被勒索、交付贖金，更多人則成了俘虜，但他們畢竟活了下來。對猶太人來說，生活並非總是動盪和驅逐。

還是讓我們言歸正傳吧，用尋常的學術探討角度來說這件事，也許有些過頭了。清醒的基督教統治者身後，必有一個偏執狂繼任者。當路易七世的兒子腓力二世（Philip Augustus）聽說，在布雷鎮（Bray）（也有可能是布里鎮〔Brie〕）有個基督徒因殺死了一個猶太人而被處死，且慶祝其死亡極其不得體的活動，竟是將基督徒與猶太人普珥節故事中的惡棍、罪人哈曼聯繫在一起時，他的反應是下令滅絕性屠殺

猶太社區。所以，從編年史的意義上說，在阿什肯納茲世界中，所謂猶太人的不安全感並非他們的想像或虛構，因為你根本不知道教會和權力當局讓那些害怕猶太教暴徒為所欲為的底線在哪裡。甚至像聖伯納德（Bernard of Clairvaux）和被奉為聖徒的克呂尼（Cluny）修道院院長可敬的彼得（Peter the Venerable）這樣的教會人士，當他們不怕招惹麻煩地阻止針對猶太人的暴力攻擊行為，並對其命運表示同情的同時，他們也不得不公開承認，猶太人是所有種族中最卑下的。對這些猶太人來說，儘管他們知道殺戮並非天天皆有，但一〇九六年在布雷鎮如此頻繁發生，一旦基督徒受煽動便自然產生的後續種種暴行已經進入了猶太人的自我意識，從此很難抹去。新的祈禱詞和禮儀詩歌被珍藏在對殉難者的記憶之中，其中最著名的一首當屬〈慈悲的天父〉（Av Harachamim），此後猶太人每逢重要的節日都會唱這首詩歌。在後來蒐集這時期史料的紀念性（Memorbuchen）書籍中，這段歷史更為後續未來染上了悲劇性的記憶。猶太人在絕望中瘋狂地互相殺害，以免（他們就是這樣想的）落入迫害者之手遭受更悲慘的命運，而噩夢繼續縈繞在猶太人的節期、集市上的爭吵、割禮的歡樂和婚禮的喜慶之間。此後，只要能力可及，他們便會以防護力強的石頭建造自己的房屋和會堂，此舉說明了一切。

歷史學家薩羅．巴倫（Salo Baron）堅持認為，猶太歷史的內容不全然是「眼淚」。然而，正是這些明顯而無情的證據，而非所謂情感傾向或悲劇的宿命論（啊！那些終日哀歎和哭泣的猶太人！）告訴我們，猶太歷史不全是美味的蛋糕和葡萄酒。高尚的懷疑論和低俗的疑心病，在每個「開明」的王國裡並行，中世紀猶太人因此不斷遭遇恐怖事件。對上文提及的那位報復心很強的法國國王來說，高尚並不能醫治報復者的疑心病；而在其他事件中，就算是王子或主教，面對大眾低俗的仇恨也不敢插手，只能側身一旁任其發洩。據稱，英格蘭的十字軍國王「獅心」理查，就憤怒於發生在他王國中猶太人身上的不幸命運，且從他一一八九年十一月三日加冕開始始終如是，但雖然如此，仍無法阻止慘事發生。

釀成慘事的原因讓人匪夷所思。紐堡（Newburgh）的歷史學家威廉如此描述：一群善意的猶太人，全

都是像約克和倫敦這類郡縣猶太社區選出的領袖，他們帶著禮物到首都，向這位剛剛即位的國王表示祝賀；他們都是「征服者」威廉（William the Conqueror）從諾曼第帶回來的。「征服者」威廉本想讓這些猶太人提供日常現金貨物交易方面的服務，所以他們的存在與安茹王朝❸的財富密切相關。除了希伯來語，這群人通常使用猶太法語，且其存在理由就是為士兵、馬匹、教堂和宮廷提供稅收和資金。

按理說，上述這些並不會妨礙理查的加冕，但威廉卻悶悶不樂地，說這一天在老皇曆上會被認為是「邪惡」或「屬於埃及人的」。這些不會看日子又急於討好的猶太人，實在是太過分了！儘管王室公開發布了一項公告，在這位十字軍國王加冕時禁止猶太人入西敏寺，但據歷史學家威廉（William of Newburgh）的記述，他們還是聚集在王宮的大門前。王宮內正舉行慶祝加冕的宴會，新國王正戴著那頂「光榮的王冠」，愛管閒事的看門人憤怒於猶太人的放肆行為，使勁地將他們推離門口，結果聚集在門外看熱鬧的人群便像骨牌一樣倒下了一大片，如此場面再加上看門人的叫喊聲，終於演變成一場針對猶太人的暴力事件。這次鬥毆最後演變為一場殘酷的屠殺，大街上到處是棍棒、石頭和骨折的人。在這次衝突中，至少有三十名猶太人死亡，有的是被活活踩死，有的被打成了肉醬；其中有個僥倖活下來的人叫班尼迪克（Benedict），他住在約克郡，但卻是英格蘭最大放債人，林肯郡的亞倫（Aron of Lincoln）的代理人，而亞倫即是參與這次騷亂的某些頭目的債主；與班尼迪克在一塊的，則是約克猶太社區的領袖約西（Josce）。兩個人都遭到殘酷毆打，約西僥倖逃走，班尼迪克則被鮮血淋漓地拖進了附近的一座教堂、被迫受洗。在掙扎著回家的路上，他因傷勢過重而去世。

「同時，」威廉興奮地寫道，「一則令人振奮的謠言以難以置信的速度傳遍了整個倫敦：國王已

---

❸即由亨利二世於一一五四年開創的「金雀花王朝」。據說亨利二世的父親安茹伯爵當年經常在帽子上飾以金雀花枝，故有此名。

經發布命令，要消滅所有的猶太人。」另一個修道士歷史學家，德維茲（Devizes）的理查同樣難掩興奮之情：「在加冕日當天，幾乎在聖子向聖父獻身的同一時刻，他們（指基督徒）開始在倫敦城用猶太人向他們的父親，向魔鬼獻祭。」[13]倫敦大街上和西敏寺裡擠滿了人，頃刻間聚集了一群武裝暴徒，「隨時準備搶劫，並按照上帝的判決讓一個仇視全人類的民族償還血債」。經過上午的騷亂後，得以倖存的猶太人躲進家裡不再出門，他們用石頭蓋房子真是有先見之明！暴徒們無法推倒房子，便在房頂放火。房子裡的人在試圖逃生時被殺，或被活活烤死在裡面。威廉繼續寫道：「令人恐懼的大火對被困在裡面的猶太人來說是致命的，同時也為那些在夜間發洩憤怒的基督徒提供了光亮。」其餘的大部分市區都連同猶太人一起被燒毀，而從猶太人那裡搶劫來的大量財物，使殺害他們的凶手「對這場屠殺感到非常滿足」。最後，這場浩劫的滾滾濃煙，終於鑽進了宴會上穿行於貴族間的新國王靈敏的鼻孔。於是，他派出其中一位以「行事謹慎、手段強硬」著稱的客人，司法大臣蘭道夫・德・格蘭維爾（Ranulph de Glainville）以善後的方式約束那些暴徒，但大臣與其部下卻也受到了威脅，後來在驚恐之下放棄。德維茲的理查用他優美的拉丁文體得意地寫道，這就使猶太人的毀滅者有充足時間去完成他們的傑作，「這場大屠殺（多好的燔祭！）如火如荼地進行，幾乎在第二天天亮之前就結束了。」[14]

加冕日的災難只不過是一系列痛苦和屠殺的序幕。恰恰在理查登船去諾曼第會見法國國王、簽訂十字軍東征的盟約之前，天空中出現了乳白色的異象，其形狀很像「主的旗幟」和釘在十字架的基督。於是，十字軍慣有的瘋狂頃刻間化作仇恨的火焰。和萊茵蘭地區一樣，猶太人當然是直接的犧牲品，藉口雖各不相同，但結果卻始終一樣。在諾福克郡的林恩（當時已在國王治下），傳言有個皈依基督教的猶太人，在憤怒的宗教同胞追捕下鑽進了一座教堂；這足以成為發起一場屠殺的藉口。而另一個當地居民非常熟悉、受人尊敬的猶太醫生，他既為猶太人也為非猶太人治病，卻未使他逃過死亡的命運。那些想要加入聖戰的人，在斯坦福每年一度的商品交易會期間會舉著十字架四處遊蕩。當一個年輕人到猶太人那

裡存錢卻不幸被強盜殺害，在當地人狂熱的意識中，殺害他的凶手很快就會變成猶太人。針對猶太人更恐怖的襲擊持續發生，範圍擴及在丹斯塔布（Dunstable）、科赤斯特（Colchester）、塞福（Thetford）甚至肯特郡的小村莊奧斯普林格（Ospringe）。[15]

一一九〇年三月十七日（逾越節前最後一個安息日〔Shabbat Hagadol〕），約克郡發生了史上惡名昭彰的恐怖事件。人們並不滿足於討厭的班尼迪克的離奇死亡，一夥暴徒衝進了他家，殺死了他的妻與子並洗劫一空。一群猶太人驚嚇不已，在之前提到的加冕日騷亂中倖免於難的約西帶領下，得到一座城堡看門人的允許後進入城堡尋求庇護。看門人在返回城堡後改變了心意，不願猶太人躲入城堡，但此時他發現圍堵在城堡周圍的憤怒的人群已多得無法讓人出城。領頭鬧事的是一個普雷蒙特雷修會（Premonstratensian）❹的修士。看門人於是抱怨說，猶太人已經占領了城堡，不僅沒有努力平息事態，反而火上澆油地亂說一氣。一如以往，留在塔樓外的猶太人不得不在皈依和死亡之間作選擇，許多人為了活命，被迫接受了十字架。被困在塔樓內的猶太人之間，有位著名的《聖經》和《塔木德》學者，他就是二十年前曾為布耳瓦被屠殺的猶太人創作了一首哀歌的，來自日瓦尼（Joigny）的約姆．托夫（Yom Tov）。對約姆．托夫來說，面對這一切只存在一種可能，那就是追隨一世紀前美因茲和沃姆斯猶太人的做法。於是，他再次模仿約瑟福斯記述中馬察達要塞指揮官以利亞撒．巴．雅伊爾講話的語氣，向驚嚇萬分的猶太人發表了一番演講。「你們不應該質問上帝到底是誰做了這些，」紐堡的威廉借約西之口說（因為他最理解約姆．托夫淒涼的意境），「因為他曾經命令我們放棄自己的生命。」於是，又一場自相殘殺開始了。約姆．托夫殺死了自己的家人，並懇求大家也這樣做。然而，他自己甚至來不及自殺，就和其他人一起陷入了一片火海。

❹十二世紀初法國修士聖諾貝爾特（St. Norbert）於法國普雷蒙特雷（Prémontré）創立的一個天主教修會。

像在萊茵蘭地區的城鎮中一樣，並非所有猶太人都願意領受此種天定的命運。第二天早晨，那些僥倖活下來的猶太人站在城垛上哀悼死者，並表示他們願意「與基督的血肉融為一體」。身為最大的借債人和暴徒首領的理查・馬勒比塞（Richard Malebisse）鼓勵他們下城垛，像真正的基督徒那樣走出城堡，但他們才剛出大門，就被當場殺死在大街上。結束一切的焚城開始了，生命和債務頃刻間滅失在大火之中；約克大教堂的地板上，刻在木頭上和寫在紙上的所有借據以隆重的方式化為灰燼。至此，滅絕行動終於結束。據說國王聽到這個消息後非常憤怒，認為這等騷亂冒犯了王室尊嚴。盛怒之下，他立即命令伊利（Ely）主教帶領武裝人員趕到約克，逮捕並懲處犯罪分子，然而製造這場災難的領頭羊，包括馬勒比塞在內，早已經逃到了蘇格蘭，當然更沒有人會承認自己知道誰該為這次犯罪負責。真是枉費了國王大發一頓脾氣，最後他只能用徵收更沉重的罰金來發洩自己的不滿。

在英格蘭屠殺猶太人的事件中，約克悲劇無疑是最戲劇性的。但是，發生在柏立聖艾德蒙（Bury St. Edmunds）薩弗克鎮（Suffolk），棕枝主日❺時五十七位猶太人被殺的事件更令人匪夷所思。因為該事件完全由一個在基督教的英格蘭流傳多年、令人深信不疑的傳說造成：猶太人慣於在復活節和逾越節期間綁架基督徒兒童，並把他們釘上十字架殘酷地折磨，藉此拙劣地模仿耶穌在十字架上受難的情景。[16] 一一四四年，人們在諾里奇（Norwich）郊外一個叫「野鼠坡」的地方，發現一個名叫威廉的十二歲皮革學徒工的屍體（獸皮和人皮在這次憑空編造的鬧劇中扮演著重要的角色），於是那些幾年前才搬到這城鎮的猶太人立即被懷疑為殺人凶手。一個名叫西奧博德（Theobald）的皈依者發誓說，威廉是受猶太人誘拐後死亡，而且這場謀殺是在全國猶太人秘密集會上被策劃出的；他們聚在一塊，是要在逾越節第二天用這個不幸孩子模仿耶穌在十字架上受難的情景。於是，聲勢浩大的哭喊聲傳遍全鎮，威廉的屍體被抬到諾里奇大教堂，準備在高高祭壇旁舉行隆重葬禮。該地治安官震驚於這次迷信活動，於是把猶太人帶到他的城堡裡保護起來，並反對任何試圖對他們進行審判的做法，而安葬威廉的墓地後來成了當地居民心目中

的一個神聖場所，據說在那還顯現了一系列神蹟。[17]

誰也沒料到，逾越節的莊嚴儀式竟成了模仿耶穌在十字架上受難的鬧劇！這樣的憑空編造到底源自何處呢？源自基督徒們，尤其是那些不了解猶太宗教節日儀式之人，那些此前不久才到英格蘭定居，記錯猶太人的節日，把逾越節當成了排在這之前的普珥節之人。普珥節的設立，是為了紀念歷史上波斯猶太人死裡逃生的傳奇經歷（承蒙王后以斯帖和國王亞哈隨魯／亞達薛西相救）。事實上，在這節日裡的確需要舉行吊死惡棍哈曼（雕像）的象徵性儀式，而那實際上是普珥節期間一項慶祝勝利的狂歡活動，因為哈曼曾密謀滅絕猶太人卻終告失敗。十字軍狂熱波及北歐時也發生類似的事件，人們談論猶太人污辱基督徒時越來越尖刻、口無遮攔；皈依基督的猶太人，若想惡意地透過說自己原來同胞的壞話，以說服其新基督徒同胞他對基督忠心耿耿，完全可使用更激烈的侮辱和詛咒言論，不會有任何責難和麻煩。基督徒們當時已經非常清楚，皈依基督勢不可擋，猶太人在阻止某個同胞皈依基督，或試圖讓他們重新猶太化這事上已無甚作為。在一一九〇年，林恩地區有傳言說猶太人為追捕一個剛皈依基督教的同胞而入了教堂，因而在當地引發了一場大屠殺。一〇九六年，萊茵蘭地區猶太人殺死自己孩子的消息，經過豐富的聯想而「三人成虎」，造成了如下的臆測：如果猶太父親懷疑兒子曾經與他的基督徒朋友共進聖餐，就會把他扔進爐子裡燒死。[18] 馬梅斯伯里（Malmesbury）的威廉於十二世紀中葉編寫的，讚頌聖母瑪利亞為猶太人求情的故事集裡，甚至收錄了以下這個故事：由於無法阻止丈夫把兒子扔入爐中，這位絕望的母親只能向基督徒求救。而當基督徒趕到現場時，奇蹟發生了，孩子竟在爐子裡火不近身地玩耍，這真是多虧了瑪利亞求情；另一個版本中，據說瑪利亞把爐火變成了「帶露水的微風」。[19] 這故事還有許多版本，而且不只在英格蘭，在法國、西班牙和德國也十分流行；聖母瑪利亞和聖子耶穌的幻象曾顯現於爐

---

❺復活節前最後一個星期日，紀念耶穌當年進入聖城。

火中那個孩子的頭頂，象徵基督徒家庭的母愛，而這與猶太人殘酷的殺嬰行徑形成了鮮明的對照。林肯大教堂早已褪色的彩色玻璃窗上，就繪有聖母瑪利亞溫柔俯身向爐子中的聖子的畫面。正如米利．魯賓（Miri Rubin）所說，無論裡面有沒有烤麵包，爐子都是孩子「嚮往」的地方，是存放和製作食物的處所，或者像在這個案例中一樣，是個遭受魔鬼折磨的地方。猶太人和非猶太人當然都知道《但以理書》中描述的米煞（Meshach）、沙得拉（Shadrach）和亞伯—尼歌（Abed-nego）從尼布甲尼撒熊熊爐火中奇蹟般生還的故事。在仇恨猶太教的版本中，雖然借用的是《聖經》中猶太人作為神聖英雄的故事，但卻使他們變成了像異邦人那樣殺害忠誠信徒的凶手；在這個版本中，嗜殺的猶太父親是魔鬼般的人物，他通過聖母瑪利亞讓位於孩子真正的父親，也就是仁慈的上帝本人。

在諾里奇的湯瑪斯，詳細記述了猶太人用逾越節對抗基督教復活節的惡意編造。他為這種侮辱兒童肉體的行為，提供了一幅「新耶穌受難圖」的生動畫面：先是鞭打、戴棘冠，然後長矛自左側刺入孩子的身體，以便真實模仿耶穌當年受傷的情景，最後再用孩子作救世主的替身，以大家熟知的方式釘上木製十字架。「在復活節前，諾里奇的猶太人抓住一個基督徒兒童，對他實施我們的聖主曾受過的所有酷刑後，在耶穌受難日（Long Friday）懷著對聖主的仇恨，把他釘上十字架、埋掉。」且釘上十字架的孩子不一定會馬上死去。據說孩子身上的傷口，尤其是身體左側的傷口會冒出大量鮮血，而猶太人會把血接到一個祭祀用的杯子裡。他們收集基督徒兒童的血，是為了製作逾越節無酵餅，此即史稱的「血祭誹謗」（Blood Libel）。這個多餘細節當然是後來才產生的附會，但這場鬧劇的基本內容已經十分齊全。

緊隨著諾里奇的威廉的宗教狂熱，大量有關猶太人殺害基督徒兒童的謠言廣泛傳播開來。一一六八年，格洛斯特（Gloucester）的猶太社區舉行了一場割禮，卻被演繹為綁架事件。據說，一名叫哈洛德（Harold）的男孩在受盡折磨後被扔進了塞汶河（Severn）。當時，凡是有點自尊的修道院或有點名氣的教堂，都會編造一個兒童受難的故事。柏立的羅伯特的宗教狂熱，以一一九〇年屠殺、驅逐猶太人告終，

不過早在此前的一一八一年，他就對當地修道院院長讚賞有加，因為這位院長注意到他諾里奇的同僚，在吸引朝聖者方面獲得了巨大的成功。[20] 兩年後，布里斯托（Bristol）突然出現了亞當的故事；人們傳他被誘拐到猶太人撒母耳家中被秘密殺害（有人說，這位撒母耳也謀殺了自己的妻子），被害後，接納他的耶穌幻象才顯現。撒母耳家的廁所因此成為這一神秘事件和奇蹟的發生現場，從此以後，廁所主人每回如廁，就會見到吵鬧的暴躁天使光臨，或是聖母瑪利亞懷抱聖潔之子的幻象。在一一九〇年，溫徹斯特的猶太人市民，曾莫名其妙背負被德維茲的理查稱為「寄生蟲」或「害蟲」的惡名；後來，該座城市又以一一九二年、一二二五年和一二三二年三次謀殺基督徒兒童的指控而聞名於世。在倫敦，一二四四年的另一項指控，則聲稱聖貝內（St Benet）教堂內院裡發現了一具兒童屍體，上面深深刻著一個神秘的希伯來字符，而那足以證明這孩子是被殘忍、嗜殺的猶太人為舉行邪惡儀式而綁架的。根據聖徒保羅制定的教規，孩子的屍體被抬進教堂並舉行莊嚴的儀式，最後埋在了聖壇旁邊。一如以往，據說在喪禮的時候，也發生了許多怪事和奇蹟。

最嚴重且最離奇的事件發生於七年後的林肯郡，人們在糞坑裡發現了一個名叫休（Hugh）的九歲男孩屍體，他當時已經失蹤三星期。由於根深柢固的偏見，一場猶太人舉行的傳統婚禮，突然在這件死亡事件後有了邪惡的涵義。那場婚禮是貝拉塞特（Belaset）家族的，那家的女兒要嫁給林肯郡最富有的猶太人，全英格蘭的重要客人都會應邀出席。國王亨利三世此時恰好就在附近，面對孩童死亡的案件，他需要一場可以被判定「有罪」的聚會，而這場婚禮正好撞在了槍口上。經過一番殘酷的折磨，林肯郡一個叫科賓（Copin）或約賓（Jopin）的猶太人「招供」了；他被拴在馬尾上，在鵝卵石的街道上一路拖行，他血肉模糊的身體最後被吊上了絞刑架。但是以命償命還不夠，休死亡的事件被認定為是一次集體犯罪，於是幾乎全林肯郡的猶太人都被集中起來，送往倫敦接受審判。這些被送到倫敦的猶太人之中，有十八個人堅持認為，他們應該由一個猶太人和基督徒組成的混合陪審團來定罪，但這合理的要求卻被認為是

認罪的表現，所以他們不僅沒有經過合法的審判程序，還被立即施以絞刑。剩下的猶太人一度被投入監獄，最後在康瓦耳（Cornwall）公爵理查的干預下才被釋放。理查與其他國王相同的，都和猶太人做大宗買賣，但他還有其他國王沒有的基本正義感（更遑論，他還很希望保護自己的猶太奶牛場）。在林肯郡，「小聖徒休」被安葬在教堂豪華的聖墓中，而建造這座大教堂所用的資金大多源於猶太人，即靠向商業鉅子、林肯郡的亞倫借貸才得以完工。被封為聖徒後，休在很長一段時間內受尊崇，並成為當地教堂彩色玻璃窗上永恆的畫面，而傑弗里·喬叟（Geoffrey Chaucer）把最令人不齒的醜行和誹謗，收入《坎特伯雷故事集》（*Canterbury Tales*）中的〈修女院院長的故事〉（The Rvioress's Tale）。[21] 直到七百年後，英格蘭教會才正式否定了這個神話，於是，一紙道歉聲明最終張貼於休的墓碑上，更難能可貴的是，當中還有句穿越不同信仰、兄弟般的問候：平安（Shalom）！❻

II 經商有道

前文提及的這些擁有美麗名字之人，也並非全是被遺忘在墳墓中的犧牲品和殉難者。多爾西雅，這名字多麼甜美尊貴，作為拉比以利亞撒的妻子和著名的香料商，她其實並沒有無助慘死沃姆斯街頭。如果我們相信頌詩（以散文或離合詩〔euglogy〕形式寫成）❼中對這位香料商的讚美之詞，那麼多爾西雅後來一直在為救她的家人奮鬥。其女兒貝萊特和漢娜已死，她的兒子和丈夫雖然傷勢嚴重，但僥倖活著。當時多爾西雅從那些驚嚇的搶劫者面前衝了出去，跑到大街上大聲求救，藉此引開惡棍，這正是拯救她家人的重要舉措。一旦搶匪出了房子，她就立刻關上家門（我想，她可能還重重地踢了一腳），以利亞撒便利用這個機會鎖上門，保護他和兒子的生命。搶劫者因多爾西雅突如其來的舉動而一無所獲，便把滿腔怒火發洩到她身上。

在一些特定的時候，以利亞撒會稍稍放下他的哀慟，讚美這位屠刀下的女人為eshet chayil，意即「尊貴的女人」。以利亞撒實在想不出更恰當的讚美之詞，去說這位從不對他發脾氣的妻子。但是，他描繪的夫人肖像，並不是塊虔誠、豪華門廊的裝飾門墊，而是在訴說一位截然不同的人物；多爾西雅做了一個敬虔和盡責的伴侶應做的一切：做飯給丈夫的一大群學生吃，製作安息日用的蠟燭……等等，諸如此類之事不勝凡舉。她很可能是特華的拉什所崇拜的多才多藝之人。根據拉什的描述，一個女人可以同時「教無聊的夫人們唱歌掙點小錢，照看爐子上炒著的菜、紡著亞麻布，懷裡還暖著蠶寶寶」[22]。雖然多爾西雅不能同時做這麼多的事情，但以利亞撒回憶說，她不僅每天早晚各去一次會堂（這遠遠超出了當時對一個女人的要求、期望），而且還領著會眾中的女人祈禱、吟唱。由於當時沒有多少女孩子學過希伯來語（出生於著名的知識分子家庭的多爾西雅是一個例外），因此她完全有可能在附近一棟獨立建築裡或在某個為女性保留的分隔處所，以猶太日耳曼語做禮拜。在以利亞撒的讚美詩中，明確地描述她「吟唱聖歌、祈禱和背誦」，並「教其他城鎮的女人唱聖歌」。[23]在阿什肯納茲世界裡，女人普遍在宗教儀式上扮演積極的角色，直到十四世紀出現一股反對的浪潮，這一猶太傳統才未能維持。在沃姆斯，也有一個活躍於十三世紀，名叫烏蘭尼雅（Urania）的猶太女人，其墓碑銘文告訴我們，作為一個領唱人的女兒，她繼承了父親亞伯拉罕從事的職業，成為一名領禱人。因此，拉比以利亞撒和其他一些人才認為，沒有理由反對她們像男人那樣祈禱、誦讀《妥拉》和背誦祝福詞。《論虔誠》（*Sefer Hasidim*）一書收集了以利亞撒

❻希伯來文意為「平安」，用於猶太人之間平日的問候（或打招呼），如：「Shabbat Shalom!」（安息日快樂！）

❼離合詩由古希臘女預言家埃利色雷發明，歷經中世紀拉丁作家、僧侶與文藝復興時期後演繹為多種樣式，如今仍流行於歐美的「字謎」就是離合詩的一種。歐美離合詩的主要原則為每行詩詩首、詩中或詩尾的字母依次排列而組成詩詞，如以字首、字母來排序的離合詩就是一種相當常見的離合詩。

及其家人在生活中應遵循的各種教義和法規，其中明確規定父親要把上帝的誡命教授給其妻女。[24]儘管《妥拉》中並沒有明確規定女人必須這樣做，但某些證據表明，這一時期的女人甚至會穿帶邊穗的衣服（tzitzit），在祈禱時會將經匣戴在額頭和前臂上，對後來的宗教權威來說，這可是全然例外的情況。兩姊妹中年少的漢娜能夠背誦日用禱詞「示瑪」，甚至大聲唱聖歌，主要是為了讓父親高興；多爾西雅就是用漢娜這種令人振奮的聲音在儀式上領唱。在像羅騰堡（Rothenburg）的拉比邁爾（Meir）和薩姆森·本·撒多克（Samson ben Tzadok）這些更苛刻的人物於十三世紀邊緣化女人之前，她們通常是儀式的核心人物。儘管大多數拉比教義對此持反對態度，並且時至近代也錯誤地認為，女人——尤其是母親，應被排斥在男嬰的割禮儀式之外，但留存下來的大量證據表明，至少在十三世紀末葉前，阿什肯納茲的情形並非如此。[25]猶太男嬰出生後第八天需行割禮，在那天早上舉行的小型家庭慶祝儀式上，女人們一直是核心人物；母親要喝紅酒，表示她已從分娩的痛苦中康復（或許馬上要舉行的割包皮儀式是為了與上帝立約）。說到底，摩西的妻子西坡拉才是第一個為兒子割包皮的人。到中世紀後期，一場使「割禮盟約」（brit milah）儀式全部男性化的運動，最終將女人的角色邊緣化：她只能抱著細心包裹得非常漂亮的男嬰穿過街道，走向舉行割禮的會堂。在會堂門前，她要把男嬰遞給「抱嬰人」（sandek）；割禮進行過程中，抱嬰人要把男嬰一直放在他的膝蓋上。但是，薩姆森·本·撒多克和拉比雅各·莫伊林（Jacob Moellin）都曾明確表示，他們是在為形成一種廣泛接受的習俗而鬥爭，以確保母親在會堂外和會堂內舉行的割禮儀式上都能扮演核心角色。正如人們的期望，母親可以抱著男嬰穿過街道（儘管拉比耶庫迪亞·巴·摩西〔Yekutiel bar Moses〕勸告說：「走路時寧願跟著一頭獅子，也不要跟著一個女人。」）再自己充當抱嬰人。在割禮進行的過程中，她把男嬰放在自己的膝蓋上，坐在男人們中間，正是這種男女混坐的方式惹得像被稱為「九宮格披巾」（Tashbetz）的拉比西門·本·撒瑪哈·杜蘭（Shimon ben Zamakh Duran）〕這些德高望重的拉比非常惱怒。他們生怕女人和男人一起行走，也害怕割禮的男性執行人（mohel）在割包皮過程中向坐著的女人俯

下身時，心中會產生某種淫邪的念頭。更糟糕的是，作為「抱嬰人」的母親往往會穿得「很鮮豔」，這必然會產生更大的誘惑力。所以，「九宮格披巾」西門對這件事深感憂慮。他甚至說，即使在其他人都不知道的情況下由孩子的父親親自執行割禮，也不可行。如果虔誠的猶太人看見一個女人把男嬰放在她的膝蓋上，他們應該馬上離開會堂。[26]

多爾西雅或許沒有擔當「抱嬰人」的福氣，但是該做的她都做了：她把一卷卷宗教典籍綑好；為至少四十片寫有律法的羊皮紙縫上邊穗、繡上花，甚至細繩都不放過；為死去的女兒們洗淨身體，再把她們安放在乾淨的裹屍布上。女人在阿什肯納茲的基督徒社會裡還是很顯眼的，她們不戴面紗，可以自由出行，不被限制在任何形式的「隔都」中。她們甚至還可以到法庭上為自己辯護——儘管發生了很多家庭糾紛，尤其是對丈夫死後她們是否要求歸還嫁妝這個問題爭議頗多，但總體來說，她們的社會地位還是比較正常的。她們可以擁有自己的動產和不動產，雖然通常在律法上和實踐中禁止雇工，但許多富有的猶太女人還是雇用非猶太女僕，為自己的孩子請基督徒奶媽，有時是全日制的，有時是小時工。某些猶太女人本身就是接生婆和醫師，她們被稱為「聰明的女人」（nashim khakhamim）。還有一些猶太女人當上了媒婆，而在女人比男人壽命長並且離婚率居高不下的背景下，此職業非常熱門。雖然她們大多在童年時期就已經訂婚，但拉比們，尤其是虔敬派猶太人（Hasidim）卻堅持認為，儘管孩子在這類事件上應該尊重她們父母的決定，但她們也不應被迫與不匹配的人結婚，或在已經證明雙方不合適的情況下維持一樁婚姻。

對於美因茲的拉比革順．本．猶大（Gershom ben Judah）在《流亡之光》（*The Light of Exile*）一書中制定的新規則（他的觀點得到了許多同時代人的認可），多爾西雅這一代人及其以後的幾代人可以說是第一批受益者。他最激進的觀點是禁止一夫多妻。時至今日，這一規定在「塞法迪—穆斯林」世界中仍然有效。出於同樣的原因，《米示拿》和《塔木德》記述的，有關夫妻之間肉體和精神都要結合在一起的嚴格規

定，獲得了認真執行。例如：禁止丈夫鞭打或傷害妻子，或違背其意願強迫她過性生活。拉比們認為，這樣的家庭暴力行為無異於把她看成是妓女，而正如要求女人在性生活中要取悅自己的丈夫，反過來講，男人取悅自己的女人同樣也是一種神聖的義務。除了丈夫不得把精液濺射在妻子的身體外面之外，對於夫妻雙方的性交習慣和體位並無任何禁忌，同時要求丈夫要盡可能地取悅和滿足妻子，因為他沐浴「神的光輝」的唯一途徑就是讓她快樂。那麼，對於一個丈夫來說，與妻子在她精心為兩人鋪好的床上共享床笫之歡是義不容辭的。正如一部猶太生活典籍中提到的，即使她把一個貴重的亞麻鑲邊金床換成一塊僅僅蓋著稻草的石頭，丈夫也不應該抱怨。對他來說，躺在她的身邊是一種義務，更是一種幸福。此外，關於性生活的次數和時間也有明確的規定，一星期兩次是最理想的，星期五晚上尤其是最佳時間（但生活在伊斯蘭世界裡的猶太人之中，有些人不得不執行騎駱駝長途旅行的特定任務，儘管這些駝背上的男人希望回家的次數多一些，但他們畢竟經常遠離夫妻生活）。如果丈夫和妻子在性生活方面互覺不滿，他們就有充分的理由離婚，但要首先取得妻子的同意。與伊斯蘭世界裡不得違背其意志休妻的傳統不同，如果一個丈夫如此令人厭惡（無論出於何種理由）以至於妻子不願意再和他繼續過下去，他就應該與她離婚。[27]此外，儘管對女人行經期間和分娩之後的潔淨儀式（mikvah）有形形色色嚴格的規定，但猶太妻子這些時期還是該用盡方法吸引丈夫的注意力。

當然，還有其他因素使多爾西雅成為她的社區的支柱：為社區管理錢財。她是一個值得鄰居和宗教同胞信任的人。她盡心盡力地為眾人理財，把一部分資金借出去，當然主要是在當地的猶太社區範圍內放貸。她以香料商妻子的身分，成為了一位以利亞撒領導的虔敬派猶太人的銀行家，而這一事實無疑會為她帶來災難。一一九六年十一月間，這群闖進這位香料商的家的搶劫犯人身戴十字架（當時是第三次十字軍東征期間），要的正是她家的錢財。

多爾西雅並不是唯一一個面臨這種災難的女人。當時有為數眾多的猶太女人已經成為基督教社會

權力高層（主教、修道院院長、伯爵、王后和國王）的銀行家和債主。布耳瓦的鮑瑟琳就是為此付出生命代價的債主之一。在英格蘭，我們知道幾乎所有的猶太女族長、妻子和寡婦都在從事大額放貸的業務，像溫徹斯特的切拉（Chera）和她的兒媳貝利亞（Belia），以及切拉最大的競爭對手麗蔻里西亞、牛津的貝拉塞特，等等。她們的名字和她們的買賣之所以能夠保留下來，是因為發生於一一八九至一一九〇年加冕日騷亂中的滋事者，都是一些欠猶太人錢的人。國王理查把「他的」猶太人看成是自己的私有財產，已經習慣於在時局需要時依靠他們，而正是理查的依賴性毀滅了這些猶太人。當時，猶太人的一個財政大臣負責記錄所有交易，包括他們欠的錢、放的債以及他們到期的「應稅額」和罰金。由於這類罰金已經擴展到諸如改變財物現狀的許可這類日常瑣事，王室的財政部檔案（Pipe Rolls）❽實際上記錄了「盎格魯—猶太」社區五萬多名猶太人直至一二九〇年大驅逐前的社會歷史。

並不是所有的猶太人都是放債人，也並不是所有的放債人都是猶太人。儘管基督教會規定禁止靠借貸取利，但仍然有大量的基督徒尤其是倫巴第人提供此類服務。他們顯然對這種滅除其靈魂的威脅置若罔聞，因為他們不僅收取極高的利息，並且在約定的借債期內一直收取利息，甚至在提前還清債務的情況下依然如此。而另一方面，猶太人作為歸順的臣民，他們收取的利息和借貸的條款卻受到嚴格限制。他們在整個歐洲的跨國聯繫網路使其進入了硬資本市場，而出於安全考慮，他們各種形式的債權——土地、莊園、修道院不動產、城裡的房產等——本身都是可以轉讓的。當一個猶太債權人死後，某個協力廠商（至少）必須要把財產歸還王室，所以猶太人經營的硬資本，便會隨之成為貪得無厭的王室國庫的

❽又稱Great Rolls，是由財政大臣掌管的財政和記錄，始於十二世紀，至一八三三年結束。主要內容是財政大臣的帳目和地方，還有其他王室成員上繳國庫的明細以及王室的債務情況等。這樣的「帳本」按時序裝訂成冊，緊緊捲起後形如「管子」，便於保存，故稱「Pipe Rolls」。

直接收入。猶太人天生應該做苦工、受詛咒，而王室可以坐收漁利甚至無本獲利。除了以上無理的規定，他們還時常突然對這些無助的猶太市民提出緊急的財產要求，以違約的名義根據王室需求把所有財物據為國有，用這樣的花招從猶太人身上「偷來」的錢，竟然長期占王室全部歲入的七分之一。

一一八六年，隨著商業鉅子、林肯郡的亞倫去世，王室輕易占有了最大的一筆錢財。伴隨著教會和王國不斷增長的需求，亞倫積累起了巨大的財富；他曾資助過貝克特（Becket）主教和國王亨利二世，還曾借錢給林肯的主教（錢數就清楚地記在主教辦公室的門牌上），從而使這位主教能夠建造自己豪華的府邸。如同他的錢建成了離此不遠的彼得伯勒大教堂（Peterborough Cathedral），而林肯大教堂事實上也是以其金援落成。在他去世時，如果將資產折算成現金，亞倫無疑是全英格蘭最富有的人，其財產對於王室財政捉襟見肘的亨利二世來說是不可抗拒的。他去世後，全部財產包括登記債務人的厚厚帳本，隨之被國王沒收，其中的金銀錢幣被立即送往法國，因為當時亨利正在那裡與腓力·奧古斯都開戰。但彷彿上天有眼，這艘裝運金銀的船湊巧在駛往第厄普（Dieppe）的途中沉沒，船上的金銀不知去向。剩下的財產則是一大批債契，債務人從蘇格蘭國王到坎特伯雷大主教共有四百五十人。而他的不動產數量更是如此驚人和複雜，以至於不得不設立一個獨立的政府部門——「亞倫」財政部（Saccarium Aaronis）來處理善後事宜。在開發這座「金礦」之前，「亞倫」財政部長光理清其詳細的帳目就花了五年。[28]

亞倫其實並非特例。在猶太人被限制在幾個特定的城鎮中之前，他們已經遍及整個王國，其中許多都是放貸人。他們往往把錢借給一些比亞倫的大客戶相對小一些的「小魚」：當地的騎士和鄉紳，規模不大的修道院和教堂，以及集市上和城鎮中的中產階級。他們進入了一些輔助性服務行業，如金銀器製作、珠寶加工和寶石買賣。也有一些人做起了紅酒銷售商（另一個是與法國家族連線的賺錢行業），或是販運羊毛、食鹽和香料的商人，還有普通的醫生和藥劑師。我們還聽說，有一些專門製作「猶太特色食物」的猶太廚師和送餐人，為非猶太人供應三餐，甚至還出現了許多更驚人的職業。一一三九年，在第二次

拉特朗大公會議上（Lateran Council），曾試圖禁止基督徒對自己的同胞使用石弩，但任何貨真價實的軍閥若沒有石弩是難有作為的，所以製作石弩的猶太人接受訓練後成為了國王的一支特種部隊，並且在該王國裡以這種兵器的專家而著稱。在亨利三世統治期間，至少有一個這方面的案例：一個叫西曼（Seman）或西門的專業石弩匠人曾向當局索要維修費。據說他已經皈依了基督教，但卻一直受雇於牛津的大衛專門製作軍人制服和兵器。我們還知道有一個以繪製聖像，尤其是聖母瑪利亞形象著稱的猶太畫家，我們不知道他冒犯的人到底是誰：拉比們認為他違犯了上帝的第二條誡命（指「不得製作偶像」），而基督徒則認為他借用猶太人的故事來褻瀆聖母瑪利亞的形象。或許我們這位畫家完全能夠擺平這件公案，因為不管面對哪方的指責他都可以這樣安慰自己：我畫另一個宗教的偶像應該不算犯罪吧？[29]

然而，正是這些長期向勢力強大的客戶放貸然後又為他們背黑鍋的偉大放貸人，才是英格蘭猶太人的絕對統治者：林肯的亞倫、倫敦的班尼迪克．克雷斯平（Benedict Crespin）（他用綠色砂岩雕成的美輪美奐淨身池，於二〇〇二年被發現，如今就躺在一個猶太博物館裡）、布里斯托的摩西，還有上面提到的牛津的大衛。像許多猶太居住區一樣，他們的房子都是用石頭建成（既不失莊嚴又具有防禦功能），連同他們的家族小型會堂都建在離市裡城堡和監獄不遠之處，以便發生騷亂時（這樣的事時有發生）能夠及時進入這些堅固的建築中躲避暴徒襲擊。他們當中有許多人，在包括倫敦在內的許多城市裡擁有多種產業。有些人（像另一位班尼迪克，他是麗蔻里西亞的兒子）甚至在鄉間擁有莊園。以這位班尼迪克為例，他在北安普頓郡有一處面積達三十九英畝的莊園，裡面有農場、綠地和供打獵的森林，另外還飼養著大量的家畜。某些猶太顯貴顯然喜歡上等的良種馬。

牛津的大衛就是飼養良種馬的著名愛好者之一。像這城市的其他猶太人一樣，大衛有幸逃過了理查（他率領十字軍勞師東征，然後再向猶太人勒索金錢用作回鄉的盤纏）和他那位以貪婪著稱的兄弟約翰的掠奪。正是這位約翰，他先是在一二一七年徵收了大量的稅金，然後又讓那些制定《大憲章》的王公貴族從那

些被無辜指控為欠債者的猶太人身上搶走了他們需要的所有財產。大衛從這片破敗的廢墟上東山再起，重新建立起他的財富王國。他把錢借給那些出手闊綽的大客戶，從北安普頓郡和沃里克郡（Warwickshire）到伯克郡（Berkshire）和白金漢郡（Buckinghamshire），幾乎遍及整個英格蘭。在當地，他出資建成了奧森尼（Oseney）修道院和牛津城堡。這個城堡實際上是一個要塞，猶太人不僅懷著極大的興趣到那裡參觀，甚至還時常不由自主地希望能到裡面住一陣子。根據一份記載，有一張收據就出自大衛「冰冷的手」。但他完全有充分理由在借錢時做好這是一筆東流水買賣的準備，因為他永遠也不能確定是否能回收這筆錢。理查已經習慣於隨意地把債務轉嫁給像大衛這樣的猶太人，以討好那些跟隨他東征的貴族：有時只是降低或免除利息，有時則直接把債務一筆勾銷。這樣的手段屢試不爽，在每次十字軍東征失利後都要來上一次。約翰和他的兄長一樣好戰，而年幼的繼承人亨利三世則由一群貴族監管，他們的職責就是為王室提供各種軍事化服務。在不到十五年裡，大衛經歷了不下三十次這樣的「免債」災難，因為如此，為了避免全部由自己承擔這類災難所造成的沉重負擔，最保險的辦法就是和其他值得信賴的有錢人合夥。雖然他們平常可能會分享一些紅利，但也可以在「免債」時為他分擔一部分損失。[30]

大衛總歸獲得了巨大的成功。他在被牛津和劍橋兩校師生稱作聖阿爾德門（St Aldate）的卡爾法克斯街（Carfax）南面的牛津猶太居住區建造了一棟石頭屋，另一棟就建在聖愛德華巷（St Edward's Lane）的拐角處。大衛的財富王國顯然已足夠龐大，他不得不為自己與穆麗爾（Muriel）的婚姻沒有為家族生下一個繼承人感到擔憂。不久之後，大約在一二四二年，他遇到了生命中的最愛：溫徹斯特的麗蔻里西亞。

麗蔻里西亞是一個寡婦，她與第一任丈夫、肯特郡的亞伯拉罕生下了三個兒子。七年前，亞伯拉罕曾捲入了一樁殺嬰案，但並未被處死。像許多妻子甚至寡婦（例如，溫徹斯特那位名氣更大、富可敵國的富孀切拉精明的兒媳貝利亞）一樣，她們在丈夫活著的時候就已經是他們家族買賣上的合夥人，用希伯來文為他們簽合同、寫收據（所以她們應該既識數也認字）。麗蔻里西亞在切拉及其家族控制下的溫徹斯特長大，她

肯定從上一輩那裡學到了許多經商的經驗，因為她在短時間內就能獨立經營自己的買賣，也或許是她的姓氏決定了她只能如此。當她遇到大衛時已經相當富有，但即使大衛已經擁有巨大的財富，卻幾乎不可能以和她合夥的方式積累更多的財富，這一點恰恰成了後面發生「豔遇」的動機。更有可能的是，他真的愛上了她；要知道，旅途中的寡婦肯定具有不可抗拒的魅力。這兩位非常時髦地一起進行商務旅行，經常穿著華麗的時裝四處招搖——有多招搖呢？我們只知道當時很流行「藍絲綢」和「兔毛鑲邊的血紅色禮服」。

如果教宗英諾森三世（Innocent III）的一意孤行得以推廣的話，他們的禮服肯定就不會那麼光鮮。因為如此一來，他們就必須佩戴一個類似刻著「十誡」的，兩片石板似的胸牌——「以四指寬疊成兩層」。在一二一五年舉行的第四拉特朗大公會議上，這位教宗之所以要求佩戴這種識別牌，完全是因為僅僅根據著裝和語言已經不可能認出誰是誰了，這社會在教宗的眼裡因而面臨著通婚的危險。教宗採取這樣的行動，很可能是由一系列的事件引起的；例如在發生於牛津，一樁惡名昭彰的事件中，根據編年史學家馬修·帕利斯（Matthew Paris）的記述，某教堂執事竟瘋狂地迷戀上了一個猶太姑娘，「他如此強烈地渴望投入她的懷抱……竟然同意了她讓他皈依猶太教的要求，並且用自行割禮的方式向她表明他是認真的。當他滿足了她的所有要求之後，終於贏得了她不正當的愛情。但這件事不可能長時間隱瞞，很快就被報告給坎特伯雷（大主教）史蒂芬」。[31] 一二二二年，大主教蘭頓（Langton）召集主教們在牛津舉行了一次會議，撤銷了這不知悔改的執事的職務，因為他嚴重違反大主教所謂的「新制定的法律」，並責其就如何看待聖母瑪利亞這個重大問題表明自己的立場。但這樣的懲罰似乎並沒有平息這位大主教的憤怒，而以殘忍著稱的郡督福克斯·德·布洛泰（Fawkes de Bréauté）更是怒不可遏，竟然把這可憐的執事活活燒死了。關於那位猶太姑娘，除了聽說她逃過了誹謗和死刑（幸虧她的外衣上沒有佩戴「識別牌」〔tabula〕），此外並沒有更多的消息。

儘管牛津該教堂執事做出叛教行為，但強制佩戴「十誡」石板樣式的識別牌法令，在亨利三世統治的大部分期間似乎並沒有真正實行，所以並未給麗蔻里西亞和她那些四處奔波從事放債業務的姊妹帶來多大麻煩。她們已經完全習慣了在基督教世界裡做生意，具有獨立意識，都會讀書寫字，敢於與那些最粗俗、最難纏的王公貴族和主教打交道並且很有主見。這也是為什麼人們在同貝拉塞特和麗蔻里西亞這樣的猶太女人見面時，自然會拜倒在她們的石榴裙下。同樣地，儘管這不一定會使她們世俗到以自己的信仰為代價的程度，但因為她們在生意上需要與境內的其他猶太人合作，顯然已經擺脫了人們對沃姆斯的多爾西雅的那種家庭和宗教偏見。麗蔻里西亞似乎一直是一個恪守「可食」規則的女人，而除此之外，這些女人似乎什麼都不怕。她們在出行時有武裝人員護送，會高高地跨著腿騎在馬鞍上或坐在傳統的馬車上。旅途中會下馬在沿途的猶太社區過夜，第二天繼續上路；她們的目的地往往是使那些膽小之人望而生畏的地方。麗蔻里西亞通常在溫徹斯特城堡的大廳接見那些位高權重的大客戶，而亨利三世就時常光顧。

不管是什麼東西吸引著大衛——或許僅僅是麗蔻里西亞已經得到驗證的生育能力——反正這種吸引力足夠強大，以至於使他出人意料地突然採取行動，宣布與穆麗爾離婚。這有點像男方主動提出休妻，但他可能並沒有事先告知妻子。由於來自美因茲的革順・本・猶大及其同時代拉比們發起的改革運動，不僅嚴格禁止一夫多妻，而且除非妻子犯下通姦罪而聲名狼藉，否則在其不同意情況下提出離婚是非法的。穆麗爾顯然不接受丈夫單方面提出的離婚訴求，並且也不想安安靜靜地離開。穆麗爾的家族成員都明白她的權利，不會羞於提出主張。在這時期，部分猶太女人十分熟悉律法，因此在陷入婚姻糾紛時一旦守寡，往往在嫁妝問題上毫不退讓；例如，有一個叫米拉（Milla）的猶太女人，在離婚時就通過律法捍衛了自己的權利，她原來的丈夫撒母耳十分貪財，為了占有她的嫁妝，聲稱他們是「按照雙方訂立的財產合約」結婚的，也就是說，這次婚姻是一樁純粹的買賣。米拉對此嗤之以鼻，她訴諸律法並打贏了

官司。還有一個名叫甘提拉（Gentilla）的猶太女人，她很有主見，竟然使用假名向王室官員們付了一筆錢，從而使自己避免陷入一樁被脅迫的婚姻。雖然當時這樣的女性並不多，但穆麗爾顯然就是這樣的人。穆麗爾所屬的林肯家族立即行動，而她的哥哥佩特溫（Peytevin）接手了這樁離婚案。他是一個非常實際的人，建立了自己的家族會堂，並且顯然精通猶太律法和世俗律法。他首先將這個案子提交給了一幫法國拉比，使大衛無法插手；法國拉比作為特華偉大的學者拉什的門徒，全英格蘭的拉比同仁一向對他們言聽計從。法國拉比作出了有利穆麗爾的判決，穆麗爾和佩特溫並且在輿論的支持下，在牛津組織了一個拉比法庭（beth din），法庭根據法國拉比的裁判宣布離婚無效。大衛和麗蔻里西亞想當然耳地認為穆麗爾不會抗爭，結果卻是對自己的輕敵後悔不已。

但這對非法鴛鴦現在只能繼續走下去，即使訴諸猶太社區領袖甚至基督教當局乃至約克大主教也在所不惜。其實，在這些人當中，大衛能夠依賴的只有國王本人，因為大衛曾在某個關鍵時刻給過他一百英鎊的好處，從此在亨利的眼中，大衛就是無過之人。正是出於這個原因，大主教駁回了拉比法庭所有關於有罪的推定，並且在傳喚穆麗爾一方到庭後，撤銷了牛津拉比法庭的判決，宣布離婚有效。更嚴重的是，在「密封敕令」中有一封國王親手寫給裁決這次離婚糾紛的「法官們」的信，禁止他們「以扣押的方式脅迫」大衛「保留這位妻子（穆麗爾）或其他任何妻子」。這封信還警告說，如不照此辦理，將會「遭到嚴厲的懲罰」。[32]

所以，此時的穆麗爾和她哥哥可以說是投訴無門。在當時，根據「哈拉卡」❾的律法條文，她只得到大衛位於聖愛德華巷和「猶太巷」拐角處的那所不大的房子。或許，她能從以下的後續發展中得到一點淒涼的安慰：麗蔻里西亞和大衛盡情地享受他們的婚姻生活還不到兩年，大衛就於一二四四年去世了。然而，這段婚姻時間已經夠長，因為麗蔻里西亞為他生下了他急切盼望的家族繼承人，繼承了大衛父親之名，叫亞瑟（Asser）或亞設（Asher），但他此生卻以其商人母親的名字斯威特曼（Sweetman或

Sweteman）聞名於世。

麗蔻里西亞不僅沒能享受她第二任丈夫留下的遺產，反而由於在大衛的財產遭到國王查封後挪用其錢財，與剛出生不久的斯威特曼一起被關進了倫敦塔。通常情況下，國王有權擁有這類被查封的全部財產的三分之一，但如果是大筆的遺產則另當別論；林肯的亞倫就是一個讓所有人都感到不平的例子。由於被關進了倫敦塔（儘管花錢疏通關係後可以自由活動，也能吃上「可食」的食品），麗蔻里西亞儼然成了王室的人質。國王亨利正好利用這個機會，去搜查大衛那座巨大的圖書館，表面上是為了弄清楚裡面有沒有對基督教或猶太教有害的出版品，實際上卻是拿走祈禱詩集類的書籍。對國王來說，最令人滿意的莫過於沒收大衛那棟位於聖阿爾達特街的豪宅，並將其改作「皈依者收容所」（domus conversum）。凡投向基督懷抱的人，都可以在那裡享受大衛家廚房供應的美味佳餚，使用他的豪華家具與他和麗蔻里西亞的大衣櫃。為了使王室代表滿意，光處理大衛的不動產就花了好幾個月，而最後國王占有的錢數竟達五千馬克，相當於三千多英鎊；當時一百英鎊就可以建造、裝備一艘豪華的大船，因此這顯然是個驚人的數目。這筆錢正好用於亨利三世念念不忘的重建西敏寺大工程，並為葬在那裡的「懺悔者」愛德華國王修葺陵墓。建造這座用來舉行國王加冕儀式的大教堂的大部分資金，來自猶太女人麗蔻里西亞和其夫大衛的財產，但這個細節在現代導遊手冊上卻被故意省略了。如果你想知道猶太人的財富到底有多少，看一看那兒用大衛和麗蔻里西亞的錢買來，華麗的卡斯莫迪（Cosmati）瓷磚路面就足夠了（當然，教堂內還有許多其他豪華的設施）。愛德華墓地不只是一個附帶的工程，它後來成為西敏寺最神聖的地方，成為包括亨利三世的兒子愛德華一世在內的金雀花王朝歷代國王和王后的陵寢。半個世紀後，正是這位愛德華一世，在經歷了一連串痛苦和磨難之後，隨意地把猶太人從他的王國裡徹底驅逐出去。

Ⅲ 毀滅

一二七七年春天的某個早晨，人們在麗蔻里西亞溫徹斯特的家裡。發現了她和她的女僕愛麗絲的屍體，兩個人都是死於刺傷。猶太人不可能有基督徒女僕，但這個家裡卻有一個。許多本來以為猶太人不可能做的事，麗蔻里西亞大部分都做了。把大衛埋葬在牛津大學（當時那裡的猶太人已經進入了上層社會）植物園的猶太公墓之後，麗蔻里西亞帶著斯威特曼回到了她在溫徹斯特的茅草屋，並很快就在那裡東山再起，再次成為金錢王國的「女王」，有幾度其富有程度甚至超過了從前那個溫徹斯特富孀。當她的一個債務人湯瑪斯・加勒科特（Thomas Charlecote）的屍體被發現臉朝下漂浮在沃里克郡的一個池塘裡時，麗蔻里西亞正好到那裡收回他的不動產。加勒科特所借的債的確是以其土地抵押，但債契上寫明她必須要等到其兒子和繼承人湯瑪斯從中劃出相應的一份之後，麗蔻里西亞才能將其財產收為己有。麗蔻里西亞並不是一個願意等待的人，更不是願意放棄之人。她過去似乎曾強迫穆麗爾搬出她在牛津的大房子，而在此刻要占有加勒科特的土地時，她用的手段近乎敲骨吸髓——把他家的家畜、林地和房產變賣一空。

所以，儘管她從十二世紀七〇年代就已經退出了生意場，但像布耳瓦的鮑瑟琳一樣，麗蔻里西亞樹敵太多。殺害她的，難道是這些敵人？人們心中的疑問指向了一個名叫拉夫（Ralph）的馬具商，這樣一來，這場謀殺就變成了一個隨機的搶劫案，而這樣的搶劫經常發生在猶太人身上。拉夫很可能是替罪

---

❾希伯來文的意思是「規範」，是有關《塔木德》的各種闡釋與評注的總稱，與《哈加達》相對應。《塔木德》成書後，隨著時間的推移，社會和經濟生活發生了很大的變化，有關其解釋不斷出現新問題和案例，實踐中的律法條文需要重新闡釋，於是大量的猶太學者開始從事「哈拉卡」的彙編工作。「哈拉卡」大多文體莊重而嚴謹，往往具有較高的權威性和約束力。

羊，他身後有某個更重要的人物急於殺害債權人以擺脫自己身上的債務。殺害麗蔻里西亞的，可以說是舊時代和新仇恨，在她之後，有更多猶太人被害，因為他們的命運與亨利三世緊密連結，他卻不失時機、又不擇手段地隨意突然徵稅、沒收他們的財產，而這些措施顯示他的「保護」使命即將終結。西門·德·蒙特福特（Simon de Montfort）既是猶太人的債務人又對猶太人充滿仇恨，在以他為首的貴族混戰中，這成為人們對國王發洩不滿的主要原因。儘管德·蒙特福特最終被擊敗，但亨利的繼位者愛德華一世（他於一二七二年登上王位）不僅繼承了他的許多偏見，而且作為一個十字軍首領，他還進一步強化了這些偏見。猶太人提供借貸服務以換取王國的保護和出行自由，這項長達兩百年的約定頃刻間被打碎，第一個信號即是突然強制猶太人佩戴「識別牌」。當時，他們成了「有記號」的民族。隨後，猶太人曾被允許居住的城鎮受到限制，有時整個社區的人都必須遷往其他地方。愛德華率領十字軍東征回鄉後，局勢更加惡化，他於一二五七年頒布了一項法令，禁止猶太人借貸；不管這樣的職業如何被人憎恨、如何危險，這種根本的生存方式畢竟支撐著那些本來會陷入貧困的社區。官方的猜忌使得那些學習和從事新工藝和新生意的猶太人無事可做，完全失去了謀生的手段，行會的大門緊閉。但當時也發生了一個小小的奇蹟：麗蔻里西亞在第一次婚姻期間生下的兒子班尼迪克，一直與溫徹斯特市長西門·德雷珀（Simon Draper）私交匪淺，於是這位市長介紹他進入了本市的商業行會。這次令人吃驚的破冰式嘗試，幾乎很快就使得針對這位市長的指責和謾罵煙消雲散。於是他連忙改正了以往的做法，大方地給予猶太人受人尊敬的地位。

母親被殺害一年後，班尼迪克作為行會的準會員，也死在了倫敦劊子手的絞架上。一二七八至一二七九年，令人髮指的恐怖和暴力活動持續發生。大量的英格蘭猶太人被指控從事「剪硬幣」活動（把剪碎的金幣和銀幣熔鑄成塊狀，然後製成假幣），這毫無疑問是犯罪，而且有許多基督徒罪犯也參與其中；很可能有些猶太人在收集「輕」幣，然後用「剪硬幣」的方式製成假幣。[33]實際上，全國的猶太人都被

關了起來，他們被集中到倫敦，導致監獄擁擠不堪，因而不得不開闢一些閒置場所作為臨時監獄，其中就包括亨利三世在倫敦塔裡的象廄（這些熱帶的龐然大物運進來後很快就死光了，所以象廄一直空著）。既然稱為象廄，那麼至少空間比大象要大，因此相對寬敞一些。根據記載，有一位孤苦伶仃的猶太老婦，曾可憐地提出請求，希望官方把自己關到象廄裡。

她很可能因為這種特殊的「待遇」躲過了一劫。當時，這座城市裡到處都是絞刑架，據說有二百六十九名猶太人被吊死，大街上猶太人的屍體橫七豎八倒著，而麗蔻里西亞的兒子班尼迪克就掛在街頭的絞刑架上，此即愛德華一世登基後第一年的倫敦街頭場景。在英格蘭歷史上，這場令人髮指又不可原諒的暴行，從此就再也沒有人記憶、沒有人哀慟，也沒有人知曉了。

集體絞刑徹底破壞了這裡的猶太社區。他們的男女領導人、保護人、追隨者以及安全設施，瞬間（這個詞用在這裡絕非誇張）被徹底摧毀。那些僥倖活下來的人幾乎一文不名，他們心如死灰，終日戰戰兢兢。事實上，他們對於國王自己標榜的所謂社會改革，根本不抱任何希望。當時，愛德華表面上的社會改革熱情最後已經演變為搶劫猶太人行動；當他把猶太人從加斯科尼（Gascony）驅逐出去之後，愛德華又發現法蘭德人（Flemish）和熱那亞人（Genoese）在當時的形勢下也需要錢，於是那裡的猶太人同樣被驅逐。對這些猶太人來說，他們唯一能做的只有處置身家財產的工作而已。到一二九〇年七月，愛德華頒布了驅逐法令，即他發出的「最後一擊」，在當時，這舉措已經不令人意外；在很大程度上，愛德華是為了取悅他的母親、來自普羅旺斯的埃莉諾（Eleanor）（她是一個定期借債的客戶，所以有點仇恨猶太人）和他的王后、來自卡斯提爾的埃莉諾（與愛德華母親同名，她對猶太人懷有更大的仇恨）。此外，還有一個非常實用的理由，那就是可以在猶太人遷移的過程中賺上一筆錢。當愛德華於一二八九年結束了在法國的戰事回鄉後，王室的錢櫃已經空空如也，只有靠向包括貴族和教會在內的所有英格蘭臣民進行懲罰性徵稅，才能填補國庫的虧空。這劑難以下嚥苦藥的「糖衣」就是驅逐猶太人，或者更直白地說，就是取消欠他們的

所有債券和債務。不消說，這是一個大受貴族階層歡迎的解決方案。十一月五日，國王頒布的法令稱：「由於他們的罪行，同時也為了維護釘在十字架上的耶穌的榮耀，國王特將猶太人作為背信棄義的人驅逐出境。」[34]

對於兩個世紀後發生於西班牙，更具破壞性的驅逐（因為受影響的人數更多）來說，這項驅逐令無疑具有示範意義。英格蘭的猶太人被限定於四個月內離境。他們只有權收回大筆債務的本金，不能加收任何利息，並且只允許他們帶走能夠隨身攜帶的財產。根據這些嚴格的限制條款，英格蘭的猶太居住區被淨空之後，他們的房產就被那些掠奪成性的買主以十分荒唐的低價買走。破舊的馬車和跛腳的行人排成一線，猶太人艱難地跋涉在去港口的路上。他們要去多佛和南安普敦，等待泰晤士河碼頭上的海船離岸。有這樣一個故事：有艘船停靠在昆伯勒（Queenborough），船長建議旅客下船到退潮後裸露的海灘上活動一下筋骨，接著賺飽乘船費的他卻開船逃逸了，被扔在海灘上的乘客們後來都被捲進了巨浪中。讓當地王室官員特別生氣的是，他們一直懷疑財政大臣參與分贓，且不放過分文。在諾福克郡，一二八一年曾有過一場爭端；一個郡督察的兄弟跑上了一艘在柏南（Burnham）的猶太人商船，搶奪了大量財物，企圖將這些財物據為己有，根本不管這些財物是否繳過特別稅，結果該艘船上的猶太人全被殺死，財物也被搶劫一空。因為正如那位郡督察所說，他們畢竟是「王國和平的邪惡破壞者和混亂製造者」。[35]在這個令人悲傷的年代，一個更難抹掉的形象就是英格蘭的基督徒團體，他們的成員在猶太人面前耀武揚威，並幸災樂禍地把他們趕出了英格蘭。

大約在這時候，關於「流浪猶太人」的傳奇開始在基督教世界中傳播開來。這並不是天涯亡命者的普通經歷，而是猶太人的獨特故事。在某些版本中（例如一直幸災樂禍猶太人不幸命運的馬修．帕利斯的記述），鞋匠卡塔費魯斯（Cartaphilus）在去十字架刑場的路上曾經用矛刺過耶穌，並斥責他「連去死也拖拖拉拉的」。耶穌回答說，他需要休息，但行刑者根本找不到一個能讓他休息的地方。因為這則故事，猶太人

命中注定要像該隱一樣不停地在大地上行走，不斷地見證他自己和他的民族犯下的罪，拒絕用「休息」的方式作為一種延緩死亡，直到救世主再次降臨。看著那些筋疲力盡的猶太人掙扎著爬上船，基督教的英格蘭就可能因此獲得滿足，因為這或許實現了關於救世主的另一個預言。

第八篇 試煉

I 選擇生命

即使撇開其他猶太人的影響，做一個猶太人本身是不是就已經夠艱難了？在讀過一位拉比寫給一些貧窮猶太同胞的「答覆」之後，這個問題就一直縈繞在摩西．邁蒙尼德心頭。這些同胞提出了這樣的問題：當一個猶太人在刀劍的脅迫下必須在死亡和皈依（基督教）之間作出選擇時，他選擇後者是否可以被原諒？你知道，其實他們只要經過儀式說幾句話就可以保存性命，但能因此就說他們一直對《妥拉》忠誠嗎？他還能做什麼？如果一個猶太人被殺了，那麼他留下的孤兒就會被作為囚犯抓走，或許會成為穆斯林，永遠失去猶太教。

現在再回到上面提到的「答覆」。在這樣的情況下，上帝保佑，但願你永遠不會面臨這樣的抉擇，但在真正面對這樣的情況時，正義的猶太人必定會選擇死亡而不會選擇叛教。馬加比起義時期那些壯烈殉難的猶太人，哈德良（應該把他千刀萬剮、挫骨揚灰）殘酷迫害時期的拉比阿基瓦，十字軍進軍萊茵河地區後那些被屠殺的聖男聖女們，他們都曾做出過「聖化主名」的壯舉。用自己的手自殺，主動引頸就義，這樣你就進入了天堂。在天堂裡你會被重塑為人，你流淌的鮮血會被上天的膏油止住。由此，我們可以想像受到其他各種誘惑的結局。念誦薩哈達（shahada）吧。上帝會把臉背過去，把你永遠打入萬劫

不復的黑暗。

不，不，不！摩西・邁蒙尼德認為要選擇生命。這並不等於他對殉難的歷代猶太人不敬，而是因為他對《妥拉》，明確規定不得為了保住生命而放棄猶太教這種把絕對理想簡單化的做法（所有的宗教均是如此），持有一種排斥和不敬的態度。正如他在其偉大的《米示拿》重寫工作，即《〈妥拉〉重述》一書開篇就明確表示的那樣，使他感觸最深的是《利未記》（18:5）中要求猶太人「按照誡命生活而不是為誡命而死」的段落。[1]神授《律法書》的內在價值就是自由意志，即自由選擇的可能性。對那些堅持認為必然會出現不可能選擇的情況的人，他引用了《申命記》（30:15）作為他的哲學大廈的基石，來進一步闡述信仰與理性的關係。「我今日呼天喚地向你作見證，我將生死、禍福陳明在你面前，所以你要揀選生命，使你和你的後裔都得存活。」[2]還有另一種「聖化主名」的方式，就是按照神授的珍貴《律法書》過一種體面的生活。「如果一個人行事謹慎，言談得體，對他的同胞生靈十分友善，和藹地接待他們，即使受到侮辱也不回嘴，以禮相待所有鄙視自己的人，做生意講究誠信……忠誠於《妥拉》，頭頂上披著祈禱披巾，額頭上戴著經匣，不做出格和過分之事，那麼這樣一個人就是聖化上帝了。」[3]

另外，坐在扶手椅上的《塔木德》學者們，又如何能夠知道那些大膽提出他們是否叛教以便保存生命這問題的人，所遭受的痛苦煎熬呢？邁蒙尼德和他的父親、「塞法迪人」拉比邁蒙・本・約瑟（Maimon ben Joseph）知道並一直深有體會。迫害的陰影一直像一條咬人的獵犬，尾隨著他們來到以優雅著稱的哥多華，摩西・邁蒙尼德於一〇三五年前後在那裡出生，此後這家族許多代人一直在此地生活。阿拉伯人來了，但對他來說，他們和希伯來人一樣是順理成章的事。柏柏人中的穆拉比特（Almoravids）部落開始為他們的「大先知」（即穆罕默德）舉起了刀劍。但安達魯斯地區的主流生活影響很快就澆滅了他們的怒火。於是人們又開始安定下來、和平共處，那些留下來的人們開始誦讀禱文、研習《妥拉》，並且在統治者生病時前去問候，一直以來哪有生病不請猶太醫生的道理？像以往經常出現的情況一樣，對

教義的狂熱演變為世俗的喧囂。然而，這樣的生活方式卻大大激怒了另一群柏柏人，即摩哈德部落。他們縱馬衝下阿特拉斯山的陡坡，在首領阿卜杜·穆米（Abd Al-Mu'min）的帶領下，用更純潔的方式追隨大先知一路穿過平靜的軍事緩衝區。在摩洛哥的深山樹林裡，到底是什麼培育出這樣一群剽悍好鬥的人？這恐怕連阿卜杜·穆米的追隨者自己都弄不明白，也不敢爭辯。他們所知道的只是瞪大眼睛，不停地奔跑和喊叫。在他們的心目中，受到召喚的使命是淨化被褻瀆的烏瑪（umma）❶。因為無論是在西班牙還是在巴勒斯坦，只有潔淨而強勢的人才敢於面對基督徒法蘭克人的衝擊。

穆拉比特人在更瘋狂的摩哈德人面前認輸了。摩哈德人下令關閉了許多猶太會堂，其餘的則被全部拆毀。上帝將溫暖的手伸向那些公開誦讀他的禱文的猶太人，甚至伸向遙遠鄉間每天在日落時偷偷躲在高牆的陰影下誦讀他的禱文的猶太人。從此之後，不可能再出現穆斯林和「不信者」共用一室（甚至連主人和僕人都要分開）、往來的現象，而這是因為當時村鎮（kafr）的布局使得上述情況不可能發生。猶太人被要求穿著黑色的、樣式難看的拖地長袍，以便使他們衣服底邊沾上恥辱的污泥，而且為了提醒他們作為奴僕身分，要向他們徵收一種用金幣支付的「人頭稅」。在他們支付金幣時，還要用打耳光和扮苦相的方式進行侮辱。「叮、劈啪！」藉此提醒他們，他們不過是一群笨猩猩、蠢驢和狗。噢，他們的女人，他們的妻子和母親，則都成了妓女，也要受同樣侮辱。

在這樣的處境下，連安達魯斯的橄欖吃起來也是苦的。拉比邁蒙·本·約瑟在目睹了這一切後，帶著全家離開塞法迪。馬車緩緩地駛過瓜達幾維河上的羅馬拱橋，從此開始暗無天日的生活。他們除了在逗留的地方看到有猶太人在贖罪日齋戒，在律法授予日歡慶，誦讀《妥拉》，額頭或前臂上戴著經匣之外，對其他事一無所知。令人感到奇怪的是，本來邁蒙帶著全家一路向南，越過地中海到了摩洛哥，並像人們想像的那樣，應該把家人安頓在離摩哈德人盡可能遠的地方，但他們卻停在了猶太教義最豐富的大本營：非茲。就好像他已經預料到，自己能夠通過一種拉比研究學問的方式在最險惡的環境下振作起

來，因為如果不經受苦難的折磨，似乎就不配得到祝福。非茲是一個著名的伊斯蘭律法和教義中心，但實際上卻遠遠不止於此：這是一座巨大的城市，城裡的人口可能有二十萬人；同時也是一個著名的商業中心，商業通道向外輻射到沙漠、海岸和山區。凡是有生意的地方，必然會有猶太人。他們人數眾多，擁擠人群造成的喧鬧聲不絕於耳。他們常年匆匆忙忙地做生意，但並沒有忘記研習他們的《塔木德》。那裡有許多古老的猶太會堂，那低矮而布滿飾釘的大門一直開著，從拱形窗透出的燭光映照著下面的小巷，騾子踩過前一天留下的騾糞，傳來「躂、躂」的蹄聲。在巨大的露天劇場裡，人們由於吸入了過量的香料不停地打著噴嚏，吐出黃色和紅色的粉塵，而那些彎腰駝背的老人在走出擁擠的大門時，不得不緊緊地抓著衣袖。

真實情況可能比上述更糟，但也可能更好一些。所以，當摩西・邁蒙尼德（他當時已經是一位著名的《妥拉》和《塔木德》學者和評注家）知道對陷入死亡和皈依的兩難困境而無法自拔的猶太人的「答覆」（responsum）時，他非常憤怒。很久以後他回憶說，那時他還沒真正成熟，因此常容易發火。猶太人強烈而急迫的願望一直隨著他的脈搏跳動，但他為什麼不能駁斥這種嚴重的非人道行為，從而把他們從懷疑的陰影下輕鬆地解放出來呢？他這樣做是不是要比那些常年如影隨形的迫害者更好一些呢？他的父親曾經寫過一本安撫猶太人的小冊子，並堅持認為，當面對災難和迫害時，最好的選擇是想盡一切辦法堅守《妥拉》，而不是像他用詩意的語言所說的那樣，鑽進天國伸下來的繩套，從而跌入自我毀滅的深淵。[4] 秘密祈禱需要對上帝懷有一顆純潔的心靈。邁蒙尼德的《關於強迫皈依的信》（*Iggeret IaShemad*）就是針對那些已經被迫皈依了伊斯蘭教，但卻試圖秘密保留心中的猶太教的猶太人而寫的。當時，其他拉

❶阿拉伯語原意是「母親」，多用來指代社區尤其是伊斯蘭共同體、社群。在阿拉伯人心目中，這個詞是整個伊斯蘭世界的代稱，近代演變為指政治意義上的「國家」。

比的答覆已經廣泛傳播開來，所以儘管自己非常年輕，但邁蒙尼德感到他有義務提供一種相對溫和的方式，從而使那些「被迫改宗者」（anusim）知道，在安全允許的情況下還有一條回歸開放的猶太教信仰道路。《關於強迫皈依的信》最初是用「猶太—阿拉伯語」寫成的，後來被翻譯成希伯來文，當中的保證也可以直接應用於北歐地區的阿什肯納茲猶太人，因為他們在十字軍基督徒的威逼下也曾面臨這種殘酷的選擇。年輕的摩西・邁蒙尼德寫道，除非被迫改宗的手段是謀殺、偶像崇拜或強迫發生性行為，保住生命是最高的義務。還有什麼辦法能讓猶太人為了那位希望他們為《妥拉》而生的上帝活下來呢？親手結束自己的生命而不是在脅迫下改宗，是使一個人成為殺害自己的凶手，是一種瀆神的行為，並不能「聖化主名」。表面上說什麼並不重要，因為這並不代表心中真正的信仰，上帝能夠看到靈魂最深處的信念。所以，採取非猶太宗教的表面形式而無論何時何地在心中都保持對《妥拉》的忠誠，是完全被允許的，沒有必要擔心會發生偶像崇拜的行為。[5]最戲劇性的是，這位年輕的教師向那些憂心忡忡的猶太人保證，凡是在心中堅持真正信仰的人，必將像其他猶太人一樣在來世獲得拯救。

難道邁蒙尼德是在自說自話並試圖說服自己嗎？許多為他作傳的學者認為，他很可能的確按照自己提出的方式暫時地皈依過伊斯蘭教。[6]從一一六三年開始的兩年時間裡，第二摩哈德王朝哈里發阿布・雅庫布・尤素福（Abu Ya'qub Yusuf）曾對「非伊斯蘭信徒」實施越來越殘酷的統治，並且很可能對拉比邁蒙尼德家族動用了更為殘酷的手段。對這一切，還有一種既能躲過死亡又能避免皈依的方式，那就是逃跑。邁蒙尼德在給讀者的信中，和在給一位感到痛苦的「科學和學術大師」（他曾於一一七二年從葉門寫信訴說自己陷入了同樣困境）的回信中都曾談過這件事。他說，根本不必依戀家鄉或家庭。你當然會心有戚戚，但還是應該去你有可能去的地方自由地遵守《妥拉》，當然最好是去「以色列地」，因為那裡是祖先的土地。

在他的這番說教中，當然也有一些不誠實，或者說健忘的成分。之所以這麼說，是因為在一一六五

年，邁蒙尼德本人以及其父兄就曾去過聖地，但最終似乎並沒有在那繼續居住。而在《〈妥拉〉集要》中，他卻又莊嚴地倡議，寧願生活在巴勒斯坦生活在未開化的異教徒中間，也不要生活在以色列之外有許多猶太人的城市之中，且居住在巴勒斯坦本身就是一種贖罪和「收復聖地」（這也是十字軍的口號）的方式。對猶太人來說，基督徒和穆斯林之間無休止的相互摩擦正好是一個機會，因為在這特殊的時段，正在交戰的雙方互相仇恨，不管哪一方都無暇顧及猶太人。儘管在那裡生存並不容易，但兩方都不會在巴勒斯坦土地上驅逐猶太人。有一小支猶太人（大多集中在加利利一帶）曾拜謁過祖先的墓地，並一路散播、誦讀和供奉《塔木德》。當時的十字軍王國已經恢復了以往「除了經商與法定的祈禱和齋戒日，猶太人不得進入耶路撒冷」的禁令。那裡的基督徒看著猶太人在聖殿原址那段倒塌的西牆邊表達他們的悲痛，有一種冷酷的滿足感；他們之所以這樣做，是在時刻提醒自己，這些人仍然是猶太人，應該永遠成為他們輕率犯下的錯誤的見證人。

到邁蒙尼德和其家人踏上旅程時，散居各地的猶太人間已有回歸聖地的聲浪（就像現在的情形一樣）。尤其是在猶大・哈列維作品中那些令人心醉神迷的詩歌飽含的思鄉情感的激盪下，塞法迪猶太人世界掀起了一場巨大的靈魂淨化風暴。一個星期後，邁蒙尼德便適時地隨著這場風暴踏上了旅程，並且一路上把他所經歷的恐怖（他乘坐的船差一點被滔天巨浪打翻，而他只能在劇烈搖晃的甲板上祈禱）和堅定的信念（上帝最終及時平息了這場風暴）記錄了下來。他曾發誓，要在每年獲救的這一天行齋戒和感恩祈禱（像這個時期的許多猶太人一樣，邁蒙尼德也已經習於編私人日誌，記錄下與自己生活中的重大事件相聯繫的虔敬和歡樂）。

按照當時的交通狀況，從北非某個港口（很可能是休達）開始的這次旅行路途並不算太長，所需時間可能是一個月多一點，但當時還沒有地中海船班，並且每個人都知道，一旦遇上壞天氣，長時間滯留在海上往往意味著有去無回的慘劇。他的父親和兄弟與另外四百個人一塊擠在一個貨艙裡，而邁蒙尼德則帶著家畜和各種用具坐在甲板上；比如他們一上岸就需要的沉重的馬鞍，邁蒙尼德就帶著，因為他們肯

定不願意也沒有能力從阿克露天劇場上那些皮貨海盜的手裡再買一副。出於明顯的原因，猶太人必須帶足自己旅途所需的食物（也要從船員那裡買水），而這意味著他們旅途中會在甲板下天天做飯，同時因此暈船，吐個不停。考量身體上的因素，人最好別生活在這樣的環境之中。然而，踏上這樣的旅程後，真正的問題並非身體上舒服與否，而是在回歸聖地的旅程中，他們往往對上岸後第一個入眼之物充滿了不切實際的期待。雖然沒有人會把那裡想像成通往天堂的「客廳」，但正如邁蒙尼德所述，只要在那裡的土地上「走上四肘尺」就能保證在來世成為聖地的主人。猶大．哈列維沒有來得及探究任何令人醒悟的暗示就去世了，只留下了他那一篇篇令人心醉神迷的思鄉歡樂頌。邁蒙尼德就像他向其他猶太人提議的那樣，一上岸就匍匐在地，親吻著聖地「門檻」上的石頭。一年多後，當他告別聖地時也親吻了這塊石頭。

也或許，十字軍的統治方式比摩西原來想像的更令人厭惡、沮喪。當時，巴勒斯坦已經被基督徒占領了七十多年。在薩拉丁（Saradin）於一一八七年征服這片土地之前，這種狀況不會有所改變——更重要的是，儘管這片土地轉移到了伊斯蘭教手中，並且猶太人很可能被允許在耶路撒冷居住，但這些並不足以說服邁蒙尼德留在聖地；與他最後逗留的地方——埃及相比，他可能覺得巴勒斯坦就像一潭文化上的「死水」。他們於一一六五年五月在阿克港登陸。這是他第一次感受一個基督教城市，而這次體驗十分特殊：一個巨大的海港要塞，比非茲甚至哥多華寬闊而豪華得多的街道，為各級聖殿騎士和善堂騎士❷建造的宏偉官邸，並且到處是基督教堂。在這些宏偉建築之間，有一個幾百人的猶太社區（城市總人口達四萬人），其領導人是三位拉比，其中撒多克（Tzadok）主持著當地的《塔木德》研究院。拉比邁蒙和他的兒子們似乎受到了熱情的接待，因為當地的猶太人很可能已經聽說過摩西．邁蒙尼德早期的邏輯學著作以及他著名的《關於強迫皈依的信》。對於這個家庭來說，那裡已經有一條無數猶太人走過的虔敬的朝聖之路：穿過加利利到提比利亞、賽佛瑞斯和薩費德（Safed），即喀巴拉（Kabbalah），猶太神秘主義

的發源地。當時，憑弔祖先墓地的旅行方式風行一時，並且第一個拜謁的通常是《米示拿》的首位作者猶大・哈拿西的陵墓。邁蒙尼德稱他為「聖人和王子」，據說就埋葬在賽佛瑞斯的城邊上。當地的「嚮導們」眼睛一亮，他們對紀念品低廉價格的承諾不可信，來訪者只能像對待嗡嗡叫的蒼蠅一樣將之揮開。拉結（Rachel）和阿米塔伊（Amitai）的兒子先知約拿的墳墓，大衛那個叛逆的兒子押沙龍在汲淪谷的安息地，以及希伯崙的「歷代族長的墓穴」，這些都是必須拜謁的地方，直到今天依然如此。

當然，耶路撒冷是最後的目的地，但不知出於什麼原因，邁蒙尼德竟然在路上花了六個月才到達

---

❷ 均為中世紀天主教的軍事組織。十字軍東征期間，羅馬教廷建立或利用了著名的三大騎士團：聖殿騎士團、善堂騎士團和條頓騎士團。條頓騎士團是三大騎士團中建立時間最晚但影響最大的一個，於一一九八年成立於巴勒斯坦，主要由德意志騎士組成，身著白色外衣，佩戴黑色十字章，白色長袍上繪有紅色寶劍和十字。甚至在十六世紀初建立了普魯士公國，其影響至十九世紀初。善堂騎士團的雛形出現於第一次十字軍東征尚未開始的一〇七〇年前後，其任務是從事一些「慈善」工作，如保護到聖地朝聖的西方基督徒，供給朝聖者食宿，醫治生病的基督徒等，故得此名。其成員是以耶路撒冷的「聖約翰聖殿」為中心而聚集起來的，故又稱「約翰騎士團」。其影響至十八世紀末。聖殿騎士團正式名稱為「基督和所羅門聖殿的貧苦騎士團」，其名稱的由來是因為當時的耶路撒冷國王耶羅波安二世，將聖殿山上的阿克薩清真寺的一角給這些騎士駐紮，這個清真寺正是建在傳說中的所羅門聖殿的遺址上。聖殿騎士是聖殿騎士團的主體，聖殿騎士團在全盛時據說有兩萬多名成員，主要分為騎士（Knights）、士官（Sergeants）、農人（Farmers）和牧師（Chaplains）。騎士是重裝騎兵，也是聖殿騎士團的核心力量，只有他們才有權穿著繡著紅十字的白色長袍。聖殿騎士是戰技高超、英勇無畏的戰士，在保衛基督教王國的戰鬥中充當了主要角色，他們是十字軍最具戰鬥力的一群人。聖殿騎士最初起源於九個西方騎士的自發行為。第一次十字軍對耶路撒冷的占領引發了西方基督教徒到東方朝聖的狂潮。腓力計畫的實施日便是史學上爭議未決的最初的「十三號星期五」——一三〇七年十月十三日星期五（這是「黑色星期五」迷信的由來之一）。從那時起，「十三號星期五」在西方文化中被當成不祥之日。腓力向他在法國各地的總督發布「密封敕令」，並要求在同一時刻開封。於是，所有的聖殿騎士均遭逮捕，會所被占領，財產被沒收。經過關押、刑訊與折磨，他們被燒死在火刑柱上。

聖城。他精敏地覺察或許是預期的實際路程與聖詩中的描繪相差太遠，而這本身的確有可能造成旅程的延誤。對猶太朝聖者來說，對耶路撒冷的痛苦想像要先於經驗，並制約著實際的經歷，他當然也不可能例外。毫無疑問，邁蒙尼德採納了自己的建議，即猶太人第一眼看到聖殿的廢墟時，應該在斷壁殘垣中背誦《以賽亞書》中的幾段經文。當時他可能記起了哈列維的詩句，因為當中描述猶太人把大衛和所羅門的城市變成了「貓頭鷹和豺狼的棲息地」，從而犯下大罪並受懲罰。像那些剛剛進入聖城的猶太人一樣，他佇立在橄欖山上眺望，首先映入眼簾的就是在聖殿遺址上建造的大圓頂清真寺和一座座基督教堂。邁蒙尼德完全陷入痛苦的沉思：在如此落魄的狀態下，猶太人是否還能以不潔之身進入破敗淒涼的聖殿區？最終他似乎還是進入了聖殿的廢墟，或許他也像一個哀悼者那樣撕裂了衣服，正如他自己所述的——不只是象徵性地剪破或抓破，而是猛烈地撕成碎片，一層接一層，「直到剩下貼身的內衣」。邁蒙尼德還十分明確地加上了一句：身上剩下的衣服只能用舊粗布一塊一塊地縫起來，只消輕輕一扯就會散落。

在這樣破敗的環境下生活是很艱難的，或者說是根本不可能。有一小群猶太人在西牆外住了下來，但他們只是一些叫賣者、乞丐、食客和搬運石頭建造墓地的苦工，或利用《妥拉》行騙的人。對邁蒙尼德來說，最好還是把那種神聖的感覺留在心裡。當然，或許還有其他的因素促使他離開。當時，他的父親已經去世，並且像他希望的那樣埋葬於以色列的土地上，但禱詞並沒有告訴他兄弟們該去什麼地方。難道他們要永遠守在父親的墓旁？因此，在進入聖地一年之後，摩西·邁蒙尼德選擇了離開，一路向南，去了他後來在給一個葉門人回信時所稱的「家鄉」，也就是猶太人一次次被告誡要遠遠躲開，但卻又一再返回的地方：埃及。他還能去哪呢？在摩哈德人以及後來不斷變換的柏柏人部落的殘酷統治下，非茲已經沒有他的容身之地。安達魯斯已經永遠地消失了。在被摩哈德人征服之後，猶太人掀起了一股從馬格里布核心地區——凱魯萬、馬拉喀什（Marrakech）和非茲——向東面的福斯塔特[3]移民的浪潮。當

時，埃及仍然掌握在什葉派法蒂瑪王朝哈里發的手中，但並沒有持續多長時間。福斯塔特不僅是一個繁榮的商業和文化中心，而且在那裡虔敬和哲學是不分離的，這很可能是吸引邁蒙尼德的原因之一。

雖然有許多猶太人在他之前造訪這裡，但作為一個學識淵博、醫術精湛的醫生的聲望，還是為邁蒙尼德打開了哈里發王室的大門。他幾乎立即就成了哈里發駐埃及的總督沙瓦爾（Shawar）和勢力最大的大臣阿卡迪·阿法迪爾（al-Qadi al-Fadil）的私人醫生；他們視這位年輕的猶太人為學者和哲學家。邁蒙尼德雖然寫過一些文體優雅的律詩，但這並未妨害他的前程，且他是個醫術全面的醫生，並且像他的前任哈斯代·伊本·沙布魯❹一樣，是擅長解毒的專家。因此，邁蒙尼德在紛爭不斷的穆斯林政權圈子裡，一直是受人尊敬的才子。他寫下許多治病救人的實用醫學常識手冊，從診治陽痿（他的秘方就是將患有這種疑難雜症的病人下體，浸在用螞蟻調製的一種番紅花油膏中，保證「舉而堅且久」）到痔瘡和哮喘，可以說一應俱全。

顯而易見地，邁蒙尼德實在是太優秀了。他很可能贏得了十字軍盟友阿馬立克一世（Amalric I）的歡心，總督沙瓦爾因此請求邁蒙尼德為當時駐紮在亞實基倫的這位耶路撒冷基督教國王治病；他當時已是不可或缺的人物，不可能會因為擔心發生不測而拒絕前往。他的另一位朋友和崇拜者，詩人伊本·阿莫爾克（ibn al-Mulk）曾經寫道，別忘了「即使月亮請他治病……他也能把它治好，他甚至可以在滿月之夜治好月面上的雀斑」。[7]

甚至連推翻法蒂瑪王朝的下一個政權——庫德人的阿尤布（Ayyubids）王朝，也未能撼動他的職業前程。這是因為這些新掌權的武士屬於遜尼派，而邁蒙尼德的贊助人和朋友阿卡迪·阿法迪爾本人，恰好

---

❸穆斯林於六四一年征服埃及後建立的第一個都城，十二世紀達到鼎盛，人口約兩萬。一一六八年被焚毀，其遺跡後來併入開羅。

❹參見本書第六篇故事Ⅲ。

是一個遜尼派教徒，並且在他為什葉派法蒂瑪王朝效忠時就已經是一個該派教徒。當這位大臣見風轉舵投靠他的新主人時，並沒有忘記這位最機敏、忠心的受保護者。邁蒙尼德定居在馬蘇薩街區羅馬人留下來的要塞附近，並在三十多歲時（對一位猶太人來說的確太晚）娶了一個老福斯塔特家族的女兒。他的猶太身分屬於「伊拉克」會堂，而非「巴勒斯坦」會堂。不用說，當時的各會堂都有自己的崇拜儀式和風格，但相互關愛，不過邁蒙尼德更喜歡自個在小書齋裡祈禱。不管怎樣，他畢竟成了猶太社區中的權威人物，被稱為「拉弗」（rav），負責裁判提交給宗教法庭的律法問題。而更令人吃驚的是，他還曾一度成為埃及整個猶太社區的領袖（ra'is al yahudiya），經常在猶太社區與當地政府之間就稅收問題進行斡旋。邁蒙尼德或許曾得意於這種信任，但他也非常清楚自己是讓雙方怨恨的中間人，這是不討好的差事。一年之後的一一七二年，他主動卸下這個角色，因為其個人事務太多，實在無法分身。他是個醫生，又是宗教裁判和權威，同時還要為他宏大的《米示拿》研究工程以及相關的文字工作熬到深夜，這些耗盡了他的時間和（作為一個醫生最清楚的）健康。作為社區領袖，邁蒙尼德顯然受到穆斯林同人的敬佩和信任，而他也深深地為其希臘哲學，尤其是亞里斯多德哲學譯本吸引。

然而，歷史總是這樣上演，某個偶然發生的事件將邁蒙尼德剝離了與穆斯林無拘無束進行文化交流的滿足感。一一七二年，他收到了一封來自葉門的信——那裡一度有過猶太王國——從信中，他得知一場彌賽亞運動引發了強迫猶太人改宗的駭人聽聞事件，其殘酷方式與摩哈德王朝的寬容對比鮮明。針對這股邪惡的浪潮，他引用了《撒母耳記》的經文：「『凡聽說這件事的人無不感到兩耳刺痛。』的確，我們的內心非常沉重，大腦一片混亂，身體衰弱無力，因為世界的兩端，即東方和西方對我們的迫害帶來了可怕的災難。」[8] 在葉門，猶太人被強迫集體改宗，而對信仰「異端邪說」——無論在規定的時間祈禱、飲食或其他類似的「邪惡」罪行——的懲罰就是死刑，一律由殘酷而狂熱的馬赫迪（Mahidist）（即彌賽亞運動）叛軍執行。顯然，這封信描繪的痛苦畫面是如此令人憂心，邁蒙尼德不得不放下手頭所

有的事寫了回信。在信中，他首先安慰並鼓勵陷入困境的葉門猶太人，然後以近乎挑釁的口氣重申：猶太教要遠遠高於「拿撒勒人耶穌」。在這封長信的字裡行間，他尖銳而正義地追問「猶太恐懼症」引發的這種陳詞濫調。正如邁蒙尼德所說，此恐懼症深深根植於其他宗教所謂不安全意識中，在面對毋庸置疑、崇高無比的猶太信仰和摩西律法時總會流露出來。我們這位醫生開出了醫治心靈痛苦的第一個良方：心靈的痛苦不僅是因自身犯罪而受到懲罰引起的，主要是由來於新興一神教要求所謂的「異端邪說」崇拜某個實體而非上帝本身，或對虛假預言的遲鈍造成的。平時，這位阿尤布王朝精英階層的寵兒（至一一七二年，邁蒙尼德曾多次用優美的阿拉伯語教他們科學和哲學）以心思縝密、勤奮好學、舉止得體、彬彬有禮著稱。他從不願意對別人說三道四，行事溫和而節制，但此時，他卻突然變得激烈而狂暴，一反常態地對主流文化發出了痛苦而憤怒的吶喊。邁蒙尼德在他的《〈妥拉〉集要》中寫道：「憤怒只是緣於悲痛，而悲痛只能引起憤怒。」言下之意，葉門發生的事件正是使他憤怒並使他反思的原因。他進而想到，西方摩哈德王朝的迫害和東方的壓迫，很可能在伊斯蘭世界中的任何地方重演；在習慣性屈從的大環境下，給予像他這樣的人的禮敬甚至信任只是一種權宜之計，不過是從主人緊握的拳頭裡漏出來的一點文化碎屑而已。「永遠不要忘記，」他對讀者寫道（後來這封信被各地的猶太人傳閱）：

> 由於我們犯下了數不清的罪，上帝把我們拋棄在這個民族，即阿拉伯人之間……我們忍受羞辱和謊言，他們的荒謬行為已經超出了人類的忍受力……我們磨練我們的男女老少去忍受這樣的羞辱，因為以賽亞曾告誡我們：「人打我的背，我任他打；人拔我腮頰的鬍鬚，我由他拔；人辱我吐我，我並不掩面。」❺但即使如此，我們仍無法平息他們發洩不盡的怒氣。我們願意和平共處，但他們

❺參見《以賽亞書》50:6。

卻更喜歡衝突和戰爭。9

一年後，一一七三年，邁蒙尼德被一場非阿拉伯人造成的自然災難徹底擊垮：其弟弟大衛在一次商務旅行中死於印度洋上的風暴。由於大衛比他小十一歲，所以一直受到這位偉大人物的特殊關愛。八年後，邁蒙尼德仍然難平喪弟之痛，在給阿克一位猶太人回信時，他甚至親切地稱大衛為「兒子、兄弟和學生」。儘管自身是個勤奮而早熟的《塔木德》學者，但資助他實施其宏大的《米示拿》研究工程以及其他研究工作的，是大衛經營珠寶的生意，特別是珍珠買賣。這一點尤其重要，因為邁蒙尼德雖一直作為宗教裁判和學者為猶太社區工作，卻拒絕接受任何費用，而且他其實非常鄙視那些宣稱「我是一個偉大聖哲」，並要求「拿錢資助我吧」的人。邁蒙尼德認為，古代的猶太聖哲都要有一份維持生計的職業，去做汲水工、伐木工等，但仍然利用晚上的時間進行研究。讓他感到驕傲的是，他作為醫生的日常工作恰恰體現了「勞動最高貴」的光榮傳統。所以說，大衛的生意可以供兩個家庭日常所需，尤其是為邁蒙尼德提供在安息日享用傳統猶太家庭所能做到的最豐盛的三餐。

可以想像，大衛經常到遙遠的東方去購買珠寶，然後在埃及的市場上出售或轉手給其他國外的珠寶商。每當他踏上旅程，邁蒙尼德就憂慮他出門在外可能遭遇的種種危險。在商路經過的沙漠地帶，有一群群嗜殺成性的強盜正等著緩緩移動的商隊；在海上，海盜會突然於甲板上現身，搶走財物，並劫持人質勒索贖金（至今，那片海域上的海盜仍十分猖獗）。此外，眾所周知的是那時的航船並不結實且很容易進水，弄不好就會在風暴中沉沒。大衛顯然就是恰巧登上了這樣一艘船才失去了性命，不過因為當時和他一起上船的還有經常走這條路線的長途貿易商人，所以他並不特別擔憂將面臨的危險。

大衛第一次旅行是走水路沿尼羅河從福塔斯特到庫斯（Cus），溯流而上直達路克索，一路上平安無事。後來他改走陸路，通常要在沙漠裡陪著駱駝艱難地跋涉三個星期；綠洲之間的距離大都非常遙遠，

旅人要想盡一切辦法保護自己，以免在強烈陽光的烤曬下變成乾屍。當他們終於到達紅海邊上的艾笥布（Aydhab）港時，大衛曾寫給哥哥一封信，而這封信竟然奇蹟地被保留了下來。信中描述了他一路上如何疲憊，看著受到殘暴強盜襲擊後倖存的駱駝商隊艱難進入港口時如何焦慮，發現除了剩下的一點點靛藍染料外一無所有時如何失望，以及他最後改乘船下紅海過印度洋的決定。因為在馬拉巴海岸有個繁榮的猶太社區，他有信心能在那裡買到需要的珠寶和貨物帶回家鄉。由於大衛非常了解他的哥哥，做事情往往急於求成（儘管他是一位以性格溫和著稱的鬥士），所以他盡可能地緩解邁蒙尼德的憂慮，即使在他忍不住述說自己遭受的苦難時依然如此。「那個把我從沙漠中救出來的人自然會把我從海上救出來。」他這麼寫道，但最後仍有一絲點令人不寒而慄的宿命論情緒爬上了心頭，就好像有一種再也見不到哥哥的不祥預感。他以一句彷彿預言無法回頭的古老的阿拉伯諺語作結：「Wa-ma fat fat.」意思是「做了也就做了」。

沒人準確知道大衛是在什麼時候或什麼地方失蹤的，只能根據邁蒙尼德那封令人心碎的信中的說法，得知他被淹死了。邁蒙尼德接著寫道，家裡購買珠寶的錢都是靠弟弟掙來的，如今這個大家庭的經濟支柱倒下了，身為哥哥的他不得不自己賺錢供養弟弟留下的寡婦和孩子們。然而，這個他在世界上最愛之死，使他患上了一種外傷性麻痺，最後他因為嚴重的發炎、發燒和精神紊亂，不得不「躺著並臥床」整整一年，而這病就連這位埃及最偉大的醫生自己都無法醫治。只要看到大衛寫的一封信或一片生意上用過的便箋，邁蒙尼德的心就碎成片片。

在緩慢、痛苦地自黑暗中站起後，邁蒙尼德的性格由於前後降臨的兩場災難而發生了不可逆轉的改變：前一個集體性的災難，是他在葉門的同胞被迫改宗，而後一個個人的災難，則是他永遠地失去了弟弟。當時，他還不到四十歲，卻有一種強烈的迫切感，要以現身說法的方式解除猶太人在保住生命和忍辱負重問題上的困惑，直指猶太生活的要害，不要再為一時的滿足或日常儀式受到的表面保護所矇騙。

他的觀點的本質是：要在逆境中生存下來，需要的是思想，而不僅僅是對習俗或未經檢驗的傳統的忠誠。上帝給予人類，尤其是其猶太子民的最寶貴禮物是智力，此即人類與動物的主要區別，況且，智力本來就是給人使用的。在《迷途指津》（*Guide for the Perplexed*）❻一書中，他對亞里斯多德哲學的評注家、來自阿弗洛狄西亞的亞歷山大的觀點表示認可，他認為爭論的欲望源於三個主要原因：第一，支配他人的衝動；第二，所爭論的問題具有非常複雜的細微差別；第三，爭論者不知道彼此是在為一個無法回答的問題爭論。針對上述三條，邁蒙尼德出於故有習慣，據此對「那些可憐的傳教士和評注家」進行激烈的抨擊，「因為他們認為，詞語的知識和詞語的解釋就是科學，所以按照他們的觀點，用的詞語多……就是完美的。」[10]

邁蒙尼德並非因此而否定《塔木德》的風格，以及其表現出毫無節制的反覆爭論之欲望、不斷出現的各種矛盾、突然卻又無來由地離開話題和改變話題、讓人津津有味的偶然事件、為了求證細節而磨拳擦掌的認真態度、漫無目的的爭論；不間斷且不放棄地，追問某位聖哲對《聖經》中某個涵義模糊段落所作的評論，是不是與一種同樣講得通的反面解釋一致或對立。邁蒙尼德指出，這種字句上的囉唆其實是種享受，對初學者來說是深奧的遊戲，孜孜以求的是最後頓悟時「啊哈」的興奮，而且這正是另一種語言——亞蘭語（這不是真正屬於「以色列人」的語言，所以能夠理解這種語言的猶太人越來越少，並且在他們日常生活中的作用也越來越小）——追求的目標。尤為重要的是，這種語言直指猶太生活的核心。儘管邁蒙尼德同時面對內部與外部，需要應付使用這種語言的各方政治勢力，並盡其所能地為他們服務，但卻從沒有放棄對猶太教的忠誠。站在這種外部的立場看，他一方面意識到保衛猶太教的迫切性，一方面努力汲取智力的營養，都是為了化解猶太民族的危機，因為這樣的危機似乎在後《聖經》時代一直持續著。他認為，因為薩拉丁政府及其開明文人謙和的幽默感，猶太人被兩股一神教勢力擠壓在狹窄的夾縫中生存，且這條夾縫還越來越窄。在日漸黑暗的地平線下，只是退到他們常人難以理解的神秘困境中躲藏，

是遠遠不夠的，他們必須要學會在這場審判中用某些更有力的證據為自己辯護，而不是「任人打他們的背和拔鬍鬚」，也就是說，要用上帝賦予的智力進行反擊。如果認為研習哲學不會加強而只會削弱《妥拉》、《聖經》和《米示拿》的力量，那就是低估了這些猶太經典。事實上，只有糟蹋神授的天賦智力，才會削弱這些猶太經典的力量。可以肯定的是，正如他曾說過並且重申的，有大量律法條文禁不起理性的分析，但人們卻不得不接受；上帝授予摩西並通過他傳播的律法，其中絕大部分內容都具有倫理和社會合理性，是應當遵守，但不可盲目。

在這個成型期（他個人的學術生涯，以及他民族的漫長歷史），邁蒙尼德已經站上了猶太人共同經歷的頂峰，就像站在西奈山俯視著歷史的長河緩緩流去。他正在做的工作，其重要意義在於其中有一種強烈的自覺意識，就好比穿上了神賜的斗篷。「本人，摩西，塞法迪人邁蒙的兒子」，他既是曠野中的立法者摩西，也是擁有希臘名字的哲學家邁蒙尼德。他是摩西，這位以色列人當年曾帶領猶太人走向幸福；他是邁蒙尼德，這位著名的科學家和哲學家將引入普世原理，從而使猶太教為全世界理解、接受。他既是猶太人，也是普遍人性的化身，歷史的長河隨著他雄辯的呼喊聲緩緩流過。從此，信仰建立在理性的基石之上，以這種方式建立起來的智慧聖殿將永遠矗立在人們心中，直到解放人類的彌賽亞在耶路撒冷建起另一座真正的聖殿。

他的餘生幾乎被最重要的革命性貢獻占滿（他於一二〇四年去世，還不到六十歲）。首先，他澄清並強化了《妥拉》體現的猶太生活本質，並使其內化於猶太人的日常行為。其次，他組織了一系列的論據，從而把猶太人武裝起來，使其敢於面對各種攻擊，而那些攻擊幾乎都近乎暴力，同時他們也藉此保護自

---

❻ 簡體中文版於二〇〇四年由山東大學出版社出版。

己的信仰，或許還有自己的生存權利。他還在非茲時就已經開始進行第一項工作，即《〈米示拿〉評注》。這塊巨大的基石被不斷滋生的「《塔木德》解釋」苔蘚覆蓋得如此嚴密，以至於根本看不清原貌，於是，邁蒙尼德轉向用中古後期希伯來文寫成的原文（既非《聖經》用的希伯來文，也非猶太會堂使用的誇張詩歌和祈禱文字）。他要創造——或者說再創造——一種純潔的經典語言，一種強大卻又透明的傳播根本真理的工具。要達到這個目標，就必須要清除大量的拉比觀點和反面觀點，放棄長篇對話形式而直指問題核心。也就是說，他在其延伸版本中使用了一種更經濟的方式，從而最大限度地表達了他的意圖，這就是《〈妥拉〉集要》。這部著作既充滿了哲學論證，同時在忠於《米示拿》原作的精神而言，也是一本指導猶太生活的實用手冊。

邁蒙尼德肯定非常清楚，《論知識》（*Sefer HaMada*）作為一本哲學入門書會引起爭議，應該重寫，因為儘管其核心部分對猶太律法起源於摩西時代上帝在西奈山上的顯現這個問題，作了無可指責的陳述，但這本書的確重複了幾代聖哲的話。所以，邁蒙尼德後來用阿拉伯語寫成的《迷途指津》採用的是柏拉圖風格，因為這本書是專門為那些思想成熟的人而寫的（一味地追根溯源，對無知之人來說是非常危險的）。在這本書中，他主要探討了上帝創世行為方面的問題，而這本身與亞里斯多德關於「宇宙是自存的永恆」這一觀點相對立（邁蒙尼德還旁敲側擊地對那些在希臘哲學權威面前卑躬屈膝，並抨擊了認為不贊成希臘人觀點就是犯上的人）。對邁蒙尼德來說，如果不預先假定有第一原因和第一推動力，即使世界上的物質已經存在，所謂世界的存在在邏輯上也是站不住腳的。他認為《聖經》中的許多情節應該像在歷史上其他地方經常發生的那樣，作為一種比喻來理解，其中最典型的就是出埃及的故事。但是，無論是從《〈妥拉〉集要》的引言還是從《迷途指津》來看，邁蒙尼德都不愧為猶太釋經學的第一位大師。他認為，對理解和知識的本質進行探究與信仰並不衝突，而是恰恰相反，前者是後者必不可少的條件。

《〈妥拉〉集要》簡化並澄清了最初規定的那些複雜的誡命和習俗，儘管也督促人們遵守祝福儀

式、猶太節期、祈禱時間、潔淨規定、民事侵權賠償原則，但邁蒙尼德幾乎在每一個重要問題上，都增加了為什麼這些描述性文字應該尋求理性支持的案例。還有一些文字根本不在《米示拿》原本中，例如：用大量篇幅充滿激情地從反面論證「節制」和「中庸之道」的重要性；但邁蒙尼德認為，自己應該既是祖先智慧寶庫的開發者，又是猶太人新時代生活的創造者。針對「無節制」展開的爭論直接指向禁欲主義，因為當時這種由法蒂瑪王朝統治下盛行一時的蘇菲派（Sufism）❼引領的時尚，正對猶太教造成破壞性的影響。邁蒙尼德認為，在這種貌似超凡脫俗的極端苦修習俗中，難免有自我放縱的成分，而像卡拉派奉行的冷酷文本主義，或極端《塔木德》派宣導的空泛傳統主義一樣，他最討厭這類極端的修行方式。上帝和他的摩西律法在這個世界裡無處不在，如何在律法中生活以及其中無所不包的一切事物，都要經過智力的檢驗。這就是邁蒙尼德的高論，對他來說，心靈的健康是信仰和習俗這個軀體的內在要素。

因此，邁蒙尼德醫生的《〈妥拉〉集要》無異於一部「行為療法」百科全書：不要在明知某人會拒絕的情況下請他吃飯；不要記恨諂媚奉承；你若不贊成某個人的觀點，千萬不要用讓他在公共場合難看，或以令人蒙羞的方式糾正他；吃喝時要得體（尤其是在安息日），不要狼吞虎嚥，時刻牢記《瑪拉基書》中有關觸犯暴飲暴食禁令的懲罰：「……我將把糞抹在你們的臉上。」❽可千萬別出錯！另外，你只能住在具備下列生活條件的城鎮或鄉村：有內科醫生、外科醫生，有浴室、廁所和流動的可靠水源，有學校、教師、文士以及掌管捐贈物品的誠實司庫，另外還要有公正的法庭。祈禱是最重要的事情，所

❼蘇菲派是伊斯蘭教內部的一個非主流派別。一般認為，「蘇菲」一詞源於阿拉伯語「Suf」（羊毛），因為最早的蘇菲派教徒曾穿著粗糙的羊毛長袍抗議當時的奢靡風氣，故被稱為蘇菲派。

❽參見《瑪拉基書》2:3，但此處指的是禁止祭司用汙物（搶奪的、瘸腿的、有病的）獻祭。

以不得懶散或草率應付，例如，不得在喝醉或被笑話逗得哈哈大笑時祈禱，也不得嘴裡念著祈禱詞而腦子裡還想著自己的生意。要親自抄寫屬於自己的《妥拉》經卷，以便做成經匣戴在額頭上或前臂上，如果你做不到，可以請一位文士替你做。要隆重地用盛餐過安息日，其豐盛程度要超過一個星期中的普通食物；一日三餐，一餐兩塊麵餅，還要有足夠的葡萄酒，當然，你可以根據你的生活狀況盡量做好。丈夫要參與準備安息日食物的過程：購買原料，清洗餐具，總之要當個好幫手。我們都知道，安息日是在提醒我們上帝創世後需在第七天休息，但按照邁蒙尼德的典型思路，他先從哲學上分析七天創世的焦慮概念，再聯想到歷史上的出埃及事件，進而認為：之所以規定守安息日，是為了提醒猶太人他們曾經是奴隸，根本不能決定自己到底該工作多長時間，或者該什麼時候停下來休息一會兒；按照這種思路，雇主按照勞動時間為雇工支付工資並且不得拖欠，是理所當然的。在商業活動中，邁蒙尼德規定了最高的倫理準則，不贊成商人買空賣空或偷斤減兩，最討厭對客戶隱瞞貨物瑕疵的行為。他認為，無本獲利就等於褻瀆了上帝的名聲。此外，他指出，有些人拒絕被稱為彼勒（Bilial）[9]並不是沒有道理，因為在希伯來語中，這是一個特別冷酷的惡魔之名。他也很討厭赤裸裸炫耀自己錢財的行為，並列出了許多慈善之舉，而其中最神聖，或說最能取悅上帝的，莫過於把錢財慷慨地施捨給窮人，但是，千萬別用傲慢的態度，或是以唐突的舉止、沮喪的心態來做，要用真誠而愉快的心情來表達你的樂善好施（作為社會行為主義者，邁蒙尼德的這番教導尤其令人感佩）。為窮人找到合適的工作，即是履行了偉大的「誡命」。《妥拉》中倫理智慧的最高體現，或許就是對待死者的態度，無論死者和他的家庭多麼富有，死者在下葬時都不應穿華貴的壽衣。上帝希望並且的確發布過命令，要求死者要穿得儘量簡陋一些，從而不使已經捉襟見肘、憂心如焚的窮人難堪。富人只有像窮人一樣以簡樸的儀式下葬，才會受到尊重。

如果必須做抉擇，就選擇守護生命！儘管安息日是神聖的，但為了搶救一個生命可以打破規則，正如有些人建議的那樣，不要等到過完安息日後才開始治療病人。要立即開始，不要猶豫、不要持保留態

度。選擇守護生命！永遠不要僅僅根據一個人的證詞就判犯人死刑，要在至少兩位證人作證的情況下才能做出出判決。

就猶太思想和著述而言，邁蒙尼德既是一個例外又具有代表性，這是因為他幾乎每天都在現實世界與政治勢力之間受折磨。由於他與薩拉丁宮廷中的權貴，甚至與其護理的國王本人都關係密切，因此邁蒙尼德是從現實，甚至哲學的角度來看待政治的（他曾告誡國王不要沉湎於酗酒和性欲，以免毀掉他在自己臣民心目中的威望，況且這樣做也會妨礙他處理公共事務）。他認為，摩西律法以獨有方式在顯然已經自我分裂的以色列人之間，建立了一個「政體」，但是，他又不希望其在《〈妥拉〉集要》中的大量注解是一個實用的倫理綱要，僅是一種他所稱的「準則」（nomos），即類似希臘的公民自治手冊。最後，邁蒙尼德決定要做一件更大，也的確可稱得上是人生中最大的事：追求完美。

這個逐步完成的追求完美計畫，是在《迷途指津》中實現的。這部巨著不僅構思巧妙，展現出強大的智力，而且致力於解答各種各樣的困惑和矛盾。這正是邁蒙尼德思維的敏銳及偶爾閃現的完美和詩意所在，也使讀者不由自主地沿著他的思路思考。他的讀者大多是猶太人，尤其是在邁蒙尼德同意由他的一位年輕朋友撒母耳·伊本·蒂本（Samuel ibn Tibbon）把他的著作翻譯為希伯來文後，猶太讀者便越來越多。

邁蒙尼德認為，對三種自我完善的途徑要有正確的認識。第一種當然是徒勞的，也是最庸俗和最自欺欺人的，即財產和物質方面的完善，因為這些不過是生命中的渣滓。第二種是肉體的完善，最終的結

---

❾「彼勒」一詞最早見於《希伯來聖經》，意為「無價值」或「無益」，引申為「邪惡」，曾用來形容未施割禮的異邦人。彼勒的另一個名字是「世界的君主」，是一個擁有凶惡勢力的惡魔，傳說索多瑪和蛾摩拉城就是在他的計謀下墮落、遭到毀滅。在《死海古卷》中，他是黑暗天使的首領；而在基督教《新約》中，他代表與基督對立的「惡」。

果無非是體格上的健壯和活力，但是由於不可能在一個人遭受病魔襲擊時將其心靈提升到更高的境界，故這還是人所需要的（他應該對此深有體會，尤其是當他作為自己的病人時）。然而，對自我完善而言，這也不過是一種軟弱無力的狹隘追求方式，因為隨著時間的推移並按照上帝的命令，所有的肉身終究要化為塵土。根據他在其著作中最為關注的《妥拉》經卷的教誨，第三種追求自我完善的方式有更重要的意義，因為人們由此將進入一種由個體和社區共同分享的「善的生活」。但即使如此，也並不意味完善。這是再正確貼切不過了，且的確在世界上是無與倫比的，因為《妥拉》中的誡命和禁令的表面文字下隱藏著更深刻的涵義，其目的就是要引導嚴守教規的人達到最終的和唯一的完善：接近上帝的本性。如果說這聽起來有點老亞里斯多德學派（但他們所持的觀點卻與這位猶太希臘哲學大師格格不入）的形而上學嫌疑的話，那只是因為事實的確如此。邁蒙尼德不遺餘力地堅持認為，上帝的本性對我們來說一直隱藏在智力範圍之外，就像祂的名字曾隱藏在我們祖先關於上帝知識的範圍之外一樣，因為祂當年拒絕顯現其面孔，只向摩西顯現了一下背影。摩西和他率領的讀過《妥拉》真本的以色列人，只不過接近過祂的屬性，通過踐行祂所稱的「理性美德」而變得神聖，但對於邁蒙尼德來說，這本身就是一次超自然的啟示，是為了把人引向一種接近享受福佑的狀態。儘管邁蒙尼德是一個風格優雅且雄辯有力的作者，但他畢竟不是詩人，無論如何也比不上那些創作希伯來詩歌的偉大族長——撒母耳．伊本．納赫雷拉、所羅門．伊本．加百列、摩西．伊本．以斯拉和猶大．哈列維。然而，他詩意的心弦卻時時隨著對《雅歌》的深入理解而跳動，作者對以色列人與上帝融為一體的渴望，化作了一首首生動的愛情詩。他覺得一切皆應如此作為，於是勸告那些追求接近上帝的人，要一心一意、至情至性地用自己的身體去愛上帝，就像情人日日夜夜、每時每刻都迷戀、思念著愛人的面容，從而凝固為一幅色彩強烈的特寫畫面。然而，儘管邁蒙尼德把這種專一的思想看成是對上帝賦予人類思考能力的感恩行為，但這種思想畢竟是受限制的。即使知道也許永遠無法超越，他還是勸告人們要盡量縮小限制，抓住來自天國，曾使摩西的臉閃耀著舍金納

（shekhina）[10]光芒的神聖輝光，哪怕僅只一縷。整部《〈妥拉〉重述》講的都是猶太人日常的祈禱和虔誠準則，因此被稱為「愛之書」（Sefer Ahavah）。

儘管邁蒙尼德認為自己在寫作時注入了強烈的感情，但這部書就能力而言尚未達到他自己要求的那種「完美」，原因並非他缺乏激情，而是因為成書時間倉促。雖然他每天都有大量時間可運用，但似乎都被那些需要他的人占用了，而且尋求他幫助的人從不間斷。因此，他有時多少為自己作為一位聞名遐邇的偉大醫生而驕傲，甚至認為這職業是一門高尚的藝術，可以一視同仁地免費伺候富人和窮人，但他同時也愛發牢騷，是個喜歡吹毛求疵的人（kvetch）。且看他寫給撒母耳・伊本・蒂本的一封信中的片段（保留於「開羅秘庫」中發現的手稿）：

> 我住在福斯塔特，而國王（薩拉丁）就住在開羅，相距約四千肘尺，兩種不同的安息日傳統把兩個城區分開（一英里多一點）。我為國王做一份非常累人的差事。必須每天一大早就去看他。每當他生病或者他的某個兒子或妃子生病時，我就不能離開開羅，幾乎都要待在王宮裡。然後，我每天還要伺候國王的那些官員。他們中有一兩個人經常生病，我必須負責治療他們。
>
> 總而言之，我每天早晨要趕到開羅，如果沒有人需要看病，通常中午就能回到福斯塔特……一到家門前，我的肚子餓得咕咕直叫，卻往往發現大廳裡擠滿了外邦人，有大人物，有平民百姓，還有法官和縣令，亂哄哄地等在那裡，因為他們都準確地知道我什麼時候回家。我下馬後先洗手，告

[10] 希伯來文原意為「居留」，表示上帝的臨在。在《聖經》中指上帝居留在以色列人中間，可指上帝親自臨在，但多指上帝現世的存在，描繪為光明或榮光，故稱「上帝榮耀存留大地」。猶太人有時用以代稱「雅威」，或稱神的顯現，或指神顯現時光芒四射的祥雲。

訴他們稍等片刻，我要吃點東西先墊一墊胃……然後，我開始給他們看病，開給他們對症的藥方。如此這般不斷地人來人往，有時候會一直持續到晚飯後兩個小時才結束……有時，我實在是太疲勞了，不得不對他們說我要休息……每當夜幕降臨，我總是累得筋疲力盡，甚至不願意多說一句話。幾乎天天如此，以至於我沒有工夫和以色列人聊天，只有到安息日，他們在做完晨禱後才會來我這裡集合，我於是告訴他們下個星期該做什麼。他們一般研習一些淺顯的問題，到中午就會離開，但有些人下午會回來，繼續研習直到晚禱。

這就是我每天的工作安排，而且，你看到的不過是其中的一部分。但願上帝保佑，榮耀歸於祂！[11]

他並沒有誇張。這封信中沒有提到的工作，還包括他每天要對提交給社區議會（majlis）的各種問題、投訴和爭訟進行裁判。某些在「開羅秘庫」中保存下來的判決文書都非常簡短，有的甚至只有一個字，但上面都簽著他那高貴的名字。當時似乎並不時興授權他人代行裁判權。他曾經有點自豪地說過，凡是在這類問題上無法做出裁判的人，會使神的「輝光」從房間裡消失。在這一切繁忙之外，他當然還要不間斷地編寫自己對《妥拉》和《米示拿》的評注，以及開立治療各種疑難雜症的醫囑。例如，有次薩拉丁的侄子患了陽痿，他就開出了如下藥方：「如果手頭沒有藏紅色的螞蟻，可以用黑胡椒、蜂蜜和紅酒加速血液的流動。」邁蒙尼德認為，紅酒對多數疾病來說是最好的藥方。但是這對於禁酒的伊斯蘭卻是另一件可惜的事。

這種摩西式全知全能的代價，無疑是在以攀登尼波山（Mount Nebo）的方式消耗生命⓫，隨著年齡的增長，邁蒙尼德身體越發衰弱。在剩下的時間裡，他面對如此眾多的來訪者，經常拒絕與他們見面，而這些人之所以來見他，只不過是為了能在他的身邊站一會兒，或許偶爾向他訴說一下自己心中的困惑。在飲食方面——以雞肉和雞蛋為主，雞蛋是按埃及人的做法加一點桂皮在油裡煎一下——他的食量越來

越少。此外，他還患上了失眠症，只有紅酒能暫時緩解各種疼痛帶來的痛苦。在一二〇〇年前後撰寫《病因辨析》（*The Causes of Symptoms*）這本書時，他自己也成了「辨析」的案例，已經無法拿筆，只能躺在床上口授，更不能去伺候他的蘇丹了。十一世紀末，埃及曾有疾病流行，甚至發生了饑荒，這場災難似乎耗盡了邁蒙尼德的力氣。有時，他會為沒有多少時間繼續研究、思考和寫作而發狂，往往為了一點小事就責罵自己是個沒用的人。他的兩個兒子亞伯拉罕和大衛可以替他分擔一些壓力；大衛掙錢持家，亞伯拉罕則是學者和評注家，在他的父親去世之後成為猶太社區的「拉弗」和他父親的教義忠實守護人（儘管存在爭議）。亞伯拉罕傳承邁蒙尼德並提出某些改革措施，例如：祈禱時要五體投地、手舉棕櫚枝。這些習俗必然會受抵制，並進一步引發那些曾懷疑邁蒙尼德對其他文化採取開放態度的人的敵意。

儘管邁蒙尼德在《迷途指津》中曾自信地聲稱，《妥拉》和《塔木德》中那些明顯的相互矛盾以及諸多難以解決的問題都將服從他的推理，但他越來越陷入困境。最棘手的問題非但沒有解開，邏輯學家和宗教信徒之間還永遠存在著難以克服的障礙。他經常發現他的學生偏離其原意甚遠，甚至還聽說，他們竟宣稱不相信人在復活時靈魂會回歸肉體。他對這樣的謠傳並沒有多想，因為邁蒙尼德心裡非常清楚，利用他的名聲是毫無意義的。他不再驚訝或沮喪於經常被人誤解，因為他已經指明了一條作為猶太人生存於世的新道路，而亞歷山大的斐洛和巴比倫的薩阿底雖然曾經預見過，他們卻沒有能像邁蒙尼德那樣完整而理直氣壯地表達出來。這條道路不僅意味著完全可能同時保持宗教虔誠和理性警覺，而且除非敢於質疑的智力一直正常運行，根本不可能做到真正的虔誠。從這樣理性的樂觀主義觀點來看，恢復活力的猶太教將獲得巨大的力量。正如邁蒙尼德殷切期望的那樣，無論結果如何，這樣一種復興將使猶

⓫編注：參見《申命記》34:1。從尼波山山頂可觀覽聖地全景。

太教能夠抵禦任何對猶太人心靈和肉體的攻擊（這個受人妒忌和被人鄙視的民族，似乎一直都受攻擊），直到盼望已久的彌賽亞降臨。他還提醒人們，即使到那時，來自大衛家族的真正的彌賽亞也只是一介凡人，不是半人半神，更不是完全的神；當他重建潔淨的耶路撒冷時，整個世界將恢復正常的秩序。獅子和惡狼不可能與羔羊同睡，但或許，牠們至少會變得溫順些，不再永遠也餵不飽，不再那樣血腥、貪婪？

II 邪惡的煙柱

把質地堅韌的羊皮紙、牛皮紙和附著在上面的墨水燒成灰要花點時間。不同於易燃的纖維紙，動物的皮很難燒毀，一開始只能燜燒，隨著皮革慢慢地捲曲、皺縮，只有把殘留在內部的油脂一點一滴耗盡之後，才能化為灰燼。這也是為什麼一直要到兩天後，下述這次焚書現場的公共行刑官才敢向巴黎的上級報告：所有被巴黎大學陪審團在一年前指控為褻瀆神明的《塔木德》，已經徹底焚毀。一二四二年六月的某天，從早到晚，整整二十四車《塔木德》在鵝卵石街道上緩慢、搖搖晃晃地被運往沙灘廣場（Place de Grève）⓬，它們的命運將由等在那裡的公共行刑官決定。一萬多件手稿就這樣被焚毀了；小牛犢子宮製成的最珍貴的牛皮紙封皮在緩緩地燃燒，帶肉的一面仍保持著原來的牛奶色。厚一些的手稿由於書頁過多而黏在一起，燒到深夜後泛著一種琥珀色的亮光，動物身上有的那種帶奇異甜味的惡臭散發在巴黎的夜空。當這些厚重典籍被扔向劈啪作響的柴堆時，圍觀的人群先是瞪大了眼睛，然後爆發出陣陣尖叫。微風不時自塞納河上吹來，帶著希伯來「字符」的火焰、書頁邊上盤旋的火苗，隨著煙柱升上夜空，在人群的頭頂上飛舞，然後化作煙灰，緩緩飄落在那些向火裡扔書的托缽修士頭上。

有個年輕人在喧囂人群中某處哀悼著，他很想發洩一下自己的悲傷，而他的悲傷或許是因為他受過要像尊重自己的身體一樣，尊重神聖的典籍這種傳統觀念的薰陶吧。因年代久遠而受損的典籍，一般

會收藏在一個「秘庫」裡，或任其慢慢地、平靜地腐爛，有些甚至還要舉行正規的「葬禮」，慎重地埋葬。猶太教從來不主張故意弄壞、撕碎或燒毀上帝的文字。燒一本書，就等於在柴堆上活活燒死一個人。這樣的思想或許一直根植於來自羅騰堡（Rothenburg），這位虔誠而哀傷的學生梅爾．本．巴魯克（Meir ben Baruch）痛苦的心靈之中。他來到巴黎本來是為了研習《塔木德》的，卻親眼目睹了心愛的典籍被烈火吞沒的場景[12]；先是教宗額我略九世下令沒收這些典籍，接著以狂熱著稱的基督徒國王路易九世又下令焚毀。梅爾之所以來法國，是因為那些來自特華猶太學園的學有所成的學生——由於對口傳律法進行闡釋和裁定而廣受尊敬，被稱為「托薩福學者」（Tosafist）[13]——都聚集在那裡，準備繼續他們老師未能完成的工作。面對諸多新挑戰之時，托薩福學者同時也在編寫一些祈禱詩集，因為西元七世紀以來，在猶太會堂的祈禱儀式上，禱詞都是以詩歌的形式吟唱或誦讀，其中大部分是哀歌。梅爾．本．巴魯克於是立即提議在祈禱詩集中加入一首新詩，這首由幾個世紀前著名詩人猶大．哈列維創作的詩歌，把早年西奈山上可怕雷電引起的大火與巴黎焚書的火焰聯繫了起來：

你們還能怎樣？
要被神火燒光

---

[12] 位於塞納河右岸河灘上，一八〇二年之前稱「沙灘廣場」，現為市政廳廣場（City Hall Plaza）。

[13] 《托薩福》（*Tosafot*）是十二至十四世紀猶太學者對《塔木德》三十多個段落所作的系列評注。「托薩福」一詞在希伯來文中的涵義為「增補」，但究竟是指對《塔木德》本身內容的增補，還是對著名評注家拉什對《塔木德》評注的補充，猶太學者持有不同看法。自十五世紀二〇年代巴比倫《塔木德》在威尼斯首次刊印以來，歷次再版正文的內緣都印有拉什的評注，外緣則印有《托薩福》的相應「增補」，這種印刷方式已成為固定出版格式，因而《托薩福》被稱為「書中書」。

難道你們被奪命的大火燒死而你們外邦的敵人
卻沒有被這些熾熱的木炭烤焦？……
摩西砸碎了石板，有的人也和他一樣瘋狂
燒掉律法書……難道這就是苦修贖罪的報償？
他們在公共廣場上燒毀了天國上帝的戰利品，
就像燒毀從一座叛教之城搶來的贓物。[13]

更糟糕也更令人悲哀的是，不管是有意還是無意，這場災難的始作俑者竟然是猶太人。他是一個叛教的猶太人，叫尼古拉·多尼（Nicholas Donin）。他對《塔木德》提出了多達三十五項褻瀆神明的指控，並提交給了國王和教宗。多尼曾經是一個卡拉派成員，這個教派拒絕任何「口傳律法」的權威性，只服從手寫《妥拉》的規定。卡拉派（大多集中在伊斯蘭世界）認為，《塔木德》實際上故意對遵守真正《妥拉》的猶太教設置了重重障礙，並且宣稱摩西在西奈山上被同時授予了口傳律法和手寫律法的傳統說法是假的；這樣的指控正好與那些試圖把當時並存的猶太習俗（按照拉比派的觀點，這些習俗是不合教義的，所以是不好的）從他們共同擁有的《聖經》經文（主要是關於耶穌的預言，所以是好的）中剔除出去的基督教神學家想法不謀而合。但是，卡拉派無論如何不會惡毒至此，以至於建議燒毀那些有爭議的典籍，更不會像教宗額我略九世那樣，宣稱傳播這些騙人玩意兒的人犯下「如此大罪，任何懲罰都不算過分，可以說罪有應得」。[14]

然而，基督教應當禁止（即使不是在物質上徹底銷毀）這些存有爭議的猶太典籍繼續傳播的想法，卻是來自最大勢力位於法國南部的拉比派，而不是反拉比派，其攻擊目標當然不是《塔木德》，而是具有巨大破壞力的邁蒙尼德的著作。至於蒙佩利爾（Montpellier）的拉比所羅門·巴·亞伯拉罕（Solomon bar

Abraham）及其門徒，前者曾厚顏無恥地認為自己是摩西最初原型的繼承人，他們寫的所有文字，尤其是寫作方式都略去了上帝在西奈山上顯現的情節。邁蒙尼德擅自把《米示拿》自《塔木德》中所作的評注和補充這件意義重大而內容豐富的外衣保護下分離出來，並將其以最簡單的「裸體」形式傳播，似乎這就是口傳律法的全部。於是，在非猶太人眼裡看來，《塔木德》不就成了多餘的嗎？不僅如此，他還將希臘異邦的古怪推理方式用於神聖的猶太經文，這難道不是損害了經文的純潔性，同時也在為那些敵對的詭辯家提供素材嗎？拉比派認為，他像是把《塔木德》隨意放進了異邦的神廟，使它成了那些本來就不希望它有善果的人手中的玩物。當時的情形是如此惡劣，甚至連剛會跑跳的猶太學堂兒童，也會油嘴滑舌引用半生不熟的「拉比」亞里斯多德格言，好像他是能與拉比迦瑪列和拉什比肩的人物（願他們安息！）。有健康信仰的猶太人用他們自己的方式互相爭論，對聖哲們積累的智慧充滿敬意，但邁蒙尼德卻把《塔木德》展示給外人，讓他們隨便提出惡意質疑。他自認為是在為口傳律法吸取營養，但是，如果讀者不介意的話，是不是可以這樣問一句：如果沒有這些質疑，誰會請你來守護《塔木德》呢？

由於巴黎的焚書事件，邁蒙尼德的忠實信徒開始指責那些心胸狹窄並對其著作吹毛求疵的人。維洛納（Verona）的希列（儘管寫於六十年後）宣稱，從燒毀邁蒙尼德的著作到焚毀《塔木德》，中間間隔甚至還不到四十天。[15] 和世界各地的猶太人一樣，他們震驚於這種長年不斷的可怕事件，現在矛頭又指向他們大師的偉大著作，尤其是《論知識》⓮和《迷途指津》（當時伊本．蒂本的希伯來譯本已經風靡法國）。於是他們針對所羅門．巴．亞伯拉罕以及和他持有一樣想法、說法的人，發布了反禁令（kherem）。然而情況變得越來越糟，積極地在法國北部尋求支持的反邁蒙尼德派宣稱，他們在奧爾良受到了人身攻擊。

⓮即《〈妥拉〉集要》第一部，也是最重要的一部。

正是在這時，隨著文化戰爭的不斷升級，反邁蒙尼德派開始採取極端措施，他們請求遊蕩在卡特里派（Cathar）[15]異端勢力最為強大的法國南方，那些追逐異端邪說獵物的托缽修士，調查並攻擊邁蒙尼德。根據邁蒙尼德派成員伊本．希斯代（ibn Hisdai）兄弟對其方法頗有爭議的記述，那些追逐異端邪說獵物的猶太人竟然質問：為什麼那些托缽修士費心勞力地在世界的各個角落對異端發動聖戰，而猶太人內部那些危險的哲學家反而自由自在地引導人們走上邪路呢？由於他們認為亞里斯多德對基督徒也產生了危險的影響，所以托缽修士很願意響應這樣的號召。如果猶太人發生分裂，他們就有機會讓其中的某個分離教派皈依基督教。不管邁蒙尼德的著作是否真的被燒毀了，如何銷毀他的書這件事，肯定一直掛在那些憤憤不平的拉比心上。

上述悲慘的結果只會使邁蒙尼德深深陷入痛苦（或許其中還摻雜著更多的憤怒），他作為其父學術遺產的守護人和繼承者的兒子亞伯拉罕也是如此，因為這樣一來，他們非但沒能用希臘哲學武裝猶太教以應對基督徒的攻擊，反而被頑固而教條的傳統派認為是對上帝律法的褻瀆。為了煽動對亞里斯多德哲學思想的敵意，他們竟然寧願讓基督徒介入猶太人的爭端，還送給他們一根「棍子」，好讓他們能夠全面痛打拉比猶太教。邁蒙尼德認為，這種誤入歧途的機會主義造成的後果，只會使所有猶太人後悔，尤其是托缽修士階層、道明會（Dominicans）和方濟會（Franciscans）這些新興教派很快掌握了希伯來文，這樣一來，他們就能很方便地以「新聞審查」的方式，深入研究口傳律法的原文。更可怕的是，他們將成為行家，並且能尋求那些皈依基督教的猶太人幫助；這些人可都是在傳統猶太教環境中長大的。像尼古拉．多尼和那位剛剛皈依的亞拉岡人，他原來的名字叫掃羅，而現在他已開始自稱為帕羅．克利斯蒂亞尼（Pablo Cristiani），即「基督徒保羅」。這些人後來成了《塔木德》大戰中的急先鋒，到了十三世紀，他們還因為認為有教會在後面撐腰而更加有恃無恐。在一二一五年舉行的第四次拉特朗大公會議上，教宗英諾森三世作為統一的十字軍基督教王國軍事首領，不僅提議強制猶太人穿不同的衣服，否則他們將因

「頑固不化」而受到殘酷的懲罰，並且祝福日益迫近的強制改宗運動，以促使最後的審判和渴望已久的「基督再臨」早日到來。

這種針對希伯來文本實施的，嶄新的敵對審查制度，預示著猶太人在基督教社會中的地位將改變，並為不祥籠罩。幾個世紀以來，由聖奧古斯丁確立的對待猶太人的傳統方式——必須保護猶太人，讓他們保持自己的習俗和傳統，從而使他們成為自己所犯錯誤、所造成的後果的活見證——為教會提供了一個指導性原則。他們理所當然地承認，沒有《舊約》就不可能有《新約》，《希伯來聖經》中充滿了預言，其中關於基督降生與死亡的預言已經實現。所以，歷代教宗和大主教一直在盡力保護，甚至救濟猶太人，直到他們皈依，同時還明確表示憎恨那些因受到誤導而對他們施加暴力和進行騷擾之人。

儘管那些教宗、國王和大主教在口頭上仍然承諾會繼續堅持這一保護原則，但在進入十三世紀後，這種古老的保護制度日漸淡化，最終退出了歷史舞臺。一旦基督徒在叛教的猶太人指導下，最終明白了拉比猶太教依賴於《塔木德》的權威性，他們就會提出質疑：猶太人把《聖經》猶太教拋在一邊而接受一種全新的宗教——《塔木德》猶太教，是不是就因此失去了受保護的資格。在十二世紀，熙篤會（Cistercian）克呂尼修道院院長、「尊者」彼得（Peter the Venerable）甚至指責《塔木德》是猶太人的真正敵人，並威脅說：「要把這個大怪物從它的窩裡拖出來，放在世界的舞臺上讓每個人都看一看它是什麼東西。」[16] 漸漸地，軍事化的基督教「神學家突擊隊」把《塔木德》與《妥拉》分離開來，並把前者作為

---

⑮又稱清潔派，主要指中世紀流行於歐洲地中海沿岸各國下層民眾中的基督教異端，泛指受摩尼教影響而相信善惡二元論和堅持禁欲苦修的一些小教派。在東歐以七世紀亞美尼亞的保羅派和十世紀保加利亞的鮑格米勒派為代表；在西歐則以阿爾比派為代表。該教派強調持守「清潔」（Katharos），反對奢侈和腐化，因而得名。十一世紀傳至法國，受到鎮壓，但其影響仍持續至十四世紀。

後者的「復仇女神」。儘管猶太人據理力爭，說《塔木德》的目的是闡釋《聖經》，但顯而易見地，對於那些剛入門的讀者來說，前者實際上使得後者更加難以理解。如果真的相信上帝在西奈山上將親手寫下的律法啟示給了摩西，那麼就應認為拉比們關於摩西同時也接受了一部神授的「口傳律法」的說法是騙人、虛構的（歷代猶太人為了子孫的幸福，一直在解釋和補充這部神授的「口傳律法」），進而懷疑他們是以捏造的方式將那些自稱「聖哲」之人的竄改和增補行為合法化。與《妥拉》不同，《塔木德》純粹出於凡人之手，是以欺騙的手段「假裝」與上帝對話。不僅如此，那些假造出這部著作的人竟然還冒失地把《塔木德》編得比《聖經》本身**長很多**！《塔木德》學者們還故意迴避《聖經》先知關於基督降臨的預言，十分無禮地把他們聖哲的權威抬得比以賽亞、以西結、但以理這樣的《聖經》先知還要高。

他們對《塔木德》的異端假設，扭斷了猶太人和基督徒共同尊敬《希伯來聖經》、摩西律法、大衛家族和先知預言而緊密聯繫在一起的歷史鏈條。猶太人冥頑不化的原因終於昭然若揭，他們是《塔木德》的奴隸，而這解釋了他們為何視而不見基督降生這個實現了先知們對以色列人所作的預言。他們被《塔木德》中的謊言、侮辱和晦澀蒙住了雙眼，因而遠離了福音的真理。正如額我略的繼任者教宗英諾森四世所說，猶太兒童實際上受到勸阻，讓他們不要研習《聖經》，而要投身於《塔木德》那些詭辯而迂迴的圈套。拉比們宣稱，他們的宗教是最古老的一神宗教，而基督教只是一種騙人的新玩意，但其實他們的宗教是自命不凡。於是乎，對於基督徒來說，為了挽救猶太人而打破這種偽造的《塔木德》權威性，難道不是義不容辭的嗎？

巴黎因此出現了燃燒的柴堆，但焚書事件只不過是一場大規模審判的判決結果罷了。這場審判是由路易九世發起，在巴黎大學校長、來自夏托胡（Chateauroux）的奧多（Odo）主持下，根據教宗額我略關於查抄和沒收褻瀆神明之《塔木德》的命令進行。除了（按照路易九世的說法）有一位不知名的拉比曾應邀到克呂尼與一個叛教猶太人辯論，並由於膽敢否認基督的神性，被一個老年基督徒騎士用拐杖痛打之外，

這應該是第一次正規的審判：法國猶太人的代表受到正式傳喚，對叛教者多尼針對《塔木德》提出的種種指控進行辯護；其中最嚴厲的指控包括明目張膽地褻瀆基督、聖母瑪利亞和神聖的教會。這次審判要解決的問題，是基督教會眾是否能夠容忍這些冥頑不化的福音書敵人所犯下的褻瀆神明罪行。他們認為，教宗英諾森三世的確曾重申會保護猶太教，但條件是猶太教不會傷害基督教。但就目前而言，要遵守《塔木德》規定的猶太教，實際上要求猶太人必須褻瀆和傷害基督教；多尼甚至宣稱，這實際上是在積極地鼓動他們殺害基督徒。可以認為，《塔木德》褻瀆聖母瑪利亞和救世主的內容，與越來越多有關猶太人玷污聖像，尤其是聖餐（聖餐儀式上真實體現基督臨在的一塊小薄餅）的報導之間有直接聯繫。既然消息靈通的基督徒已經知道目前最迫切的事情是什麼，而這顯然是一場不共戴天的戰爭，那麼在目前的情況下，那些被拉比教義蠱惑的猶太人就不僅是反常的怪物，還是實際的威脅；難道不應該剝奪他們的受保護權嗎？有人甚至認為，與阿拉伯人相比，猶太人是更直接的危險，因為他們的惡劣行為和習俗已經滲透進基督教王國的核心。

於是，《塔木德》在一二四〇年的巴黎和一二六三年的巴塞隆納，被推上了對猶太教進行公開審判的被告席，並被當場供出了犯罪物證。與在巴黎徹底滅除《塔木德》不同，巴塞隆納的這場審判結果既沒有沒收《塔木德》，更沒有焚毀，但這完全是一次信念上的格鬥。在這個賽場上，猶太人熱切期望他們的鬥士拉比摩西・本・納曼（Moshe ben Nahman）（時人稱為「納曼尼德」〔Nahmanides〕）千萬別被擊敗，因為他這個精神支柱一旦倒塌，會導致大量猶太人皈依基督教。且看當時公開「審判」的隆重場面：到場的有羅馬教廷各地的紅衣主教、道明會和方濟會的重要神學家（其中有些人精通希伯來語）以及主要的王室成員。在巴黎，路易九世的母親、卡斯提爾的布蘭奇（Blanche de Castille）王后親臨審判現場，這位王后在仇恨猶太人這個問題上從不讓步；而在巴塞隆納，亞拉岡國王詹姆士一世則親自主持了審判。不用說，無論爭論的內容如何離題和離奇，都由猶太人和基督徒用希伯來文和拉丁文記錄下來。基督教一方的發

言人有兩位，他們和另一位拉比共三人，已經在巴黎「坦白」了《塔木德》犯下的罪行。猶太教一方的希伯來文記述中，描繪了一位百折不撓、足智多謀的拉比耶希爾．本．約瑟（Yehiel ben Joseph），似乎一直在竭力扭轉論爭中的被動局面。而根據基督教一方關於「巴塞隆納論爭」[16]的記述，皈依基督教的「狂熱者」帕羅．克利斯蒂亞尼牽著拉比納曼尼德的鼻子團團轉，但按照這位拉比本人關於這場論爭的《記述》（*Vikuah*），他卻是在所有針對他本人和《塔木德》進行的辯論中都取得了決定性的勝利。[17]

在某些細節上，這些記述反而比較一致。在巴黎和巴塞隆納論爭中，拉比們都否認了《塔木德》是新近的創作這一說法（這說法對這樣的古老經典來說真有點過分）。在基督教統治的幾百年裡，有這麼多從無過失的教宗和主教都知道有這本《塔木德》並且從來沒有提出過異議，於是他們質問道：為什麼直到現在這本書才對基督教形成了威脅呢？由於拉比們知道所謂有罪的證據大多摘自《塔木德》中那些過於誇張的段落，所以他們盡可能地讓基督徒們相信，「哈加達」部分的確有些不雅內容，但那只是給猶太讀者看的。耶希爾和納曼尼德都耐心而尖銳地解釋說，《塔木德》分為兩部分，一部分是「哈拉卡」，的確對猶太人有約束力；但另一部分「哈加達」則只是羅列了一些評論和觀點，猶太人可以根據適宜性選擇遵守與否。「你們提到的那些侮辱耶穌或聖母瑪利亞的內容，當然屬於後一類，」納曼尼德說道：「請看，我就不信這些東西，並且我也不需要相信，因為這些不過是娛樂用的逗貓草罷了。」在巴黎，耶希爾．本．約瑟採取的另一個策略是主動讓步，說多尼挑出來的那些帶有侮辱成分的段落，的確能在《哈加達》裡找到，但他完全弄錯了侮辱的對象。那位據說在地獄裡，站在糞便中的「耶穌」，並不是拿撒勒的耶穌，也可能根本就分不清是哪個耶穌，因為在這個誰都會布道的時代（的確如此），世界上還不知有多少叫耶穌的呢！當多尼對這種不誠實的回答表示不屑時，耶希爾近乎無禮地反問道：不管怎樣，你知道除了國王，在法國有多少個叫路易的嗎？為了進一步證明這種弄錯名字的現象，他一派天真地瞪著眼睛反問對方，是不是因為從沒有猶太人說瑪利亞曾從事美髮生意，就覺得連「美髮師米利

暗」（Miriam the hairdresser）⓱這種叫法也暗藏間接說此人是妓女的侮辱？她怎麼可能會是耶穌的母親呢？此外，還有經常受到詛咒和辱罵的「外邦人」（Gentiles），這種叫法也不能簡單地理解為專指基督徒，而是指所有的異教徒；《聖經》中不是就請求全能的上帝在贖罪日「把他的怒火」施加在「異教徒」（heathens）身上嗎？

在猶太教和基督教雙方關於這些唇槍舌劍的論爭情節的記述中，這種鬥嘴式的誇張風格，很容易使人們誤以為當時論爭雙方的地位對等，但顯然並非如此。拉比們是在為自己民族宗教的生存戰鬥，且在巴塞隆納，他們勇敢面對的來自那群神學家、傳教士、王公貴族，甚至是國王本人的威脅恫嚇，是因為這些人渴望親眼見證不幸但卻「愚鈍、自大、固執」的猶太人遭受羞辱和痛苦，且令這些人更心安理得的是，猶太人的命運掌握在一個本來和他們持有同樣愚昧信仰的叛教者手中。當巴黎的三位拉比互相依靠、互相支持時，遠在巴塞隆納的納曼尼德孤獨、無助，但他英勇不屈、義正詞嚴地孤身作戰，是世界上最勇敢的鬥士。

像邁蒙尼德一樣，納曼尼德也是一位醫生兼拉比。在整個加泰羅尼亞地區和法國南部，幾乎人人都知道他一點也不好鬥，絕對樂意安撫他人。他曾於一二三二年試圖調解邁蒙尼德派和反邁蒙尼德派的紛爭，因為他知道，長此以往最終受傷害的仍然是各地的猶太人，但他的調解並不算成功。他認為，邁蒙

⓰「論爭」不是一般的爭論或爭吵，而是一種深層次的教義論辯。在中世紀後期，猶太教與基督教之間經常公開進行論爭，但這種爭論像審判一樣，猶太人是被告，只能被迫辯護；基督徒則是原告，相當於審訊者。歷史上兩教之間曾發生過三次大規模的論爭，詳情可參見《猶太教審判——中世紀猶太—基督兩教大論爭》（海姆・馬克比著，黃福武譯，山東大學出版社，二〇一五年最新版）一書。

⓱編注：此為《塔木德》中對瑪利亞的稱呼。

尼德派開除所羅門・巴・亞伯拉罕，以及後來焚燒邁蒙尼德書籍的猶太人的教籍的做法是錯的。他也認為，把這種敵意轉移到這位醫生兼哲學家身上更是大錯特錯，竟然用漫畫形式諷刺邁蒙尼德反覆無常地玩弄律法，甚至鼓勵改宗。納曼尼德指出，《迷途指津》並不是在誘惑猶太人陷入異邦的理性主義，而是恰恰相反，要召喚那些已經理智地信奉古典哲學的猶太人浪子回頭，並通過他的方法深入猶太教信仰的本質。他們走上「迷途」是由於運用上帝賦予的理性，也因此如今才陷入了信仰和理性之間的偽兩難推理。邁蒙尼德所做的一切，是為了告訴他們如何在猶太教的懷抱裡融合兩者。

儘管納曼尼德的調解努力並沒有成功，但他卻在亞拉岡和加泰羅尼亞的猶太社區（juderias）中贏得了人們的擁戴。像薩拉戈薩（Zaragoza）、韋斯卡（Huesca）和他居住的赫羅納（Girona）這些高牆深巷的城鎮，由於那裡的猶太社區緊靠著大主教的府邸和教堂，所以得到了及時的保護；在像阿爾瓦拉辛（Albarracin）、弗拉加（Fraga）和蒙泰爾班（Montalbon）這些山區村莊裡，由於猶太人擠在高大的山牆後面和狹窄的小巷裡居住，所以也沒有受到過多的騷擾。儘管人們認為納曼尼德並沒有邁蒙尼德那樣高的悟性，但他用自己的行為證明，自己完全知道如何在排排坐在法庭裡，那些令人恐懼的騎士和托缽修士面前展示男性氣概。納曼尼德在自己導演的戲劇裡扮演英雄，他展示的冷靜雄辯能力絲毫不輸邁蒙尼德，因為他非常清楚，如果還想堅持下去的話，贏得國王的同情是至關重要的。他可以確切感覺到，西班牙所有生活在穆斯林和基督徒土地上的猶太人的眼睛和耳朵，都集中在他身上。接近詹姆士一世是非常重要的。於是他以毫無敵意的溫和態度與他接觸，巧妙地與王室旁聽席者周旋，就像一個唱獨角戲的猶太演員，雖然內心無比堅定，表情卻詼諧搞笑。一二四〇年，他在巴塞隆納最炎熱的季節七月底，整整堅持了四天，在歷史上最重要的時刻，對抗世界上最難對付的王室。

當時，納曼尼德被賦予了自由發言的特權，但前提是他不得繼續褻瀆基督教。但當他假裝無辜地取笑《新約》中一段話的解釋時，差一點就犯了教會和王室的大忌。他以幽默的口氣試探道：「這的確有

點古怪，上天和大地的創造者竟然又回到了某個猶太女人的子宮裡，他在裡面待了九個月後按時生了出來，長大後被出賣給了敵人並被處死，後來又復活了，回到了原來的地方……不管是對猶太人，還是其他任何人來說，恐怕都很難忍受這樣的說法。」按理說，納曼尼德這種近乎放肆的玩笑應該適可而止，但他就像偉大的演員，根本無法停下來。然後，他竟然明目張膽地再次直接轉向國王（不管怎麼說，國王已經限制了他的發言），告訴他：「你詹姆士此生都很聽牧師們的話，他們給你的腦子灌滿了……這樣的教義，所以現在已經成了你的第二天性，你接受他們的說法純粹是習慣使然。但如果你是第一次聽，作為一個成年人，是不可能相信這些的。」[18]

當帕羅・克利斯蒂亞尼單獨挑出《以賽亞》第五十三章中有關預言「上帝有一個『受難的僕人』，一個『陷入悲傷的人』，上帝將為了人類犯下的罪行而『痛打』、『鞭打』和『折磨』他」的段落時，納曼尼德假裝吃驚地說，不管是誰都會認為這些段落指的是耶穌，但無論是誰都會知道這個「受傷的人」，指的就是以色列本身，因為上帝知道以色列受難了；但是，是否可以因此而想像成上帝派一個救世主式的人物來赦免集體犯下的罪行，完全是另一個問題。

當他們就這個問題展開爭論時，納曼尼德莊嚴地指出，猶太教並不相信集體犯罪，更不相信我們從亞當那裡繼承的原罪甚至「比從法老那裡繼承的罪還要多一些」。所以，根本不存在什麼普遍的墮落狀態，須請這樣一位彌賽亞來拯救人類。不管猶太人的彌賽亞——順便提一句，他「對我們的宗教來說並不是必須的」——會以何種更低調的方式降臨，但可以肯定這對猶太人來說意義重大。他只會救贖耶路撒冷、重建聖殿。這樣一位彌賽亞不可能總是夢想著宣稱自己具有部分神性，因為這違背了猶太教最初確立的基本原則，我們每天背誦三次「示瑪」禱文，就是要記住上帝是一個不可分的整體並且具有獨一性。然後，納曼尼德就開始口無遮攔地賣弄辭藻，他再次直接面對詹姆士一世解釋，說猶太人的彌賽亞應該是一位國王，是地道塵世凡人，像你們這些國王一樣，是正常的男人和女人交歡之後生下來的，

並且在母親的肚子裡靠胎盤連著子宮，而不是像有的彌賽亞那樣，是靠父親由於某個神靈附體孕育而成的。我們的彌賽亞是一位像他（詹姆士）本人一樣，萬民擁戴的君主。「你是一個國王，他也是一個國王」，他言下之意就是，在這個特定的時刻，國王詹姆士對他來說遠比國王彌賽亞更重要。[19]可以想像，國王詹姆士聽著這句話肯定心花怒放，至於他的嘴咧得有多大，歷史上並無文字可考。

納曼尼德繼續說道：雖然對於基督徒來說，若不將之視作整體，那麼接受耶穌作為救世的基督就是一件天大的事，那麼他是否可以這樣認為，以基督在十字架受難作為起始，世界的和平統治不管是在他剛受難，還是在後來基督教長達十二個世紀的統治期內，都沒有得以按照原來的計畫。事實上恰恰相反，「從耶穌時代直到現在，整個世界依然充滿了暴力和掠奪」。他以近乎「旁白」的方式繼續說道，戰爭在無情繼續，他甚至懷疑，如果沒有戰爭，成群騎士還有什麼事情可做。帕羅．克利斯蒂亞尼被這種拉比式的傲慢態度和嘲弄口氣（納曼尼德一直用譏諷的口吻稱他為「我們這位聰明的猶太人」）激怒，他高聲反駁說，用粗魯的、膚淺的或如基督徒所說的「俗氣」語言來描述事物，是猶太人的一貫做法，但基督的確下過地獄，正義的死者也獲拯救、重新站了起來，高歌猛進的基督教會也充分表明，基督的降臨並非徒勞。納曼尼德反擊道：真的嗎？就他自己的所見所聞，基督教王國並沒有真正建立，並沒有像帕羅引用的段落中預言的那樣「從這海到那海」從未受挑戰。羅馬教廷統治的領地不是還像老羅馬帝國那麼大——甚至還更小一些嗎？既然如此，這就是個無效的指控！

儘管論戰的進展對他有利，但如果他自己關於這場論爭的記述是可信的，那麼最多也就是打成平手。這時期的每場審判結果都不同。在法國，《塔木德》遭到沒收、查禁和焚毀。一二四七年時，最初曾像額我略九世一樣對《塔木德》懷有強烈仇恨的新教宗英諾森四世終於作了些讓步；他了解到，如果沒有《塔木德》，猶太人就不能正確地理解《聖經》，並且認識到這種正確的理解是他們皈依基督教的前提條件，於是，他命令把《塔木德》還給猶太人，但必須進行仔細審查，刪去其中有褻瀆和侮辱基督

教嫌疑的段落。巴塞隆納的辯論演出完全是一場不見血的「鬥牛表演」，獲勝方只贏得了道德上的信譽和善辯的桂冠，而負責舞臺設計的道明會則聲稱這場論爭並沒有結束。納曼尼德回憶說，當他聽說國王要在安息日親自到猶太會堂布道時，便決定推遲返回赫羅納的時間，以便在國王布道時駁斥他。雖然這樣一來納曼尼德會把自己置於更危險的境地，但他並沒有食言。

國王的布道，不過是為雷蒙·皮納福德（Raymond Penaforte）是教宗額我略手下的教會法規編纂大家，也是道明會的布道大師做的一次熱身而已。皮納福德是一個煽動猶太人皈依基督教的狂熱分子，正是他信心十足地鼓動國王讓納曼尼德自由發言，然後又驚慌失措地說他有技巧性地利用了這次發言機會。對皮納福德來說，巴塞隆納猶太會堂的安息日布道現場和被軟禁的聽眾，無疑是他證明自己比帕羅·克利斯蒂亞尼在辯論方面更專業的一次回歸表演。當有一位拉比質問他「三位一體」在本質上是相互矛盾的，並且其實只是「一位」時，皮納福德犯了一個戰術性錯誤，他竟然把「三位一體」比作紅酒具有味道、氣味和顏色，但仍然是紅酒。納曼尼德反駁說，恰恰相反，這些特徵完全是單獨的、「偶然」聯繫在一起的屬性，其中每一種屬性在某些條件下都可以去掉，從自根本上改變這種液體的性質。顯而易見的是，不管哪種屬性，都會使人聯想（甚至還可能品嘗一下）到對人更有益處的紅酒。當時，帕羅·克利斯蒂亞尼——他一直在生悶氣，或許這時他終於看到了一個向國王證明自己論辯能力的機會——憤怒地站了起來，高聲說：「三位一體」不僅是真理，而且這個真理是如此神秘，甚至連王子和天使都無法理解。「我也站了起來，」納曼尼德甚至有點自鳴得意地寫道，「我說：『好吧，一個人顯然不會相信他根本不知道的東西，所以天使們肯定不會相信「三位一體」。』這時，弗雷·保羅（即帕羅）的同伴阻擋了他，要他別再亂說話。」[20]

巴黎和巴塞隆納審判，都沒有達到基督教一方「導演」所期望的效果。論爭結束後，並沒有出現集體皈依基督教的現象。事實上，這種表演讓猶太人清楚地意識到，他們完全能夠在敵人的法庭上動員，

他們的辯護也並非全然無力。十三世紀中葉以來，按照教宗的命令，猶太人被強迫（有時甚至沒有人身自由）在安放《妥拉》經卷的約櫃前面聽基督徒布道，他們從來沒有過像納曼尼德這樣仗義執言、開朗樂觀的辯護人。那些托缽修士不僅選擇安息日（因為他們知道這一天會堂裡的猶太會眾最多），而且利用一年中最神聖的那些日子——贖罪日、逾越節、住棚節——只要他們願意，就會衝進猶太會堂的大門，用暴力強迫裡頭的猶太人聽他們喋喋不休「控訴」猶太人無知的醜行。當時，對猶太人聖所器物的暴力活動是全然破壞性的，使得他們不得不忍受這種持續的辱罵和謊言（長久以來，他們對此深有體會）的暴風雨，由此造成的深深屈辱感即使已經不再令人感到恐懼，但精神上的創傷卻難以撫平。更可怕的是，托缽修士殘酷的狂風暴雨中，還夾雜著對那些找到福音光明的猶太人進行拯救的恩澤。對那些托缽修士實施的強迫皈依活動來說，恐嚇和利誘皆不可或缺，因為他們的使命就是與日益臨近的最後審判搶時間（猶太人也相信他們自己的彌賽亞將在猶太曆五千年時降臨）。對那些基督徒狂熱分子來說，由於耶路撒冷仍然在阿拉伯人手裡，且在短期內重新征服的可能性微乎其微，所以眼前在猶太會堂裡取得聖戰的勝利是最現實的。顯然他們並不是自欺欺人，因為隨著其手段越來越殘酷，皈依基督教的人數急劇上升，此情形在西班牙尤其顯著。

納曼尼德和巴黎審判中猶太教一方的發言人，當然很清楚這種威脅的嚴重性。這是因為，學會希伯來文的托缽修士越多，他們對《塔木德》越熟悉，如果有更多的猶太皈依者指導他們挑選有爭議的褻瀆性原文，那麼危險就會更大。因此，像納曼尼德關於巴塞隆納論爭的《記述》一樣，大衛和歌利亞戰鬥的故事是猶太人的唯一武器。雖然在他們熱切的心靈裡，這就像拿一把彈弓對抗羅馬教廷這個龐然大物，但卻是猶太讀者的精神支柱。雖然基督徒及猶太教的叛教者都在攻擊這些故事，但在上帝幫助下，難熬的日子終會過去。納曼尼德所有冷嘲熱諷的「旁白」及其對現場的生動描述既是一種辯護，也是一種消遣，尤其是在這輪審判接近尾聲時，他和國王互致敬意、惺惺相惜，場面非常感人。在猶太會堂裡

布道後的第二天，早已為納曼尼德的論辯能力折服的國王再次接見了他，賞賜了三百第納爾，並請求他返回赫羅納，在那裡「平靜地頤養天年。我離開時，也對他表達了深深的敬意」。

這個結局似乎太美好了，很難讓人相信，但卻是真的。這位拉比和國王之間發生的任何難以覺察的情感變化，肯定會引起道明會的反感。道明會並沒有讓納曼尼德回到赫羅納並在那裡不受打擾地「平靜生活」，而是針對這位拉比記此次論爭的《記述》，尤其是其中取笑聖母瑪利亞生產方式的內容，提出了新一輪指控。在獨立審判之前，國王特意私下告訴他們，納曼尼德堅持他並未在《記述》對公眾認可的論辯內容加油添醋。然而，這篇《記述》還是被立即燒毀了。而為了讓道明會，尤其是皮納福德（他顯然是一個可憐的失敗者）滿意，記述者本人（納曼尼德）被判流放兩年。沒過多久，這一判決又改為終身流放。納曼尼德穿過邊境進入了普羅旺斯，當時他已經年屆古稀，孱弱的身軀艱難地跋涉在通向巴勒斯坦的漫漫長路上。他在那裡遇到了兩位認為他是猶太教最後僅剩之人的猶太人，然後他們在耶路撒冷定居。後來，他又去了阿克，在生命僅剩的時間裡收徒講經。他於一二七〇年去世，葬於當地。像邁蒙尼德一樣，他的墓地無從知曉，至今已成千古謎案。猶太社區裡一座不起眼但卻真正屬於中世紀的猶太會堂裡刻著他的名字，有點像是在他死後對他的暱稱——「拉班」（The Ramban），這應該是納曼尼德拉比頭銜和希伯來名字的縮寫（只是令人不解的是，邁蒙尼德也被稱為「拉班」）。每天，都有成群的正統派猶太人出入「拉班」的會堂、低吟高唱、打躬作揖；納曼尼德或許會享受此番情景，但鑑於他一生以勤奮好學、克己自制而著稱，他也可能不喜如此。

III 猶太人畫像

心智的較量是站在舞臺上，在王公貴族、高級教士、傳教者面前為信仰搏鬥。這樣的搏鬥都由基督

教神學家挑起，因為他們堅信，他們必然能夠通過勸說而非武力，通過猶太人珍愛的典籍，在這場改造猶太人「冥頑不化」和「盲目無知」的戰鬥中大獲全勝。當然，他們已經看到，對《聖經》的忠誠就是要求必須放棄《塔木德》，而非一味盲目服從這本書。

但是，中世紀後期猶太人和基督徒之間發生的事情，大多不是如此溫文爾雅。低俗的兩方敵對劇，往往更多地發生在感官層面，展演的舞臺是在其肉體而非心智上，而讓雙方互相攻訐的媒介則是想像而非語言。猶太人和基督徒搏鬥的力量是肺腑而出而非冷靜明理，這使對經典文本的仔細審查演變為一場殘酷、恐怖和受難的戲劇。據說，只要用一種磨難對付猶太人，就能使他們得到光明的解脫，但這純粹出於想像，這是因為，其根據是猶太人在節日儀式上會模仿基督被釘上十字架的情景而常把基督徒釘在架上。另一套對付猶太人的磨難卻非常實在，半點不假，也是基督徒對付猶太人時通常採取的方式——大屠殺。

無論是在天真的想像還是在殘酷的現實中，都充滿血腥。每年受難節（Good Friday），⓲基督教世界普遍認為，從猶太人下體裡流出來的血，可以為釘在十字架上的耶穌之血贖罪。馬太不是說過，彼拉多在行刑前洗手時，基督和猶太人的「血要淋在我們和我們的孩子身上」嗎？[21]第一個以這種贖罪方式流血的猶太人是猶大·伊斯加略（Judah Iscariot）⓳，他的腸子血淋淋地流出了肚子。因為後悔於自己的背叛行為，他吊死在了一棵無花果樹上（有人認為，無花果可能象徵著內臟中的瘻管），由於其靈魂無法升天，便從猶大下體的一個小洞鑽了出來。猶大的腸子因此成為耶穌受難劇的流行主題，尤其在中世紀後期，在幾乎沒有猶太人生活的英格蘭大行其道。約克郡的香腸製作商會出售一種長長的小香腸串，並在所謂的「香腸劇」（Play of the Saucemakers）情節達到高潮時，模仿腸子從那位假門徒爆裂的身體流出的樣子，將香腸一節一節地扯出來。[22]

這種中世紀傳統漸漸流行起來。例如，在湯瑪斯·德·康丁皮雷（Thomas de Cantimpré）的作品中，就

描寫猶太人有一種迷戀帶血痔瘡的癖好，會在復活節前後舉行的儀式上把痔瘡弄破（眾所皆知，邁蒙尼德醫生曾對痔瘡治療作過全面的論述，而這恐怕是證明猶太人有這種癖好的唯一證據了）。幾個世紀後，這種無端的想像演變為更古老的傳說：猶太男人也和女人一樣，會按時來月經。到中世紀後期，這樣的流血現象進一步豐富了猶太人不健康生活習慣的怪誕形象。在海施特巴赫（Heisterbach）的編年史學家凱撒留（Caesarius）講述的故事裡，一個基督徒狂熱地愛上了猶太姑娘（這是中世紀故事中經常出現的套路）；唯一能讓兩人在一起的時機，是在復活節前一個星期內完婚，原因是這位姑娘說那時她的父親會因忙碌於清洗自己的屁股，無暇關照她的一舉一動。此外，十分下流的拉丁詞「verpus」曾被像尤維諾這樣的羅馬諷刺作家，用來指稱割過包皮的下體，現今卻被用來形容彎曲的中指；如今，在美國和歐洲拉丁區十分流行的豎中指這一帶有侮辱性的動作，很可能就起源於中世紀這極惡劣的想像。

在中世紀晚期那個「猜忌病」越來越重的年代，猶太人被想像為變態的、吸血鬼般的怪物，命中注定難以逃過自己發出的血咒。與流血相聯繫的故事完全被演繹為一個傷口血流不止的神話，即所謂「猶太人血咒」。他們有意地將用於洗清人類罪惡的「羔羊」乾淨的血，與用於證明人類的不潔永遠受到詛咒的猶太人流出的血拿來對比。他們甚至認為，標誌著基督（被過分想像和誇大）的完美肉身的割禮，對十字架上受難來說是多餘的，但由於猶太人強制實行這種習俗，使得他們氣血不足。這正是他們平日裡顯得有氣無力、臉色蒼白、氣味難聞的原因。儘管直到幾個世紀後「血祭誹謗」才被列入猶太教的妖魔行為範疇，但在中世紀晚期，基督徒幾乎普遍地認為猶太人經常需要臨時補充營養，而最有可能的方法

⓲ 受難節是基督教紀念耶穌受難的節日，是《新約》記載，耶穌被羅馬統治者釘死在耶路撒冷十字架上的日子。基督教會稱這一天是猶太教安息日的前一天，故規定復活節前的星期五為受難節。

⓳ 即《聖經》中提到的，出賣耶穌的加略人猶大。

就是從剛剛殺死的基督徒兒童的鮮嫩身體上吸血。

幸運的是，他們可以用其他的血來替代，從而阻止猶太人犯罪。在十三世紀，效法耶穌基督遭受肉體上的折磨，是傳教士的必修課。在狂熱的托缽修士們鼓動下，模仿基督的生命歷程就意味著要經歷他所受磨難的所有細節：遭鞭打、戴棘冠，被朗吉弩斯（Longinus）的矛刺穿身體。耶穌受難時使用過的工具——枷鎖、鉗子、釘子、梯子、錘子——都可以代表十字架，其中的每一件都具有特定的贖罪和救贖意義。他們繪製耶穌受難像是一種發自內心的情感表達，正如他們描畫猶太人的形象一樣，只不過他們把曾經對救世主的肉身實施過殘酷折磨的人畫得更邪惡、更醜陋罷了。

在許多意境模糊不清的故事裡，猶太人主動放棄自己的殘忍行為成為一種新典型形式。一個流行的例子是，據說猶太人先把一件衣服浸在醋（rotyn wyn）裡，然後像耶穌那樣背上沉重的十字架，模仿他的表情，並使肉體受鞭打；另一個例子是，據說有一個當老師的利未人在猶太會堂的學堂裡曾打過耶穌像的臉。[23]唾棄、喝斥、戲弄、毆打猶太人，已經成為基督徒最為熱中的行為方式。有時為了一時高興，他們甚至會隨意懲罰猶太人。例如，如果猶太人被懷疑像當年那樣在聖母的葬禮上碰到了她的身體，或他的手和胳膊以奇怪的方式貼上她的棺木，那麼他就要受懲罰，要皈依基督教，甚至得要砍去雙臂。[24]

然而，僅僅是這樣一些仇恨猶太人的過火行為，是不可能讓那些身戴十字架且嗜血成性的基督徒滿足的。每當復活節來臨，通常會有謠言傳出，說猶太人會忍不住要像基督徒的聖餐儀式那樣，再現當初基督的肉身受難的一幕。整個歐洲似乎為此陷入了瘋狂，其程度甚至超出了基督徒的想像。他們認為，從十三世紀開始，每到這個節日，猶太人就千方百計地密謀找到一塊聖餅，用刺傷或其他殘害方式折磨它，再把聖餅埋掉、煮爛或放在石臼裡搗碎，或者三種方式並用。[25]托缽修士們曾經要求基督徒不得與猶太人有任何身體上的接觸，無論是奶媽還是僕人，均不得在同個房間裡工作。當時這一要求變得更為嚴格，他們偏執地認為，應該勸說，甚至脅迫那些在猶太家庭裡提供服務的基督徒，找一塊聖餅作

為猶太人褻瀆行為的證據。對暴力放貸的指控也與這種褻瀆行為連結，因為據說猶太人會故意引誘女基督徒陷入欠債圈套，再大方地免除她的債務，以換取一塊聖餅。其他方面的憑空想像也同樣豐富多彩、隨處可見；如烏爾比諾（Urbino）的烏切洛（Uccello）教堂和加泰羅尼亞地區錫耶納修道院的詹姆士・塞拉（Jaime Serra）教堂的祭壇，以及各地教堂的彩色玻璃窗上，都有侮辱猶太人的裝飾畫面，其內容大多是猶太人正在刺穿一塊聖餅，而在他們驚恐的注視下，噴出的鮮血帶著譴責的力量飛濺到自己身上。其他還有從他們刺破的聖餅中，站起一個白璧無瑕的嬰孩，一旁瞠目結舌的猶太人或許意識到這就是基督出生時的樣子。形形色色的類似圖像層出不窮，比如：猶太人把毀壞的聖餅藏在地下或其他地方，但最終總是會神奇地被揭發。

今天看來，雖然與一千年前屈梭多模那番著名的布道詞所引發的猶太妖魔化浪潮相比，上面提到的這些侮辱和醜化猶太人的行為也許不算什麼，但卻同樣在十三和十四世紀造成了災難性的後果。那些關於褻瀆聖餅，尤其是在動亂的年代褻瀆聖餅的故事，足以引發新一輪屠殺的浪潮。在十四世紀初，佛羅倫斯一帶影響最大的道明會傳教士、來自比薩（Pisa）的喬達諾・達・雷瓦爾多（Giordano da Rivalto）就曾公開逼迫猶太人表演如何用石臼搗毀聖餅的情景，然後殺死了數千名猶太人，而他則興奮地喊叫著：「所有猶太人都被殺光了，在這個省裡不可能再找到一個猶太人。殺死他們是無上光榮的事。」一二九八年，一支由被稱為「國王的騎士倫特弗里希（Rintfleisch）」率領的軍隊橫掃了德國南部法蘭柯尼亞（Franconia）地區一百四十個猶太社區，在這種謠言的蠱惑下把那裡的猶太人全部殺死。在下法蘭柯尼亞的加姆堡（Gamburg），有一百三十名猶太人被殺；在紐倫堡，儘管猶太人逃到當地的城堡中尋求保護，仍有七百二十八人被殺，其中包括像耶希爾・本・米拿現・哈科恩（Yehiel ben Menahem Hakohen）這樣的著名拉比學者；在符茲堡（Würzburg），也有八百四十人被殺。在這樣一種文化中，猶太人的形象雖然也出現在教堂雕塑中，但卻毫無人性可言，甚至被完全妖魔化。所以，人們在四十年後聽說萊茵蘭

地區掀起了第二輪屠殺浪潮，即「臂帶黨」（Armleder）暴亂時（殺人者主要是製革工人，因手臂上纏著皮帶而得名），已經不再感到吃驚。對猶太人來說，更不幸的是這些殺人犯並非德國人，當地的農民、市民和騎士並沒有參與這場仇恨猶太人的大屠殺。

在這樣一個已經司空見慣屠殺的年代裡，人們完全有可能搶走正在母親懷裡吃奶的孩子、撕裂他的喉嚨；他們要折磨、破壞甚至滅絕全部的猶太文化基因，因為這些毫無防範能力的猶太人已經成了道德墮落的仲介、傳染病菌的攜帶者和慣於殺嬰的罪犯。這就是當時基督教文化對待猶太人的普遍方式，甚至（或特別是）在猶太人已經遭到驅逐的情況下也不放過他們。正是在這段時間裡，猶太人的醜惡形象開始出現在神聖的藝術和雕塑中：一群天生鷹勾鼻、黑頭髮、厚嘴唇，迫害耶穌基督的劊子手和綁架兒童的殺人犯。他們醜陋的面孔就是道德墮落的直接標誌。在基督徒心目中，他們成了獸類，有凶殘的性格，所以在威登堡（Wittenburg）、雷根斯堡（Regensburg）、班伯格（Bamberg）、馬格德堡（Magdeburg）、科爾馬（Colmar）、史特拉斯堡（Strasbourg）等許許多多德國大小教堂裡的雕塑中，他們的形象都被醜化了。

就在這時，發生了一件真正具有歷史意義的事件：一次自發性反抗禁止圖像的運動，在猶太教的核心中開出特別的圖像之花。這就好像是把納曼尼德口頭上對基督教的蔑視，化作了猶太人的「心靈之眼」，進而變成了文士的堅定信念，並最終凝固為文書彩繪師手中的藝術作品。自從古代後期出現鑲嵌藝術以來，這還是歷史上第一次用猶太宗教習俗及規定這些習俗的經文來開啟並照亮猶太人的「心靈之眼」。那些希伯來手稿的「啟明者」豐富的創造力，並不是僅僅停留在精心裝飾《聖經》各章起始的第一個大寫字母這個層面上。他們創作、完成了一部幾乎無所不包的動物形象圖集——烏鴉和鴿子、鷹和鴨子、駱駝和鴕鳥、貓和老鼠、獅子和大象、蛇和烏龜，還有其他許多動物。[26]但是，這並非那種隨意拼湊的小百科。如果說，當時那些德國人只是把牠們當成世俗同伴（行屍走肉）的話，那些猶太文士就是要喚醒這種動物化情結。利用《聖經》中豐富的動物形象，西班牙猶太詩歌把以色列人比喻為鹿或兔

子，基督徒迫害者就是一群吠叫著追逐他們這些雄鹿和雌鹿的獵狗，或者是一群追不上拚命逃跑的兔子的狐狸。[27]根據行文需要，同樣一種動物形象可能出現在不同的頁面上。鷹是離開挪亞方舟時第一種被殺死的動物，但牠既可以被描繪為襲擊人類的猛禽，也可能以以色列人的保護使者形象出現在畫面中。獅子是一種野性十足的動物，但也可以被上帝馴化成溫順的貓，且獅子本來就是雅各之子猶大的武器，用後腿站立起來的姿態保護以色列人。雜交動物和神話動物，可能會以反傳統的形象出現在插圖中，但大多已經擺脫了基督教習慣採用的模式。例如：通常出現在聖母瑪利亞膝蓋上的那個大腦袋怪物，回歸為《舊約》中獨角獸（re-em）的本真形象。赤龍的形象則在希伯來手稿中隨處可見，幾乎都是一條蛇形動物身被鱗甲，長著蝙蝠或飛鳥那樣的翅膀，嘴裡噴射出邪惡的火焰。

他們還在裝幀古老的手稿時，採用一些幻想出來的動物代表猶太人，如把鷹頭獅的形象繪製在所謂「鳥首《哈加達》」文本中，這是十三世紀晚期德國的阿什肯納茲猶太人（很可能是美因茲）製作的一件早期裝飾手稿。之所以說牠是鳥，只是因為牠的頭上長著長長的喙。有時牠會穿上衣服打扮成猶太人，最典型的是戴上一頂德國阿什肯納茲猶太人戴的那種倒煙囪形的猶太帽（Judenhut），再現出當年逾越節故事中的情景。[28]但是，在這當中與他們敵對的埃及人並沒有任何自己的動物形象，更糟糕的是，他們往往面容呆滯，沒有任何特點。與此對比，德國猶太人（與西班牙和義大利明顯不同）往往狹義地理解「第二誡命」，他們不僅禁止製作「雕像」（偶像雕塑），而且禁止「模仿天上和地下所有活物的形象」。

羅騰堡那位曾為巴黎焚燒《塔木德》事件作過哀歌的梅爾不愧是沃姆斯的以利亞撒最忠實的傳人，他堅決反對在聖典中添加任何形式的插圖，認為這是對莊嚴祈禱文的一種惡意消遣。然而，他卻在這場「形象之爭」，尤其是在逾越節宣講《哈加達》故事的爭論中全面失利。這類書籍並非用於猶太會堂的祈禱儀式，而是用於猶太家庭中供家人、朋友和鄰居分享的，有時某位富有的贊助人甚至會指定要把插圖最豐富的版本分發到整個社區。在亞拉岡和加泰羅尼亞，尤其是在法國和義大利（也包括德國的某些

地區），由於這種做法在十三世紀晚期和十四世紀越來越受到猶太人的歡迎，所以毫不理會贊助人和文士們反對的聲音，他們把《聖經》人物描繪成凡人形象，甚至在紀念逾越節的家宴上親自扮演其中的角色。同時，這種描繪人物的時尚已經不限於《哈加達》故事，它們不僅進入了《祈禱手冊》（*mahzorim*）（收錄了猶太人所有節期和齋戒日的儀式規則和禱文）、《西都爾禱文》（*siddurim*）（用於日常和安息日祈禱），而且還進入了《摩西五經》，並將其劃分成許多方便閱讀的部分（每部分的開頭都作了各具特色的豪華裝飾），以便在社區的安息日儀式上每個星期逐篇誦讀。最終，它們甚至進入了全部《希伯來聖經》乃至各種猶太哲學經典之中。為了表達對邁蒙尼德的敬意，對他的《〈妥拉〉集要》的裝飾尤其精美而豪華。[29]

然而，正是逾越節家宴講述的《哈加達》故事使猶太人找回了那種「我們到底是誰」的感覺，使他們從基督徒迫害的非人道環境下解放出來。所以，正是在這段時間裡，他們由於遭受著強迫皈依、集體屠殺和無端猜忌這些最嚴酷的壓迫手段，從而迫使他們通過展示自己的形象進行反擊。這並非巧合。當然，在這段時間裡，猶太人有時會感到難以發揮自己的想像力，並且覺得僅靠文字是遠遠不夠的。最明顯、最具有戲劇性和最令人鼓舞的是，他們回擊了與復活節聯繫在一起的所謂「血祭誹謗」以及血腥殉道與妖魔化的指控。十四世紀初，一篇西班牙《哈加達》戲劇性地揭示了猶太人在逾越節家宴上，原來是根據「最後的晚餐」的傳統方式安排座位這種荒謬的對位法！這看起來似乎是猶太文士和贊助人無意間對基督徒「裝飾畫家」作出的回應，但實際上這是一次有意識的、具有歷史意義的反擊。

隨著這類地位突出、光彩照人且通常非常美好的圖畫越來越多，他們開始用摩西的生活來回擊基督的生活和受難的所謂獻身精神。有時，這些圖畫故事可以一直追溯到古老年代，甚至追溯到「創世」之初，如塞拉耶佛（Sarajevo）《哈加達》描述神創世時光輝四射，在深淵的上空突然出現了一道閃光；追溯到亞伯拉罕用兒子獻祭呼喚上帝，雅各與天使角力（完整地作了描述），以及約瑟在埃及的故事，從而預示著將出現摩西式的人物。對猶太會堂裡那些被迫參加基督徒布道宣傳的猶太人來說，通過受難獲

得拯救的觀念是難以接受的，於是他們就用西奈山上上帝的顯現、授予他們律法並把他們改造成猶太人的事實進行回擊。對於從無從記憶的遠古時代以來便開始遭受的無數次迫害和驅逐，他們就用大瘟疫之前關於法老寬容大度的編年史，作為鼓舞人心的生動證據（猶太插畫家，尤其是在亞拉岡的「金製《哈加達》」中，曾經描述了一個與青蛙、蝗蟲、野獸，以及以愉快、卡通風格方式生活的蝨子，一起生活的故事）。

奠基性的解放史詩是永恆的證據，因為迫害和奴役者的軍隊被淹沒在了紅海裡，這正是逾越節家宴的內在涵義。在逾越節之夜，他們會穿上中世紀歐洲的標準制服，滑稽地模仿法老和他的士兵的形象。法老頭戴法國國王或德國皇帝的王冠，士兵們則穿著盔甲沉到海浪裡。更為真實的是，在十四世紀創作的許多《哈加達》故事中，猶太人和非猶太人的體形、腦袋和面容完全一樣；西班牙猶太人有時戴披巾（houce），有時則不戴。米利暗和其他以色列女人在歡慶埃及軍隊被消滅時的形象完全是個猶太女人，宛若舉止優雅、四肢修長的歌唱和舞蹈演員（其中還有一位敲著手鼓）。亞倫和約書亞也成了英雄人物，完全擺脫了原來那種奇形怪狀的基督教諷刺畫形象，甚至連在埃及為法老賣苦力的猶太奴隸，也像其他人一樣，展示出正常的人類形象。雖說如此，偶爾也會出現某些猶太勞工（shtarke）的粗糙面孔。

這當中許多這樣的面孔都借用了基督教作品的插圖，但這恰恰是問題所在。由於猶太人一直受到敵視和圍攻，當他們從恐懼中爬起後，只能從主流文化吸取自己需要的養分，並雇用最好的主流藝術家，因為他們尚未培養出自己的藝術家，僅有的人才稀少。

至少，他們表達的是自己。不是作為飛鳥或野獸（儘管兔子和鹿的精神一直在鼓勵著以色列人），而是作為男人、女人和孩子，作為父親和母親以及其子孫，圍坐在逾越節家宴的餐桌旁，或者（儘管不太常見）聚集在沒有托缽修士恐嚇和喝斥聲的猶太會堂裡。有不止一處猶太會堂內部的壁畫顯示，男人和女人不分階層地站在一塊，而女人在後排的這一事實，從另一方面否定了有關對中世紀傳統祈禱方式的猜測。這些描繪逾越節家宴的場景十分有利，能夠回擊把猶太人的逾越節想像為密謀殺害兒童的秘密聚會的無

端指責。如果一個人想要知道猶太人毀壞聖餅的真相，他不需要到處尋找證據，只要看一看逾越節家宴的場面就足夠了。每逢逾越節來臨，盛有無酵餅（當然不是基督徒用的那種聖餅）的盤子，連同苦草和苦菜（maror，通常為薊草）依次端上餐桌，然後由家裡的長者撫摩在座每個人的頭頂（這是塞法迪猶太人的一種儀式，似已失傳），意思是把一切封存在他們的記憶中樞。

在另一篇由最有藝術造詣的插圖畫家、阿什肯納茲猶太人約耳·本·西門·費比希（Joel ben Simon Feibush）裝幀的十五世紀《哈加達》中，與同時代的外邦人穿著完全相同服裝的兩位猶太女人，一起用當時規定的姿勢托著一籃子無酵餅，這時在場的猶太人要說：「請看，這就是我們祖先出埃及時所吃的痛苦的食糧（ho lachmah di'anya）。」

逾越節的準備工作和家宴本身的許多感人場面，都包括以下這個不可或缺的場面，它徹底推翻了基督徒說猶太人會對基督徒兒童進行無情、非人道殘害的指控。這個家宴上不可缺的環節是：一位富有、地位最高的猶太人，給那些不太富有的孩子和他們的母親分發無酵餅和小甜餅（haroset，一種由水果、乾果仁和紅酒製成的小餅，象徵猶太人在為埃及人建造房屋時所用的砂漿——意味著用甜味壓倒苦味），因此而履行了慈善的義務。在這些場景中，孩子的形象和表現家庭情感的元素幾乎無處不在。

對於猶太人同時從被基督徒固化的殘暴形象、拉比簡單粗暴的陳規舊制中自我解放來說，那些最激動人心的時刻，其實也不過是最簡單的小事。例如，當一個猶太人想要在祝福禱文或節日儀式上，加入某項有益的內容時，他根本無須顧忌這些內容是否不同，甚至有悖於嚴肅的誡命；這麼說吧，就連認真的邁蒙尼德也不會一直忙碌奉獻，他有時也會放鬆一下。在這個戰亂的年代，只要猶太人能夠通過繪畫（無論是畫別人還是自己）提振全體會眾的士氣，就說明他具有表演喜劇的能力。例如，在一本德國《祈禱手冊》（*mahzor*）裡，為了呈現用紅酒祝福被認為是不尊敬的，畫家畫了一男人，仰著頭倚在一張桌子上，把酒杯裡最後一滴酒喝光。比這更有趣的是，在某張關於準備過逾越節的插圖邊角處有個高大

完美的形象，一個衣著怪誕的年輕猶太人正在大吃大喝；他彎著指頭，這個動作顯然是查看他指甲裡是否有殘留的食物。當然，如果非要逼問畫插圖的文士這到底怎麼回事，他們會辯解說這是某部聖典裡的原文，這個年輕人不過是在查看是否有殘留的酵母渣和麵包屑，因為只有這樣的東西才可能留在指甲縫裡。但是，如果你真相信他們說的，就和相信獨角獸是「可食的」沒兩樣。[20]

這一切並非意味著猶太教這個世界性宗教，突然之間變成了一種偶像文化。所謂的真理，只要再往前跨一步就成了謬誤。猶太人非常清楚基督教的偶像已經投下了濃厚的陰影，畢竟這些偶像不僅豎在祭壇上，還被扛著在基督教王國裡招搖過市，而一旦需要，它們受到的崇拜就會被作為證明這種宗教偶像神通廣大的新證據。對猶太人來說，繪畫不過是服侍文字的侍女，僅僅運用於書籍裝幀，儘管其中的書頁包金裹銀，閃耀著或藍或紅、或深紫或翠綠的光輝，但仍然不過是傳授誡命或闡釋《塔木德》的「書」罷了。在不撼動神聖「字符」的崇高地位原則下，他們決定以繪畫表達自己的樂趣。這在歷史上不是第一次，當然也不會是最後一次。

雖說如此，只有在文字和繪畫是相互補充、相輔相成的情況下，或者說，只有在其中的文字和字符本身即有神秘的魅力，類似於（而不是褻瀆）認為上帝是通過字符創造了宇宙和世界的《創世之書》（*Sefer Yetzirot*）[21]所表徵的喀巴拉神秘主義傳統體系時，這樣做才是有意義的。他們所用的字符是希伯來文的原

[20] 意為不可能是真的。

[21] 中世紀猶太神秘主義重要文獻，用希伯來語寫成，作者不詳，一般認為是西元二至四世紀生活在巴勒斯坦的猶太學者所作。該書認為希伯來字母和數字具有特殊的涵義，是神的語言符號，據此來解釋《聖經》，並斷言上帝是通過三十二條神秘的智慧途徑（即十個基本數字和希伯來語的二十二個字母）創造世界的。十個數字分別代表上帝永恆的精神、空氣、水、火以及東、西、南、北、上、下；二十二個字母則構成人類、時間和世界一切存在物的源頭。

始形式。因此，如果發現他們除了借鑑哥德藝術形式（主要是建築）——一種獨特的猶太教繪畫藝術，也就是用字符和文字來組成人物時，我們也不應驚訝。據說，他們的微寫藝術可以一直追溯到九世紀；這是一種書寫微型字符的奇異方式，有時所寫的字符是如此之小，以至於難以用肉眼辨認（起碼對像作者我這樣有些老花的中年人來說，是難以辨認的），似乎遠遠超出了想像中精密機械的靈巧技藝。[30] 一個解釋是，對於為了生活不停地裝卸馬車和匆匆趕路的一個文化來說，進一步壓縮他們本來已經便於攜帶的《妥拉》經卷，是非常有意義的，例如把《以斯帖記》的全文寫在一頁對開的紙上，或者根據需要書在一個碟子或一塊布上。不僅如此，大量的《妥拉》和《聖經》文本還需要發音指導，即在原文的空白處加注讀音，這正是最早一批微寫專家的工作，他們的作品即後來形成的所謂《馬所拉文本》㉒。但是到十四世紀，當他們用希伯來「字符」來描畫獅子和赤龍、鷹頭獅和鷹、狗和國王時，顯然有某些其他的事正悄然發生。在這些扭曲、盤旋、舞動的形象中，在這些所謂的「字符圖像」中間，正孕育著某些古老猶太傳統的細胞。這些細胞在不斷地變異、適應、自我更新，它們一旦被釋放於世，就意味著他們將為了躲避一隻企圖滅絕他們的魔爪，不停地逃亡、流浪。

㉒《馬所拉文本》是猶太教根據《聖經》原文以傳統讀音方式注音的《希伯來聖經》的權威文本。「馬所拉」一詞的希伯來文涵義是「傳統」。希伯來文有二十二個字母但沒有母音，因此不僅誦讀困難，而且相同的輔音加上不同的母音可以變成多個不同的詞語。為了防止《聖經》被篡改或刪節，從西元前六世紀開始，猶太人逐漸形成了譯注《聖經》的傳統，他們甚至對原文的句數和字數都作了計算。到西元六至七世紀，巴比倫和巴勒斯坦兩地的《塔木德》研究院中精通希伯來語的拉比，即所謂的「馬所拉學者」，創造了一套希伯來母音注音符號，他們把這些注音符號標注在詞語輔音字母的上下或字母之間，輔音和母音符號拼讀出來的，就是該詞語的正確讀法。這種標注了母音符號的《希伯來聖經》，被稱為「馬所拉文本」，是一種「可讀」的文本，並作為標準的《希伯來聖經》文本流傳至今。

第九篇
流亡，不停流亡……

I 世界好大！

當法國國王「智者」查理（Charles the Wise）左胳膊上的疥瘡不再流膿並且開始結痂時，他便知道自身的末日或許已不遠了。多年前，一位來自布拉格，醫術精湛的醫生被請來治療他神秘的疥瘡後宣布，即使國王身上的疥瘡不再流膿，他也只剩兩星期時間安排後事。日子就這樣一天天過去，在醫護人員精心照料下，國王他上臂護甲下那難熬的疼痛，在他為奪回被英格蘭金雀花王朝占領的領土而頑強作戰時竟奇蹟般地慢慢消失。然而，正當他覺得就將完成此生使命時，命運的陰霾卻降臨其身，威脅他的性命，這惡果很可能是因為他不得不長期服用砒霜治病造成的。可見，這位「智者」並非總是智超一切。

不過，在這位國王於一三八〇年九月三十日去世，留下整個王國給十一歲的兒子（像「瘋子」查理〔Charles the Mad〕一樣，他幾乎失去了其父奪回來的所有領土）之前，他做了一件還算聰明的事。大約在一三七五年，查理派遣一位使者造訪亞拉岡國王「尚禮者」佩德羅（Peter IV, Pere the Ceremonious），令他向馬約卡島帕爾馬（Palma de Mallorca）的猶太人索要一張「世界地圖」（mappae mundi），也就是時稱的「世界衣」（Cloths of the World），那裡的猶太人以擅長這種工藝而名噪一時。當時，這種偉大的製作工藝已經十分成熟，該張「加泰羅尼亞海圖」❶曾於一三八〇年十一月，與其他九百一十七件工藝品一起被記入

宮廷圖書館收藏目錄，也因此，這位病入膏肓的法國國王，很可能從未親眼見到用六片對開牛皮製作的成品。這張牛皮地圖上，繪製了當時已知世界的版圖——從西面的加納利群島（海圖上標注為「野狗」〔canes〕，這名字聽起來像是火山群間回響著野狗的吠叫聲），到最東面遠至契丹❷的深海列島（據說馬可．波羅曾數過，有多達七千個島嶼）以及特拉帕尼（Trapani）附近的水面（那裡的土著仍然吃生魚、喝海水）。這張可摺疊、繪有圖案的牛皮，其上標有加泰羅尼亞文字和海上季風的方向，泛著或金或銀、或朱紅或暗綠的輝光，將黃道十二宮❸人格化，形象生動、美輪美奐，受到這位年少的國王，即查理六世，還有他叔叔、伯伯的追捧；他們想把這件「寶物」獻給他，或許少不更事的國王也很想將之據為己有。[1]

這種出自馬約卡島的海圖，本來是放在船長舵艙的桌子上以便船長根據第一手海情資料，精確分辨危險的暗礁和海岸，選定適合拋錨的避風港，了解千變萬化的海峽的細節。[2] 這張作為獻給王室的禮物繪製，以傳統工藝製作的「加泰羅尼亞海圖」（現在這件寶物仍留藏在法國國家圖書館）就像我們平日所見之物一樣普通，然而，這位年少國王及其監護人和宮廷圖書館館長，卻可以以它為中心圍成圈，似乎有種在其上指點江山之感。一年後，一三八一年，亞拉岡親王胡安命令一位被稱為「世界地圖暨羅盤製作大師的猶太人（jueu）」，專門製作了另一張類似的海圖，作為禮物獻給查理六世，以期建立亞拉岡和法國的同盟關係。這位猶太人名叫克萊斯卡斯．亞伯拉罕（Cresques Abraham）。為了要製作一張比過去傑作更壯觀、信息量更大的海圖，他和其子雅弗達（Jafuda）必須花上好幾年時間。從技術上講，相對於這種工藝的發明家，克萊斯卡斯不能算是海圖製作者，他實際上只是加泰羅尼亞的一個羅盤裝配工（brujulero）而已，專門製造羅盤並裝飾外殼，以便內部固定在軟木上的磁針可以自由擺動從而指示方向。[3] 當時，這種製作工種之間的界限遠比最近某些學者所作的劃分更模糊，所以這位親王安排的任務才由克萊斯卡斯及其子（他甚至被國王佩德羅授予「宮廷近臣」的特殊榮譽）共同製作完成。

在他們構思、繪製和裝飾的過程中，克萊斯卡斯和雅弗達宛如在天上與天使們站在一起。他們占據

了整個蒼穹——正如托勒密所說，方圓達十八萬古尺（stadium）❹長，即兩萬四千英里——他們瞪大了雙眼，舉起靈巧的雙手，俯瞰波光粼粼的蔚藍大海、曲折蜿蜒的海岸、荒涼而陡峭的曠野，高高聳立的山峰，甚至能看清愛爾蘭的沼澤，和一叢叢小草從泥土中綻出新芽。然而，他們卻毫不猶豫地停止了這項全能上帝才能做的工作，因為上帝禁止其他人冒犯祂無限的獨創性。

雖然被無情地驅逐出自己的領地，誰又能像那些不停流浪並逃到世上各角落的猶太人那樣，占領整個地球呢？在可汗保護下的契丹，在赤日炎炎的努比亞，在國王炫耀自己有七百頭大象的印度德里王國，在馬拉巴海岸和北非地區，凡是有人的地方就有猶太人。正是在離非茲城不遠的地方，克萊斯卡斯設計出了六角星形的大衛盾，這在過去的世界地圖是前所未見的。在「加泰羅尼亞海圖」上，那個在一個世紀前的埃布斯多夫（Ebsdorf）和赫瑞福（Hereford）地圖上，高高地站在地球頂上的耶穌基督徹底消失了。這種替代的確令人震驚，因為在遠東地區、在歌革（Gog）和瑪各（Magog）鄰近地區，有人把這位高高在上的人物想像為天堂中的基督，還有人甚至不切實際地認為其是反基督的形象，但王冠和大鬍子表明，他更像是大衛——手裡握著植物，枝葉從他，即救世主的「莖稈」上伸出，非常巧妙地形成了一個「猶太—基督」的混合形象。在西奈山上的修道院原址，門匾上雖然恭敬地雕刻著「聖凱撒琳」字樣，但同時也標明這是「摩西授予律法」的地方。尤其是，紅海的西北海面被一條窄窄的白線一分為二，當地傳說這就是「以色列的子孫」（這是非猶太人不常用的一個詞語）走過的道路。

---

❶一般認為，這種加泰羅尼亞海圖是在更早的「波托蘭諾海圖」（製成於一三〇〇年）的基礎上完成的。
❷當時歐洲人對遠東中國一帶的泛稱。
❸占星家用來表示星座位置的圖表，分為十二個區，各有其名稱和符號，多用於海圖或推算行星對人生命運的影響。
❹古希臘和古羅馬的長度單位，一斯塔底約為六百零七英尺。

克萊斯卡斯和雅弗達的海圖是為了那些地位顯赫的人準備的，所以他們還要儘量讓這些人能看得懂。這張海圖沒有過多地標注地中海和歐洲各國海岸的地形和海面細節，而是加上了許多沿岸管轄各自領地的國王和王后的形象。其中最令人驚異的是非洲幾內亞國王「穆薩．馬里」（Mussa Melli）；真正的穆薩的確曾在十四世紀早期統治過馬里王國，即非洲西部的塞內加爾和奈及利亞之間的狹長領土。由於他的王國位於黃金運輸線的要衝，其地位如此重要，他甚至藉此誘使伊比利半島各王國的船隊沿西海岸面往下以獲取更大利益。海圖上這位穆薩．馬里身穿精美的綠色細布長袍，留著大鬍子，赤腳，頭戴金冠，穩穩地坐在他的寶座上，手舉著用這種寶貴金屬製成的一個大盤子，就好像他手中掌握著金燦燦的太陽。在西北方稍遠一些的地方，有個面色蒼白的圖瓦雷克人（Tuareg）❺正在一片綠洲上的黑色帳篷前把連枷放到駱駝身上。即便在當時，馬約卡那些說阿拉伯語的猶太人就已經知道，自古以來白人和黑人、捕奴者和販奴者，在撒哈拉南面赤道附近就常年處於敵對狀態，因為許多猶太人本身就是從馬格里布地區和阿特拉斯山區遷移過來的。

「世界衣」記載的是最新的歷史和地理資訊，克萊斯卡斯和雅弗達就為賈米．費雷爾（Jaume Ferrer）船長製作了一件，於是他於一三四六年駕駛一條單桅、橫帆的單層帆船（通常用於運送馬匹）沿非洲西岸南下，直達傳說中的奧爾金河（Rio d'Oro）河口。這個地方被發現後，後來歐洲人紛紛深入「黃金王國」腹地尋找金礦。[4]按照克萊斯卡斯的海圖，費雷爾後面的航線應該折向西南，如此一來，他便能夠滿載財富，並成功帶回也許是真正塞內加爾河或岡比亞河的資訊返航。據說，剛剛征服馬約卡島的亞拉岡國王曾企圖對加納利群島發動聖戰，因為這樣他才有可能完成傳教和掠奪穆斯林控制下的本土的雙重使命。但是，費雷爾恐怕永遠也聽不到這個消息了。他駕駛的小帆船的圓形船尾上的亞拉岡信號旗，最終飄落，沉入深海。當時的亞拉岡國王正沉迷於海上擴張，試圖建立一個從瓦倫西亞和加泰羅尼亞直到沓里島、薩丁尼亞島、科西嘉島和西西里島的跨地中海王國。然而對法國人來說，這一切不過是在吹牛，

一個小小的帝國竟如此貪婪，據說就連海裡的魚都在戲弄亞拉岡人插在船尾的金紅色旗杆呢。

克萊斯卡斯和雅弗達繪製的世界永遠在變動。海圖本身需要變化，大地充滿了生機，而人是活的，他們可以不受邊界的約束，即使是騎著一頭慢吞吞的駱駝，或駕駛一條小船穿過波斯灣，他們也還是自由的。在他們去忽必烈大汗的契丹首都，方圓二十四英里，四周有堅固的城牆的「汗八里」（Chanbaleth）路上，馬可．波羅的商隊穿越高加索高原進入了亞細亞腹地，他們繞過崇山峻嶺，走的應該就是「絲綢之路」。前面是駝隊，再來是步兵組成的衛隊，最後才是隨行團，而滿臉鬍鬚的馬可．波羅就走在他們前面，不時和一個面無表情的韃靼人說笑。其中一個同伴坐在馬鞍上打盹，不小心摔了下來，正如克萊斯卡斯提醒讀者的那樣，他應該是被深夜出來活動的惡靈附體了。

猶太人的身影以不同的方式在路上移動，他們轉向東南進入下多瑙河地區的保加利亞和羅馬尼亞，向北進入了波隆納、俄羅斯，以及荒涼而多山的「阿察尼亞」（Archania，即奧克尼群島〔Orkneys〕）——那裡一年裡有半年黑夜，另半年也只能靠燈照明過活。在「啟明者」靈巧的雙手引領下，猶太人繼續向南遷移，溯尼羅河（正如幾個世紀以來人們認為的那樣，尼羅河在蘇丹西部急劇抬升）而上，進入基督徒和「撒拉森人」（Sarracens，海圖上標注穆斯林時所用的名稱）相互爭戰的衣索比亞，然後乘船橫跨波斯灣（那裡的當地人習慣光著身子潛水尋找珍珠），繼續向東深入內地的荒漠。他們發現那裡尋找鑽石的方式十分奇特，人們把鮮肉撒在山頂上，等著嘴裡含鑽石的野禽把鮮肉叼起來，當牠們要嚥下食物時，口中的鑽石便會掉落。

傳說和事實、痛苦的傳聞和難以抑制的幻想、新發現和古老傳統，一切在移動的擁擠人流中相互碰撞，激發出精神的火花。從這種意義上說，「加泰羅尼亞海圖」無疑是《塔木德》中《哈加達》內容的

---

❺ 西撒哈拉一帶的柏柏人部落。

投影：一種奇特的傳播知識、獲得智慧的閒聊式對話，只不過沒有權威主持人的裁判，而相互打斷的聲音換成了突然改變的風向，和不斷晃動的羅盤。

有史以來第一次，這鮮活的一切被描畫在世界地圖上：表示風向的玫瑰形圖案在西面充滿誘惑的海洋邊緣綻放，三十二條季風線沿著八個主要方向投射，不需任何磁力作用，僅僅借助好奇和熱情這兩種精神力量，就可以改變世界。耶路撒冷仍然居於世界的中心，而雖然該處當時是另一座教堂的所在地，猶太繪圖員仍小心翼翼地，為他們的基督徒贊助人標注出聖墓的所在地，彷彿這些地方並未陷入「撒拉森人」手中。重新占領耶路撒冷和聖地的事實充分體現了騎士身負聖戰使命的力量，這種力量仍未從基督徒的想像中消失，尤其是在西班牙，因為那裡除了格拉納達這塊飛地，已經再也找不到伊斯蘭教的痕跡。在其他海圖上，整個黎凡特地區（Levant）被標示了一個又一個的十字架，但在「加泰羅尼亞海圖」，地圖右端卻有個風格特別的圖案，雖說人們或許想像力過於豐富，不過他們認真認為該圖案很像一把七枝燭臺。

這種想像力是全方位的，總會伴隨著突然出現的機會向某個方向宣洩出來。對於克萊斯卡斯一家來說，無論他們是否僅僅靠「心靈之眼」和閱讀馬可·波羅充滿想像力的遊記而周遊過世界，他們的海圖都代表著一種擺脫束縛的自由精神，因為恰恰在那段時間裡，帕爾馬的大多數猶太人都不得不居住在專門為他們劃出的街區——「暫住區」（Call）。這個詞並非西班牙語「大街」（calle）一詞的縮略，而是希伯來語「社區」（kahal）一詞的變體。更重要的是，這張海圖是繪製者對不同人種的好奇心的一次真實記錄，而其讀者並不限於猶太人，這點已為馬可·波羅的相關旅行紀錄和遊記證明了。它出人意料地消除了主張聖戰者腦中對基督教統一王國的幻想，使他們卸下了渴望在「基督再臨」時全世界皈依基督教的沉重負擔。無論是此方或彼方，各處都有猶太人。儘管他們當中的許多人是十三世紀隨著基督徒征服者一起來到馬約卡島，但嚴格說來，他們對主人的最大價值，是能夠在基督徒與穆斯林之間起到仲介

作用。他們說的和讀的都是阿拉伯語，把具有阿拉伯文化色彩的天文學、醫學和哲學帶給基督教世界，最重要的是，他們能夠與北非的馬格里布國家，還有埃及各種不同的勢力與港口通商做生意。猶太人是不被允許擁有運輸工具的，但獨立的馬約卡國王以及後來的亞拉岡統治者，命令那些基督徒船主接受從穆斯林土地發來，由猶太船運送的貨物。儘管充滿危險，但在馬約卡島的居民中，只有猶太人能夠跨越地中海地區不同語言、宗教和習俗的邊界自由旅行。港口分布最密、海上資訊最多的地中海海岸線上留下了猶太人來來去去的足跡，他們當中有些人甚至穿過愛琴海，或者更進一步冒險進入了大西洋中的那些小島。在幾內亞長長的海岸線以西，星羅棋布的島嶼向他們伸出了歡迎的雙臂（雖然不知道其確切位置）——馬德拉群島、加納利群島，還有一些島嶼的名字不僅標在了海圖上，其怪異的名字恐怕還讓人永生難忘：卡普拉拉（Caprara），意為「山羊島」；布拉吉爾（Brazil），意為「火焰島」；科爾沃（Corvo），意為「烏鴉島」。

馬約卡島本身或許並不是一個「流著奶與蜜」的地方。整個十四世紀有泰半時間，這裡其實是許多猶太家庭的流放地，他們各自被流放的原因可能有天壤之別。有些人或許是在十三世紀隨著基督徒重新征服的大軍，從北非地區和西班牙的其他地方來到這裡，不光在帕爾馬，而且在島中央的印卡（Inca）和錫內烏（Sineu）、東北角的阿爾庫迪亞（Alcudia）、西北角的索列爾（Soller）定居下來。[5]這些地方就像基督教歐洲的其他地方一樣，猶太人通常住在城堡和教堂附近，而有些等級較高的教堂可以管轄群山之間的多個馬約卡城鎮。這在某種程度上意味著，這些管理機構和猶太的生活完全有可能和睦共處。基督教會和王朝當局（這裡曾一度是一個獨立的公國，一三四三年之後才成為亞拉岡王朝的一個行省）都承諾保證猶太人的安全，但同時也勸告他們不要再盲目地追隨他們的宗教，若他們皈依基督教，就能享受到王朝當局平日提供的種種福利。地中海地區一直處於戰爭狀態，教會和王室常常會突然需要大筆的金錢，而猶太人正好可以滿足這方面的需求，但此處也經常發生可怕的暴亂，尤其是在馬約卡國王統治時期，當局往往

會沒收猶太人的財產甚至是當地的會堂。然而一但事過境遷，不久後時局又會恢復到社會互惠的平衡狀態。

在亞拉岡國王佩德羅四世的統治下，馬約卡島的猶太人有理由認為自己已經遠離了仇恨和盲信的風暴，只是有時還會聽到遙遠他方傳來如轟轟雷鳴的排猶風聲。當地的王室明確禁止傳教的托缽修士進入猶太會堂，不得強迫猶太人聽他們布道，通過穿衣戴帽區分人種的屈辱，似乎已經與他們無緣。猶太人在安息日和重要節期舉行集會不會被捕，在基督教的法庭上作證時，猶太人還可以手撫「十誡」發誓，且大部分猶太事務均由他們的自治機構進行管理、裁判。在馬約卡島，沒有人會指控他們是黑死病傳染源，但與此同時，在斯特拉斯堡（Strasbourg），有九百名猶太人於瘋狂暴亂中被屠殺；在一三四九年的托雷多，也曾發生過一場血腥的暴亂。[6] 在馬約卡島上，從沒有出現過侮蔑猶太人向井水裡投毒，或他們會傳播痲瘋病毀滅基督徒的傳言。恰恰相反，像作為「宮廷近臣」地位顯赫的克萊斯卡斯這樣的猶太人，還被賦予了到帕爾馬最高處水井取水的權利。他們甚至被允許修建了一條水道，引下高處的井水，用於舉行猶太潔淨儀式。

像在格拉納達和哥多華哈里發的領地內一樣，猶太文化以前所未有的活力和精湛技藝繁榮起來。邁蒙尼德派和反邁蒙尼德派之間的爭論仍然在持續，只不過後者開始用喀巴拉神秘主義而不再用希臘邏輯學的思辨工具來解釋上帝的啟示。持有不同觀點的拉比紛紛趕到馬約卡島，並非被迫，而是因為他們很願意來這個地方。像開羅和哥多華一樣，這些拉比之中不乏博學多才之人，可以闡釋發源於阿拉伯地區的科學，尤其是數學和天文學。那些精於觀星術的拉比，如列昂·莫斯科尼（Leon Mosconi）、以法蓮·格隆迪（Ephraim Gerondi）和以撒·尼弗西（Isaac Nifoci），為宮廷製造鐘錶和星盤、四分儀和六分儀，像國王身邊的隨侍御醫一樣贏得了特殊的崇高地位。除了各種特權，他們甚至被允許隨身佩帶長劍或短刀——這在十四世紀可不是件小事。當時，無論猶太醫生去到哪裡，都被認為是具有特殊知識和治療能力

之人。的確，不僅在馬約卡，猶太人在整個基督教王國裡生活時面對的基督徒可以分為兩種人：一種人歡迎猶太人為他們提供貼身服務，另一種則厭惡和害怕這種服務，他們認為讓猶太人摸一下就等於是把身體交給了凶手，而猶太醫生開出的藥就是撒旦的尿液。

猶太社區這種繁榮起碼是相對穩定的，其標誌就是他們生活和居住方式的多樣性。局勢穩定下來之後，猶太人可以自己選擇謀生的方式。在帕爾馬東南的聖菲（Santa Fe）和卡拉特拉瓦（Calatrava）附近，自一個小廣場往下，可從三扇不同的大門進入聖殿，這說明猶太人可以隨意出入其中。當時，「暫住區」還不能算是「隔都」。在馬約卡島上的卡拉特拉瓦鎮，以及他們定居的印卡和索列爾這樣的小鎮上——正如人們期望的那樣，不僅有大量的猶太銀匠和金匠，而且還有一些種植和出售番紅花的藥商和紅酒經銷商（像「可食」肉類一樣，非猶太人的「可食」紅酒生意十分興隆）。那裡有染房和出售絲綢和亞麻的布店，製造肥皂的作坊。並且由於馬約卡島的生意和具有濃厚猶太色彩的巴塞隆納聯繫緊密，一條以造紙、圖書裝訂和銷售（尼弗西的另一項生意）為主的特殊產業鏈越來越熱門，銷售的產品從帳簿到希伯來文和阿拉伯文經典著作、譯本，一應俱全，尤其是各種裝飾精美的手稿，更日益受到當地人的青睞。馬約卡島上的生活雖然不算是理想，但在當時，誰又能找到比這裡更好的地方？這是一種可能實現的生存狀態，其中周而復始的猶太生活——逾越節家宴、婚禮和葬禮、紛亂的集市開放日和莊嚴的齋戒日——完全能夠在沒有恐懼的環境下正常進行。如果像過去那樣，帕爾馬出現了由某些附近城鎮和鄉村引發的仇恨和暴力活動，比如離此不遠的印卡在一三七三年就曾發生過一次大規模的屠殺性暴亂，在佩德羅四世統治下生活的猶太人完全可以期望自己受到官方的保護而不受暴徒傷害，而這些暴徒通常會受到當局嚴厲的懲罰。

然而，在克萊斯卡斯和雅弗達把那張偉大的海圖呈交給法國國王後，僅僅過了十年，作為海圖製作地的馬約卡島上的猶太社會，卻突然崩塌了。到一四三五年，島上的猶太人似乎完全消失，只能作為強

制皈依的人（chuetas）偷偷地活著。這些猶太人只能在星期五晚上的安息日之夜悄悄點上蠟燭，在爐子上通宵燉好「過夜飯」（adafina）❻，以便在安息日能品味一下殘留在記憶中的食物，而這也是此猶太社會的後人們唯一能找回他們的祖先的線索。這一切讓人不禁想問：這裡到底發生了什麼事呢？

像塞法迪（伊比利半島）的每一個重要猶太社區一樣，一三九一年夏天降臨在馬約卡島猶太人頭上的連綿不斷災難，是自一個不祥的「聲音」起始。歷史學家往往不願意把一切的原因歸結為個人的力量，但不容否認的是，在西班牙發生的事不過是一個縮影，是針對整個歐洲鄉村和城鎮掀起的，已確立的政教合一統治權威的起義浪潮；或許，這是人們對政府沒有能力在死亡率達三分之一的鼠疫大流行期間保護其臣民的一種遲到反應。然而，正是那種敢於說出或喊出令人震驚的暴力事件真相的聲音，才使得強大的權力當局在野獸般的哀嚎中轟然倒地，被從城堡和王座上拉了下來，洶湧而來的怨恨更進一步演變為深重的災難，而人們的喊叫則演變成了集體屠殺。

在西班牙，發出「聲音」的是塞維亞西邊大約五十英里的厄希哈（Ecija）副主教費倫·馬丁內斯（Ferran Martinez）。也許是由於馬丁內斯缺乏神學方面的經驗和學識，只能用冷酷而簡單的語言暴力來補償，但或許正是他這種缺乏經驗的力量和怒氣難平的狂熱，才使其敢於以更高權威的名義挑戰王權，從而使他從城鎮和鄉村的普通基督徒民眾間贏得了聲譽。[7]當時，有三分之一的人口因瘟疫而喪生，人們普遍認為這如果不是上天的懲罰，就是由猶太人、異端分子和麻瘋病人共同密謀的罪，在這樣一個人心惶惶的世界裡，人們既沒有時間考慮保留猶太人作為基督救苦救難的見證的傳統奧古斯丁哲學，也沒有耐心一個個地去勸說他們皈依。既然已在聖地被挫敗，基督徒的恐懼和憤怒迫切需要一場聖戰來發洩，既然目標不是在伊比利半島幾乎已經被徹底擊敗的阿拉伯人，那麼針對魔鬼般的猶太人有何不可呢？

馬丁內斯從一三七八年開始在卡斯提爾南部的城鎮進行傳教，以號令式、冷酷而簡單的「聲音」

說：「無論何時何地，你的使命就是攻擊猶太人。」因為按照教會內部的法令，設立猶太會堂——當時被稱為「撒旦的居所」，並且據稱信徒們每天都會在裡面詛咒基督和基督徒三次——是非法的，所以解決的辦法非常簡單：一律摧毀這些會堂，並且要立即付諸行動。至於那些經常到這些地方幹壞事的猶太人，他們只能有兩種選擇：立即皈依基督教或被處死。

馬丁內斯在傳教之路上與各地的政權產生衝突，當地的國王被他拒絕給予猶太人受其保護的自治和公共正義權利的做法大大地激怒了，並且尤其震驚、反感於他宣稱猶太人要由他本人來審判的狂言。至少有兩個國王和一個攝政王，曾命令他收回自己的聲明，並停止針對猶太人進行傳教活動。凡是在他煽動下已被破壞或摧毀的猶太會堂，均須由他負責恢復原狀，但這種聲勢浩大的命令對馬丁內斯來說不過是一紙空文。各地教堂的許多高級神職人員同樣也恐懼於此，塞維亞的大主教巴羅索（Barroso）甚至把他視為一個異端和反叛者，但其他人則擔心托缽修士的勢力會因此而變成地下犯罪團夥。當時的猶太人事實上在官方保守勢力與基督徒形成的狂熱勢力之間飽受折磨，因為王室既想追究那些暴徒頭目的責任，又不安於穩定局勢日益被破壞的騷亂局面。因為倫敦有一個加泰羅尼亞猶太商會，所以在瓦特·泰勒（Wat Tyler）和約翰·鮑爾（John Ball）的鼓動下，理查二世差點在一三八一年對此採取行動也就不足為奇了。西班牙的猶太人面臨了幾乎同樣的命運：由於不能按時領到工資，基督徒士兵和船員老想挑釁滋

❻根據不同的考證來源，這個希伯來語詞的基本涵義為「熱的」、「熱飯」、「保溫」、「慢燉」等。按照《妥拉》的規定，猶太人在安息日不得舉火，所以這種食物要在前一天（星期五）太陽落山前（甚至星期四）開始準備，一般要燉一個通宵（十二個小時以上），並保溫至第二天安息日中午食用。其基本成分為肉類、豆類、馬鈴薯、大麥、水果、完整的蛋以及草藥（如番紅花）等，各地略有不同。這種習俗主要流行於中世紀的伊比利半島及其周邊地區，現在北非的某些猶太社區仍然沿襲著這一傳統。

事；由於雄性激素過剩，那些懷著新仇舊恨的新兵不停揮舞著畫有十字架的旗幟；狂熱的托缽修士盤算著讓猶太人皈依或直接殺死他們，以便讓基督盡快再次降臨；普通的市民和農民則大都認為，猶太人是放高利貸者和吸血鬼。雖然市政當局發布的命令都是要堅決消除民眾的敵對情緒或嚴厲懲罰犯罪分子，但如果真的實施示範性的懲罰，又往往起不到恢復秩序和穩定的作用。馬丁內斯團夥的兩個小頭目，由於煽動市民違反塞維亞當局的命令而受公開鞭打，貴族古茲曼（Guzman）僥倖從市民的怒火中逃脫了，保住一命。國王胡安一世於一三九〇年落馬而死後，卡斯提爾王國落入了其子亨利三世——他也是個未成年的孩子——的手中，形成了一段權力真空期。迫於自治猶太社區（aljama）領袖們的壓力（他們甚至直接到羅馬教廷進行上訪，要求教宗本人譴責馬丁內斯），攝政會發表了象徵性的聲明，但這位副主教根本不予理會。馬丁內斯儼然從地痞無賴變成了革命者，他一次次蔑視王權的態度和行為並未受懲罰，因而他便更加自信地認為，在貫徹基督真正意志的是他，而非國王或主教們。一三九一年初，他的瘋狂已經無法遏制，竟以自身名義向卡斯提爾地區的教堂發布命令，要求立即摧毀其境內的猶太會堂。

靠不安定的暴力活動鼓吹起來的風潮很容易破滅。一三九一年三月，攻擊塞維亞猶太人的行動被鎮壓，犯罪分子受到了懲罰，然而六月第一個星期，卻開始了一場針對當地猶太社區（即現在的聖克魯茲區）的大屠殺。在馬丁內斯及其率領的托缽修士的煽動下，一夥年輕人衝進了社區，騷亂迅速演變為只有一方攜武器的所謂聖戰。短短幾天之內數千猶太人被殺（有的資料說是四千人，但實際人數肯定只多不少），屍體就堆在大街上。那些曾被馬丁內斯指定必須摧毀的塞維亞猶太會堂雖然大多規模不大，但不管裡面有人與否，一律被夷為平地。三個最大的會堂——包括現在被稱為「聖巴特洛梅」（San Bartolomé）教堂的猶太會堂——有兩個當時被改成了基督教堂。女人和孩子在一片哭喊聲中被扯著頭髮拖到洗禮池邊，繼續反抗的人則被割喉。有大量失魂落魄的無辜者主動接受，甚至乞求皈依基督教，他們古老而美麗的名字立即被換成了新教父和教母之名。

在另一個地方，有條「大魚」落入了聖彼得的網中。受人尊敬的猶太拉比、來自布哥斯（Burgos）的稅務大亨所羅門．哈列維突然變成了狂熱的基督徒帕羅．德．聖瑪利亞（Pablo de Santa Maria）；他回顧說，自己是深深折服於多瑪斯．阿奎那（Thomas Aquinas）的哲學，而不是在刀劍和暴徒逼迫下才皈依基督教，而僅憑這一條就足以使他爬上所在城市的主教寶座，最終成為卡斯提爾王國的內閣大臣。他最喜歡的《塔木德》研究院學生和門人約書亞．哈羅基（Joshua Halorki）雖然一開始十分震驚於其師的叛教行為，但最終也克服了自己強烈的反感，變成了狂熱的福音派牧師傑羅尼默．德．聖菲（Geronimo de Santa Fe），並成為教宗的私人醫生。就他們對猶太信仰造成的傷害來說，叛教只不過是一切的開始，因為這兩位人士堪稱最冷酷的叛教者。哈羅基（聖菲）在一四一三到一四一四年托爾托薩舉行的一場論爭中，在過去的同胞拉比面前為基督教辯護（他不止一次用在喀巴拉神秘主義方面的知識證明，耶穌之名內在於猶太人神秘的字符當中），並且還聲稱，他在這場辯論裡沒費多大力氣，就使對手中的兩個人皈依了基督教。哈列維（聖瑪利亞）說服他的兩個兄弟皈依基督教，還讓自己根本沒有選擇權的女兒和四個兒子也受洗。但他二十六歲的妻子喬安娜（Joanna）卻沒有遵從，離開了他，直到一四一〇年去世為止，都恪守對猶太教的忠誠。然而，喬安娜所做的一切，並未能阻止主教前夫把她葬在他任職的教堂墓地，直到現在，她仍靜靜地沉眠在那裡。

隨後幾個月，大屠殺幾乎吞沒了擴張後卡斯提爾王國裡所有的主要猶太生活社區，其中有許多更是古老的猶太學術和文化中心，比如：哥多華、盧塞納、托雷多。對猶太人痛下殺手的信號變成肆無忌憚的表演，有時是教堂鐘聲敲響（如托爾托薩），有時是藝人擊鼓並做出灑聖水的動作，這些都可能意味死亡陰影將籠罩猶太人。[8] 八到七月間，恐怖浪潮從卡斯提爾湧向當時已屬於亞拉岡王國的瓦倫西亞，有二百五十名猶太人被殺。接著浪潮又襲向加泰羅尼亞和納曼尼德的家鄉赫羅納，並於八月初進入巴塞隆納，通過集體屠殺或集體皈依的殘酷方式，滅絕了這個古老的猶太社區。拉比哈斯代．本．亞伯拉罕．

克萊斯卡斯（Hasdai ben Abraham Crescas）是一位反邁蒙尼德派《塔木德》學者，他曾作為瓦倫西亞非官方的大拉比，受國王胡安的隆重接待並一直隨侍左右。在最恐怖的屠殺發生時，他恰好在巴塞隆納，在痛苦中留下了一段生動的描述，訴說人們當時如何屠殺手無寸鐵的猶太人：「在我們飽經災難的桌子上，放著毒草和苦艾……他們用弓箭和石弩攻擊聚集在城堡中的猶太人，把他們打死在塔樓裡、用鞭子抽他們。許多猶太人『聖化了上帝之名』（意即『被打死』），其中就包括我（唯一）的兒子，不久前，他才剛新婚；有人自殺，有人從高高的塔樓上跳了下來……在跳樓之前，他們的四肢顯然已經斷了……許多人跑出建築物，毅然在大街上『聖化吾名』（意即『自殺』），剩下的人都皈依了基督教，也許只有幾個人逃過一劫、躲了起來……由於我們犯了罪，今天在巴塞隆納恐怕再也找不到任何以色列人了。」[9] 根據克萊斯卡斯的記述，我們可以想像瓦倫西亞和加泰羅尼亞的悲慘場景。這場浩劫後剩下的只有一座「猶太山」，那是供遊人休憩的美麗的公園，過去曾是猶太人的墓地，其名由此而來。後來，從「猶太山」上拆下來的石頭被人們裝點在這優雅城市的許多建築物上，從那兒採來的石頭，於是遍布整個巴塞隆納。

馬約卡島上的每一個猶太人，恐怕都不相信自己面前的海浪，能夠擋住卡斯提爾和亞拉岡的恐怖陰雲，不讓陰慘的風吹入島。瓦倫西亞大屠殺和集體皈依的消息傳到島上後，像所有西班牙猶太同胞曾經做過的，猶太社區的領袖們立即去拜訪王室的駐島總督並請求提供保護。像他們一樣，總督也作了最大的努力，他把城裡的猶太人集中到帕爾馬的「暫住區」，鎖上大門，禁止非猶太人進入這個臨時闢成的猶太院落。住在島上邊遠鄉村恐慌不安的猶太人，紛紛騎著騾子和毛驢、坐著馬車就近逃進了當地的小城鎮，許多人甚至一路逃到了帕爾馬，因為他們認為，這裡的城堡是他們能夠活下來的唯一希望。[10] 這個在猶太流浪者心目中最大的猶太人口中心，這個星盤和海圖製作者、測星家和羅盤製作者所在的猶太社區，成了一個收容被嚇壞的受難者、既是避難又是監禁的集中營。克萊斯卡斯和他的贊助

人「尚禮者」佩德羅早在一三八七年時都已經去世，但其子雅弗達卻仍然在與尼弗西以及其他地理學家合夥做生意。[11] 城堡的大門緊閉時，突然出現了一支由揮舞畫有十字架的兵器，七千名暴怒「省民」（provenciales）❼組成的軍隊；他們被關在城外，猶太人被關在城內。駐島總督試圖與暴徒妥協以緩和局勢，但由於安東尼奧・西恰爾（Antonio Sitjar）匪幫的加入，暴徒人數眾多，他的斡旋毫無效果，而如同其他地方的情況，他自己有幸躲過了這次劫難。當時，由於「暫住區」三扇大門的守衛力量皆薄弱，反而成了暴徒的突破口，其中一扇門很快就被撞破，屠殺便由此開始。兩天內，有至少三百具屍體躺在大街上或院子裡，其中許多是女人和兒童。像過去一樣，緊接著是一系列的褻瀆性行動：猶太會堂被摧毀或改作基督教堂，《妥拉》經卷被用巧妙的手法汙損或撕碎，暴徒的聖杯不再是空的——裡面盛滿了債務和合約書的灰燼。

本來想方設法擠進城堡的雅弗達和以撒・尼弗西，選擇了受洗才保住性命。整個社區共有兩千多名猶太人，而受洗隊伍有一百多人；這位海圖製作者按照他新教父的名字，改稱自己為若姆・里布斯（Jaume Ribes）。對於若姆或雅弗達來說，洗禮儀式兌現了今生以及來世的承諾。他可以與原來的徒弟撒母耳・考克斯（當時已經改名為梅西亞・德・維拉德斯特爾斯〔Mecia de Viladesters〕）一起，繼續製作和繪製海圖，並且在一三九九年接受了另一項任務，製作一張更大、更具有王室氣派的世界地圖。有時，他會從馬約卡島，搬到巴塞隆納或薩拉哥薩的宮廷住一段時間。事實上，這些「新基督徒」可以很方便地滿足老基督徒們對用希伯來文裝飾的《聖經》、各種聖詩集和祈禱書的需求，因為他們可以用裝飾海圖的技藝，包裝、修飾這些宗教經典。文士、裝訂工和書商都成了這個行業中的行家，而這些「皈依

❼即普羅旺斯人。在羅馬帝國看來，整個高盧南部即普羅旺斯語區屬於外省，其中的居民被稱為「省民」。

者」（conversos）對自己新的身分充滿了信心，自豪於本島上首屈一指的建築大師吉列爾莫・薩格里拉（Guillermo Sagrera），為他們建造了「格拉西亞聖母教堂」（Nostra Senyora de Gracia）。聖多明哥的另一夥「皈依者」，直截了當但卻十分荒唐地，宣稱自己屬於「以色列民族」，而這種信心似乎是具傳染性的。在暴亂平息下來之後，王朝當局開始對馬約卡島和亞拉岡其他地方的暴徒首領採取強硬手段。據說，瓦蘭特（Violant）女王對他們膽敢挑戰王室權威的行為特別憤慨。匪幫首領西恰爾和暴徒頭目路易・德・貝爾維勒（Luis de Bellvivre）被逮捕並被處以絞刑。猶太人要求歸還被搶走的財物，當局甚至還頒布法令，允許那些被迫皈依基督教的猶太人回歸自己的信仰。

儘管那些精心製作海圖和裝幀典籍的人在工作上非常出色，且為了新的信仰而安居下來，但仍然有許多猶太人的社區無法恢復。印卡、索列爾、錫內烏和阿爾庫迪亞的猶太人，一直沒能回到他們在山裡和海邊的鄉村居所。儘管當局試圖阻止他們離開馬約卡島，並剝奪了猶太社區的財產，但他們絕大多數都已經改變了原來權衡這兩種一神教中，到底哪一種讓他們受到的迫害更少的想法。於是，他們毅然跨過地中海，去了北非的伊斯蘭世界，在阿爾及爾和非茲那些與眾不同的猶太社區定居下來。正是在那裡，克萊斯卡斯繪製出了著名的六角星大衛盾。

雖然（據說）王室當局以及當地城鎮的市長和鎮長（alcaldes），都對猶太人的離開感到遺憾，但許多激進的教會成員卻認為這是一種解脫——他們總算走了，這也算是清除頑固的猶太人的一種方式吧。言外之意是，另一種清除猶太人的方式就是殺死他們。當然，還有第三種方式，即皈依——這是長期以來許多基督徒堅持並期望達到的目標（其中就包括馬約卡島的神學家雷蒙・盧爾〔Ramon Llull〕）[12]——但強迫猶太人皈依真的行得通嗎？這些「新基督徒」真的成了基督徒嗎？他們聚集在自己的教堂裡，甚至毫無顧忌地稱自己為「以色列人」，這難道不是一個信號嗎？一三九一年創傷性動亂的鮮血乾涸、塵埃落地之後，這樣的疑問很快在西班牙擴散開來。那些「皈依者」之所以接受洗禮，或許只不過是為了逃避死

亡，但他們的心、腦和家庭卻一直忠於他們原來的盲目信仰及其特殊的生活習俗。更糟糕的是，難道這樣的秘密猶太人不會腐化那些真心的皈依者，從而使他們「像狗尋找骨頭一樣」（這是基督徒妄想狂當時在這件事上經常使用的「固定」短語）回歸原來的宗教嗎？

正是在這樣的恐懼和猜疑的驅使下，最著名的好鬥分子文森・費雷爾（Vicente Ferrer）於一四一四至一四一五年登上了馬約卡島。在這段時間，托爾托薩舉行了另一場針對猶太教的論爭加審判的表演，根據所羅門・伊本・弗迦（Solomon ibn Verga）的《論爭紀實》（*Shebet Yehuda*）中的記述，在近千名觀眾面前，為朝臣、主教和紅衣主教安排了七十個座位，並且由製造教廷分裂的「教宗」本篤十三世❽親自主持。[13] 對教宗來說，這無疑是合法化好鬥信仰的一個大好時機，所以他一開場就宣布：「我今天來到這裡，並不是為了證明兩種宗教哪一種是真的，因為眾所周知，我的宗教和信仰是真的，而你們的《妥拉》曾經是真的，但現在已經被廢除了。」然後，傑羅尼默・德・聖菲開始咬牙切齒地引用《以賽亞書》的經文，大意是如果拉比們不能作出「解釋」，「你們將被刀劍所吞沒」。但他的論證思路與那些研究過巴塞隆納論爭的人並無不同，無非是說人為製造的《塔木德》以欺騙手段侵犯了《聖經》經文神聖的權威性，

❽其實，本篤十三世當時只是與羅馬教廷「分庭抗禮」的亞維農教廷的教宗，即由自己的樞機主教團選出的所謂「對立教宗」（Antipope）。進入十四世紀後，羅馬教廷的影響進一步削弱，尤其是在一三七八至一四一七年間，由於法國、德國、義大利等諸侯國爭奪對教廷的控制權，結果造成天主教會同時有兩個教宗甚至三個教宗鼎立的局面，這就是歷史上著名的天主教大分裂時期。一四〇九年三月在法國國王查理六世的倡議下，法國亞維農和義大利羅馬的樞機主教團決定在比薩舉行會議，希望羅馬教宗額我略十二世和亞維農教宗本篤十三世同時退位，然後共同選出一位新教宗。但經過近半年的爭吵，兩位教宗都拒絕了這一建議。於是比薩會議史無前例地宣布罷免兩位教宗，另選亞歷山大五世為教宗。這樣一來，當時的天主教世界竟然同時出現了三位教宗。本篤十三世直至去世一直作為非正統的「對立教宗」主持著自己的教廷，一般不將其列入正統的「歷代教宗年表」。

以掩蓋《聖經》精確地預言到耶穌基督就是救世主的事實等等。

作為一種策略，這種對信仰的審判早就已經過時了。儘管費雷爾也宣稱自己採用的方法，是一種通過推理進行勸說而不是暴力的活動，但實際上完全是一種威脅恐嚇和矯揉造作的表演。為了顯得比費倫·馬丁內斯更有說服力和魅力，費雷爾特意穿上了一件最粗糙的長袍，在破爛的背部畫著一個「雷神」的形象，似乎代表著他遲到的罪惡。他身邊總是陪著幾個「自笞修士」，擺出一副懺悔的神情，排成一列，舉著火把，並不停地用皮鞭抽打自己，直到鮮血浸濕長袍，才猛地撞進猶太會堂的大門。費雷爾本人就走在他們前面，一隻手舉著十字架，另一隻手則拿著一卷《妥拉》書卷。猶太人被迫站在他們的約櫃前，聽著修士們歇斯底里地又喊又唱。凡是十二歲以上的猶太人，無論男女，都必須參加這樣的布道活動。雖然消息不多，但有時也會聽人們說起，「自笞修士」的人數多得足以把會堂裡的猶太人趕到城外的山裡或樹林中。

然而，與費雷爾發起的殘害猶太人生命的動亂相比，如上惡行也許根本就不算什麼。一三九一年的滅絕行動把整個塞法迪撕成了三部分，各有約十萬猶太人：一部分被殺，一部分皈依，還有一部分人無論面臨什麼樣的迫害都決心繼續當猶太人。面對這樣的局面，費雷爾要求把剩下的猶太人驅趕得夠遠，使他們沒有任何可能接近新基督徒和玷汙基督徒社會的機會，也防止基督徒陷入再次「被猶太化」的迷途。一四一三年，馬約卡島頒布了一項對猶太人實行種族隔離的法令。這是一種通過製造貧困強迫猶太人皈依基督教的策略，其目的顯然是為了先使他們的日常生活變得難以忍受，讓他們不得不歸順十字架下的宗教；有無數案例證明此策略成功。儘管猶太人賴以謀生的大多數職業並不在禁止之列，尤其是向基督徒出售日用品的職業，包括賣肉和酒類或其他食品，以及皮革製品、珠寶和紡織品，但他們必須搬出基督徒的居住區。從此之後，任何猶太人都不得放債、出租房屋或土地，不得擔任訴訟代理或收稅人，更不得擔任公共事務官員，以防止基督徒受猶太人轄制。此外，讓許多老病號感到吃驚的是，猶

太人不得以任何形式行醫或做手術，不得出售或以任何形式開藥、補品或糖漿。這種種族隔離是極其嚴格、非常徹底的，所有基督徒女性，從最純潔的少女到最下賤的妓女，日夜皆不得進入「猶太區」，甚至不得與任何猶太人交談，即便是一般的閒聊也不行。而正是在這一系列的禁令下，我們可以更清晰地對比出過去在馬約卡島和亞拉岡、卡斯提爾地區，猶太人和基督徒是如何親切而隨興地一塊過生活。新禁令一下，猶太人和基督徒便不再能一起吃飯或喝酒；猶太人不得為基督徒病人看病，也不得送給他們任何禮物，不能送蛋糕和麵包，也不能送美味的菜肴、水果和酒類。

當然，除了這些，猶太人還得忍受更多的屈辱。他們不再能做任何能被人尊稱為「先生」（Don）或「夫人」（Dona）的裝扮，不得穿鮮紅或其他顏色鮮亮的衣服，也不得使用絲綢之類的精紡布料，更不得戴面紗或用金銀珠寶打扮自己。猶太人只能穿手織的粗布衣服，尤其是猶太女人，她們穿的衣服還要長得拖在地上才行。所有猶太人一律配戴輪形的識別牌，並禁止男人修剪鬍鬚，這樣人們就能一眼分辨出他們來。猶有甚者，他們也不得閱讀含有被認為屬於褻瀆基督教內容的《塔木德》的任何書籍。

儘管文森．費雷爾的種族隔離政策於一四一二年在瓦拉多利德（Valladolid）正式立法，但當中大部分最嚴厲的限制措施是不可能實行的。實際上，幾年後許多條款就被撤銷了，原因是世俗統治者試圖重新施加權力，掌控托缽修士、馬丁內斯和費雷爾之流構想出來的這個瘋狂世界。後續事實證明，那些王室政客和朝臣，甚至國王本人顯然為局勢迷惑。由費雷爾發起，在馬約卡島、亞拉岡和卡斯提爾地區實施的種族隔離政策，在十五世紀八〇年代帶著復仇的火焰捲土重來，猶太人被嚴格限定在八天內搬到為其劃定的唯一的居住區。這些新劃定的居住區，大多是城鎮中環境汙染和道德墮落得最嚴重的街區，那裡的屠戶把動物內臟扔在大街上，皮革廠散發陣陣惡臭，妓女擠滿大街小巷。雖說歷史書寫講求精確的年代，不太能隨意類比，但看看當時情景，除了焚屍爐和行刑隊，和後來納粹做的有何差別？

一四三五年發生的又一次血祭誹謗案，無疑是「致命的一擊」，從而使被困在「暫住區」中的猶太

人從意志頹喪變成了驚惶失措。[14] 這次誹謗唯一的新奇之處，是指稱（像過去一樣，其實誰也沒有見過他們指稱的場景）猶太人模仿耶穌受難的十字架上的受難者，變成了一個非猶太人。為此，人們成立特別法庭，而在城裡和鄉間暴徒的叫罵聲中，一位拉比遭到毒打，四位已經認罪的猶太人被判處絞刑，被綁著腳倒吊起來，以延長臨死前痛苦掙扎的時間；屍體全被焚燒殆盡。由於害怕一三九一年的慘劇重演，「暫住區」裡剩下的猶太人大多逃到了呂什（Lluch）附近的山洞，在那裡飽受土匪蹂躪，然後作為俘虜被押回了帕爾馬，幾天後被要求集體受洗。判死刑的聲音終於停止了，猶太人默默地排成一列，緩緩走進基督教堂去聆聽那美好的「感恩讚美詩」（Te Deum）。第二天，他們神聖的典籍和器物變成了祭品，《律法書》的羊皮卷付之一炬，而在僅剩的猶太會堂大門被鎖起來之前，據說掛在馬約卡聖殿中最讓人喜愛的器物，一座可點三百枝蠟燭的巨大、美麗的燭臺被搬了出來，送進了附近的基督教堂。如果今天讀者諸君有幸到此一遊，仍然可以親眼觀賞它的「雄姿」。

當然，馬約卡島上留至後世的並不止於此。在一項調查島上兩萬名「皈依基督徒」（Chuetas）❾群體攜帶的Y染色體的研究中，科學家證實他們正是十五世紀猶太皈依者的後裔。就這樣，猶太人的故事在他們的血脈裡川流不息，越來越體現於他們再生的文化中。

II 托雷多

這裡是「西班牙的耶路撒冷」嗎？是的，幾個世紀以來，許多西班牙城市曾被猶太人稱作耶路撒冷，因為他們希望並且相信那就是他們流亡中的家園：哥多華、格拉納達，甚至還有塞維亞。幾乎與希伯來語中意為「後代」的「toledot」❿一詞同音的托雷多這個城市的名字，應該不是一個巧合。[15] 猶大·哈列維和摩西·伊本·以斯拉都曾在這地方生活，並寫下了美好的詩篇（雖說他們的生活也許並不是

太美好）。托雷多人也許會說，只要看一眼這個坐落在山頂的城市，你就會發現它多麼像大衛王的王冠啊！

現在，你如果真想親眼看看托雷多，緊鄰雄偉、堅固的教堂的觀光局官員，會迫不及待指引你去城裡兩座重建的猶太會堂和塞法迪猶太博物館。於是你穿過狹窄街道，兩邊是比肩而立的杏仁糖果店，經過一面又一面櫥窗，店主不停招呼遊人購買金光閃閃的托雷多鋼刀，然後是一間雕刻鋪子，還有販售彎刀的小店；這樣的彎刀對機場的安檢來說，或許有點太鋒利了。然後，你會經過一家猶太咖啡店，裡面供應一種伊比利醬火腿三明治，但都不是「可食」食物。最後，你終於看到位在高處的巷子，那兒就是中世紀的猶太人居住區。那地方現今已是個毫無猶太人的小鎮，建築物彼此大多相距幾百英尺，都是根據被現代人忽視的多重功能重建起來的：教堂、醫院和卡拉特拉瓦騎士團⓫庇護所、兵營、狂犬病診療所。

當中一些建築的名稱聽起來有點名不副實，但可以肯定，當初是根據施洗者的名字命名，所以才會

❾編注：Chuetas（Xuetes）是馬約卡島上一個內部規定嚴格的社會群體，由於皈依基督教而被迫隱藏自己的猶太信仰，並會選擇相似的猶太群體通婚。

❿在《妥拉》中，「托雷多」意為「後代」或「後裔」，是猶太人按順序在第六個星期誦讀的《妥拉》經文的篇名，其內容為《創世記》25:19－28:9。該篇有五四二六個希伯來字符，一千四百三十二個詞，共一百零六句，在《妥拉》經卷中占一百七十三行。作者在此處提及該詞，意在表明托雷多才是「西班牙的耶路撒冷」。

⓫卡拉特拉瓦騎士團（1158-1873），西班牙十字軍的核心力量，主要由卡斯提爾騎士組成。紋章為金黃色盾牌，上面綴有唇形小花十字架和兩具黑色鐐銬。在中世紀，形形色色的騎士團（或稱騎士修會）有一百多個，幾乎每個王國和修會都有自己的騎士團。

出現「白色聖母瑪利亞會堂」（Sinagoga de Santa Maria la Blanca）這種矛盾而怪異的名字，甚至還有一棟雄偉建築，為了紀念聖母瑪利亞升天而被直接命名為「聖母升天」（El Transito）。無論如何命名，目的都是為了與神學和政治壟斷鬥爭，體現各種一神教和諧共處的可能性。「白色聖母猶太會堂」——最初被稱為「查達沙猶太議會」（Beit haKnesset Chadashah），現在是一所「新會堂」（New Synagogue）——建於十三世紀初，很可能出自約瑟·本·梅爾·書珊（Joseph ben Meir Shushan）之手，因為他曾是眾多效忠卡斯提爾國王的偉大托雷多猶太「宮廷社團」的首領之一。[16] 在所有想得到的猶太會堂中，這座建築的清真寺風格最明顯，內部以馬蹄形拱頂構成的柱廊結構為主，頂部雕刻著用雪松和雙葉植物裝飾的字符，這種莊嚴的風格不由得使人想起摩哈德王朝的一貫格調（摩哈德人在其全盛年代曾摧毀了大部分猶太會堂）。一格格連續的拱頂構造，通過一圈小窗戶採光，上頭掛著摩爾風格的吊燈；儘管這座會堂的建築風格似乎不同於同時代的其他猶太會堂，但幾乎可以肯定，它的風格在當時並不突出，至少在塞哥維亞（Segovia），曾有座一九〇〇年毀於火災的猶太會堂，其建築風格幾乎與此完全相同，具有同樣的馬蹄形拱頂。這種「猶太教—伊斯蘭文化」交匯的形式，實際上是當時最流行的風格，因為基督教西班牙中的猶太文化已深深浸染於阿拉伯語言、科學和文學之中。在十三世紀末十四世紀初，像來自一個文士世家的以色列·本·以色列（Israel ben Israel）這樣的托雷多文士創造出一種伊斯蘭風格的「毯式護封」（carpet gages），他們把棕櫚葉平鋪並黏在硬紙上，裝訂於《聖經》書封面和封底，既有保護作用，同時也是一種裝飾，從而將建築風格應用於文牘的美化。[17]

「聖母升天猶太會堂」無疑是巨大文化融合力量另一更令人驚歎的例證，因為以精湛灰泥工藝為特色的雕刻藝術，不僅包括用美麗的塞法迪體方塊字刻寫的《詩篇》段落，還用阿拉伯文描畫《古蘭經》中的文字，如禱告詞「平安、幸福和繁榮」。穆迪哈爾（Mudejar）⑫ 藝人和工匠可能參與了高九公尺半的祈禱大廳裝飾工作，而他們還在其上加了一些聖典中的句子。這座宮殿的偉大的贊助人，「冷酷的」

佩德羅的卡斯提爾國王一世的財政大臣撒母耳・哈列維・阿布拉法（Samuel Halevi Abulafia）肯定專門叮囑過他們一些什麼，因為起碼頌揚其名和功績的文字被刻上了內牆。在哥多華有一座猶太會堂，堪稱雄偉托雷多會堂的微縮版，灰泥牆上同樣布滿了穆迪哈爾風格的帶狀波紋，畫著大量星形圖案、植物葉子和纏繞的枝蔓，且同樣刻著從《詩篇》和《先知書》摘錄的段落。哥多華會堂建成的時間可能更早一些，當時對托缽修士們提出的強烈抗議還比較敏感，他們曾叫囂說猶太人建造「新會堂」是明目張膽地違犯教宗的禁令。

如果你意圖建造一個有形之物，肯定是為了使眾人皆知。撒母耳・哈列維・阿布拉法就是如此，他像現代的慈善家一樣，希望在建築物的牆上留下一塊感恩的牌匾。阿布拉法喜歡吹噓他追求完美的志趣：雄偉壯麗的外觀、裝飾豪華的吊燈、美輪美奐的誦經臺（bima）。儘管經歷了漫長的歲月，那莊嚴的樓廂、寬敞的大廳——其寬敞程度超出了人們的想像——仍完美的重建了，連位於高處的女性專用坐席區，也同樣裝飾著穆迪哈爾風格的圖案和銘文。要進入這樣的會堂，你得盛裝打扮才行。正如建築史學家傑里林・多茲（Jerrilynn Dodds）尖銳指出的那樣，這會堂已接近一座宮殿式的教堂，其實不過是一處滿足阿布拉法這朝臣欲望的豪華設施罷了。[18] 所以說，他在這座建築竣工之前就失寵或許並不令人意外，甚至這很可能就是他失寵的原因。由於佩德羅當時捲入了與他同父異母兄弟恩里克（Enrique）的一場內戰，對擔上「猶太人國王」這樣的罵名，和由於人們對其財政大臣阿布拉法的指責（廣大民眾仍然在貧困中呻吟，而他卻一味近乎無恥地追求奢華）而受到懷疑甚為不快。正因為主持建造這座令人驚豔的新會堂，阿布拉法成了第一個犧牲品，立即被逮捕、處死。會堂內牆上的銘文當中，其中一句把國王吹捧為

⓬在基督教建築中融入阿拉伯風格，這種現象被稱為穆迪哈爾式建築風格。塞維亞的國王城堡（Real Alcazar）是其代表作。

「伸展巨大翅膀的雄鷹」，而操掌這一切的猶太人無論如何也想不到，他竟會成為國王第一個開鍘的對象。

儘管托雷多的猶太會堂仍在，但隨著基督教正向格拉納達這最後的頑固堡壘發動「收復失地運動」，這些建築中隱含和體現的猶太教和伊斯蘭教之間的親密關係，就逐漸成了一種麻煩和累贅。的確，凡看過位於格拉納達的阿爾罕布拉宮（Alhambra）⓭，就不難認出「聖母升天猶太會堂」的灰泥裝飾可說完全複製了該宮殿的風格。那些充滿敵意的基督徒作家和傳教士，開始越來越頻繁引用以下的古老傳說：八世紀時，是猶太人把西哥德人的城市出賣給了阿拉伯軍隊。的確，若非西哥德基督徒的殘酷迫害，猶太人當時也不會瘋狂地主動尋找新主人。

但是，正如猶太人對亞拉岡王朝的馬約卡統治者來說，是商業和製圖業方面極有用的仲介，卡斯提爾人也需要利用他們與阿拉伯人的親密關係，作為引進伊斯蘭世界數學和天文學知識（還有哲學，不過這在當時相對其他類別知識來說不太重要）的管道，這既是為了提高智力，也是出於長遠的考量。十三世紀下半葉，在相對仁慈的「智者」阿方索十世統治下，猶太人的托雷多變成了繁榮的學術中心，他們把阿拉伯和希伯來文獻（包括科學、哲學和詩歌）翻譯為拉丁文，更重要的是將它們翻譯為聲稱代表「西班牙文」的卡斯提爾方言。平日喜歡寫詩和創作卡斯提爾民歌的阿方索，迫切希望能掌握各種各樣的智慧，並且像許多前任和後繼者一樣，非常推崇據說已經進入了秘傳知識（主要指占星術、煉丹術和天文學）最深層次的猶太人。其中有一位猶太翻譯者名叫猶大·伊本·摩西（Yehudah ibn Moshe），不僅幫助阿方索完成了一部體現多元文化的著作《天文學知識》（*Book of Astronomical Knowledge*），且還曾在利誘下以巫術翻譯希伯來著作，特別是拿魔法石變戲法，顯然是為了取悅國王。到十三世紀，塞法迪猶太社區已經不大用阿拉伯語，而開始用一種被稱為「拉迪諾語」（Ladino）的「猶太－卡斯提爾」語書寫和交流。詩歌作為共同文化的種子深深種進了當地的土壤中，這對猶太人來說並非第一次。歌頌熙德（El Cid）⓮以及法國、普

羅旺斯、加泰羅尼亞、卡斯提爾國王、公主和騎士傳奇的拉迪諾詩歌，如同前面提到的混合風格建築藝術，體現出一種共同擁有的敏感性，其中許多詩歌的歡快節奏源於阿拉伯音樂。儘管西班牙最早的傳奇文學種子，在猶太文化土壤中不斷生長、繁榮起來是令人矚目的事件，但這種繁榮注定要在不遠的將來徹底毀滅。

除了用於裝飾《聖經》的「毯式護封」，這種文化和諧的局面隨著阿方索十世於一二八四年去世，並未能維持多久。在精英階層優雅的品味後面，醜陋的偏見和托缽修士發起的新一輪基督教統一運動，使得這種多元文化生存困難，最終煙消雲散。一三四九年，有關猶太人試圖以瘟疫滅絕基督徒的謠言，在托雷多引發了一場大規模的血腥屠殺。一三六七年，另一次暴力行動則幾乎把「猶太區」的近千所房屋燒毀。談到適應能力，這似乎成了猶太人的第二天性，他們已經學會如何重建、修復和恢復生活，而在這些突發、噩夢般的災難間隙，他們又開始做生意、學習和工作，慢慢安定，甚至又繁榮起來。從其他城鎮流浪過來的猶太人和他們一塊共享，但也壓縮了生存空間，最後只能開闢另一個定居點，收容不斷湧入的猶太人。在一三九一年的恐怖事件發生之前，城內這兩個猶太社區聲稱已經有九個繁榮的猶太會堂和五所《聖經》、《塔木德》研習所。

正因為一切都發生在托雷多大教堂跟前，猶太人便成了托缽修士攻擊的目標。在為了紀念摩西毀掉寫有「十誡」的第一對石板，搭模斯月十七這個齋戒日，托雷多猶太人受襲擊了。這夥暴徒此前已

⓭ 格拉納達的摩爾人王宮，以豪華的伊斯蘭風格著稱。關於其建造歷史，可參見前文故事中的相關介紹。

⓮ 熙德（1043-1099），卡斯提爾富有傳奇色彩的軍事領袖和民族英雄。他的本名叫羅德里格·迪亞茲（Rodrigo Díaz），El Cid出自西班牙阿拉伯語，Cid意為「領袖」，是對他一生史詩般經歷的概括。一九六一年義大利和美國曾拍攝過一部描寫其生平的著名同名電影。

摧毀了塞維亞的猶太社區，在摧毀托雷多的之後，他們還要趕往帕爾馬、巴塞隆納，還有猶太人定居多年的其他西班牙城市，繼續他們的惡行。我們從雅各・伊本・阿爾班尼（Jacob ibn Albeneh）以托雷多特有的方言、希伯來哀歌風格寫下的一首令人心碎的哀歌中知道，他們褻瀆猶太會堂和裡面安放的《妥拉》書卷，把舉行重要儀式用的金銀器搶劫一空，比如《妥拉》的冠形蓋頂和門把手上的石榴狀飾品（rimmonim），全都不翼而飛，接著燒毀房屋、隨意殺人。被摧毀的地方和死難者的詳細名單令人悲傷：會堂領誦人掃羅、拉比以撒・本・猶大、以撒・本・書珊（Shushan）（他的屍體被長矛刺穿），最令人心疼的是亞伯拉罕・本・奧弗萊特（Abraham ben Ophrit），其屍體被認定為是一個「少年」（bachur），歲數在十二到十六歲之間，出於不明原因被殘忍地用石頭活活砸死後，屍體被拖過鵝卵石街道，身上的肉被一片一片地割下來燒掉，最後，血肉模糊的屍體在其「年邁」父母曾釣過魚的地方被扔進了河裡。暴徒們從拱形的新會堂搜出神聖的《妥拉》羊皮書卷，用最惡毒的方式褻瀆了它；將十字架插在兩個約櫃之間（在有些塞法迪猶太會堂裡，建造新約櫃之後，舊的約櫃還會留在原地不動）。整個王國從混亂中恢復秩序後，政府還曾對一些小損失進行了賠償。然而，在一四一一年，文森・費雷爾帶著他的「自笞修士」隊伍回來了，於是約瑟・本・梅爾・書珊建造的新會堂最終變成了「白色聖母瑪利亞教堂」。這似乎是那些真正的基督徒士兵們期待已久的勝利：有三分之二的猶太人消失了，不是成了托雷多彎刀的刀下冤魂，就是進了教堂的洗禮池；僅剩三分之一猶太人還在「頑固不化地」堅守著破碎的信仰。

人們很快就對這樣的勝利產生了疑問。托雷多的「皈依者」投入了救世主的懷抱，他們舉行新的儀式，禱告、贖罪、吃聖餐，盡可能地在胸前畫著十字，確實全身心地投入了新信仰。這對某些人來說有點奇怪，就好像是昨天留鬚今天剃髮，沒有什麼分別。那些老基督徒在想：他們會如何炫耀自己的皈依行為呢？難道只是從原來的猶太居住區裡走出來，然後走進國王城堡附近優美、有石牆、花園的馬達雷納（Magdalena）富人居住區？他們現在終於「獲得了救贖」，而「皈依者」眼前的天地是廣闊的：可以與

王公貴族（這些貴族可一直盯著他們的錢包呢）通婚，重拾原來的職業，且只要為國王服務，無論做什麼都能夠獲得地位和財富。老基督徒被要求毫無保留地歡迎他們進入「獲救者」的社會，但這只會更加惡化本來就難以預料的形勢。

形勢大好不一定就是真的好，不是嗎？既然接受十字架對猶太皈依者來說有如此大的好處，難道他們不會成為新的貴族暴發戶，對老基督徒耀武揚威，以更殘酷的橫徵暴斂手段欺壓老百姓嗎？那些老基督徒（此處的「老」，強調的是他們是「真的」基督徒）開始以警惕眼光注視新基督徒，看他們是否在狂熱信仰面紗後面，仍然在偷偷摸摸當猶太人。正是在這個問題上，猶太史學家產生了分歧，因為他們並不需要證據，只是要看一看在這外傷未癒、形勢劇變、困難重重的悲劇時刻到底會發生什麼。塞法迪大驅逐時期偉大的以色列歷史學家伊札克·貝爾（Yitzhak Baer），就迫切希望看到「皈依者」和猶太人在內心深處仍屬於同一個民族，而他的這一想法基本上反映了「宗教裁判所」（Inquisition）的觀點，即他們這些人加入基督教只不過是一種權宜之計。但是，不管如何令人困惑和難以解釋——尤其對那些恪守猶太教的猶太人來說——最好還是思考一下當時那些知識淵博、立場堅定的拉比，為什麼突然轉向了以殘暴著稱的基督教傳教者，而且這樣的拉比的確不在少數。很遺憾，帕羅·德·聖瑪利亞和傑羅尼默·德·聖菲顯然不是這樣的機會主義者。恐怕我們永遠也搞不清楚，那些「皈依者」中到底有多少人真正信仰他們的新宗教，但是關於那些確實一直在追尋他們失落猶太教的人，這方面的資料卻相當豐富，並且還有「宗教裁判所」於十五世紀八〇年代和九〇年代披露的證據，以及那些為回歸猶太教而出走其他國家的猶太人提供的記述。

另一方面，除了猶太人對精誠團結的忠誠期望和「宗教裁判所」對真實歷史的信口開河，還有很多的跡象表明，托雷多和其他地方的許多「皈依者」，的確在尋找與他們在猶太居住區裡的宗教同胞維持最起碼的聯繫的管道。馬達雷納富人區離猶太居住區並不遠，徒步即可以抵達，根本不用騎馬，並且

肯定會有一些無法掩蓋的跡象會引起他們的注意，如做飯的香味、音樂、平日的生活習慣、從敞開的窗戶傳到大街上的拉迪諾語聊天聲。神父兼編年史學家安德列斯・伯納迪茲（Andres Bernaldez）根本算不上猶太人的朋友，他的大鼻子整天抽動著，以搜尋「用植物油而不是其他油炒洋蔥和大蒜」的特殊香味。他一直在想，用植物油炒任何東西聞起來都是邪惡的，而猶太人就是這樣來做飯的。僅僅從一個「皈依者」身上散發的炒大蒜的味你就可以知道他曾經吃過什麼。還有安息日吃的「過夜飯」（adafina or hamim），蓋著的燉鍋裡裝滿了豌豆、鷹嘴豆、蔬菜和牛肉，伯納迪茲覺得噁心，不管是涼的還是熱的，在安息日吃這種東西都讓人無法忍受。猶太人要在星期五把準備好的燉鍋送到某個猶太廚子那裡，慢慢地燉通宵，以免違犯安息日的禁忌，一個「皈依者」如果對這種「過夜飯」饞得流口水，可千萬要小心行事，不要讓家裡的基督徒僕人去送燉鍋。[19]「宗教裁判所」派出了許多「包打聽」，如果他們發現（通常是僕人幹的）某個「皈依者」家庭的主婦把肥肉和筋腱從鮮肉上剔下來扔掉（實際上猶太人的「可食」律法並沒有這樣的要求），或者更特別地用鹽水清洗鮮肉上的汙血，那麼她的行為就成為全家重新回歸猶太教的重要證據。

根據相關資料的記述，「皈依者」與猶太教保持聯繫的方式遠遠超出了廚房和飯菜，它們表現在一些更重要的事情上：向猶太社區的會堂繳維護費，向猶太「自治會」（kahal）繳公共事業費——雇人看守公墓，甚至資助希伯來學校。當然，這種聯繫是雙向的。作為他們慈善行為的回報，他們可以獲得有關節期（如普珥節被重新命名為「聖以斯帖節」）和齋戒日的最重要的信息。「宗教裁判所」在十五世紀八○年代實行最嚴格的管制措施（建立了令人恐懼的「線人」情報網絡，對家僕和家庭成員進行恐嚇和拷問）之前，他們仍然可以在家裡偷偷地遵守某些猶太習俗而不會引起人們的猜疑。他們星期五晚間可以點蠟燭。說到底，在十五世紀，誰沒在家裡點過蠟燭？事情還沒有發生之前，誰知道會發生什麼，特別是就連家裡的僕人也是「皈依者」。一家的男主人和女主人在猶太節日為什麼穿上了精緻而莊重的服裝？因為只有這

樣他們才能去教堂做彌撒呀。有些更大膽的人甚至把宗教典籍帶到「皈依者」的家裡——尤其是日常祈禱用書或一些「逾越節《哈加達》故事集」——並且有證據表明，在「宗教裁判所」對兒童甚至某些成人進行強制灌輸新教義之前，他們一直在背誦「示瑪」這類具有肯定內容的重要祈禱文。

漸漸地，這些猜疑在恐怖和酷刑——水凳、老虎凳和皮鞭——之下變成了「供詞」，從而把成千上萬的「皈依者」送上了所謂「異端公審儀式」（autos-da-fé），把那些「不屈服」於十字架的人堆起來當眾活活燒死。然而在一四八〇年西班牙官方引進獨特的「宗教裁判制度」之前的幾十年裡，由於新老基督徒之間的仇恨而被燒死的疑似回歸猶太教的「皈依者」，甚至並不比在社會和政治地位上比他們更優越的人更多。一代代卡斯提爾國王的性無能暗疾（並非誇張，如恩里克四世就是如此）進一步加重了他們的猜疑之心，他們認為猶太人已經成了最受歡迎的生物，像阿爾瓦洛·德·盧納（Alvaro de Luna），他要靠那些猶太人和「皈依者」的直接幫助才能夠維持自己作為「卡斯提爾治安官」的地位。卡斯提爾猶太人的社區領袖亞伯拉罕·德·本溫尼斯特（Abraham de Benveniste）與盧納關係親密，這顯示「皈依者」已經形成了一個新的宮廷和官僚精英階層。對於那些老基督徒貴族的地位來說，這無疑是一種冒犯。

當盧納帶著強徵某種特別稅的使命對訪問托雷多時，原來曾經是「新會堂」而此時已經改為「白色聖母瑪利亞教堂」的鐘聲敲響了。這是為了拿起武器對付盧納、本溫尼斯特及其城內的「皈依者」同盟而發出的信號。於是，一場自發的抗議活動開始了，而國王城堡的總督皮洛·德·薩緬托（Pero de Sarmiento）就走在叛亂隊伍的前面，後面聚集了一大群臨時從市民和托雷多周邊的農民中召集的支持者。[20]他們直接攻擊最知名的「皈依者」的住宅，其中就包括著名商人和公證員科塔（Cota）家族的豪宅。有上百所住宅被摧毀，猶太居住區也受到攻擊。他們甚至謾罵侮辱國王本人，頃刻間使托雷多陷入了全面暴亂。七月間，由於這座城市仍然控制在叛軍手中，薩緬托竟然擅自頒布了一項「驅逐令」，要把「皈依者」趕出所有的公共部門，因為他們的皮膚下曾經流著（並且一直流著）猶太人不潔的血。「我們宣布，所謂

的『皈依者』仍然是頑固不化的猶太祖先後代，茲依法認定為不受歡迎和不知羞恥的人，他們已經不適於在托雷多的公共部門工作，也沒有任何權力凌駕於真正的基督徒之上。」[21]

由於薩緬托關於血統純潔的說辭嚴重違犯了基督教會有關「凡受洗者必須一體對待」的教義，教宗尼古拉五世立即宣布取締「驅逐令」。但造成的傷害已經無可挽回，並且根深柢固的種族歧視原則由此形諸文字——正如後來證明的那樣，永遠也擦不掉了。一四六七年，有人曾試圖再次對托雷多「皈依者」的人身和家族財產發動攻擊。但他們非常明智地接受了上一次暴亂的深刻教訓，從托雷多的武器庫找出了石弩和鎖鏈等威力強大的重武器武裝自己，並任命費迪南．德．托雷斯（Ferdinand de Torres）上尉為他們自衛部隊的首領。[22]這種備戰狀態和不得不常年面對「馬拉諾」（marrano）[15]（當時針對地下猶太人而發明的一個貶義詞）這樣的侮辱性稱呼所造成的痛苦，引發了反應過度的行為，有一夥武裝人員闖入了托雷多大教堂，先是在教堂大院裡引發了一場械鬥，致使四名神職人員在群毆中喪生，後來則演變為一場全面的市區內戰。

其實，武裝入侵者喊出的口號——「這不是一座教堂！」——目的並不純粹是為了對付托雷多市民中的猶太「皈依者」，更不是教堂裡的神父。這個口號本身的涵義是：他們的教堂無論從制度上還是從物質上，都已經被敵對勢力的政治理念控制。不過這聽起來像是徹底拋棄該神聖之地，他們以令人驚異的木雕來裝飾唱詩臺，要知道，這是整個基督教王國中最能集中體現基督徒虔誠的地方。如果需要為對「皈依者」忠誠的懷疑提供證據，那麼這種判斷錯誤的戰爭叫囂是再恰當不過了。

這並非地區性的一次荒唐吵鬧。恰恰相反，這次「吵鬧」發生在一個大都市，那裡有卡斯提爾歷代國王的陵墓；且這次「吵鬧」還發生於危急時刻，猶太「皈依者」精英階層與他們卡斯提爾的敵人正處於內戰的邊緣，這場爭戰後來被認為是西班牙的歷史象徵。

患有性無能這種「難言之隱」的恩里克四世，當然不會懷有這種基督徒的使命感，但儘管如此，

在君士坦丁堡落入鄂圖曼土耳其人之手一年之後，他還是迫不及待地登上了王位。此時，淨化西班牙是王國進行最後一次十字軍東征、真正實現基督教王國的前提條件。如果說基督的旗幟將樹立在君士坦丁堡的廢墟上，那麼這面旗幟必然要飄揚在清澈的天空中，飄揚在清除猶太人、偽裝成「皈依者」的準猶太人以及其他非基督教徒的西班牙之上。正是在這樣的形勢下，猶太人提出的問題（指「如何當一個猶太人」）在至高無上的基督教王國剛剛形成的時期，進入了他們為之痛苦掙扎的自我界定的核心，他們將成為迎接世界末日來臨的又一個工具。

「純潔地統一」是那些最具影響力的人物對這個沉重歷史時刻的總結和苛責，其中的代表人物就是阿隆索・德・埃斯皮納（Alonso de Espina）。[23] 作為方濟會的托缽修士、薩拉曼卡大學的校長、能言善辯的傳教士和宮廷的懺悔神父，埃斯皮納認為他的《悲慘的西班牙》（*misera Hispania*）就像其書名一樣，和他擔負的使命極不相稱：要打一場迎接世界末日和基督再臨的戰爭。這是一條充滿魔鬼的道路，且眾所周知的是，猶太人就是魔鬼的化身。正是他們買通了阿爾瓦洛・德・盧納，並使他最終垮臺。埃斯皮納覺得，花上一些時間修復破碎的盧納的人格是他的使命，並堅持認為正是他的行為失檢才最終把他推向了災難的深淵。他不會丟下這位倒臺的治安官，他要在最後陪著他走向劊子手的斷頭臺。

在他於一四六一年寫成，後來在歐洲各地有多種版本的《冥頑不化的信仰》（*Fortalitum Fidei*）一書

⑮ 指為逃避迫害而被迫改信基督教但私下卻仍然信奉猶太教的猶太人，即所謂「新基督徒」或「地下猶太人」。「marrano」一詞在當時的西班牙語中是一種侮辱性稱呼。「marrano」不僅是猶太人內部在漫長歷史上一直爭論的核心問題——「如何當一個猶太人」（這是貫穿本書的主軸）或「選擇生命還是死亡」（如前文所述邁蒙尼德的理性生存和約瑟福斯的親身經歷）——鮮活的例證，而且是西班牙引入「宗教裁判制度」（主要是為了辨別真假猶太人或真假基督徒）並最終對猶太人實施大驅逐（見下文）的直接原因。（審訂注：字源意為「豬」，指的是西班牙境內被迫皈依基督教的猶太人。）

中，埃斯皮納收集了所有妖魔化猶太人的詞彙：天生的下毒犯、褻瀆聖餅者、綁架兒童者、殺人凶手。事實上，他非常失望於用指控殺害兒童這種平凡的一般方式來消滅瓦拉多利德的猶太人。埃斯皮納為什麼對方濟會如此忠誠呢？因為與道明會相比，該修會變得越來越好戰、越來越具攻擊性，埃斯皮納可以帶著他的福音書暢通無阻地在卡斯提爾，尤其是他信徒最活躍的北部地方傳教。他的觀點很簡單：只要整個王國還沒有徹底淨化——不僅要清除格拉納達的穆斯林，還必須把猶太人徹底驅逐出西班牙——由教宗嘉禮三世（Calixtus Ⅲ）發起的新一輪十字軍東征就永遠不會結束。他們不走，就不可能有可靠的皈依者，因為這些人說不定哪天會淪為無處不在的「猶太教頑固分子」的獵物。儘管如此，他還是極力督促恩里克四世設立一個「宗教裁判所」，目的顯然是為了把假基督徒徹底清除出「皈依者」。一開始，國王接受了他的提議，但幾番猶豫之後，教宗庇護二世於一四六一年終於正式批准了埃斯皮納的提議（但對於要求羅馬教廷讓出大部分權力的內容卻有所保留），國王卻又改變了主意。

一切似乎意味著西班牙猶太人的死亡喪鐘已敲響。然而，正如五百年後德國發生的情況，這些自古老年代就定居在此的猶太人，已經對各種艱難困苦和惡毒叫囂習以為常，所以他們根本不為所動。對托雷多人來說，西班牙還有許多地方可去——亞拉岡，還有卡斯提爾——尤其是遠離猶太人聚集區之處，誰也不會相信埃斯皮納可怕的驅逐方案的魔爪會伸到這樣的邊遠地區。位於西北邊陲，加利西亞省的拉科魯尼亞（La Coruña），也許就是這樣一方歷史的淨土。

Ⅲ　火燒還是水淹？

一四七六年，當以撒·德·布拉加（Isaac de Braga）第一眼看到其任命結果時，肯定覺得要去那裡工作的自己真是太年輕了。當然，現在我們已經無從體會他當時的興奮心情。你可以去牛津大學的柏德利

圖書館，駐足於《希伯來聖經》那些閃閃發光的書頁前，如果你夠幸運，甚至還可以翻一翻這些書頁，但你恐怕永遠也無法體會布拉加當年第一次看到它們時，心底湧起的狂喜和驚異。拉科魯尼亞是一個邊遠的地方，雖然是一個海港，但在規模上顯然無法與卡迪斯或里斯本相比。然而，從這個海灣向裡一些的某個地方，在十五世紀卻發現了一個最早的奇蹟，即所謂的《色維拉聖經》（Cervera Bible）。這部《聖經》是由文士撒母耳・本・亞伯拉罕・伊本・拿單（Samuel ben Abraham ibn Nathan）（他破碎的脛骨就壓在書頁上）於一三〇〇年前後寫成的，由法國「插畫家」約瑟・哈撒爾法迪（Joseph Hazarfati）作了豪華的裝飾，並由一個叫亞伯拉罕・伊本・加昂（Abraham ibn Gaon）的「手工藝人」進行了極為考究的微寫。可以肯定的是，正是因為看了一眼這部《色維拉聖經》，才促使布拉加欣然接受這次任命，或許是因為他像文士們稱讚的那樣，是一個「受人尊敬的年輕人」，也或許是因為「他已故的父親是深受愛戴的所羅門・德・布拉加（Solomon de Braga），願他的靈魂在伊甸園中安息」。[24]

《色維拉聖經》這部「天書」可以說命運多舛，先是在十四世紀末期流落到哥多華，後來才出現在拉科魯尼亞，而布拉加家族顯然從所羅門一代開始就非常迷戀這一類的獨特文本。《色維拉聖經》是如此重要，甚至連偉大的文士摩西・伊本・撒巴拉（Moses ibn Zabara）在寫新書時，也首先要確定抄錄其中包含的著名學者大衛・基姆奇（David Kimchi）有關《聖經》希伯來語法的論著（題為《希伯來語法》〔*Sefer Mikhlol*〕），但這本語法論著本身卻如此乏味，以至於哈撒爾法迪放棄了串連他畫的圖飾與其語法結構規則的所有努力，整個頁面只裝飾最能體現他想像力的鳥獸圖案，而約瑟・伊本・哈伊姆（Joseph ibn Hayyim）在裝飾《布拉加聖經》（*Braga book*）時就沿用了這種裝飾格式上的變化。從許多方面來看，如果說《布拉加聖經》採用的古色古香設計風格令人喜愛的話，那只是因為出資的贊助人和負責抄錄的文士，本來就希望其設計風格要在某種程度上體現古老傳統的重要性。儘管你完全可以認為《布拉加聖經》成書時不可能預料後來的災難，但當時那種在希望和擔憂之間搖擺的不確定性，或許讓布拉加家族

及其文士、飾工們迫切希望能夠站出來重申：猶太教的美，是不朽的。

不管怎麼說，約瑟・伊本・哈伊姆既沒有為任何不祥的預感禁錮，也沒有拘泥於莊重得體的傳統經典裝飾風格。他的作品有強烈的色彩，豐富十分，或金色或銀色，或天青或淡紅，洋溢著活潑、歡樂的敘事氣息。約拿掉進了一條大魚的肚子裡（出自希伯來人的文學想像）；滿臉鬍鬚的大衛光芒四射地安坐在他的王座上；赤龍在翻江倒海，而花貓正在列陣與老鼠交戰。[25]在書末最後一頁上，插圖作者名字中的字符，被有意地描成了幾個正在眨眼睛的馬戲小丑模樣，有些借用了紙牌上的圖案，有些則更像教堂裡的雕飾。與教堂走廊上那些懺悔的罪人不同，約瑟・伊本・哈伊姆筆下的男女裸體是頑皮、快樂的，他們在書頁上打躬作揖、又蹦又跳。每一個出現在這部《聖經》中的人物都心情愉快、心胸開闊。

《布拉加聖經》以無比驚人的想像力，將這種開闊的胸懷融入了猶太教的傳統。燭臺的圖案放射著莊嚴的金色光芒，與一千年前賽佛瑞斯猶太會堂地面上的鑲嵌畫沒有什麼兩樣，只不過在這部《聖經》裡，有一頭獅子（既表示忠誠於卡斯提爾國王，也是為了紀念猶大）盤踞在燭臺下面，而不是立在約櫃旁邊。聖殿的外觀有時更多地借用了《古蘭經》的裝飾風格，並且有些刻在兩塊石板上的《妥拉》段落，甚至用伊斯蘭建築中習慣採用的馬蹄形拱頂圖案框了起來，這無異於一種近乎完美的融合藝術。「毯式護封」這種緊密成形的抽象風格同樣也屬於早已形成的「猶太—阿拉伯」融合的藝術傳統。哥德式風格的圖案也被大量用於表現動物、鳥類和植物的形態，而在插圖藝術的風尚剛興起時，這本來是基督徒藝術家的專長，但到十五世紀時，他們的猶太學生已經完全掌握了這種繪畫技巧。

這樣的大好形勢恐怕是不會持久的，因為在西班牙，基督徒藝術家與猶太文士之間相互合作的局面即將成為過去。早在一四七四年，亞拉岡的費迪南和卡斯提爾的伊莎貝拉（Isabella），就通過聯姻而成為新的西班牙的國王和王后。到一四八三年，他們開始推行由道明會修士文森・費雷爾和方濟各修士阿隆索・德・埃斯皮納發起的大規模清洗猶太人運動，以便為基督教的全面勝利創造條件。他們相信，只要

這些新基督徒身邊有猶太人存在，他們總會被引誘而回歸猶太教，而正是這些信仰動搖不定的所謂基督徒，對教會造成了致命威脅，所以應該將全部的猶太人逐出安達魯斯，因為這行省已經受到「猶太化」這種瘟疫的嚴重污染。很快，猶太人就被趕出已定居了上千年的城市（如哥多華和塞維亞），陷入了貧困和無家可歸的窘境。雖說如此，在這樣的形勢下，各地仍然產生了大量「共存區」（convivencia），那裡的伊斯蘭教與猶太教文化，阿拉伯與希伯來哲學、科學和文學和諧地融合在一起，並出現了大量的文化交匯作品。

但在當時，基督徒之所以迫害猶太人，並不是為了想簡單地與他們分開，或者說遠離他們，而是因為他們懷有一種危險的開放心態，過著一種文化流浪的生活，且兩種文化之間過於親密的行為實在令人討厭。在基督徒採取強制分離措施之前，這兩種文化從來也沒有分離過。

基督徒下一步會怎麼做呢？在安達魯斯之外，費雷爾在一四一二至一四一三年間預先制定的嚴厲法規還有托雷多「驅逐令」，已經在所有的猶太城市裡（當然也包括拉科魯尼亞）執行了。猶太人不得不從他們長期居住的街區連夜——最大的寬限也不過八天——搬走，在這個騷亂的歲月裡，有些猶太社區的大門和高牆可以起到一定的防護作用。當局專門為他們劃定了新的居住區，通常位於城區邊緣最貧窮、最骯髒的地帶，實際上是有意地讓他們遠離其店鋪和工廠。由於這項計畫的目的是為了讓他們破產而皈依基督教，猶太人只能被迫以可憐的價格（通常是其實際價值的十分之一）變賣財產，當然，需支付款項的還包括社區的公共建築物。所以，他們實際上遭到了雙重剝削，首先以低價變賣原來的財產，然後再用高價支付新居住區的安家費。通過這種方式，這個計畫的設計者達到了以下兩個目標：盡可能地造成猶太人破產，使他們由於生活無著而皈依基督教，同時也為其餘的人設立一道「保潔」警戒線，將猶太人徹底隔離於新基督徒和老基督徒之外。這實際上是一種內部驅逐，也是對人格的貶低。

這些並非拉科魯尼亞的以撒·德·布拉加或托雷多、哥多華、薩拉戈薩和赫羅納的猶太人，期望從

新王國身上得到的。正是在那些軟弱的國王統治時期，作為王朝大臣、金融家和政府官員的新基督徒最容易遭到敵視，因為在老基督徒眼裡，他們已經接管了整個王朝。亞拉岡和卡斯提爾統一之後，費迪南和伊莎貝拉顯然對路易・德・桑坦格爾（Luis de Santangel）這樣的「皈依者」，以及普通的猶太醫生和金融家（如被委任為收稅官的大拉比〔rab de corte〕亞伯拉罕・塞內爾〔Abraham Seneor〕）十分友好，所以人們對前景更加樂觀。驅逐只是狂熱分子的夢魘。在即將對頑固不化、不可戰勝的格拉納達國王城堡發動新一輪聖戰的重要時刻，如果沒有猶太人的金錢支持，這個新王國該如何是好？所以，儘管伊莎貝拉的懺悔神父湯瑪斯・德・托爾克馬達（Tomas de Torquemada）毫不隱瞞自己的觀點，並且與埃斯皮納的猶太問題解決方案如出一轍，但是在十五世紀七〇年代，這個新王國並沒有出現向境外湧動的恐慌人潮。

當教宗在一四七八年授權西班牙統治者設立宗教裁判所時，並沒有在未皈依的猶太人之間引起巨大恐慌，因為這種司法制度只涉及疑似的基督徒——當然，首當其衝的是「馬拉諾」——與本色的猶太人無關。當宗教裁判所於兩年後在塞維亞採取行動時，立即引發了大批「馬拉諾」逃向不在王國管轄範圍內的遙遠城鎮和鄉村的浪潮。在一開始，猶太人本身就出現了分化；有許多人（儘管不是全部）認為，那些與仍保留原信仰的家人、朋友和鄰居關係較密切的改宗猶太人的行為，是不可原諒的，在面對宗教裁判所提起的指控時，甚至想遵從法庭的命令去告發他們。當他們請求教宗思道四世（Sixtus IV）授權宗教裁判所權力時，似乎誰也沒有想到（包括費迪南和伊莎貝拉在內）這架毀滅性的機器，會邪惡到何種程度、持續多長時間。

宗教裁判所擁有自己獨立的審判權，儼然是個國中國，只對教宗、王室和自己按照等級制度設立的陪審團負責。[26]除了主審法官和所謂的審判委員會，還有一支龐大的「教友」隊伍，專門負責處理法庭的事務性工作，以便維持這架恐怖的機器正常運轉。這組織圍繞著用刑方式制定了許多詳細規則，例如，負責監督的人屬於這個組織嚴密的序列中的第一等級。宗教裁判所甚至還有一支負責保衛法庭、恐

嚇當事人的小型軍隊；在沒有騎兵護衛的情況下，尤其是在一個法官被一群陷入絕望的「馬拉諾」殺害於薩拉戈薩大教堂之後，大法官湯瑪斯·德·托爾克馬達再也不敢隨意外出。更可恨的是，法庭實際上擁有不受限制的刑罰權力，為了獲得「完整而詳盡的」口供，可以對那些疑似回歸猶太教的人，或是對死不悔改、十分活躍的猶太人隨意用刑。歷史上因此第一次興起了一股窺探私人秘密的邪惡風氣，僕人、家人和鄰居，在威逼利誘下紛紛幹起了告密和間諜的勾當。甚至就連在男女修道院裡，修士和修女也會告發其兄弟姊妹，有時只是因為他們懷疑身邊人在聖餅被舉起時眼向下看，或在開始念誦「我們的主」或「萬福瑪利亞」時結結巴巴，並嘟噥著：「誰知道他們的葫蘆裡賣的是什麼藥。」伊利米亞胡·約維爾（Yilimiyahu Yovel）是對的，他認為這是一種惡毒的現代制度的萌芽，不是黑暗中世紀傳統的殘餘，[27]而的確是殘忍的新花樣。宗教裁判所還離奇地發明了從羅馬時代以來聞所未聞的「公開審判」這種所謂的公眾娛樂形式，凡「異端公開審判」日均被宣布為節日和公共假日，以確保有盡可能多的市民參加、觀看犯罪分子的遊街活動。這些所謂的犯罪分子光著雙腳，頭戴尖頂的高帽子，身穿破爛的「火刑服」（sanbenito）——即在那些死不改悔的頑固分子的囚服上畫上翻騰的火舌，因為道貌岸然的法官要用這種方式提醒那些不幸的人，他們在今生被燒死，總要強過來世在地獄裡永遠受火刑的煎熬。就連國王和王后這等王公貴族，也會出席這種精心安排的「慶祝活動」，他們小口、斯文地享用著點心，只在刑場氣味實在難以忍受時，才把香囊放在鼻子上擋一擋。當儀式進行到從灰燼中扒出死刑犯的殘骸（通常是數以百計）並連同活人一起再燒一遍時，這些「祭品」就會在城市上空凝聚成令人作嘔的惡臭。

有時，這些宗教裁判所的死難者被簡單地定為「異端」，讓人們幾乎忘記了這種殘酷的審判方式——從審問、刑罰，到最後的集體處決，使異端分子在世俗政權的罪惡之手中死於非命，並將一切委婉地稱為「解脫」的方式——是直接指向那些曾經並且仍被懷疑是猶太人之人；從沒聽說曾經有西班牙羅拉德派（Lollards）或卡特里派⑯教徒被綁上火刑柱。對於猶太史上演的這場西班牙大戲來說，這無疑是

最重要、最強烈也是最悲慘的一幕。在這悲劇舞臺上演一幕幕殘酷和背叛的同時，也展現出一種令人震驚的勇氣和無私的自我犧牲精神。儘管有大量告密者，但也有像迭戈．瑪律迦納（Diego Marchana）這樣的人，他們雖然成了新基督徒，卻仍冒著危險去幫助那些遲到的「洗罪者」（他們已經永遠地失去了自己的生活和家人），提醒男人和女人躲開宗教裁判所的陷阱；當然，他們最終的命運也只能是被活活燒死。

清洗運動的「生產線」是由可怕的敵人控制的，而他們的領軍人物當然是托爾克馬達。儘管採用的手段相當原始，但在不斷的恐嚇、酷刑、謊言和司法謀殺浪潮中，死難者的人數足以使任何二十世紀獨裁者（希特勒之流）的破壞和殺戮行徑相形見絀：僅塞維亞一地，到當年底就有七百人被燒死；每個月舉行一次「異端公審」，並且在這個死亡裁判所向北進軍雷阿爾城（Ciudad Real）並繼續推進到托雷多（那裡的死亡人數打破了歷史紀錄）前，一四八八年時曾經在一天內燒死過四十人，並同時焚燒了一百具自灰燼中挖出來的屍骨，以和許多已逃脫的罪犯的模擬畫像。

面對這一切，那些地方的猶太人反而袖手旁觀，還有些人甚至認為這些事情與自己無關，因為他們一旦被隔離在城郊的居住區內，僅由一個大門出入，顯然再也沒有讓親戚朋友猶太化的機會，可以關起門來過日子。這樣的錯覺甚至在那些最偉大的人物身上也有所體現，他們仍然在為攻克格拉納達而努力工作，如亞伯拉罕．塞內爾，國王和王后至少對他這樣的人還是以禮相待，有時甚至在某種程度上表現出虛偽的敬意。他曾經滿懷信心地覲見國王，請求他禁止以暴力方式對猶太人進行布道活動，並撤銷禁止猶太人在逾越節期間烤製無酵餅的命令。塞內爾甚至與托爾克馬達也維持良好的私人關係，且在他的請求下，他出生的村莊還一度享受過免稅的待遇！作為一個拉比和金融大亨，同時也作為一個有號召力的猶太領袖，對最高統治者來說他似乎是不可或缺的，因此亞伯拉罕．塞內爾甚至不相信他們會做出像驅逐猶太人這樣自甘毀滅的行為。人們於是因為上述這些原因，產生了一種與基督徒保持親密關係錯覺。

一四八五年，塞內爾得到了另一個更著名人物，拉比以撒・阿布拉瓦內爾（Isaac Abravanel）的支持，在被牽連進一次試圖取其位的宮廷陰謀之前，他一直在葡萄牙國王跟前享有與塞內爾同樣的地位和職位。阿布拉瓦內爾被迫出逃，跨過了邊境，尋求並獲准會見西班牙國王和王后。[28] 在這次會見中，王室似乎提出要他積極地提供金錢，資助討伐格拉納達的戰爭，並以放棄將安達魯斯的激烈驅逐運動擴展到整個王國作為回報。但實際情況很可能是，費迪南和伊莎貝拉當時根本還沒拿定主意。

但是，這位王后的懺悔神父決心已定。對托爾克馬達來說，若沒有第二隻手，意即用暴力手段徹底清洗猶太人作保證，僅靠埃斯皮納的學說這一隻手徹底淨化皈依猶太人，使他們不可逆轉地歸順到基督教會的旗幟下是毫無意義的。他所採用的變態方式，實際上從反面證明了猶太教的堅韌性和說服力，因為這個宗教完全有能力從政權和教會、暴徒和傳教士強加給它的任何制裁——強迫遷移、焚毀典籍和肉體毀滅——下生存下來。你可以毀滅一切，但總會有某種東西會逃過滅絕行動，如它的「字符」，總會像致命霧霾中的微小顆粒一樣，從屍體和羊皮紙的灰燼中飄散到遙遠的天空。[29]

當時，就連托爾克馬達自己也失去了耐心，因為他知道這第二種使用暴力的步驟，必須要等到攻陷格拉納達之後才能實施。儘管西班牙王國正在為這次戰事尋找其他的資金來源——特別是熱那亞人——但王國軍隊是如此龐大，花費如此多，如果沒有猶太人提前繳納現金這種便利的稅收方式，恐怕做任何行動都不明智。一四九一年冬，圍困格拉納達的軍隊（其中包括亨利七世的妹夫里弗斯伯爵〔Earl Rivers〕指揮的英國士兵和一個泛基督教聖戰營中的法國部隊）已經增加到一萬二千人，這種壓倒性的優勢足以使國王布阿卜杜勒（Boabdil）⓱ 在深深的屈辱中意識到，投降並結束穆斯林在西班牙的統治已經成為必然。格拉納達城

⓰ 當時的兩個基督教異端派別。

內當時仍然有數千名猶太人和「皈依者」，他們都是為了躲避宗教裁判所的追捕而逃過來的，並且已經在穆斯林政權的安全保護下恢復了祖先的信仰。布阿卜杜勒為穆斯林臣民的安全做了準備，但對當時已陷入恐懼的猶太人卻沒有提供任何防範措施。

開展驅逐運動的動機並非一句簡單的口號，而是為了實際完成創建一個統一的、純潔的基督教西班牙的聖戰使命。作為最高統治者作戰工具的貴族階層，當然樂於一筆勾銷他們欠猶太人的債務，正如之前英格蘭金雀花王朝實施驅逐運動的目的。最高統治者則打著另一個算盤，他們搶劫、沒收和變賣的所有財產，尤其是房產的價值，大大超出可計算出來的猶太人上繳稅費。在這過程中，或許會有些膽小怕事、地位低下的人，會擔心自己會頓失醫生、店主和難得的借錢靠山，但這種擔心畢竟是不光彩的，必須提醒他們：猶太人的存在這一事實，本身不僅是人身的冒犯，更是致命的威脅。

在這個背景下，一個綁架和殺害兒童的案件又自然而然地被編造出來了，且像往常一樣，一具不存在的屍體一點也不妨礙定案。[30] 故事發生在一位於鄉間遊動的「馬拉諾」身上，他是個洗刷羊毛的匠人，名叫本尼托·加西亞（Benito Garcia），在一次朝聖返鄉的途中，宗教裁判所的探子在托雷多附近的拉瓜迪亞城（La Guardia）發現，他的背袋裡有塊吃了一半的聖餅，這無疑是褻瀆基督的陰謀。既然抓到了罪人，那麼剩下的不過是根據這個裝著其他十個「皈依者」和猶太人的食品雜物的背袋，通過平常那種簡單有效的程序，獲取「完整而詳盡的」供詞罷了。其中有一個叫優素福·弗蘭科（Yucef Franco）的猶太人，被關在加西亞牢房的樓上，兩層牢房之間的地板上正好有個小洞，通過這個小洞，可以聽到樓下牢房裡的談話；有個修士打扮成拉比的模樣造訪弗蘭科的牢房，以獲取所謂的「供詞」。一個聳人聽聞的故事就這樣被拼湊出來：一個兒童在托雷多一條大街上被綁架，然後被折磨，用來模仿耶穌在十字架上受難，再把他擄到城外的山洞裡，挖出他的心舉行巫術儀式。這個故事說得煞有其事，無非是為了煽動公眾的怒火，從而把「皈依者」和猶太人不加區分地定為共謀的殺人犯。這個始終屍首遍尋無蹤的兒

童，很快被奉為聖徒，稱為「拉瓜迪亞的聖嬰」（El Niño de La Guardia）⓲——在西班牙的這個地區，現在仍這樣稱呼。這些騷亂是如此普遍而激烈，終於使國王和王后安於用一道驅逐令把公眾的怒火導入一條有條理和高效率的管道，而不是簡單地通過破壞性的騷亂發洩出來。

所以，一四九二年三月三十一日，在四百年前由約瑟·伊本·納赫雷拉首次提出構想並開始建造的那座王宮⓳，伊莎貝拉和費迪南用霸占宮廷長達數月的方式宣示戰勝布阿卜杜勒，一件歷史上的「傑作」終告完成。這紙冗長的驅逐令首先解釋說，由於已經不可能阻止猶太人擾亂新基督徒正常信仰的活動，而儘管宗教裁判所做出了最大的努力，這些新基督徒仍然陸續恢復原來的信仰，所以無論從教會的統一還是基督徒的純潔來看，都不能容忍他們繼續存在。不僅如此，他們還一直在玷污和濫用基督教的教義，正如最近發生在拉瓜迪亞那位毫無自我保護能力的兒童身上的暴行所示，他們也許會有更加惡劣的行為。在七月一日前，猶太人必須在四個月內離開王國的領地，而王朝的忠實臣民已經被周到地預先告知，不得以任何方式擾亂或阻撓他們離開。所有人離開時都不得攜帶金、銀或其他硬幣（當時根本沒有其他的貨幣），也不得攜帶任何貴重物品，如鑽石、珠寶，以及宗教儀式用的珍貴聖物。所以，安放《妥拉》的約櫃頂蓋和護罩，羊皮卷軸兩端的石榴狀飾品以及手狀指經標，當然還包括已經成為他們生活一部分的會堂建築，全部被王室沒收；當時要熔化這些物件，恐怕要費不少力氣吧。此外，猶太人不得牽走馬匹甚至騾子，以免這些高貴的負重家畜從王國中流失，他們只能用毛驢拉車或馱著老弱病殘的同

⓱ 格拉納達最後一位摩爾人國王。

⓲ 音譯為「厄爾尼諾」，現指赤道中、東太平洋海面溫度升高的現象。El Nino的西班牙語涵義為「聖嬰」，所以也譯作「聖嬰現象」。

⓳ 參見本書第六篇V。

胞。他們可以帶走希伯來文書籍，讓人感到慶幸的是，還可以帶走他們那部《塔木德》及其他典籍。不能帶走的書籍，一律與羊皮書卷一塊燒掉。

出於某種神秘的原因，公眾直到一個月後才知道有這麼一道法令，塞內爾（他早年對伊莎貝拉的忠誠，為他換得了一些知情權和一系列的高級職位）和阿布拉瓦內爾正好利用這個喘息的機會勸說王室收回成命，特別是費迪南。在用惻隱之心和王朝利益無法說動他之後，阿布拉瓦內爾決定使用金錢，開出了三萬達克特（ducat）[20]的價碼，這在當時可不是小數目。有傳言說，國王當時有點猶豫不決，但這時托爾克馬達怒氣沖沖地闖了進來，把一個十字架扔在地板上，並指責費迪南想要重複猶大為了三十個碎銀出賣耶穌基督的背叛行為。另一個傳言則稱，狂放不羈的伊莎貝拉當時為了故意激怒國王，說他的猶豫完全是因為血管裡流著猶太人的血（其母親一脈的確有人具有「馬拉諾」的血統）。

然而，在驅逐猶太人這問題上，費迪南實際上與王后和大法官一樣立場堅定。到四月底，負責傳令的官兵按照王室的命令，用號角聲把附近的居民召集到西班牙的中心城鎮，去聆聽他們宣讀最高統治者的法令。由於文字描述在細節上受到限制，還沒有一位歷史學家（當然也包括筆者本人）能夠再現當年猶太人聽到官兵宣布該張強加死亡給曾經是他們「西班牙的耶路撒冷」的猶太社區判決書時，表現出來的恐懼、沮喪、憂慮和痛苦。正是在這個「西班牙的耶路撒冷」，他們的語言變成了拉迪諾語，並一度繁榮起來；他們的拉比曾在那裡專心致志地進行研究和創作；這兒曾誕生許多清新的祈禱詩歌和愛情歌曲，一直被人們傳唱著；人們曾經在這揉麵團、烤甜點；曾經在普珥節和《妥拉》節（Simchat Torah）[21]跳起歡樂的舞蹈；曾經在割禮上痛飲紅酒，新娘和新郎曾經站在彩棚（huppa）下，在用鮮花裝飾的亞蘭語婚約書（ketubah）上簽下自己的名字；醫生曾把草藥和安慰送給不同信仰的病人；文士和裝飾師傅曾創造出各種形象，從而證明了人類的無限創造力……但他們戀戀不捨地離開了，去了索里亞、塞哥維亞、布林戈斯、托雷多、薩拉曼卡、薩拉戈薩、人們鍾愛的赫羅納、哈列維的出生地圖德拉……但每當他們

趕到一座城，那座城卻早已被清空，在流亡中剛剛安定下來的猶太人，從此不得不繼續流浪。在令人恐懼的哀慟中他們還注意到，確切、不可更改的離開日（因為國王大度地把最後期限延到了七月底）是猶太曆的阿布月初七，即為紀念第一和第二聖殿被焚毀而舉行齋戒的前兩天[22]。如今，他們的文化聖殿正在被摧毀，對他們來說，這一切就像羅馬人當年推倒耶路撒冷聖殿的石牆一樣真實。

恐慌的情緒伴隨著深深的絕望蔓延開來。瘋狂的行動由此開始，猶太人被沒收後的所有財產全被變賣：房屋、店鋪、酒窖、花園、櫻桃園、葡萄樹、橄欖林。安達魯斯大驅逐作為一個先例，無異於提前警告塞法迪猶太人不要再心存僥倖，擺在他們面前的只有無情的剝削和變節屈服的機會。他們被允許帶走十分之一的財產算是幸運，隨之而來的問題，就是通過什麼樣的管道把身上的財產帶出邊境，然後去納瓦拉和葡萄牙，或渡海去那些願意收留他們的海外國家。這項驅逐令當然也適用於西班牙領地上的其他猶太社區，如西西里島和薩丁尼亞島這些如今已經被割讓的避難地。面對這種一無所有、無家可歸的艱難局面，至少有四萬名猶太人不得不皈依基督教，加入了自一三九一年的暴亂和大屠殺以來形成的十萬新基督徒大軍。他們當中有許多最顯赫的宮廷猶太人，這在歷史上當然不是第一次。一四九二年七

---

[20] 中世紀後期直到二十世紀歐洲許多國家通用的金幣。

[21] 亦稱「誦經節」、「轉經節」，猶太教慶祝《妥拉》的節日。時間為住棚節的最後一天，也是為期一年的誦經活動的起訖日。猶太人誦讀整部《妥拉》通常需要一年，按猶太曆上的星期數分成相應的若干季節依次誦讀，而節日當天正好是誦讀《妥拉》的最後一部分，並且下一個誦讀週期立即開始。也就是說，上一輪誦讀結束，下一輪誦讀開始，首尾相連，象徵猶太人學習《妥拉》從不間斷。《妥拉》節是歡樂喜慶的日子，男女老少都要到猶太會堂參加慶祝儀式。儀式的高潮是所有的人排成一隊，把《妥拉》經卷從約櫃中請出來，扛在肩頭上邊走邊唱邊舞，圍著約櫃轉七圈。

[22] 先後兩次焚毀聖殿的日期均為阿布月初九。

月，大拉比亞伯拉罕・塞內爾本人與他的兒子梅拉米德・梅爾（Melamed Meir）[23]一起在瓜達魯佩修道院接受了洗禮。當時，國王和王后作為他的教父和教母，就站在這位高齡八十的猶太人面前，而他的名字從此變成了費倫・佩雷斯・科洛內爾（Ferran Perez Colonel）。

阿布拉瓦內爾則走上了一條完全不同的道路，根據克里特島上的干尼亞城（Khania）經常與許多流亡的猶太人直接對話的大拉比以利亞・卡普薩利（Elijah Capsali）的記述，他曾寫給伊莎貝拉一封譴責信，並當面申斥她，他「像一頭獅子一樣堅持自己的立場」，認為通過這種殘忍方式就可以消滅猶太教的想法完全是自欺欺人。但她卻回答說，這次大驅逐並非出於她的意願，而是出於上帝的命令。對這種帶有侮辱性的回答，阿布拉瓦內爾質問道，她是否知道，早在遠古時代就有許多帝王認為，通過頒布驅逐令就可以結束猶太人的歷史，從而打破這個民族與其上帝之間的盟約？難道她不知道這些帝王都已經消亡，而猶太教卻堅持了下來，並親眼看到了彌賽亞帶來的救贖？難道猶太人遭受的苦難不是更加堅定了他們忍耐的信念，從而把律法的「字符」永遠地刻進了他們的大腦裡和內心深處？

隨著盛夏季節的到來，離境的期限日益臨近，這些塞法迪猶太人不得不盡可能地在截止日期前趕往附近的港口和邊境。[31]驅逐令特別規定，七月三十一日以後，在國王和王后的領地上若再發現有尚未皈依基督教的猶太人，將一律處死。一次新的「出埃及」似乎迫在眉睫，去卡迪斯港或東北方向的納瓦拉邊境和西面的葡萄牙的路途充滿了危險，許多猶太人儘量與他們在猶太會堂裡熟悉的鄰居和朋友結伴而行。幾把扶手椅、一箱衣物、一些簡單的廚房用具——尤其是如果他們要出海的話——還有幾個麻袋塞滿寶貴、神聖的典籍，橫七豎八地裝在笨重的馬車上，麻袋的空隙裡坐著家裡的老人和最小的孩子。毛驢的行進速度之慢可想而知，但絕大多數的西班牙猶太人只能靠雙腳離開這個國家，這樣的遷移方式使他們很容易成為毫無防範能力的獵物，沿途的盜匪不斷搶劫他們，而那些擁有特別權力的官吏，則對他們進行最後剝削：儘管他們隨身攜帶的財產本來就少得可憐，幾乎拿不出什麼現金，卻仍然不得不賄賂

邊防官兵（包括邊界兩側的官兵）才能順利通過。當他們到達出境的港口時，又往往不得不與那些貪得無厭的船長進行艱苦的討價還價，而在等待起航的時候，他們只能在海邊的荒灘上過夜，又成為當地強盜團夥的搶劫對象。

直到這種「壯觀的場面」漸漸平息下來，他們原來的「鄰居」便從家裡和田間紛紛趕來，排排站在路邊，目送一支支綿延不斷的猶太移民隊伍，在西班牙盛夏的酷熱陽光下緩緩向海邊和葡萄牙邊境移動。令人驚奇的是，騷亂的日子裡他們以死亡和詛咒的喊叫聲恐嚇、追逐猶太人，此刻卻改成了用不聲張的方式施加相同目的的惡行。甚至連對猶太教仇恨之深如安德雷斯·伯納迪茲（Andres Bernaldez）神父這樣的人都出乎意料地受到驅離的場景感染，他震撼於猶太人在這種嚴酷的考驗面前所展示的高貴情操和強大力量。

他們穿過小路，越過田野……他們背負著巨大的痛苦和不幸，有些人倒下了，其他人則又站起來；有些人死去，又有新人出生了，還有一些人始終病著。沒有一個基督徒不為他們悲傷，凡他們所到之處，（基督徒們）都在懇求他們受洗，有些人在痛苦中皈依了基督教並留了下來，但只有少數，或者該說，只有極少數的人這樣做。拉比們不停鼓勵他們要堅強，並號召女人和小姑娘高唱聖歌、敲打手鼓，以提振旅人的士氣。[32]

塞法迪猶太人在美妙歌聲不絕於耳的氣氛中，離開了西班牙。特別值得一提的是，拉比們為什麼要號召女人們高聲歌唱呢？當然是因為這是又一次「出埃及」，這次離開必然是出於上帝的命令，正如他們當年擺脫埃及人的奴役而出走，是出於他的命令一樣。沿著這條思路，每一個男人、女人和孩子只要

㉓「梅拉米德」在希伯來語中意為「教師」，在《聖經》時代指一般的老師，到《塔木德》時代則專指兒童啟蒙老師（相當於私塾先生）。該職位由社區任命，但到後《塔木德》時代則有所變化。

坐在逾越節家宴的桌邊，聽一個《哈加達》啟蒙故事，他們就會想起摩西的姊姊米利暗，在以色列人安全跨過紅海，海水淹沒了法老的軍隊之後唱歌、起舞的情景。伯納迪茲聽到了歌聲，而拉比們則說，這一次上帝將再次創造奇蹟，把他們從奴役狀態下領到「應許之地」。

這樣的歌聲後來曾在薩洛尼卡和突尼斯、在斯麥那和君士坦丁堡、在威尼斯和干尼亞多次響起，但令人遺憾的是，它們卻幾乎沒有引起人們的注意。

IV 走向天涯海角

從加納利群島一直向南，經過克萊斯卡斯和賈米・費雷爾的小船曾經樂觀地駛過的「金河」河口，再繞過博哈多爾角（Cape Bojador）[24]（根據傳說，過了這條分界線以後，變化莫測的海流能夠使任何船隻失去生還的希望），然後經過幾內亞灣，在大海深處有一個巨大的火山島。這個海島是由葡萄牙航海家於一四七〇年前後發現的，並將其命名為聖多美（São Tomé）。就這個海島所處的緯度而言，當時的船長在向皇家騎士島（Alvara da Caminha）航行的途中，恐怕只有參照拉比亞伯拉罕・撒庫托（Abraham Zacuto）製作的星圖才能準確地標定出來。這個星圖曾一度流傳至薩拉曼卡，但當時已經轉移到里斯本，因為它在葡萄牙王國實現海上霸權一事上，是非常有幫助的。這個火山島當時進入了漫長的休眠期，島上的熔岩已經被濃密的熱帶植物覆蓋，但在葡萄牙人發現它之前，聖多美島上一直無人居住。島上熱帶雨林和山丘平緩地向大西洋海岸延伸，海面上飛翔著侏橄欖綠鸚和各種熱帶海鳥，但到一四九四年，島上的岩石和叢林之間卻出現了數百個（有人說是上千個）原來曾是猶太人的孩童。他們當中的許多人一出生就在格拉納達生活，分屬幾百個猶太家庭，當格拉納達在基督教的重新征服運動中陷落之後，他們立即隨父母一起被驅逐。有些人加入了來自卡斯提爾王國的無家可歸者的流亡人群，由於相信了國王若昂二世（João II）提供庇護

的承諾而進入了葡萄牙。但這一承諾是有條件的，完全是個利用猶太人的大騙局。除了被葡萄牙國王選中的，在經濟上對王國有用的六百三十個家庭之外，其餘的西班牙猶太人（總人數可能有八萬），則必須在逗留八個月並為其短期避難和順利離開的特權支付一大筆費用之後，繼續他們的流浪生活。[33]

由於這些猶太人在他們短暫逗留的幾個月裡遭到各種形式的掠奪（合法的和非法的）而身無分文，大多數人根本無力支付這筆費用，於是若昂二世宣布，這些人已經成為他的個人財產，並作為奴隸分送給貴族們，而正是由於這些猶太人有國王擔保，貴族之間長年不斷的紛爭才得以緩和，因為儘管他們穿著破舊的衣服，也仍然可以用傑出的智慧把貴族們玩得團團轉。國王自己也留用了許多猶太人，其中包括大量兒童，因為一旦作為奴隸與父母分開，就可以直接把他們遣送到海外去開墾聖多美島。在輕鬆讓他們皈依基督教之後，這些孩子就會使這個海島徹底基督教化，並與同時遣送到島上的非洲奴隸婚配，從而製造出一個忠心、虔誠、富有進取精神的黑白混血人種，經過二十多年後，就可以給予他們自由。

這聽起來似乎很美，但條件是這些人要能夠活下來。他們是否能夠安全抵達，是否能夠熬過各種疾病、饑餓和各種艱難困苦（如最讓他們恐懼，貪婪而凶殘的鱷魚），考量這些因素後，剩下的人數實在難以確定。一位十六世紀的歷史學家認為一開始遣送時有兩千人，其中有六百人長大成人，但這人數似乎太多，因為當時裝載他們的船隻不可能太大，根本容納不了這麼多人，更何況他們當時年齡都還小。但無論如何，安全到達目的地的肯定有幾百人，並且的確建立了一個以種植和收穫甘蔗為生存手段的微型殖民社會，並最後以生產可可，製造出世界上最好的巧克力而聞名於世。像馬約卡島上皈依基督教的猶太人一樣，在他們的基因中同樣也攜帶來自祖先，永遠也抹不掉的染色體。

24 非洲西岸伸入大西洋的一個小海角，現為西撒哈拉一個小城鎮的名字。因海角沿岸礁石林立，暗流湧動，在大航海時代之前被認為是「世界的盡頭」，西方人稱之為「死亡之角」，以至於在中世紀的地圖上海角附近海域畫著一隻魔鬼的手。

若昂死於一四九五年，他並沒有直系的繼承人，但在斷氣之前，他決心像他的鄰國西班牙一樣，全面、徹底地滅絕王國裡的猶太教。但從另一方面來說，猶太人一旦被改造為真正的基督徒，至少在兩件事情上對野心勃勃的葡萄牙王國來說是非常有用的，即航海科學和全球貿易。那麼，需要做的事情就是滅除他們的宗教。因此，像西班牙一樣，所有的猶太會堂和《塔木德》研究院全部被關閉，並發布了一項不燒人只燒書的命令，儘管事實上他們只是把一種新的繪畫藝術帶進了葡萄牙，但卻從未應用於實踐活動。一四九三年，仍然留在這個國家裡的猶太人被迫把他們所有的《聖經》、《塔木德》、祈禱書、評注和哲學經典圖書，以及身上戴的經匣和門柱上的經卷這類包含希伯來字符的禮儀用品，全部送到里斯本大會堂，以便在那裡集中銷毀。對於大多數猶太人來說，他們被允許從西班牙帶出來的那些裝滿希伯來經典的麻袋和箱子，是僅剩的唯一安慰，因為他們幾乎已經失去了一切了：房屋、花園、店鋪、金錢，還有故土。他們在漫長的流亡路途上一直與這些經典同甘共苦、跋山涉水。然而，眼下有人卻要讓他們與他們的「字符」世界分離開來。拉比亞伯拉罕・沙巴（Abraham Saba）親眼目睹了一位猶太同胞由於「太愛他的書」，緊抱著書不放而受到皮鞭的殘酷抽打。這位拉比十分驚恐，於是他把自己最珍貴的書挑出來偷偷帶出城外，並把這些書藏在了一棵老橄欖樹的樹洞裡。在這些想方設法保護自己的文字財寶的愛書人中，還有一位就是以撒・德・布拉加。他當年曾把許多山羊皮製成的盒裝重要典籍從拉科魯尼亞辛辛苦苦地帶到了里斯本。如果他留下來——或者更糟糕一些，如果他像其他數千名猶太人那樣返回西班牙並接受洗禮——那麼他隨身攜帶的所有書籍就會被沒收並在邊境被焚毀，世界也就會因此而失去裝飾精美的希伯來典籍中最美的圖書。

當然，在葡萄牙國王對這些新來但卻不受歡迎的猶太人所做的諸多壞事中，這還算不上最壞的。若昂二世的繼任者曼努埃爾（Manuel）就像他的前任，也是在驅逐或扣留猶太人讓王國受益更多這問題上搖擺不定；當然，不管採取何種方式，必須首先滅除他們的宗教。他最後的選擇似乎是由王室的婚姻政治

決定的，因為費迪南和伊莎貝拉以他們守寡的女兒（也叫伊莎貝拉）下嫁為代價，換取了曼努埃爾將驅逐猶太人的運動擴展到整個伊比利半島的決定。他們斷定，不然的話，兩個國家的邊境將成為秘密回歸猶太教的猶太人返回西班牙的通道。情況正是如此，成千上萬的猶太人由於在葡萄牙已經難以生存，他們決定接受洗禮並返回西班牙，這自然是受到了西班牙王國於一四九二年十一月發布的，一項附加法令的誘惑——這或許是件令人高興的事，但其中也為檢驗「皈依者」是否真正忠誠附加了許多敏感的條件。儘管在一四九七年就已經確定了驅逐葡萄牙猶太人的最後期限，但曼努埃爾仍然在為由此造成的財產損失而苦惱。難道就沒有一種至今未曾嘗試過的方式，能夠引誘猶太人集體皈依十字架，從而避免驅逐他們？或許，聖多美島上那些猶太兒童的命運給他帶來了靈感。逾越節之夜，當各猶太家庭正在清除發酵物，準備過節時，士兵們突然襲擊了聚集在埃武拉（Evora）的猶太人，騷亂隨之蔓延到葡萄牙的所有城鎮，但他們只是從那些絕望哀求的父母懷中奪走年齡在兩歲以上的孩子。剎那間，用燭光尋找發酵物的歡樂變成了對搜索兒童行動的恐懼。以利亞．卡普薩利就曾經從逃到克里特島上的「馬拉諾」口中聽說當時發生的故事，他寫道：士兵們「甚至在房子的牆角和壁凹處」搜尋蹣跚學步的孩子和尚未成年的兒童。逾越節家宴時，他們又回來「搶劫猶太人的財寶。孩子們被奪走，恐怕今生永遠也見不到了」。

另有數千位陷入瘋狂的父母被押往里斯本，並被告知他們必須在規定的日期前離開葡萄牙。其中有些人試圖利用這個機會，懇求當局甚至國王本人釋放他們的孩子。所羅門．伊本．弗迦是托爾托薩《論爭紀實》的作者，也個受過洗禮的秘密猶太人，他就提到過有一位母親失去了六個孩子，感到十分絕望，在曼努埃爾做完星期日大彌撒離開教堂的路上堵住了他。「她上前懇求他的憐憫，並匍匐在他的馬蹄下，請求他只把最小的孩子還給她，但國王根本不為所動……國王命令他的僕從：『把她帶走，不要讓我再看見她。』但這位母親繼續用更大的哭喊聲申訴自己的冤情，隨從開始喝斥她，國王便憤怒地吼道：『不要管她，因為她就像一條母狗，她的狗崽子已經被抱走了。』」此外，我們還得知其他人的名

字和他們訴不盡的傷心故事：以撒・德・祿亞（Isaac de Rua）和他的妻子維里達（Velida），失去了八歲的雅各，這孩子被起了新名字，叫豪爾赫・洛佩斯（Jorge Lopes）；施托布・菲達爾戈（Shemtob Fidalgo）和妻子奧拉波（Oraboe）失去了兩歲半的雷納（Reina），他被改名叫格拉西亞，八歲的亞伯拉罕則被改名為喬治；雅各・曼哈齊納（Jacob Mankhazina）的寡妻埃斯特雷拉（Estrela），失去了四歲的辛法納（Cinfana），他在某一段時間內，曾被一位基督徒鞋匠鄰居收養。

在等待他們認為將遭驅逐——這至少是某種解脫的方式——的日子裡，數千名猶太人（歷史學家達米奧・德・高伊斯〔Damiao de Gois〕認為不大可能超過兩萬人）被塞進一處古老的宮殿，裡頭以擁擠作為一種懲罰，使得空氣稀薄，且沒有廁所。曼努埃爾就是想通過這種殘酷監禁和製造家庭分裂的手段，強迫猶太人皈依基督教，從而保證他遣送到海外的猶太人能夠順理成章地保持基督徒身分。他時常命令手下停止供應猶太人食品和飲水，有時竟長達三天。猶太人實際上被圈在一個原始形式的集中營中，根本沒有逃跑的可能，除非選擇皈依，否則沒有獲釋的希望。在這樣的氣氛中，看守他們的衛兵只要高興，可以隨意鞭打那些餓暈或病倒的猶太人，直到厭倦這種取樂方式。大量猶太人在這種殘酷的虐待下死去，而那些僥倖活下來的人，則被扯著頭髮拖到洗禮池邊；在以這種粗暴方式舉行皈依基督教儀式時，有的人手裡還一直緊緊地抓著祈禱披巾。

在從西班牙逃出來的猶太人中，最終逃過這種厄運的只有天文學家、《塔木德》學者、拉比亞伯拉罕・撒庫托。[34]當時，他與成千上萬的猶太人一起來到葡萄牙，只不過希望能在當地的「仁政」下暫時喘息，並不奢望能夠定居下來。他當時已經名聲卓著，不僅是因為他設計了一個銅製的星盤，精確和穩定性大勝當時用於航海的木製星盤的刻度，更重要的是，因為他在薩拉曼卡大學當教師時完成了一本用於測量太陽、月亮和行星位置的《天體運行萬年曆》（*Ha hibbur ha-gadol*），不僅精確程度史無前例，且全部是用希伯來文寫成的。這就是猶太知識的魅力，這樣的專業知識可以一直追溯到昆蘭時期的「星空探

測裝置」，而且儘管當時各個國家都不願意接納其作者，但整個世界無疑都需要這樣的知識。這本曆書於一四八一年被翻譯成了卡斯提爾西班牙文，並且由於若昂二世的私人醫生何塞・韋齊諾（Jose Vizinho，他也是一位天文學家）正準備將其翻譯為拉丁文，所以撒庫托受到了特殊規格的歡迎。他被請進了位於里斯本以北雄偉的托瑪律（Tomar）聖殿騎士大修道院的宮殿中，並專門闢出一個房間讓他開展研究工作。撒庫托這位著名人物的存在，正是托瑪律猶太會堂在中世紀晚期的葡萄牙得以保留下來的原因。那是一處精緻而小巧的祈禱和研習場所，是一個用細細的木柱搭建起來的小房間。在撒庫托在此地居留期間，他的研究工作發生了重要的轉折，新的西班牙文版本印行，而這次採用的可攜式開本，使其成為伊比利半島第一批印製的科學手冊之一。

撒庫托的《天體運行萬年曆》在正式印刷之前就改變了整個世界。這本書其實早就已經被哥倫布帶到了聖瑪利亞港，當時他正在焦急地等待卡迪斯港清除所有搭載猶太人的船隻。在撒庫托的心目中，當年發生的兩個事件不可能沒有聯繫。他出版的著作不僅進一步加強了以撒・阿布拉瓦內爾為猶太人進行辯護的力度，並且也堅定了「皈依者」路易・桑坦格爾，支持哥倫布向西找到一條去印度的新航線的決心。由於當時一般認為印度洋上通用的語言（lingua franca）就是阿拉伯語，所以哥倫布決定帶上猶太人路易・托雷斯（Luis Torres）作為隨行翻譯一起出海，因為他能說一口流利的阿拉伯語，而他的皈依適逢其時，可以避免在航行中有失禮儀。後來，托雷斯被哥倫布留在了加勒比海一帶，讓他處理相互理解方面遇到的各種問題，並且他的確能夠與加勒比和泰諾（Taino）「印第安人」進行溝通。哥倫布的航海日誌開篇就表達了一直縈繞在他腦海中某種神秘但卻頗為深刻的聯繫：「既然已經把猶太人從您的領地上驅逐出去，但陛下卻又命令我全副武裝地向傳說中的印度地區進發。」

每個人心裡都清楚，他這裡提到的「印度」指的是耶路撒冷。繞行西線去印度是最後十字軍東征的下一個步驟，這是不可變的，這是一場真正的重新征服運動，是最後審判日的新起點。但是，為什麼不

嘗試走東線呢？在托瑪律，葡萄牙探險家瓦斯科·達·伽馬（Vasco da Gama）繞過博哈多爾角，然後經過猶太孤兒島，一直繞過好望角並突然轉向北沿著非洲東海岸的環球航行之前，拉比撒庫托很有可能見過他。當達·伽馬完成這次探險並滿載香料、動物以及一位在印度定居的波蘭猶太人勝利歸來時，撒庫托早已經離開，但毫無疑問，達·伽馬環球航行的成功肯定得益於這位拉比的幫助，因為只有他的《天體運行萬年曆》才能使達·伽馬知道自己所處位置的準確緯度。多虧了拉比撒庫托，這位偉大的船長和葡萄牙亞洲帝國的發現者，才知道自己站在地球的上什麼地方。

亞伯拉罕·撒庫托去了哪裡？他的同胞又去了哪裡？他們後來到底怎麼樣了？既然嘗試與基督徒和諧相處的計畫已經夭折，他們又能去哪裡呢？在海盜面前，不管是銅製的星盤還是標明天體運行軌跡的萬年曆都無用武之地，像成千上萬的宗教同胞一樣，撒庫托乘坐的帆船一路向南，又回到了北非地區的伊斯蘭世界，再一次淪為海盜俘虜，受搶劫、勒索。大約在一五〇四年，撒庫托最終進入了突尼斯，並在那裡踏上了一條完全不同的道路，一條穿越時間而非空間的道路。但《血統研究》（*Sefer Yohassin*）一書無論如何也無法與他的科學論著相比。[35]儘管撒庫托癡迷於追尋非猶太人與猶太人之間融合的事件，但畢竟不是真正的歷史。十九世紀那些具有科學精神的德國猶太歷史學家，就將其斥責為更像一種荒謬的幻想，根本沒有區分神話和真相——他們同樣也沒有切中要害，因為他們對希羅多德也說過同樣的話。

但事實的確如此，拉比撒庫托的血統學並非歷史，也並非像這本書的讀者所認可的那樣。然而，這卻是與代代猶太人的對話，與從遠古的族長到拉比和聖哲直到撒庫托可能認識的猶太人的一次相遇。說他的血統學並不是歷史，是因為儘管其內容明顯側重於年代傳承的考察，但所有構成猶太人過去和存在於當下的猶太人，似乎同時生活在一起，在彼此吵鬧的一片不和諧聲音中相聚。在他的書中，我們再一次聽到了沙買的慷慨陳詞；聽到拉比以實瑪利（Ishmael）說：「去告訴拉比阿奇巴，他犯了一個錯誤。」聽到本·哈哈（Ben Ha-Ha）說：「我聽這個人說話和本·貝格貝格（Ben Bag-Bag）的口氣差不多，因

為他們算數的方式是一樣的，二（bet）加三（gimel）等於五。」聽到還沒有被尊稱為「王子」（Hanagid）的撒母耳端坐在馬拉加的小鋪裡叫賣香料，絲毫也看不出以後會成為柏柏國王御前大臣的跡象。在這本書中，他還用阿拉伯語草草記下了邁蒙尼德的後事，說他的遺體被送到巴勒斯坦，一夥強盜襲擊了棺木，並把三十個人才能從地上抬起來的棺木扔進了大海，從而使這位偉大的哲學家最終能夠埋葬在提比利亞湖畔，他的祖先身邊。在這本書的結尾處，還記載著那批猶太孤兒被遣送到了「大海中的小島上」。

至於是否像神奇的傳言那樣，撒庫托本人死後也被埋葬在以色列的聖地上，至今無從查考，但可以肯定的是，他在生命即將結束的某個時間曾經去過那裡，並以更親近的方式與他曾在書本上生動描述過的猶太人群親切交談。那裡沒有他的墳墓，不過人們半信半疑的指稱，據說是他不願意看到，更不願意在下列人物面前低頭的關係：被稱為「Nun」，埋在亭拿（Timnath）的約書亞的父親、猶大·哈納西，他是一位王子和《米示拿》大師，在賽佛瑞斯與十位「加翁」埋在一起，五位埋在右邊，五位埋在左邊、埋在雅谷村（Kafr Yakuk）的先知哈巴谷、埋在加利利地區梅倫山（Meron）的希列和沙買。

根據他自己的記述，後來撒庫托去了大馬士革，又走了兩天到了阿勒坡（Aleppo），在那裡，他拜謁了文士以斯拉的陵墓，這位《聖經》書卷的作者曾經為那些流亡歸來後在耶路撒冷斷壁殘垣間宿營的猶太人，找回早年失落的希伯來「字符」。在那裡的某間破敗的小房中，亞伯拉罕·撒庫托似乎看到了一直縈繞在腦海中的頑強生命奇蹟：一滴滴的蠟燭油滴在燭臺上，以斯拉就坐在那裡靠這點亮光，在羊皮紙上寫下他偉大的《以斯拉記》。

人們在撒庫托那本指示太陽、月亮和行星運行軌跡的《天體運行萬年曆》的指引下，航行到了上帝創造的世界的邊緣。猶太人再一次漂泊到世界各角落。然而，哪裡是地球的盡頭呢？在這個盡頭之外又是什麼？難道是一片真正的虛無，像拉比哈斯代·克萊斯卡斯（願他安息！）所堅持的那樣「空無一

物」，而宇宙正是由此而生成？或者像亞里斯多德的信徒阿布拉瓦內爾所主張的那樣，那裡是一個被無限劃分和擴展的空間，船隻和馬車從一段行程向下一段行程不停地向前行駛？[36] 像許多猶太人一樣，撒庫托的思緒在祖先的傳統和幻想的前景之間，在遙遠的過去和開放的未來之間，在幽深的天穹和浩瀚的海洋之間馳騁。或許，地球的盡頭就是希伯來字符能夠傳播到的最遠之地？儘管不同時代、不同地方的壓迫者用盡所有手段，焚燒、塗抹和覆蓋希伯來文字，刪除和定罪希伯來讀物，搜查和沒收猶太人的希伯來書籍，這些「字符」卻始終在時間和空間中傳播。有時，一些猶太典籍像猶太人被押到奴隸市場上拍賣一樣被扣押時，會因為壞心捕快幼稚地只關心他們已扣的量多少而被釋放，逃過被焚毀的命運。撒庫托就曾經看過這樣一批圖書，由基督徒從葡萄牙帶出來，在摩洛哥的市場上公開叫賣。在地球的另一端，也可以找到這樣的市場。法蘭西斯科·德·皮涅洛（Francisco de Pinheiro）是一個葡萄牙貴族，他曾跟隨海軍上將、首任印度總督法蘭西斯科·德·阿爾梅達（Francisco de Almeida）的艦隊遠赴印度，他隨身帶著其父（自然是一個地方治安官）從一個葡萄牙猶太會堂搶劫來的一大箱希伯來圖書，據他估計，這些書可以賣一兩個達克特。馬拉巴海岸的柯欽（Cochin）定居著一個古老的猶太社區，皮涅洛就在那裡把他家的戰利品——一個小型圖書館，賣掉了。這批被贖回的圖書就此獲得了新生，終於走出黑暗，重見光明。

一首讚美詩自撒庫托的心底緩緩升起。每逢猶太人的安息日和重大節日，這首十九世紀讚美大衛王的詩歌就作為一首「保留聖歌」（zemirot），在塞法迪猶太會堂裡響起，至今依然如此。癡迷於喀巴拉神秘主義的撒庫托，顯然應該非常熟悉的《創世之書》認為，全能的上帝按照神奇的希伯來「字符」創造出了世界上的各種元素。地球的盡頭必然是這些「字符」棲息的地方，在那裡，透過今世一次次的祈求和哀悼，你會聽到來自天國的聲音。是的，我們堅信著。請聽：

天國宣告上帝的榮耀

蒼穹展示祂的神奇
白天發出話語
夜晚降下知識
這些話語和知識
無論在何地都能聽到
其形體已不存於世
但心中的「字符」卻傳向地球的盡頭

致謝

同時利用兩種媒體實施一項學術工程，似乎使我欠下了雙倍的人情，並且在眼下這項工程上似乎比以往虧欠更多，所以我對英國廣播公司電視臺各位同事在各個方面對《猶太人》提供的友好、睿智和無私的支持表示深深的謝意。亞當・坎普首先提出了這個想法，然後由ＢＢＣ第二臺的馬丁・大衛森（Martin Davidson）和總監詹尼斯・哈德羅（Janice Hadlow）負責實施這個電視系列片專案，且他們一直忠實地擔負著建設性批評顧問的角色。阿蘭・耶托布（Alan Yentob）雖然始終委婉地保持著一定的距離，但卻是該項目一個宅心仁厚的參與者。ＢＢＣ全球資訊網的蒙莉莎・格林（Melissa Green）、蘇珊娜・麥凱納（Suzanna McKenna）和馬克・雷諾茲（Mark Reynolds）一直以各種可能的方式對該專案提供堅定的支持。我的電視製作經紀人羅絲瑪麗・斯庫勒（Rosemary Scoular）在溫蒂・米亞德（Wendy Millyard）的不懈幫助下，以超出工作範疇的職業精神，常年擔負著我的護衛天使的角色。

電視系列片是由我在「牛津影視」的同事為ＢＢＣ製作的，這個世界一流的團隊賦予「高潔之人」（mensch，不論性別）這個充滿深情的詞彙以全新的意義，尤其是我的摯友和富有創造精神的合作者尼克・肯特（Nick Kent），如果沒有他，該電視系列片是難以想像，也是不可能完成的，並且他在過程中不得不與我一起分享著甘苦；夏洛特・柴契爾（Charlotte Sacher）則猶太知識弘富，他睿智而深入的研究、優雅的編輯態度和持續的工作熱情，為這一專案注入了生命的血流。蒂姆・柯比（Tim Kirby）為該電視系列片的製作人（以及三個節目組的導演）項目的完成輸入了一種鑒別的智慧、博大的憐憫和超人的毅力，尤其在專案過程中面對出人意料的變化時更是如此。我還要感謝我們團隊中的其他許多成員，特別要感

謝朱麗亞·梅爾（Julia Mair）嚴肅的研究態度、高昂的片場士氣和睿智的學術建議；感謝凱特·愛德華茲（Kate Edwards）在全部五集電視片中每當我面對挑戰時所給予的鼓勵，並且做了大量超出職責範圍以外的工作，尤其是在烏克蘭濃霧瀰漫、溝壑縱橫的道路上行駛的越野車的後座上深情動人地朗讀佩雷斯＊的故事。此外，我還要感謝項目組的重要成員耶利米·波拉德（Jeremy Pollard）、阿里爾·格蘭多利（Ariel Grandoli）和安東尼·伯克（Anthony Burke），以及傑尼·湯普森（Jenny Thompson）、安妮·李（Annie Lee）和阿利安文·傑克遜（Arianwen Flores Jackson）時刻盡職地履行警衛職責。在後期製作階段，漢娜·卡薩維蒂（Hannah Cassavetti）的工作熱情尤其令人驚歎。薩姆·鮑姆（Sam Baum）和約什·鮑姆（Josh Baum）把他們的藝術天分充分運用到了文士作品和動畫設計之中，而我們與作曲家亞伯沙龍·卡斯皮（Avshalom Caspi）和演唱者克拉拉·薩納布拉斯（Clara Sanabras）不僅是重要的合夥人，並且成了好朋友。

像往常一樣，我的文學出版經紀人麥可·西森斯（Michael Sissens）和卡洛琳·米歇爾（Caroline Michel）儼然是智慧和熱情的化身，他們從一開始就堅信，這部著作一定會引起廣大受眾的關注和歡迎。尤其在這部書由於內容太過豐厚而遠遠超過了原稿作為單卷本的部頭，而我的出版人、鮑利海（Bodley Head）出版公司的斯圖爾特·威廉斯（Stuart Williams）認為內容「過於猶太」時（這是可以理解的），他們勇敢地頂住了壓力。但我還是要感謝斯圖爾特和企鵝—蘭登書屋的蓋爾·瑞巴克（Gail Rebuck），他們後來找到了一種應對這一未曾預料到的出版計畫變更的恰當方式。如果沒有許多編輯和校對人員的辛勤勞作，這部書將不可能出現在讀者面前。他們是：文字編輯大衛·米爾納（David Milner），參與多項任務的技術編輯凱撒琳·弗萊（Katherine Fry）、凱撒琳·艾爾斯（Katherine Ailes），負責圖片搜集的卡洛琳·伍德（Caroline Wood），和藹可親且掌控一切流程的安娜·考林（Anna Cowling），文字校對薩利·薩金特（Sally Sargeant）、伊爾莎·亞德利（Ilsa Yardley），以及索引編輯道格拉斯·馬修斯（Douglas Matthews）。另外，羅文納·斯凱爾頓—華萊士（Rowena Skelton-Wallace）、娜特莉·瓦爾（Natalie Wall）和凱伊·佩德爾（Kay Peddle）也為完成這

項曾被認為無法完成的使命花費了許多的心力。

在《聖經》時期和猶太古代時期研究方面，我要感謝埃斯特．穆達卡耶瓦（Ester Murdacayeva），以及我在圖書館內外諸多資料收集事務上不可或缺的助手珍妮佛．桑塔格（Jennifer Sonntag）。普魯弗斯特．科茨沃斯（Provost John Coatsworth）很寬容地允許我暫時離開哥倫比亞大學的崗位，使我的電視片和著作得以順利完成。我還要感謝已故、始終令我深切懷念的同事約瑟．耶魯沙米，是他使得猶太史的火炬在我身上以不同的方式不斷燃燒——他深刻而美麗的沉思錄《記住：猶太歷史與猶太記憶》（*Zakhor*）一直是我研討史學，尤其是猶太史學關注的核心。在電視紀錄片和這部著作形成過程中，其他許多學者、館員、作家和老朋友曾慷慨地提出過建議，尤其是巴勒斯坦探險基金會的拉比朱利亞．紐伯格（Julia Neuberger）和費利西蒂．科賓（Felicity Cobbing），以色列博物館《死海古卷》部的彌迦．巴阿姆（Micha Bar-Am）和普尼納．肖爾（Pnina Shor），柏林猶太歷史博物館的麥可．弗雷蘭德爾（Michal Friedlander）。還有比撒列．波滕教授，他以批評的態度通讀了有關象島猶太歷史的章節；卡佳．克勞索娃（Katya Krausova），她非常友好地分享了深奧而豐富的歷史知識，和東歐地區重要發掘現場的珍貴圖片；哈伊姆．亞德莫爾（Haim Admor），由於她關於猶太人從衣索比亞回歸以色列的獨特「新出埃及」敘事，使我對「貝塔以色列人」以及以色列奇蹟般的「人道主義救援行動」有了初步而鮮明的認識。

如果沒有如此多摯友的慷慨支持，這一切都不可能實現，多年來，他們似乎已經習慣了我催促和抱怨的聲音，後來對我時常提到，那些對常人來說難以理解（對他們來說的確如此）的猶太史概念也不再

＊佩雷斯（I. L. Peretz，1852-1915），波蘭猶太意第緒語作家、劇作家。他反對普世主義，主張各民族有自己的特點，在猶太人問題上堅持自我解放和反抗精神，強調宗教虔誠的重要性，並宣稱：「猶太理想……建立在猶太傳統和猶太歷史之上。」此處應指的是他所寫的關於以利亞匿名造訪一對貧窮夫婦並使其富裕的故事。

那麼陌生。我要特別感謝愛麗絲・舍伍德（Alice Sherwood），感謝她不懈的熱情、批評的智慧以及對這項工程重要性的堅定信念。另外，我還要感謝克羅伊・阿里吉斯（Chloe Aridjis）、克萊門西・希爾（Clemency Burton Hill）、簡・達利（Jan Dalley）、莉莎・德萬（Lisa Dwan）、塞琳納・福克斯（Celina Fox）、海倫・哈伊曼（Halene Hayman）、朱利亞・霍布斯鮑姆（Julia Hobsbawm）、伊蓮娜・納羅贊斯基（Elena Narozanski）、凱特琳納・皮茲戈尼（Caterina Pizzigoni）、丹尼・魯賓斯坦（Danny Rubinstein）、羅伯特和吉爾・斯羅托夫（Robert and Jill Slotover）、史黛拉・蒂爾亞德（Stella Tillyard）、列昂・弗塞蒂爾（Leon Wieseltier）和羅伯特・韋斯特里奇（Robert Wistrich）的善意和幫助。

克羅伊、馬克和加百列出生後已經習慣了筆者生活中經歷的起起落落，但最應該感謝的是我的妻子金妮，她需要面對我比平日更戲劇化的劇烈心情起落，忍受系列電視片拍攝和後期製作期間漫長的分離，感謝她一貫、無盡、全部的忍耐、無私和愛情。這部猶太史的兩位真正的作者，即我的父親和母親已經不在人世，但似乎有某個聲音一直在提醒我，我以後在這個課題上，仍然要繼續聆聽他們的教誨。

注釋

第1篇

1 參見比撒列·波登（Bezalel Porten）等，《象島莎草紙英譯：跨文化延續與演變三千年》（*The Elephantine Papyri in English: Three Millennia of Cross-Cultural Continuity*）（Leiden, New York and Cologne, 1996），B8，頁107-109。波登對檔案文書的研究是最全面而縝密的，筆者本人的記述完全得益於他的研究成果。另可參見他的另一部專著《象島檔案：一個古老猶太軍事群落的生活》（*Archives from Elephantine: The Life of an Ancient Jewish Military Colony*）（Berkeley, 1996）。

2 所有這些均來源於一封寄往耶路撒冷的信，信中詳細的描述了發生於西元前407年的一場騷亂所造成的破壞。參見波登等，《象島莎草紙英譯：跨文化延續與演變三千年》，B19，頁241。

3 這是赫爾伯特·尼耶爾（Herbert Niehr）在〈追尋第一聖殿中的耶和華雕像〉（In Search of YHWH's Cult Statue in the First Temple）一文提出的觀點（筆者認為他有點過分拘泥文字）。參見卡萊爾·范·德·圖恩（Karel van der Toorn）編，《形象與書卷：偶像崇拜、無偶像崇拜以及書卷宗教在以色列和古代近東地區的興起》（*The Image and the Book: Iconic Cults, Aniconism and the Rise of Book Religion in Israel and the Ancient Near East*）（Leuven, 1997），頁81。尼耶爾堅持認為，在第一聖殿中很可能豎立過某種形式的雕像（第二聖殿中則是不可能的），獻祭的對象是耶和華的子民，而不是像近東的西閃族地區那樣向被賦予人形的神獻祭。

4 參見史蒂芬·羅森伯格（Stephen J. Rosenberg），〈象島猶太聖殿〉（The Jweish Temple at Elephantine），載《美國東方研究雜誌》（*Journal of the American Schools of Oriental Research*）第67卷，2004年3月。

5 從舊王朝時代（西元前2500年）以後的陵墓以及其他雕像上很容易找到埃及人行割禮的證據。

6 參見波登等，《象島莎草紙英譯：跨文化延續與演變三千年》，B13，頁125-126。

7 關於塔梅與阿拿尼亞婚姻的年代，筆者贊同波登等學者的觀點（頁208-251）。鮑羅斯·阿雅德·阿雅德（Boulos Ayad Ayad），〈亞撒利雅的兒子阿拿尼亞檔案：一位來自象島的猶太人〉（From the Archive of Ananiah Son of Azariah: A Jew from Elephantine，載《近東研究雜誌》〔JNES〕第56卷第1期，1997）則給出了一種完全矛盾的解讀：塔梅與阿拿尼亞離婚，然後再婚，而他們的女兒約雅示瑪與她的丈夫，即另一個阿拿尼亞同樣也是離婚後又再婚。在與筆者的一次通信中，波登教授把這種矛盾，歸結為阿雅德在解讀亞蘭語的文書日期標注時犯了一個錯誤。另參見埃米爾·克拉林（Emil G. Kraeling），《布魯克林博物館亞蘭語莎草

紙》（*The Brooklyn Museum Aramaic Papyri*）（New Haven, 1953）；愛德華．布萊伯格（Edward Bleiberg），《古埃及的猶太生活：來自尼羅河谷的一個家庭檔案》（*Jewish Life in Ancient Egypt: A Family Archive from the Nile Vally*）（Brooklyn, 2002）。我對布萊伯格允許筆者在本專案的前期階段對布魯克林博物館莎草紙進行研究表示衷心感謝，對我來說那是一次愉快的經歷。

8 參見波登等，《象島莎草紙英譯：跨文化延續與演變三千年》，頁242。

9 關於「米塔希雅」檔案，參見波登等，《象島莎草紙英譯：跨文化延續與演變三千年》，頁152-201。

第2篇

1 筆者與像萊斯特．格拉貝（Lester Grabbe）這樣的一些最權威的學者都認為，尼希米與以斯拉在歷史上是真實存在的，並且以他們的名義寫成的書卷與書卷中相關事件基本上發生於同一時代。然而，這並不意味著這種觀點沒有受到挑戰，有些學者就曾對此提出過質疑，他們堅持認為，《希伯來聖經》的任何部分都不可能成書於波斯和希臘化時期之前，儘管在這一時期的所謂「後期希伯來語」（甚至在猶太人中間也只是一個小語種）和猶地亞獨立王國晚期的「古典希伯來語」之間存在著的顯著的差別。參見威廉．施耐德溫德（William M. Schniedewind），《〈聖經〉如何成書》（*How the Bible Became a Book*）（Cambridge, 2004）。關於以斯拉的歷史真實性和作者身分問題，可參見阿維德．卡佩魯德（Arvid S. Kapelrud），《以斯拉敘事中的作者身分問題：詞彙學研究》（*The Question of Authorship in Ezra-Narrative: A Lexical Investigation*）（Oslo, 1944）；最新資料可參見猶哈．帕卡拉（Juha Pakkala），《文士以斯拉：〈以斯拉記〉第七至十章和〈尼希米記〉第八章的形成》（*Ezra the Scribe: The Development of Ezra 7-10 and Nehemiah 8*）（Berlin and New York, 2004）；最具批判性的論述主要參見撒拉．雅費特（Sara Japhet），《從巴比倫河谷到猶地亞高地：復辟時期研究文集》（*From the Rivers of Babylon to the Highlands of Judah: Collected Studies on the Restoration Period*）（Winona Lake, Indiana, 2006），頁1-38、367-398。

2 奇怪的是，那些堅持認為《聖經》寫作始於後流亡時期的學者將其精確地定位於這一時期，而考古學的結論表明，這一時期的猶太人口最為稀少和貧困，有些人甚至斷言猶地亞猶太獨立王國後期人口減少了85%……

3 現藏於大英博物館的西元前六世紀，刻有楔形文字的「居魯士圓柱」（Cyrus Cylinder），證實了波斯人復興當地宗教崇拜和人口的政策，儘管其中並沒有特指聖殿崇拜和猶地亞猶太人。

4 參見《以斯拉記》3:11（譯者注：應為3:10-13）。

5 參見《以斯拉記》6:1-12。

6 參見約翰・柯帝士（John Curtis）為艾米利・庫爾特（Amilie Kuhrt）二卷本《波斯帝國：阿契美尼德王朝史料集》（*The Perian Empire: A corpus of Sources from the Achaemenid Period*）（London and New Youk, 2007）所寫的書評，載《巴勒斯坦探索季刊》（*Palestine Exploration Quarterly*）第144卷，2012年3月。

7 根據二十世紀三〇年代發現的，西元前六世紀初新巴比倫楔形文字石板的記載，當時曾把油料財產分發給約雅斤和明確被稱作「猶大國王」的「諸王子」。參見奧爾布萊特（W. F. Albright），〈流亡中的國王約雅斤〉（King Jehoiachin in exile），載《〈聖經〉考古學雜誌》（*BA*）（1942），頁49-55。另參見皮德森（O. Pedersen），《西元前1500至前300古代近東地區的檔案與書卷》（*Archives and Libraries in the Ancient Near East*）（Bethesda, 1998），頁183-184。

8 閔京俊（Kyung-Jin Min）在《以斯拉—尼希米的〈利未記〉作者身分》（*The Levitical Authorship of Ezra-Nehemiah*）（London and New York, 2004）一書中對單一或集體作者身分問題作了詳細論述。另參見詹姆斯・范・德・卡姆（James C. van der Kam）〈「以斯拉—尼希米」還是「以斯拉和尼希米」？〉（Ezra-Nehemiah or Ezra and Nehemiah?），載烏爾利希（E. Ulrich）編，《祭司、先知和文士：紀念約瑟・布倫金索普第二聖殿猶太教形成與遺產文集》（*Priests, Prophets and Scribes: Essays on the Formation and Heritage of Second Temple Judaism in Honour of Joseph Blenkinsop*）（Sheffield, 1992），頁55-76。

9 關於文字與口語化的關係以及聽眾聚集的假定，可參見但以理・鮑亞林（Daniel Boyarin），〈固定場所誦讀：古代以色列與中世紀歐洲〉（Placing Reading: Ancient Israel and Medieval Europe），載約拿單・鮑亞林（Jonathan Boyarin）編，《誦讀人種學》（*The Ethnography of Reading*）（Berkeley, Los Angeles, Oxford, 1993），頁11以下。

10 參見《申命記》31:11。

11 參見《米德拉什・創世記》1:1。

12 參見巴魯赫・斯賓諾莎（Baruch Spinoza），《神學政治論》（*Tractatus Theologicus-Philosophicus*）（Amsterdam, 1670）。另參見理查・波普金（Richard Popkin），〈斯賓諾莎與《聖經》研究〉（Spinoza and Bible Scholarship），載《劍橋版斯賓諾莎導讀》（*The Cambridge Guild to Spinoza*）（Cambridge, 1996）；南西・列文（Nancy Levene），《斯賓諾莎的啟示：宗教、民主與理性》（*Spinoza's Revelation: Religion, Democracy and Reason*）（Cambridge, 2004），頁77-79。

13 參見卡萊爾・范・德・圖恩編，《形象與書卷》（*The Image and the Book*）。

14 具有諷刺意味的是，自從《聖經》正本完成和西元三世紀拉比們開始把口傳律法彙編為《米示拿》的近兩千年裡，並且現在仍然認為在所有的猶太會堂、《塔木德》研究院和兒童學堂

裡一直沿用的書寫《聖經》使用的正宗希伯來字符的書寫形式，實際上是古老的方形亞蘭文。

15 這些文字見於詹姆斯·林登伯格（James M. Lindenberger），《古亞蘭與希伯來字符》（*Ancient Aramaic and Hebrew Letters*）（Atlanta, 2003），頁125-130。

16 參見弗蘭克·克洛斯（Flank Moore Cross Jr.），《迦南神話與希伯來史詩》（*Canaanite Myth and Hebrew Epic*）（Cambridge, MA, 1973），頁123。

17 參見弗蘭克·克洛斯和大衛·弗雷曼（David Noel Freeman），《古代耶和華詩歌研究》（*Studies in Ancient Yahwistic Poetry*）（Grand Rapids, Michigan, 1975），散見各章節。

18 參見塞特·桑德斯（Seth L. Sanders），《希伯來字符的發明》（*The Invention of Hebrew*）（Urbana, Illinois, 2009），頁113。桑德斯認為，內陸地區的希伯來字符是家庭手工藝的產物，而不是來自所羅門的啟蒙。他在該書第113頁上寫道：「希伯來字符出現後雖然得到廣泛的傳播，但並不是在地理上分布廣泛的一群嫻熟的工匠專用的字符。」桑德斯強調了古代近東地區這種傳播方式的獨特性。克里斯多夫·羅爾斯頓（Christopher A. Rollston）在其《古代以色列世界的文字與文學性：鐵器時代的墓誌銘證據》（*Writing and Literacy in the World of Ancient Israel: Epigraphic Evidence from the Iron Age*）（Atlanta, 2010）一書中則堅持一種更保守的觀點。關於口傳與書面文字年代史相互之間關係的深入討論，可參見羅伯特·川島（Robert S. Kawashima），《〈聖經〉敘事與希臘史詩吟誦者的消亡》（*Biblical Narrative and the Death of the Rhapsode*）（Bloomington, Indiana, 2004）。川島的著述是專門對巴魯赫·哈爾彭（Baruch Halpern）的經典著作《最早的歷史學家：希伯來〈聖經〉與歷史》（*The First Historians: The Hebrew Bible and History*）（University Park, PA, 1996）所作的回應。

19 參見詹姆斯·林登伯格，《古亞蘭語與希伯來字符》（*Ancient Aramaic and Hebrew Letters*），頁62、125-126。

20 參見羅恩·塔皮（Ron E. Tappy）和凱利·麥克卡特（P. Kyle McCarter），《識字文化與西元十世紀的迦南人：特拉扎伊「字母表」背景研究》（*Literate Culture and Tenth-Century Canaan: The Tel Zayit Abecedary in Context*）（Winona, Lake, Indiana 2008）。

21 參見詹姆斯·林登伯格，《古亞蘭語與希伯來字符》，頁55-60、121-124。

22 參見詹姆斯·林登伯格，《古亞蘭語與希伯來字符》，頁50、109-110。

第3篇

1 參見貝莎·斯帕福德·韋斯特（Bertha Spafford Vester），《我們的耶路撒冷：一個美國家庭在聖城（1881-1949）》（*Our Jerusalem: An American Family in the Holy City 1881-1949*）（New York, 1950），頁92-93。這是由作者被收養的同父異母兄弟雅各在1883年改名「斯帕福德」並在美國福音派「利勝者」（Overcomers）聚落中生活之後直接對她說的話。

2 參見愛德華·羅賓遜（Edward Robinson），《1838年和1852年聖地的〈聖經〉研究》（*Biblical Researches in the Holy Land in the years 1938 and 1852*）（Boston, 1852），頁340-341。

3 參見耶沙亞胡·尼爾（Yeshayahu Nir），《〈聖經〉與形象：聖地攝影史（1839-1899）》（*The Bible and the Image: The History of Photography in the Holy Land 1839-1899*）（Philadelphia, 1985）；尼桑·佩雷斯（Nissan Perez），《聚焦東方：近東地區的早期攝影》（*Focus East: Early Photography in the Near East*）（New York, 1988）；凱思琳·霍維（Kathleen Stuart Howe）等，《聖地揭秘：巴勒斯坦攝影探險》（*Revealing the Holy Land: The Photographic Exploration of Palestine*）（Santa Barbara, 1997）。

4 參見《神聖文學與〈聖經〉記事雜誌》（*Journal of Sacred Literature and Biblical Record*）1864年4至7月，頁133-157。凡想要了解這種被狂熱的基督徒重新構思為科學探究的特殊聯姻形式的人，都必須要讀一下這本雜誌。這個特殊問題包括有關論述該撒利亞的尤西比厄斯（Eusebious）的一些文章，以及對「出埃及統計數字」（指據說有兩千人跟隨摩西離開了埃及！）持懷疑態度的某些評論。

5 後來的事實的確如此，並且在1868年，數學家沃爾特·貝贊特（Walter Besant）由於健康原因從模里西斯（Mauritius）返回故土，這位志向高遠的小說家和歷史學家變成了一位忙碌的秘書，並一直任職至1885年。

6 參見約翰·莫斯若普（John James Moscrop），《勘測耶路撒冷：巴勒斯坦地區探險基金會與大不列顛在聖地的權益》（*Measuring Jerusalem: The Palestine Exploration Fund and British Interests in the Holy Land*）（Leicester, 2000），頁63-149。克勞德·康得爾（Claude Reignier Conder）在《住帳篷的日子：發現與探險實錄》（*Tent Work in Palestine: A Record of Discovery and Adventure*）（London, 1887）一書中對這次勘測作了極其迷人的描述。

7 參見愛德華·帕爾默（Edward Henry Palmer），《〈出埃及記〉中的沙漠：曠野中靠雙腳流浪四十年》（*The Desert of the Exodus: Journeys on Foot in the Wilderness of the Forty Years Wandering*）（London, 1872）。

8 參見亞瑟·斯坦利（Arthur Stanley），《西奈與巴勒斯坦的歷史聯繫》（*Sinai and Palestine in Connection with Their History*）（London, 1857），頁66以及頁xix。「對於《舊約》和《新約》中記錄的歷史與自然地理之間始終存在的一致性，不可能不感到吃驚。」

9 參見愛德華·帕爾默，《〈出埃及記〉中的沙漠：曠野中靠雙腳流浪四十年》（*The Desert of the Exodus*），頁54。

10 關於這段考古修正的歷史，以色列·芬克爾斯坦（Israel Finkelstein）和埃米哈伊·馬撒爾（Amihai Mazar）在布萊恩·施米特（Brian B. Schmidt）主編的《追尋歷史上的以色列：早期以色列的考古學與歷史之間的爭論》（*The Quest for the Historical Israel: Debating Archaeology and the History of Early Israel*）（Atlanta, 2007）一書中作了詳細的論述。芬克爾斯坦在修正歷史

地點的假定方面一直是一位重要人物，例如他對本來被認為屬於所羅門時期的米吉多．亞丁（Megiddo Yadin）進行考訂，重新認定其屬於以色列王國的暗利時期。參見芬克爾斯坦和尼爾．西爾伯曼（Neil Asher Silberman），《大衛與所羅門》（*David and Solomon*）（New York, 2006）和《發掘〈聖經〉：古代以色列的考古學新視野及其神聖文本》（*The Bible Unearthed: Archaeology's New Vision of Ancient Israel and its Sacred Texts*）（New York, 2000）。這次爭論中的另一位重要人物威廉．德弗爾（William G. Dever）更進一步擺脫了懷疑論的立場，例如可參見其《誰是早期的以色列人？他們來自何處？》（*Who Were the Early Israelites and Where Did They Come From?*）（Grand Rapids, Michigan, 2006）。而在大衛斯（P. R. Davies）的《尋找「古以色列」》（*In Search of 'Ancient Israel'*）（Sheffield, 1992）和湯普森（T. L. Thompson）的《文字和考古資料中以色列人的早期歷史》（*Early History of the Israelite People from the Written and Archaeological Sources*）（Leiden, 1992）中，則以最肯定的方式表達了一種「考古極簡主義」的立場。參見巴魯赫．哈爾彭的回應：〈抹掉歷史：「考古極簡派」對古以色列的攻訐〉（Erasing History: The Minimalist Assault on Ancient Israel），載《〈聖經〉評論》（*Bible Review*），1995年，頁26-35。

11 參見沙耶．柯恩（Shaye Cohen）編，《耶和華崇拜》（*The Cult of Yahweh*），默頓．史密斯（Morton Smith）著，第一卷，尤其應仔細閱讀「古代近東地區的通俗神學」部分，頁15-27。另參見約翰．戴伊（John Day），《迦南人的耶和華、男神和女神》（*Yahweh and the Gods and Goddesses of Canaan*）（Sheffield, 2000/2002）；馬克．史密斯（Mark S. Smith），《上帝的早期歷史：古代以色列的耶和華與其他神祇》（*The Early History of God: Yahweh and the Other Deities in Ancient Israel*）（Grand Rapids, Michigan, 2002）；奧斯瑪律．基爾（Othmar Keel）和克里斯多夫．烏伊林格（Christoph Uehlinger），《古代以色列的男神、女神以及上帝的形象》（*Gods, Goddesses and Images of God in Ancient Israel*）（Minneapolis, 1998）。關於最近對當時猶大國民宗教中日漸興起的「無偶像崇拜」的學術爭論，最全面的介紹可參見卡萊爾．范．德．圖恩編，《形象與書卷》（*The Image and the Book*），尤其是其中特利格夫．梅廷格爾（Tryggve N. D. Mettinger）的文章〈以色列人的無偶像崇拜：起源及其發展〉（Israelite Aniconism: Development and Origins），頁173-204；羅奈爾得．亨德爾（Ronald S. Hendel）的文章〈古代以色列的無偶像崇拜與擬人化崇拜〉（Aniconism and Anthropomorphism in Ancient Israel），頁205-228；尤其建議參見卡萊爾．范．德．圖恩的文章〈形象與書卷：巴比倫偶像崇拜與《妥拉》崇拜比較研究〉（The Iconic Book: Analogies Between the Babylonian Cult of Images and the Veneration of the Torah），頁229-248。

12 參見埃米哈伊．馬撒爾，《〈聖經〉本土考古學》（*Archaeology of the Land of the Bible*）第一卷「西元前一萬年至前586年」（New Haven, London, 1990），頁501-502。

13 參見克萊特爾（R. Kletter），《猶地亞柱像與亞設拉（閃族女神）考古學研究》（*The Judaean Pillar Figurines and the Archaeology of Asherah*）（Oxford, 1996）。

14 參見威廉·德弗爾，《上帝有妻子嗎？：考古學與古代以色列民間宗教》（*Did God Have a Wife?: Archaeology and Folk Religion in Ancient Israel*）（Grand Rapids, Michigan, 2005）。

15 參見威廉·德弗爾，《上帝有妻子嗎？》，頁497-498。

16 參見尼利·福克斯（Nili Sacher Fox），《服侍國王：古代以色列和猶大國的官場政治》（*In the Service of the King: Officialdom in Ancient Israel and Judah*）（New York, 2000），散見全書各處；羅伯特·多伊奇（Robert Deutsch），《來自遠古的信息：從以賽亞時代到第一聖殿時期結束的希伯來文印鑑》（*Masrim min Ha'Avar: Message from the Past, Hebrew Bullae from the time of Isaiah to the end of the First Temple*）（Jaffa, Tel-Aviv, 1997）；《〈聖經〉時代的希伯來文印鑑：約瑟·哈伊姆·考夫曼藏品錄》（*Biblical Period Hebrew Bullae: The Joseph Chaim Kaufman Collection*）。

17 關於最近的出土文物及其歷史，可參見約瑟·加芬克爾（Yosef Garfinkel）、撒爾·加諾爾（Saar Ganor）和米歇爾·哈塞爾（Micheal Hasel），《追隨大衛王的足跡》（*In the Footsteps of King David*）（Tel-Aviv, 2012）。另參見加芬克爾和加諾爾，《以拉要塞遺跡發掘報告》（*Khirbet Qeiyafa Excavation Report*），第一卷（Jerusalem, 2008）。

18 參見比爾曼（G. Bearman）和克利斯丁－巴里（W. A. Christens-Barry），〈陶片上的流放者形象〉（Imagine the Ostracon），載加芬克爾和加諾爾，《以拉要塞發掘報告》（*Excavation Report*），頁261-270。

第4篇

1 參見馬修·阿諾德（Matthew Arnold），《文化與無政府狀態》（*Culture and Anarchy*）（London, 1869），散見第四章各處。阿諾德一開篇就承認，「希伯來精神」和「希臘精神」都是「令人敬畏的和值得尊敬的」，並引用海涅作為把希望保留下來的一個例證——但對他來說，文化表現形式的這兩個極端歸根結柢不僅是獨特的，而且是不可調和的。

2 參見約瑟福斯，《猶太古事記》11:5，頁256。

3 柯維（J. M. Cowey）和馬利希（K. Maresch），《赫拉克利奧波利斯城邦猶太人的公民身分文書》（*Urkunden des Politeuma der Juden von Herakleopolis*）（Wiesbaden, 2001）；卡希爾（A. Kasher），《希臘化埃及的猶太人》（*The Jews in Hellenistic Egypt*）（Brill, 1985）；羅伯特·庫格勒（Robert Kugler），〈早期猶地亞闡釋文字和希臘文《妥拉》的新視野：用托勒密的修辭學闡釋托勒密律法〉（Uncovering a New Dimension of Early Judaean Interpretations of the Greek Torah: Ptolemaic Law Interpreted by its own rhetoric），載哈納·馮·韋森伯（Hanna von Weissenber）、猶哈·帕卡拉（Juha Pakkala）和馬科·馬蒂拉（Marko Mattilla）編，《第二聖殿時期權威性傳統教義的重述與闡釋》（*Rewriting and Interpreting Authoritative Traditions in the*

Second Temple Period）（Berlin and New York, 2011），頁165以下。關於城邦公民團體的地位與治理方式，可參見盧德茲（G. Ludertz），〈什麼是公民團體？〉（What is the politeuma?），載亨頓（J. W. Henten）和范・德・豪斯特（P. W. van der Horst），《早期猶太碑文研究》（*Studies in Early Jewish Epigraphy*）（Leiden, 1994），頁204-208。

4 參見李・列文（Lee I. Levine），《古代猶太會堂：第一個千年》（*The Ancient Synagogue: The First Thousand Years*）（New Haven, 2005），頁81以下。

5 參見阿納多・莫米里亞諾（Arnaldo Momigliano），《陌生的智慧：希臘化的局限性》（*Alien Wisdom: The Limits of Hellenism*）（Cambridge, 1971）；維克多・切里科夫（Victor Tcherikover）的經典著作《希臘化文明與猶太人》（*Hellenistic Civilization and the Jews*）（Grand Rapids, Michigan, 1959）；艾瑞克・葛蘭（Erich Gruen），《散居：希臘人與羅馬人中間的猶太人》（*Diapora: Jews Amidst Greeks and Romans*）（Cambridge, MA, 2002）；約翰・科林斯（John J. Collins），《在雅典與耶路撒冷之間：希臘化散居中的猶太人身分》（*Between Athens and Jerusalem: Jewish Identity in the Hellenistic Diaspora*）（New York, 1983）；萊斯特・格拉貝，《第二聖殿時期的猶太人與猶太教歷史》（*A History of the Jews and Judaism in the Second Temple Period*），第二卷《希臘人來了》（*The Coming of the Greeks*）（London, 2008）；約瑟・莫采耶夫斯基（Joseph Meleze Modrzejewski），《從拉美西斯二世到皇帝哈德良治下的埃及猶太人》（*The Jews of Egypt from Rameses II to Emperor Hadrian*），羅伯特・科爾曼（Robert Cornman）譯（Princeton, 1995），頁49。

6 關於這一點以及其他「傳奇」，可參見薩拉・詹森（Sara Raup Johnson），《歷史虛構與希臘化的猶太身分：文化背景下的〈馬加比二書〉》（*Historical Fictions and Hellenistic Jewish Identity: Third. Maccabees in Its Cultural Context*）（Berkeley and Los Angeles, 2004），頁113-120。

7 參見約瑟福斯，《猶太古事記》11:8，頁329-340。

8 參見《亞里斯提書信》，頁158-159。

9 但並不是出自更嚴格的《申命記》，因為其中把蝗蟲歸為成群爬行的動物，因而也是一種令人憎惡的事物。

10 參見《亞里斯提書信》，頁152。

11 參見克里斯多夫・哈斯（Christopher Haas），《中古後期的亞歷山大：地形地貌與社會衝突》（*Alexandria in Late Antiquity: Topography and Social Conflict*）（Baltimore and London, 1997）；關於羅馬人治下的埃及，可參見約翰・巴克利（John M. G. Barclay），《猶太人在地中海地區的流散：從亞歷山大到特洛伊》（西元前323年至西元117年）（*Jews in the Mediterranean Diaspora: from Alexander to Trajan*〔323 BCE - 117 CE〕）（Berkeley and Los Angeles, 1996）。

12 參見羅布・庫格勒（Rob Kugler），〈多羅西斯為歸還腓力帕回歸請願：托勒密治下的埃及猶太律法研究案例〉（Dorotheus petitions for the return of Philippa: A Case Study in jewish Law

in Ptolemaic Egypt），載《莎草紙研究所第二十五次研討會論文集》（*Proceedings of the 25th Meeting of the Institute of Papyrology*）（Ann Arbor, Michigan, 2007），頁387-396。

13 關於獻祭的規則和習俗，可參見（主要討論波斯時期的情況）梅洛迪．諾爾斯（Melody D. Knowles），《習俗的趨同：耶路撒冷在波斯時期散居猶太人的宗教習俗中的作用》（*Centrality Practiced: Jerusalem in the Religious Practice of Yehud and the Diaspora in the Persian Period*）（Leiden, 2006），重點參見頁19-23、77-103。猶太人某些改革後的祈禱形式（如美國的猶太保守派會堂）偏離了日常祈禱的秩序，這想必是為了避免過於拘謹，而只是借用聖殿中常年獻祭的形式。

14 在這個問題上，我贊同大衛．比亞爾（David Biale）的論點，可參見其《血與信仰：一個在猶太人和基督徒之間傳播的象徵物》（*Blood and Belief: The Circulation of a Symbol between Jews and Christians*）（Berkeley and Los Angeles, 2007）。作者在該書頁26-27重點討論了這樣一種可能性：在獻祭儀式上強調小心處置濺血問題和祭司們擔心潔淨問題實際上都是為了把猶太人的習俗與希臘人的動物牲祭（尤其是活山羊）區別開來。

15 關於對這個問題更詳細的論述，可參見列奧納德．格利克（Leonard B. Glick），《在你的身上做記號：從古代猶地亞到現代美國的割禮制度》（*Marked in Your Flesh Circumcision from Ancient Judea to Modern America*）（Oxford, 2005）。更權威的資料可參見弗雷德里克．霍吉斯（Frederick M. Hodges），〈古希臘和古羅馬的理想包皮：男性生殖器美學及其與包皮、割禮、包皮復原和「拴狗繩」的關係〉（The Ideal Prepuce in Ancient Greece and Rome: Male Genital Aesthetics and Their Relation to Lipodermos, Circumcision, Foreskin Restoration, and The Kynodesme），載《醫學歷史學刊》（*Bulletin of the History of Medicine*）第75期，頁375-405。

16 參見《米示拿．末道門》60B；《米示拿．轉房（兄終弟及）》45A-B。

17 參見李．列文，《耶路撒冷：第二聖殿時期聖城畫像（西元前586年至西元70年）》（*Jerusalem: Portrait of the City in the Second Temple Period*〔BCE 586 - 70 CE〕）（Philadelphia, 2002），頁72以下。其中強調關於阿克拉（Akra）的準確位置一直缺乏考古學方面的證據，但其建設工程顯然牽扯到老建築物及其周圍密集的居民區的拆除問題。

18 阿納西亞．波特爾－楊（Anathea E. Portier-Young）在她的傑作《用毀滅論應對帝國的統治：早期猶太教的反抗理論》（*Apocalypse against Empire: Theories of Resistance in Early Judaism*）（Grand Rapids, Michigan, 2011）中令人信服地證明，安條克四世後來在耶路撒冷犯下的一系列屠殺和迫害的暴行，並不是因為他在埃及遭到了羞辱，而是因為伊阿宋的背信棄義、武裝叛亂和占領耶路撒冷，而他因此才作出了撕毀安條克三世曾經承諾的「協議」的決定，反而對猶地亞實施「用刀劍對付囚虜」的統治制度，從而使猶地亞居民的生活和人身自由直接地置於這位重新征服的國王的絕對統治之下。

19 參見《馬加比一書》1:26。

20 參見《馬加比二書》5:10。

21 參見《馬加比二書》1:20-2。

22 參見沙耶·柯恩，《猶太性的開端：局限性、多樣性和不確定性》（*The Beginnings of Jewishness: Boundaries, Varieties, Uncertainties*）（Berkeley and Los Angeles, 1999），主要參見頁69-135。其中把「猶太性」的自我發現明確地定位於哈斯蒙尼王朝統治時期（他稱之為「重新界定」），並歸因於《馬加比書》（我認為尤其是《馬加比一書》）中所描述的差異化習俗（如割禮）與集體認同之間的平衡。然而，這番精采的說辭並沒有能夠證明（至少對我來說是如此）極端希臘化時期是不是這種自我意識第一次出現並開始發展的時期。似乎早在三個世紀前，以斯拉和尼希米就已經在作類似的開創性差異化研究。關於馬加比史詩在猶太獨立王國形成時期的地位，可參見塞特·史瓦茲（Seth Schwartz），《帝國主義與猶太社會（西元前220年至西元640年）》（*Imperialism and Jewish Society: 200 B.C.E. to 640 C.E.*）（Princeton, 2001），主要參見頁32-70。

23 對於這種苦惱，應該說非利士人和沿海文化的後裔感受最深，因為他們大多數人沒有行過割禮，而中部山區和跨約旦河山地、河谷一帶的以土倫人和以土買人卻大部分行過割禮。

24 參見《馬加比二書》9:10。

25 參見《馬加比一書》2:26。

26 參見《馬加比一書》4:55。

27 參見《馬加比一書》14:8-15。

28 參見《馬加比一書》16:13。

29 參見史蒂文·法恩（Steven Fine），《希臘—羅馬世界中的藝術與猶太教》（*Art and Judaism in the Greco-Roman World*）（Cambridge and New York, 2005）。

30 參見約瑟福斯，《猶太古事記》14:3。

31 參見雅各·紐斯內爾（Jacob Neusner），《西元70年之前法利賽人的拉比傳統》（*The Rabbinic Traditions about the Pharisees before 70*）（Leiden, 1971）。

32 關於這個問題，可參見沙耶·柯恩，〈希律是猶太人嗎？〉（Was Herod Jewish?），載柯恩，《猶太性的開端源》，頁13-24。

33 參見約瑟福斯，《猶太古事記》1:33。

34 參見科尼布（M. A. Knibb），《昆蘭社團》（*The Qumran Community*）（Cambridge, 1987）；利尼（A. R. C. Leaney），《昆蘭社團生活守則及其意義：簡介、譯文和評注》（*The Rule of Qumran and Its Meaning: Introduction, Translation and Commentary*）（London, 1966）；梅佐（S. Metzo），《生活守則原文》（*The Serekh Texts*）（London, 2007）。

35 參見《〈死海古卷〉英文全本》（*The Complete Dead Sea Scrolls in English*），蓋撒·弗爾梅斯（Geza Vermes）編譯（修訂本，London and New York, 2004），頁234（以下稱「弗氏本古卷」）。

36 參見斐洛，《出使蓋烏斯》。

37 參見彼得·沙弗爾（Peter Schäfer），《猶太恐懼症：古代世界對猶太人的態度》（*Judeophobia: Attitudes toward the Jews in the Ancient World*）（Cambridge, MA, 1997）。

38 參見約瑟福斯，《猶太戰爭》2:12。

39 參見約瑟福斯，《猶太戰爭》5:13，頁541。

40 參見約瑟福斯，《猶太戰爭》，頁545。

41 關於約瑟福斯的生平，最具批判性的著述當屬塞特·施瓦茲的《約瑟福斯與猶地亞政治》（*Josephus and Judaean Politits*）（Leiden, 1990）。

42 參見約瑟福斯，《個人簡歷》11。

43 參見約瑟福斯，《猶太戰爭》3:8，頁357。

44 參見約瑟福斯，《猶太戰爭》2:21，頁586。

45 參見約瑟福斯，《猶太戰爭》4:9，頁560-563。

46 自從艾瑞克·霍布斯鮑姆（Eric Hobsbawm）出版《原始的叛亂者：社會抗爭的古老形式研究》（*Primitive Rebels: Studies in Archaic Forms of Social Protest*）（Manchester, 1959）以來，歷史學家開始分析「強盜」和「匪患」問題，尤其關注他們頭領的名頭，認為他們表現出來的社會對抗和造反行為在有產和有權階層眼中就等於純粹的犯罪活動。喬治·魯迪（George Rodé）在分析法國大革命時也採取了類似的方法，而如果更為仔細地考察，我的老朋友和導師理查·科布（Richard Cobb）也是如此（因為他認為這種犯罪是真實的）。

47 關於更詳盡的討論，主要參見馬丁·古德曼（Martin Goodman），《猶地亞的統治階級：猶太起義的起源》（*The Ruling Class of Judaea: The Origins of the Jewish Revolt*）（Cambridge, 1987）和《羅馬與耶路撒冷：古代文明的碰撞》（*Rome and Jerusalem: The Clash of Ancient Civilizations*）（London and New York, 2007）；蘇珊·索里克（Susan Sorek），《猶太人對羅馬統治的反抗》（*Jews Against Rome*）（Hambledon, 2008）；尼爾·福克納（Neil Faulkner），《世界末日：反抗羅馬統治的猶太大起義》（*Apocalypse: The Great Jewish Revolt Against Rome*）（Amberley, Glos. 2002）。

48 阿耶赫·凱西爾（Aryeh Kasher），《猶太人、以土買人和古代阿拉伯人》（*Jews, Idumaeans and Ancient Arabs*）（Tübingen, 1988）。

49 參見約瑟福斯，《猶太戰爭》4，頁305-313。

50 參見約瑟福斯，《猶太戰爭》4，頁327。

51 參見雅各．紐斯內爾，《約哈南．本．撒該生平》（*A life of Rabban Yohanan ben Zakkai*）（Leiden, 1970）。

52 參見約瑟．哈伊姆．耶魯沙爾米（Yosef Hayim Yerushalmi）《記住！：猶太歷史與猶太記憶》（*Zakhor: Jewish History and Jewish Memory*）（Seattle, Washington, 1982）。

53 參見約瑟福斯，《猶太戰爭》6:2，頁108。

54 參見約瑟福斯，《猶太戰爭》6:3，頁209-211。

55 參見約瑟福斯，《猶太戰爭》6:6，頁306-309。

56 參見約瑟福斯，《猶太戰爭》6:4，頁270-271。

57 關於約瑟福斯在羅馬的情況，可參見艾德蒙森（J. C. Edmundson）、史蒂文．梅森（Steven Mason）和里弗斯（J. B. Rives）編，《弗拉維斯．約瑟福斯與弗拉維王朝治下的羅馬》（9. *Flavius Josephus and Flavian Rome*）（Oxford, 2005）一書中的重要文章。

58 參見約瑟福斯，《猶太戰爭》7:5，頁150。

59 參見弗格斯．米勒（Fergus Millar），〈耶路撒冷的最後一年：羅馬猶太戰爭紀念碑〉（Last Year in Jerusalem: Monuments of the Jewish War in Rome），載艾德蒙森等編，《弗拉維斯．約瑟福斯與弗拉維王朝治下的羅馬》，頁101-128。

60 然而，關於《猶太戰爭》中許多章節的寫作時間，學術界一直存在爭議。參見巴恩斯（T. D. Barnes）和里弗斯在艾德蒙森等編《弗拉維斯．約瑟福斯與弗拉維王朝治下的羅馬》一書中的文章。

61 參見約瑟福斯，《猶太戰爭》7:3，頁323-335。

62 參見約翰．巴克利，《猶太人在地中海地區的流散》；西維亞．卡普萊蒂（Silvia Cappelletti），《西元二至三世紀羅馬的猶太社區》（*The Jewish Community of Rome from the Second Century B.C. to Third Century C.E.*）（Leiden, 2006）。

63 西維亞．卡普萊蒂在《西元二至三世紀羅馬的猶太社區》一書中提出了一種具有說服力但也更微妙的觀點。

64 我們是通過奧古斯丁才知道塞內卡《論迷信》這本書的。

65 參見塔西佗，《歷史》，柯利弗德．摩爾譯（Cambridge, MA, 1929），V:v，頁183。

66 參見約瑟福斯，《駁斥阿比安》2，頁86。

67 參見約瑟福斯，《駁斥阿比安》2，頁100。

68 參見塔西佗，《歷史》V:v。

69 參見約瑟福斯，《駁斥阿比安》1，頁60。

70 參見約瑟福斯，《駁斥阿比安》2，頁280。另參見哈羅（W. W. Hallo），《起源：某些現代制度在近東地區的起源》（*Origins: The Near Eastern Origins of Some Modern Institutions*）（Leiden, 1996）。

71 參見約瑟福斯，《駁斥阿比安》2，頁291。

72 關於《死海古卷》，可參見菲力普．大衛斯（Philip R. Davies）、喬治．布魯克（George J. Brooke）和菲力普．加洛威（Philip Gallaway），《〈死海古卷〉的完整世界》（*The Complete World of the Dead Sea Scrolls*）一書中的精采介紹；關於最新的學術成果，可參見勞倫斯．希夫曼（Lawrence H. Schiffman）、伊曼努爾．托夫（Emmanuel Tov）和詹姆斯．范德卡姆（James Vanderkam）編，《發現五十年後的〈死海古卷〉》（*The Dead Sea Scrolls Fifty Years after Their Discovery*）（Jerusalem, 2000）。我仍然是一個「弗氏本古卷」（及其「引言」）迷，但後來麥可．懷斯（Michael Wise）、馬丁．阿貝格（Martin Abegg Jr.）出版了一個新的譯本《〈死海古卷〉：一個新譯本》（*The Dead Sea Scrolls: A New Translation*）（New York, 2005）。反艾賽尼派的文章《耶路撒冷圖書館》受到諾曼．科布（Norman Colb）的質疑，可參見其《誰寫下了〈死海古卷〉？：昆蘭探秘》（*Who Wrote The Dead Sea Scrolls?: The Search for the Secret of Qumran*）（New York, 1985）。

73 參見「弗氏本古卷」，頁180。

74 參見「弗氏本古卷」，頁166。

75 參見「弗氏本古卷」，頁170。

76 參見卡西烏斯．迪奧（Cassius Dio），《羅馬史》（*Roman History* Ⅷ）第八卷，卡里（E. Cary）譯（Cambridge, 1925），頁451。

77 關於巴巴塔和巴．科赫巴的信件文書，可參見理查．弗倫德（Richard Freund），《藏信洞的秘密：破解死海之謎》（*The Secrets of the Cave of Letters: A Dead Sea Mystery Uncovered*）（New York, 2004）。

78 關於早期的手掌形十字架，可參見筆者《風景與記憶》（*Landscape and Memory*）（London, 1995），頁214-215。

第5篇

1 參見克拉克．霍普金斯（Clark Hopkins）和伯納德．古德曼（Bernard Goldman），《歐羅普斯要塞的發現》（*The Discovery of Dura-Europos*）（New Haven and London, 1979），頁131。另參見安－路易斯．柏金斯（Ann-Louise Perkins），《歐羅普斯要塞藝術》（*The Art of Dura-Europos*）（Oxford, 1973）；約瑟．古特曼（Joseph Gutmann）編，《歐羅普斯要塞猶太會堂：重新評價（1932-1992）》（*The Dura-Europos Synagogue: A Re-evaluation*（1932-1992））（University of South Florida, 1992），主要參見其中理查．布雷里安特（Richard Brilliant）的文章〈歐羅普斯要塞繪畫與羅馬藝術〉（Painting at Dura-Europos and Roman Art）和雅各．紐斯內爾的文章〈歐羅普斯要塞的猶太教〉（Judaism at Dura-Europos）；阿納貝爾．沃頓（Annabel Wharton），《重新構造後古典時期城市：歐羅普斯、哲拉什、耶路撒冷和拉文

納》（*Reconfiguring the Post-classical city: Dura-Europos, Jerash, Jerusalem and Ravenna*）（Cambridge, 1995）。最新的資料可參見蓋爾·布洛迪（Gail R. Brody）和蓋爾·霍夫曼（Gail Hoffman）編，《歐羅普斯要塞：中古時期的十字路口》（*Dura-Europos: Crossroads of Antiquity*）（Boston, Philadelphia, 2011）。

2 參見《米示拿·異教》，頁3-4。

3 參見李·列文，《古代猶太會堂》，頁260-267。

4 參見《米示拿·前門》，頁1。

5 參見《米示拿·先賢篇》，頁4-5。

6 參見《米示拿·安息日》，頁6、1-3。

7 參見《米示拿·先賢篇》，頁5。

8 參見《米示拿·異教》，頁3-5。

9 參見瑞秋·哈奇利利（Rachel Hachlili），《古代鑲嵌畫地面，主題、特點與潮流：選擇性研究》（*Ancient Mosaic Pavements: Themes, Issues, and Trends : Selected Studies*）（Leiden, 2009）；采夫·魏斯（Ze'ev Weiss）和埃胡德·尼采爾（Ehud Netzer），《應許與救贖：賽佛瑞斯猶太會堂鑲嵌畫》（*Promise and Redemption: A Synagogue mosaic from Sepphoris*）（Jerusalem, 1997）。

10 令人頗為奇怪的是，偉大的藝術歷史學家梅耶爾·沙皮羅（Meyer Schapiro）早就對這些鑲嵌畫作過全面的考察，在梅耶爾·沙皮羅和麥可·阿維－約拿（Michael Avi- Yonah）《以色列：古代鑲嵌畫》（*Israel: Ancient Mosaics*）（Greenwich, CT, 1960）書中，他很可能受到了其合作者（阿維－約拿〔Avi-Yonah〕是一位著名的中古後期歷史學家）的引導，儘管沙皮羅對這些鑲嵌畫的解讀是非常正規的，並且也沒有過多地考慮其與當時的碑文或拉比猶太教的關係。

11 參見瑞秋·哈奇利利，《古代鑲嵌畫地面，主題、特點與潮流：選擇性研究》，頁408。

12 關於這方面的最新的資料，可參見艾瑞克·梅耶爾斯（Eric M. Meyers）和馬克·喬叟（Mark Chauncey），《從亞歷山大到康斯坦丁：〈聖經〉本土考古學》（*Alexander to Constantine: Archaeology of the Land of the Bible*），第3卷（New Haven, 2012），頁269-280。

13 參見艾瑞克·梅耶爾斯和馬克·喬叟，《從亞歷山大到康斯坦丁：〈聖經〉本土考古學》，第3卷，頁277。

14 參見特利格夫·梅廷格爾，〈以色列人的無偶像崇拜：起源及其發展〉，載卡萊爾·范·德·圖恩，《形象與書卷》，頁188。

15 參見約瑟·但（Joseph Dan），《古代猶太神秘主義》（*The Ancient Jewish Mysticism*）（Tel Aviv, 1993），頁9-24。

16 關於這兩種同時創制的宗教之間的對話和「回聲效應」，可參見以色列·猶瓦爾（Israel Yuval），《一個子宮，兩個民族：中古後期和中世紀的猶太人與基督徒的感覺》（*Two Nations in Your Womb: Perceptions of Jews and Christians in Late Antiquity and the Middle Ages*）（Berkeley and

Los Angeles, 2006）；沙耶．柯恩（Shaye D. Cohen）和愛德華．凱斯勒（Edward Kessler），《猶太－基督兩教關係簡介》（*11. An Introduction to Jewish-Christian Relations*）（Cambridge, 2010）。

17 參見傑拉德．魯沃爾斯特（Gerard Rouwhorst），〈基督教傳統中對馬加比家族七聖徒的崇拜〉（The Cult of the Seven Maccabean Brothers and their mother in Christian tradition），載約書亞．施瓦茲（Joshua Schwartz）和馬塞爾．普爾修斯（Marcel Poorthuis）編，《猶太教與基督教中的聖徒與榜樣》（*Saints and Role Models in Judaism and Christianity*）（Leiden, 2004），頁183-204。

18 參見阿迪亞．卡尼科夫（Adia Karnikoff），《古羅馬時期猶太陵墓中的石棺：分類目錄》（*Sarcophagi from the Jewish Catacombs of Ancient Rome: A Catalogue Raisonné*）（Stuttgart, 1986）；列奧納德．羅格斯（Leonard Victor Rutgers），《古羅馬晚期的猶太人：羅馬大流散中文化互動的證據》（*The Jews in Late Ancient Rome: Evidence of Cultural Interaction in the Roman Diaspora*）（Leiden, 2000）和《地下的羅馬》（*Subterranean Rome*）（Leuven, 2000），頁146-153。

19 參見約翰．屈梭多模（John Chrysostom），《駁斥猶太人：八條論綱》（*Adversus Iudaeos*），I:vi。

20 參見約翰．屈梭多模，《駁斥猶太人：八條論綱》，IV:4，頁7。

21 參見約翰．屈梭多模，《駁斥猶太人：八條論綱》，II:iii，頁5。

22 參見《使徒行傳》，13:8。

23 參見約翰．屈梭多模，《駁斥猶太人：八條論綱》，VIII:7，頁6。

24 關於猶太人的護身符，可參見基甸．波哈克（Gideon Bohak），《古代猶太巫術史》（*Ancient Jewish Magic: A History*）（Cambridge and New York, 2008），頁370-376。

25 參見約翰．屈梭多模，《駁斥猶太人：八條論綱》VIII:8。

26 關於安提阿的猶太人與基督徒，可參見克里斯汀．孔多雷恩（Christine Kondoleon），《安提阿：失落的古城》（*Antioch, the Lost Ancient City*）（Princeton, 2000），主要參見其中伯納德．布魯頓（Bernadtte J. Brooten）的文章〈古安提阿的猶太人〉（The Jews of Ancient Antioch），頁29-39；格蘭維勒．唐尼（Glanville Downey），《敘利亞安提阿的歷史：從塞琉古王朝到阿拉伯衝突》（*A History of Antioch in Syria from Seleucus to the Arab Conquest*）（Princeton, 1961）。

27 參見伯納德．布魯頓，《古安提阿的猶太人》。

28 參見海姆．馬克比（Hyam Maccoby），《保羅與基督教的起源》（*Paul and the Invention of Christianity*）（New York, 1986）。

29 參見《加拉太書》6:15。另參見但以理．波雅林（Daniel Boyarin），《一個激進的猶太人：保羅與身分政治》（*A Radical Jew: Paul and the Politics of Identity*）（Berkeley, 1997）。關於猶太教

與基督教之間不可調和的激烈觀點，可參見雅各．紐斯內爾，《猶太人與基督徒：共同傳統之謎》（*Jews and Christians: The Myth of a Common Tradition*）（Philadelphia, 1991）。另參見詹姆斯．帕克斯（James Parkes），《基督教堂與猶太會堂之間的衝突：古代反猶主義研究》（*The Conflict between Church and Synagogue: A Study in Ancient Anti-Semitism*）（London, 1932）；撒母耳．克勞斯（Samuel Krauss），《從古代到一七八九年的猶太－基督兩教論戰》（*The Jewish Christian Controversy from Ancient Times to 1789*）（Tübingen, 1995）。

30 參見《加拉太書》2:16-21。

31 參見雷諾茲（J. Reynolds）和坦尼鮑姆（R. F. Tannenbaum），《阿芙洛狄西亞的猶太人與敬畏上帝者：希臘銘文及評注》（*Jews and God fearers at Aphrodisias: Greek Inscriptions with Commentary*），《劍橋文獻學會會議論文集》，附錄12（Cambridge, 1987）。

32 參見巴魯赫．伯克塞爾（Baruch M. Bokser），《逾越節家宴的起源：逾越節儀式與早期拉比猶太教》（*The Origins of the Seder: The Passover Rite and Early Rabbinic Judaism*）（Berkeley, 1984）；豪爾．陶西格（Hal Taussig），《起初只是一餐：社會 實驗與早期基督徒身分》（*In the Beginning was the Meal: Social Experimentation and Early Christian Identity*）（Augsburg, 2009）；以色列．猶瓦爾，《一個子宮，兩個民族》，頁56-75。

33 參見約翰．屈梭多模，《駁斥猶太人：八條論綱》，III:4，頁6。

34 參見約翰．屈梭多模，《駁斥猶太人：八條論綱》，附錄：第二次演講。

35 參見約翰．屈梭多模，《駁斥猶太人：八條論綱》，IV:1。

36 參見約翰．屈梭多模，《駁斥猶太人：八條論綱》，I:vii。

37 參見約翰．屈梭多模，《駁斥猶太人：八條論綱》，I:3，vi。

38 參見約翰．屈梭多模，《駁斥猶太人：八條論綱》，I:6，vii。

39 參見約翰．屈梭多模，《駁斥猶太人：八條論綱》，VI:2，x。

40 參見〈聖殿山見聞錄〉（Itineraria Burgdialense），載格耶爾（P. Geyer），《聖地足跡世界遊記》（*Itinera hierosolymitana saeculi*），III-VIII（Vienna, 1898），頁22；麥可．阿維－約拿，《巴勒斯坦的猶太人》（*The Jews of Palestine*）（New York, 1976），頁164。

41 參見阿米亞努斯．馬切利努斯（Ammianus Marcellinus），《晚期的羅馬帝國》（*The Later Roman Empire*），沃爾特．漢密爾頓（Walter Hamilton）譯（London, 2004），頁255。

42 參見阿米亞努斯．馬切利努斯，《晚期的羅馬帝國》，頁255。

43 參見寶拉．弗雷德里克森（Paula Frederiksen），《奧古斯丁與猶太人：基督徒為猶太人和猶太教所作的辯護》（*Augustine and the Jews: A Christian Defense of Jews and Judaism*）（New York, 2008），頁243-244。

44 參見加文．朗繆爾（Gavin L. Langmuir），《反猶主義解讀》（*Toward a Definition of Anti-Semitism*）（Berkeley, 1990），頁71。

45 參見威廉・霍爾伯里（William Horbury），《猶太人與基督徒的彌賽亞信仰》（*Messianism among Jews and Christians*）（London, 2003），頁289-308。

46 參見尼古拉・德・朗日（Nicholas de Lange），〈查士丁尼時代的猶太人〉（Jews in the age of Justinian），載麥可・馬斯（Michael Maas）編，《劍橋版查士丁尼時代指南》（*The Cambridge Companion to the Age of Justinian*）（Cambridge, 2005），頁419-420。

47 參見威廉・霍爾伯里，《猶太人與基督徒的彌賽亞信仰》，頁151。

48 參見雅可夫・艾爾曼（Yaakov Elman），〈波斯中部地區文化與巴比倫聖哲：拉比律法傳統形成時期對當地異邦習俗的接受與抵制〉（Middle Persian Culture and Babylonian Sages: Accommodation and Resistance in the Shaping of Rabbinic Legal Tradition），載夏洛特・馮拉伯特（Charlotte Elisheva Fonrabert）和馬丁・雅費（Martin S. Jaffee），《劍橋版〈塔木德〉與拉比文獻指南》（*The Cambridge Companion to the Talmud and Rabbinic Literature*）（Cambridge, 2007），頁181。

49 參見《逾越節》3（《革馬拉》），諾曼・所羅門（Norman Solomon），《〈塔木德〉選讀》（*The Talmud: A Selection*）（London, 2009），頁151。

50 參見《逾越節》3（《革馬拉》），諾曼・所羅門，《〈塔木德〉選讀》，頁148-149。

51 參見雅可夫・艾爾曼，《中東地區文化》，載夏洛特・馮拉伯特和馬丁・雅費，《劍橋版〈塔木德〉與拉比文獻指南》，頁188-189。

52 參見《安息日》2:31（諾曼・所羅門，《〈塔木德〉選讀》，頁104-105）。

53 參見《休書》9:90（諾曼・所羅門，《〈塔木德〉選讀》，頁399）。

54 參見《轉房》4:47（諾曼・所羅門，《〈塔木德〉選讀》，頁306-307）。

55 參見安德魯・沙夫（Andrew Sharf），《從查士丁尼到第四次十字軍東征時期的拜占庭猶太人》（*Byzantine Jewry from Justinian to the Fourth Crusade*）（London, 1971），頁53。

56 關於歐麥爾與基督教牧師之間達成的諒解（根據這一諒解，猶太人將繼續被排斥在神聖處所之外），基督教方面的資料卻作出了一種完全不同的記述。參見耶霍書亞・弗倫克爾（Yehoshua Frenkel），〈非伊斯蘭作者對伊斯蘭資料的利用〉（The Use of Islamic Materials by Non-Islamic Writers），載麥可・拉斯基爾（Michael M. Laskier）和雅可夫・列夫（Yaacov Lev），《猶太教與伊斯蘭教的趨同性：宗教、科學和文化領域》（*The Convergence of Judaism and Islam: Religious, Scientific and Cultural Dimensions*）（Gainesville, FL, 2011），頁97。

第6篇

1 參見安德魯・沙夫，《從查士丁尼到第四次十字軍東征時期的拜占庭猶太人》，頁33。

2 參見尼格爾・格魯姆（Nigel Groom），《乳香與沒藥：阿拉伯香料貿易研究》（*Frankincense and Myrrh : A Study of the Arabian Incense Trade*）（New Youk, 1981）。

3 哥登・達內爾・紐比（Gordon Darnell Newby），《阿拉伯猶太人的歷史：從遠古時代至伊斯蘭教投下陰影》（*A History of the Jews of Arabia: from Ancient Times until their eclipse under Islam*）（Columbia, 1988），頁40。

4 C・羅賓（C. Robin）的〈希木葉爾的猶太教〉（Le judaisme de Himyar），收錄於Arabia : Revue de sabéologie，Ⅰ，頁97-172。格倫・博威索克（G. W. Bowersock），《阿杜利斯的王座：伊斯蘭教前夕的紅海戰爭》（*Throne of Adulis: Red Sea Wars on the eve of Islam*）（Oxford, 2013）給了我詳盡的參考資訊。

5 《阿拉伯猶太人的歷史：從遠古時代至伊斯蘭教投下陰影》，頁61。

6 保羅・尤爾（P. Yule），〈札法爾，前伊斯蘭文化晚期的分水嶺〉（Zafar, Watershed of Pre-Islamic Culture），Propylaeum-DOK Digital Repository of Classical Studies線上全文公開圖書館（2008）；也請參閱保羅・尤爾，〈札法爾—西米亞王國首都的再發現〉（Zafar: The Capital of the Ancient Himyarite Empire Rediscovered），*Jemen Report*，36（2005），頁22-9。

7 關於伊斯蘭教成形與其天下到來之前，伊斯蘭和猶太文化的糾葛，請見瑞文・費爾史東（Reuven Firestone）的〈伊斯蘭教成形期的猶太文化〉（Jewish Culture in the Formative Period of Islam），收錄於《猶太文化》（*Cultures of the Jews*）（New York, 2002），頁267-305。

8 巴西瓦・波尼－塔米爾（Batsheva Bonne-Tamir），〈東方猶太社區與其和西南亞社群的關係〉（Oriental Jewish Communities and their Relationship with South-West Asian Populations），收錄於《印度人類學家》（*Indian Anthropologist*）（1985）。

9 勞本・安羅尼（Reuben Ahroni），《葉門猶太人：起源、文化和文學》（*Yemenite Jewry: Origins, Culture, and Literature*）（Bloomington, Indiana, 1986）。

10 查爾斯・皮列（Charles Pellat），〈敵視先知的女人〉（Sur quelques femmes hostiles au prophète），《先知穆罕默德生平》（*La vie du Prophète Mahomet*）（Colloquium, Strasbourg, 1980），頁77-86；參見阿蒙・西羅亞（Amnon Shiloah）〈猶太與穆斯林音樂家的世紀交會〉（Encounters between Jewish and Muslim Musicians throughout the Ages），載麥可・拉斯基爾和雅可夫・列夫，《猶太教與伊斯蘭教的趨同性：宗教、科學和文化領域》，頁273-274。

11 佛萊德・唐納（Fred Donner），《穆罕默德及其信者：伊斯蘭的起源》（*Muhammad and the Believers: At the Origins of Islam*）（Cambridge, MA, 2010），頁230。

12 撒羅滿・多夫・高廷恩（S. D. Goitenin），《中世紀猶太商人家書》（*Letters of Medieval Jewish Traders*）（Princeton, 1973），頁141。

13 關於「伊布里絲」請見高廷恩的《地中海的社會：開羅秘庫中對阿拉伯世界猶太社群的描述》（*A Mediterranean Society: The Jewish Communities of the Arab World as Portrayed in the Cairo Geniza*），第1卷，《經濟基礎》（*Economic Foundations*）（Berkeley, 1967），頁60；「精紡印度紅」請見高廷恩，《中世紀的印度商人》（*India Traders of the Middle Ages*）（Leiden,

2008），頁278；至於「廢絲」，請見高廷恩，《地中海的社會》，第4卷，《日常生活》（*Daily Life*）（Berkeley, 1983），頁168。

14 耶迪達・斯蒂爾曼（Yedida K. Stillman），〈服裝做為一種文化表述：伊斯蘭文服飾的美學、經濟與政治〉（Costume as Cultural Statement: The Esthetics, Economics, and Politics of Islamic Dress），載丹尼爾・H・法蘭克（Daniel H. Frank），《中世紀伊斯蘭猶太人：社群、社會和認同》（*The Jews of Medieval Islam: Community, Society and Identity*）（Leiden, 1995），頁134。

15 高廷恩，《地中海的社會》，第1卷，頁101。

16 高廷恩，《地中海的社會》，第3卷，《社群》（*The Community*）（Berkeley, 1971），頁382。

17 強納森・布魯姆（Jonathan Bloom），《印刷前的白紙：紙在伊斯蘭世界中的歷史與影響》（*Paper Before Print, The History and Impact of Paper in the Islamic World*）（New Haven, 2010），頁42。

18 喬爾・L・克羅莫（Joel L. Kraemer），〈為自己説話的女人〉（Women Speak for Themselves），載史蒂芬・C・瑞福（Stefan C. Reif）的《劍橋開羅秘庫集：意義與內涵》（*The Cambridge Genizah Collections: Their Contents and Significance*）（Cambridge, 2002），頁196。

19 克羅莫，〈為自己説話的女人〉；高廷恩，《地中海的社會》，第2卷之2，頁219。

20 克羅莫，〈為自己説話的女人〉，頁194。

21 克羅莫，〈為自己説話的女人〉，頁207；高廷恩，《地中海的社會》，卷3，頁227。

22 高廷恩，《地中海的社會》，卷3，頁52-346。

23 莎菈・呂奎（Sara Reguer），〈中世紀開羅猶太聖堂中的女人〉（Women and the Synagogue in Medieval Cairo），載蘇珊・高斯曼（Susan Grossman）、瑞卡・哈特（Rivka Haut）編，《王女：聖堂中的女人》（*Daughters of the King: Women and the Synagogue*）（Philadelphia and Jerusalem, 1992），頁55。

24 哈斯代書信的原件副本見於《劍橋版「開羅秘庫」文書大全》。該譯文引自弗朗茨・科布勒（Franz Kobler），《歷代猶太人書信集》（*Letters of Jews through the Ages*）第1卷，《〈聖經〉時代至文藝復興時期》（*From Biblical Times to the Renaissance*）（New York, 1952），頁98-101。

25 參見弗朗茨・科布勒，《歷代猶太人書信集》第1卷，頁105。

26 參見戈爾登（P. B. Golden），〈哈札爾汗國〉（The Khazars），載辛諾爾（D. Sinor），《劍橋版早期亞洲內陸史》（*The Cambridge History of Early Inner Asia*）（Cambridge, 1990）。

27 參見康斯坦丁・祖克曼（Constantine Zuckerman），〈關於哈札爾汗國皈依猶太教的日期以及國王魯斯、奧列格和伊格爾統治時期問題：開羅秘庫中的哈札爾佚名書信研究〉（On the date of the Khazar conversion to Judaism and the chronology of the kings of Rus, Oleg and Igor : a study of the anonymous Khazar letter from the Geniza of Cairo），載《拜占庭研究評論》（1995），第53卷，頁237-270。

28 參見凱文·布魯克（Kevin Alan Brook），《哈札爾猶太人》（*The Jews of Khazaria*）（New York, Toronto and Plymouth, 2006），頁80。

29 哥多華大洗劫發生於1013年4月，而撒母耳（Shmuel）的詩〈逃離哥多華〉（On leaving Cordoba）（據他的兒子即他的《詩集》〔diwan〕的編者所說，這首詩是在他離開的同時寫成的）似乎寫於冬季，也就是說，他很可能是在這場災難發生之前而非之後離開。

30 參見伊本·阿哈迪布（Ibn Al-Khatib），《格拉納達編年史》，引自羅斯·布蘭（Ross Brann），《繪畫的力量：11世紀和12世紀伊斯蘭西班牙的猶太人和穆斯林形象》（*Power in the Portrayal: Representations of Jews and Muslims in Eleventh and Twelfth-Century Islamic Spain*）（Princeton, 2002），頁36-37。

31 參見雷蒙·珊德林（Raymond P. Scheindlin）譯，《紅酒、女人與死亡：歌頌美好生活的中世紀希伯來詩歌》（*Wine, Women, and Death: Medieval Hebrew Poems on the Good Life*）（Philadelphia, 1986），頁159。目前已經有許多不同風格的中世紀西班牙希伯來文詩歌的經典原作的譯本。彼得·科爾（Peter Cole）的《詩之夢：950至1492年的穆斯林與基督教西班牙的希伯來文詩歌》（*The Dream of the Poem: Hebrew Poetry from Muslim and Christian Spain, 950-1492*）（Princeton, 2007）在新譯本中是最不拘一格的，而學者珊德林的譯本可以說最保守，甚至有點晦澀，卻非常忠實於原作。讀者們，尤其是希伯來文讀者（或者像筆者這類生疏的回鍋者）可能喜歡將其與希勒爾·豪爾金（Hillel Halkin）《記述宏大事件的詩行：「猶太王子」撒母耳詩體自傳》（*Grand Things to write a Poem On: A Verse Autobiography of Shmuel Hanagid*）（Jerusalem, 1999）中更大膽的口語風格相比較。所有這些譯本雖然風格不一，但均屬上乘之作，尤其是珊德林最大限度地保留了某些納赫雷拉（Naghrela）採用的阿拉伯語韻律。另外還有列昂·溫伯格（Leon J. Weinberger）的一個更側重直譯因而更為通俗的譯本《穆斯林西班牙的猶太王子：撒母耳·伊本·納赫雷拉詩選》（1973），其譯文盡可能地保留或至少表達為押韻的形式。溫伯格、珊德林和豪爾金都給出了在比較不同的形象選擇時有所幫助的希伯來原文，例如，在一首著名的色情詩的結尾處，一個坐在杯子裡的「幼兒」喚醒了正在打盹的作者，要他「從我的唇間飲下葡萄的血」，此時一輪逐漸暗淡的月亮在破曉的晨光中恰好掛在幼兒身後的天空中，而被輕輕喚醒的詩人就倚躺在面前。但是，這輪像彎彎的鐮刀一樣的月亮（或許是一輪新月）的確切形狀到底是什麼樣子呢？納赫雷拉的希伯來原文只用了「yod」，其中的字母「y」就像右上角的一個單撇號，或一個懸著的逗號。科爾選擇的是「逗號」，而珊德林則選擇了「C」，而最令人困惑的是，科爾選擇的是「D」（即希伯來文中第四個字母的形狀，也就是上面提到的「逗號」），這根本不可能是最具想像力的詩人納赫雷拉向我們傳達的本意。

32 這是豪爾金真正出色的譯本，參見《猶大·哈列維》（*Yehuda Halevi*）（New York, 2010），頁29。

33 參見彼得・科爾，《詩之夢：950至1492年的穆斯林與基督教西班牙的希伯來文詩歌》，頁58-59、66。

34 參見彼得・科爾，《詩之夢：950至1492年的穆斯林與基督教西班牙的希伯來文詩歌》，頁39。

35 參見羅斯・布蘭，《繪畫的力量：11世紀和12世紀伊斯蘭西班牙的猶太人和穆斯林的象徵》，頁36。

36 參見豪爾金，《猶大・哈列維》，頁33。

37 溫伯格譯本（略有改動），頁55。

38 參見希勒爾・豪爾金，《記述宏大事件的詩行：「猶太王子」撒母耳詩體自傳》（略有改動），頁92。

39 參見希勒爾・豪爾金，《記述宏大事件的詩行：「猶太王子」撒母耳詩體自傳》（略有改動），頁97。

40 參見摩西・皮爾曼（Moshe Pearlmann），〈11世紀作家眼中的格拉納達猶太人〉（Eleventh Century Authors on the Jews of Granada），載《美國猶太研究學會論文集》（*Proceedings of the American Academy for Jewish Research*），第18期（Ann Arbor, 1948），頁283。

41 參見摩西・皮爾曼，《11世紀作家眼中的格拉納達猶太人》，頁286。

42 參見豪爾金，《猶大・哈列維》，頁85。

43 參見彼得・科爾，《詩之夢：950至1492年穆斯林與基督教西班牙的希伯來文詩歌》，頁147。

44 參見豪爾金，《猶大・哈列維》，頁60。

45 參見豪爾金，《猶大・哈列維》，頁79。

46 參見彼得・科爾，《詩之夢：950至1492年穆斯林與基督教西班牙的希伯來文詩歌》，頁159。

47 猶大・哈列維，《庫札里：以色列的信仰爭論》（*The Kuzari: An Argument for the Faith of Israel*）（New York, 1964），頁98-99。

48 參見彼得・科爾，《詩之夢：950至1492年穆斯林與基督教西班牙的希伯來文詩歌》，頁164。

49 參見彼得・科爾，《詩之夢：950至1492年穆斯林與基督教西班牙的希伯來文詩歌》，頁166、167，筆者略有改動。在約瑟・雅哈龍（Joseph Yahalom）的精美著作《猶大・哈列維：詩情與朝聖》（*Yehudah Halevi, Poetry and Pilgrimage*）（Jerusalem, 2009）中，也有一些對哈列維海上詩篇的出色的平行譯作，而這些海上詩篇本身除了涉及《約拿書》的一篇之外，在希伯來詩歌中都屬於一種全新的體裁（頁107以下）。希伯來讀者完全能夠理解詩人採用擬聲法的靈巧，彷彿能聽到海浪和著詩人驚恐的心跳節律連續不斷的拍擊聲：「海面上巨浪翻滾、泡沫激盪、烏雲飛馳」（khamu galim, barutz galgalim, ve'avim vekalim, al penei ha yam）。

50 參見約瑟・雅哈龍，《猶大・哈列維：詩情與朝聖》，頁108。

51 參見彼得・科爾，《詩之夢：950至1492年穆斯林與基督教西班牙的希伯來文詩歌》，頁169。

52 參見豪爾金《猶大·哈列維》，頁211-212。

53 猶大·阿哈里茲（Judah Alharizi）奇妙的《智慧書》寫成於12世紀晚期，也就是說，是哈列維去世後只經過了幾代人的時間。其中曾提到有許多人試圖尋找他的去世地點，但都沒有找到。參見猶大·阿哈里茲，《智慧書：中世紀西班牙的猶太傳說》（*The Book of Tahkemoni: Jewish Tales from Medieval Spain*），大衛·西格爾（David Simhn Segal）譯注（Oxford and Portland, OR, 2001），頁43、240-241、533。

54 許多早期的秘庫歷史學家認為，所謂哈列維到過巴勒斯坦只是他的一種美好願望，但格伊泰因不同，他堅持認為，「開羅秘庫」出土的一些臨近哈列維去世期間的信件證明，他事實上就是在巴勒斯坦去世的。

第7篇

1 這位寡婦的一封求助信在「開羅秘庫」中得以保留了下來。參見茱蒂絲·巴斯金（Judith R. Baskin），〈中世紀猶太女人〉（Medieval Jewish Women），載琳達·米歇爾（Linda E. Mitchell）編，《中世紀西歐文化中的女人》（*Women in Medieval Western European Culture*）（New York, 1999），頁79。另參見亞伯拉罕·格羅斯曼（Avraham Grossman），《虔誠與反叛：中世紀歐洲的猶太女人》（*Pious and Rebellious: Jewish Women in Medieval Europe*）（Waltham, MA, 2004）；伊利施瓦·鮑加頓（Elisheva Baumgarten），《母親與孩子：中世紀歐洲的猶太家庭生活》（*Mothers and Children: Jewish Family Life in Medieval Europe*）（Princeton, 2004）。

2 參見羅伯特·查贊（Robert Chazan），《中世紀法國北部的猶太社區：政治與社會史》（*Medieval Jewry in Northern France: A Political and Social History*）（Baltimore,1973），頁37-38。

3 關於希伯來敘事的真實性問題的深入剖析且大多十分生動的討論，可參見傑瑞米·柯恩（Jeremy Cohen），《聖化上帝之名：第一次十字軍東征中的猶太殉難者與猶太記憶》（*Sanctifying the Name of God: Jewish Martyrs and Jewish Memories of the First Crusade*）（Philadelphia, 2004）。

4 參見傑瑞米·柯恩，《充滿生命力的律法字符：中世紀基督教世界中猶太人的理念》（*Living Letters of the Law: The Idea of the Jew in Medieval Christianity*）（Berkeley, Los Angeles and London, 1999），頁155。

5 關於亞琛的艾伯特（Albert of Aachen），參見肯尼斯·斯托（Kenneth R. Stow），《被疏遠的少數民族：中世紀拉丁歐洲中的猶太人》（*Alienated Minority: The Jews of Medieval Latin Europe*）（Cambridge, 1992），頁109。

6 關於每一種希伯來敘事對這些危機事件的敘事方式，可參見羅伯特·查贊，《上帝、人性與歷史：關於第一次十字軍東征的希伯來敘事》（*God, Humanity and History: The Hebrew First Crusade Narratives*）（Berkeley, 2000），散見全書各處，重點參見頁32-33。

7 參見尼爾斯．勒默（Nils Roehmer），《德國城市的猶太記憶：沃爾姆斯故事》（*Jewish Memory: The Story of Worms*）（Waltham, MA, 2010），頁13。

8 其全文可參見施洛姆．艾德伯格（Shlomo Eideberg）編譯，《猶太人與十字軍東征： 關於第一次十字軍東征的希伯來記事》（*The Jews and the Crusaders: The Hebrew Chronicles of the First Crusades*）（Hoboken, NJ, 1996）。另參見大衛．羅斯基斯（David G. Roskies）編，《災難文學：猶太人對災難的回答》（*The Literature of Destruction: Jewish Responses to Catastrophe*）（Philadelphia and Jerusalem, 1989），頁75-82。

9 參見雅各．馬庫斯（Jacob Marcus），《中世紀世界的猶太人：資料手冊（315-1791）》（*The Jew in the Medieval World: A Source Book, 315-1791*）（Jerusalem, 1938），頁129。關於馬察達隱喻及其在敘事（並非作為歷史事實）中的自覺引用問題，可參見蘇珊．艾賓德爾（Susan Einbinder），《美麗的死亡：中世紀法國的猶太詩歌與殉難》（*Beautiful Death: Jewish Poetry and Martyrdom in Medieval Prance*）（Princeton, 2002）。

10 參見雅各．馬庫斯，《中世紀世界的猶太人：資料手冊（315-1791）》，頁167。

11 參見傑瑞米．柯恩，《聖化上帝之名：第一次十字軍東征中的猶太殉難者與猶太記憶》，頁142以下。

12 可參見羅伯特．查贊，《中世紀歐洲猶太生活的重新評價》（*Reassessing Jewish Life in Medieval Europe*）（Cambridge, 2010），該書無端地改變了作者以往在有關十字軍的敘事中一貫措辭強烈、剖析犀利的風格。另可參見雅各．馬庫斯，《中世紀世界的猶太人：資料手冊（315-1791）》，以及就筆者看來最缺乏説服力的約拿單．伊魯金（Jonathan Elukin）的《一起生存，分開生活：關於中世紀猶太人－基督徒關係的重新思考》（*Living Together, Living Apart, Rethinking Jewish-Christian Relations in the Middle Ages*）（Princeton, 2007）。

13 參見迪韋齊斯的理查（Richard of Devizes），《編年史》（*Cronicon*），阿普爾比（J. T. Appleby）編（Oxford, 1963），頁3-4。另參見安東尼．貝爾（Anthony Bale），《中世紀文獻中的猶太人：英國反猶主義（1350 -1500）》（*The Jew in the Medieval Book: English Anti-Semitisms, 1350-1500*）（Oxford, 2006），頁27。

14 參見迪韋齊斯的理查，《編年史》，頁4。

15 關於這次襲擊猶太人的事件，可參見安東尼．儒略（Anthony Julius），《大流散的磨難：英格蘭反猶主義史》（*Trials of the Diaspora, A History of Anti-Semitism in England*）（Oxford, 2010），頁118以下。

16 關於後來興起的異教，可參見安東尼．貝爾，《中世紀文獻中的猶太人：英格蘭反猶主義（1350-1500）》，頁105-143。

17 參見塞西爾．羅斯（Cecil Roth），《英國猶太人的歷史》（*A History of the Jews of England*）（Oxford, 1941），頁9。

18 關於「爐子裡的猶太兒童」的傳說，可參見米利．魯賓（Miri Rubin），《外邦人的傳說：敘事中對中世紀晚期猶太人的攻擊》（*Gentile Tales: The Narrative Assault on Late Medieval Jews*）（Philadelphia, 1999），頁10以下。

19 參見米利．魯賓，《外邦人的傳說：敘事中對中世紀晚期猶太人的攻擊》，頁11。

20 參見喬．希拉比（Joe Hillaby），《儀式殺嬰指控：其傳播方式與格洛斯特的哈羅德》，載《英格蘭猶太社會的歷史變遷》，第34期（1996），頁69-109。另參見約書亞．特拉奇滕伯格（Joshua Trachtenberg），《魔鬼與猶太人：中世紀的猶太人概念及其與現代反猶主義的關係》（*The Devil and the Jews: The Medieval Conception of the Jew and its Relation to Modern Anti- Semitism*）（Philadelphia, 1983），頁124以下。

21 參見希拉．德蘭尼（Sheila Delaney）編，《喬叟與猶太人：來源、背景與意義》（*Chaucer and the Jews: Sources, Contexts, Meanings*）（London, 2002）。

22 參見艾米莉．泰伊茨（Emily Taitz），〈女人的聲音，女人的祈禱：中世紀的歐洲猶太會堂〉（Women's Voices, Women's Prayers: The European Synagogues of the Middle Ages），載蘇珊．格羅斯曼和利弗卡．豪特，《國王的女兒：女人與會堂》（*Daughters of the King: Women and the Synagogue*）（Jerusalem and Philadelphia, 1992），頁65。

23 參見伊萬．馬庫斯（Ivan Marcus），〈母親、殉難者與精於賺錢者：中世紀歐洲的幾位猶太女性〉（Mothers, Martyrs and Moneymakers: Some Jewish Women in Medieval Europe），載《保守派猶太教》（*Conservative Judaism*），第38期（1986年春季號），頁42。

24 參見茱蒂絲．巴斯金，〈女人與中世紀阿什肯納茲猶太人的潔淨儀式：性忠誠的政治〉（Women and Ritual Immersion in Medieval Ashkenaz: The Politics of Sexual Piety），載勞倫斯．法恩（Lawrence Fine）編，《中世紀到現代的猶太教習俗》（*Judaism in Practice from the Middle Ages to the Modern Period*）（Princeton, 2001），頁138。

25 參見勞倫斯．霍夫曼（Lawrence Hoffmann），〈孩子割禮儀式上的母親〉（Women at Rituals of Their Children），載勞倫斯．法恩編，《中世紀到現代的猶太教習俗》（*Judaism in Practice*），頁99-114。

26 參見勞倫斯．霍夫曼，《孩子割禮儀式上的母親》，頁113。

27 參見勞倫斯．霍夫曼，《孩子割禮儀式上的母親》，頁142。

28 參見塞西爾．羅斯，《英國猶太人的歷史》，頁15-16。

29 參見塞西爾．羅斯，《英國猶太人的歷史》，頁15-16。

30 參見塞西爾．羅斯，《中世紀牛津的猶太人》（*The Jews of Medieval Oxford*）（Oxford, 1950），頁41以下。

31 參見〈會堂執事與猶太女人：一種違反成文律法的行為？〉（The Deacon and the Jewess or an Apostasy at Common Law），載《弗利德里克．梅特蘭文選》（線上）（*Frederick W. Maitland* (*online*)），第1卷（1911）。

32 參見〈會堂執事與猶太女人：一種違反成文律法的行為？〉，頁52；蘇珊．巴萊特（Suzanne Bartlet），《溫徹斯特的利寇里西亞》（*Licoricia of Winchester*）（Edgware, 2009），頁56-57。

33 參見澤菲拉．洛奇（Zefira Entin Rokeah），〈十三世紀晚期英格蘭的金錢與絞刑吏：猶太人、基督徒與偽造貨幣罪，妄斷還是真實？〉（Money and the hangman in late 13th century England: Jews, Christians and coinage offences, alleged and real），載《猶太歷史研究》（*Jewish Historical Studies*），第31期（1988- 1990），頁83-109；第32期，頁159-218。

34 參見澤菲拉．洛奇編，《中世紀英格蘭猶太人與王室官員：英格蘭備忘錄中的猶太人意願登記（1266-1293）》（*Medieval English Jews and Royal Officials: Entries of Jewish Interest in the English Memoranda Rolls, 1266-1293*）（Jerusalem, 2000），頁380。

35 參見澤菲拉．洛奇編，《中世紀英格蘭猶太人與王室官員：英格蘭備忘錄中的猶太人意願登記（1266-1293）》，頁393-394。另參見澤菲拉．洛奇，《13世紀晚期英格蘭的犯罪與猶太人》，載《希伯來聯合學院年鑒》（*Hebrew Union College Annual*），第55期（1984），頁131-132。

第8篇

1 參見伊薩多．特威爾斯基（Isadore Twersky），《邁蒙尼德讀本》（*A Maimonides Reader*）（Springfield, NJ, 1972），頁47。

2 參見《申命記》30:15（譯者注：應為30:19）。

3 參見伊薩多．特威爾斯基，《邁蒙尼德讀本》，頁50。

4 參見喬爾．克雷默，《摩西．邁蒙尼德》（*Moses Maimonides*）（New York/London, 2008），頁103。

5 參見喬爾．克雷默，《摩西．邁蒙尼德》，頁104-111。

6 參見喬爾．克雷默，《摩西．邁蒙尼德》，頁106以下。

7 參見喬爾．克雷默，《摩西．邁蒙尼德》，頁207。

8 參見伊薩多．特威爾斯基，《邁蒙尼德讀本》，頁438。

9 參見伊薩多．特威爾斯基，《邁蒙尼德讀本》，頁457。

10 參見伊薩多．特威爾斯基，《邁蒙尼德讀本》，頁290。

11 參見喬爾．克雷默，《摩西．邁蒙尼德》，頁440-441。

12 參見蘇珊．艾賓德爾，〈火刑審判：焚燒猶太書籍〉（Trial by Fire. Burning Jewish Books），載《三一學院「中世紀宗教」講演錄》（*Medieval Religion at Trinity University*）（Kalamazoo, 2000），散見全書各處。

13 參見〈來自羅騰堡的拉比梅爾的輓歌〉（The Dirge of Rabbi Meir von Rothenburg），約翰．弗里德曼（John Friedman）譯，載約翰．弗里德曼、簡．霍夫（Jean Connell Hoff）和羅伯特．查

贊，《〈塔木德〉審判：巴黎1240》（*The Trial of the Talmud, Paris 1240*）（Toronto, 2012），頁169-270。

14 參見教宗額我略九世1239年6月20日寫給法國國王的信，引自羅伯特．查贊編，《中世紀的教會、政府與猶太人》（*Church, State and Jew in the Middle Ages*）（New York, 1980）。

15 維洛納的希勒爾（Hillel）還錯誤地斷言，邁蒙尼德的著作和《塔木德》在巴黎的同一個地方被焚毀。如果前者確實曾被焚毀的話，也只能發生在蒙彼利埃。

16 參見雅維爾．羅伊斯（Javier Rois）和塞爾瑪．瑪格雷頓（Selma L. Margaretten）譯，《一個警覺的社會：猶太思想與中世紀西班牙政權》（*A Vigilant Society: Jewish Thought and the State in Medieval Spain*）（Albany, 2013）頁271。正是「尊者」彼得在〈聲討猶太人天生的愚鈍習慣〉（Against the Inveterate Obtuseness of the Jews）一文中率先提出了猶太人具有野蠻性的主張：「我不敢認定你是一個人……因為你身上已經徹底喪失、完全葬送的東西，恰恰是把人類與動物和野獸區分開來並使人類高於它們的東西，即理性。」參見羅伯特．查贊等，《〈塔木德〉審判：巴黎1240》（*The Trial of the Talmud, Paris, 1240*），頁13；多明尼克．英迦－普拉特（Dominique Ionga-Plat），《秩序與排外：克呂尼與基督教王國面對異端－猶太教與伊斯蘭教（1000-1150）》（*Order and Exclusion: Cluny and Christendom Face Heresy, Judaism and Islam, 1000-1150*），格拉漢．愛德華茲（Graham Robert Edwards）譯（Ithaca, 2002），頁275以下。

17 海姆．馬克比（Hyam Maccoby）所著《猶太教審判：中世紀猶太－基督兩教大論爭》（*Judaism on Trial: Jewish-Christian Disputations in the Middle Ages*）（Portland, Oregon, 1982）提供了豐富的原始資料，其中包括納曼尼德本人關於這次論爭的《記述》，以及1413-1414年間發生於西班牙托爾托薩的第三次論爭的一篇希伯來文記述（譯者注：該書已出中文版）。

18 參見海姆．馬克比，《猶太教審判：中世紀猶太－基督兩教大論爭》。

19 參見海姆．馬克比，《猶太教審判：中世紀猶太－基督兩教大論爭》，頁119。

20 參見海姆．馬克比，《猶太教審判：中世紀猶太－基督兩教大論爭》，146頁。

21 參見威利斯．詹森（Willis Johnson），〈猶太男人月經之謎〉（The myth of Jewish male menses），載《中世紀史雜誌》（*Journal of Medieval History*），第24卷，第3期（1988），頁273-295。

22 參見〈香腸劇〉（Play of the Saucemakers），載《瑟蒂斯學會出版物》（*Publications of the Surtees Society*）（1911），頁115以下。

23 參見安東尼．貝爾，《逃離迫害：基督徒、猶太人與中世紀暴力對象》（*Feeling Persecuted: Christians, Jews and Images of Violence in the Middle Ages*）（London, 2012），頁46。

24 參見安東尼．貝爾，《逃離迫害：基督徒、猶太人與中世紀暴力對象》，頁90 - 92。

25 參見米利．魯賓，《外邦人的傳說：敘事中對中世紀晚期猶太人的攻擊》，頁45。

26 最完備的希伯來動物繪圖目錄可參見特蕾西和孟德爾·梅茨格（Thérèse and Mendel Metzger），《中世紀的猶太生活：13世紀至16世紀的希伯來繪圖手稿》（*Jewish Life in the Middle Ages: Illuminated Hebrew Manuscripts of the Thirteenth to the Sixteenth Centuries*）（New York and Fribourg, 1982），重點參見頁19 -37。

27 參見馬克·艾波斯坦（Marc Michael Epstein），《中世紀猶太藝術和文學中的顛覆之夢》（*Dreams of Subversion in Medieval Jewish Art and Literature*）（University Park, PA, 1997），頁16 - 38、70 - 95。

28 參見馬克·艾波斯坦，《中世紀哈加達：藝術、敘事與宗教想像》（*The Medieval Haggadah: Art, Narrative and Religious Imagination*）（New Haven, Lindon, 2013），頁19 - 28。

29 關於基督徒繪圖師為猶太投資人創作的作品，可參見伊娃·弗洛伊莫維奇（Eva Froimovic）〈早期阿什肯納茲猶太人祈禱書及其基督徒繪圖師〉，載皮埃特·範·博克塞爾（Piet van Boxell）和薩賓·阿爾恩特（Sabine Arndt）編《跨越疆界：作為文化碰撞發生地的希伯來文手稿》（*Crossing Borders: Hebrew Manuscripts as a Meeting Place of Cultures*）（Oxford, 2009），頁45-46。

30 參見斯坦利·費伯（Stanley Ferber）〈微寫技術：一種猶太藝術形式〉（Micrography: A Jewish Art Form），載《猶太藝術雜誌》（*Journal of Jewish Art*）（1977），頁12-24。

第9篇

1 為紀念其製作六百周年，當年曾出版過幾種印刷精緻的影印本。參見漢斯－克里斯蒂安·弗雷斯里本（Hans-Christian Freiesleben），《1375年的加泰羅尼亞環球海圖》（*Der Katalanische Weltatlas vom Jahre 1375*）（Stuttgart, 1977）；喬治·格羅斯讓（Georges Grosjean）編，《海圖集：1375年加泰羅尼亞環球海圖》（*Mapamundi: der Katalanische Weltatlas vom Jahre 1375*）（Zurich, 1977）。另參見簡·米歇爾·馬辛（Jean-Michel Massing），〈觀測與信仰：加泰羅尼亞海圖中的世界〉（Observations and Beliefs: The World of the Catalan Atlas），載《1492年：探險時代的藝術》（*1492: Art in the Age of Exploration*）（Washington DC, 1992），頁27-33；布萊恩·哈利（J. Brian Harley），〈地圖與製圖學的發展〉（The Map and the Development of Cartography），載布萊恩·哈利等，《製圖史》（*The History of Cartography*）第1卷（Chicago, 1987）；伊芙琳·埃德森（Evelyn Edson），《世界地圖：堅守傳統與不斷改變（1300-1492）》（*The World Map, 1300-1492: The Persistence of Tradition and Transformation*）（Baltimore, 2007）。

2 關於「波托蘭諾海圖」（Portolan Chart），可參見托尼·坎貝爾（Tony Campbell），〈13世紀晚期到1500年的波托蘭諾海圖〉（Portolan Charts from the late 13th Century to 1500），載布萊恩·哈利和大衛·伍沃德（David Woodward）編，《製圖史：史前、古代、中世紀歐洲與地

中海地區的製圖藝術》（*The History of Cartography: Cartography in Prehistoric, Ancient and Medieval Europe and the Mediterranean*），第1卷（Chicago, 1987）。關於海圖製作與馬約卡島的聯繫，可參見菲利普．費爾南德斯－阿梅斯托（Felipe Fernandez-Armesto），《哥倫布之前：從地中海到大西洋的探險與殖民活動（1229-1492）》（*Before Columbus: Exploration and Colonization from the Mediterranean to the Atlantic, 1229-1492*）（Philadelphia, 1987），頁13-17。

3 關於克萊斯卡斯．亞伯拉罕及其兒子雅弗達的生平與成就，可參見專業歷史檔案網站（www.cresquesproject.net）的相關文章：雅米．桑斯（Jaume Riera i Sans），〈克萊斯卡斯．亞伯拉罕：海圖與羅盤製作大師〉（Cresques Abraham, Master of Mappaemundi and Compasses）；加百列．莫拉格斯（Gabriel Llompart i Moragues），〈馬約卡島猶太人與中世紀製圖學〉（Majorcan Jews and Medieval Cartography）。另參見大衛．阿布拉菲亞（David Abulafia），《地中海上的帝國：加泰羅尼亞馬約卡王國》（*A Mediterranean Emporium: The Catalan Kingdom of Majorca*）（Cambridge, 1994），頁204-208。

4 參見加百列．莫拉格斯，〈「航海家」雅米．費雷爾的身分考證問題〉（The identity of Jaume Ferrer the Seafarer），胡安．切瓦譯（www.cresquesproject.net）。

5 參見大衛．阿布拉菲亞，《地中海上的帝國：加泰羅尼亞馬約卡王國》，頁75-99；萊昂內爾．伊薩克斯（Lionel Isaacs）《馬約卡猶太人》（*The Jews of Majorca*）（London, 1936）。

6 參見大衛．尼倫伯格（David Nirenberg），《充滿暴力的社區：中世紀對少數民族的迫害》（*Communities of Violence: Persecution of Minorities in the Middle Ages*）（Princeton, 1996），頁231以下。該書作者辯稱，出於攻擊猶太人（以及其他非基督教徒）的目的而提出「向水井中投毒」的指控的情況並不多，而是因為基督徒認為瘟疫是由於他們罪孽深重引起的，其中就包括他們在基督教王國中的存在這一事實。1351年，瓦倫西亞主教向市政當局寫信稱：「由於他們（猶太人和其他非基督教徒）罪孽深重，上帝希望降下瘟疫。」不過，巴塞隆納、塞維亞和塔雷加等地肯定發生過攻擊和屠殺事件，根據編年史家約瑟．哈柯恩（Joseph Ha-Cohen）的記述，有300人被殺。

7 關於馬丁內斯的所作所為，可參見本茲恩．內塔尼亞胡（Benzion Netanyahu），《15世紀西班牙宗教裁判制度的起源》（*The Origins of the Inquisition in Fifteenth Century Spain*）（New York, 1995）第2卷，頁128-148；伊札克．貝爾（Yitzhak Baer），《基督教西班牙猶太人的歷史》（*A History of the Jews in Christian Spain*）（Philadelphia, 1982）。

8 參見列昂．波里亞科夫（Leon Poliakov），《反猶主義史：從穆罕默德到「馬拉諾」》（*The History of Anti-Semitism: From Mohammed to the Marranos*）第2卷，娜特莉．格拉迪（Natalie Gerardi）譯（Philadelphia, 2003），頁158-159。

9 關於「拉比哈斯代．克萊斯卡斯對1391年的西班牙大屠殺作過記述」，可參見弗朗茨．科布勒編，《歷代猶太人書信集：〈聖經〉時代至18世紀中期》（*Letters of Jews Through the Ages: From*

Biblical Times to the Middle of the Eighteenth Century）第1卷（New York, 1952），頁272-275；伊札克．貝爾，《基督教西班牙猶太人的歷史》，頁2、104-105。

10 參見萊昂內爾．伊薩克斯，《馬約卡猶太人》，頁79-90。

11 關於雅弗達以及1391年後的其他猶太手工藝人，可參見希爾加思（J. N. Hillgarth），〈作為書籍主人與裝幀手工藝人的馬約卡猶太人與「皈依者」〉（Majorcan Jews and Conversos as Owners and Artisans of Books），載亞倫．米爾基（Aharon Mirky）、亞伯拉罕．格羅斯曼（Avraham Grossman）、約瑟．開普蘭（Yosef Kaplan），《流放與流散：猶太民族史研究——獻給哈伊姆．貝納特教授》（*Exile and Diaspora: Studies in the History of the Jewish People Presented to Professor Haim Beinart*）（Jerusalem, 1991），頁125-130。

12 關於盧爾與猶太人，可參見傑瑞米．柯恩，《托缽修士與猶太人：中世紀反猶主義的演變》（*The Friars and the Jews: The Evolution of Medieval Antijudaism*）（Ithaca, 1982），頁199-225。

13 關於托爾托薩論爭，猶太人一方的記述（所羅門．伊本．弗迦的《論爭紀實》）和基督徒一方的記述都可以證明，本篤十三世對哈羅基即傑羅尼默顯然沒有能力說服猶太拉比變得越來越不耐煩。參見海姆．馬克比，《猶太教審判：中世紀猶太－基督兩教大論爭》（*Judaism on Trial*），頁168-216。

14 參見萊昂內爾．伊薩克斯，《馬約卡猶太人》，頁110-117。

15 參見約瑟．耶魯沙米（Yosef Hayim Yerushalmi），〈猶太人歷史上的流放與驅逐〉（Exile and expulsion in Jewish history），載班傑明．甘佩爾（Benjamin R. Gampel）編，《塞法迪世界的危機與創造性（1391-1648）》（*Crisis and Creativity in the Sephardic World 1391-1648*）（New York, 1997），頁14。耶魯沙米認為，「托雷多」（Toledo）有時也借用希伯來詞「tiltul」（意為「流浪」）而被稱作「托雷圖拉」（Toletula）。

16 參見傑里林．多茲（Jerrilynn D. Dodds），〈中世紀西班牙的混合風格傳統與猶太會堂：文化認同與文化霸權〉（Mudejar Tradition and the Synagogues of Medieval Spain: Cultural Identity and Cultural Hegemony），載衛維恩．曼（Vivian B. Mann）、湯瑪斯．格里克（Thomas F. Glick）和傑里林．多茲，《和諧共存：中世紀西班牙的猶太人、穆斯林與基督徒》（*Convivencia: Jews, Muslims and Christians in Medieval Spain*）（New York, 1992），頁113-131；法蘭西斯科．伯格斯（Francisco Cantera Burgos），《西班牙猶太會堂》（*Sinagogas espanolas*）（Madrid, 1985）；克林斯基（C. H. Krinsky），《歐洲猶太會堂：建築、歷史及其意義》（*Synagogues of Europe: Architecture, History, Meaning*）（New York/Cambridge, 1985）；安娜．阿爾瓦雷斯（Ana Maria Lopez Alvarez），《塞法迪猶太會堂一覽》（*Catalogo del Museo Sephardi*）（Madrid, 1987）；安娜．阿爾瓦雷斯和聖地牙哥．帕洛米羅（Santiago Plaza Palomero）編，《中世紀猶太會堂》（*Juderias y sinagogas de la Sefarad medieval*）（Ciudad Real, 2003）。

17 例如，由以色列·本·以色列（Israel ben Israel）製作的四卷《托雷多聖經》（現在各卷已分開）。本·以色列家族的成員把文士技藝一代代地流傳了下來。參見加布里埃爾·拉伊納（Gabrielle Sed Rajna），〈伊比利半島的希伯來文繪圖手稿〉（Hebrew Illuminated Manuscripts from the Iberian Peninsula），載衛維恩·曼等，《和諧共存：中世紀西班牙的猶太人、穆斯林與基督徒》，頁134-136。關於本·以色列文士家族的譜系，可參見凱特林·考格曼－阿佩爾（Katrin Kogman-Appel）《伊斯蘭教與基督教之間的猶太書籍裝幀藝術：中世紀西班牙的希伯來〈聖經〉裝飾》（*Jewish Book Art between Islam and Christianity: The Decoration of Hebrew Bibles in Medieval Spain*）（L eiden and Boston,2004），頁61-64。

18 傑里林·多茲，〈中世紀西班牙的混合風格傳統與猶太會堂：文化認同與文化霸權〉，載衛維恩·曼等，《和諧共存：中世紀西班牙的猶太人、穆斯林與基督徒》，頁128。

19 參見伊爾米亞胡·約維爾（Yirmiyahu Yovel），《另類的「馬拉諾」：分裂的身分與初始的現代性》（*The Other Within: The Marranos: Split Identity and Emerging Modernity*）（Princeton and Oxford, 2009），頁111、130。約維爾用這部傑作改變了以往關於15世紀的「皈依者」與仍然保持原有身分的猶太人之間關係的主要爭論點，儘管討論的範圍並沒有擴大，但卻使這個問題上的爭論變得相對溫和。我之所以信賴他，是因為他對「皈依者」和猶太人之間依然互相接觸和聯繫的各種實用方式作了詳細的論述，但他或許對許多保持原有宗教身分的猶太人看待「叛教者」的憎惡情緒（這是毫無疑問的，即使這些「叛教者」被認為是「被迫的」〔anusim〕）有點過於輕描淡寫。

20 參見諾曼·羅斯（Norman Roth），〈15世紀的反皈依運動：普爾加爾與宗教裁判制度〉（Anti-Converso Riots of the Fifteenth Century, Pulgar and the Inquisition）（線上www.academia.edu）， 頁368以下；麥凱（A. Mackay），〈15世紀卡斯提爾的民眾運動與集體屠殺〉（Popular Movements and Pogroms in Fifteenth-Century Castile），載《過去與現在》，（*Past and Present*）第55期（1972），頁34。

21 關於驅逐法令的種族主義傾向，可參見約翰·愛德華茲（John Edwards）〈種族科學理論的開端？1450-1600年的西班牙〉（The beginning of a scientific theory of race? Spain 1450-1600），載耶迪達·斯蒂爾曼和諾曼·斯蒂爾曼（Norman A. Stillman）編，《從伊比利到大流散：塞法迪猶太歷史與文化研究》（*From Iberia to Diaspora: Studies in Sephardic History and Culture*）（Leiden, Boston and Cologne, 1999），頁180-183。

22 參見伊爾米亞胡·約維爾，《另類的「馬拉諾」：分裂的身分與初始的現代性》，頁145-147。

23 參見伊爾米亞胡·約維爾，《另類的「馬拉諾」：分裂的身分與初始的現代性》，頁149-151。

24 參見加布里埃爾．拉伊納，〈伊比利半島的希伯來文繪圖手稿〉（Hebrew Illuminated Manuscripts），載衛維恩．曼等，《和諧共存：中世紀西班牙的猶太人、穆斯林與基督徒》，頁152-153；比撒列．納基斯（Bezalel Narkiss）和阿利撒．柯恩－穆什林（Aliza Cohen-Mushlin）為《肯尼考特〈聖經〉》（*Kennicott Bible*）（London, 1985）影印本寫的「序言」。另參見比撒列．納基斯和柴里科夫（A. Tcherikover），《英屬島嶼上的希伯來繪圖手稿：西班牙文與葡萄牙文手稿》（*Hebrew Illuminated Manuscripts in the British Isles: Spanish and Portuguese Manuscripts*）第1卷（Jerusalem and Oxford, 1982），頁153-159。

25 關於這動物寓言插圖中某些動物的有爭議的原型，可參見馬克．艾波斯坦，《中世紀猶太藝術和文學中的顛覆之夢》（*Dreams of Subversion in Medieval Jewish Art and Literature*）（University Park, 1997），散見全書各處。凱特林．考格曼－阿佩爾在《伊斯蘭教與基督教之間的猶太書籍裝幀藝術：中世紀西班牙的希伯來〈聖經〉裝飾》一書中則認為，貓和老鼠的主題可能來源於德國南部的傳統插圖形象（頁214）。

26 有關宗教裁判制度的經典史學著作當屬亨利．李（Henry Charles Lea）的《西班牙宗教裁判制度史》（*A History of the Inquisition of Spain*）（New York, 1906-1907）。另參見塞西爾．羅斯，《皈依者、宗教裁判所與西班牙對猶太人的驅逐》（*Conversos, Inquisition and the Expulsion of the Jews from Spain*）（Madison, 1995）；亨利．卡門（Henry Kamen），《宗教裁判所與西班牙社會》（*Inquisition and Society in Spain*）（London, 1985）。堪稱現代歷史文學的偉大經典並且在學術上獨樹一幟、在文學描寫上感人至深的作品乃是哈伊姆．貝納特（Haim Beinart）的《西班牙驅逐猶太人》（*The Eocpulsion of the Jews from Spain*），傑佛瑞．格林（Jeffrey M. Green）譯（Oxford and Portland, 2002）。

27 參見伊爾米亞胡．約維爾，《另類的「馬拉諾」：分裂的身分與初始的現代性》，頁162。

28 參見本茲恩．內塔尼亞胡，《以撒．阿布拉瓦內爾「先生」：政治家與哲學家》（*Don Isaac Abravanel: Statesman and Philosopher*），第5版（Ithaca and London, 1998），頁26-41。

29 關於驅逐令的演變過程，可參見莫里斯．克里格爾（Maurice Kriegel），〈法令的制定〉（The making of a decree），載《歷史評論》第260期（1978），頁49-90；哈伊姆．貝納特，《西班牙驅逐猶太人》，頁5-54；〈西班牙驅逐令：先例、動機與文本解讀〉（Order of the Expulsion from Spain, Antecedents, Causes and Textual Analysis），載班傑明．岡佩爾編，《塞法迪世界的危機與創造性（1391-1648）》（*Crisis and Creativity*），頁79-95。

30 參見伊爾米亞胡．約維爾，《另類的「馬拉諾」：分裂的身分與初始的現代性》，頁179-180。

31 關於猶太人離境的路線以及有關被趕出原居住城鎮和限期內離開西班牙的過程中所受的諸多折磨，可參見哈伊姆．貝納特，《西班牙驅逐猶太人》，散見全書各處。

32 參見哈伊姆．貝納特，《西班牙驅逐猶太人》，頁523-524。

33 參見弗朗索瓦·索耶爾（François Soyer），《葡萄牙對猶太人和穆斯林的迫害：曼努埃爾一世與宗教寬容的終結（1496-1497）》（*The Persecution of the Jews and Muslims of Portugal: King Manuel I and the end of Religious Tolerance*（*1496-7*））（Leiden and Boston, 2007）：關於聖多美島上的猶太兒童，頁130-131；關於抓捕猶太兒童以及強迫他們的父母和其他成年人皈依基督教，參見頁210-226。

34 參見何塞·查瓦斯（José Chabás）和伯納德·戈德施泰因（Bernard R. Goldstein），〈亞伯拉罕·撒庫托：關於傳記的補充說明〉（Abraham Zacuto: Supplemental Note for a Biography），載《伊比利半島天文學》（*Astronomy in the Iberian Peninsula*）（Darby, PA, 2000），頁6-11。

35 參見亞伯拉罕·撒庫托，〈論血統〉（Sefer Yohassin），以色列·沙米爾（Israel Shamir）編譯（2005）。

36 參見以色列·埃弗羅斯（Israel Efros），《中世紀猶太哲學中的空間問題》（*The Problem of Space in Jewish Medieval Philosophy*）（New York, 1917）。

參考文獻

綜述

作為學術性猶太史的豐碑式作品，薩羅・巴倫（Salo Baron）的18卷本《猶太人的社會與宗教史》（*A Social and Religious History of the Jews*）第2版（New York, 1952-1983）無疑是無與倫比的。體量略小但學術分量頗重的霍華德・薩查爾（Howard Sachar）的17卷本《猶太史教程》（*The Course of Jewish History*）（New York, 1958）雖然採用的是考古學分期方式，但仍然值得一讀。保羅・詹森（Paul Johnson）的《猶太史》（*A History of the Jews*）（London and New York, 1987）則是一本傑出的單卷本入門讀物。梅爾文・康納（Melvin Konner）的《居無定所：猶太人類學》（*Unsettled: An Anthropology of the Jews*）（New York, 1987）是風格獨特、最具刺激性的綜述性文本，而研究中世紀希伯來詩歌的偉大學者雷蒙德・珊德林（Raymond P. Scheindlin）的《簡明猶太民族史：從傳奇時代到現代國家》（*A Short History of the Jewish People: From Legendary Times to Modem Statehood*）（New York, 2000）一書就簡練而言達到了難以企及的高度。摩西・羅斯曼（Moshe Rosman）的《猶太史的猶太性》（*How Jewish is Jewish History*）（Pordand, 2007）是一部記述猶太史學發展過程的傑作。關於猶太史的最新的、更具文化包容特色的著作（拙著從中受益良多）當屬大衛・比亞爾（David Biale）主編的《猶太人的文化：最新歷史讀本》（*Cultures of the Jews: A New History*）（Berkeley and Los Angeles, 2002），這是一本特殊的學術性與解讀性文選，其中的所有文章均為上乘之作。關於這一時期更珍貴的原始資料，可參見弗朗斯・科布勒（Frans Kobler）主編的《歷代猶太人書信集：從〈聖經〉時代到18世紀中期》（*Through the Ages: From Biblical Times to the Middle of the Eighteenth Century*）第1卷（New York, 1952）。

象島「猶太軍人」世界

主要參見比撒列・波滕（Bezalel Porten）《象島檔案：一個古老猶太軍事群落的生活》（*Archives from Elephantine: The Life of an Ancient Jewish Military Colony*）（Berkeley, 1996）和《象島莎草紙（英語譯文）：跨文化延續與演變三千年》（*The Elephantine Papyri: Three Millennia of Cross-Cultural Continuity and Change*）（Leiden, 1996）；約瑟・莫德采耶夫斯基（Joseph Meleze Modrzejewski）《埃及猶太人：從拉美西斯二世到皇帝哈德良》（*The Jews of Egypt from Rameses 2 to the Emperor Hadrian*）（Philadelphia, 1995）；詹姆斯・林登伯格（James M. Lindenberger）《古亞蘭和希伯來文字》（*Ancient Aramaic and Hebrew Letters*）（Atlanta, GA, 2003）。另可參見（儘管與波滕的學術版本觀點不盡一致）鮑羅斯・阿雅德・阿雅德（Boulos Ayad Ayad）《古埃及的猶太－亞蘭社區》（*The Jewish-Aramean Communities of Ancient Egypt*）（Cairo, 1976）。

《聖經》的起源與以色列宗教的演變

目前已有大量的最新學術文獻出版，在碑銘學領域和銘文方面尤其豐富。但對一般讀者而言，凱倫·阿姆斯壯（Karen Armstrong）的《〈聖經〉：人物傳記》（*The Bible: A Biography*）（New York, 2007）仍然是一本有關「記述文字猜想」（即19世紀興起的《聖經》語文學歷史化研究）的傑出而簡明的入門書。關於「歷史書卷」的深入解讀，可參見莎拉·雅費特（Sara Japhet）《從巴比倫河谷到猶地亞高原》（*From the Rivers of Babylon to the Highlands of Judah*）（Winona Lake, Ind., 2000）和《〈歷代志〉中的理念》（*The Ideology of the Book of Chronicles*）（Winona Lake, Ind., 2009）。關於以色列宗教在迦南異教文化中的起源，可參見法蘭克·克羅斯（Frank Moore Cross）的經典著作《迦南神話與以色列史詩：以色列宗教史文集》（*Canaanite Myth and Hebrew Epic: Essays in the History of the Religion of Israel*）（Cambridge, 1973）和《從史詩到經文：古以色列的歷史與文學》（*From Epic to Canon: History and Literature in Ancient Israel*）（Baltimore,1998）。另參見米歇爾·庫根（Michael Coogan）《〈舊約〉：〈聖經〉歷史與文學引論》（*The Old Testament: An Historical and Literary Introduction to the Holy Scriptures*）（New York/London, 2011）。關於《聖經》最古老的形式，可參見史蒂文·魏茨曼（Steven Weitzman）《詩歌與故事：古以色列文學傳統的歷史》（*Song and Story: The History of a Literary Convention in Ancient Israel*）（Bloomington, 1997）。關於一神教從多神教和多級神教（信奉按級別排列的多個神）中緩慢、不斷變化和不穩定的形成過程，可參見約翰·代伊（John Day）《耶和華與迦南的男神和女神》（*Yahweh and the Gods and Goddesses of Canaan*）（Sheffield, 2000）；巴魯赫·哈爾彭（Baruch Halpern）《最早的歷史學家》（*The First Historians*）（San Francisco, 1998）；克里斯多夫·德·哈梅爾（Christopher de Hamel）《書卷：〈聖經〉的歷史》（*The Book: A History of the Bible*）（London, 2001）；理查·赫斯（Richard S. Hess）《以色列人的宗教：考古學與〈聖經〉綜述》（*Israelite Religions: An Archaeological and Biblical Survey*）（Grand Rapids, 2007）；羅伯特·川島（Robert S. Kawashima）《狂想詩的死滅》（*Death of the Rhapsode*）（Bloomington, Ind., 2004）；克里斯多夫·羅爾斯頓（Christopher Rollston）《古以色列世界的作品及其文學性：來自鐵器時代的碑銘證據》（*Writing and Literacy in the World of Ancient Israel: Epigraphic Evidence from the Iron Age*）（Atlanta, GA, 2010）；榮恩·泰比（Ron E. Tappy）和凱爾·麥卡特（P. Kyle McCarter）編《識字文化運動與10世紀的迦南人：特拉札依字母表》（*Literate Culture and Tenth-Century Canaan: The Tel Zayit Abecedary in Context*）（Winona Lake, Ind., 2008）；塞特·桑德斯（Seth Sanders）《希伯來「字符」的發明》（*The Invention of Hebrew*）（Urbana, III., 2009）；施尼德溫德（W. M. Schniedwind）《〈聖經〉如何變為一本書：古以色列的文本化風尚》（*How the Bible Became a Book: The Textualization of Ancient Israel*）（Cambridge, 2004）；馬克·史密斯（Mark S. Smith）《〈聖經〉一神教的起源：以色列的多神崇拜背景和烏加里特文本》（*The Origins of*

Biblical Monotheism: Israel's Polytheistic Background and the Ugaritic Texts）（Oxford, 2001）和《上帝的早期歷史》（*The Early History of God*）（Grand Rapids, MI, 2002）；法蘭西斯卡·斯塔夫羅克鮑魯（Francesca Stavrokpoulou）和約翰·巴頓（John Barton）編《古以色列國和猶大國的宗教多樣性》（*Religious Diversity in Ancient Israel and Judah*）（London, 2010）；卡萊爾·范·德·圖恩（Karel van der Toorn）《文士文化與希伯來〈聖經〉的形成》（*Scribal Culture and the Making of the Hebrew Bible*）（Cambridge, 2007）和《形象與書卷：偶像崇拜、無偶像崇拜以及書卷宗教在以色列和古代近東地區的興起》（*The Image and the Book: Iconic Cults, Aniconism, and the Rise of Book Religion*）（Leuven, 2006）；蘇珊·尼迪奇（Susan Niditch）《口傳與書寫：古以色列文學》（*Oral World and Written Word: Ancient Israelite Literature*）（Louisville, KY, 1996）。

《聖經》時期考古學

關於最早的歷史年代，阿米哈伊·馬札爾（Amihai Mazar）的《〈聖經〉本土考古學：引論（10,000-386 BCE）》（*The Archaeology of the Land of the Bible: An Introduction*（10,000-386 BCE））（New York, 1990）是一本相當不錯、相對均衡但又具有批評性的介紹性指南，其中對出土文物與銘文解讀的最新進展也作了概括性綜述。另參見他與「考古極簡派」泰斗以色列·芬克斯坦（Israel Fenkelstein）合著的《歷史上的以色列探源》（*The Quest for Historical Israel*）（Leiden and Boston, 2007）和芬克斯坦本人的《大衛和所羅門：追尋〈聖經〉中的神聖國王與西方傳統的根源》（*David and Solomon: In Search of the Bible's Sacred Kings and the Roots of the Western Tradition*）（New York, 2006）等大量著述，以及他與尼爾·西爾伯曼（Neil Asher Silberman）合著的《〈聖經〉揭秘：古以色列及其神聖文本起源的考古學新視野》（*The Bible Unearthed: Archaeology's New Vision of Ancient Israel and the Origin of its Sacred Texts*）（London /New York, 2001）。威廉·德弗爾（William G. Dever）原來也是「考古極簡派」成員之一，後來在一系列激進的重新闡述中轉向了一種更為靈活的立場，關於其立場的激烈轉變，可參見其《歷史上的〈聖經〉考古學與未來：一種新實用主義範式》（*Historical Biblical Archaeology and the Future: The New Pragmatism*）（London, 2010）；關於其早期的立場，參見其《神聖的時間，神聖的地點：考古學與以色列宗教》（*Sacred Place: Archaeology and the Religion of Israel*）（Winona Lake, Ind., 2002），《誰是早期的以色列人？他們來自何處？》（*Who Were the Early Israelites and Where Did they Come From?*）（Grand Rapids, MI, 2003）以及《上帝有妻子嗎？》（*Did God Have a Wife?*）（Grand Rapids, MI, 2005）。關於重要的最新研究進展，可參見阿薩夫·亞蘇爾－朗道（Assaf Yasur-Landau）、詹尼·埃貝林（Jennie R. Ebeling）和蘿拉·馬佐夫（Laura B. Mazow）《古以色列及其周邊的家居考古》（*Household Archaeology in Ancient Israel and Beyond*）（Leiden and Boston, 2011）。關於以拉要塞重要發掘成果的全面記述，可參見約瑟·加芬克爾（Yosef Garfinkel）、薩爾·加諾爾（Saar Ganor）和米歇爾·哈塞爾（Michael Hassel）《追尋大衛王的足跡》（*In the Footsteps of King*

David）（Tel Aviv, 2012）。

希臘化與羅馬時期猶太教的發展及其與古典文化的關係

在猶太教發展史方面，偉大的現代權威學者當屬沙耶．柯恩（Shaye Cohen），可參見他的重要文集《從〈馬加比書〉到〈米示拿〉》（*From the Maccabees to the Mishnah*）（Philadelphia, 1987），以及《猶太性的開端：局限性、多樣性和不確定性》（*The Beginnings of Jewishness: Boundaries, Varieties, Uncertainties*）（Berkeley, 1999）。另參見雅各．紐斯內爾（Jacob Neusner）《從政治到虔誠：法利賽猶太教的興起》（*From Politics to Piety: The Emergence of Pharisaic Judaism*）（Englewood Cliffs, NJ, 1973），《約哈南．本．撒該生平》（*A Life of Yohanan ben Zakkai*）（Leiden, 1970）和《危機中的西元1世紀猶太教：約哈南．本．撒該與〈妥拉〉的復興》（*First-Century Judaism in Crisis: Yohanan ben Zakkai and the Renaissance of the Torah*）（reprint, 2006）。關於《聖經》收錄律法條文的截止時間，可參見詹姆斯．庫格爾（James Kugel）的權威著作《傳統與〈聖經〉：西元紀年開始時的〈聖經〉導讀》（*Traditions of the Bible: A Guide to the Bible as Tt Was at the Start of the Common Era*）（Cambridge, 1998）。另參見米歇爾．史東（Michael E. Stone）《經文教派與想像力：從以斯拉到猶太起義時期的猶太教概述》（*Scriptures, Sects, and Visions: A Profile of Judaism from Ezra to the Jewish Revolts*）（Philadelphia, 1980）。考古學方面的最佳入門讀本當屬艾瑞克．梅耶斯（Eric M. Meyers）和馬克．喬叟（Mark A. Chauncey）《從亞歷山大到康斯坦丁：〈聖經〉本土考古學》（*Alexander to Constantine: The Archaeology of the Land of the Bible*）（New Haven, 2012）和《考古學：拉比與早期基督教》（*Archaeology, the Rabbis and Early Christianity*）（Nashville and Abingdon, 1981）。另參見以利亞斯．比克曼（Elias Bickerman）《希臘時代的猶太人》（*The Jews in the Greek Age*）（Cambridge, 1988），《馬加比家族的上帝：馬加比起義的意義與重要性》（*The God of the Maccabees: Meaning and Significance in the Revolt of the Maccabees*）（London, 1979）和《從以斯拉到最後的馬加比家族成員》（*From Ezra to the Last of the Maccabees*）（New York, 1962）；克里斯汀．海耶斯（Christine Hayes）《猶太教的發端：當代視角下的古典傳統》（*The Emergence of Judaism: Classical Traditions in Contemporary Perspective*）（Wesport, CT, 2007）；艾瑞克．葛蘭（Erich S. Gruen）的大量著述，尤其是《文化遺產與希臘化運動：猶太傳統的重新發現》（*Heritage and Hellenism: The Reinvention of Jewish Tradition*）（Berkeley, 1998），《大流散：希臘人與羅馬人中間的猶太人》（*Diaspora: Jews amidst Greeks and Romans*）（Cambridge, 2002）和《對古代「另類」的重新思考》（*Rethinking the Other in Antiquity*）（Princeton, 2011）；李．列文（Lee I. Levine）《古代的猶太教與希臘化：衝突還是融合》（*Judaism and Hellenism in Antiquity: Conflict or Confluence*）（Seattle, 1998）；克里斯多夫．哈斯（Christopher Haas）《中古後期的亞歷山大：地形與社會衝突》（*Topography and Social Conflict*）（Baltimore,1997）；彼得．謝弗爾（Peter Schäfer）《猶太恐懼症：古代世界對猶太人的態度》（*Judeophobia: Attitudes Towards Jews in the Ancient*

World）（Cambridge, 2007）和《希臘－羅馬時期猶太人的歷史》（*The History of the Jews in the Greco-Roman World*）（London, 2003）；薩拉．詹森（Sara Raup Johnson）《歷史虛構與希臘化的猶太身分》（*Historical Fictions and Hellenistic Jewish Identity*）（Berkeley, 2005）；莫米格利亞諾（A. Momigliano）《論異教徒、猶太人與基督徒》（*On Pagans, Jews and Christians*）（*Middletown, CT, 1987*）；維克多．柴利考爾（Victor Tcherikoer）《希臘化文明與猶太人》（*Hellenistic Civilization and the Jews*）（Philadelphia, 1959）；約瑟．西弗斯（Joseph Sievers）《哈斯蒙尼王朝及其支持者：從瑪塔西雅到約翰．胡肯奴之死》（*The Hasmoneans and their Supporters: From Mattathias to the Death of John Hyrcanus*）（Atlanta, GA, 1990）；史蒂芬．魏茨曼（Steven Weitzman）《在褻瀆中生存：古代猶太人的文化堅守》（*Surviving Sacrilege: Cultural Persistence in Jewish Antiquity*）（Cambridge, 2005）；威廉．比勒（William Buehler）《前哈德良內戰與社會爭論：西元前七六至西元四〇年的猶太社會》（*The Pre-Herodian Civil War and Social Debate: Jewish Society in the Period 76-40 BC*）（Basel, 1974）；但以理．哈靈頓（Daniel Harrington）《馬加比起義：一場〈聖經〉革命的剖析》（*The Maccabean Revolt: Anatomy of a Biblical Revolution*）（Wilmington, DE, 1988）；馬丁．古德曼（Martin Goodman）《羅馬與耶路撒冷：古代文明的碰撞》（*Rome and Jerusalem: The Clash of Ancient Civilizations*）（London, 2007）；蘇珊．索里克（Susan Sorek）《猶太人反抗羅馬統治》（*The Jews Against Rome*）（London /New York, 2008）；沙耶．柯恩《約瑟福斯在加利利和羅馬：人生簡歷與作為一個歷史學家的發跡史》（*Josephus in Galilee and Rome: His Vita and Development as An Historian*）（Leiden, 1979）；約拿單．艾德蒙森（Jonathan Edmundson）編《弗拉維斯．約瑟福斯與羅馬弗拉維王朝》（*Flavius Josephus and Flavian Rome*）（Oxford, 2005）；弗雷德里克．拉斐爾（Frederick Raphael）《弗拉維斯．約瑟福斯生平與遺產》（*A Jew Among Romans: The Life and Legacy of Flavius Josephus*）（London, 2013）。

《死海古卷》研究

這方面的經典學術成果包括戈薩．韋爾梅斯（Geza Vermes）的《〈死海古卷〉全本引論》（*An Introduction to the Complete Dead Sea Scrolls*）（Minneapolis, 2000）和《〈死海古卷〉：昆蘭透視》（*The Dead Sea Scrolls: Qumran in Perspective*）（Philadelphia, 1981）。關於與其完全不同的觀點，可參見諾曼．戈爾布（Norman Golb）《誰寫下了〈死海古卷〉：昆蘭探秘》（*Who Wrote the Dead Sea Scrolls: The Search for the Secret of Qumran*）（New York, 1995）。另參見弗朗克．克羅斯（Frank Moore Cross）的《昆蘭的古代圖書館》（*The Ancient Library of Qumran*）（Minneapolis, 1995）；米歇爾．史東《古代猶太教：新視野與新觀點》（*Ancient Judaism: New Visions and View*）（Grand Rapids, MI, 2011）；米歇爾．懷斯（Michael Wise）、馬丁．阿貝格（Martin Abegg）和愛德華．庫克（Edward Cook）的力作《〈死海古卷〉新譯》（*The Dead Sea Scrolls: A New Translation*）（SanFranciscso, 1996）；彼得．弗林特（Peter W. Flint）和詹姆斯．范德卡姆（James

VanderKam）《〈死海古卷〉發現五十年：全面評價》（*The Dead Sea Scrolls After Fifty Years: A Comprehensive Assessment*）（Leiden, 1997）。關於耶路撒冷城本身，最新的優秀研究成果有：李．列文《耶路撒冷：第二聖殿時期城市畫像》（*Jerusalem: Portrait of the City in the Second Temple Period*）（Philadelphia, 2002）；西門．戈德希爾（Simon Goldhill）《耶路撒冷：懷舊之城》（*Jerusalem: City of Longing*）（Cambridge, 2010）和《耶路撒冷聖殿》（*The Temple of Jerusalem*）（London, 2004）；重點參見西門．塞貝格－蒙特菲奧羅（Simon Sebag- Montefiore）《耶路撒冷紀事》（*Jerusalem: A Biography*）（London, 2012）。關於重新下葬的「遺骨匣」形制，可參見保羅．菲格拉斯（Pau Figueras）《裝飾精美的猶太遺骨匣》（*Decorated Jewish Ossuaries*）（Leiden, 1983）；艾瑞克．梅耶斯《猶太遺骨匣：重葬與再生，古代近東地區形制的重葬儀式》（*Jewish Ossuaries: Reburial and Rebirth, Secondary Burials in Their Ancient Near East Setting*）（Rome, 1971）；瑞秋．哈奇利利（Rachel Hachlili）《第二聖殿時期的猶太喪葬傳統、習俗與禮儀》（*Practices and Rites in the Second Temple Period*）（Leiden, 2005）。

猶太人與早期基督教

這方面的優秀力作和解讀當屬但以理．鮑亞林（Daniel Boyarin）的《分界線：猶太教與基督教的差異》（*Border Lines: The Partition of Judeo-Christianity*）（Philadelphia, 2007）及其《一個激進的猶太人：保羅與身分政治》（*A Radical Jew: Paul and the Politics of Identity*）（Berkeley, 1994）。關於兩者生活方式的差別，可參見偉大的傳統權威雅各．紐斯內爾的著作，特別是《猶太人與基督徒：共同傳統之謎》（*Jews and Christians: The Myth of a Common Tradition*）（Binghampton, NY, 2001）一書。關於其對立的觀點，可參見海姆．馬克比（Hyam Maccoby）《神話創造者：保羅與基督教的起源》（*The Mythmaker: Paul and the Invention of Christianity*）（London /New York, 1987）。另參見彼得．謝弗爾《猶太人的耶穌：猶太教與基督教如何相互塑造》（*The Jewish Jesus: How Judaism and Christianity Shaped Each Other*）（Princeton, 2012）。關於「以便尼派」與猶太基督徒，可參見奧斯卡．斯卡索尼（Oskar Skarsaune）和雷達爾．哈瓦爾維克（Reidar Hvalvik）主編《早期信仰耶穌的猶太人》（*Jewish Believers in Jesus: The Early Centuries*）（Peabody, MA, 2007）；戈薩．韋爾梅斯《猶太人耶穌的宗教》（*The Religion of Jesus the Jew*）（London, 1993）。關於《米示拿》的形成與發展，可參見雅各．紐斯內爾為其傑作《〈米示拿〉新譯》（*The Mishnah: A New Translation*）（New Haven, 1988）所寫的「導言」。關於拉比文化及其多重評注的根源與流變的有益闡釋，可參見海姆．馬克比《早期拉比著述》（*Early Rabbinic Writings*）（Cambridge, 1988）。關於《塔木德》的演變，可參見泰勒亞．菲什曼（Talya Fishman）《〈塔木德〉民族的形成：口傳〈妥拉〉與手寫傳統》（*Becoming the People of the Talmud: Oral Torah and Written Tradition*）（Philadelphia, 2011），以及夏洛特．馮拉伯特（Charlotte Elisheva Fonrabert）和馬丁．雅菲（Martin S. Jaffee）主編的珍貴文獻《劍橋版〈塔木德〉與拉比文獻指南》（*The Cambridge*

Companion to the Talmud and Rabbinic Literature）（Cambridge, 2007）。關於「奧古斯丁體制」，可參見保拉・弗雷德里克森的力作（Paula Fredericksen）《奧古斯丁與猶太人：一個為猶太人和猶太教辯護的基督徒》（*Augustine and the Jews: A Christian Defense of Jews and Judaism*）（New York, 2008）。關於猶太宗教制度與儀式的演變，可參見李・列文豐碑式的必備讀物《古代猶太會堂》（*The Ancient Synagogue*）（New Haven, 2005）；菲利普・哈蘭德（Philip A. Harland）《協會、會堂與會眾》（*Associations, Synagogues and Congregations*）（Augsburg, 2003）；強烈建議參見巴魯赫・伯克塞爾（Baruch Bokser）《逾越節家宴的起源：逾越節儀式與早期拉比猶太教》（*The Origins of the Seder: The Passover Rite and Early Rabbinic Judaism*）（Berkeley, 1984）；列奧納德・格里克（Leonard Glick）《在你的肉體上做記號：從古代猶地亞到現代美國的割禮儀式》（*Marked in Your Flesh: Circumcision from Ancient Judea to Modern America*）（Oxford, 2005）。關於牲祭的深刻涵義，強烈建議參見大衛・比亞爾《血與信仰：在猶太人與基督徒之間傳播的一個符號》（*Blood and Belief: The Circulation of a Symbol Between Jews and Christians*）（Los Angeles /Berkeley, 2007）。

猶太教與伊斯蘭教

伯納德・李維斯（Bernard Lewis）的《伊斯蘭中的猶太人》（*The Jews of Islam*）（Princeton, 1984）仍舊是最平衡、最具公認性的著作，對穆斯林和猶太人的關係也處理得極佳，尤其是本著作的前半；另參李維斯的《中東的多重身分：從基督教到現今的兩千年歷史》（*The Multiple Identities of the Middle East: 2000 Years of History from Christianity to the Present*）（London, 1998）。另外還有格伊泰因（S. D. Goitein）的《猶太人和阿拉伯人：一段簡短的歷史》（*Jews and Arabs: A Concise History*）（New York, 1955），和埃力亞胡・亞設（Eliyahu Ashtor）的《穆斯林西班牙的猶太人》（*The Jews of Moslem Spain*）（Philadelphia, 1992）；貝特・尤爾（Bat Ye'or）《蒙昧者：伊斯蘭世界中的猶太人與基督徒》（*The Dhimmi: Jews and Christians Under Islam*）（Rutherford, NJ, 1985）的觀點更為悲觀，不過這和其他著作一樣，並非就不正確。要了解三者間的複雜關係，請參照米歇爾・拉齊爾（Michael M. Laskier）和亞柯・李維（Yaacov Lev）的《猶太教與伊斯蘭教的融合：宗教，科學與文化的維度》（*The Convergence of Judaism and Islam: Religious, Scientific and Cultural Dimensions*）（Gainsville, FL, 2011），另一本可拿來合併閱讀的，是馬克・柯恩（Mark Cohen）的《新月與十字架：中世紀的猶太人》（*Under Crescent and Cross: The Jews in the Middle Ages*）（Princeton, 1994）。關於猶太人和伊斯蘭的興起，請見弗瑞德・多門（Fred Dormer）《穆罕默德及其信者：伊斯蘭的起源》（*Muhammad and the Believers: At the Origin of Islam*）（Cambridge, MA, 2010），本書充分考量了近期的學術研究成果。鮑爾賽克（G. W Bowersock）的《阿杜利斯的王座：伊斯蘭黎明的紅海戰爭》（*Throne of Adulis: Red Sea Wars on the Eve of Islam*）（Oxford, 2013）在資料上較少掌握現今的研究成果，另可參見羅賓（C. Robin）與保羅・尤爾（Paul Yule）的《希木葉爾：古典晚期的葉門》（*Himyar: Spatantike im Jemen*）（Aichwald,

Esslingen, 2007）和伊瓦納．戈達（Iwona Gajdar）的《一神教時期的希木葉爾王國》（*Le royaume de Himyar à l'époque monothéiste*）（Paris, 2009），當中持有的懷疑保留態度值得一看，還有魯本．阿羅尼（Reuben Ahroni）《葉門猶太人：起源、文化和文學》（*Yememite Jewry: Origins, Culture and Literature*）（Bloomington, Ind., 1986）。關於開羅秘庫的發現，可見彼得．科爾和阿迪那．赫夫曼（Adina Hoffmann）的美妙資料《神聖的被棄之物：開羅秘庫資料的失落與發現》（*Sacred Trash: The Lost and Found World of the Cairo Geniza*）（London and New York, 2011）。所羅門．多夫．格伊泰因（Shlomo Dov Goitein）花了一輩子的學術生涯發掘、編輯、翻譯並為龐大的秘庫資料做解釋。他那三大冊大師之作《地中海社會》（*A Mediterranean Society*）（Berkeley, 1967-1993）被刪節成另一個版本（Berkeley, 1999），能夠很有效率地介紹這個主題。同時也參見他另一部美妙的著作《中世紀猶太貿易商的書信》（*Letters of Medieval Jewish Traders*）（Princeton, 1974）、《示巴地：葉門猶太人故事》（*From the Land of Sheba: Tales of the Jews of Yemen*）（New York 1973）、《中世紀的印度貿易商》（*India Traders of the Middle Ages*）（Leiden, 2008）。接在格伊泰因之後，可參看史戴芬．瑞福（Stefan C. Reif）《劍橋開羅秘庫集：內容和意義》（*The Cambridge Geniza Collections: Their Content and Significance*）（Cambridge, 2002）.

關於中世紀西班牙的希伯來詩歌，有許多精美、多樣的翻譯，大多都有了很好的批評與分析。彼得．科爾的《詩之夢：950－1492年的穆斯林與基督教西班牙的希伯來文詩歌》收錄了涵蓋早期作品到杜納什．本．拉布拉特（與其妻子）在大驅離前不久在基督教西班牙的作品，另外還包括兩位希伯來重要的詩人所羅門．本．加布里歐（Solomon ibn Gabirol）和摩西．本．以斯拉（Moshe ibn Ezra）的作品。也可參照瑞蒙．沙德林（Raymond Scheindlin）《美酒、女人與死亡：中世紀誦吟美好生活的希伯來詩歌》（*Wine, Women and Death: Medieval Hebrew Poems on the Good Life*）（Philadelphia, 1986），和另一個翻譯得有些自由的選集，佳敏（T. Carmi）的《企鵝圖書之希伯來韻文》（*The Penguin Book of Hebrew Verse*）（London and New York, 1981）。羅斯．巴恩（Ross Brann）《敘述的權力：11、12世紀伊斯蘭西班牙中猶太人與穆斯林的再現》（*Power in the Portrayal: Representations of Jews and Muslims in Eleventh and Twelfth Century Islamic Spain*）（Princeton, 2002），對文學中的文化衝突有十分精采的解讀。關於撒母耳．伊本．納赫雷拉，可參看希爾．哈金（Hillel Halkin）《盛大地寫一首詩：納赫雷拉詩歌自傳》（*Grand Things to Write a Poem On: A Verse Autobiography of Shmuel Hanagid*）（Jerusalem, 1999）；另一個不同風格的翻譯本，請見里昂．溫柏格（Leon J. Weinberger）《穆斯林西班牙中的猶太王子：納赫雷拉詩歌選》（*Jewish Prince in Moslem Spain: Selected Poems of Samuel ibn Nagrela*）（Tuscaloosa, AL, 1973）。關於哈列維，哈金為他寫了短而具啟發性的傳記《猶大．哈列維傳》（*Yehuda Halevi*）（New York, 2010）。在哈列維朝聖的部分，則有兩本很好的參考書：雷蒙．沙德林（Raymond Scheindlin）《遙遠的鴿子之歌：猶大．哈列維的朝聖》（*The Song of a Distant Dove: Judah Halevi's Pilgrimage*）（Oxford, 2008）

和約瑟·雅哈龍（Joseph Yahalom）的《猶大·哈列維：詩情與朝聖》（*Yehuda Halevi: Poetryand Pilgrimage*）。關於邁蒙尼德，請參看喬爾·克羅莫《摩西·邁蒙尼德》（*Moses Maimonides*）（New York and London, 2008），還有伊薩·垂斯基自該作品中完美節選、編輯而成的《邁蒙尼德讀本》（*A Maimonides Reader*）（Springfield, NJ, 1972）。

中世紀基督教歐洲與猶太人

關於這一時期猶太教的演變，可參見以法蓮·康納弗格爾（Ephraim Kanarfogel）《中世紀阿什肯納茲的知識界與拉比文化》（*The Intellectual History and Rabbinic Culture of Medieval Ashkenaz*）（Detroit, 2013）；勞倫斯·法恩（Lawrence Fine）編《實踐中的猶太教：從中世紀到現代早期》（*Judaism in Practice from the Middle Ages to the Early Modern Period*）（Princeton, 2001）。在猶太－基督兩教關係研究領域最多產的學者當屬羅伯特·查贊（Robert Chazan），他在最近出版的著作《中世紀歐洲的猶太生活的重新評價》（*Reassessingjewish Life in Medieval Europe*）（Cambridge, 2010）中倡議對拉丁基督教歐洲的猶太生活的地點和經歷重新作出相對均衡、不要過分強調悲劇色彩的記述，他或許是想起了約書亞·特拉奇滕伯格（Joshua Trachtenberg）所著的尚值得一讀的「恐猶症」史論《魔鬼與猶太人：中世紀猶太人的概念及其與現代反猶主義的關係》（*The Devil and the Jews: The Medieval Conception of the Jew and Its Relation to Modern Anti-Semitism*）（New Haven, 1944）。關於這種現象的相 對明確的漫長發展歷史，可參見羅伯特·韋斯特里奇（Robert Wistrich）《由來已久的仇恨：反猶主義與猶太身分》（*The Longest Hatred: Antisemitism and Jewish Identity*）（London, 1991）。另參見列奧納德·格里克（Leonard Glick）《亞伯拉罕的後裔：中世紀猶太人與基督徒》（*Abraham's Heirs: Jews and Christians in the Middle Ages*）（Syracuse, 1999））。關於最新的豐富研究成果，可參見安娜·阿布拉菲亞（Anna Sapir Abulafia）《基督徒與猶太人的關係（1000-1300）》（*Christian-Jewish Relations 1000-1300*）（London/ New York, 2011）和《論爭中的基督徒與猶太人：論爭文獻與西方反猶主義的興起（1000-1150）》（*Christians and Jews in Dispute: Disputational Literature and the Rise of Anti-Judaism in the West C.1000-1150*）（Aldershot, 1998）。作為對比閱讀，可參見大衛·尼倫伯格（David Nirenberg）《充滿暴力的社區：中世紀對少數民族的迫害》（*Communities of Violence: Persecution of Minorities in the Middle Ages*）（Princeton, 1996）。另參見肯尼斯·斯托（Kenneth Stow）《中世紀的羅馬教廷與猶太人：衝突與回應》（*Church and Jews in the Middle Ages: Confrontation and Response*）（Aldershot and Burlington, VT, 2007）中引用的原本。關於不可避免的悲劇時代，可參見羅伯特·查贊《1096年：第一次十字軍東征與猶太人》（*In the Year 1096: The First Crusade and the Jews*）（Berkeley, 1996），《上帝、人性與歷史：關於第一次十字軍東征的希伯來文敘事》（*God, Humanity, and History: The Hebrew First Crusade Narratives*）（Berkeley, 2000），以及《第一次十字軍東征期間的歐洲猶太社區》（*European Jewry in the First Crusade*）（Berkeley, 1987）。關於這類敘事的原本，可參見什洛莫·艾

德爾伯格（Shlomo Eidelberg）選編的《猶太人與十字軍：第一次和第二次十字軍東征中的希伯來文記事》（*The Jews and the Crusaders: The Hebrew Chronicles of the First and Second Crusades*）（Madison, WI, 1977）。關於文獻與經歷中最悲慘的描述，可參見傑瑞米・柯恩（Jeremy Cohen）《聖化上帝之名：第一次十字軍東征中的猶太殉難者與猶太記憶》（*Sanctifying the Name of God: Jewish Martyrs and Jewish Memories of the First Crusade*）（Philadelphia, 2004）；另參見他的《充滿生命力的律法字符：中世紀基督教世界中猶太人的理念》（*Living Letters of the Law: The Idea of the Jew in Medieval Christianity*）（Berkeley, 1999）。關於沃姆斯的情況，可參見尼爾斯・羅伊默（Nils Roehmer）震撼人心的歷史讀本《德國城市，猶太記憶：沃姆斯的故事》（*German City, Jewish Memory: The Story of Worms*）（Waltham, MA, 2010）。關於以利亞撒和祭司們，可參見伊萬・馬庫斯（Ivan Marcus）《虔誠與社會：中世紀德國的猶太虔誠派》（*Piety and Society: The Jewish Pietists of Medieval Germany*）（Leiden, 1997）；關於法國的情況，可參見蘇珊・艾因賓德（Susan Einbinder）的著述，尤其是《美麗的死亡：中世紀法國的猶太詩歌與殉教傳統》（*Beautiful Death: Jewish Poetry and Martyrdom in Medieval France*）（Princeton, 2002）。關於中世紀英格蘭的情況，塞西爾・羅斯（Cecil Roth）所著《英格蘭猶太人的歷史》（*A History of the Jews of England*）（London, 1964）值得一讀，但偉大的綜述性著作當屬安東尼・儒略（Anthony Julius）的《大流散的磨難：英格蘭反猶主義史》（*Trials of the Diaspora: A History of Anti-Semitism in England*）（Oxford, 2010）。關於歷史上延續下來，那令人沮喪的「恐猶症」之謎的精采論述，可參見米利・魯賓（Miri Rubin）《外邦人的傳說：敘事中對中世紀晚期猶太人的攻擊》（*Gentile Tales: The Narrative Assault on Late Medieval Jews*）（Philadelphia, 1999）；安東尼・貝爾（Anthony Bale）《逃離迫害：基督徒、猶太人與中世紀暴力對象》（*Feeling Persecuted: Christians, Jews and Images of Violence in the Middle Ages*）（London, 2012）。關於文學原型，可參見瑪麗安・克魯梅爾（Marianne Ara Krummel）《中世紀英格蘭手工藝術中的猶太性》（*Crafting Jewishness in Medieval England*）（New York, 2011）。關於社會和經濟史，可參見蘇珊尼・巴特萊特（Suzanne Bartlet）《溫徹斯特的麗寇里西雅》（*Licoricia of Winchester*）（London, 2009）；羅賓・蒙迪爾（Robin Mundill）《英格蘭的猶太人解決方案：試驗與驅逐（1262-1290）》（*England's Jewish Solution: Experiment and Expulsion 1262-1290*）（Cambridge, 1998）和《國王的猶太人：金錢、屠殺與中世紀英格蘭的「出埃及」》（*The King's Jews: Money, Massacre and Exodus in Medieval England*）（London, 2010）。關於猶太女人與家庭的歷史，可參見伊利舍瓦・鮑姆加頓（Elisheva Baumgarten）《母親與孩子：中世 紀歐洲的猶太家庭生活》（*Mothers and Children: Jewish Family Life in Medieval Europe*）（Princeton, 2004）；西姆哈・格爾丁（Simha Goldin）《中世紀歐洲的猶太女人：一場悄悄的革命》（*Jewish Women in Europe in the Middle Ages: A Quiet Revolution*）（Manchester, 2011）；亞伯拉罕・格羅斯曼（Avraham Grossman）《虔誠與反叛：中世紀歐洲的猶太女人》（*Pious and Rebellious: Jewish Women in Medieval Europe*）（Waltham, MA, 2004）；蘇珊・格羅斯曼（Susan Grossman）和利弗卡・豪特（Rivka

Haut）編著《國王的女兒：女人與會堂——歷史、「哈拉卡」與當代現實》（*Daughters of the King: Women and the Synagogue: A Survey of History, Halakha and Contemporary Realities*）（Philadelphia, 1992）；伊萬·馬庫斯《童年禮儀》（*Rituals of Childhood*）（New Haven, 1996）。

猶太藝術、建築與手稿裝幀

在大量有關這一領域的非凡研究成果中，最激動人心的闡釋者當屬馬克·艾波斯坦，其成就主要見於《中世紀猶太藝術和文學中的顛覆之夢》（*Dreams of Subversion in Medieval Jewish Art and Literature*）（University Park, PA, 1997）和《中世紀哈加達：藝術、敘事與宗教想像》（*The Medieval Haggadah: Art, Narrative and Religious Imagination*）（New Haven, London, 2013）。另參見凱特林·考格曼－阿佩爾（Katrin Kogman-Appel）《伊斯蘭教與基督教之間的猶太書籍裝幀藝術：中世紀西班牙的希伯來〈聖經〉裝飾》（*Jewish Book Art Between Islam and Christianity: The Decoration of Hebrew Bibles in Medieval Spain*）（Leiden and Boston, 2004），以及她具有深刻啟發意義的著述《沃姆斯的祈禱書：一個中世紀猶太社區的藝術與宗教》（*A Mahzor from Worms: Art and Religion in a Medieval Jewish Community*）（Cambridge, 2012）。關於按主題分類所作的全面論述，可參見特蕾西和孟德爾·梅茨格（Thérèse and Mendel Metzger）《中世紀的猶太生活：13世紀至16世紀的希伯來繪圖手稿》（*Jewish Life in the Middle Ages: Illuminated Hebrew Manuscripts of the Thirteenth to the Sixteenth Centuries*）（New York/ Fribourg, 1982）。另外還有一些頗有意趣的文章，可參見皮埃特·范·博克塞爾（Piet van Boxell）和薩賓·阿爾恩特（Sabine Arndt）編《跨越疆界：作為文化碰撞發生地的希伯來文手稿》（*Crossing Borders: Hebrew Manuscripts as a Meeting Place of Cultures*）（Oxford, 2009）；薇薇安·曼（Vivian B. Mann）、湯瑪斯·格里克（Thomas F. Glick）和傑里林·多茲（Jerillyn Dodds）編《和諧共存：中世紀西班牙的猶太人、穆斯林與基督徒》（*Convivencia: Jews, Muslims, and Christians in Medieval Spain*）（New York, 1992）。關於大不列顛博物館藏品的目錄順序，可參見比撒列·納基斯（Bezalel Narkiss）和柴里科夫（A. Tcherikover）《英屬島嶼上的希伯來繪圖手稿：西班牙文與葡萄牙文手稿》（*Hebrew Illuminated Manuscripts in the British Isles*）（Oxford, 1982）。關於建築風格，可參見克林斯基（C. H. Krinsky）《歐洲猶太會堂：建築、歷史及其意義》（*Synagogues of Europe: Architecture, History, Meaning*）（New York/ Cambridge, 1985）。

發生於西班牙的論爭、迫害與驅逐

關於基督教神學與布道詞中最邪惡的指責，可參見傑瑞米·柯恩《托缽修士與猶太人：中世紀反猶主義的演變》（*The Friars and the Jews: The Evolution of Medieval Anti Judaism*）（Ithaca, 1982）；海姆·馬克比（Hyam Maccoby）《猶太教審判：中世紀猶太－基督兩教大論爭》（*Judaism on Trial: Jewish-Christian Disputations in the Middle Ages*）（Rutherford, NJ, and London,

1982）；羅伯特．查贊《〈塔木德〉審判：巴黎1240》（*The Trial of the Talmud, Paris 1240*）（Toronto, 2012）。另參見本茲恩．內塔尼亞胡（Benzion Netanyahu）至今仍然占有重要地位的優秀力作《15世紀西班牙宗教裁判制度的起源》（*The Origins of the Inquisition in Fifteenth Century Spain*）（New York, 1995）。關於西班牙猶太人最後命運的經典記述，可參見伊札克．貝爾（Yitzhak Baer）《基督教西班牙猶太人的歷史》（*A History of the Jews in Christian Spain*）（Philadelphia, 1982），但塞西爾．羅斯《「皈依者」、宗教裁判所與西班牙對猶太人的驅逐》（*Conversos, Inquisition and the Expulsionfrom Spain*）（London and Madison, 1995）依然具有一定的分量，可參見亨利．卡門（Henry Kamen）《西班牙宗教裁判制度：一種歷史修正》（*The Spanish Inquisition: An Historical Revision*）（New Haven, 1997）。伊爾米亞胡．約維爾（Yirmiyahu Yovel）在《另類的「馬拉諾」：分裂的身分與初始的現代性》（*The Other Within: The Marranos - Split Identity and Emerging Modernity*）（Princeton and Oxford, 2003）一書中以不斷挑戰的精神對大驅逐的背景與後果，做了大量的研究和豐富的記述；另參見伊札克．貝爾最具影響力的學生哈伊姆．貝納特（Haim Beinart）所著的《西班牙驅逐猶太人》（*The Expubion of the Jews from Spain*），傑弗里．格林（Jeffrey M. Green）譯（Oxford/Portland, 2002）。關於葡萄牙恐怖事件的不斷升級，目前有一本動人心弦的力作，就是弗朗索瓦．索耶爾（François Soyer）的《葡萄牙對猶太人和穆斯林的迫害：曼努埃爾一世與宗教寬容的終結（1496-1497）》（*The Persecution of the Jews and Muslims of Portugal: King Manuel I and the End of Religious Tolerance*）（Leiden, 2007）。

重大事件年表

西元前（BCE）	
1500年	
約1200	麥倫普塔赫石碑（Merneptah Stele）落成。此為一塊刻有銘文的石版，是史上首次關於以色列人的記載。
1000年	
928	以色列分裂為以色列國和猶大國
約870	但丘石碑（Tel Dan Stele）落成。史上首次於《聖經》之外提到大衛（bytdwd，大衛家）。
721	亞述人摧毀北方的以色列國。
715-687	猶大國王希西家統治時期。
649-609	猶大國王約西亞統治時期。約西亞實施了一系列重大變革。
597	尼布甲尼撒初次圍困耶路撒冷並驅逐猶大國的精英階層。
587	尼布甲尼撒率領巴比倫人摧毀耶路撒冷和所羅門聖殿。
586	西底家試圖自巴比倫人手中奪回耶路撒冷。
588-587	猶地亞獨立的最後歲月。
538	波斯王居魯士允許巴比倫的猶太人返回耶路撒冷。
525	岡比西斯二世占領埃及。
520-515	第二聖殿落成。
500年	
445	尼希米重建耶路撒冷城牆。
167-161	馬加比家族率領哈斯蒙尼人起義反抗塞琉古帝國。
165-137	哈斯蒙尼王朝統治猶地亞。
134-132	安條克七世圍困耶路撒冷。
74	大希律出生。
63	羅馬將軍龐培大帝進入耶路撒冷。
37	大希律推翻安條克的統治並建立希律王朝。
4	大希律去世，由他的三個兒子分治王國。

西元（CE）

元年

66-73	猶地亞猶太人起義反抗羅馬人入侵。
70	第二聖殿被摧毀，耶路撒冷被占領。
73	馬察達要塞陷落。
115-117	二次爆發「猶太－羅馬」戰爭。古奈利、賽普勒斯、美索不達米亞和埃及等地的猶太人大規模起義。
132-135	猶地亞爆發反抗皇帝哈德良統治下羅馬人入侵的第二次猶太起義。
138	皇帝哈德良去世，對猶太人的迫害緩和。
220	拉比猶大．哈納西編寫第一部重要的猶太口傳律法集《米示拿》。
362-363	皇帝朱利安允許猶太人返回耶路撒冷並重建聖殿。
363	皇帝朱利安被殺，遣返猶太人的計畫擱置。
4世紀末	希木葉爾王國皈依猶太教。

500年

525	猶太希木葉爾王國歸順基督教衣索比亞的阿克蘇姆王朝。
570	穆罕默德出生。
610-632	伊斯蘭教在阿拉伯半島興起。
711	穆斯林軍隊入侵西班牙並占領大部分地區。

1000年

1013	哥多華歸順蘇萊曼．本．哈卡姆（Sulayman ibn al-Hakam）
1066	格拉納達猶太社區遭屠殺。
1070	摩洛哥的摩拉維占領、統治了格拉納達，於12世紀初讓位於摩哈德部落。
1095	教宗烏爾班二世號召十字軍東征，以解放聖地。
1096	萊茵蘭地區的猶太社區遭屠殺。

1099	十字軍暫時占領耶路撒冷聖殿，並屠殺該地的猶太人。
1187	薩拉丁攻陷耶路撒冷。
1190	約克郡的猶太人遭屠殺。
1278-1279	英格蘭猶太人因被指控偽造硬幣，引發一系列大規模的恐怖暴力事件。共有269位猶太人於倫敦被處絞刑。
1290	愛德華一世頒布驅逐英格蘭所有猶太人的法令。
1298	「國王」倫特弗里希發動大屠殺，使德國南部法蘭科尼亞146個猶太社區被滅。
1306	大驅逐。腓力四世驅逐法國猶太人。
1336-1338	「臂帶黨」屠殺猶太人。
1338	針對猶太人的新一輪暴力活動遍及整個萊茵蘭地區。
1391	針對猶太人的騷亂和屠殺席捲亞拉岡和卡斯提爾。
1394	法國國王路易十世於1351年召回猶太人後，查理六世頒布法令，再度驅逐猶太人。
1467	托雷多皈依基督教的猶太人被攻擊。
1478	西班牙建立宗教裁判制度，以確保皈依基督教的猶太人的正統性。
1492	費迪南頒布法令，驅逐西班牙的猶太人。
1497	葡萄牙猶太人遭驅逐。

1500年——————————

* 因一些時間、地點尚存爭議，在其他著述中可能有所不同。本表據本書整理而成，旨在便利讀者閱讀。

歷史大講堂

猶太人：世界史的缺口，失落的三千年文明史——追尋之旅（西元前1000-1492）

2018年2月初版　　定價：新臺幣650元
2022年1月初版第六刷

著　　者	Simon Schama
譯　　者	黃福武
	黃夢初
叢書編輯	黃淑真
校　　對	吳美滿
繪圖協力	吳靜雯
翻譯協力	李宜珊
內文排版	林婕瀅
封面設計	許晉維

出　版　者	聯經出版事業股份有限公司
地　　址	新北市汐止區大同路一段369號1樓
叢書主編電話	(02)86925588轉5322
台北聯經書房	台北市新生南路三段94號
電　　話	(02)23620308
台中分公司	台中市北區崇德路一段198號
暨門市電話	(04)22312023
郵政劃撥	帳戶第0100559-3號
郵撥電話	(02)23620308
印　刷　者	文聯彩色製版印刷有限公司
總　經　銷	聯合發行股份有限公司
發　行　所	新北市新店區寶橋路235巷6弄6號2F
電　　話	(02)29178022

副總編輯	陳逸華
總編輯	涂豐恩
總經理	陳芝宇
社　　長	羅國俊
發行人	林載爵

行政院新聞局出版事業登記證局版臺業字第0130號

本書如有缺頁，破損，倒裝請寄回台北聯經書房更換。　ISBN 978-957-08-5077-2 (平裝)
聯經網址 http://www.linkingbooks.com.tw
電子信箱 e-mail:linking@udngroup.com

國家圖書館出版品預行編目資料

猶太人：世界史的缺口，失落的三千年文明史——追尋之旅（西元前1000-1492）/ Simon Schama著．黃福武、黃夢初譯．初版．新北市．聯經．2018年2月（民107年）．560面．17×23公分（歷史大講堂）
譯自：The Story of the Jews: Finding the Words:1000 BC-1492 AD
ISBN 978-957-08-5077-2（平裝）
[2022年1月初版第六刷]

1.猶太民族　2.文明史

535.7353　　107000248